谨以此书献给

为四川高速公路发展事业作出贡献的决策者、建设者、管理者

"十三五"国家重点图书出版规划项目
中国高速公路建设实录

Record of Expressway Construction in
Sichuan

四川
高速公路
建设实录

四川省交通运输厅

内 容 提 要

本书是《中国高速公路建设实录》系列丛书之四川卷,全书共八章,分别为:概述、高速公路规划、高速公路投融资、高速公路建设、高速公路行政监管及营运管理、抗击重大自然灾害、高速公路科技、高速公路文化,以及四川高速公路建设大事记、四川公路交通统计表、高速公路运营管理选录和高速公路法律法规选编五个附录。

本书全面系统总结了四川省高速公路建设发展成就,详细记述了高速公路建设过程中的管理经验、科技创新、文化建设以及项目建设实情,具有很高的史料价值,可供交通运输建设行业相关人员阅读、学习与查询参考。

图书在版编目(CIP)数据

四川高速公路建设实录 / 四川省交通运输厅组织编写. — 北京:人民交通出版社股份有限公司,2018.11
ISBN 978-7-114-14837-8

Ⅰ. ①四… Ⅱ. ①四… Ⅲ. ①高速公路—道路建设—四川 Ⅳ. ①U412.36

中国版本图书馆 CIP 数据核字(2018)第 137579 号

"十三五"国家重点图书出版规划项目
中国高速公路建设实录

书　　名:	四川高速公路建设实录
著 作 者:	四川省交通运输厅
责任编辑:	刘永超　周　宇　李　沛
责任校对:	宿秀英
责任印制:	张　凯
出版发行:	人民交通出版社股份有限公司
地　　址:	(100011)北京市朝阳区安定门外外馆斜街 3 号
网　　址:	http://www.ccpress.com.cn
销售电话:	(010)59757973
总 经 销:	人民交通出版社股份有限公司发行部
经　　销:	各地新华书店
印　　刷:	北京雅昌艺术印刷有限公司
开　　本:	787×1092　1/16
印　　张:	48.25
字　　数:	970 千
版　　次:	2018 年 11 月　第 1 版
印　　次:	2018 年 11 月　第 1 次印刷
书　　号:	ISBN 978-7-114-14837-8
定　　价:	320.00 元

(有印刷、装订质量问题的图书,由本公司负责调换)

《四川高速公路建设实录》
编委会

主　　　任：汪　洋

副　主　任：周道平　张晓燕　黄英权　张　琪　朱学雷
　　　　　　赵长利　张　勇　徐文葛　杜世相　陈乐生
　　　　　　胡洪波　王　波　寇小兵　蒲继生　李跃勤

委　　　员：李永亮　彭　涛　刘洁梅　曾　宇　罗玉宏
　　　　　　刘四昌　谭举鸿　吉随旺　黄　丽　吴　丹
　　　　　　屈洪斌　罗　廷　许　磊　陈亚莉　冯书明
　　　　　　王茂奎　胡　旭　吴　波　朱　江　周翠琼
　　　　　　但　伦　颜晓平

特邀编委：雷洪金　孙　云　冯文生　贺晓春　唐　勇
　　　　　　李永林　周黎明　熊国斌

《四川高速公路建设实录》
编辑部

主　　编：黄　丽

副 主 编：岑　松

编　　辑：王　谦　张　璐　杨　颖　邱骊丹　钟　文

序
Preface

　　四川,物华天宝,人杰地灵;四川,千河之省,天府之国。既有盆地天府,也有山川峻险。四川先民,开山拓路、涉川架桥,不屈奋进。千年古道,承载着蜀人的愿望,融入中原文明,延伸欧亚大陆。四川交通的发展历程,就是一部力图冲破盆地封闭、打通对外联系的奋斗史。

　　新中国成立后,四川交通发展取得长足进步。1949年底,全省仅有晴通雨阻的公路8581km,没有一条铁路。经过60多年的发展,至2016年底,全省公路总里程达32.4万km,是新中国成立之初的38倍,居全国第一。运营和在建铁路里程超过6600km,其中运营里程4593km;高速铁路从无到有,达586km。建成民用机场13个、通用机场3个,开通国际(地区)航线102条,成都双流机场跃升全国四大航空枢纽。全省建成高等级航道1515km,港口集装箱吞吐能力达到233万标箱。四川交通运输事业实现了跨越式发展和历史性巨变。昔日蜀道难,今日蜀道通!

　　中国高速公路是改革开放的新生事物,是在学习国外先进经验的基础上,结合地方实际,白手起家,从无到有建设起来的,是广大人民群众最能直接感受到改革开放具体成果的交通基础设施之一。

　　四川高速公路建设,始于20世纪90年代。经过数十年、几代交通人的不懈努力,取得了辉煌成就。截至目前,全省高速公路通车里程达到6617km,居全国第二,西部第一;建成和在建高速公路突破9000km,建成出川通道19个;已通车高速公路覆盖全省125个县,实现了所有市(州)政府所在地均有建成或在建高速公路全覆盖的历史性突破。"十三五"期间,四川省规划加快推进省际和连接省内五大经济区、四大城市群的高速公路快速通道建设,确保到2020年底,全省高速公路通车里程超过8000km,建成和在建里程达到10000km,建成高速公路进出川通道24条,高速公路覆盖全省城镇人口10万以上城市,基本形成畅通周边、覆盖广泛的省域高速公路网。四川高速公路的发展,不仅向世人展示了四川交通人勇于解放思想和改革创新的时代精神，敢于书写历史和不惧艰险的拼搏精神，善于抢抓机遇和奋力跨越的进取精神，而且将在四川发展史上书写壮丽的篇章。

编纂《四川高速公路建设实录》是交通运输部部署的重要任务，也是四川交通运输行业的重要文化建设工程。在交通运输部，省委、省政府的正确领导下，四川省交通运输厅迅速成立编审委员会，确定参编单位，明确工作分工。交通部原部长黄镇东同志多次莅临四川，指导编撰工作，为实录编撰付出了大量心血。

温故以知新，读史以鉴今。整理四川高速公路建设发展史就是书写传承四川省公路建设文化史。《四川高速公路建设实录》全面展示高速公路建设成就，全面展示高速公路发展理念，全面展示公路建设技术进步，全面展示公路文化丰富内涵，是四川交通运输行业一部可以信今传后的历史镜鉴和行业文明的生劲读本。

"十三五"是同步全面建成小康社会的决胜阶段。习近平总书记深刻指出，"十三五"是交通运输基础设施发展、服务水平提高和转型发展的黄金时期。"黄金时期"这一重大判断，是对交通运输发展阶段的科学定位，是对交通运输发展形势任务的深刻把握，蕴含着党中央对交通运输发展的亲切关怀和殷切期望。全省交通系统广大干部职工，要在交通运输部，省委、省政府的坚强领导下，把握黄金时期，当好发展先行，努力建设人民群众满意交通。《四川高速公路建设实录》的出版发行，正逢其时。可以使我们弘扬传统，牢记使命，主动担当，积极作为，努力在新常态下推动交通运输发展新跨越，为建设经济强省和决胜全面小康作出新的更大贡献。

四川省交通运输厅党组书记、厅长

2018年10月

第一章	概述	1
第一节	四川省情与经济发展	3
第二节	综合运输与物流发展	6
第三节	公路建设与运输方式演变	20
第二章	高速公路规划	36
第一节	国家高速公路规划概况	36
第二节	四川省高速公路规划	37
第三章	高速公路投融资	54
第一节	政府投资	54
第二节	BOT引资	56
第三节	国外贷款	62
第四节	高速公路投融资实例选录	64
第四章	高速公路建设	70
第一节	国家高速公路网	76
第二节	省高速公路网	366
第三节	高速公路建设管理	445
第五章	高速公路行政监管及营运管理	459
第一节	高速公路行业监管	459
第二节	高速公路交通执法管理	490
第六章	抗击重大自然灾害	511
第一节	"5·12"汶川地震抗震救灾暨灾后重建	511
第二节	"4·20"芦山地震抗震救灾暨灾后重建	532
第三节	抗击洪灾泥石流	546
第七章	高速公路科技	548
第一节	山区复杂地质条件下高速公路建设技术	551

第二节 山区桥梁隧道建设技术···575
  第三节 高新技术的集成应用···602
  第四节 安全保障与节能环保技术···628
  第五节 科技研发能力建设···650

第八章 高速公路文化···667
  第一节 高速公路文化的溯源···667
  第二节 四川高速公路文化的崛起···673
  第三节 高速公路的建设文化···678
  第四节 高速公路的企业文化···685
  专文 畅通川藏交通瓶颈 助力甘孜全面小康···689

附录一 四川高速公路大事记···692
附录二 四川公路交通统计表···722
附录三 高速公路运营管理选录···727
附录四 高速公路法律法规选编···745

第一章
概　述

　　四川地处中国西部,长江上游,介于东经92°21′~108°12′和北纬26°03′~34°19′,东西长1075km,南北宽900多公里。东连重庆,南邻滇、黔,西接西藏,北接青、甘、陕三省,是西南、西北和中部地区的重要结合部,是承接华南华中、连接西南西北、沟通中亚南亚东南亚的重要交汇点和交通走廊。四川幅员辽阔,辖区面积48.6万km^2,次于新疆、西藏、内蒙古和青海,居全国第5位,辖21个市(州),183个县(市、区),是中国资源大省、人口大省、经济大省。全省总人口8800多万,列全国第4位,占西部总人口的22.3%,列西部第1位。

　　四川省地貌差异巨大,地形复杂多样。四川省位于中国大陆地势三大阶梯中的第一级和第二级(第一级青藏高原、第二级长江中下游平原)的过渡带,高低悬殊,西高东低的特点十分明显。西部为高原、山地,多海拔4000m以上的高峰;东部为盆地、丘陵,海拔在1000~3000m。全省地貌类型可分为四川盆地、川西北高原和川西南山地三大类别。

　　四川盆地是中国四大盆地之一,面积16.5万km^2。盆地北缘为秦岭山脉,东缘为米仓山、大巴山,南缘为大娄山,西北缘为龙门山、邛崃山等山脉,山地环绕。盆地西部为岷江冲积平原,土地肥沃,因都江堰水利工程,大部分成为自流灌溉区,是高水平农业生产区;盆地中部为紫色土丘陵区,平均海拔400~800m,地势向南微倾,岷江、沱江、涪江、嘉陵江从北部山地向南流入长江;盆地东部为川东平行岭谷区,分列有华蓥山、铜锣山、明月山等平行排列的山系。

　　川西北高原位于青藏高原地区,平均海拔3000~5000m。

　　川西南山地为横断山脉北段,山高谷深,呈南北走向,自东向西依次为岷山、岷江、邛崃山、大渡河、大雪山、雅砻江、沙鲁里山和金沙江。

　　四川是多民族聚居的省份。世居民族有汉、彝、藏、羌、土家、苗等,还有回、满、傣、傈僳、蒙古、壮、白、纳西、布依、侗、哈尼等散居民族。四川是全国最大的彝族聚居区,唯一的羌族聚居区,藏族聚居人口仅次于西藏。民族自治地区土地面积30.4万km^2,占全省总面积的62.7%。

　　20世纪90年代,四川省经济总量不断扩大,经济保持较快增长,综合实力显著提升。1990年全年完成地区生产总值达1091.7亿元;2016年底地区生产总值超过3.2万亿元。

四川在全国经济发展格局中的地位更加凸显。

"十二五"期间是四川省战胜特殊困难和严峻挑战、奋力推进"两个跨越"很不平凡的5年。以习近平同志为总书记的党中央毫不动摇坚持和发展中国特色社会主义,站高谋远、励精图治,勇于实践、善于创新,形成了一系列治国理政新理念新思路,为在新的历史条件下深化改革开放、加快推进社会主义现代化提供了科学理论指导和行动指南。省委、省政府团结带领全省各族人民,认真贯彻执行中央决策部署,适应经济发展新常态,克服汶川地震、芦山地震、康定地震等重大灾害的严重影响,大力实施"三大发展战略",全面推进经济建设、政治建设、文化建设、社会建设、生态文明建设,完成了"十二五"规划确定的主要目标任务,全省呈现出经济较快增长、动力加快转换、民生持续改善、社会和谐稳定的良好局面。全省经济实力明显增强,地区生产总值连续迈过两个万亿台阶,在全国位次提升。转方式调结构取得实质性突破,特色优势产业、战略性新兴产业、高端成长型产业和新兴先导型服务业加快发展,农业现代化稳步推进,科技创新能力提升,新的增长动力孕育壮大。多点多极支撑发展格局加快演进,天府新区上升为国家级新区,呈现出首位一马当先、梯次竞相跨越、底部基础夯实的发展态势。城乡统筹发展深入推进,区域性中心城市发展壮大,城镇危旧房和棚户区改造成效明显,"百镇建设行动"培育形成了一批特色小城镇,农业转移人口市民化有序推进,新农村建设走出产村相融、成片推进的新路子。基础设施条件进一步改善,建成了一批交通、水利、能源、通信、信息、邮政等骨干工程,成都天府国际机场获批启动建设。全面深化改革攻坚突破,四川被列入国家系统推进全面创新改革试验区域,简政放权、农业农村、国资国企、科技体制、价格机制、民生事业等重点领域改革取得重大进展。对外开放合作水平提高,一批重大高端、现代产业项目落户四川,内陆开放型经济综合竞争优势增强。重点民生工程持续实施,每年集中力量办成一批民生实事,就业持续扩大,公共服务体系基本建立,人民生活水平全面提高。扶贫开发攻坚取得重大成果,农村绝对贫困发生率明显下降。生态建设和环境保护得到加强,顺利完成节能减排任务。民主政治建设有序推进。社会主义精神文明建设全面加强。法治四川建设卓有成效。5年来的巨大成就,为与全国同步全面建成小康社会进一步打下了坚实基础。

四川自古有"蜀道难"之谚。新中国成立后,四川交通建设取得长足进步。20世纪末期,四川综合交通运输体系开始形成。高速铁路从无到有,高速公路实现市(州)全覆盖,港口集装箱吞吐能力实现翻番,成都双流机场跃升全国四大航空枢纽,快递物流业务量呈爆发式增长,为四川省构建现代综合交通运输体系奠定了坚实基础。

2016年底,全省运营和在建铁路里程超过6600km,其中运营里程4593km,位居西南第一;高速铁路实现从无到有,达586km;新增2条干线通道,共形成9条进出川铁路通道。公路建设实现跨越式发展。实现高速公路市(州)全覆盖,普通国省干线公路提档升级和农村公路改善工程有力推进,公路网规模显著扩大,总里程达32.1万km,居全国第一;高速公路总里程达6519km,跃居全国第二,共形成18条进出川高速公路通道。民航机场建设快速推动,民用运输机场达13个,机场网络体系更加完善。内河水运建设有力推进。岷江犍为航电枢纽开工建设,嘉陵江四川段全江渠化基本完成,"四江六港"除乐山港外全部建成,泸州港已发展成为具备百万标箱生产能力的国家内河主要港口。

第一节 四川省情与经济发展

一、四川省经济发展简况

四川省位居长江上游,地处西南内陆,区位上有不沿边不靠海的先天不足,但具有独特条件和巨大潜力。四川省毗邻滇、黔、渝、陕、甘、青、藏等省(自治区、直辖市),是西部特别是西南地区各种生产要素和商品的重要集散地,是承接华南华中、连接西南西北、沟通中亚南亚东南亚的交通走廊。

20世纪80年代,四川省经济总量不断扩大,经济保持较快增长,综合实力显著提升。1990年全年完成地区生产总值1091.7亿元。"八五""九五"期间,四川经济社会稳定发展,1995年全省生产总值达到3534亿元,2000年全省生产总值达到4010亿元。"十五"期间,四川经济社会发展取得显著成效,经济总量跨上新台阶。5年平均增长11.2%,比"十五"8%的计划目标高3.2个百分点。2005年全省生产总值达到7385.1亿元,人均生产总值突破1000美元,达到9060元。全省地方财政一般预算收入达到479.5亿元,年均增长15.4%;规模以上工业企业实现利润达到321.9亿元,年均增长29%。"十一五"期间,四川地区经济快速发展,5年全省地区生产总值年均增长13.7%,2010年达到1.69万亿元。结构调整步伐加快,工业化、城镇化、农业现代化水平不断提高。基础设施建设成效显著,西部综合交通枢纽建设取得重大进展。生态建设和环境保护取得明显成效。

"十二五"期间,四川全面深化改革,推进"两个跨越",加快推进结构调整和转型升级,进入经济从高速增长转为中高速增长的发展阶段。主动适应经济新常态,经济保持平稳较快发展,转型升级加快推进,民生和社会事业全面进步。四川经济总量迈上新台阶。2011年,四川跻身全国"两万亿俱乐部",地区生产总值达21026.7亿元,2015年经济总量超过3万亿,达到30103.1亿元,用4年时间再上一个万亿台阶。占国内生产总值的比重明显提升,由2010年的4.2%提高到2015年的4.45%,提高了0.25个百分点。全省生产总值在全国各省(自治区、直辖市)的排位由2010年的第8位上升到第6位。2011—2015年,四川生产总值年均实际增长10.8%,增速比全国高3个百分点。人均水平稳步提高。

2010年,四川省人均生产总值超过2万元,2013年超过3万元,2015年达36836元,是2010年的1.7倍,年均增长10.6%。与全国差距逐步缩小,从2010年的相当于全国水平的69.3%提高到2015年的74.6%,提高了5.3个百分点。

2016年,四川全年主要经济指标好于预期、高于全国,地区生产总值达到32680.5亿元,增速达到7.7%,超过全年预期目标0.7个百分点,高于全国1个百分点,经济运行保持在合理区间。工业增长稳中向好,企业效益有所改善。全年全省规模以上工业增加值同比增长7.9%,增速与上年持平,比全国平均水平高1.9个百分点。企业产销衔接状况较好,规模以上工业企业产品销售率较去年同期回升0.2个百分点;出口交货值同比虽下降13.3%,但较2015年同期回升2.5个百分点。投资出现企稳迹象,投资结构不断优化。全年全省固定资产投资(不含农户)同比增长13.1%,增速较2015年同期提升2.9个百分点,比全国平均水平高5个百分点。三次产业投资保持两位数增长,其中,工业投资增速10.9%,比2015年同期回升8.2个百分点。市场消费平稳增长,高于全国增幅有所收窄。全年社会消费品零售总额同比增长11.7%,比全国平均水平高1.3个百分点,但增幅有所收窄。农村消费市场潜力不断释放,全年全省乡村消费品零售额增长12.5%,城镇消费品零售额同比增长11.5%,乡村消费增速持续快于城镇1个百分点。消费价格指数走高,工业生产者价格由负转正。全年全省物价保持温和低位运行,全省居民消费价格(CPI)同比上涨1.9%,涨幅比2015年同期高0.4个百分点,总体涨幅仍在相对温和区间。八大类商品及服务项目价格呈现"七涨一跌",其中食品烟酒消费价格同比上涨4.1%。工业生产者出厂价格(PPI)同比下降1.1%,降幅比去年收窄2.5个百分点;工业生产者购进价格(IPI)下降1.2%,降幅比去年收窄2.1个百分点。

二、四川高速公路建设的重要性

1. 高速公路的建设是促进四川经济社会发展的需要

高速公路事业的蓬勃发展,对于拉动四川省经济迅速增长,调整生产力布局、改善产业结构,促进区域、城乡协调发展;增加农民收入、提高欠发达地区人民群众的生活水平、促进社会和谐发展;满足战略物资和军用物资的运输需求;满足城乡人民日益增长的客货运输需求,发挥了极其重要的支撑作用。

据测算,我国每亿元高速公路的建设投资,能直接带动社会总产出近3亿元。随着成渝、成德绵等城市群经济圈的逐步形成,大量新兴产业群体以高速公路为依托,以外向型经济为主体,成为新的经济增长点。

高速公路远辐射和快捷舒适的运输条件,促进了运输组织结构的改善和运输领域的拓展。长途卧铺客车客运、冷藏保鲜运输、集装箱运输、大件运输等特种运输依托高速公路迅速发展,带动了运输市场、运输方式的革命性变化。高速公路构建起西南陆路出海大

第一章 概述

通道建设。经贵州,进广西,直达海边城市北海,原来需数天的路程,如今20多个小时就可到达。高速公路的快速发展,大大缩短了区域时空距离,加快了区域间人员、商品、技术、信息的交流速度,有效降低了生产运输成本,在更大空间上实现了资源有效配置,拓展了市场,对提高企业竞争力、促进四川省经济发展和社会进步都起到了重要的作用。

2. 高速公路是综合运输体系的重要支撑

高速公路是综合运输体系中不可缺失的重要组成部分。高速公路的发展使陆路运输在综合运输体系中的地位与功能发生了根本性转变。1988年,中国大陆第一条高速公路——沪嘉高速公路建成通车时,利用道路运输方式完成的全社会公路货运量、客运量在综合运输体系中所占的比例分别是80.3%和74.6%;而到2002年,这两项指标已分别被改写为91.6%和76.3%。道路运输已逐步发展成为服务范围最广、承担运量最大、发展速度最快的一种运输方式。而国际经验表明,一国公路投资支出在基础设施支出中所占比例是随国内生产总值的增加而递增的。这也从一个侧面反映出道路运输在发达国家综合运输发展中的上升趋势。

20世纪末期,四川省大中城市逐渐形成了以高速公路为主体的快速便捷的干线道路运输通道。依托这些高效率通道,陆路运输具有的"门到门"服务的比较优势更加明显,道路运输的潜力得到了有效释放,迅速成为适应现代经济发展需要的骨干运输方式。高速公路在综合运输体系中的基础性地位为国民经济与社会发展提供了更有力的支持保障。

同时,高速公路的发展也为其他运输方式发挥优势提供了重要的支撑平台。公路路网密度最大、通达深度最高、辐射范围最广。所有交通运输方式的高效运行均需要高速公路和与之连接的陆路运输为其提供高效率的集散条件。因此,作为道路运输体系有效运行基础的高速公路,在建立高效综合运输体系中具有极其重要的作用,是建立高效综合运输系统和实现运输资源在全社会优化配置的重要基础。

3. 积极建设高速公路是适应国家区域发展新格局的需要

21世纪初,国家开始统筹实施"四大板块"和"三个支撑带"战略组合,区域总体发展战略向纵深推进。在西部开发、东北振兴、中部崛起、东部率先的总体发展规划格局下,四川作为"一带一路"和建设长江经济带的重要交汇点和支撑点,具有东融西进、南联北接、海陆双向开放的战略地位和独特优势。主动融入国家战略,密切与世界发达经济体、国内主要经济区合作,培育开放型经济新优势,是四川省在"十三五"期于更大范围内整合资源、提升发展水平的必然选择。为支撑全方位对外开放新格局,融入国内及全球经济,要求以形成能力更强、效率更高的进出川综合运输大通道,加快衔接"一带一路"国际运输大通道,加速形成长江经济带综合立体交通走廊,需要进一步强化与相邻省份、国内重要经济区高速公路通道的互联互通。

"十三五"时期是全省在新常态背景下谋发展、在融入国家发展战略中抢机遇、在服务全省发展战略中强支撑、在深化改革中寻突破的挑战和机遇并存的关键时期,对高速公路发展提出了更新、更高的要求。随着各区域间及区域内城际间的人员、物资等要素流动日趋频繁,迫切要求以高速公路通道为重要载体,构建便捷高效的城际交通体系,实现经济区、城市群的优势互补、要素联动、共同发展。四川省高速公路建设和发展仍处于大有可为的战略机遇期。

第二节　综合运输与物流发展

一、综合运输

1990 年,四川省"七五"规划中的交通基础设施建设计划指标基本完成。青温、万南、隆泸、普乐地方铁路建成,达到 130km,增加 80km;公路通车里程达到 97000km,增加 7000km,建成二级以上公路 7 条 717km,建成 100m 以上的大桥 130 多座,公路建设大包干六项指标完成三项,公路路况明显好转,运输生产全面超额完成任务;完成成都、重庆、梁平、南充、泸州机场的新建和改扩建,航空线路达到 2069km,增加 1758km。

"八五"时期(1991—1995 年),四川省以综合运输网络建设为重点,坚持扩能改造和新建并重的建设方针。一方面对现有的铁路、公路等运输设施进行必要的改造,另一方面抓紧展开新的建设布局,特别是对四川乃至西南发展关系重大的铁路建设布局。以中心城市为依托,以公路建设和内河航道整治为重点,辅以省内中小机场的建设改造,开始逐步形成以航空为点,以铁路为线,以公路为网并辅以长江黄金通道的综合运输主骨架,横贯东西纵贯南北的综合运输网。

"八五"时期交通建设成果巨大,是四川省地区经济和社会发展最突出的成就,在四川交通发展史上写下了崭新的一页。"八五"计划的各项主要任务均超额完成,建成全省"人"字形公路主骨架和长江水运主通道。5 年中,全省新改建公路 10458km,其中新建 3508km,改建 6950km,公路总里程达到 100724km,其中等级公路 59707km,占 59%,比"七五"末增加 5 个百分点;二级以上高等级公路达 2876km,比"七五"末增加 2082km;内河航道总里程 7904km,整治航道 232km,渠化航道 71km,新改建 20 万 t 以上的港口码头 19 个,新增港口吞吐能力 250 万 t;交通建设和改造投入 123 亿元,是"七五"的 2 倍;建成全省第一条高速公路——成渝高速公路,达(川)成(都)铁路、绵阳至乐山高速公路等一批交通重点建设项目相继开工,全省交通干线开始实现全面升级改造。

第一章
概 述

"九五"时期(1996—2000年),四川省集中力量,以建设方便、快捷、高效的现代化交通运输体系为目标,逐步建设布局合理的铁路、公路、航空、水运和管道等运输方式协调共生的综合交通运输体系。干线铁路基本实现电气化,内部网络有所加强,铁路运输能力大大提高;高速公路建设进程较快,其主通道、主骨架基本形成。公路路网构成中,二级以上公路比重明显提高;建成了由大件路、大件码头、大件航运及大件运输企业组成的大件运输系统;集装箱运输开始起步。四川省已成为西南地区的主要交通枢纽。

四川省境内铁路营业里程达2725km,占全国铁路营业里程的4%。形成了以宝成、成昆、襄渝、成渝铁路等干线铁路为骨架的铁路运输网。"九五"期间,先后建成并开通达成铁路、宝成南段复线、襄渝铁路达渝段和成昆铁路电气化;开工建设达万铁路、内昆铁路、内宜铁路电气化改造等工程;全省铁路复线从无到有,宝成铁路南段复线已开通运营293km。

四川省公路总里程达到90875km,居全国第三位,西部第二位,其中高速公路达到1000km,居全国第六位,西部第一位;一、二级公路达到9357km。形成了以国道主干线、国省道公路为骨架,覆盖全省的公路网。通乡公路比重已达99%。2000年全省汽车保有量已达214万辆。"九五"期间,加快了高速公路建设以及国省道、县乡公路改造步伐,先后建成的高速公路有:成绵路103km、内自宜路107km、隆纳路87km、成雅路145km、成乐路87km、成都机场路12km、成灌路41km、广邻路44km、达渝路罗江至大竹段77km、西昌至泸沽74km等;在建高速公路有成南路、绵广路、成都绕城路等12条,共756km。

水运航道里程达到6089km,占全国内河航道的5.5%,其中七级以上航道2143km。建成乐山大件码头、泸州集装箱码头完成主体工程及堆场等项目。

全省有民用营运机场7个,即成都双流国际机场、西昌、泸州、宜宾、南充、达州、广元机场。"九五"期,加快了以成都双流国际机场扩建工程为重点的全省民用机场建设步伐。

"十五"时期(2001—2005年),四川省按照统筹规划,合理安排,以公路建设为重点,加强公路、铁路、港口、机场、管道建设的原则,努力完善四川省综合交通运输体系。

"十五"期间,四川省抓住西部大开发机遇,大幅度增加交通基础设施投资,全省综合交通体系初步形成。长期以来制约四川省经济社会发展的交通运输"瓶颈"得到了明显缓解,开始全面建设现代综合交通体系。

"十五"时期,全省交通基本建设投资完成890亿元,其中公路投资706亿元、水运投资46亿元、铁路投资108亿元、民航投资30亿元。"十五"投资相当于"九五"计划全部投资总额的118%。

"十五"期间,四川省重点加强了进出川通道和交通枢纽建设,综合运输能力明显增强,初步形成以成都为中心的铁路、高速公路、干线航空线为主骨架的交通网络。

2005年底,全省进出川公路主通道已建成4条,在建7条,高速公路里程达到1759km,连接了全省17个市(州)和13个20万以上人口的城市,覆盖区域的人口、GDP约占全省总量的80%左右。全省公路通车里程已达11.6万km,其中二级以上公路达到1.4万km。

2005年底,达万、内昆、遂渝铁路新线和内宜铁路电气化改造工程完成,开工了襄渝铁路增建二线以及成都枢纽扩建工程。全省铁路营业里程达到2939km,其中铁路复线达到319km,电气化里程达到1992km,除达成铁路外,省内主要干线铁路全部实现电气化。

2005年底,完成成都双流机场飞行区和航站区北指廊建设,建成九寨黄龙、攀枝花、南充等支线机场,初步形成以成都双流机场为枢纽、连接全国大中城市的航空网络。全省民用机场达到10个,比"九五"末增加2个。

2005年底,嘉陵江航道渠化建设加快,泸州和宜宾枢纽港初具规模。全省航道通航里程达到1.12万km,新增500吨级以上泊位14个,500吨级以下泊位9个,运输管道达到1886km。

"十一五"时期(2006—2010年),四川省持续加大交通基础设施建设投资规模,综合交通体系建设重点是加强干线铁路、高速公路及交通枢纽,综合交通通道和枢纽建设,同时加快城际间快速交通、农村公路、运输服务、保障系统等建设。

"十一五"期间,全省交通基础设施固定资产投资完成3102.5亿元,是"十五"完成投资的3倍以上。各种运输方式新增里程近16万km。快速铁路和客运专线大规模开工建设。高速公路网络加快形成,国省干线公路、农村公路技术标准和通行状况明显改善。内河航道和港口建设加速推进。干支机场体系和航线网络初具规模。成都地铁加快建设。管道运输网络进一步完善。邮政服务能力显著增强。

2007年底,省委、省政府作出建设西部综合交通枢纽的重大战略部署,至"十一五"末期,四川省交通基础设施固定资产投资超过2400亿元,占"十一五"交通建设总投资的80%。先后开工建设成绵乐、成渝、兰渝等23个铁路项目,总里程超过2500km。先后开工建设广陕、广甘、达陕等30个高速公路项目,总里程达3137km。长江宜宾以下航道实现千吨级船舶昼夜通航,集装箱吞吐能力提升到100万标箱。双流机场第二跑道建成投入使用,成为全国第六个旅客吞吐量超2000万人次和第四个启用第二跑道的区域性枢纽机场。西部地区第一条地铁——成都地铁1号线建成通车。

2008年"5·12"汶川地震后,全省灾区交通基础设施开始大规模重建。全省纳入《四川省汶川地震灾后恢复重建规划项目实施计划(中期调整)》的交通基础设施灾后恢复重建项目共212个,总投资1219.71亿元。截至2010年底,已开工210个,占规划项目个数的99.06%,完成投资1010.83亿元,占规划投资的82.87%,基本完成交通灾后恢复重建目标任务。"十一五"末,成都至都江堰铁路、都江堰至映秀高速公路等一大批交通基础设施恢复重建项目提前建成并投入使用,灾区交通运输条件得到充分改善,服务水平全面超过震前水平,交通运输保障能力显著增强。

"十二五"时期(2011—2015年)是四川省综合交通运输投资规模最大、发展速度最快、发展质量最好、发展成效最佳的时期。高速铁路从无到有,高速公路市(州)全覆盖,港口集装箱吞吐能力实现翻番,成都双流机场跃升全国四大航空枢纽,邮政快递业务量呈爆发式增长,交通建设扶贫和灾后重建工作有序推进,交通运输各领域改革发展都取得了显著进展,四川省现代综合交通运输体系具备坚实基础,全省综合交通网络形成。

"十二五"期,全省综合交通基础设施建设完成投资8400亿元,是"十一五"期的2.9倍。综合交通线网总里程达33.1万km,基本建成了连接内外,覆盖城乡的综合交通网络。

铁路建设取得历史性突破。成绵乐、成渝高速铁路相继建成通车,实现了高速铁路从无到有的历史性突破。遂渝二线、兰渝铁路、成灌铁路彭州支线等建成通车,铁路建设进程明显加快。全省铁路营业里程达4442km,其中高速铁路586km。铁路复线率、电气化率分别达到42.9%和80.7%。

公路建设实现跨越式发展。公路网总里程达31.5万km,居全国第一。形成了18个出川高速公路通道,高速公路通车里程达到6016km,实现所有市(州)均有高速公路建成或在建的历史性突破。国省道布局更加完善,连接所有县(市、区)和85%的乡镇。农村公路覆盖水平显著提升,建制村通达率达99%,乡镇、建制村通硬化路分别达95.8%和84.4%。

水路建设稳步推进。"四江六港"基本建成,水运主通道能力和内河港口吞吐能力不断提升,Ⅳ级及以上航道总里程达1321km,千吨级泊位总数达到60个,集装箱吞吐能力达233万标准箱。泸州港发展成为具备百万标箱生产能力的国家内河主要港口。

民航建设全面加快。稻城亚丁、阿坝红原两座高原机场建成通航,全省民用机场数量达到13个,形成了"一主十二辅"的机场网络体系,成都双流国际机场第二跑道和新航站楼建成投入使用,枢纽地位得到巩固和加强,成都天府国际机场开工建设。

城市轨道建设全面提速。城市轨道交通运营里程达88km,新建成成都地铁2号线、1号线南延线、4号线等3条线路,实现成都主城区至双流、郫县、龙泉驿等周边卫星城的快速连接。

枢纽站场建设加快推进。综合运输衔接水平不断提升,成都东、成都南、德阳北、眉山东等一批具备铁路、公路、城市公交一体化衔接功能的综合客运枢纽投入运营。成绵乐客运专线双流机场站成为全国最大的地下高铁站。新建成新都传化物流园、青白江内陆无水港等一批物流园区。除甘孜、阿坝外所有市(州)建成一级客运站,80.3%的县(市、区)建有二级及以上客运站。

2016年，四川省加快实施《四川省高速公路网布局规划》《普通国省道网规划》和12个专项工程，着力提升交通运输管理服务水平。一大批事关四川长远发展的重大项目开工建设，成渝客专、成绵乐客专、兰渝铁路四川段相继建成投产，成渝地区城际铁路网启动建设，全省运营和在建里程超过6600km，其中运营里程4593km，位居西南第一；高速铁路达586km；共形成9条进出川铁路通道。成自泸、巴广渝、遂资眉等高速公路建成通车，雅康、汶马、绵九高速公路开工建设，实现高速公路市（州）全覆盖，普通国省干线公路提档升级和农村公路改善工程有力推进，公路网规模显著扩大，总里程达32.1万km，居全国第一；高速公路总里程达6519km，跃居全国第二，共形成18条进出川高速公路通道。成都天府国际机场全面开工，形成国家级国际航空枢纽；稻城亚丁、阿坝红原机场建成通航，民用运输机场达13个，机场网络体系更加完善。岷江犍为航电枢纽开工建设，嘉陵江四川段全江渠化基本完成，"四江六港"除乐山港外全部建成，泸州港已发展成为具备百万标箱生产能力的国家内河主要港口。

二、物流发展

物流概念起源于美国，美国市场营销学者阿奇·肖于1921年在《在市场流通中的若干问题》中第一次提出了"货物配送"（Physical Distribution）概念，由于概念范围狭窄，因此Logistics的概念应运而生，与美军战时供应中提出的后勤管理（Logistics Management）概念中Logistics字面相同，但意义已经完全改变，前者是基于企业产供销等全范围、全方位物流的问题。中国20世纪80年代以前没有使用"物流"概念，也没有物流理念。

1979年6月中国物资工作者代表团参加日本第三节国际物流会议，回国考察报告第一次引用"物流"概念。1989年4月第八届国际物流会议在北京召开，"物流"一词开始普遍使用，也在四川得到了认可。1995年开始，四川省一些流通企业开始涉足物流供应链服务，一些道路运输企业开始用物流术语命名。1996年，省交通厅运管局与成都市联运公司共同投资在卷烟厂附近9.7382公顷土地建设成都市物流中心。2000年5月，成都市成立物流协会，是四川省范围内成立最早的物流行业社会团体，协会立足于服务企业、服务行业、服务政府、服务社会等方面开展工作。2001年4月，中国首次颁布并实施《中华人民共和国国家标准物流术语》（GB/T 18354—2001），将物流（logistics）定义为"物品从供应地向接收地的实体流动过程。根据实际需要，将运输、储存、装卸、搬运、包装、流通加工、配送、信息处理等基本功能实施有机结合。"2003年10月，成都市人民政府在全国率先成立"成都市现代物流业发展领导小组办公室"，办公室设在经济贸易委员会，重点推进物流发展工作。2004年，成都市物流办组织编制物流发展规划，确立建设以"一网二平台（物流网络、公共物流信息平台、交通运输基础设施平台）、三园区四中心、若干个物流服务站"为主要内容的现代化物流业发展框架体系，在3～5年内将成都打造成为西部重要的现代物流中心。根据成都市现代物流业发展规划纲要,成都将在具备多式联运条件的航空铁路枢纽附近,建设基础设施完善、功能配套的3个国际性枢纽型的物流园区:依托成都双流国际机场建设辐射西部地区的成都航空物流园区,依托成都铁路集装箱结点站建设辐射西部地区的成都国际集装箱物流园区,依托成都铁路枢纽散货站建设辐射西南地区的成都清白江物流园区。在新建的物流园区内将建立保税物流区,以保证外商保税展出商品的关税优惠。

2004年8月5日,公安部、国家发展和改革委员会、国家工商行政管理总局、国家税务总局、海关总署、交通部、中国民用航空总局、商务部联合印发《关于促进我国现代物流业发展的意见的通知》(发改运行〔2004〕1617号),首次提出促进物流发展的思路、目标、政策措施,并明确"物流企业是指具备或租用必要的运输工具和仓储设施,至少具有从事运输(或运输代理)和仓储两种以上经营范围,能够提供运输、代理、仓储、装卸、加工、整理、配送等一体化服务,并具有与自身业务相适应的信息管理系统,经工商行政管理部门登记注册,实行独立核算、自负盈亏、独立承担民事责任的经济组织。"2006年,修改并颁布实施的《中华人民共和国国家标准物流术语》(GB/T 18354—2006),将物流(logistics)定义为"物品从供应地向接收地的实体流动过程。根据实际需要,将运输、储存、装卸、搬运、包装、流通加工、配送、回收、信息处理等基本功能实施有机结合。"四川加快了现代物流发展步伐,并因长江水道与国道公路干线和铁路干线的相互交汇衔接贯通,成为中国西部地区和长江上游的经济大省,是西部地区铁路、公路、水路、航空和管道五种运输方式的重要通道。成都作为四川省的省会城市,于2004年3月向国家民航总局申请开放成都第五航权,并在2004年4月20日开通蓉深铁路货运五定班列,是继1997年开通成都至上海五定班列后的第二条铁路货运五定班列。2004年7月1日,成都市人民政府发布《成都市现代物流项目用地实施意见》,解决了物流用地供给问题,并为招商引进先进物流企业提供了土地优惠政策依据。2004年7月28日,开通成都至巴黎的客运航线。2004年9月6日,国际物流技术大会在蓉召开,为四川与国际物流技术对接,建设西部物流中心打造交流平台。2005年8月3日,中国东方航空公司正式开通成都经上海至洛杉矶等7条国际航线。2005年9月15日,中国南方航空公司正式开通成都经广州至槟城等6条国际航线。2005年12月18日,中国国际货运航空公司与德国汉莎航空公司正式开通成都经北京至法兰克福的货运航线。2006年5月1日,荷兰皇家航空公司开通成都至阿姆斯特丹的国际直飞客运航线。2006年6月,中国国际航空公司西南分公司开通成都经北京至法兰克福等6条国内—国际联程航线。2007年3月6日,开通首尔经成都至欧洲货运航班,成都第五航权首次开放。2008年3月1日,开通成都至菲律宾马尼拉航线。2009年3月30日,开通成都至巴基斯坦卡拉奇的直飞航线。2009年12月1日,成都市人民政府与翡翠航空签订开通香港经成都至欧洲的货运航线合作协议。2009年5月26日,成都市人民政府与中国国际航空公司、四川省机场集团签订共建成都航空枢纽的战略合作框架协议。2009年5月31日,成都市人民政府与深圳航空签订加快推进深航成都运营基地建设的战略合作框架协议。2009年9月30日,双流机场第二跑道建成并试飞成功,成都成为中西部首个拥有两条机场跑道的城市。

2005年10月12日,FedEx(联邦快递)在蓉设立分公司。2005年12月2日,中国首家韩国物流中心在蓉成立。2006年8月,成都市物流办在广州、厦门、青岛、新加坡举办成都物流招商投资说明会。2007年5月,成都市物流办制发《关于物流园区(中心)建设项目实行登记备案制度的通知》。2008年11月,成都市获中国物流与采购联合会颁发的"中国物流中心城市杰出贡献奖"。2008年11月12日,成都市人民政府与中国交通运输协会联合举办第四届中国国际物流节。2009年3月26日,成都保税物流中心(B型)通过国家验收,正式封关运行。

2008年11月,成都市人民政府发布《成都市道路货运站(场)管理办法》。2009年8月,《成都市道路货运场站布局规划》编制完成。2009年3月,航空物流园区口岸联检大楼正式投入运营。2009年10月,成都市人民政府分别与泸州市、乐山市人民政府签订成泸、成乐两市物流合作框架协议。2010年5月1日,亚洲最大的成都铁路集装箱中心站正式投入运营,成昆货运外绕线正式开通。2010年5月,西南成都物流中心"大合仓"项目由新加坡叶水福物流集团正式启动运营,城市配送试点工作正式启动。

2010年9月,开通成都至上海、深圳铁路货运提速测试班列,均实现60小时内直达,较原运行时间缩短近2天。2010年10月,开通成都经阿拉山口至欧洲铁路货运测试班列。2010年10月18日,成都高新综合保税区获国务院批准设立。2011年6月23日,成都市物流办与盐田国际集装箱码头公司在蓉联合举行"新蓉深集装箱五定班列及盐田国际集装箱码头推介会"。新蓉深集装箱五定班列将从7月12日起试运行,全程运行时间由原90小时缩短至60小时。为富士康的电子制造企业进入四川创造良好的物流环境。

2008年四川省委九届四次全委会召开以后,确立了全面推进西部物流中心建设的战略目标,2009年成都市在完善全市物流发展规划、加快物流集中发展区建设、推进重大物流交通基础设施建设、完善全市口岸体系、开通国际航线、物流招商、实施货运结构调整、快递业发展等方面取得成效。在省政府和相关部门的共同推进下,成都市完成物流固定资产投资44.9亿元,较2008年增长50%;新引进物流投资项目13个,协议投资金额51亿元,其中过亿元物流投资项目10个;新开通4条国际直飞航线;新都物流中心一期建成投入使用,航空物流园区(含双流物流中心)基本形成100.05公顷流园区,新津物流园区全面启动基础设施建设,机场二跑道建成投入使用,成都物流步入快速发展时期。新都物流中心传化物流基地项目和物流仓储配送区8个物流项目30万m^2标准化仓储设施建成投入运营,2009年5月20日物流中心正式开园,一期项目基本建成。成都保税物流中心正式批准成为保税物流中心(B型)并通过国家有关部委验收,正式封关运行。成都航空物流园区全面完成土地拆迁和道路管网等基础设施建设,建成口岸综合大楼和快件作业中心、嘉里大通成都物流中心和新地新华一期项目,上海新杰、圆通速递完成主体工程建设,中外运、中国邮政项目实现开工建设。成都国际集装箱物流园区形成200.1公顷物流用地的承载能力、保税物流功能区实现开工建设。青白江物流园区完成园区73.37公顷的用地拆迁,启动园区一批次道路管网设计招标工作。新津物流园区完成园区起步区46.69公顷土地拆迁和普兴货站用地拆迁,道路等基础设施开工建设,园区外联道路兴物1路和兴物6路形成通车能力。龙泉物流中心内部"三横五纵"道路基本形成通车能力,园区路网体系初步形成;宝湾(龙泉)国际物流中心(一期)项目和成都中融物流园项目主体工程开工建设。武侯区西南物流中心项目完成一期19万m^2立体仓库主体工程建设,进入设施安装阶段。协调、推进物流重大交通基础设施建设,强力推进机场第二跑道农户和企业拆迁,抓住关键衔接工程保工期,改变施工作业组织方式保进度,在2009年9月30日完成二跑道建设,12月18日实现机场第二跑道的正式投入使用。加强成都铁路集装箱中心站的建设协调,完成集装箱中心站站坪、轨道、站房的建设,全面完成装卸设备安装投入使用;新兴货站、普兴货站和成昆铁路货运外绕线实现开工建设;积极协调大弯货站提前单独建设并启动经济开发区铁路专用线建设方案论证工作;抓住川陕路改造的契机,积极呼吁推动货运大道绕城立交的建设和大件路三河场收费站的外迁工作。加快成都口岸体系的建设,通过市政府协调成都海关,提出完善成都口岸设施的建设方案,协调确立建设成都综合保税区、成都保税物流中心、航空口岸、铁路口岸、公水联运口岸等海关集中监管区。完成成都保税物流中心(B型)的验收并封关运行,协调口岸联检单位集中入驻成都航空物流园区,集装箱物流园区口岸联检大楼实现开工建设,龙泉物流中心公路口岸建设方案通过评审,成都综合保税区申报工作得到深入推进。

抓住机场第二跑道建成投运的有利时机,积极推进成都与国内航空公司的战略合作。2009年成都市政府与国航、机场集团签订共建成都航空枢纽的战略合作框架协议;与深航签订加快推进深航成都运营基地建设的战略合作框架协议;与翡翠航空签订开通香港经成都至欧洲的货运航线合作协议;与商飞、川航进行战略合作,重组鹰联航空,成立成都航空公司。加强与航空公司的合作,开通更多的国际航线,扶持成都至阿姆斯特丹国际直飞航线的发展壮大,签订了2009年夏秋季每周四班的补充协议;与国航合作,开通了成都至巴基斯坦卡拉奇的直飞航线,初步议定于2010年2月27日开通成都至印度班加罗尔直飞航线;引入亚洲航空,开通成都至吉隆坡直飞航线;同翡翠航空合作,开通了香港经成都至欧洲、中东的2条货运航线;加强同台湾华航、长荣航空的合作,实现了台湾天天飞航班。此外,还与日本全日空、阿联酋航空、卡塔尔航空就开通成都至东京、迪拜、多哈国际航线进行了合作洽谈。

利用南京第五届中国国际物流节、厦门第六届海峡两岸四地物流合作与发展大会、东北地区物流联盟大会、韩国官民赴华物流考察团考察活动和成都—深圳2009物流企业交流合作发展座谈会,向中外物流企业推介成都物流投资环境;利用国内40多个城市物流代表团来蓉考察的时机,推介成都建设西部物流中心的做法和政策,扩大成都建设西部物流中心的影响力。联合国家民航总局举办西部机场推介会,向美国、日本等14个国家航空公司推介西部航空枢纽的建设进度和发展潜力,为成都引进国内外知名物流企业和开辟新航线做好推介工作。新引进中储货物仓储分拨中心、外运发展成都空港物流中心、四川物流成都航空港物流运营中心、中储粮物流项目等10个投资过亿元物流项目。新引进中储粮、远成集团、中铁八局、民生物流、长久物流等8户知名物流企业入驻成都。在2009年中国国际物流节上,成都再次荣获物流中心城市杰出成就奖,新都物流中心、成都航空物流园区和成都国际集装箱物流园区获得"中国物流园区50强"称号。

按照现代物流业发展对道路运输行业结构调整的要求,大力推进货运行业的结构调整。完成《成都市道路货运站(场)管理办法》的报批工作,完成《成都市中心城区物流配送车辆技术规范》的制定工作,完成《中心城区集中配送车辆统一外观标识》的设计工作。积极协调金牛区、成华区政府推进川陕路沿线货运停车场站的整合外迁;同新加坡叶水福物流签订投入400辆标准化城市配送车辆的合作协议,同泸州市签订两市物流合作战略协议,推动成都至泸州港城际集装箱货运班车的开行,联合泸州市向省交通运输厅上报开通成都至泸州城际集装箱货运班车给予通行费优惠的请示。研究解决制约快递业发展的"三难"问题,为10家重点快递物流企业发放132个成都快递车辆专用标识,建立了成都快递车辆专用标识发放审查、监督管理的长效机制,较好地解决了影响快递业发展的瓶颈问题,极大地促进成都市快递业的发展。加大重点工商企业货物运输和重大建设项目设备运输保障工作力度,建立了与市农委、市经委、市商务局等单位联动协作机制,加强与铁路部门的协调和衔接,为攀成钢、川化、南玻、台玻等重点企业提供了铁路运力保障,协调帮助嘉理大通物流公司成功完成了成都京东方项目所需的国际设备批量运输任务,承担8次特大件运输的组织工作。2012年10月12日,成都市物流协会和成都零售商协会受市商务局、市物流办的委托,召开有红旗连锁、互惠商业、舞东风、WOWO便利等8家商贸流通企业以及圆通快递、申通快递、随时随递、京东商城、DHL、中铁快等9家物流企业参加的"快递包裹代存代取企业洽谈会",会议探索物流企业与商贸超市共同加快快递业发展的新模式和新方法。对于成都现代物流业发展的新举措受到了业界的普遍关注和参与。

2010年,特别是中共四川省委十届三次全会以来,全省物流行业以"降成本、提效率"为目标,推进物流管理资源、市场资源整合,编制完成《四川省物流园区发展规划》《四川省物流业发展中长期规划(2015—2020年)》《四川省"十二五"农产品冷链物流发展规划》,提出全省"一核、五极、多点"物流服务体系发展思路,并认真组织实施。推动出台《关于促进物流业发展的实施意见》《关于加快流通产业发展的意见》《加快航空物流发展实施意见》等系列政策性文件,为推动物流业发展奠定了基础。2016年前三季度全省社会物流总费用与全省生产总值的比率为17.7%,比2012年下降1.4个百分点。以成都双流国际机场为核心的中枢航线网络基本成型,航空物流领先优势初步确立,截至2016年11月底,成都双流国际机场总航线条数增至261条,其中国际(地区)航线91条,成都市国家级国际航空物流枢纽和航空第四城的地位进一步巩固;全面实施"蓉欧+"互联互通战略,2012年开行的中欧班列打通新欧亚大陆桥并逐渐实现稳定开行,截至2016年11月底,中欧班列年内共计开行415列,17017车;中亚班列开行47列;公路运输网络日趋完善,形成17条出川通道,以成都为中心的省际货运专线达380多条,实现对全国所有省会城市的覆盖;内河航运"四江六港"战略扎实推进,泸州港、宜宾港开通近洋航线实现四川省内河航运通江达海的目标。综合协调工作机制不断完善,近年来全省21个市(州)先后确定了物流主管部门,其中19个市(州)设立了物流办并落实了编制,省、市(州)、县(市、区)三级联动推进现代物流业发展机制初步形成。

按照"优化一核、发展五极、培育多点"的思路,全面推进综合交通运输体系与物流发展同步规划、同步建设,大力推广"物流港"发展模式,物流基础设施承载能力和区域物流综合服务能力显著提高,一批具备现代物流服务功能的园区(中心)相继建设并形成了运营能力。全省层次分明、功能互补的物流节点体系逐渐形成。截至2016年,全省建成运营和在建的各类物流园区达102个,较2013年增加22个。成都国际铁路港等多家物流园区被评为全国优秀物流园区,中国西部现代物流港入围首批国家级示范物流园区。口岸建设和通关一体化改革取得突破性进展。依托四川省公共物流信息平台,拓展全域通关物流服务功能,建设"三个一"通关服务平台、跨境电商物流服务平台,整合建设四川省地方电子口岸,完成关区统一的物流管理平台和物联网系统建设,实现全省所有口岸通关物流信息的实时交换和共享,实现了全省"一点报关、多点联动"发展目标,通关效率在中西部地区名列前茅。检验检疫与长江沿线所有省市实现了"出口直放""进口直通"。国际物流节点建设稳步推进。依托成都铁路口岸、成都青白江铁路保税物流中心(B型)建设成都青白江铁路无水港,推动成都市政府、成都青白江区政府和成都铁路局共同搭建了成都国际陆港运营平台公司,成功引进了中国外轮代理公司、中国远洋集团在川设立了区域总部,引进了厦门港、宁波港、盐田港、北部湾港及在其经营定期班轮的船公司在川设立了办事机构;成都双流国际机场依托成都航空口岸、国际快件分拨中心、成都空港保税物流中心(B型)建设集国际货代、全球采购、国际中转、国际分拨、产品展示等功能一体的国际货运基地。

坚持联动融合和创新发展,物流市场主体健康发展。一是注重发挥物流商协会组织的桥梁纽带、市场分析、行业自律等作用,通过搭建物流供需对接平台,实施联动工程,鼓励并支持制造业、商贸业、农业龙头企业整体剥离物流业务,积极引导物流需求社会化,推动物流市场主体通过合营、股权合作、交叉持股、引入资本财团、风险投资等模式向综合物流服务商、供应链管理商转型升级,第三方物流普及率得到较大提升,品牌物流企业迅速成长。四川长虹、川煤集团、四川交投等一批大型国有企业主动剥离了物流业务,成立了独立核算的第三方物流企业。四川物流发展成为区域内大宗物贸龙头,交投物流入股中国物流,伟经物流完成了全川的战略布局,宏图物流成功在"新三板"上市,一批具备综合物流服务能力的第三方物流企业正在兴起。截至2016年,全省规模以上物流企业已发展至近900家,A级以上物流企业135家。二是推进物流企业创新经营和发展模式。以物流信息互联互通为核心,以物流标准化为基础,以物流一体化为目标,大力发展多式联运,推动建立空地、铁路水路、公路水路、公路铁路、信息、甩挂、专线等7大物流服务联盟,以企业联盟化、联盟企业化为组织形式推动物流市场资源整合,降低物流管理协调成本,提升物流一体化运作水平。成都国际铁路港集装箱铁公水多式联运项目成功入选国家首批16个多式联运示范工程项目。三是积极推动交通运输供给侧结构性改革,落实"互联网+高效物流"专项工作,共同开展四川省无车承运人试点工作,确定拉货宝网络科技有限责任公司等13家企业为试点企业。

坚持技术进步和标准引领,物流现代化水平再上台阶。一是按照电子政务网与电子商务网融合的思路推进四川省物流公共信息平台建设,积极推进行业物流信息平台、企业物流信息系统与省平台对接数据,建设区域性物流大数据中心。平台电子政务 Alex(埃里克斯)排名位居国内同类网站第1位,电子商务网位居第2位,较好的整合了四川省物流信息资源,极大提升全省物流信息化水平,促进现代物流业的快速发展。物流公共信息平台建设运营的成功经验得到国家工信部、交通运输部的高度认可。二是积极推进物流标准化建设。制定并发布《四川省现代物流企业认定及分级标准》《四川省航空物流作业服务流程》《四川省铁路物流作业服务流程》等地方行业标准,完成《四川省现代物流示范地区(园区、企业)建设规范》地方标准、规范的起草工作,同时积极引导企业采标、贯标和对接国际标准。三是大力推广新能源、新装备、新技术在全省物流领域的应用。大中型物流企业中已普遍采用LNG、集装单元化、自动立体仓、分拣、条形码、全球定位等技术装备,全省物流的智能调度和全程控制水平不断提升。

坚持项目带动和民生保障,物流服务能力显著增强。一是精准对接国家促进现代物流业发展的政策措施,扶持物流通道和节点园区、服务体系、功能平台、市场主体培育等领域项目。从2012年省物流业发展促进资金设立以来,共确定实施重点物流项目314个(其中航空项目71个),财政专项资金10亿元(其中航空专项资金4.5亿元),撬动社会投资256.78亿元。加快开发支持物流企业创新的贷款模式、金融产品和服务,推动第四方物流金融服务平台建设,打造包括政府、金融机构、物流企业和平台营运商的四方互动机制和信息共享机制,破除物流企业融资难、融资贵。二是将革命老区、贫困山区及"三州"地区作为重点扶持对象,提升物流发展水平,着力改善其物流服务体系不完善、物流保障能力不足的落后面貌。凉山州开通全域公路货运班车,解决当地农资、农产品进出问题;甘孜州搭建了区域物流信息化平台;阿坝州汶川、红原等重要节点的物流园区建设项目稳步实施。三是加快推进城乡配送体系建设。编制《四川省城乡配送网点建设规划》并组织实施,将物流用地纳入城市总体规划,建设公益性的城市公共配送中心和末端分拨中心,加快农资农产品双向配送体系建设和城市共同配送经验模式的推广,逐步补齐全省农村物流短板、农产品物流短板、城市配送短板。四是做好应急物流保障工作。积极应对"4·20"芦山地震灾害,灾情发生后迅速启动应急预案,成都、攀枝花、乐山、眉山、凉山等市(州)物流主管部门和省物流重点联系企业迅速投入救灾工作,有力地保障了灾区救灾和物资需求。组织专家深入灾区调查,召开灾后重建规划编制工作会议,筛选确定44个灾后重建规划项目,按时完成灾后重建物流规划编制工作。四川被国家应急物流关键技术研究项目组推荐为全国示范应用地区。

坚持开放协作和合作共赢,物流对外交流不断深化。一是积极搭建交流平台,推动国际(地区)经贸物流合作。将西博会重要专项活动的中国国际(四川)物流博览会、四川口岸物流经贸物流合作大会打造成为具备国际化、专业化、品牌化的专业展会活动,成为增进全省与发达地区间物流交流合作,加快推进物流基础设施和重大物流项目建设,提高本土企业的现代物流与供应链管理能力的重要平台。二是以产业链的整合为轴心,积极推进"川、滇、藏、渝、黔、桂"跨境物流基础设施共建、营运共体,深化与东盟各国的经贸物流合作,打通南向出海大通道;着眼于经济结构、物流服务的差异性和互补性,主动加强与陕西、甘肃、新疆等兄弟省(区、市)的工作联系和协作,加快区域物流一体化进程。

2009年12月31日,交通运输部、国家发展和改革委员会、公安部、海关总署、保监会联合印发《关于促进甩挂运输发展的通知》(交运发〔2009〕808号),明确提出加快公路甩挂运输发展,降低物流成本,推动现代物流和综合运输发展,促进节能减排,提升经济运行整体质量,并提出减少挂车检验次数、调整挂车保险、完善甩挂车辆海关监管制度、调整通行费征收办法、推进甩挂运输车辆装备标准化、完善挂车证件管理、鼓励运输企业拓展运输网络等政策措施。

2010年交通运输部、国家发展和改革委员会联合下发《关于印发〈甩挂运输试点工作实施方案〉的通知》(交运发〔2010〕562号),在全国范围内开展公路甩挂运输试点工作。交通部道路运输司公布了第一批甩挂运输推荐车型的公告,许多网友对推荐车型提出了质疑,电话咨询了交通运输部汽车挂车质量监督检验测试中心,得到的答复是根据《甩挂运输试点工作实施方案》及《货运汽车及汽车列车推荐车型工作规则》两个文件制定的。

根据交通运输部办公厅、财政部办公厅《关于印发〈公路甩挂运输第二批试点工作方案〉的通知》（厅运字〔2012〕106号），四川成都长运朗勃物流有限公司甩挂运输试点项目纳入交通运输部第二批试点。2013年达运物流、宜宾安吉物流甩挂运输试点项目纳入交通运输部第三批甩挂运输试点，2014年欣联物流甩挂运输试点项目纳入交通运输部第四批甩挂运输试点，2015年成都金桥物流、攀枝花攀和工贸物流甩挂运输联盟专题试点项目纳入交通运输部第五批甩挂运输试点。至此，全国甩挂运输试点工作结束，全省有5个项目6家企业获得交通运输部甩挂运输试点资金支持。

2015年7月21日，交通运输部、国家发展和改革委员会下发《关于开展多式联运示范工程的通知》（交运发〔2015〕107号），要求紧紧围绕综合交通、智慧交通、绿色交通、平安交通建设，以物流大通道为主要依托，大力发展多式联运，构建以设施高效衔接为基础、站场快速转运为重点、各种联运形式竞相发展为路径、信息资源整合共享为支撑、设施设备及服务标准化为保障的多式联运组织体系，加快构建综合交通运输体系。2016年，四川省陆港物流有限公司牵头，泸州港航公司配合的多式联运示范工程项目获得交通运输部的确认。

2015年全省公路总里程达31.5万km，位居全国各省（自治区、直辖市）第一。"十二五"末，全省累计完成公路货运枢纽（物流园区）投资28亿元，规划7个货运枢纽项目全部建成或在建，争取中央车购税补助资金2.6亿元，成都新都物流园区（成都传化公路港）、达州公路物流港、广元上西物流中心等6个项目建成并投入使用。到2015年底，全省建成各类物流园区26个，在建物流园区76个，规划物流园区113个。

国家发展和改革委员会、财政部、商务部、国家税务总局、交通运输部、公安部、国家食品药品监管管理总局、人民银行、证监会、质量技术监督局等部门联合印发《关于进一步促进冷链运输物流企业健康发展的指导意见》（发改经贸〔2014〕2933号），大力提升冷链运输规模化、集约化水平，提高食品药品安全水平，满足冷链运输物流需求。四川省发展改革委组织编制《四川省冷链物流发展规划》。

截至2015年底，全省有道路货物运输经营业户31.7万户，占全国的4.4%，在全国各省（自治区、直辖市）中排第10位，其中企业经营业户14918户、占比4.3%，拥有车辆数超过100辆的有443户、占比3%，50～99辆的404户、占比2.7%，10～49辆的1933户、占比12.95%，5～9辆的1523户、占比10.2%，5辆及以下的10615户、占比71.15%。个体运输业户30.22万户，主要从事普通货物运输。

按照经营户类型分：货物专用运输经营业户2821户，集装箱运输经营业户183户，大型物件运输业户87户，危险货物运输业户345户，全部为企业经营，普通货运31.37万户。

全省有货运车辆52.02万辆，其中载货汽车51万辆，全省载货汽车大中小比例为38∶5∶57，专用车辆6.24万辆,占车辆总数的12.7%,在全国各省(自治区、直辖市)中排第8位。个体运输拥有载货汽车30.3万辆,运输企业拥有载货汽车20.7万辆。货运车辆中,大型货车185625辆,其中重型货车144399辆。

货运量13.59亿吨,占全国各省(自治区、直辖市)的4.22%,在全国排名第8位,增长6.3%,增幅在全国处于第14位,在综合运输体系中的占比为85.91%。货物周转量1531.34亿吨公里,占全国的2.44%,在全国排名第14位,增长12.4%,增幅在全国处于第5位,在综合运输体系中的占比为64.75%。平均运距112.68km,在全国排名第26位。

截至2016年底,全省有道路货物运输经营业户29.95万户,占全国的3.85%,在全国各省(自治区、直辖市)中排第10位,其中:企业经营业户14477户、占比4.83%,拥有车辆数超过100辆的465户、占比3.21%,50~99辆的502户、占比3.47%,10~49辆的1933户、占比13.35%,5~9辆的1956户、占比13.51%;5辆及以下的10615户、占比69.37%。个体运输业户28.47万户,主要从事普通货物运输。

按照经营户类型分:货物专用运输经营业户2343户,集装箱运输经营业户187户,大型物件运输业户148户,危险货物运输业户355户,全部为企业经营,普通货运29.70万户。

全省有货运车辆52.80万辆,其中载货汽车52万辆,全省载货汽车大中小比例为90:1:121,专用车辆8.78万辆,占车辆总数的16.88%。个体运输拥有载货汽车26.15万辆,运输企业拥有载货汽车25.85万辆。货运车辆中,大型货车196848辆,其中重型货车156151辆。

货运量14.60亿吨,占全国各省(自治区、直辖市)的4.37%,增长6.3%,在综合运输体系中的占比为85.48%。货物周转量1565.31亿吨公里,占全国的2.56%,增长12.4%,在综合运输体系中的占比为64.21%。平均运距113.45km。

2016年,随着多式联运示范项目的推进,全省"一路一代"推进项目成都铁路集装箱中心站集散货能力明显提升,蓉欧班列班次和货运量快速增长。据统计,全年蓉欧班列开行460列,去程291列、11927车,回程1269列、6931车。2017年1月~6月15日,蓉欧班列开行346列,去程204列、8364车,回程142列、5827车。

2016年8月,为贯彻落实党中央、国务院关于大力推进大众创业万众创新和推动实施"互联网+"行动计划的有关部署,鼓励无车承运物流创新发展,加快完善与新经济形态相适应的体制机制,提升服务能力,推进物流供给侧结构性改革,促进物流业"降本增效",交通运输部办公厅下发了《关于推进改革试点加快无车承运物流创新发展的意见》(交办运〔2016〕115号),经过省交通运输厅和省政府物流办组织专家遴选,以四川蜀亚通供应链管理有限公司为代表的13家具有组货和组车能力,信息化平台比较成熟的货运企业取得道路货运无车承运人试点资格。

2016年,全省社会物流总额60878.8亿元,按可比价格计算,比上年增长7.1%,增幅高0.5个百分点。从构成情况看,工业品物流总额42173.5亿元,比上年增长5.6%,增幅低0.2个百分点,占全省社会物流总额的比重为69.3%,在社会物流总额中的比重比上年降低1.4个百分点。农产品物流总额5820.8亿元,比上年增长2.1%,增幅与上年持平,占全省社会物流总额的比重为9.6%,占社会物流总额中的比重比上年提高0.1个百分点。进口货物物流总额(包括外省流入)为10755.7亿元,比上年增长13.1%,增幅提高2.2个百分点,占全省社会物流总额的比重为17.7%,占社会物流总额中的比重比上年提高1.1个百分点。再生资源物流总额为1558.3亿元,比上年增长14%,增幅提高2个百分点,占全省社会物流总额的比重为2.6%,占比提高0.2个百分点。单位与居民物品物流总额为570.5亿元,比上年增长31%,增幅提高16个百分点,占全省社会物流总额的比重为0.9%,占比提高0.1个百分点。

2016年,全省社会物流总费用5860.4亿元,比上年增长6.1%,增幅提高2.4个百分点。其中,运输费用为3115.9亿元,比上年下降1.7%,占社会物流总费用的53.2%,在社会物流总费用中的比重较上年下降4.2个百分点;保管费用为2204.2亿元,比上年增长19.6%,增幅提高2.3个百分点,占社会物流总费用的37.6%,占社会物流总费用的比重较上年提高4.2个百分点;管理费用为540.3亿元,比上年增长6.2%,增幅提高1.6个百分点,占社会物流总费用的9.2%,占社会物流总费用的比重与上年持平。

2016年,全省社会物流总费用与全省生产总值的比率为17.9%,比上年降低0.4个百分点,经济运行中的物流效率有所提升,但成本依然较高。

2016年,全省物流业实现增加值1941.07亿元,按可比价格计算,比上年增长8.6%,增幅高0.2个百分点。物流业增加值占全省生产总值的比重为5.9%,占全省服务业增加值比重为13.1%。

第三节　公路建设与运输方式演变

一、公路路网规划与建设

(一)公路网规划

按照国家公路行业规范,四川公路网分为五个层次:第一个层次是经过四川的国道路网,第二个层次是省道路网,第三个层次是县道路网,第四个层次是乡村公路网,第五个层次是专用公路网。

路网的规划依据交通部《公路网规划编制办法》《关于编制1991—2020年全国公路

网规划的通知》及《国家公路网规划（2013—2030年）》的基本原则，在交通运输部的指导下，分阶段同期编制。

2014年7月，四川省人民政府批准《四川省普通省道网布局规划（2014—2030年）》，对公路网的功能定位，明确规定为国家公路、省级公路和乡村公路三级路网，并据此进行规划、建设和管理。

国家公路：对应法律意义上的"国道"，包括国家高速公路和普通国道。主要发挥干线功能，承担国际间、区域间、省际间和城际间的公路客货运输。

省级公路：对应法律意义上的"省道"，包括省级高速公路和普通省道。主要发挥次干线功能，承担省域市（州）际间、县际间、县与重要乡镇间和部分省际间的公路客货运输。

乡村公路：包括法律意义上的"县道""乡道"，并包含纳入统计的村道。主要发挥集散和连接功能，承担县城与乡镇间、乡际间、乡村间及村落间的公路客货运输。

一级路网是连接省会成都至各市地州政府所在地的公路网络。行政等级是国道主干线、国道和省道。技术等级为高速公路和一、二级公路。国道由交通运输部规划，省道由省交通运输厅规划。

二级路网是国、省道和部分重要县道路网。以市地州政府所在地为中心，用高速公路、一、二、三级公路，连接市地州政府所在地至其所辖县城、重要工矿企业、重要港口码头。二级路网规划由省交通运输厅编制。

三级路网是一、二级路网以外的所有公路。由市地州交通运输部门编制规划。

省道是干线公路的重要组成部分，与国家公路一起共同组成省域干线公路网，是全省综合交通运输网络的重要组成部分。层次上包括普通省道和省级高速公路，并以普通省道为主。

省道和国家公路共同服务县级及以上行政节点，承担市州间、县际间和部分省际间的客货运输，发挥干线功能。同时，有效衔接国家公路和乡村公路，承担县市至重要乡镇间的客货运输及重要客货集散中心的集疏运，发挥集散功能。

普通省道与普通国道、乡村公路共同构成全省非收费公路体系，提供普遍运输服务，体现公路交通服务的公益性。省级高速公路与国家高速公路共同构成全省收费公路体系，提供高效率、高品质运输服务，体现公路交通服务的高效性。

（二）路网规划类别

1. 五年计划

中华人民共和国成立后，开始计划经济建设时期，经济建设规划主要以五年一次的规划方式为主。"一五"时期，主要解决甘孜、阿坝、凉山高原山区公路交通闭塞问题。"二五"时期，1958—1960年开始经济"大跃进"，在全省迅速地掀起声势浩大的群众性修建公路高潮，在"大跃进""左"的指导方针影响下推行"一网四化"经验，虽然不切合实际，但在客观上也促进了四川公路的大发展,四川省的通县公路大部分是此期建成的。1963—1965年,四川配合"三线"建设工程,成立省公路工程局,支援成昆、襄渝等铁路,攀枝花钢铁基地,水电站和国防公路的建设。"五五"时期,四川实行山、水、田、林、路综合治理,公路建设出现了蓬勃生机,成都梁家巷至天回镇10km路段改建为一级公路,实现了高等级公路"零"的突破。

2.公路中长期规划

20世纪80年代初期,国家计委、经委、交通部划定国家干线公路,四川入网9条7254km。同时四川省计经委、四川省交通厅划定省级干线公路40条11293km。形成以成渝两市为中心,以国家干线公路为骨架的公路网络规划方案。

此期编制公路网中长期规划有两次,分别是1991—2020年和2014—2030年。这两次路网规划编制深刻影响了此后的五年计划和专项工程计划。

20世纪80年代末,按照交通部《关于编制1991—2020年全国公路网规划的通知》要求,四川境内的国家级公路局部走向和省级公路网进行了调整。调整后国道主干线通过四川境内3条、支线2条计2089km(含重复里程173km),国道为9条计7153km(含重复里程397km),省道为40条计15130km(含重复里程768km)。

1997年,因重庆市、万县市、涪陵市、黔江地区合并设立重庆直辖市,四川省国道公路和省道公路网布局随行政区域变化进行局部调整。2000年,全国第二次公路普查资料显示:四川境内国道主干线2条626km;支线1条44.6km;国道8条6087km;省道36条11620km;县乡道69354km。

2013年,国务院批准《国家公路网规划(2013—2030年)》,四川省在原有8条普通国道的基础上,新增7条纵线、8条横线、9条联络线,普通国道规模由5500km调增为1.8万km;国家高速公路在原有8条的基础上,新增17条路线,由原3308km调增到8000km。2014年四川省人民政府批准了《四川省普通省道网布局规划(2014—2030年)》,普通省道布局方案由8条放射线、21条北南纵线、15条东西横线和71条联络线组成,由原规模1.3万km调增为2.3万km。四川高速公路网规划,经2011年修订,总规模由8600km调增为1.2万km。

2030年,四川省普通国、省道达到三级及以上公路技术标准,85%的路线达到二级及以上公路技术标准,重要通道的路线达到一级公路技术标准。其中普通国道95%以上的路线达到二级及以上公路技术标准,普通省道约80%的路线达到二级及以上公路技术标准。四川规划路网将与国家公路、省级高速公路共同形成覆盖广泛、能力充分、衔接顺畅、运行可靠的省域干线公路网络。

普通干线公路面积密度达8.5km/100km^2、人口密度达5.1km/万人,是规划调整前的2.4倍。路网连接全省所有县城、国家级省级重点镇,覆盖了约85%的乡镇和重要的旅游景区,全省绝大部分城乡居民可以直接享受到干线公路带来的便利。

实现重点乡镇、旅游景区、产业园区15分钟上普通干线公路,县城15分钟上国道。基本实现市(州)8小时内到达省会、相邻市(州)4小时内互通,三州以外相邻县城2小时内互通。规划方案加强了与周边省(自治区、直辖市)干线公路网的衔接,边界县市基本有一条以上省际出口路。区域时空距离明显缩短,全社会机动性显著提高。

四川五大经济区、四大城市群的城际公路网明显优化、互联贯通水平进一步提高,首位城市、区域中心城市对外辐射通道得到强化;秦巴山区、乌蒙山区、高原藏区、大小凉山彝区等贫困地区得到重点扶持,路网通达深度大幅提升,为缩小区域发展差距,增强区域间、民族间交流融合创造了更好的公路交通条件。

规划加强了与铁路、内河航道的协调配置,连接了全省17个机场、6个内河港口的主要作业区、重要的铁路站和物流园区,形成便捷高效的集疏运网络,为加快构建现代综合交通运输体系创造了条件。

路网应急保障能力显著提升,可靠性明显增强。路网化水平大幅提高,基本实现重要节点之间多通道连接,重要通道多线路组成。绝大部分县城实现2条以上国省道联通,3个以上方向的出口;灾害频发地区形成完善的生命线公路网络,抗灾及应急保障能力显著提高。

3. 公路网规划路线布局

(1)四川境内国家公路网路线布局

保留国道网原有8条:G108线北京—昆明、G210线满都拉—防城港、G212线兰州—龙邦、G213线策克—磨憨、G317线成都—噶尔、G318线上海—聂拉木、319线高雄—成都、G321线广州—成都。

新增国道网24条:G215线马鬃山—宁洱、G227线张掖—孟连、G244线乌海—江津、G245线巴中—金平、G246线遂宁—麻栗坡、G247线景泰—昭通、G248线兰州—马关、G345线启东—那曲、G347线南京—德令哈、G348线武汉—大理、G350线利川—炉霍、G351线台州—小金、G352线张家界—巧家、G353线宁德—福贡、G356线湄洲—西昌、G542线广元—万州、G543线青川—平武、G544线九寨沟—川主寺、G545线茂县—德阳、G546线纳溪—习水、G547线宜宾—兴文、G548线班玛—色达、G549线石棉—得荣、G550线越西—冕宁。

保留国家高速公路原8条:G5线北京—昆明、G42线上海—成都、G65线包头—茂名、G75线兰州—海口、G76线厦门—成都、G85线重庆—昆明、G93线成渝地区环线、G4201线成都绕城。

新增国家高速公路12条:G85线银川—重庆、G0511线德阳—都江堰、G0512线成都—乐山、G5515线张家界—南充、G8513线平凉—绵阳、G8515线广安—泸州、G4215线成都—遵义、G4217线成都—马尔康、G4218线雅安—康定、G5012线恩施—广元、G5013线重庆—成都、G7611线都匀—香格里拉。

新增国家高速公路展望线5条：G0611线张掖—汶川、G0615线德令哈—马尔康、G4216线成都—丽江、G4217线马尔康—昌都、G4218线康定—叶城。

(2)四川省道网路线布局

成都放射线8条：S101线成都—镇巴、S102线成都—大足、S103线成都—五通桥、S104线成都—瓦屋山、S105线成都—雅安、S106线成都—天全、S107线成都—平武、S108线成都—安县。

北南纵线21条：S201线龙泉(宣汉)—新街(开江)、S202线万源—御临(邻水)、S203线永安(通江)—岳池、S204线诺水河(通江)—华蓥、S205线广元—广安、S206线阆中—清平(武胜)、S207线仪陇—双龙(安岳)、S208线青川—九龙(邻水)、S209线前进(青川)—大安(安居)、S210线厚坝(江油)—屏山、S211线绵阳—视高(仁寿)、S212线球溪(资中)—高县、S213线井研—泸州、S214线石桥(泸县)—大坝(兴文)、S215线洪雅—安边(宜宾)、S216线水晶(平武)—邛崃、S217线红星(若尔盖)—金阳、S218线越西—鱼鲊(攀枝花)、S219线拖乌(冕宁)—普威(米易)、S220线阿坝—泸沽湖(盐源)、S221线泸沽湖(盐源)—攀枝花。

东西横线15条：S301线诺水河(通江)—瓦切(红原)、S302线漆树(宣汉)—梓潼、S303线上峡(宣汉)—万家(旺苍)、S304线通江—大坪(南部)、S305线拔妙(开江)—思依(阆中)、S306线永兴(遂宁)—北川、S307线明星(大英)—草坝(雅安)、S308线石子(内江)—宝兴、S309线渔箭(隆昌)—乐青地(越西)、S310线泸州—利店(沐川)、S311线九支(合江)—马边、S312线水口(古蔺)—蒿坝(筠连)、S313线桂溪(北川)—红原、S314线扎拖(道孚)—白玉、S315线葫芦口(宁南)—平地(攀枝花)。

联络线71条：S401线成都平原城市群联络线、S402线堰塘(万源)—沙滩(万源)、S403线厂溪(万源)—庙垭(万源)、S404线大竹—石子(大竹)、S405线渠县—鹤林(渠县)、S406线牟家(邻水)—罗渡(岳池)、S407线牟家(邻水)—伏龙(岳池)、S408线铁溪(通江)—南江、S409线巴中—坦溪(平昌)、S410线大滩(朝天)—秦家垭(青川)、S411线嘉川(旺苍)—苍溪、S412线贵福(渠县)—骆市(营山)、S413线宝石(梓潼)—蓬溪、S414线蓬溪—金鹤(射洪)、S415线响岩(平武)—江油、S416线三合(江油)—中江、S417线千佛山连接线、S418线安县—睢水(安县)、S419线芦溪(三台)—遵道(绵竹)、S420线什邡—红白(什邡)、S421线丹景山(彭州)—龙门山(彭州)、S422线九尺(彭州)—乐至、S423线仓山(大英)—童家(乐至)、S424线鸡冠山(崇州)—高家(仁寿)、S425线大邑—花水湾(大邑)、S426线龙台(安岳)—隆昌、S427线周礼(安岳)—自贡、S428线松江(眉山)—夹江、S429线洪雅—沙湾、S430线苏稽(乐山)—沙湾、S431线红星(名山)—灵关

(宝兴)、S432线宝兴—河口大桥(康定)、S433线泗坪(荥经)—冷碛(泸定)、S434线塔公(康定)—磨西(泸定)、S435线汉源—乌斯河(汉源)、S436线富顺—观斗(珙县)、S437线毗卢(泸县)—长宁、S438线得胜(泸县)—分水(叙永)、S439线虎头(合江)—丹林(泸州)、S440线下长(江安)—宜宾、S441线白鹿(合江)—福宝(合江)、S442线古蔺—黄荆(古蔺)、S443线龙头(长宁)—芙蓉山(珙县)、S444线石海(兴文)—筠连、S445线永和(九寨沟)—若尔盖、S446线尕里台(红原)—米亚罗(理县)、S447线卡龙沟连接线、S448线松坪沟连接线、S449线达古冰川连接线、S450线理县—小金、S451线金川—抚边(小金)、S452线求吉玛(阿坝)—茸木达(壤塘)、S453线马尔康—上杜柯(壤塘)、S454线色达—泥朵(色达)、S455线色达—阿察(白玉)、S456线马尼干戈—石渠、S457线石渠—洛须(石渠)、S458线白玉—甘孜机场、S459线巴塘—亚丁机场、S460线理塘—然乌(乡城)、S461线洞松(乡城)—古学(得荣)、S462线乡城—亚丁(稻城)、S463线香格里拉乡(稻城)—俄亚(木里)、S464线乐跃(德昌)—罗家坪(布拖)、S465线甸沙关(会理)—会理、S466线新市(屏山)—美姑、S467线山梭岗(雷波)—洛俄依甘(昭觉)、S468线会东—松坪(会东)、S469线烟袋(九龙)—木里、S470线二滩(盐边)—惠民(盐边)、S471线红果(盐边)—中坝(仁和)。

《四川省高速公路网规划(2008—2030年)》于2009年经四川省人民政府批准实施,确定全省高速公路网由16条成都引入线、5条北南纵线、5条东西横线和8条联络线组成,总规模8600km。为适应经济社会发展的新形式和新要求,2011年四川省对高速公路网规划进行了修订,新增规划路线3400km,调整后全省高速公路规划总里程达1.2万km。《四川省高速公路网规划(2014—2030年)》,规划路线总里程与2011年方案相同。

(3)县乡公路(农村公路)网

2005年2月,国务院印发《农村公路建设规划》,推进"畅通工程"和"通达工程",全面实现"油路到乡"和"公路到村"的目标。2006年7月,四川省人民政府印发《关于加快四川农村公路发展的实施意见》,进一步明确了"十一五"期农村公路建设的目标任务。2015年底,全省农村公路总里程达28.78万km,基本实现油路到乡、公路到村和具备条件的村通硬化路,建制村通达率达99%,乡镇、建制村通畅率分别达96%和85.8%,顺利实现规划目标,进一步提升了支撑服务农村经济社会发展的能力和水平。

"十三五"期,四川农村公路规划3.4万km,其中通乡油路3000km,通村硬化路3.1万km。撤并村道硬化路规划1万km。县乡道改善提升工程规划改造1.4万km。村道加宽工程规划拓宽改造3.9万km。渡改桥建设:规划渡改公路桥223座9.1万延米,渡改人行桥134座3.6万延米。桥梁改造完善工程规划实施3万延米。安保工程规划实施1万km。综上,"十三五"期规划新改造农村公路9.7万km。

(三)公路网建设

"一五"时期(1953—1957年),四川整治恢复公路74条3735km,新建康藏公路马岗段、成阿、宜西、沐石、东巴、渝南、达广、美峨、西巧、宜塘、龙郎、刷丹、西盐、岳北、阆苍、大邮、荣富等主要公路干线6341km,重点解决了甘孜、阿坝、凉山等民族地区的交通闭塞问题。

"二五"时期(1958—1962年),推广"一网四化"(即道路网,运输车子化、梭槽化、索道化、轨道化),掀起群众性建设公路高潮。1958—1960年,新建公路1.7万km,改建公路7662km。在省内腹心地带初步形成了纵横交错的公路网络,公路标准低,质量差,养护困难。

"三五"和"四五"时期(1966—1975年),全省修建公路两万多公里,这些公路太多在受"文革"干扰较小的边远山区和少数民族地区,主要修建了会老路、昭普路、甘新路、城万路、盐乌路、石华路、普洪路等,并完成了为铁路、机场、攀钢等"三线"建设服务的重点工程任务。在公路养护中推进了沥青路面的建设和发展。

"五五"时期(1976—1980年),四川5年新建公路两万多公里。成都梁家巷至天回镇10km路段改建为一级公路,实现了高等级公路"零"的突破。

"六五"时期(1981—1985年),四川公路建设实行修路与改路并举、普及与提高并举以提高为主的方针,使公路由"数量型"向"质量型"方向转变。推广南充收回公路留地,加宽改造公路的经验。1983—1985年全省拓宽公路3万多公里。眉山县动员13万群众,对全县公路进行全面整治,促进了城乡经济的快速发展,顺应了人民群众"要致富,先修路"的迫切要求。1984年3月,中共中央书记处调研室情况通报发表《四川眉山组织群众整修公路》调研文章。人民日报发表《修"致富路"》的评论员文章。同年12月,交通部在眉山召开现场会,向全国公路交通系统推广眉山整修公路的经验。同期集中财力相继建成了成灌、成温、成新、乐峨、川黔路四川段、汉渝路红双段等高等级公路。还实施了全省16个大中城市进出口公路的改造。

"七五"时期(1986—1990年),四川省重点发展高等级公路,修建了由德阳经成都抵乐山的"大件"公路,这是一条荷载大、技术标准要求高的高等级公路。还开工了成渝、大纳、绵江等高等级公路。在公路养护方面开展了标美路、整型路建设,到1990年底建成标美路1170km,整型路4105km。

"八五"时期(1991—1995年),四川省公路建设的重点是抓两头:一头是"人"字形主骨架高等级公路,一头是贫困地区通道建设。实施了"三路两桥"建设,即成渝、川陕、内宜高速公路及万县、涪陵长江大桥的修建。1995年9月,成渝高速公路如期竣工通车,结束了四川没有高速公路的历史。

第一章
概 述

"九五"时期（1996—2000年），四川省高速公路建设速度加快，新建成广安至邻水、达州至大竹、泸州至纳溪、成都至都江堰、国道108线泸沽至黄联关、成雅路雅安过境段共253km高速公路，使全省高速公路里程达到1000km，居全国第六位，西部第一位。二郎山公路隧道建成通车，开建了鹧鸪山公路隧道和都江堰至汶川高速公路项目。

"十五"时期（2001—2005年），四川省抓住西部大开发的历史机遇，5年共建成成南、绵广、南广、达渝、成都绕城、成彭、成温邛等高速公路759km。新建农村公路5.5万km（含村道），基本实现乡乡通公路。还加强了对民族地区公路和旅游公路建设，特别是在川九公路改建中，实现了公路建设与旅游营运安全性、舒适性、愉悦性的和谐统一，促进了公路建设与生态环境保护的协调发展，成为全国交通环保示范工程。

"十一五"时期（2006—2010年），四川省抓住发展机遇，推进地方公路快速发展。一是抓住国家实施西部大开发和新农村建设的历史机遇，争取中央支持，落实了11.9万km的农村公路建设项目。二是抓住"5.12"汶川地震灾后恢复重建的历史机遇，落实了总投资842.83亿元，483个项目29028km公路灾后重建任务。三是抓住国际金融危机爆发后中央实施"积极财政政策、适度宽松货币政策"的重要机遇。争取国有商业银行贷款80亿元，投入农村断头公路建设和国省干线公路改造。四是抓住中央加快藏区发展和彝区公路交通发展规划，加快了民族地区公路建设。

"十二五"时期（2011—2015年），全省普通公路发展实现"两个重大突破，三个明显提升"。一是普通公路完成投资实现重大突破，5年累计完成投资2867亿元。二是普通公路总里程实现重大突破，全省达31.5万km，居全国第一。三是农村公路通畅深度明显提升，全省实现96%的乡镇和86%建制村通硬化路。四是普通公路路况服务水平明显提升，路面使用性能指数（PQI）达到87.5，实现全省公路从中等到良的跨越。五是普通公路安全通行能力明显提升，2013—2015年，新建公路安保工程2.44万km，基本消除乡道以上公路临水、临崖高差3m以上危险路段路侧安全隐患；建成溜索改桥62座，渡改公路桥323座，整治危（病）桥1000多座；整治公路隧道隐患60座。

1984—1994年，国家采取粮棉布、中低档工业品、工业品"以工代赈"帮助贫困地区修建公路和桥梁。四川在国家的资助下，安排部分自筹资金，对贫困地区和民族地区的公路交通建设发挥了重要作用。其中粮棉布"以工代赈"新建公路4860km，改建公路4264km，修建公路桥梁100座10021延米，修建公路隧道7座1085延米；中低档工业品"以工代赈"新建公路731km，改造公路315km，修建公路桥梁39座4132延米，修建公路隧道3座1925延米；工业品"以工代赈"新建公路533km，改建公路366km，修建公路桥梁19座1717延米，修建公路隧道7座639延米。

1988—1992年，四川省开始推行公路建设第一轮"大包干"。省政府批准《关于在1988—1992年五年间四川省交通厅实行公路建设目标责任制的报告》。目标责任制的核心是包投资、包任务、包标准、包质量和包建设工期，简称为公路建设"大包干"。签订了"大包干"目标任务：新（改）建二级以上高等级干线公路851km、新建独立大桥24座10000延米、改造18个大中城市进出口公路179km、沥青路面铺装1621km（含水泥混凝土路面798km）、建成山区公路5232km、改建县以上汽车站100个。1993—1997年开始第二轮"大包干"，建成高速公路340km，在建高速公路632km、改建地区干线公路2560km、新建300m以上独立大桥16座、隧道3座，新铺沥青路6993km（含水泥混凝土路3396km）、新（改）建山区公路3641km、改建105个中小城镇过境路段、公路养护好路率全省平均达64.5%，超目标任务2.5个百分点、新建汽车站48个，超目标任务8个。

2001—2003年，由国家投资修建从三州州府至州内各县的公路，按三级或四级公路标准，并铺装沥青路面，统称三州（甘孜藏族自治州、阿坝藏族羌族自治州、凉山彝族自治州）通县公路建设工程。四川省立项通县公路建设项目54个4684km。其中甘孜州25个项目2464km、阿坝州11个项目875km、凉山州11个项目937km，内地7个项目408km。

2008年，开始汶川地震灾后公路恢复重建工程。规划建设高速公路1372km，总投资484.7亿元，其中修复路段582km、续建路段354km、适时启动路段436km。国、省干线公路恢复重建4752km，总投资282.3亿元，其中国道5条、省道11条共3905km；还包括按二级公路标准新建绵竹—茂县公路、北川迂回线桂溪—墩上公路；恢复重建彭州—通济、都江堰—虹口、金子山—青川县城、漩口—三江等公路，总里程847km。恢复重建农村公路29345km，总投资246.4亿元，其中新建6548km，恢复重建22797km。恢复重建县、乡两级公路客运站381个，总投资30.5亿元，其中县级公路客运站39个，乡镇公路客运站342个。

2013年，开始芦山地震灾后公路恢复重建工程。恢复重建国、省干线公路8条748km，分别是国道351线雅安（乐英）—达维段、国道318线雅安—二郎山隧道段、国道108线雅安—荥经段、天全—芦山、邛崃—芦山、灵关—双石—宝盛—龙门、雅安—望鱼—瓦屋山、宝兴—永富—康定河口大桥；恢复重建农村公路1440km，运输站场26个，水运设施30处。恢复重建总投资55.13亿元。

2011—2015年，四川省启动实施"八大专项工程"和新的"四项工程"。其中"八大专项工程"包括《四川省干线公路联网畅通工程实施方案》《甘孜州2013—2015年公路建设推进方案》《凉山州2013—2015年公路水路建设推进方案》《四川省2013—2015年农村公路改善工程》《四川省2013—2015年农村渡口渡改桥建设方案》《四川省2013—2015年公路安保工程（路侧护栏）建设实施方案》《四川省2013—2015年汽车客运站提升改造工程实施方案》《四川省干线公路大中修工程》；新的"四项工程"包括《四川省普通国道提档升级建设推进方案（2015—2020年）》《四川省2015—2017年农村公路改善提升工程实施方案》《安保工程全覆盖新增建设任务实施方案》《四川省"溜索改桥"工程建设推进方案》。经过上述工程实施和推进，加快了公路建设，路网结构明显改善。一是干线公路更加顺畅,新改建国省干线公路1.4万km,普通国省干线公路二级(三州三级)及以上公路比重由"十一五"末的65%提高到83%。二是农村公路更加通畅,新改建农村公路11.6万km,新增282个乡镇、15561个建制村通畅和464个建制村通达,实现96%的乡镇通硬化路、99.4%的建制村通公路和86%的建制村通硬化路,初步形成以县城为中心,覆盖乡村的农村公路网络。三是配套设施更加完善,建成渡改公路桥323座,规划的77个溜索改桥项目全面开工并建成62座,惠及近1000万临河群众。整治危(病)桥超过1000座、隐患隧道60座。全面完成2.44万km安保工程(路侧护栏)建设任务,基本消除全省乡道以上公路临水、临崖高差3m以上危险路段路侧安全隐患。

2016年底,四川公路总里程达到32.4万km,建成公路三级路网。

四川境内国家公路网总里程22060km,包括国家高速公路网在四川境内的路段。按技术等级分为高速公路4636km、一级公路1908km、二级公路8227km、三级公路4038km、四级公路3040km、等外公路211km。发挥了进出川大通道的作用,增强了省内干线互联互通能力,加快了民族地区、革命老区、贫困地区高速公路和高等级公路建设,提高了路网运行效率。

省道和省级高速公路网总里程4695km。按技术等级分为高速公路1839km、一级公路235km、二级公路1653km、三级公路648km、四级公路320km。由于原省道已大部分调为国道,省道的调整改建任务还十分繁重。因此二级路网按照"完善通道、增强覆盖、注重衔接、提升效率"的思路,加快形成规模适当、布局合理、衔接顺畅、服务高效的省级干线公路网络。

农村公路网(包括县道、乡道和村道)292299km。其中县道37959km、乡道52219km、村道202121km。技术等级为高速公路47km、一级公路1469km、二级公路4546km、三级公路8888km、四级公路235311km、等外公路42038km。自2003年以来,农村公路建设快速发展,初步形成了以县城为中心,覆盖乡村的农村公路网络。

二、公路运输方式发展与变化

公路运输是在公路上运送旅客和货物的运输方式,是交通运输系统的组成部分之一,主要承担短途客货运输。现代所用运输工具主要是汽车,因此,公路运输一般即指汽车运输。在地势崎岖、人烟稀少、铁路和水运不发达的边远和经济落后地区,公路为主要运输方式,起着运输干线作用。公路运输是19世纪末随着现代汽车的诞生而产生的。初期主要承担短途运输业务。第一次世界大战结束后,基于汽车工业的发展和公路里程的增加,公路运输走向发展的阶段,不仅是短途运输的主力,还进入长途运输的领域。第二次世界大战结束后,公路运输发展迅速。欧洲许多国家和美国、日本等国已建成比较发达的公路网,汽车工业又提供了雄厚的物质基础,促使公路运输在运输业中跃至主导地位。发达国家公路运输完成的客货周转量占各种运输方式总周转量的90%左右。

(一)公路运输方式产生的背景和特点

1. 公路运输方式的诞生

现代交通运输方式的公路运输,比水运和铁路起步晚,直到19世纪末才有了第一批汽车。这种新型交通工具问世后,在实践中显示出其突出的优越性,机动、灵活、方便、快速、直达,因此,为人们所广泛采用,它的发展速度远快于水运和铁路。纵观公路运输发展过程,可以划分为三个主要阶段:

发展初期,即从19世纪末到第一次世界大战前。这一时期,汽车发展数量不多,公路也不够发达,公路运输还只是铁路、水运的辅助手段,所承担的客货运量很少。

发展中期,即第一次世界大战和第二次世界大战之间。第一次世界大战后,一些西方国家将军事工业转为民用工业,起重汽车生产发展很快,公路建设方面道路网规划也得到迅速发展,质量不断提高。随着小客车的增加,汽车逐渐成为人们的主要运输工具。货运方面,由于运输条件的改善,公路运输的优越性逐渐显示出来,它不仅成为短途运输的主要工具,而且在中长途运输中,也开始与水运、铁路竞争。

发展的新时期,从第二次世界大战结束到现在。50多年来,发达国家先后形成了比较完善的全国公路网,同时大力兴建高速公路;战后恢复的汽车工业,已形成了一个比较完整的体系,生产能力和技术水平大为提高。一些工业发达国家公路建设也达到新水平,实现公路现代化。主要表现在:一是建成有相当规模的沟通全国城乡的公路网。二是有一个跨越各主要城市的具有较高标准的国家干线公路网作为骨架,以保证长途直达运输畅通无阻。三是建立了高速公路网,其中还包括超级高速公路。四是实现了筑路养路机械化并向自动化迈进。五是积极采用和发展先进的公路科学技术。

相比之下,中国公路运输的发展与工业发达国家相比发展较晚。新中国成立以来,尤其是改革开放以来,国家把能源、交通作为国民经济的重点,使全国公路建设和管理得到突飞猛进的发展,取得很大成就。据2001年底统计,中国公路运输总里程已达169.8万km,比1949年增加了近15倍之多。截至目前,中国每个县都已通了公路,98.9%的乡镇和88.6%的建制村也通了公路,在全国范围内已经建成一个干支相连、四通八达的公路运输网。

2. 公路运输方式的特点

相对于铁路、水路网而言,公路运输具有以下几个特点:

第一,公路运输网的密度比铁路、水路网要大十几倍,分布面也广,因此公路运输车辆可以"无处不到、无时不有"。公路运输在时间方面的机动性也比较大,车辆可随时调度、装运,各环节之间的衔接时间较短。尤其是公路运输对客、货运量的多少具有很强的适应性,汽车的载重吨位有小(0.25~1t 左右)、有大(200~300t 左右),既可以单个车辆独立运输,也可以由若干车辆组成车队同时运输,这一点对抢险、救灾工作和军事运输具有特别重要的意义。

第二,由于汽车体积较小,中途一般也不需要换装,除了可沿分布较广的公路网运行外,还可离开路网深入到工厂企业、农村田间、城市居民住宅等地,即可以把旅客和货物从始发地门口直接运送到目的地门口,实现"门到门"直达运输。这是其他运输方式无法与公路运输比拟的特点之一。

第三,在中、短途运输中,由于公路运输可以实现"门到门"直达运输,途中不需要倒运、转乘就可以直接将客、货运达目的地,因此,与其他运输方式相比,其客、货在途时间较短,运送速度较快。

第四,公路运输与铁路、水路、航空运输方式相比,所需固定设施简单,车辆购置费用一般也比较低,因此,投资兴办容易,投资回收期短。据有关资料表明,在正常经营情况下,公路运输的投资每年可周转1~3次,而铁路运输则需要3~4年才能周转一次。

(二)四川省公路运输行业的发展和变化

20世纪80年代,伴随经济体制改革,个体(联)户经营公路客货运输开始兴起,车站逐步向社会开放,汽车维修企业从封闭式的自我服务方式转变为开放经营,各类驾校开始面向社会招生,形成全社会办运输的新局面。1985年4月,四川省运输公司行政机构改为四川省交通厅公路运输管理局(以下简称厅运管局),行使四川省公路运输行业的行政管理职权,负责全行业的指导、统筹、协调、服务、监督,同时开始加强运输基础设施的建设。自此,四川公路运输市场呈现出前所未有的活力。运输个体(联)户异军突起,成为新兴的公路运输力量,活跃在城乡运输线上。机关、团体、企事业单位自备车辆大量涌入公路货运市场,非交通部门运输企业货物运输量迅猛增长,占据了货运市场大部分份额,逐步成为货运市场的主角。由于油价上涨、车辆老化,交通部门运输企业逐步推进体制改革,实行厂长(经理)负责制,转变企业经营机制,推行隧道承包、单车承包、单车租赁承包及风险抵押租赁承包等新的经营方式。为了寻求新的经济增长点,在市场竞争中站稳脚跟,交通部门运输企业逐步调整经营方向,抓住城乡流动人口增多、商品流通加快的商机,适时开行夜行客运班车和零担货运班车,并向货运配载等新兴的运输服务领域发展。

1990年,多种经济成分、多种企业结构、多层次的公路运输市场全面发展,公路客货运量跃居四川省综合运输体系之首。全省从事公路客货运输、汽车维修、搬运装卸和运输服务的经营业户发展到24万户,其中个体(联)户发展到19.9万户。全省从事营运的汽车总数达11.9万辆,其中交通部门运输企业承担了全省近80%的客运任务,非交通部门运输企业则成为公路货运市场的主力。全省夜行客运班车发展到17条路线、52个班次，零担货运发展到56条线路，建成县级以上汽车站62个。

1991—1995年，四川农村客运、超长客运、旅游客运和出租汽车客运逐步兴起，公路货运更加兴旺。到1995年底，全省从事公路客货运输、汽车维修、搬运装卸和运输服务的经营业户发展到33万户（其中汽车维修业户达2.45万户，比1990年增长58.5%，从业人员达25万人），其中的汽车维修业成为行业发展的一大特色。期间，高速公路开通运行，高档车迅速发展，客运运力结构从类型到档次都发生了较大变化；货车改变了单一车型结构，相继装备货柜车、冷藏车、集装箱车、厢式零担车等专用汽车；开辟和发展了跨省超长客运班线，中小城市出租汽车兴起并发展迅速；全省新建、改（扩）建县级以上汽车客运站138个。

1996—2000年，交通部门运输企业开始实行股份制改造，国有资本逐步退出运输市场。道路运输企业之间的资产重组、联合等使得企业活力大增，企业经营条件得到前所未有的改善，运输车辆迅猛发展，运力结构得到调整，市场竞争力增强。到2000年，公路客货运量分别占全省综合运输体系的93.9%和88.5%，公路客运量居全国各省（自治区、直辖市）第一。同时，依托高速公路发展的快件运输也在四川省一些大中城市逐步兴起，道路货运开始向经营集约化、营运网络化方向转变。

2001—2005年，四川省道路运输行业以信息化建设为重点，积极推广信息技术、网络通信技术和卫星定位技术等现代科技，推动传统运输生产、管理方式的改造和升级。部分民营企业抓住高速公路快速发展的契机，进入高速公路直达客运和现代物流市场。从事公路客运和危险货运的个体（联）户通过挂靠经营方式继续从事道路运输经营，一些不具备资质的运输企业则退出公路运输市场，初步建立起一个完全开放、竞争有序、充分市场化的道路运输市场。

2006—2010年，四川公路运输生产力快速增长，主要体现在公共服务能力大幅提高。全省营运客车在数量未增加的情况下，完成客运量21.1亿人次、旅客周转量771.3亿人公里；全省营运货车增长49%，完成货运量10.6亿吨、周转量851.3亿吨公里，实现全线增长。城市客运快速发展，全省21个市（州）政府所在地城市均发展有城市公交和出租汽车，181个县（市、区）中，111个县发展有城市公交，165个县发展有出租汽车，公交车达1.75万辆，出租汽车达3.46万辆。农村客运公交化和城乡客运一体化进程明显加快，车辆发展到2.97万辆。与此同时，运输辅助服务业全面发展，道路运输业综合服务能力显著增强。全省客运站达5727个；机动车年维修量居全国各省（自治区、直辖市）第二，达2091.3万次；机动车驾驶员培训学校378所，年培训量达126.6万人次，年培训量居全国各省（自治区、直辖市）第二；汽车租赁企业260家、租赁车辆1525辆，分别是2005年的5.8倍、29.3倍。公路运输在四川省综合运输体系中仍然占据主导地位。尤其随着公路基础设施建设的加快,公路运输在全省综合运输体系中的地位优势日趋明显。截至2008年底,全省各种运输方式共完成客运量20.61亿人次,其中公路客运量16.01亿人次,在全省综合客运运输体系中的比重达95.12%;全省各种运输方式共完成货运量11.45亿吨,其中公路货运量10.31亿吨,在全省综合货运体系中的比重达90.0%。数据显示,截至2009年底,全省旅客周转量为1272亿人公里,其中公路客运周转量771亿人公里,占各种运输方式的60.61%;全省货运周转量为1526亿人公里,其中公路货运周转量851亿人公里,占各种运输方式的55.77%。为了保持全省公路运输行业的可持续发展能力,道路运输管理部门以调整道路运输业结构为主线,狠抓道路运输企业改革改制,通过政策引导和制度规范,推动公路运输经营主体引进新的经营理念和管理水平,改善运输经营业户"多、小、散、弱"的局面,提升运输企业集约化、规模化程度,增强竞争能力。2009年,户均车辆数较2005年提高250%;客运线路发展到11361条,较2005年增加37%;乡镇、建制村通达率分别达92.7%、70.6%,较2005年分别提高5.8、7.5个百分点。货运企业规模化程度有所提高,户均车辆数较2005年提高23%。营运客货车辆逐步向大型化、专业化和高级化方向发展。2009年,班车客运中大型客车的比例较2005年提高3.8个百分点,高级客车6888辆,较2005年增长109%;专用载货汽车19973辆,占总数的4.7%,较2005年增长497%,比例提高3.5个百分点。至2010年7月,集装箱专用车941辆,较2005年增长84%。客运班线公交化、旅游包车、网络化运输、小件快运、城市物流配送等运输组织形式快速发展,货运企业向现代物流企业转型步伐不断加快。汽车维修4S店发展到300家。一级驾校比例较2005年提高5个百分点。在此期间,全省道路运输管理部门进一步完善道路运输站场规划体系,重新编制了四川省国家公路运输枢纽和市、县级公路运输站场规划,使得汽车站场建设速度不断加快。5年间共完成站场建设投资计划39亿元,建成30个国家公路运输枢纽规划建设项目,284个县级车站,2797个农村客运站。初步形成以枢纽站为龙头,县级站为节点,农村客运站为补充的三级道路运输站场网络。

2010—2015年,道路运输生产快速增长,全省公路客、货运能力显著增强。全省营运客运车辆达51366辆,其中班线客车45788辆、旅游客车3907辆、出租汽车4.42万辆、城市公交车辆2.8万辆;货运车辆达599546辆,其中普通货运车辆525776辆、危险运输车辆11171辆。全省完成公路运输客运量63亿人次,旅客周转量3388.8亿人公里;完成货运量74.4亿吨、货物周转量6909亿吨公里。公路货物运输周转量在综合运输体系中的比重持续增加,客、货运站场建设快速推进,全省累计完成投资145亿元,建成国家客运枢纽站场30个、次级客运枢纽站场24个、县级客运站134个、国家货运枢纽10个、次级货运枢纽站场6个。机动车维修、机动车驾驶员培训等运输辅助业服务能力显著增强。"十二五"全省机动车维修量达13364万辆次、汽车综合检测量达705万辆次、机动车驾驶员培训量达630万人次。客、货运企业进一步向专业化、大型化、规模化方向发展。全省汽车客运经营业户数1156家、成建制货运企业10615个;营运车辆逐步向大型化、专业化和高级化方向发展,客车平均座位、货车平均吨位、中高级客车及专用货车比重稳步增加,全省客车平均座位达23座、货车平均吨位5.1t;干线客运车辆中高级客车占比达96.1%;专用载货汽车、厢式车、集装箱车、冷藏运输车等车型发展迅速;多式联运、甩挂运输等先进运输组织方式逐步推广,小件快运、城市物流配送等运输组织方式快速发展,货运企业向现代物流企业转型步伐不断加快。在全省道路运输管理部门坚持发展城乡一体化的运输体系政策导向下,农村运输条件得到大幅改善,2010—2015年共投资6.74亿元建成乡镇客运站1016个、建制村级招呼站6000个,分别占通客车乡镇、建制村的68%和15.9%。开展城乡道路客运一体化示范县(市、区)创建活动,大力推进城镇化水平和居民出行密度较高的地区农村客运公交化改造,进一步完善农村客运网络,提高农村道路客运通达深度和客运班车车况条件,全省农村客运车辆达3.2万辆、农村客运线路达7549条,日均发班10万个班次,乡(镇)、建制村客车通达率达94.12%和67.79%,较"十一五"末分别提高1.0%和3.3%。道路运输已成为支撑城乡经济社会一体化发展的重要纽带,农村地区"出行难""运货难"问题有了根本缓解。

全省道路运输行业信息化水平大幅提高,有效支撑了行业转型发展。基本建成并不断优化行业监管平台,实现了对人、车、户、线等资源的管理。建立和完善全省道路运输车辆卫星定位系统监控监管体系,实现三类以上班线客车和危险品运输车辆、集装箱车、冷藏保温车等专用车辆、应急保障车队车辆全部安装使用卫星定位装置,50%以上重载普通货物运输车辆安装卫星定位装置,20%的营运车辆安装卫星定位装置。建成全省汽车二级维护监控系统和汽车综合性能检测监控系统,在客运车辆上全面推广应用卫星定位系统车载视频监控监管系统。推广使用包车客运管理信息系统,建成全省道路运输从业人员管理系统。深化完善道路运输出行信息服务系统,全省152个二级以上客运站实现联网售票和WiFi安装全覆盖,三级客运站联网售票覆盖率达到70%。积极推进节能减排,全省已发展CNG营运车辆6.7万辆,LNG车辆1560台,新能源车辆687台。

以2015年为基年,四川省道路运输管理部门于2016年制定了至2020年的道路运输发展规划:①到2020年,全省21个市(州)、公铁、公航综合客运枢纽全覆盖;21个市(州)政府所在地一级站、县城二级站、三州县城三级站全覆盖;所有通客车的乡镇客运站、内地所有通客车的建制村招呼站(牌)、三州具备条件的建制村招呼站(牌)全覆盖;21个市(州)、6个重要港口公路货运枢纽全覆盖。②到2020年,全省道路旅客运输量达14.4亿人,旅客周转量达705.8亿人公里,乡镇通客车率达100%,建制村客车通达率达100%;道路旅客运输企业规模化、联盟化、公司化程度更高,个体运输经营户数逐年降低;组织管理更科学,短途线路公交化与"多点一线"的城际客运模式顺利推行,大力发展包车客运、旅游客运等特色客运业务;营业客车运力更加合理,大型、中型、小型班线客车车辆比重分别达 24%、49%、27%。③到 2020 年,道路货物运输量达到 42.03 亿吨,货物周转量达 3929.8 亿吨公里;营运性载货汽车达 53 万辆,城市配送车辆和城际配送车辆基本实现"统一车型、统一标识、统一管理";公路货运运行效率得到提升,货车里程利用率提升至 70%;建立港口快速运输通道、发展甩挂运输、开通成都至所有次级枢纽城市的城际货运专线班车;加快道路货运业信息化发展,建立车辆管理调度信息系统和 GPS 定位系统,推广智能物流,落实节能减排工作。④到 2020 年,城市公共交通一卡通覆盖率提升至 90%;市区人口在 100 万以上城市,中心城区公交站点 500m 全覆盖,公共交通占机动化出行比例提升至 60%;市区人口在 100 万以下城市,建成区公交站点 500m 覆盖率提升至 65%以上,设区城市公共交通占机动化出行比例提升至 60%;其余城市公共交通占机动化出行比例提升至 30%,城市公交服务便捷化程度得到提升。清洁能源及新能源公交车和出租车占比提升至 90%,绿色车型占比得到提升。⑤到 2020 年,主要维修业务生产水平达 3262.1 万辆次,其中整车大修工作量为 35.9 万辆次、总成大修达 149.5 万辆次、二级维护达 569.5 万辆次、专项修理达 2252.9 万辆次;鼓励连锁经营,促进市场结构优化升级,鼓励规模化发展,树立绿色维修理念,加强行业诚信建设。⑥到 2020 年,三类驾校比例达到 5:3:2,驾驶员培训总量达 214.6 万次,小型教练车辆数达 4.6 万辆,建成 5 个以上大型的经营性教练场基地,驾校培训能力达 5 万人次;严格准入退出制度,教练员职业院校专业培养,强化行业事中监管;建设机动车驾驶员培训互联网自助报名系统。⑦到 2020 年,二级及以上公路客运站危险品安全检测仪配置率达到 100%,营运车辆 100%符合车辆技术等级标准,货运源头治超体系覆盖率达 95%;较大以上等级道路运输行车事故死亡人数较 2015 年下降 20%。一般灾害情况下应急救援 2 小时内到达,救援等待时间有效下降。⑧到 2020 年,积极顺应互联网时代对传统道路运输业产业结构调整、组织变革及资源配置的影响,建成全省道路客运售票联网系统,实现三级以上客运站联网售票、积极对接公铁空联程售票,实现所有二级以上汽车客运站 WiFi 全覆盖,与旅游景点、酒店宾馆等相关行业进行业务对接;完成"两客一危"等重点营运车辆政府监管平台建设,实现对企业监控平台和市州运管机构二级监管平台的实时管理;完成机动车驾驶员培训互联网自助报名系统和维修预约取车系统的建设;建成城市公交电子货币支付系统,推广省内城市公共交通跨区域跨方式一卡通使用;建立行业管理信息平台、运政综合业务门户和公共服务门户信息窗口。

第二章
高速公路规划

第一节 国家高速公路规划概况

1981年,国家计委、国家经委和交通部联合颁布《国家干线公路(试行方案)》,简称国道网,普通国道由"12射、28纵、30横"共70条路线组成,总规模约11万km。1989年,交通部按照"统筹规划、条块结合、分层负责、联合建网"的原则,开始编制建设公路主骨架的长远规划。1992年,交通部出台《国道主干线系统规划》,国家公路网开始由"干线公路"单一层次向"主干线公路网+一般干线公路网"两个层次的格局转变,有效拓展了国家级干线公路网的功能。国道主干线布局方案简称为"五纵七横",是以高速公路为主的公路网主骨架,总里程约3.5万km。远景规划年限30年左右,将国道主干线连接全国重要城市、工业中心、交通枢纽和主要陆上口岸,并连接所有目前100万以上人口的特大城市和绝大多数目前在50万以上人口的中等城市,逐步形成一个与国民经济发展格局相适应、与其他运输方式相协调、主要由高等级公路(高速、一级、二级公路)组成的快速、高效、安全的国道主干线系统。在技术标准上大体以京广线为界,京广线以东地区经济发达,交通量大,以高速公路为主;以西地区交通量较小,以一、二级公路为主。

《国道主干线系统规划》在四川省境内的规划纵线2条(重庆—北海、二连浩特—河口)、横线2条(上海—成都、上海—瑞丽)。

从1988年上海至嘉定高速公路建成通车到2005年的17年间,在"五纵七横"国道主干线系统规划的指导下,国家高速公路从无到有,总体上实现了持续、快速和有序的发展,特别是1998年以来,国家实施积极财政政策,加大了包括公路在内的基础设施建设投资力度,高速公路建设进入了快速发展期,年均通车里程超过4000km。到2004年底,国家高速公路通车里程超过3.4万km,继续保持世界第二位。

21世纪初,为进一步扩展骨架公路的覆盖范围,优化路网布局,以适应新时期全面建设小康社会的需要,交通部以国道主干线系统为框架,在吸收、整合8条西部省际公路通道以及大部分国家重点公路的基础上,编制《国家高速公路网规划》,2004年底,国务院颁布实施。国家公路网已经由最初的普通国道网发展成为由国家高速公路网与普通国道网共同组成、相互配合的"公路主骨架＋一般干线"的基本格局。

规划形成由7条首都放射线、9条南北纵线和18条东西横线组成的格局,简称"7918"网,总规模约8.5万km,其中主线6.8万km,地区环线、联络线等其他路线约1.7万km。

其中,国家高速公路在四川省境内共规划布局路线8条:G5京昆高速、G42沪蓉高速、G65包茂高速、G75兰海高速、G76厦蓉高速、G85渝昆高速、G93成渝地区环线高速、G4201成都绕城高速,总规模约3320km。

2012年,交通运输部成立的规划研究小组编制完成《国家公路网规划(2013—2030年)》。2013年5月,国务院正式批准实施。国家公路网规划总规模40.1万km,由普通国道和国家高速公路两个路网层次构成。其中,国家高速公路由7条首都放射线、11条北南纵线、18条东西横线,以及地区环线、并行线、联络线等组成,约11.8万km,另规划远期展望线约1.8万km。

其中,国家高速公路在四川省境内有1条首都放射线、3条北南纵线、2条东西横线、1条地区环线和14条联络线,总里程约8000km(含远期展望线约2200km)。

第二节　四川省高速公路规划

四川省高速公路网规划是在贯彻国家不同时期宏观发展战略要求,衔接历次国家高速公路网规划,结合各阶段全省经济社会和交通行业的发展实际需求,综合考虑各类影响因素的基础上形成的。国家规划方案对科学指导四川省高速公路建设发展具有突出作用。在国家方案工作原则指导下,四川省规划方法及手段得以科学化、系统化,规划成果不断完善,逐步形成了以国家高速公路规划为依据、省级高速公路规划为工作指南的四川省高速公路网规划体系。

1996年,四川省人民政府正式批准实施《1991—2020年四川省高速公路建设规划》。1997年,成立重庆市直辖市后,该规划进行局部修编,成为《1991—2020年四川省高速公路网布局暨建设规划》。2009年、2011年、2014年,四川省先后三次编修四川省高速公路网规划:《四川省高速公路网规划(2008—2030年)》《四川省高速公路网规划(2011年调整方案)》《四川省高速公路网规划(2014—2030年)》。四次高速公路网规划总规模分别为4200km(重庆市直辖后规划规模调整为4600km)、8600km、13050km(含规划研究路线1050km)和14250km(含远期展望线2250km)。

自四川省第一条高速公路成渝高速公路建成通车以来,四川省始终将项目纳入高速公路网布局规划作为其立项的先决条件和建设实施的重要基础,在历次高速公路网规划的指导下,四川省高速公路建设发展成效显著。截至2016年底,全省高速公路建成通车里程达到 6519km,居中西部第一、全国第二,建成及在建高速公路总里程近 8600km,全省高速公路骨架路网基本形成,为四川省建成西部综合交通枢纽,构建现代综合交通运输体系奠定了坚实基础。

一、《1991—2020 年四川省高速公路网建设规划》

1995 年初,四川省交通厅完成《1991—2020 年四川省公路网规划报告》编制工作,提出建设高速公路系统,形成四川省公路网主骨架的长远规划设想,并编制完成《1991—2020 年四川省高速公路网建设规划》,1996 年 6 月,四川省人民政府正式批准实施。

《1991—2020 年四川省高速公路网建设规划》的编制参照交通部发布的《公路网规划编制办法》的有关规定,以 1991—2020 年四川省公路规划的国、省干线公路布局方案为基础完成。规划方案按照"一次规划、分期实施、讲究效益、实事求是"的原则,根据四川省经济、交通量发展的实际状况以及建设资金筹措的可能性,综合研究确定高速公路系统的实施方案和建设项目排序。

规划四川省(含重庆市)高速公路网总规模约 4200km,尽快建成四川省以成都、重庆两个交通枢纽为中心的高速公路网络,形成四川省公路网的主骨架系统;以建设国道主干线为基础,打通川东、川南、川北三方四处(指与湖北交界的万县苏拉口,与陕西交界的广元棋盘关,与云南交界的宜宾伏龙口,与贵州交界的綦江崇溪河)进出川快速公路通道。

二、《1991—2020 年四川省高速公路网布局暨建设规划》

1997 年 3 月,设立重庆直辖市,四川省行政区划重大调整。四川省交通厅组织力量修编《1991—2020 年四川省高速公路网建设规划》,1997 年 9 月修编完成《1991—2020 年四川省高速公路网布局暨建设规划》。

修编后的四川省高速公路系统的总体布局规划围绕四川省区域发展总体布局"依托一点(成都),构建一圈(成都平原经济圈),开发两片(攀西、川南),扶持三区(丘陵地区、盆周地区、少数民族地区)"原则,结合四川省国民经济跨世纪发展战略对公路运输的需求,规划用 30 年左右时间,逐步建设一个与四川省国民经济发展、生产力布局、城市发展格局相适应的,与其他运输方式相协调的高速公路系统,建设总规模约 4600km 左右。其中,近中期 1991—2010 年,重点建设以成都为中心的高速公路网,形成四川省公路网的主骨架,打通四川省东、南、北三方四处(即与重庆交界的大竹万家,与云南交界的宜宾伏龙口,与贵州交界的古蔺大花地,与陕西交界的广元棋盘关)进出川快速公路通道,力争在 20 世纪末全省高速公路通车里程达到 1000km,到 2010 年高速公路通车里程达到 2600km,成都至各市、地、州府所在地要用高速公路或高等级公路连接起来,彻底改善"蜀道难"的状况。1991—2020 年四川省高速公路网建设规划见表 2-1。

第二章 高速公路规划

1991—2020年四川省高速公路网建设规划表

表2-1

序号	公路类别	路线名称	规划路段	起、终点及经过地点	建设规模及标准(km)			备注
					建设里程合计	规划六车道	规划四车道	
			合计		4197.8	359.3	3838.5	
一	国道主干线	上海至成都公路	1.成都至重庆	成都、简阳、资阳、资中、内江、隆昌、荣昌、永川、重庆、上桥	340.2		340.2	
			重庆市过境公路		77	77		
			2.重庆至万县苏拉口	重庆上桥、江北、长寿、垫江、梁平、万县、苏拉口(川鄂界)	312.3		312.3	
		上海至成都公路(支线)	3.成都至南充	成都、淮口(金堂)、遂宁、蓬溪、南充	218	140	78	
			4.南充至梁平	南充、渠县、大竹、梁平	173		173	
		二连浩特至河口公路	5.成都至绵阳磨家	成都青龙场、白鹤林、唐家寺、新都、广汉、德阳、绵阳磨家	102.3	10.3	92	
			6.磨家至剑阁沙溪坝	磨家、青义坝、小溪坝、青林口、沙溪坝	142		142	
			7.沙溪坝至广元棋盘关	沙溪坝、广元、瓷窑铺、朝天、棋盘关(川陕界)	95.3		95.3	
			成都市过境公路		85.5	85.5		
			8.内江至宜宾伏龙口(川云界)	内江、自贡、宜宾、伏龙口	137		137	
		重庆至湛江公路	9.重庆界石至崇溪河(川黔界)	重庆界石、巴县、綦江、雷神店、崇溪河	105		105	
二	国道干线公路	G108	10.成都至雅安多营坪	成都、双流、新津、蒲江、名山、金鸡桥、雅安多营坪	135.5	34.5	101	
			11.多营坪至攀枝花田房	多营坪、荥经、汉源、石棉、冕宁、西昌、德昌、甸沙关、米易、攀枝花市、田房	675		675	
		G321	12.隆昌至古蔺大花地	隆昌、双河口、嘉明、太和、胡市、泸州、纳溪、遂永、古蔺大花地	242		242	

续上表

序号	公路类别	路线名称	规划路段	起、终点及经过地点	建设规模及标准(km)			备注
					建设里程合计	规划六车道	规划四车道	
二	国道干线公路	G210	13.万源铁匠垭至重庆	铁匠垭、万源、达川、大竹、邻水、江北、重庆	364.5		364.5	
		G212	14.广元姚渡至重庆	姚渡、广元、苍溪、阆中、南部、西充、南充、合川、水土、重庆	521		521	
		G319	15.涪陵至长寿	涪陵天子殿、黄草山隧道、长寿	39.2		39.2	含大桥引道5.2km
三	省级干线公路	S104	16.成都(彭山青龙场)至乐山	青龙场、彭山、眉山、夹江、乐山	91		91	成都至青龙场与成雅路共用
		S205、S107	17.绵阳经遂宁至重庆(合川)	绵阳、三台、射洪、遂宁、潼南、合川(重庆)	275		275	
		S304	18.广安至邻水	广安、华蓥、邻水	55		55	
		S102	19.成都双流机场路		12	12		

三、《四川省高速公路网规划(2008—2030年)》

2005年,四川省交通厅组织开展《四川省高速公路网规划(2008—2030年)》编制工作,2009年,省政府批准实施《四川省高速公路网规划(2008—2030年)》,规划布局方案见表2-2。

四川省高速公路网布局方案表(2008—2030年)　　　表2-2

路线类别	序号	路线简称	主要控制点	里程(km)	备注
成都引入线	1	成都—广元—陕西	成都、新都、广汉、德阳、绵阳、江油、剑阁、广元、朝天、川陕界	341	
	2	成都—南江—陕西	成都、金堂、中江、三合、盐亭、南部、仪陇、巴中、南江、川陕界	409	
	3	成都—万源—陕西	成都、金堂、中江、大英、遂宁、蓬溪、南充、蓬安、营山、渠县、大竹、达州、宣汉、万源、川陕界	545	

续上表

路线类别	序号	路线简称	主要控制点	里程（km）	备注
成都引入线	4	成都—大竹—重庆	成都、金堂、中江、大英、遂宁、蓬溪、南充、蓬安、营山、渠县、大竹、川渝界	345	重复325km
	5	成都—邻水—重庆	成都、金堂、中江、大英、遂宁、蓬溪、南充、岳池、广安、华蓥、邻水、川渝界	365	重复215km
	6	成都—遂宁—重庆	成都、金堂、中江、大英、遂宁、川渝界	186	重复127km
	7	成都—安岳—重庆	成都、乐至、安岳、川渝界	175	
	8	成都—隆昌—重庆	成都、简阳、资阳、资中、内江、隆昌、川渝界	227	
	9	成都—叙永—贵州	成都、简阳、资阳、资中、内江、隆昌、泸县、泸州、叙永、川黔界	427	重复212km
	10	成都—泸州—贵州	成都、仁寿、威远、自贡、富顺、泸州、川黔界	295	
	11	成都—宜宾—云南	成都、简阳、资阳、资中、内江、自贡、宜宾、川滇界	310	重复174km
	12	成都—攀枝花—云南	成都、新津、蒲江、名山、雅安、荥经、汉源、石棉、冕宁、西昌、德昌、米易、盐边、攀枝花、川滇界	681	
	13	成都—德格—西藏	成都、都江堰、汶川、理县、马尔康、炉霍、甘孜、德格、川藏界	771	
	14	成都—阿坝—青海	成都、都江堰、汶川、理县、马尔康、阿坝、川青界	509	重复311km
	15	成都—若尔盖—甘肃	成都、都江堰、汶川、茂县、松潘、若尔盖、川甘界	521	重复121km
	16	成都—九寨沟—甘肃	成都、彭州、绵竹、茂县、松潘、九寨沟、川甘界	462	重复150km
南北纵线	1	大竹—邻水	大竹、邻水、川渝界	88	
	2	广元—南充	广元、苍溪、阆中、南部、西充、南充、武胜、川渝界	295	
	3	九寨沟—遂宁	九寨沟、平武、绵阳、三台、射洪、遂宁	406	
	4	遂宁—内江	遂宁、安居、安岳、内江	119	
	5	宜宾—攀枝花	宜宾、雷波、金阳、宁南、会东、会理、攀枝花、川滇界	525	
东西横线	1	广元—达州	川甘界、青川、广元、旺苍、巴中、平昌、达州、川渝界	380	
	2	洪雅—大英	洪雅、丹棱、眉山、仁寿、资阳、乐至、大英	220	
	3	康定—泸州	康定、泸定、天全、雅安、洪雅、夹江、乐山、宜宾、泸州、合江、川渝界	526	

续上表

路线类别	序号	路 线 简 称	主 要 控 制 点	里程(km)	备注
东西横线	4	汉源—自贡	汉源、金口河、峨边、峨眉、乐山、井研、荣县、自贡	276	
	5	西昌—金阳	西昌、昭觉、金阳、川滇界	120	
联络线	1	成都—邛崃—名山	成都、温江、崇州、大邑、邛崃、名山	117	
	2	绵竹—绵阳	绵竹、安县、绵阳	45	
	3	成都—乐山	成都、眉山、乐山	129	重复42km
	4	仁寿—沐川	仁寿、井研、犍为、沐川	155	
	5	成都绕城高速公路		85	
	6	成都第二绕城高速公路		200	
	7	成都机场高速公路		12	
	8	成都机场第二高速公路		10	

规划以"外接周边、内连市州、市州互通、适度加密",满足未来交通需求以及实现功能定位为原则,规划目标为周边省(自治区、直辖市)高速公路直接连通;省会成都连接所有市(州)政府所在地;结合自然条件,多数相邻市(州)间实现直接通达;重要经济区和重点战略产业区按交通需求适度加密高速公路网络。

规划方案以国家高速公路网为依托,以构建枢纽为目标,以打通通道为重点,以完善路网为基础,结合全省交通区位、自然条件、城镇布局、经济社会发展等因素,在基本路网的基础上,采用要素补充分析法进行布局规划。结合四川省经济社会及交通运输的发展实际,布局规划考虑的主要补充要素有:

构建枢纽。围绕把四川建设成为西部综合交通枢纽、把成都建设成为中心枢纽、并形成省内分层次枢纽体系,布局高速公路网络。

打通通道。以出川通道为重点,以实现与相邻省(自治区、直辖市)直接连接为核心,形成开放型高速公路网络,为构建西部综合交通枢纽奠定基础。

完善路网。以实现成都、攀西、川南、川东北和川西北五大经济区之间便捷连接为关键,为实现经济一体化创造条件,为建设西部经济发展高地提供交通保障。

经济状况。为构建三个中心、做强四大基地,推进新型工业化、城镇化和农业现代化,提供强有力的交通支撑。加强对工业产业带、主要旅游景区的连接,实现生产要素快速流动,高效服务于经济发展的需要。

综合运输。加强对重要公路枢纽、港口、机场、铁路枢纽的连接,适应综合运输和现代物流业发展需要。

资源丰度。依托水能、天然气、钒钛等资源,为四川省战略资源开发基地的建设,建成全国最大的"三江"水电基地、全国最大的川东北天然气资源开发基地、世界最大的攀西钒钛基地,提供便捷高效的交通支撑。

人口密度。连接所有市(州)政府所在地及现状15万以上人口城市,服务于县域经济发展、新农村建设和人们便捷出行的需要。

环境容量。结合四川省自然条件和地形、地质情况,遵照技术上可行、经济上合理的原则,科学布局路线,集约利用土地,保护生态环境,实现公路建设可持续发展。

规划方案依托国家高速公路网规划线路在四川省的布局走向,构建四川省高速公路网的基本网。在基本路网的基础上,充分考虑与周边省份连接、四川经济社会发展、城镇化、综合运输体系完善、旅游开发等要素,科学定位高速公路网络功能,对高速公路网进行补充和调整,形成布局建议方案。

在布局方法上构建两个层次:一是强化成都作为西部中心枢纽的地位和功能,结合交通需求,布局数条放射状通道连接周边省(自治区、直辖市)。二是作为内陆、多边省份,为周边省(自治区、直辖市)之间相互联系提供通道。合计增加路段里程3030km,具体通道为:

(1)西北方向

①甘肃:国家高速公路网布局兰州—海口高速公路,形成1个出川通道;

增加:成都—都江堰—川主寺—郎木寺—兰州、成都—都江堰—川主寺—九寨沟—兰州。

②陕西:国家高速公路网布局北京—昆明、包头—茂名高速公路,形成2个出川通道;

增加:成都—巴中—西安。

③青海:新增1个出川通道:成都—马尔康—青海。

④西藏:新增1个出川通道:成都—马尔康—西藏。

(2)向南和东南方向

①贵州:国家高速公路网布局厦门—成都高速公路,形成1个出川通道;

增加:成都—自贡—泸州—赤水—遵义。

②云南:国家高速公路网布局北京—昆明、重庆—昆明高速公路,形成2个出川通道;

增加:成都—攀枝花—丽江、成都—西昌—昭通。

(3)向东方向

①重庆:国家高速公路网布局上海—成都、重庆—昆明、兰州—海口、成渝地区环线、包头—茂名高速公路,形成6个川渝通道;

增加:成都—安岳—重庆、成都—南充—大竹—梁平—万州—武汉。

②四川省作为西部内陆枢纽省份,为周边省(自治区、直辖市)相互联系,提供过境通

道,增加西北方向直接连通东中部方向的通道:兰州—广元—巴中—达州—万州—武汉。

该规划方案规划路线总规模8600km,形成"外接相邻省(自治区、直辖市)、省会连接市(州)、市州彼此相通、覆盖重要县市"的高速公路网络。

①构筑23个高速公路出川通道。其中:甘肃3个、陕西3个、青海1个、西藏1个、云南4个、贵州2个、重庆9个;构筑了西北地区与四川、西北地区与东南方向直接联系通道。

②连接所有市(州)政府所在地及现状15万以上人口城市。直接沟通了全省148个县,占82%;覆盖8000多万人口,占95%;覆盖地区生产总值占到全省总量的95%以上。

③以成都为中心,1小时交通圈覆盖41个县(市、区),覆盖全省人口的29%、地区生产总值的48%,2小时交通圈覆盖80个县(市、区),覆盖人口52%、地区生产总值65%,半日交通圈覆盖160个县(市、区),覆盖人口97%、地区生产总值98%。

④以成都为中心,实现当日到达周边省会城市(除拉萨);形成向北到达北京(环渤海经济圈)、向南到达广州(珠三角经济圈)、向西到达拉萨、向东到达上海(长三角经济圈)的公路22小时交通圈。

⑤连接所有重要的交通枢纽城市,包括铁路枢纽3个、航空机场11个(今后也将连接马尔康、乐山机场)、公路枢纽10个和水路枢纽5个,将有助于加强各种运输方式优势互补,形成综合运输大通道和较为完善的集疏运系统。

四、《四川省高速公路网规划(2011年调整方案)》

2010年5月,四川省交通运输厅牵头,会同省发展和改革委员会,组织开展《四川省高速公路网规划(2011年调整方案)》编制工作(以下简称《调整方案》)。2011年1月,省政府批准实施该方案。调整路线方案见表2-3。

《四川省高速公路网规划(2011年调整方案)》调整路线方案表　　　表2-3

编号	项目名称	主要控制点	里程(km)	功能描述
1	巴中—重庆	巴中、营山、广安、重庆	190	(1)强化成渝经济区对外辐射,增加一条出川通道; (2)强化成渝经济区内部一体化,支撑环渝腹地区块发展; (3)优化川东北经济区的路网
2	南充—泸县	南充、潼南、大足、荣昌、泸县	70	(1)强化成渝经济区内部一体化,支撑环渝腹地区块发展; (2)增加川渝之间两条出川通道
3	宜宾—威信	宜宾(长宁)、威信	60	(1)增加一条出川通道,充分发挥宜宾港的作用; (2)促进革命老区的发展; (3)支撑煤炭能源基地建设

续上表

编号	项目名称	主 要 控 制 点	里程(km)	功 能 描 述
4	宜宾—彝良	宜宾、珙县、高县、筠连、彝良	80	(1)增加一条出川通道； (2)扩大路网覆盖范围,连接了珙县、高县和筠连三个县； (3)支撑煤炭能源基地建设
5	乐山—西昌	乐山、沙湾、马边、美姑、昭觉、西昌	260	(1)强化对彝族地区的连接、促进少数民族地区的发展； (2)加强相邻市州间连接,乐山与西昌直接连接； (3)增强路网安全性、构建西昌与成都联系第二通道
6	乐山—云南	乐山(金口河)、甘洛、越西、喜德、普格、会理、云南	450	(1)进一步强化与云南的联系通道； (2)加强对彝族地区的连接、促进民族地区的发展
7	川主寺—石棉	川主寺、红原、马尔康、金川、丹巴、泸定、石棉	480	(1)扩大对藏区的覆盖、支持藏区经济发展； (2)加强市州间便捷连接,实现马尔康与康定直接连接； (3)优化路网结构,构筑了西北地区与云南联系的便捷通道
8	炉霍—康定	炉霍、道孚、康定	220	(1)强化对藏区的连接、促进藏区的发展； (2)优化了路网结构、增强路网安全性
9	平武—广元	平武、广元	90	(1)实现华北地区便捷连接九寨沟及阿坝藏区的联系通道； (2)加强市州间便捷连接,实现广元与阿坝州顺直连通； (3)提升路网的运输效率和安全性
10	绵阳—万源	绵阳、梓潼、苍溪、巴中、通江、万源	360	(1)强化成都平原经济区与川东北经济区之间联系； (2)加强对革命老区的连接,支持革命老区的发展； (3)实现绵阳与巴中两市的直接连接； (4)扩大了路网覆盖范围,连接了梓潼、通江县
11	营山—达州	营山、达州	110	(1)提升路网的运输效率,使达州与成都联系最便捷； (2)加强市州间便捷连接,实现达州与南充快速连接
12	资阳—广安	资阳、安岳、潼南、武胜、广安	160	(1)强化成渝经济区内部一体化,支撑环渝腹地区块发展； (2)增加两条川渝之间联系的出川通道； (3)优化川西地区与川东北以及我国东中部联系的路网结构

续上表

编号	项目名称	主要控制点	里程(km)	功能描述
13	康定—芒康	康定、雅江、理塘、巴塘、芒康	400	(1)增加了一条与西藏联系的出川通道； (2)扩大覆盖范围,连接雅江、理塘、巴塘三个县； (3)加强了对藏区的覆盖,促进藏区发展
14	宜宾—习水	宜宾、长宁、兴文、叙永、古蔺、习水	220	(1)增加通过贵州与珠三角、北部湾联系的一条出川通道； (2)支撑川南经济区作为四川次增长极的发展； (3)支撑煤炭能源基地、白酒产业化基地建设
15	西昌—香格里拉	西昌、盐源、木里、香格里拉	250	(1)增加了一条与云南和西藏联系的出川通道； (2)扩大覆盖范围,连接盐源、木里两个县,连接了泸沽湖、稻城亚丁和云南香格里拉,形成旅游大通道
16	绵竹—德阳—大英	绵竹、德阳、中江、大英	130	(1)完善成都平原经济区城际网络、推进区域一体化； (2)顺直连接德阳、遂宁两个地级市,有效缩短德阳至重庆以及我国东部地区的时空距离； (3)形成川西北以及青海、甘肃通往重庆的又一条便捷通道
17	蒲江—简阳—中江	蒲江、彭山、简阳、中江	200	(1)完善交通网络,强化天府新区的辐射带动作用； (2)完善成都平原增长极城际网络、推进区域一体化
18	绵阳—盐亭—西充	绵阳、盐亭、西充	120	(1)实现相邻市州间便捷连接,绵阳与南充直接连通； (2)加强成都平原经济区与川东北经济区联系； (3)支撑绵阳、南充次枢纽的建设
19	遂宁—广安	遂宁、武胜、广安	90（重复30km）	提升路网的运输效率、实现遂宁与广安便捷连接
20	遂宁—西充	遂宁、西充	60	(1)提升路网的运输效率、实现遂宁与巴中便捷连接； (2)构筑川西南与华北地区便捷通道
21	仪陇—营山	仪陇、营山	50	改善路网结构、提升运输效率、优化了成都通往我国东中部地区的通道
22	德阳—蒲江—井研	德阳、什邡、都江堰、大邑、邛崃、蒲江、丹棱、青神、井研	310	(1)扩大路网覆盖范围,连接了青神县； (2)推进成都平原经济区一体化

第二章 高速公路规划

续上表

编号	项目名称	主要控制点	里程(km)	功能描述
23	自贡—隆昌	自贡、隆昌	50	(1)强化成渝经济区一体化、构筑自贡便捷连接重庆的通道; (2)支持自贡作为物流中心、制造业基地建设
24	内江—威远	内江、威远	50	提升路网的运输效率,减少迂回绕行
25	攀枝花—大理	攀枝花、大理	20	(1)增加通往滇中、东盟的一条出川通道; (2)形成重要的旅游通道
26	15个城市过境高速公路	广元、绵阳、德阳、乐山、雅安、眉山、攀枝花、宜宾、内江、自贡、资阳、广安、南充、达州、巴中		专题研究
27	扩容改造项目	成都—广元,成都—雅安,成都—南充,成都—隆昌,成都—乐山,成都—彭州		专题研究
合计		规划里程	3400	
		规划研究路线	1050	

《调整方案》根据经济社会和交通运输发展的新形势、新特点以及未来发展趋势,以《四川省高速公路网规划(2008—2030年)》为基础,以国家、区域和全省发展战略为依据,以构建现代综合运输体系为指向,紧密结合铁路、航空、水运、物流等相关规划,充分考虑"构建枢纽、打开通道、完善路网、经济状况、综合运输、资源丰度、人口密度、环境容量"等要素,按照"加强衔接、扩大覆盖、强化通道、完善路网"的思路,从"强化省际通道、优化经济区间路网、完善都市圈城际网络、扩大路网覆盖范围、提升通道服务能力、提高网络效率和安全性"等七个方面进行布局,规划构建网络更完善、衔接更顺畅、服务更广泛、能力更充分、运行更高效的高速公路网络。

《调整方案》以国家和四川省区域发展战略和规划为依据,紧密结合国家《中长期铁路网规划(2008年调整)》《成渝经济区城际铁路网规划》《四川省内河航运发展规划》《四川省民用机场布局及建设规划》《四川省西部物流中心建设规划》等相关规划,加强规划衔接。加强与国家和周边省(自治区、直辖市)路网的衔接,完善省际通道布局。加强与其他运输方式的衔接与协调,优化综合运输大通道,主动衔接铁路集装箱中心站、高铁客运站、内河港口、枢纽机场,形成大容量快速集疏运通道,提升重要运输枢纽的集疏运能力,构建功能完善、优势互补的综合运输体系。

《调整方案》扩大路网覆盖范围,连接现状城镇人口10万以上的城市;适度提高路网密度,促进国土均衡开发;增加民族地区、革命老区、贫困地区对外通道,促进区域协调发展。加强对甘孜、阿坝和凉山三州少数民族地区的连接,加强对革命老区和贫困地区的连接,促进区域协调发展,优化国土开发格局,维护社会稳定和国家安全。

增加:康定—道孚—炉霍、川主寺—红原—马尔康、马尔康—泸定(规划研究路线)、泸定—石棉、巴中—万源。

《调整方案》进一步强化进出川大通道,更高效连接周边省(自治区、直辖市)。强化主要通道能力配置,提高运输能力和服务水平,改善交通紧张状况。优化与云南、贵州、西藏的省际通道布局,增加通往滇中、东盟的高速公路通道。

增加:攀枝花—大理、宜宾—叙永—古蔺—习水、宜宾—高县—筠连—彝良、宜宾(长宁)—威信、西昌—盐源—香格里拉、乐山(金口河)—会理—云南(规划研究路线)、康定—雅江—理塘—巴塘—芒康(规划研究路线)。

《调整方案》进一步加强主枢纽、次枢纽和重要节点城市之间的高效衔接,完善四大城市群尤其是成都平原城市群城际路网布局,优化经济区之间、经济区内部路网,保障市(州)间快速通达、重要城市间顺直通达。优化成渝经济区路网布局。增加成渝经济区对外联系通道,强化内部联系,提高辐射带动能力,推进一体化进程。

增加:巴中—广安—重庆、资阳—安岳—潼南—武胜—广安、南充—潼南—荣昌—泸县。

优化五大经济区、四大城市群之间路网、加强相邻市州的连接,将省内大通道由成都向外辐射向次枢纽多点连接拓展,确保重要城市间有多条替代路线,改善重要节点迂回绕行的问题。

增加:绵阳—巴中、绵阳—盐亭—西充、仪陇—营山、营山—达州、遂宁—广安、遂宁—西充、自贡—隆昌、内江—威远、广元—平武、乐山—西昌。

完善成都平原城市群的城际交通网络,增加核心城市与次中心城市以及重要城市之间的城际联系通道。构筑完善的交通网络,强化天府新区的辐射带动作用。

增加:绵竹—德阳—中江—大英、德阳—都江堰—丹棱—青神—井研、蒲江—彭山—简阳—中江。

规划扩容路段:成都—广元、成都—雅安、成都—南充、成都—隆昌、成都—乐山、成都—彭州。

《调整方案》强化各运输方式间的衔接与协调,促进综合运输体系发展,从完善交通枢纽集疏运通道考虑,布局路网覆盖重要的机场、铁路站场、内河港口。

为了提高交通流在整个网络中运行的便捷程度,减少车辆绕行,提高转换效率,增强网络安全性及稳定性,《调整方案》考虑增加重要城市过境高速公路,初步考虑广元、绵阳、乐山、眉山、雅安、资阳、内江、宜宾、巴中、达州、广安、德阳、攀枝花、自贡、南充等15个地级市。各城市的具体过境形式,需要根据城市规划和交通需求专题研究。

《调整方案》规划调整后全省高速公路网总规划里程约*12000km*,面积密度为*2.47km/*

100km²，人口密度超过1.4km/万人。与《四川省高速公路网规划(2008—2030年)》相比，高速公路网覆盖范围更加广泛，省际间、市州间、城际间联系更加顺畅，路网可靠性和网络化程度明显提升，与其他运输方式更加协调，形成完善的高速公路网络，适应四川经济社会发展。

（1）综合运输能力大大加强，与其他运输方式衔接更加便捷。规划路网与其他运输方式有机衔接，形成了12条进出川公铁综合运输大通道、4条公水综合运输大通道；连接了全省16个机场、6个内河枢纽港口、4个铁路一等站、9个物流中心等交通枢纽，形成便捷高效的集疏运网络。公路交通与其他运输方式衔接转换更加顺畅，有利于进一步推动西部综合交通枢纽建设。

（2）服务范围进一步扩大。规划路网连接目前所有城镇人口超过10万的城市和地级行政区政府所在地；直接连接了全省158个县（市、区），通达深度明显提升。路网覆盖的人口达8000多万、经济总量达14000亿，全省98.3%的人口将直接感受到高速公路运输系统给生产生活带来的便利。

（3）进出川运输能力进一步增强。规划路网增加了10条进出川通道，全省的进出川通道达到33条，四川与重庆、云南、贵州等省市的交通联系更加顺畅，成渝经济区尤其是天府新区辐射带动周边省份发展的引擎作用将得到有效发挥。

（4）区域路网更加完善。规划路网强化了五大经济区之间的联系通道，优化了四大城市群的城际路网，形成了板块间密切联系、城市间顺畅沟通的路网格局，为全省区域总体发展战略、城镇化建设和构建现代产业体系提供了有力支撑。

（5）路网布局更加体现公平。成渝经济区、天府新区等经济增长极的路网进一步优化；民族地区、革命老区、贫困地区得到重点支持，高速公路密度和通达深度明显提高，为增强区域间、民族间的交流融合创造了更好的交通条件。

（6）应急保障能力显著提升。规划路网的网络化水平大幅提升，通道能力显著增强，经济区之间、重要节点之间实现多路连接，救灾维稳重点地区布设了替代绕行路线，能够有效保障应急救灾人员和战略物资及时送达，大大提高全省应对自然灾害和社会突发事件的能力。

五、《四川省高速公路网规划(2014—2030年)》

《四川省高速公路网规划(2011年调整方案)》实施后，对全省高速公路网建设发展的指导作用显著。2013年底，全省高速公路通车里程达到5046km，形成了13条高速公路进出川大通道，另有1776km已经开工建设，建成及在建高速公路里程占规划路线总规模的56.9%，全省高速公路网络骨架已初步形成。

2013年，国务院批准实施《国家公路网规划(2013—2030年)》，四川省境内的国家高速公路规划路线由8条增加到22条,规模由3320km增加到8000km,高速公路网总体格局发生了重大变化。同年5月,省委十届三次全会提出构建"互连贯通、功能完善、无缝对接、安全高效"的现代综合交通运输体系,要求重新审视全省高速公路网规划布局,加强与其他运输方式的合理配置和有效衔接,集约节约利用资源。2014年1月,四川省交通运输厅会同省发展和改革委员会启动《四川省高速公路网规划(2014—2030年)》编制工作,2014年11月,四川省人民政府正式批准实施《四川省高速公路网规划(2014—2030年)》。路线方案见表2-4。

新规划连接所有地级行政中心及城镇人口超过10万的城市,形成规模适度、功能完善、服务广泛、能力充分、安全可靠、衔接顺畅的四川省高速公路网,实现"省会多路放射、省际密切联系、地市便捷互通、覆盖主要县城"。

新规划规定四川省高速公路网由国家高速公路和省级高速公路共同构成。其中,国家高速公路是全国性的公路运输主通道,也是省域高速公路网的主体。省级高速公路是国家高速公路的必要补充,主要发挥服务延伸、路线联络等功能,不单独成网。在总体布局思路上,以国家高速公路网四川境内规划路线为基础,按照"强化省际联系、提升通道能力、完善城际网络、扩大覆盖范围、优化路网衔接"的思路进行补充和完善,形成全省高速公路网规划布局。

新规划按照构筑全方位对内对外开放格局的要求,在国家高速公路进出川大通道基础上,适当增设省际高速公路出口,进一步完善省际通道布局,实现省际间密切联系。重点强化南向、东向通道布局,增加经由重庆都市圈、滇中城市群和黔中经济区,通往东盟、孟中印缅经济走廊的高速公路通道及长江经济带重要省际路线布局。增设省际高速公路通道11个,里程945km,包括:攀枝花—大理(川滇界)、宜宾—筠连—彝良(川滇界)、宜宾(长宁)—威信(川滇界)、叙永—威信(川滇界)、宁南—巧家(川滇界)、宜宾—叙永—习水(川黔界)、泸州—永川(川渝界)、成都新机场—资阳—安岳—潼南(川渝界)、南充—潼南(川渝界)、武胜—潼南(川渝界)、镇巴(川陕界)—广安—重庆(川渝界)。

新规划规定对早期建成的、技术标准较低、通行能力不足的四车道高速公路进行扩容改造。规划建设扩容复线3条,里程565km,包括:成都—什邡—绵阳、成都—邛崃—名山、乐山(金口河)—会理—云南。对于成都—广元、成都—雅安、成都—南充、成都—隆昌、成都—乐山、成都—彭州、成都—仁寿等交通繁忙路段,视交通量增长和服务水平变化情况,适时推进扩容改造。

新规划按照"多点多极支撑"发展战略要求,强化首位城市对外辐射能力,增强经济区之间的交通经济联系,完善城市群城际路网布局。

强化首位城市对外辐射能力,增设2条成都连接市(州)路线,里程509km,包括:成都—南部—巴中、蒲江—井研—宜宾。

在经济区之间、城市群之间提高互联互通水平,增设 10 个路段,里程 1551km,包括:遂宁—资阳—眉山(洪雅)、绵阳—巴中、绵阳—南充(西充)、内江—遂宁、乐山—西昌、乐山—自贡—隆昌、绵阳—德阳(中江)—遂宁、遂宁—广安、南充(营山)—达州、内江—宜宾(南溪)。

加强城市群内部城际联系,增设 3 个路段,里程 617km,包括:成都第二绕城高速公路、德阳—简阳—蒲江—都江堰、内江—威远—荣县。

适应新型城镇化要求、支撑中小城市和重要城镇发展,补充连接现状城镇人口 10 万以上的城市。加强民族地区、革命老区和贫困地区的路网布局,支撑旅游等优势资源开发,增设 6 个路段,里程 956km,包括:康定—道孚—炉霍、川主寺—九寨沟、乐山—汉源、巴中—万源、川主寺—红原—马尔康、马尔康—康定。

新规划补充布设连接枢纽机场的高速公路,增设 3 个路段,里程 134km,包括:成都机场高速公路、成都双流机场第二高速公路及延伸线、成都新机场高速公路。

提高交通转换效率,增强路网安全性和可靠性,增设部分必要的联络线,共 13 个路段,里程 973km。包括:泸定—石棉、广元(青川)—平武、遂宁—西充、阆中—仪陇—营山、宜宾—新市、三台—大英—乐至、德阳—绵竹、绵竹—茂县、成都城北出口、沐川—马边、攀枝花—盐源、永郎—会理、西昌—宁南。

新规划考虑布设地级城市高速公路绕城环线。设置达州、南充、广安、内江、西昌、宜宾、攀枝花、绵阳、广元、德阳、眉山、乐山、雅安、资阳、泸州、巴中、自贡、遂宁等 18 个地级市高速公路绕城环线。

根据四川省经济社会和交通需求发展实际,将国家高速公路网中的成都—丽江、马尔康—久治、汶川—尕里台等 3 条远期展望线共 1100km 调整为规划路线,保留马尔康—德格、康定—芒康、尕里台—郎木寺等 3 条为国家高速公路远期展望线。

结合四川省各区域地形地质条件,将省级高速公路网布局中的乐山(金口河)—云南、马尔康—康定、西昌—宁南、攀枝花—盐源、康定—炉霍、绵竹—茂县、永郎—会理等 7 条路线共 1150km 规划为省级高速公路远期展望线。

新规划预测,2020 年全省高速公路通车里程将达到 8000km,其中国家高速公路建成约 5200km,省级高速公路建成约 2800km。2030 年左右基本建成全省高速公路网。

《四川省高速公路网规划(2014—2030 年)》路线方案表　　　　表 2-4

序号	路 线 名 称	主 要 控 制 点
成都放射线(16 条)		
1	成都—广元—陕西	成都、新都、青白江、广汉、德阳、罗江、绵阳、剑阁、广元、朝天
2	成都—巴中—陕西	成都、金堂、中江、三台、盐亭、南部、仪陇、巴中、南江
3	成都—广安—重庆	成都、大英、遂宁、南充、岳池、广安、华蓥、邻水

续上表

序号	路线名称	主要控制点
成都放射线(16条)		
4	成都—安岳—重庆	成都、乐至、安岳
5	成都—内江—重庆	成都、龙泉驿、简阳、资阳、资中、内江、隆昌
6	成都—资阳—重庆	成都、成都新机场、资阳、安岳
7	成都—泸州—贵州	成都、仁寿、威远、自贡、富顺、泸州
8	成都—沐川—攀枝花—云南	成都、仁寿、井研、犍为、沐川、雷波、金阳、宁南、会东、会理、攀枝花
9	成都—乐山—云南	成都、新津、彭山、眉山、乐山、峨眉山、峨边、金口河、甘洛、越西、喜德、普格、会理
10	成都—攀枝花—云南	成都、新津、蒲江、名山、雅安、荥经、汉源、石棉、冕宁、西昌、德昌、米易、盐边、攀枝花
11	成都—筠连—云南	成都、双流机场、蒲江、丹棱、青神、井研、宜宾、珙县、高县、筠连
12	成都—康定—西藏	成都、温江、崇州、大邑、邛崃、名山、雅安、天全、泸定、康定、雅江、理塘、巴塘
13	成都—马尔康—西藏	成都、郫县、都江堰、汶川、理县、马尔康、炉霍、甘孜、德格
14	成都—马尔康—青海	成都、郫县、都江堰、汶川、理县、马尔康、阿坝
15	成都—若尔盖—甘肃	成都、郫县、都江堰、汶川、茂县、松潘、若尔盖
16	成都—绵竹—九寨沟—甘肃	成都、彭州、什邡、绵竹、绵阳、江油、平武、九寨沟
纵线(8条)		
1	安康—达州—重庆	万源、达州、大竹、邻水
2	镇巴—广安—重庆	通江、平昌、渠县、华蓥
3	巴中—重庆	巴中、营山、广安
4	陇南—南充—重庆	广元、苍溪、阆中、南部、西充、南充、武胜
5	南充—泸州—毕节	南充、重庆(潼南)、泸州、叙永
6	西充—宜宾—昭通	西充、蓬溪、遂宁、安岳、内江、自贡、宜宾
7	乐山—西昌	乐山、沙湾、马边、美姑、昭觉、西昌
8	马尔康—石棉	马尔康、金川、丹巴、泸定、石棉
横线(8条)		
1	马尔康—九寨沟	马尔康、红原、川主寺、九寨沟
2	广元—万州	广元、旺苍、巴中、平昌、达州、开江
3	绵阳—万源	绵阳、梓潼、苍溪、巴中、通江、万源
4	南充—梁平	南充、蓬安、营山、渠县、大竹
5	洪雅—广安	洪雅、丹棱、眉山、仁寿、资阳、乐至、遂宁、武胜、广安
6	汉源—隆昌	汉源、金口河、峨边、峨眉山、乐山、井研、荣县、自贡、隆昌
7	新市—习水	新市(屏山)、宜宾、长宁、兴文、叙永、古蔺
8	香格里拉—西昌—昭通	木里、盐源、西昌、昭觉、金阳

续上表

序号	路 线 名 称	主 要 控 制 点
环线(4条)		
1	成渝地区环线	成都、新都、广汉、德阳、绵阳、三台、射洪、遂宁、(重庆)、合江、泸州、江安、南溪、宜宾、犍为、乐山、夹江、洪雅、雅安、名山、蒲江、新津、双流、成都
2	成都经济区环线	德阳、中江、简阳、彭山、蒲江、邛崃、大邑、都江堰、什邡、德阳
3	成都第二绕城高速公路	广汉、金堂、新津、崇州、彭州、广汉
4	成都绕城高速公路	
联络线(20条)		
1	广元—平武	广元(青川)、平武
2	绵阳—西充	绵阳、盐亭、西充
3	阆中—达州	阆中、仪陇、营山、达州
4	德阳—茂县	德阳、绵竹、茂县
5	绵阳—中江—遂宁	绵阳、中江、遂宁
6	三台—乐至	三台、人英、乐至
7	康定—炉霍	康定、道孚、炉霍
8	内江—荣县	内江、威远、荣县
9	内江—宜宾	内江、宜宾(南溪)
10	隆昌—泸州	隆昌、泸县、泸州
11	泸州—永川	泸州、重庆(永川)
12	宜宾—威信	宜宾(长宁)、云南(威信)
13	叙永—威信	叙永、云南(威信)
14	沐川—马边	沐川、马边
15	武胜—潼南	武胜、重庆(潼南)
16	西昌—巧家	西昌、普格、宁南、云南(巧家)
17	永郎—会理	永郎(德昌)、会理
18	攀枝花—大理	攀枝花、云南(大理)
19	攀枝花—盐源	攀枝花、盐源
20	成都机场高速公路	成都、双流机场
地级城市绕城环线(18个)		
达州、南充、广安、内江、西昌、宜宾、攀枝花、绵阳、广元、德阳、眉山、乐山、雅安、资阳、泸州、巴中、自贡、遂宁		

第三章
高速公路投融资

20世纪90年代初期,四川省开始建设高速公路。高速公路建设在资金筹措方式上采取了一系列新的举措和有效方法,促进了四川省高速公路建设的迅速发展。

1993年5月1日,四川省首条高速公路——成渝高速公路成都至简阳段59km建成通车,四川省进入高速公路"元年"。成渝高速公路采取了全新的建设方式,是四川第一条利用世界银行贷款、实行国际竞标和按"菲迪克"条款进行工程监理的大型公路建设项目。省政府同意在全省开征公路货运车辆附加费和交通建设附加费,并提高养路费征收标准,用于成渝工程;1992年3月面向社会发行成渝高速公路建设债券4000万元;成立四川蜀海交通投资有限公司,承担成渝高速公路工程建设的筹资和融资任务。

成都至绵阳高速公路是四川省第一条以招商方式、公私共同投资修建的高速公路。2005年,省政府同意实施吸引民间资金进入交通基础设施领域政策,在四川省高速公路建设项目中引入BOT方式。2006年,省政府批准乐宜高速公路项目作为BOT试点项目,并授权省交通厅,以公开招标方式进行乐宜高速公路BOT项目法人招标。山东省高速公路集团有限公司以27年9个月16天的最低收费期限报价,成为乐宜路BOT招标的中标投资商,负责对乐宜高速公路实行投资、建设、收费、经营一体化管理,在收费期满后整体移交政府主管部门。

2005年,四川建成高速公路19条(段)、1758km(其中四车道1506km、六车道252km),在建高速公路10条(段)、725km。

第一节 政府投资

为支持四川省加快推进高速公路建设,中央财政和省财政持续加大财政建设资金投入力度。"十一五"以前,四川省财政主要以工程建设税收返还等政策性投入方式,积极支持高速公路建设。"十二五"时期,中央财政对于纳入国家高速公路网的建设项目,按路线长度安排补助资金。其中,平均造价不高于6000万元/km的国高网项目按1100万元/km进行补助;平均造价超过6000万元/km的国高网项目,根据工程造价上浮补助标准,最高不超过3300万元/km。为有力支撑藏区经济社会加快发展,四川省政府加大对藏区高速公路建设支持力度,省级财政专门安排补助资金41亿元,支持雅安至康定、汶川至马尔康高速公路。"十三五"时期,国家和四川省进一步加大高速公路建设支持力度,非藏区国高网项目按总投资的30%安排补助资金,藏区国高网项目按工程建安费的50%安排补助资金。

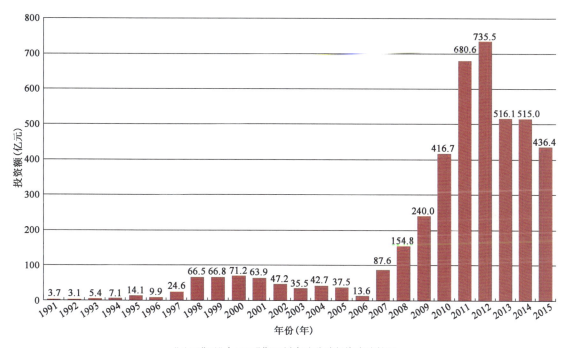

"八五"至"十二五"期四川高速公路投资完成情况

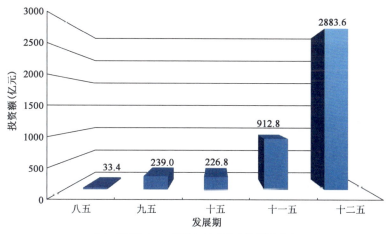

"八五"至"十二五"期四川高速公路投资对比

在国家财政和省财政的大力支持下,四川省高速公路建设成效显著。2016年底,全省高速公路通车总里程达到6519km、居全国第二,建成和在建高速公路规模超过8600km。

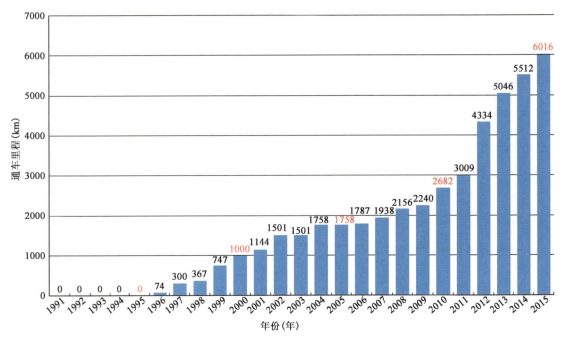

"八五"至"十二五"期高速公路通车里程

第二节 BOT 引 资[1]

2004年,四川省开始积极吸引社会资金投资交通基础设施建设,首次使用BOT模式建设高速公路。2016年底,全省已累计招商成功BOT高速公路项目42个,总里程约4015km,引进社会投资约3752亿元,招商项目规模和引进社会资金总额均居全国交通行业第一位。

1990年9月25日,成渝高速公路隆重开工,揭开了四川高速公路建设的序幕,1995年其建成通车实现了四川省高速公路"零"的突破,成为了四川省第一条高速公路,同时也是西南地区第一条高速公路。经过5年的建设发展,至2000年底,成渝路、成绵路、成乐路、成雅路、内宜路、隆纳路、广邻路等组成了四川省第一批高速公路,通车里程达到1000km,跃居全国第五位,西部第一位。

2000—2003年,四川省高速公路建设通车里程仅增加500km,列全国第14位。单一的高速公路建设资金来源及单一的依靠交投集团作为建设实体实施高速公路建设的模式,严重制约着四川省高速公路的健康快速发展。

---

[1] BOT是Build-Operate-Transfer 3个英文单词首字母的缩写,即建设-运营-移交。

第三章
高速公路投融资

2004年,四川省交通厅派出两组考察调研人员,分赴广西、广东与湖南、湖北考察调研BOT建设模式。厅党组决定先行试点、完善制度、逐步推广。同年,省政府批复同意在四川省内试用BOT方式招商引资建设高速公路。

2004年,启动高速公路BOT投资人招标的政策研究工作,拟制《四川省高速公路建设项目实施BOT方式管理办法》,8月,省政府常务会议审议原则通过,12月,省政府办公厅批转该管理办法,为BOT投资人招标提供了政策依据。

2005年,根据省政府批准的招商项目规划,本着加快进度、成熟项目先试先行的原则,选定乐宜路作为四川省高速公路BOT方式招商引资项目试点。省人民政府办公厅批转《省交通厅关于进一步加大开放力度吸引民间资金进入交通基础设施领域的实施意见和四川省高速公路建设项目实施BOT方式管理办法(试行)的通知》及《关于同意乐宜高速公路以BOT方式公开招标确定项目法人的复函》,授权四川省交通厅作为招标人,通过公开招标方式确定项目法人。3月21日,省政府召开乐宜高速公路BOT招标新闻发布会。3月23~25日,发布资格预审公告;3月28日~4月1日,发售资格预审文件。4月11日,省交通厅举行招标资格预审说明会。6月中旬,省交通厅派出两个调查小组,对潜在投标人开展走访调查。7月完成对资格预审申请人的资格审查,8月进入投标阶段。9月21日完成评标工作,山东省高速公路集团有限公司以最低收费期限报价中标。9月28日,省交通厅与山东省高速公路集团有限公司正式签署乐宜高速公路BOT投资合同。四川省第一条BOT高速公路招商成功,标志着高速公路建设开启了"双腿走路"模式,四川省高速公路建设也由此进入快速发展通道。

乐宜路BOT方式的试点成功,为后续在全省推广BOT模式招商,加快引资建设高速公路提供了借鉴经验。

2006年,四川省积极推广BOT模式,以市(州)政府为BOT高速公路引资招商主体,加快高速公路建设。2月,以绵遂路(遂宁段、绵阳段)为试点,启动了以市级政府作为招标人的BOT投资人招标工作。该路全长176km,总投资64亿元,其绵阳段由四川汉龙集团中标,遂宁段由中铁二局集团有限公司中标。绵阳、遂宁两市在年内分别与投资人签署了投资协议书和特许权合同,并完成项目公司注册。

2007年底,省委九届四次全会决定建设贯通南北、连接东西、通江达海的西部综合交通枢纽,变"蜀道难"为"蜀道通"。特别提出高速公路建设可以开发和推出一批有吸引力的项目,通过引进战略投资者,采取BOT、股份制、股份合作制等方式,鼓励和支持社会资本合资或独资建设。四川省陆续推出邛名路、宜渝路(宜宾段、泸州段)、内遂路等4个项目开展招商,中国水利水电建设集团公司、四川省铁路产业投资集团公司、波司登股份有限公司和山东康博实业有限公司联合体、中国葛洲坝集团股份有限公司分别中标上述项目,招商总里程达500km,总投资约280亿元,招商引资工作取得完满成功。

2008年，四川省抓住灾后重建的重大机遇，以中国西部国际博览会为平台，面向市场推介12个高速公路项目，招商总里程1668km，总投资约1372亿元，随后又陆续推出几条前期工作成熟的项目。年底即完成成绵复线招商，中标投资人为四川路桥集团。同时，着力推进高速公路BOT项目建设，实现BOT项目5条路7个项目顺利开工，即绵遂路（绵阳段、遂宁段）、宜渝路（宜宾段、泸州段）、邛名路、内遂路、成绵复线，各级政府大力发展交通的积极性空前高涨。2009年，推向市场的12个高速公路项目中的7个完成招商工作，总里程828km，引进社会投资资金564亿元，是历年来引资规模最大的一年。4月9日，成自泸赤高速公路投资人招标工作顺利完成，该项目里程296.8km，合计引进资金197.3亿元，其中，成都眉山段105.5km，估算投资73.3亿元，中标投资人为四川成渝高速公路股份有限公司；内江自贡段112.7km，估算投资67亿元，中标人投资人为四川路桥集团；泸州段78km，估算投资57亿元，中标投资人为广东龙光集团。4月14日，成安渝高速公路投资人招标成功，该项目全长173.4km，估算投资为157.8亿元，中标投资人为深圳泰邦基建有限公司。10月19日，遂资眉高速公路遂宁资阳段BOT项目正式签署投资协议，该项目全长122.9km，估算投资69.6亿元，中标投资人为重庆建工集团。11月9日，乐自高速公路投资人招标成功，该项目全长116.31km，估算投资67.86亿元，中标投资人为山东高速集团有限公司。12月23日，遂资眉高速公路眉山段BOT投资人招标成功，该项目全长119km，估算投资71亿元，中标投资人为泸州鑫福矿业集团有限公司。2009年底，四川BOT高速公路项目达15个，建设规模1550km，引进社会资金963亿元，BOT高速公路项目的里程和投资占全省在建高速公路里程和投资的一半。

2010年上半年，通过BOT、股份制、省市共建等方式，12条高速全部招商成功。其中，成都第二绕城高速公路东段109km，估算投资151.9亿元，投资人为广东龙光集团；成都第二绕城高速公路西段114.2km，估算投资133.7亿元，投资人为四川铁投集团；南充至大竹至梁平高速公路142.2km，估算投资107.3亿元，投资人为四川铁投集团。第二轮BOT高速公路招商成功引入四川路桥集团、四川省交通投资集团公司、四川公路桥梁建设集团有限公司和四川路桥建设股份有限公司联合体、广东龙光（集团）有限公司、重庆建工集团股份有限公司、四川鑫福产业集团有限公司、山东高速集团有限公司、四川省铁路产业投资集团公司和四川路桥集团联合体。招商总里程达963km，总投资约730亿元。至此，四川省BOT高速公路招商总里程突破1400km，总投资突破1000亿元。

2011年，四川省推出叙永至古蔺、自贡至隆昌、巴中至广安至重庆、遂宁至广安、遂宁至西充、内江至威远至荣县等6个项目开展BOT招商，均取得成功。其中，叙古高速公路66.1km，估算投资82.4亿元，投资人为四川路桥集团；自隆高速公路70.6km，估算投资50.8亿元，投资人为四川省铁路产业投资集团；巴广高速公路208.2km，估算投资176.4亿元，投资人为四川路桥集团；遂广高速公路96.8km，估算投资73.3亿元，投资人为四川成渝高速公路股份有限公司；遂西高速公路65.9km，估算投资49.5亿元，投资人为四川成渝高速公路股份有限公司；内威荣高速公路62.7km，估算投资46亿元，投资人为四川省铁路产业投资集团。至2011年底全部实现控制性工程开工。招商总里程达493km，总投资约371亿元。截至2011年底，全省高速公路累计成功招商BOT项目24个，总里程2510.4km，引进社会资金1882.4亿元，连续5年完成里程和投资双增长，里程数及引进资金数位居全国第一位。

2012—2013年，宜宾至叙永、绵阳至西充、宜宾至彝良、宜宾城市过境、成都经济区环线高速公路简阳至蒲江段、攀枝花至大理（四川境）、内江城市过境等7个高速公路BOT项目招商成功，四川省铁路产业投资集团公司、四川省铁路产业投资集团公司和华川集团联合体、四川宜宾伊力集团公司/邢台路桥建设总公司/中交远洲集团联合体（宜宾两个）、中国铁建投资有限公司和中铁二十局集团有限公司联合体、四川省铁路产业投资集团公司和四川路桥集团联合体、天津城建集团有限公司分别投资入主。招商总里程达613km，总投资约674亿元。

至2012年底，全省高速公路通车总里程达到4419km。BOT模式建设的高速公路通车总里程达1068km，占到通车总里程的约1/4，分别是邛名路、乐宜路、绵遂路（遂宁段）、绵遂路（绵阳段）、成绵复线、内遂路、成自泸赤高速公路（成仁段）、成自泸赤高速公路（内自段）、宜渝高速公路（宜宾段）、宜渝高速公路（泸州段）、遂资眉高速公路（遂资段），引进社会资金2038亿元，里程数及引进资金总额均居全国第一。四川省高速公路从2007年底的全国第十三位、西部第三位，跃升至全国第六位、西部第一位，成为四川交通的一个里程碑，BOT建设模式贡献巨大。

2014年，省委、省政府推出"中外知名企业四川行"活动，成功举办四川省高速公路BOT项目招商推介会，推出13个高速公路BOT项目，总里程约1679km，总投资约2319亿元。这些项目分别是：成都经济区环线剩余段（德阳至简阳段、德阳至都江堰段、都江堰至蒲江段）、营山至达州、南充城市过境广南至南广段、广元至平武、蒲江至井研、绵阳至苍溪、苍溪至巴中、西昌至香格里拉、西昌至昭通、宜宾至新市镇和新市镇至攀枝花、营山至达州高速公路等14个高速公路。

2015年，PPP模式❶在全国推广。2014年11月16日，国务院印发《关于创新重点领域投融资机制鼓励社会投资的指导意见》，财政部印发《关于推广运用政府和社会资本合

---

❶PPP模式即Public-Private-Partnership的字母缩写，是指政府与私人组织之间，为了合作建设城市基础设施项目，或是为了提供某种公共物品和服务，以特许权协议为基础，彼此之间形成一种伙伴式的合作关系，并通过签署合同来明确双方的权利和义务，以确保合作的顺利完成，最终使合作各方达到比预期单独行动更为有利的结果。公私合营模式（PPP），以其政府参与全过程经营的特点受到国内外广泛关注。PPP模式将部分政府责任以特许经营权方式转移给社会主体（企业），政府与社会主体建立起"利益共享、风险共担、全程合作"的共同体关系，政府的财政负担减轻，社会主体的投资风险减小。

作模式有关问题的通知》、国家发展改革委印发《关于开展政府和社会资本合作的指导意见》。2015年7月28日、9月14日，四川省人民政府先后印发《关于创新重点领域投融资机制鼓励社会投资的实施意见》《关于在公共服务领域推广政府与社会资本合作模式的实施意见》。2015年7月30日，四川省交通运输厅会同省发改委、省财政厅印发《四川省高速公路"BOT+政府补助"项目实施办法（试行）》，2016年5月13日，再次联合印发《四川省高速公路"BOT+政府股权合作"项目实施办法（试行）》。至此，PPP模式在四川省高速公路投融资建设中推广。省交通运输厅以此为依据，成功招商G0511线德阳至都江堰段项目。三绕北段（G0511线德阳至都江堰段）项目成为了四川省第一个"BOT+政府补助"项目。随后，又陆续招商成功成都经济区环线德阳至简阳段等项目。中国铁建投资集团有限公司和中铁十一局集团有限公司、中铁十二局集团有限公司组成的联合体，中国铁建投资集团有限公司和中国铁建大桥工程局集团有限公司、中铁十七局集团有限公司组成的联合体分别中标以上项目，总里程约215km，总投资约296亿元。

2016年，四川省继续完善高速公路PPP模式，出台《四川省高速公路"BOT+政府股权合作"项目实施办法（试行）》。加大招商力度，进行了两次集中签约，一是上半年4月，签约项目有成都新机场高速公路、成都经济区环线蒲江至都江堰段高速公路、广安市过境高速公路和成安渝高速公路四川段，总里程约446km，总投资约620亿元，投资人分别为中国中铁股份有限公司和中国铁建股份有限公司联合体、四川省铁路产业投资集团有限责任公司和四川公路桥梁建设集团有限公司联合体、中电建路桥集团有限公司和中国电力建设股份有限公司联合体；二是下半年10月，签约项目有叙永至威信高速公路、资阳至潼南（四川境）高速公路、巴中至万源高速公路、乐山至西昌高速公路，总里程约490km，总投资约701亿元，投资人分别为中国一冶、四川省铁投集团和四川路桥集团联合体、川高公司和中国中铁联合体、四川省交投集团。全年签约总里程达936km，总金额达1321亿元。其中，巴万路成为四川省第一个成功招商的"BOT+政府股权合作"项目。

运用BOT建设模式使四川高速公路发展大大提速。多条中长期规划内项目提前建成。2016年底，四川省高速公路通车里程已达到6519km，跃居全国第二，仅次于广东省。其中，BOT项目通车里程达2525km，占全省高速公路通车里程的39%；在建高速公路里程2150km，其中在建BOT高速公路里程达1161km，占省在建高速公路里程的54%。已招商成功的42条BOT高速公路中，有23条BOT高速公路已在四川省成都市、雅安市、乐山市、宜宾市、遂宁市、绵阳市、德阳市、内江市、资阳市、眉山市、自贡市、泸州市、南充市、达州市、广安市、巴中市等境内开通运营，连通全省16个市（州），覆盖了四川省80%的市（州）；另有13条BOT在建高速公路，分别位于成都市、资阳市、南充市、达州市、遂宁市、广安市、巴中市、泸州市、眉山市、宜宾市、绵阳市、内江市、攀枝花市、乐山市境内；还有6条BOT高速公路项目已完成招商引资，正准备开工建设。将来新通车高速公路中超过一半都是BOT高速公路，招商项目规模和引进社会资金总额均居全国交通行业第一位，BOT高速公路在四川高速中逐渐占据主力军位置。

2016年，四川省BOT高速公路建设已引进社会资金3752亿元，成功招商的42条BOT高速公路中，国高网13条，省高网29条，若按35%的资本金比例计算，直接为政府减少约1300亿元资本金的筹措压力。其中，央企和地方国企牵头建设32个BOT高速公路项目，总投资约3028亿元，成为四川高速公路BOT投资建设主力军，民营资金共投资10个BOT高速公路项目，牵头建设8个BOT高速公路项目，投入资金达724亿元左右，占引进社会资金的20%，市场经济活力凸显。这种方式由投资商负责项目投融资，不需要国家的资本金补助，不需要省政府财政投入，不需要交通行业的规费支出，也没有面向老百姓的任何摊派；企业严格按照合同及时足额到位资本金，银行在严格审查基础上提供信贷支持。

四川省已成功招商的42个BOT项目中吸引来自省内外共32家企业，既有国有企业，也有民营企业；既有省外投资商，又有省内大企业；既有高速公路建设管理经验丰富的基建类企业，还有筹融资能力极强的上市公司。这些企业分别是山东省高速公路集团有限公司、中铁二局集团有限公司、四川汉龙(集团)有限公司、中国水利水电建设集团公司、中国葛洲坝集团股份有限公司、四川省铁路产业投资集团公司、波司登股份有限公司、山东康博实业有限公司、中电建路桥集团有限公司、四川公路桥梁建设集团有限公司、四川省交通投资集团公司、四川路桥股份公司、重庆建工集团股份有限公司、广东龙光(集团)有限公司、鑫福高速公路投资有限公司、中国电力建设股份有限公司、成渝高速公路股份有限公司、中国铁建投资有限公司、中铁二十局集团有限公司、四川宜宾伊力集团、邢台路桥、中交远洲、华川集团、天津城建集团有限公司、成都市路桥工程股份有限公司、中铁十一局集团有限公司、中铁十二局集团有限公司、中国铁建大桥工程局集团有限公司、中铁十七局集团有限公司、中国中铁股份有限公司、中国铁建股份有限公司、四川高速公路建设开发总公司。其中央企5家，国企18家，民营企业9家，同时包含上市公司12家，社会影响力凸显；来自川内的企业11家，分别来自成都、绵阳、泸州、宜宾等市，引进省外企业21家，吸引了来自北京、山东、重庆、江苏、广东、湖北、河北、陕西、山西等九省市的企业投资，不仅撬动省内经济，同时与兄弟省、直辖市分享经济发展成果。BOT高速公路的成功，还带动了其他融资方式的兴起，如股份制、省市共建等多种建设模式，形成了政府投资与社会投资并重，BOT、股份制等多种市场运作方式相结合的多元化投资的良好局面。坚持分级负责、省市互动，省负责指导和行业管理，市(州)政府是BOT高速公路建设的工作主体，全省21个市(州)，先后已有成都市、遂宁市、绵阳市、内江市、宜宾市、泸州市、乐山市、眉山市、南充市、广安市、资阳市、达州市、攀枝花市、德阳市等14个市(州)承担过BOT高速公路引资建设，13个市(州)作为配合，参与招商引资的市(州)已占全省的

80%；其中,承担过两次以上的市(州)就有11个,成都市、遂宁市、宜宾市更是承担过5个以上BOT高速公路引资建设。市(州)政府在高速公路BOT招商及项目建设推进中发挥了主力军作用。

第三节 国外贷款

四川交通建设利用国外贷款始于高速公路建设。"八五"初期,成渝高速公路建设首次利用世界银行贷款。2016年,四川交通建设利用国外贷款规模为约17亿美元,贷款主要用于高速公路建设,10个项目已全部完成。经过近20年的发展,四川交通建设利用国外贷款的规模已处于全国交通行业领先水平。

(一)亚洲开发银行贷款

四川省第一个利用国际金融机构贷款项目为成都至重庆高速公路(成渝高速),其中四川段使用世界银行贷款7500万美元。

四川省历年使用的国际金融机构贷款主要来源是亚洲开发银行提供的优惠贷款,贷款规模共计15.5亿美元,5个项目。

(1)成都至南充高速公路,亚行贷款2.5亿美元。成南高速公路是四川省第一条亚行贷款公路项目,项目建成通车后,被亚行评价为中国大陆使用亚行贷款项目的样板。

(2)川南道路发展项目(西昌至攀枝花高速公路),亚行贷款3亿美元。该项目建成后,被安排在2010年亚行贷款交通项目经验交流研讨会作经验交流发言。

(3)川中道路发展项目(雅安至西昌高速公路),亚行贷款5.04亿美元,为亚行对华贷款金额最大的单个项目。

(4)在建的川东道路发展项目(达州至川陕界高速公路),亚行贷款2亿美元。

(5)在建的四川农村公路灾后恢复重建亚行紧急贷款项目,使用中央统贷统还亚行紧急优惠贷款3亿美元。

(二)外国政府贷款

四川省历年使用外国政府提供的优惠贷款共计7530万美元,4个项目。

(1)改性沥青项目,利用奥地利政府贷款485万美元。

(2)四川九寨黄龙机场项目,利用科威特政府贷款约2045万美元。

(3)广安市广门至前锋公路项目,利用沙特阿拉伯政府贷款2500万美元。

(4)宜宾市宜宾至长宁旅游公路项目,利用沙特阿拉伯政府贷款2500万美元。

(三)国外贷款使用方向和范围

(1)国际金融组织贷款主要用于盆周经济欠发达山区的高速公路项目。这些地区的高速公路大都属于国家规划的西部大开发公路主通道项目,沿线地质地形条件复杂,工程艰巨,工程造价高,导致项目投资大、融资难;同时,由于地处经济欠发达地区,项目经济效益较差。大规模地利用国际金融组织贷款,在以下方面产生了积极作用:

首先,有效缓解四川省高速公路建设的筹资压力。四川省4个曾经使用亚行贷款高速公路项目的总投资超过350亿元人民币,其中亚行贷款金额占了总投资的近30%。

其次,国际金融组织贷款的进入,有效降低了国内银行的单独放贷风险。国际金融机构对投资利益和价值判断展示,对国内银行的后续贷款起到导向和示范作用,促成了内资外资并用、国内外金融机构联合的融资机制。西昌至攀枝花高速公路(全长162km、总投资89亿元人民币)、雅安至西昌高速公路(全长约244km、总投资约141亿元人民币)等项目,由于投资总额巨大,国内银行曾认为放贷风险较高。亚行决定投入贷款,增强了国内银行的放贷信心。

利用国际金融组织贷款的工程,借鉴和学习了国外先进建设经验和技术。在项目建设中推进了环境保护、消除贫困、促进社会发展等相关领域的工作,推动和改善了贫困地区的经济社会发展。

利用国际金融组织贷款、特别是亚行贷款加快了四川省境内的国道主干线、西部大通道和西部开发省际公路通道建设,对四川省境内的西部开发公路通道建设任务提供了强有力的资金支持。西攀路、雅西路属于西部大通道兰州至磨憨公路四川境内的连续段,两段总投资达230多亿元人民币,两项目合计使用亚行贷款达8亿美元,在该通道建设上产生了较强的整体效应。

(2)实施周期短、见效快、资金要求规模小的项目,以利用条件更优惠的外国政府贷款为主。

(3)偿贷条件好的地方公路项目推荐使用外国政府贷款。四川省在充分考虑偿贷能力的前提下,积极推荐效益较好的地方公路项目利用条件优惠的外国政府贷款。支持和鼓励地方公路建设使用外国政府贷款,既拓宽了引资渠道,又统筹了省管项目与地方道路、兼顾了公路项目与其他项目。

(四)国外贷款使用成效

国外贷款特别是国际金融组织贷款项目,是四川交通了解和学习先进国际经验与发展理念的重要"窗口",起到了知识"宣讲员"的作用。四川省交通第一个国际金融组织贷款项目成渝路世行贷款项目的建设,是四川交通系统学习和运用"菲迪克"条款的开始。

在成渝路建设中,通过组织专业技术人员赴省外考察、赴国外培训、邀请外国专家来川授课(受训监理人员达 800 余人次)、举办施工单位项目经理及主要技术人员培训班等形式,使工程监理人员、施工单位较快地了解、熟悉和掌握了"菲迪克"条款,项目建成后,大部分受训人员参与到后续的高速公路项目建设,为四川省高速公路建设学习和推行"菲迪克"条款提供了重要的技术支撑和人才保障。

通过亚行贷款项目的实施,学习和运用了《亚行采购指南》等相关管理制度及国际运作惯例,高速公路建设管理进一步与国际接轨;了解和熟悉了亚行的扶贫理念、"非自愿移民政策"、环境保护政策等,并结合国情、省情,充分运用到四川省高速公路建设中;通过选派工程管理和技术骨干赴发达国家执行亚行贷款项目培训合同任务,极大地开阔了视野、拓宽了思路、学习了经验、掌握了知识和技术。成南路项目建成后,原参与成南路建设的大量受训工程技术人员流动全省其他高速公路建设项目,境外培训的积极作用扩大到了其他高速公路项目建设中。

国际金融组织贷款项目的建设与管理,是四川交通建设力行体制创新、技术创新、科学管理、思想观念更新的重要"载体",起到了交通改革和创新"加速器"的作用。

在利用国外贷款初期,对国外的先进管理、技术、发展理念还处在被动吸收阶段,随着四川交通利用国外贷款的迅速发展,学习范围进一步拓宽、理解掌握进一步加深、实践运用更加注重创新,利用国外贷款,加速了四川交通建设在体制创新、技术创新、实施科学管理、树立全新的发展理念等方面由被动到主动、从自发到自觉的发展过程。同时,四川交通与亚行在多个项目上的成功合作及贷款项目的成功实施,又对亚行及时调整其贷款政策及贷款理念产生了一定的推动作用,双方形成了相互合作、相互促进的良好关系。

国外贷款项目是四川交通开展经验交流与对外宣传的重要"平台",起到了交通对外交流与合作"推动者"的作用。四川交通建设通过国外贷款项目实现了与国际市场接轨,有了充分的机会直接面向世界市场采购。成南路第一批设备采购通过国际竞争性招标,费用比预算节约了近32%,更主要的是引进了国际一流的产品。

通过亚行贷款项目这个平台,四川省交通厅已与美国、英国、法国、德国等发达国家的同业机构建立了友好往来与交流,四川省交通厅公路设计院在省交通厅的支持和牵线搭桥下,与世界知名的同业咨询机构的交流与合作也取得了明显成效。

第四节　高速公路投融资实例选录

(一)成渝高速公路

1987 年 12 月,交通部批复初步设计概算 11.4 亿元,1992 年 11 月调整为 39.51 亿元,

1997年再次调整为42.09亿元。工程建设资金由国家投入、地方投入和银行贷款三部分组成。

1986年10月,交通部将成渝公路列入国家第六批世行贷款项目,并要求四川向世行提供项目可行性研究报告,四川省于当年11月向世行提供《成都至重庆公路改建可行性研究报告》。1987年8月,受国家计委委托,中国国际工程咨询公司组织专家评审组,对成渝高等级公路可行性研究报告进行评估,根据成渝公路沿线经济的发展和交通量的迅速增长,作出保留老路、另辟新线的决定,并将9.78亿元的估算投资调整为11.4亿元。

1988年1月,应财政部邀请,以肯尼迪为团长的世行公路代表团一行5人来华,并委派代表团成员费丽达·约翰森和乔治·马侯尼一行来蓉,对成渝高等级公路工程项目进行正式评估。1989年5月31日,中国与世行签订的新建成渝高等级公路项目贷款协定、信贷协定正式生效,世行向成渝公路贷款1.25亿美元(其中成都至隆昌桑家坡段7457万美元,重庆至隆昌桑家坡段5043万美元)。在成都至隆昌桑家坡段的26.27亿元中,由交通部补助6.64亿元、利用世行贷款7457万美元(当时折合人民币4.3535亿元)、地方自筹10.5316亿元、银行贷款4.75亿元。

1990年2月,由中国国际招标公司主持、四川省重点公路建设指挥部承办、省公证处公证员监督的第一期国际招标会在重庆进行;8月,第二期国际招标会在成都进行。成都至隆昌桑家坡段12个合同段的中标施工单位为成都市路桥工程公司、成都市市政工程公司、攀枝花公路桥梁工程公司、铁道部十六工程局、四川省公路桥梁总公司等。1990年2月,由四川省交通厅、重庆市交通局、中国国际工程咨询公司、四川公路咨询公司与美国施伟拔国际工程咨询公司联合组成的成渝公路工程监理部正式成立,为四川省首家中外联合公路建设监理机构。

1990年7月,国务院批准将新建成渝高等级公路列入1990年基本建设新开工大中型项目,国家计委同时下达项目计划。1990年9月25日,新建成渝高等级公路开工典礼在成都市龙泉驿区毛家口立交桥工地隆重举行。

1992年1月6日,省长张皓若、副省长蒲海清视察在建的成渝高等级公路成简段,同时召集成渝路沿线县(市、区)党政领导在简阳召开现场办公会。决定将原设计方案中简阳全来风驿路段252km二级公路两车道改为一级公路四车道(简称"二改四"),同时增加交通安全和管理服务设施,成渝公路全线按全封闭、全立交的高速公路标准建设。该决定事后专题上报国家计委和交通部获得批准。

新建成渝公路工程开工以后,由于工程设计方案的修改,工程投资大幅超出概算设计,地方自筹资金矛盾十分尖锐。省政府为此采取多项措施筹集建设资金:

(1)对"二改四"加宽路段所征土地和临时用地缓交耕地占用税、免交施工单位营业税,施工单位就近采石、采沙、采土一律免征矿产资源税,并不收取其他任何费用。

(2)在全省开征公路货运车辆附加费和交通建设附加费,并提高养路费征收标准,用于成渝工程。

(3)经国家计委、中国人民建设银行批准,1992年3月面向社会发行成渝公路建设债券4000万元。

(4)1993年6月成立四川蜀海交通投资有限公司,主要承担成渝公路工程建设的筹资和融资任务。

成渝高速公路(四川段)工程总概算26.2325亿元,建设期间有关单位对成渝高速公路四川段累计下达投资计划26.2365亿元,实际工程到位资金26.2751亿元,其中内资21.9216亿元,外资4.3535亿元。内资含交通部补助资金6.64亿元(占总投资的25.37%)、地方自筹资金10.5316亿元(占总投资的40.35%)及银行贷款4.75亿元(占总投资的18.15%)。引进外资世界银行贷款7457万美元,折合人民币4.3535亿元(占工程总投资的16.63%,财政部将世界银行贷款转贷四川省,贷款利率按4%计算,低于世行普遍年贷款利率及国内银行贷款利率)。1995年9月,成渝高速公路四川段竣工决算总造价26.1684亿元(构成基本建设投资),较概算节约投资640.95万元。

(二)成绵高速公路

20世纪90年代初期,四川的交通发展滞后已成为制约经济发展的"瓶颈",省委、省政府非常重视解决交通发展滞后的问题,把发展交通基础设施作为全省经济工作的重点和一项长期工作来抓,下决心要改变四川交通的落后面貌。

当时公路交通建设发展滞后的一个重要原因就是资金供求矛盾突出。根据当时四川省交通发展规划,要实现20世纪交通上新台阶目标,共需资金200亿元人民币以上,资金缺口达100亿元人民币。只依靠国内、省内财力要筹集这么多资金是非常困难的,所以必须扩大开放,引进外资。从国外和我国沿海地区的成功经验看,合理地利用外资不失为一种极为有效地解决公路建设资金紧张的办法。利用外资本身不仅能缓解四川省公路建设资金不足的状况,而且还能促进四川省交通发展的对外开放,对外交流和技术进步,有利于建立公路交通的社会主义市场经济新观念、新机制。合理有效地利用外资,可以使公路建设在发展思路上从交通部门独家办交通,转变为动员一切有效力量共同办交通;在交通建设筹资上,由以往的等待上面投资、转变为立足自力更生,广开资金渠道;在交通建设机制上,由单一无偿投入转变为有偿使用,从而达到改革投资体制,引进先进管理技术,加快公路建设的步伐,适应经济快速发展目的。

当时成都至绵阳公路属国道108线(川陕公路)的一段,起于成都市,经新都、广汉、德阳,止于绵阳市,老路全长135km。1988年建成了成都至德阳大件公路,其中成都天回镇至广汉为一级公路,长27.7km,广汉至德阳为二级公路,长23.95km。德阳至绵阳为四级公路,其中个别地段属于等外公路。

此段公路位于四川盆地的人口密集、经济发达地带,随着成都、德阳、绵阳经济发展,特别是当时省政府先抓"一条线"(北起绵阳江油,经德阳、广汉、成都,南至乐山和峨眉)经济带战略的实施,公路沿线交通量增长很快,大部分路段已不适应交通量增长的需要。由于公路沿线平交道口太多,自行车、拖拉机、人车混行横向干扰严重,致使通过广汉、德阳等城镇交通更为困难,特别是成都过境车辆出入非常拥挤,经常堵车、事故增多。根据对成都、德阳、绵阳等地机动车OD调查及分析,并根据沿线公路客、货运输量历史资料、分别采用国民经济指标进行相关分析,建立线性回归、非线性回归模型,对未来交通发展进行预测,此路段交通量增长很快,必须尽快建设高速公路,以适应经济发展的需要。

1994年,四川省交通厅为缓解四川省公路建设资金匮乏的矛盾,加快国道干线公路的建设步伐,探索公路建设市场经济的路子,积极稳慎引进外资,在省委、省政府及有关部门的领导和指导下,与香港新中港集团有限公司经过几轮谈判协商,达成共同投资合作建设经营成都至绵阳高速公路的合作意向,并向四川省计划委员会递交了《合作建设经营成都至绵阳高速公路可行性研究报告》,同年5月23日获得立项批复。

(1) 合作项目为成都至绵阳高速公路,即建设成都三河场,经新都、广汉、德阳、白马至绵阳磨家。全长90km,设计速度为100km/h,建设工期3年,总投资人民币13.53亿元。中方出资40%,外方(新中港集团)出资60%;双方按出资比例承担有限责任。

(2) 合作双方共同投资建设,经营管理成绵高速公路,在公路建成后通过收取车辆通行费回收投资并获得收益,合作期为30年。

1994年3月18日,四川省交通厅授权委托其下属单位四川高速公路建设开发总公司作为中方与外方香港新中港集团有限公司,依照中国法律签署了《关于合作建设成都至绵阳高速公路合同》及《四川成绵高速公路有限公司章程》,成立中外合作经营企业——四川成绵高速公路有限公司,负责在四川省境内从事成都至绵阳高速公路的建设、经营、管理,并成为西部地区首家从事投资基础设施及经营管理的中外合作企业(合作企业具有中华人民共和国企业法人资格,为有限责任公司,以其全部资产对合作企业的债务承担责任)。

合作企业正式成立后,授权中方按有关条款包干建设成绵高速公路,并于建成后移交合作企业进行管理。30年合作期满后无偿移交中方。同年6月8日,公司合同、章程获得四川省对外经济贸易委员会批复。

1996年3月25日,按照国家计委对原签订的公司合同及章程,做出专门批示和提出有关意见,中外双方对合同及章程进行了第一次修改。

1997年8月6日,中外双方对原签署、修改后的合同及章程进行了第二次修改:

(1)一致同意建设成都至绵阳高速公路白鹤林至广汉周家祠堂段新线(成绵高速公路总里程达到91.9km),双方明确追加投资人民币2.8亿元,使总投资额达到人民币16.33亿元。

(2)合作企业负责大件公路三河场至广汉市段25.4km的经营管理;在成绵高速公路建设期间,养护成都至德阳大件公路(即原有成都市三河场经广汉至德阳的收费公路),全长52km;待成绵高速公路建成通车后中方将有效地委托合作企业经营管理大件路广汉至德阳段25.6km。

通过招商引资方式建设成绵高速公路,不仅促进社会经济开发及适应国民经济发展而产生的对高速公路的需求,采用具有国际水准的技术和管理经验,在四川省境内高效优质地开发、建设、管理、经营高速公路,并通过收取车辆通行费、配套设施使用费、以及其他方面的所得确保中外双方投资收益。

成都至绵阳高速公路的兴建,无疑对改善地区投资环境,招商引资,加快发展国民经济和带动四川经济的发展,提供了良好的交通保障条件,并对沿线辐射区域的地方税收、劳动力输入(出)解决就业等起到了促进作用。

(三)证券市场融资

1997年9月26日,四川成渝高速公路股份有限公司(以下简称"成渝公司")以全球发售和香港公开发行的方式,在境外首次发售H股89532万股,募集资金14.14亿元,修建完成成雅高速公路、城北出口高速公路,并偿还部分银行贷款,既解决了四川交通建设资金来源,又为企业带来了良好的经济效益,目前两条路年均贡献税前利润约4亿元。同时,也为加快交通发展的资金瓶颈找到了一条新的途径和模式。H股上市,揭开了交通融资和公司成长发展的新篇章,为公司利用境外资本市场打开了空间。

2009年7月,公司首次公开发行50000万股A股,募集资金17.41亿元,夺得IPO重启以来沪市首单,自此,公司成为中国西部唯一的基建类A+H股上市公司。公司利用募集资金收购了成乐高速公路,并提前偿还了部分贷款,在壮大了公司的资产规模的同时每年为公司增加税前利润约2.5亿元,此外,川高公司(原公司控股股东)利用出售成乐高速公路获取的资金,运用于四川省内多条高速公路的建设,为四川基础设施建设做出了贡献。这种"上市公司融资—收购集团内优质资产—集团培育新的优良资产—上市公司再融资"模式,有效利用了A股资本市场,为公司后续利用A股及H股融资平台提供借鉴。

作为西部唯一一家基建类A+H股上市公司,成渝公司较早建立了股权多元化的资本架构,法人治理结构健全且不断完善。经过十多年发展,公司业务布局日趋多元,逐步由单一的高速公路公司发展成为围绕高速公路资产经营为主业,积极延伸和拓宽相关多元化的复合型经营企业。公司经营管理规范,市场化意识较强,认真履行了上市公司财务信息及其他重大信息的披露义务,树立了良好的资本市场形象。

第四章
高速公路建设

(一)高速公路建设"0"的突破

1988年,中国第一条高速公路沪嘉(上海至嘉定)高速公路建成通车,开创了中国大陆建设高速公路的历史,对国内建设高速公路起到示范作用。

20世纪80年代末,四川迎来新中国成立以后的最好经济发展阶段。经济和社会的迅速发展,增加了对交通运输条件的需求,对机动灵活、门到门直达的中、短程公路运输的发展需求增长迅猛。建设高速公路成为四川社会经济发展的必然趋势。四川省通过高等级公路的建设实践,对高速公路建设的思路逐渐明晰。

1990年9月25日,四川第一条高速公路成渝高速公路动工兴建,拉开了四川高速公路建设的序幕。成渝高速公路是国家和四川省"八五"期间的重点公路建设项目,是交通部规划的"两纵两横"国道主干线上海至成都公路的组成部分,全长340km,1995年7月1日实现初通,9月21全线竣工通车。

成渝高速公路通车后,中共四川省委、省政府在"九五"计划中要求全省公路建设要以公路主骨架为重点,加快高速公路大通道建设,在5年内力争建成高速公路1000km。2000年底,四川相继建成成渝高速公路四川段、成绵高速公路、成都城北出口高速公路、成都机场高速公路、内宜高速公路、成乐高速公路、成灌高速公路、雅攀高速公路泸沽至黄联段、隆纳高速公路、成雅高速公路、达渝高速公路罗江至大竹段、广邻高速公路等12条高速公路,高速公路通车里程达到1000km,位居中国西部第一位,全国第六位,在四川公路建设史上写下辉煌的一页。省会成都到各市(州)的高速公路通车主骨架雏形基本形成。

此期四川省高速公路建设几乎涵盖了省内所有典型地质地貌类型,积累了丰富的施工技术经验,为四川高速公路的长远发展奠定了坚实基础,积累了宝贵经验。

(二)高速公路建设高速发展时期

21世纪初,四川省高速公路建设进入迅猛发展时期。成都绕城、成都至绵阳、成都至乐山、泸州至隆昌、成都至南充、绵阳至广元、达州至重庆、南充至广安、邻水至垫江、南充至重庆界、遂宁至重庆界、西昌至攀枝花至云南界、都江堰至映秀等一大批高速公路项目建成通车。2005年,全省高速公路通车里程达到1759km,共建成成南、绵广、南广、达渝、成都绕城、成彭、成温邛等759km高速公路,通达17个市(州)。高速公路建设质量进一步提升。成都绕城东段、达渝路三期、南广路等工程交工验收优良率达100%,城南路、南广路、绵广路一期工程获"天府杯"奖,华蓥山隧道获国家优秀设计银奖、国家优质工程银奖和詹天佑土木工程大奖、"天府杯"金奖,成南路被评为"国家开发建设项目水土保持示范工程";华蓥山隧道、绕城高速公路东半环获得建筑工程最高奖——"鲁班奖"。

2008年"5·12"汶川地震给四川交通带来巨大破坏,四川省紧紧抓住灾后恢复重建的重大机遇,超常努力,科学规划,创新思路,开拓进取,高速公路建设开始又一个发展新时期。2008年底,四川省已建成成渝、遂渝、宜水、攀田、南渝、邻垫、达渝等7个高速公路出川通道,全省在建高速公路超过1709km。2008年西昌至攀枝花、攀枝花至田房(川滇界)、邻水至垫江3条高速公路全线建成通车,全省高速公路通车里程突破2000km,成为四川高速公路发展史上的又一座里程碑。全省17市(州)政府所在地、13个20万以上人口的城市通高速公路,覆盖区域的人口GDP约占全省总量的80%,四川高速公路主骨架初步形成。

(三)高速公路建设实现历史性的跨越

2007年12月,中共四川省委九届四次全会作出战略决策,着力构建出川大通道,加快建设贯通南北、连接东西、通江达海的西部综合交通枢纽,变"蜀道难"为"蜀道通";要求进一步加快高速公路建设步伐。四川省交通部门按照"打开通道、构建枢纽、完善路网、提升功能、支撑发展"的总体思路,编制完成《四川省高速公路网规划(2008—2030年)》,加快推进高速公路新项目的开工建设。

此期四川省高速公路建设进入高速发展阶段。在四川省"十一五"规划中,将"十一五"后期开工项目提前到"十一五"前期开工,将部分"十二五"项目提前到"十一五"开工;拓宽建设资金筹措渠道,引导民间资金参与高速公路建设,大力推行BOT建设模式;充分调动省、地政府支持高速公路建设的积极性,省级高速公路项目业主负责资金筹措和建设管理,地方政府负责征地拆迁;采用BOT方式建设的高速公路,由地方政府负责业主招标和征地拆迁,省负责指导和监督。纳入国家高速公路网规划需提前开工的项目,前期工作按基建审批程序和按BOT方式申请核准制两种方式同步推进;纳入省级高速公路网需提前建设的项目,直接按核准制申报。

2008—2011年,四川共开工42个高速公路项目,总里程3887km,总投资规模3107亿元,皆居全国第一。

2010年,省政府在全省开展为期3年(2010—2012年)的"交通重点项目集中建设攻坚活动",印发《四川省交通重点项目三年集中建设攻坚活动方案》(以下简称《方案》),

明确了交通建设五项工作重点：一是加强建设进度管理。对交通重点项目建设进度实行目标管理和计划管理，落实有关各方的管理责任。健全"政府监督、业主负责、监理控制、施工执行"的工程建设进度管理体系，确定合理工期，下达进度计划，严格监督计划执行。二是加强工程质量管理。健全"政府监督、业主管理、监理控制、施工负责"的工程建设质量管理体系，强化工程质量的全过程、全方位管控和终身责任追究制。充分发挥项目法人对工程质量管理的主导作用，强化并落实施工企业的主体责任、监理单位的监控责任，建立健全第三方质量检测制度。各级交通运输主管部门要加强质量监督机构建设，整合运用社会和市场的力量，加强人员、经费和设备保障，强化工程质量的过程监督和验收把关。三是加强安全生产管理。各级政府是安全生产的监管主体，有关市（州）、县（市、区）政府要加强施工安全生产管理体系和能力建设，严格执行施工安全生产各项制度，切实落实安全生产属地监管责任。四是加强工程造价控制。健全工程造价管理制度，完善项目造价控制体系，全过程、全因素动态控制建设成本，严格执行招标投标制度，充分运用竞争机制降低工程投资。严格设计变更管理，防止造价不合理增加。加大协调力度，改善建设环境，降低非工程费用成本。完善造价管控考核评价机制，落实项目法人造价控制和工程概、预算管理责任。五是加强廉政建设。扎实推进惩治和预防腐败体系建设，深入治理工程建设领域突出问题。规范市场秩序，探索建立工程建设综合监督制度，严格执行建设标准、基建程序、财经纪律，实行监管工作同步进入、同步检查、同步审计、全程监管，建设廉洁工程。加强建设资金和征地拆迁资金监管，确保资金安全。实行建设信息公开制度，主动接受社会监督。

《方案》建立了五大保障机制。一是组织协调机制。加强省市、部门、政企之间的协调联动，形成整体合力。二是责任落实机制。明确市（州）政府是辖区内交通重点项目建设的工作主体，项目投资主体对项目建设承担主要管理和保障责任，项目法人对项目实施承担具体管理责任，交通运输厅履行行业管理职责，省发展改革委、公安厅、财政厅、国土资源厅、环境保护厅、住房城乡建设厅、水利厅、林业厅、文化厅、审计厅、省安全监管局、省地震局、省电力公司等省直有关部门（单位）要强化协调服务。三是要素保障机制。各级政府、有关部门（单位）和项目业主、从业单位要加强力量、创新工作，为集中攻坚活动提供要素保障。市（州）政府负责交通重点项目的建设用地、地材、炸材、施工用电、建设环境等要素保障。各级交通运输主管部门加强技术指导和行业监督，组织技术攻关和设计创新，推广运用新技术、新工艺、新材料，加强技术保障。项目投资人和项目法人要确保按计划进度要求及时到位资金。四是信息通报机制。建立集中攻坚活动月通报制度和重大问题报告制度，省政府交通建设联席会议办公室每月组织通报集中攻坚活动进展情况，重大问题和事项要及时向省委、省政府报告。各级政府、有关部门（单位）和项目业主建立集中攻坚活动信息通报机制，畅通信息渠道，及时反映和处理问题。五是督促检查机制。

省政府将交通重点建设项目纳入省重大项目计划重点督办。省政府交通建设联席会议办公室对各市(州)政府和有关部门集中攻坚活动开展情况进行考评,并将考评结果报省政府。交通运输厅、省发展改革委等部门密切配合,创新建设督查机制,加强督查、督办,定期挂牌通报项目进度和督查情况,完善通报、警告等相关工作制度,强化全过程动态监管;要把交通项目推进情况与各地交通发展项目审批工作挂钩,对推进工作力度大、成效明显的地区,在今后交通规划编制、项目安排和资金支持等方面将给予重点倾斜。要求各级政府把交通重点项目建设纳入重点督办,作为领导班子和干部考核的重要指标。

《方案》的印发实施有力促进了四川交通基础设施建设。构建西部综合交通枢纽取得新的突破性进展。2010年,四川省高速公路建设实现新突破,全省高速公路网框架基本构建完成。2010年7月,成都第二绕城、乐自、南大梁等6个高速公路项目630km集中开工建设,全省在建高速公路项目达到34个、3590km,为2007年底的5倍多,在全国各省(自治区、直辖市)排位由2007年底的第十一位提升到第一位,总投资规模2700亿元;建成和在建高速公路总里程达5893km,在全国各省(自治区、直辖市)排位由2007年底的第十二位提升到第二位。其中,2007年以后全省新开工高速公路项目30个,为"十一五"高速公路开工项目总数的88%,总里程3137km,总投资规模2433亿元。广巴、邛名、乐宜、绵遂路遂宁段、雅西路雅安至荥经和冕宁至西昌段高速公路建成通车,新增高速公路通车里程441km,是历史上年度通车里程最多的一年。全省高速公路通车总里程达2681km,在全国各省(自治区、直辖市)排位比上年提升一位。

2011年,四川交通建设投资继续高位快速增长,全省高速公路建设进展迅速。广陕高速公路、绵遂高速公路绵阳段等先后建成通车。2011年12月,广南高速公路南充至阆中段、纳黔高速公路纳溪至叙永段、达陕高速公路徐家坝至普光互通段三段高速公路同时建成通车,全省高速公路通车里程突破3000km。规划的成都交通主枢纽11条放射线和2条环线全部建成或在建,广元、遂宁、泸州等13个次级枢纽均有"十"字形交叉高速公路建成或在建。四川省高速公路网基本框架成形。四川省甘孜、阿坝藏区对外连接的主通道雅(安)康(定)、汶(川)马(尔康)高速公路主要控制性工程二郎山隧道和鹧鸪山隧道开工建设,将全省高速公路建设推进到青藏高原腹地。

2011年,全省高速公路建设管理取得新突破:一是按照"三年目标、年度计划、按月控制、按季考核"的工作措施,严格实行进度目标管理和动态控制,实行工程投资和工程形象进度双控的计划目标管理办法,严格量化考核,实施动态监管。二是进一步加强质量安全管理制度建设,落实工作责任,完善监管模式,提升监管能力,强化工程质量安全的全过程、全方位监管。通过积极开展"混凝土质量通病治理""试验检查数据打假""平安工地建设""监理行业树新风""施工标准化"等专项活动,加强源头预防,过程控制,强化监督检查和整改,形成高速公路质量安全监管各方联动、整体推进的良好格局和长效工作机制。

2012年是四川高速公路发展历史上又一个新的里程碑。全省续建高速公路项目39个,总投资2577亿元。广南路、达陕路、雅西路、广巴广南连接线、成绵复线、内遂路、成自泸赤成仁段、成自泸赤内自段(60km)等8个项目753km按期建成通车,全省高速公路通车总里程达到3760km。2013年,省政府印发《高速公路建设推进工作方案(2013—2017年)》,进一步健全完善项目建设工作体系和管理体系,落实监督责任,加强工程进度、质量、安全、造价和廉政"五位一体"管理,突出重点,强化监管,细化措施,抓好落实,全力推进高速公路项目建设,全省高速公路建设取得新突破。新建成成都至南部、巴中至南部、泸州至重庆(川境段)、遂宁至资阳、乐山至雅安、成自泸赤自贡至仰天窝段、乐山至自贡、巴中至达州、南大梁南充至渠县段等9个项目712km,全省高速公路通车总里程达5046km。绵阳至西充、成都经济区环线蒲江至简阳段、宜宾至彝良(川境段)、巴中至万源、宜宾城市过境、攀枝花全大埋(川境段)、内江城市过境等7个高速公路BOT项目招商成功。总里程621km,引进社会资金754亿元,高速公路融资工作成效显著。

2013年,省交通运输厅制订《高速公路建设推进工作方案(2013—2017年)》,全面启动新一轮高速公路建设。四川省健全完善项目建设工作体系和管理体系,落实监督责任,加强工程进度、质量、安全、造价和廉政管理,利用省政府交通建设联席会议办公室工作平台,调动地方政府工作主体积极性,落实项目业主实施主体责任,确保省级各部门、市(州)政府[市(州)交通局]、项目业主、参建单位四级工作体系、管理体系和责任体系有效运转。实行项目进度计划管理,开展项目建设综合督查;强化统筹协调,锁定协调工作目标,保障工程建设正常推进;实行季度定期考评,加强对高速公路项目参建单位的信用管理;完善信息通报机制,建立与省国资委的信息沟通机制;超前开展勘察设计工作,深化项目前期工作。

2014年,四川省高速公路建设完成投资额515亿元,丽攀、巴陕巴中至南江段、成自泸赤泸州段、遂资眉眉山段、绵阳绕城、成都二绕西段等6个高速公路项目建成通车,通车总里程达5510km,居全国第五、西部第一。新开工雅康、汶马等6个高速公路项目644km。实现了全省所有市(州)高速公路全覆盖的历史性突破,全省21个市(州)政府所在地均有高速公路建成或在建。绵阳至西充、巴中至万源、内江绕城、攀枝花至大理等7个高速公路项目共584km完成前期工作。

2014年,省交通运输厅制订《四川省高速公路建设推进工作2014年实施方案》,进一步健全完善项目建设工作体系和管理体系,落实项目业主实施主体责任。建立高速公路建设联动推进机制,充分调动地方党委、政府的工作主体积极性,加强与省重点办、省国资委、省电力公司及成都铁路局等省级管理部门协调沟通,及时组织协调解决制约项目推进的重大问题;加强向交通运输部汇报沟通,最短时间内获得交通运输部对雅康、汶马高速公路初步设计批复。组织召开交通运输部专家委员会四川省藏区高速公路建设专家组第三次会议。强化与项目投资人的协调,督促投资人落实项目投资人和项目业主实施主体责任,强化建设资金保障,加强项目管理,确保高速公路建设目标圆满完成。与省统计局联合印发《关于规范交通运输固定资产投资统计工作的通知》,建立交通运输建设项目分类管理制度,健全省、市、县三级交通运输主管部门和统计部门关于交通运输固定资产统计与统计部门的定期会商制度,做到统计数据不重不漏,确保统计数据更加客观、准确、全面地反映全省交通运输建设的规模、结构及发展趋势。

2014年,四川省深化高速公路建设管理体制机制改革。省政府修订出台《四川省高速公路BOT管理办法》,省交通运输厅配套制订BOT项目投资人招标文件示范文本和招标工作规则,积极探索政府与社会资本合作(PPP)建设模式,创新高速公路建设营运管理机制,研究将建设及营运服务质量与通行费挂钩的管理办法。

2015年12月31日,成都第二绕城高速公路东段建成通车,全省高速公路通车总里程达到6016km,突破6000km大关,高速公路通车总里程排位由"十一五"末的全国第十三、西部第二,跃居全国第五、西部第一。2015年,全省共新建成遂宁至广安、遂宁至西充、成都第二绕城高速公路东段、自贡至隆昌、内江经威远至荣县、广巴广陕高速公路连接线、宜宾至叙永高速公路宜宾全长宁段、南大梁高速公路大竹段、巴广渝高速公路广安段等9个项目506km,新开工绵阳至西充、攀枝花至大理、内江城市过境、营山至达州4个项目305km,全省高速公路建成和在建总里程达到7500km。

"十二五"期间,四川省进一步加大高速公路建设力度,5年累计完成高速公路建设投资超过2800亿元,新建成高速公路3300多公里,新增高速公路里程居全国第一。累计建成出川通道17个,已通车高速公路覆盖全省125个县。全省实现了所有市(州)政府所在地均有建成或在建高速公路全覆盖的历史性突破。

2016年,全省高速公路建设全年完成投资450亿元,全面完成交通运输部(420亿元)、省政府(350亿元)下达的目标任务要求。巴广渝路剩余路段(194km)、宜宾至叙永(74km)、叙永至古蔺部分路段(25km)、遂宁至广安剩余路段(10km)、成安渝主要路段(150km)、仁沐新仁寿至井研试验段(50km)等6个项目(路段)建成通车,全年累计新增通车里程503km,全省高速公路通车总里程达到6519km。成都新机场高速公路、成彭扩容、仁沐新井研至新市段、成都三绕德阳至简阳段、康定过境段、泸黄扩容、峨眉至汉源、成都三绕蒲江至都江堰段、成乐扩容、广安绕城、绵阳至九寨沟等11个项目实现开工建设,总里程1013km,总投资约1490亿元。续建高速公路项目16个,总里程1548km。计划新开工"2+9+2"共计11个项目,总里程1154km。已宣布开工11个项目中,除广安绕城和康定过境外,其余初步设计均已完成,其中,成彭扩容、仁沐新、成都经济区环线德简段、蒲都段、成乐扩容试验段、峨眉至汉源等6个项目已完成初步设计批复;绵阳至九寨沟、泸黄扩容、荣泸路等3个项目初步设计已报部待批;成都新机场高速公路项目即将批复。施工图设计已完成4个项目,其中,成彭扩容和仁沐新井研至五指山隧道段等2个项目已批复。1~11月,新开工项目累计完成建设投资34亿元。

2016年,四川省针对多年积累的运营项目竣工验收滞后问题,全面建立全省高速公路通车项目竣工验收准备工作台账,统筹整合行业管理力量,系统明确责任分工,优化工作流程,有序推动竣工验收工作步入规范化轨道。针对试运营期超过2年及以上的通车项目专项验收工作及项目审计情况进行逐个梳理,分年度制定详细验收工作推进计划,逐一细化落实目标任务,及时动态跟踪督促落实。2016年已完成邛崃至名山、内江至遂宁、乐山至宜宾3个项目的竣工验收和遂宁至重庆、南充至广安2个项目的竣工验收各项准备工作。

"十三五"期间,四川省规划加快推进省际和连接省内五大经济区、四大城市群的高速公路快速通道建设,确保到2020年底,全省高速公路通车里程超过8000km,建成和在建里程达到10000km,建成高速公路进出川通道24条,高速公路覆盖全省城镇人口10万人以上城市,基本形成畅通周边、覆盖广泛的省域高速公路网,高速公路建成和在建规模进入全国前三。

第一节 国家高速公路网

一、G5 京昆高速公路成绵段

(一)项目简介

G5京昆高速公路成绵段即成都至绵阳高速公路(以下简称成绵高速公路),是国家高速公路网首都放射线G5京昆高速公路(北京至昆明)在四川境内的一段,也是交通部规划的国道干线108线(北京至昆明)中的一段。路线起于成都三河场,起点桩号为K1778+919,与城北高速公路相连,经新都、唐家寺、广汉、德阳、黄许、白马、罗江、金山,止于绵阳磨家,终点桩号为K1686+649,与绵广高速公路相接,全长92.27km。其中白马至磨家长25.4km,是利用原二专公路改为四车道高速公路。该项目地处四川省制定的江油至乐山"一条线"经济发展带内,是四川省"八五"至"九五"期间重点公路建设项目之一,也是纵贯四川南北的一条主要经济干线。1994年10月18日开工,1998年12月21日通车。

(二)项目前期工作

1. 项目审批

1993年9月正式编制完成《成都至绵阳高速公路工程可行性研究报告》,省交通厅正式下发工程可行性研究报告评审意见。国家计委对成绵高速公路项目作了立项批复。

按《关于下达国道主干线广汉至绵阳段初步设计任务的通知》和《关于下达国道主干线成都至广汉公路初步设计任务的通知》，在省交通厅对国道主干线建设应适度超前原则的指导下，对设计任务进行两阶段初步设计，即对当时正在施工中的德阳至绵阳二级汽车专用公路罗江至磨家段"二改四"、白马至罗江段左、右复线及磨家互通式立交按一阶段施工图勘察；对广汉至白马段及磨家至青义坝段新线按二阶段初设勘察；对成都三河场至广汉段，先期利用大件公路进行改造封闭，后期形成六车道高速公路，右侧辅道按两阶段初设勘察，1994年3月编制汇总形成初步设计文件，1996年1月经修编后报交通部。

根据交通部《关于成都至绵阳公路初步设计的批复》《关于下达成绵高速公路三河场至周家祠堂段技术设计任务的通知》，对成绵高速公路起始段成都三河场至广汉周家祠堂段利用大件公路改建形成封闭高速公路，从成都白鹤林至广汉周家祠堂另辟新线进行同精度技术设计，1996年5月编制完成该段技术设计文件。交通部公路管理司《关于成都至绵阳公路技术设计的批复》，同意采用技术设计所推荐的白鹤林至周家祠堂段新线建设方案，至此，成绵高速公路的起讫点及中间控制点得以确认。

2. 招投标情况

成绵高速公路除德绵段第一期续建工程外，成都白鹤林至德阳白马段共划分为17个路基结构土建合同，分三期进行公开招投标。全线工程施工共划分为56个合同段，通过国内招标竞争，共有20家施工单位中标承建。

3. 征地拆迁

在成绵高速公路建设指挥部的领导和协调下，沿线的各市、县、区相应成立各级建设指挥部，具体工作由地方交通局实施，主要负责征地拆迁、部分连接线及线外工程的建设以及协调施工单位与地方之间的关系等工作。根据项目实施结果，共征地9950.481亩，拆迁建筑物26万m^2，迁改杆管线151.99km，农转非2404人。成绵高速公路征地拆迁补偿费共计核定为21133万元。

（三）项目建设情况

成绵高速公路位于四川盆地西部，地形北高南低，向盆地中部倾斜，属平原及低山丘陵区，海拔470~650m。

全线按双向四车道高速公路技术标准建设，设计速度100km/h，路基宽24.5m，为沥青混凝土路面，设计荷载汽车—超20级、挂车—120。全线设置特大桥1座1035延米，大桥14座3352延米，中桥50座2263延米，小桥159座，涵洞767道，桥隧比10.74%。互通式立交8处。全线在白鹤林、新都、青白江、广汉、八角、德阳、黄许、白马、罗江、金山10处设置互通式立交,全线设置11个收费站及管理用房,分别是白鹤林、新都、青白江、广汉、八角、德阳、黄许、白马、罗江、金山、磨家,其中新都、青白江、广汉、八角、德阳、黄许、白马、罗江、金山9个收费站外广场与地方道路相连接。全线于八角互通式立交两侧设置服务区,其中设停车场。

成绵高速公路

成绵高速公路为四川高速公路建设开发总公司与香港新中港高速公路有限公司合作投资修建,概算总投资为19.38亿元,签约总投资为15.33亿元,决算为14.52亿元。香港新中港投资8.118亿元,交通部补助3.63亿元,省交通厅补助2.4亿元,财政债券转贷0.165亿元,借款1.017亿元。

1994年3月,成立四川成绵高速公路建设指挥部,下设五处一室,具体负责项目的建设管理工作,指挥部副指挥长为黄关丁、李又、黄志忠。为使成绵高速公路能够高质量、高标准按期建成,指挥部于1995年3月1日成立了四川成绵高速公路工程监理部,并在全省首次探索性地实行了施工现场监理工作的招标投标,全线工程施工监理工作由成绵高速公路工程监理部领导,具体通过监理招标由四川国际工程监理公司、四川省重点公路工程监理处等甲级监理单位承担。同时,新中港集团还单独委托美国柏诚公司向施工现场派驻监理工程师。

成绵高速公路勘察设计单位为四川省交通厅公路规划勘察设计研究院、交通部科研所、成都市园林设计所;施工单位为水电七局、德阳市中区重点公路指挥部、省机械化施工公司、广汉市公路桥梁公司、四川京川交通工程公司等;监理单位为四川成绵高速公路工程监理部、美国柏诚公司;试验检测单位为四川省交通厅公路工程质量监督站。

成绵高速公路石亭江大桥

(四)项目建设的意义及对沿线经济社会发展产生的影响

成绵高速公路是四川最早通车的高速公路之一,是四川省高等级公路主骨架的重要组成部分,也是四川北向出川(至陕西)大通道的组成部分,是四川省南北向的一条主要经济干线。它的建成将极大地改善成都至绵阳一线及川西北地区的交通状况,带动该区域的经济发展。

(五)项目特色

1. 挖淤填片石——对堰塘淤泥的处理

对堰塘淤泥处理主要采用挖淤填片石的方法,靠堰塘侧的边坡采用双层防水土工布,再设置砌体护坡,同时增设管涵引原水流入堰塘,达到"以塘换塘"的目的。对处于膨胀土层或腐殖土层的零填挖地段,也采用了换填砂砾石方法处理,试验证明施工效果较理想。针对德阳至白马段厚度不等的高液限黏土具有弱膨胀性的特点,施工时利用路基挖方中的膨胀土,作为包裹回填路堤的尝试,施工时达到了效果,也积累了施工经验。

针对软基处理,主要采用换填砂砾石、抛石挤淤、盲沟、暗沟等方法,解决了路基排水及稳定问题。

2. 管理上的特色

借鉴国际工程建设管理惯例,实行项目法人制,在交通部、省交通厅尚无施工监理规范和招投标办法的情况下,率先实行了工程监理制和招投标制。实行合同化管理,突出管理的规范化、制度化、程序化。在具体的建设管理中,指挥部编制完成了成绵高速公路项目《合同条款》《技术规范》《施工监理工作规程》及《施工监理实施细则和流程》4本白皮书,从制度上规范流程,使建设管理有据可查,有法可依。

采取有效措施从建设的全过程控制工程投资。成绵高速公路是引资合作建设项目,由指挥部包干建设,为搞好投资控制,指挥部主要做好了五方面的投资控制工作:一是抓好了前期投资控制,从初设开始就积极会同设计院优化线形,选择合理的结构形式减少成本投入。二是认真做好招投标工作,使中标价更合理,达到控制投资的目的。三是缩短工程进度款支付时间,加快资金周转。四是严格按财务管理办法进行资金管理。五是认真选择优化变更设计方案,积极运用新技术、新工艺。

二、G5京昆高速公路成雅段

(一)项目简介

G5京昆高速公路成雅段即成都至雅安高速公路(以下简称成雅高速公路)起于成都市二环路永丰立交桥,经成都市高新区、双流、新津、彭山、眉山、邛崃、蒲江、名山、雅安等9个(县)市区,止于雅安市对岩,全长144.205km,其中主线长140.679km(含成都连接线5.976km),另建雅安连接线3.526km。与现有的成都市第一、二、三绕城高速公路,成乐、邛名、雅康、雅西、雅乐等高速公路连接,是通往云南省和西藏自治区的主要通道。成都至雅安高速公路是国道108线、318线在四川境内的合并路段,是成都通往凉山、甘孜以及延伸通往云南省和西藏自治区的快速通道。它既是一条重要的国防路和经济路,也是四川省旅游环线的重要路段,对完善以成都为中心的高速公路网结构,加速全国公路主骨架网的形成,促进公路、铁路、航空等综合交通运输的共同发展,特别是对推动四川省乃至西南地区社会经济发展,加快西部大开发进程,加强边疆建设,巩固国防,都具有十分重要的意义。成雅高速公路于1996年12月6日开工,1999年12月28日通车。

(二)项目前期工作

1. 项目审批

1994年12月1日,交通部以《关于成都至雅安公路项目建议书的批复》批准立项。
1995年4月19日,交通部下发了《关于成都至雅安公路可行性研究报告的批复》。
1996年1月24日,交通部下发了《关于成都至雅安公路初步设计的批复》。
1996年10月7日,交通部下发了《关于国道108线成都至雅安公路开工的批复》,同意该项目开工建设。

2. 招投标情况

成雅高速公路全线工程按工程结构的部位和专业以及长度、工程数量和不同的开工时间,分解为路基(桥梁)工程合同段67个,路面工程合同段5个,交通工程合同段21个,绿化工程合同段21个,以及房建工程合同段18个,面向社会公开招标,并委托省交通厅公路规划勘察设计研究院编制了招投标设计文件、工程量清单。

3. 征地拆迁

成雅高速公路工程永久性征地17635.39亩,拆迁各种建筑物37.01万 m^2,拆迁电力、电信线路及地下管线414.62km,并在通车前明晰了成雅高速公路全线公路两侧的用地范围,顺利设置了路田分界的隔离栅,同时已在2001年上半年完成了勘界及权属调查,取得了四川省人民政府、省国土局颁发的全线国有土地使用证书,成为四川省第二条土地产权明晰的高速公路。

成雅高速公路

(三)项目建设情况

成雅高速公路沿线属亚热带湿润气候区,气候温和,降水充沛,四季分明,无霜期长,春季多干旱,夏季炎热,秋多绵雨,冬季多云雾而少霜雪。雅安尤有西蜀"天漏"和"雨城"之称,阴雨天特别多。路线所经河流主要有江安河、岷江、蒲江河、名山河、青衣江,统属岷江水系。地形有平原、丘陵、台地和低山。

成都至双流文星(包括连接线)长11.00km,在成都平原上;文星至新津金华长17.00km,在牧马山台地上;金华至彭山青龙狮子山长15.00km,在彭眉平原上;狮子山至蒲江寿安镇碉堡山长16.00km,穿过长丘山的低山和丘陵;碉堡山至蒲江西南乡来龙桥长22.00km,在蒲江河河谷平原上;来龙桥至名山赵家坪长33.00km,在名邛蒲(名山、邛崃、蒲江)台地上;赵家坪至金鸡桥长12.00km,在单斜低山区通过;金鸡桥至对岩,除金鸡关背斜和青衣江河谷地带外,仍以单斜低山为主,长15.40km。

成雅高速公路位于新华夏系第三沉降带四川盆地西部,褶皱和断裂带较多,岩层产状随构造部位变化较大,出露地层以中生界为主,次为新生界,主要地下水类型有基岩孔隙、裂隙水和第四系松散岩类孔隙水。主要不良地质现象有滑坡、岩体顺层滑动、冲沟、过湿土、软基、断层破碎带、古错落体、流沙及泥石流。

根据预测的交通流量以及在路网中的功能作用,全线分别采用了四段不同的技术标准:

成都连接线路段,按城市快速通道标准建设,按双向六车道高速公路技术标准建设,设计速度80km/h,长5.976km。其中高架桥长4805.34m,桥面宽27.50m+28.50m+34.50m+60.33m,上部构造为现浇预应力钢筋混凝土宽翼缘连续箱梁,下部构造为柱式墩,钻孔桩基础。

成都白家至彭山青龙场路段,按平原微丘区高速公路标准,双向六车道高速公路技术标准建设,设计速度80km/h,长36.222km。是成雅成乐两条高速公路的共用段,路基宽度34.50m,最大纵坡3.5%(1处),最短坡长300m,最小平曲线半径1880m。

彭山青龙场至雅安金鸡桥路段,按重丘区高速公路标准,双向四车道高速公路技术标准建设,设计速度100km/h,长82.750km。路基宽度25.00m,最大纵坡4.5%(1处),最短坡长250.00m,最小平曲线半径850m。

雅安金鸡桥至雅安对岩路段,是雅安市城区的绕城过境路段,按山岭区高速公路标准,双向四车道高速公路技术标准建设,设计速度80km/h,长15.731km。路基宽度25.00m,最大纵坡4.5%(6处),最短坡长224.14m,最小平曲线半径400m。

成都连接线高架桥采用钢纤维防水混凝土桥面;各收费站广场均采用水泥混凝土路面;其余路段路面均采用沥青混凝土路面。路基设计洪水频率:大、中、小桥、涵洞及路基为1/100,特大桥为1/300。全线设置各种桥梁247座,总延长17908.68m,其中特大桥1座4805.346m,大桥17座3590.26m,中桥72座4009.53m,小桥90座1918.93m,人行天桥55座2845.82m。涵洞767座27963.79m,渡槽12座738.8m。全线在白家、双流、新津、青

蒲江服务区 A 区

龙、寿安、蒲江、成佳、太平、名山、桂花坪、杨家岗设置互通式立交11处,在普兴、回龙设置半互通式立交2处。成雅高速公路连接成都、双流、新津、彭山、眉山、邛崃、蒲江、名山、雅安等9个县(市、区)。全线设新津服务区和蒲江服务区。

全线有16个收费站,具体情况见表4-1。

成雅高速公路收费站设置情况 表4-1

序号	站名	桩号	位置
1	成雅绕城收费站	K1811	位于石羊客运中心站1km处,D、C匝道连接国道G12出口43.4km
2	成都收费站	K1812.413	距离成都市高新区6km,连接大件路,距离1km
3	双流北收费站	K1818.58	位于文兴镇双华大道口
4	双流南收费站	K1822	位于双流县黄甲镇
5	新津东收费站	K1834.775	位于新津县普兴镇,连接新蒲路
6	新津南收费站	K1841.219	位于新津县邓双镇,连接省道103线
7	邛崃收费站	K1862.372	位于邛崃市回龙镇五元村,连接邛彭路
8	寿安收费站	K1868.62	位于蒲江县寿安镇环城路旁,连接成新蒲快速通道和318国道
9	蒲江收费站	K1881.095	位于蒲江县潮阳大道东端,连接成新蒲快速通道和蒲丹路
10	石象湖收费站	K1892.2	位于蒲江县潮阳湖镇,石象湖生态园旁
11	成佳收费站	K1897.062	位于蒲江县成佳镇
12	太平收费站	K1906.69	距名山县百丈镇5km
13	名山收费站	K1927.39	距名山县城800m
14	雅安东收费站	K1931.9	距雅安市姚桥镇2km
15	雅安北收费站	K1939.576	距市中心3km
16	西康大桥收费站	K1943.032	距主城区2km

成雅高速公路完成投资总额350518.01万元,初步设计概算为353103.17万元,其中股本金80000.00万元,占完成投资总额22.82%;基建拨款59532.00万元,占完成投资总额的16.98%;基建投资借款174917.56万元,占完成投资总额的49.90%;国债转贷资金25000万元,占完成投资总额的7.13%。

成雅高速公路工程由四川省交通厅公路规划勘察设计研究院设计;四川成雅高速公路建设指挥部代表业主方,对成雅高速公路的建设实施项目管理;四川省路桥集团、攀枝花公路工程公司、中铁五局等数十家施工企业中标承建。

成雅公司由四川成渝高速公路股份有限公司、成都高速公路建设开发有限公司、雅安交通开发公司、成都城北出口高速公路有限公司、四川名山交通投资发展有限公司5家发起,经四川省经济体制改革委员会以《关于同意设立四川成雅高速公路股份有限公司的批复》批准成立,注册资本金为8亿元,由成雅公司负责项目建设资金的筹措和项目建成后的营运管理。2006年,四川成渝高速公路股份有限公司使用自有资金约3.6亿元,收购了成都高速公路建设开发公司、成都城北出口高速公路有限公司、雅安交通开发公司以及四川名山交通投资开发有限公司在成雅高速公路共计37.628%的股权。同年8月9日,成雅公司正式更名注册为四川成渝高速公路股份有限公司成雅分公司。

该项目建设期间,由指挥部和公司两块牌子、一套人马作为业主代表负责建设管理。具体负责前期准备工作、招投标工作、建设资金的筹措工作、征地拆迁工作;在施工建设期间,履行项目业主的各项职责,通过监理部实施质量管理、造价管理和进度管理。成雅高速公路指挥部内设工程管理处、工程监理部、综合处、财务处和办公室等部门,各司其职,各负其责。同时,在沿线9个县(市、区)组建分指挥部,负责本辖区的征地拆迁工作、线外工程以及施工中有关水电、通信、道路、治安、地方事务等方面的协调、保障工作。建设期间建设单位主要管理人员为:黄兴林、阳世俊、朱以海、寇长全(1996—1998年);李克浪、王锦平、朱以海、阳世俊、寇长全(1999年)。

成雅高速公路勘察设计单位为四川省交通厅公路规划勘察设计研究院。

路基工程施工单位见表4-2。

成雅高速公路路基工程施工单位一览表 表4-2

序号	合同号	桩号	里程(km)	承包单位
1	CQ0	K1+122.6~K6+775.7	5.6531(5.976)	川交桥梁工程有限责任公司
2	CQ1	K0+800~K6+000	5.4408	川交二公司
3	CQ2	K6+000~K12+131	6.131	川交三公司
4	CQ3-1	K12+131~K15+280	3.149	铁三局三处
5	CQ3-2	K15+280~K17+160	1.88	攀枝花交通机械工程公司
6	CQ4-1	K17+160~K19+155	1.995	成都路桥总公司
7	CQ4-2	K19+155~K21+160	2.005	四川省建筑机械工程总公司
8	CQ5-1	K21+160~K23+010	1.85	四川华夏工程公司
9	CQ5-2	K23+010~K25+715	2.705	铁十四局三处
10	CQ5-3	K25+715~K27+085.53	1.3705	新津交通局
11	CQ6	K27+085.53~K27+761.53	0.676	铁十一局五处
12	CQ7-1	K27+761.53~K29+700	1.91978	攀枝花公路建设公司
13	CQ7-2	K29+700~K31+790	2.09	四川华夏工程公司
14	CQ7-3	K31+790~K33+945	2.155	铁五局机筑处
15	CQ8-1	K33+945~K36+000	2.055	省路桥总公司桥梁分公司
16	CQ8-2			铁三局三处
17	QA1	K36+000~K37+900	1.9	成都市路桥公司
18	QA2	K37+900~K40+020	2.12	铁十四局三处
19	QB1	K40+020~K42+755	2.735	四川省路桥总公司第三分公司
20	QB2	K42+755~K43+931.7	1.1767	铁五局一处

续上表

序号	合同号	桩 号	里程(km)	承包单位
21	QC1	K43+931.7～K45+680	1.7483	乐山路桥总公司
22	QC2	K45+680～K47+000	1.32	四川省建筑机械工程公司
23	QD1	K47+000～K49+620	2.62	邛崃市路桥公司
24	QD2	K49+620～K50+640	1.02	十九冶特种公路工程公司
25	QD3	K50+640～K51+160	0.52	铁十七局四处
26	QE1	K51+160～K51+975	0.815	航空港建设第九工程总队
27	QE2	K51+975～K55+047.76	3.07276	四川省路桥总公司二分公司
28	PA	K55+000=K55+047.76 K55+000～K58+700	3.7	四川省路桥总公司二分公司
29	PB	K58+700～K63+700	5	四川省路桥总公司三分公司
30	PC1	K63+700～K65+350	1.65	攀枝花交通机械工程公司
31	PC2	K65+350～K68+000	2.65	成都市路桥公司
32	PD1	K68+000～K70+000	2	四川省路桥总公司三分公司
33	PD2	K70+000～K71+364	1.364	铁十四局三处
34	PE	K71+364～K71+540	0.176	攀枝花桥梁工程公司
35	PF1	K71+540～K73+400	1.86	遂宁交通开发公司
36	PF2	K73+400～K76+080	2.68	中国航空港建设第九工程总队
37	PF3	K76+080～K77+100	1.02	成都市路桥公司
38	PG	K77+100～K82+100	5	中国人民武警部队交通一总队
39	PL1	K82+100～K84+900	2.8	攀枝花公路建设公司
40	PL2	K84+900～K86+410	1.51	台侨联
41	K2	K86+410～K88+280	1.87	成都公路工程有限责任公司
42	K1	K88+280～K91+275	2.995	铁三局三处
43	J2	K91+275～K93+700	2.425	重庆市公路工程总公司
44	J1	K93+700～K95+210	1.51	雅安路桥工程公司
45	I2	K95+210～K96+820	1.61	攀枝花交通机械工程公司
46	I1	K96+820～K99+615.07	2.79507	四川华夏工程总公司
47	H	K99+615.07=K77+000 K77+000～K78+500	1.5	四川华夏工程总公司
48	G	K78+500～K81+550	3.05	四川省路桥总公司二分公司
49	F	K81+550～K89+550	8	四川省路桥总公司三分公司
50	E1	K89+740～K90+975	1.425	四川华夏工程总公司
51	E2	K90+975～K92+000	1.025	雅安交通开发公司
52	A	K92+000～K92+855	0.855	达川地区公路工程公司
53	B	K92+855～K94+250	1.395	雅安路桥工程公司
54	C	K94+250～K95+700	1.45	四川华夏工程总公司

续上表

序号	合同号	桩 号	里程(km)	承包单位
55	D	K95+700~K96+087.58	0.38758	中国人民武警部队交通一总队
56	D1	K96+087.58~K96+404.38	0.3168	雅安交通开发公司
57	YA1	K96+404.38~K96+940 K97+130~K98+430	1.83562	攀钢集团冶金建设公司特种工程公司
58	YA2	K96+940~K97+130	0.19	成都市路桥公司
59	YB1	K98+430~K101+340	2.92853	铁五局五处(改线增长18.53m)
60	YB2	K101+340~K102+126	0.786	铁十二局四处
61	YC1	K102+126~K104+943	2.817	铁十五局三处
62	YC2	K104+943~K105+585	0.642	中国人民武警部队交通一总队
63	YD1	K105+585~K107+800	2.215	铁二工程局机筑处
64	YD2	K107+800~K108+503	0.703	雅安交通开发公司
65	YE	K108+503~K109+123	0.62	四川省川交桥梁工程有限责任公司
66	YF1	K109+123~K110+785	1.662	四川公路桥梁工程总公司
67	YF2	K110+785~K111+800	1.015	铁十七局四处

路面工程合同管理见表4-3。

成雅高速公路路面工程合同管理一览表 表4-3

序号	合同号	验收桩号	验收里程(km)	承包单位
1	CQ9	K000+800~K4+300	35.477	四川省路桥工程总公司
2	QF.P1	K36+000~K53+047.76 K55+000~K68+000	32.048	四川省路桥工程总公司三分公司
3	L1L1	K68+000~K99+615.07 K77+000~K96+087.58 (K99+615.07=K77+000)	51.019	攀枝花公路建设公司
4	YG-1	K96+404.38~K111+800	15.4	攀枝花公路建设公司
5	YG-2	K104+600~K111+800	7.2	四川省路桥工程总公司一分公司

监理单位：成雅高速公路建设期间实行两级监理管理，即在指挥部下设立工程监理部，受业主委托负责成雅路全线的监理管理工作；在施工现场分路段或分项目，组建若干个监理组，具体负责所辖路段各合同段的监理工作。在施工第一线的监理组，全部是由业主采用面向社会公开招标或邀标的方式，选定监理公司，再由中标的监理公司选派监理人员组建而成的。具体监理公司为四川省公路工程监理事务所，组建名山、新津路基监理组和成都连接线高架桥监理组。四川省铁科建设监理公司组建太平路基监理组。四川国际工程监理公司，组建彭山、蒲江、雅安过境段路基监理组和新津、蒲江、名山、雅安过境段路面监理组。四川省公路工程咨询监理事务所，组建成佳路基监理组。中交国际工程咨询公司，组建双流路基监理组。

试验检测单位:从工程开工起,就分别与省交通科研所和雅安地区交通局签订合作协议,将两单位的试验室作为成雅路的两个中心试验室,并安排26名专业试验人员,承担成雅路全线的土工试验和材料试验工作。另外,随着工程建设的进展,成雅路的1个服务区、3个管理处和16个收费站站房也开始修建。为此,指挥部委托四川省铁科建设监理公司组建了房建监理组,由22名具有多年房屋修建和监理经验的工程技术人员负责成雅路全线的房建监理工作。

(四)项目建设的意义及对沿线经济发展产生的影响

成雅高速公路的建成通车,使川西地区得天独厚的旅游资源变成了见效最快、收效最大的"朝阳产业"。雅安碧峰峡,原被当地称为"烂草沟",随着成雅路的开通,碧峰峡风景区每天接待大量游客,拉动了雅安地区地方经济,带动了周边相关产业。多年"门前冷落车马稀"的石象湖现在也成为了热门旅游景点,使整个蒲江县的经济得到了极大提升。景好路好旅游旺,两处风景区的开发,使当地群众迅速脱贫致富,方圆数里焕然一新。有了成雅高速公路,也缩短了有人间天堂之称的邛海、神秘原始的泸沽湖、现代冰川海螺沟、稻城和香格里拉等著名的风景区与中外游人的距离。随着成雅高速公路、二郎山隧道、二康路改建的陆续完工,使康定到成都的距离由过去的2~3天缩短为4~6小时。

(五)项目特色

1. 科学处治软土地基,消除路面沉降等工程缺陷

成雅高速公路蒲江以南分布着15km的含砾过湿土和近35km的白墡泥(即灰白色的高液限高岭土),这些土体含水量高达30%~50%,白墡泥的膨胀率高达80%左右。同时,雅安素有"雨城""雨都"之称,最大年降雨量达2367.20mm,年最多降雨天数多达232天,当时绵延几十公里的施工路段上,就连推土机、装载机也常常深陷在烂泥中动弹不得。面对如此恶劣的地质病害和气候条件,指挥部与交通部重庆公路科学研究所联合成立了"高等级公路过湿土处治技术研究课题组",组织专家学者深入工地,观察取样,通过专家学者的潜心研究和研讨,最终形成了一套比较完整的处治方案。

为了不使白墡泥和过湿土进入93区和95区,指挥部对病害路段进行超挖换填,即对挖方路段路床顶面以下1.5m之内的白墡泥坚决挖掉清除,换填上远距离运来的砂砾石和页岩,并在路基底部和两侧加设纵横向盲沟或塑料格栅。

成雅路建成通车多年实践证明,对过湿土和白墡泥的成功处治,保证了成雅路的建设质量。该路南段路面至今完好如初,无坑槽、无拥包、更无搓板。通车1年后,省交通厅质监站对成雅路南段进行了回访检测,平整度衰减率仅为6%。

2. 实事求是处理路面结构,提高路面使用安全性

成雅高速公路路面原设计为水泥混凝土路面,根据该路沿线地质条件差、降雨量大、高填深挖地段所占比例大、工后沉降期长、沉降量较大等实际情况,如果采用水泥混凝土路面,将会出现严重的断板现象,并造成营运期间的维修困难、养护费用高、维修期长、高速行车舒适性差等问题。对此,指挥部组织有关专家对成雅路路面结构进行充分论证,并结合全国已完工的高速公路使用情况和成雅路的特征,决定采用沥青混凝土路面结构,同时率先在路面结构工艺和集料选择上采用 AK-13 抗滑层设计和使用优质玄武岩作抗滑层集料,基层、底基层全线一改过去的级配砂砾为水泥稳定砂砾,提高了路面使用安全性。

通过多年营运实践检验,现路面使用状况良好,抗滑耐久。实践证明,指挥部改变路面结构是科学合理的,为全省公路路面结构设计起到了示范和指导作用。

3. 五大措施,强化行车舒适性

为了强化路面质量,从一开始就废除了路面底基层和基层施工的"路拌法",采用"厂拌法"施工。对此,要求施工方每隔 6~8km 就要建立一个冷拌场,配备一套生产能力不小于 200t/h 的冷拌设备。第二,要求施工方在每 50km 左右建一个大型轧石场,并购置合格的大型成套的碎石筛分设备,实行多级破碎和分级堆码。第三,要求施工方采用电脑自动控制沥青拌和楼设备,其生产能力不少于 200t/h。第四,要求全线采用载重 15t 以上的大卡车运输沥青拌和料,以减少温度损失,特别是更加重视沥青摊铺机的选择和使用,因此,该路选用的都是世界名牌宽幅沥青摊铺机。第五,要求路面承包商购置三台调平梁(浮动基准梁)。高速公路建成后经过多年车流碾压,路面基本没有产生坑洞、车辙,并且表面粗糙、抗滑性能好、无泛油现象,确保了行车的舒适性和安全性。

4. 树立公路环境理念,使路景与周边自然景互相辉映

在成雅高速公路的修建过程中,率先在全省公路建设中置入了"环保"理念,响亮地提出了"树环保意识,创精品工程,把成雅路建成绿色走廊"的口号。在建设中,一是严禁各施工队伍在公路两侧边坡取土和就近弃土,千方百计保护公路两侧的森林,妥善处理废土弃土堆放场,尽量少占农田,防止水土流失,使成雅路公路景观与周边自然环境融为一体。二是在确保边坡稳定的前提下,取消了相当部分的二级、三级护面墙,削缓边坡、撒播草籽,以生物防护代替圬工防护,既节约了投资,又美化了公路。三是对风化严重的页岩高边坡,如 K53 处,采用了十分美观的锚杆肋梁式网格护坡进行防护,网格内镶砌空心菱形预制块,在空心处填土种草,使边坡既稳定又美观,给人耳目一新的视觉美感。四是在工程原路面设计中,因采用浆砌路肩石,沥青路面内部水分无法排除,而导致沥青路面容易产生水破坏,针对这种情况,以植草方式代替浆砌路肩石,既节约了投资,又解决了路面排水问题,还强化了美学效果,为四川省高速公路建设提供了成功的经验。同时,请林业

部门和农林院校结合沿途自然条件对成雅路进行专门的绿化设计,综合考虑景观和功能,在树型、树种、色彩和季相上追求多元化。先后种植了大叶香樟、柳杉、毛叶丁香等乔、灌木30余种,共34.27万株,种植面积达267.34万 m²。

成雅高速公路绿化带

三、G5 京昆高速公路广陕段

(一)项目简介

G5 京昆高速公路广陕段即广元至陕西高速公路(以下简称广陕高速公路),路线起于川陕界棋盘关,北接陕西省宁强至棋盘关高速公路,经中子、宣河、龙洞背、明月峡、飞仙关、瓷窑铺、崔家垭、乱窑石,止于广元利州区盘龙镇(陵江),南接绵广高速公路。"5·12"汶川地震后,根据四川省交通厅2008年12月确定的广陕高速公路灾后调整设计方案,该项目全长约56.78km,其中棋盘关至瓷窑铺约45.1km采用新建,瓷窑铺至陵江段约11.68km利用既有一级路改建。广陕高速公路是连接西南与西北、华中、华北的交通大动脉,承载了出入川40%以上的运输任务,战略地位十分重要。2006年12月开工建设,批复建设工期3年。因"5·12"汶川地震和设计变更等因素多次停工,2011年5月23日通车。

(二)项目前期工作

1. 项目审批

2006年7月7日,四川省发改委以《四川省发展和改革委员会关于二河国道主干线四川广元至陕川界公路广元过境段改建工程可行性研究报告的批复》批准广元城区过境段11.7km建设,总投资29007万元。

2007年5月21日,国家发改委以《国家发展改革委关于四川省棋盘关(陕川界)至广元公路可行性研究报告的批复》批复了项目的工程可行性研究报告。

广陕高速公路线路图

2007年11月13日,交通部以《关于棋盘关(陕川界)至广元公路初步设计的批复》批复了项目的初步设计。

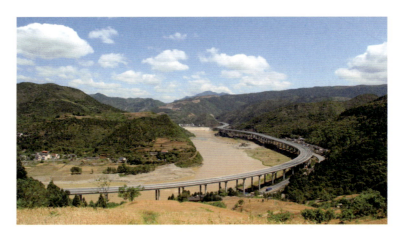

广陕高速公路嘉陵江沿江段

2. 招投标情况

广陕高速公路设计工作共分3个标段,其中设计2个合同段(分别为A1、A2合同段),设计监理1个合同段(A)。设计招标从2006年5月开始,2006年6月结束。设计中标单位为四川省交通厅公路规划勘察设计研究院、华杰工程咨询有限公司(联合体)和北京交科公路勘察设计研究院有限公司,设计监理中标单位为广西壮族自治区交通规划勘察设计研究院。

广陕高速公路路基土建工程招标根据工程建设需求分批分阶段进行,第一批土建工程招标起于2006年7月,2006年9月结束,第二批2007年7月开始,2008年1月结束,第三批招标于2008年1月开始,后由于招标流标,于2008年6月再次启动了招标工作,后由于方案变更影响暂停,2008年12月再次恢复招标工作后,于2009年2月结束。

广陕高速公路交通工程、绿化工程也是根据工程分段交工的需要,分次招标。第一次(涉及JT3、LH2)于2009年2月开始,2009年7月结束;第二次招标(涉及JT1、JT2、LH1)于2010年4月开始,2010年6月结束。

广陕高速公路机电工程(JDJL1)招标于2010年4月开始,2010年6月结束。

广陕高速公路房建招标于2010年4月开始,于2010年6月结束。

广陕高速公路施工监理共3个合同段,中心试验室1个合同段。

广陕高速公路设计、施工、监理、试验单位招标情况见表4-4。

广陕高速公路设计、施工、监理、试验单位招标一览表　　表4-4

合同段	合同内容	中标单位	中标金额(万元)
A1	设计	四川省交通厅公路规划勘察设计研究院 华杰工程咨询有限公司(联合体)	6853.4694
A2	设计	北京交科公路勘察设计研究院有限公司	563.4740
A	设计	广西壮族自治区交通规划勘察设计研究院	66.0561
LJ1	路基土建	攀枝花公路建设有限公司	5665.6223
LJ2	路基土建	江西省交通工程集团公司	6629.3896
LJ3	路基土建	四川公路桥梁建设集团有限公司	24997.1162
LJ4	路基土建	中铁隧道集团二处有限公司	19922.964
LJ5	路基土建	中国路桥工程有限责任公司	24129.3644
LJ6	路基土建	中铁九局集团有限公司	16009.9346
LJ7	路基土建	甘肃中大建设工程有限公司	10707.7152
LJ8	路基土建	攀枝花公路桥梁工程总公司	18952.1066
LJ9	路基土建	中铁十六局集团第四工程有限公司	15979.0247
LJ10	路基土建	中铁十一局集团第二工程有限公司	21544.6366
LJ11	路基土建	中交一公局海威工程建设有限公司	16735.878
LJ12	路基土建	路港集团有限公司	42663.6271
LJ13	路基土建	四川川交路桥有限责任公司	43384.6348
LJ14	路基土建	中交第二公路工程局有限公司	11183.8295
LM	路面	四川川交路桥有限责任公司	15900.9857
LH1	绿化	重庆渝川园林(集团)有限公司	767.4159
LH2	绿化	四川高速公路绿化环保开发有限公司	147.7789
JT1	交通安全设施	山西长达交通设施有限公司	1988.5038
JT2	交通安全设施	湖南省郴州公路桥梁建设有限责任公司	2088.8581
JT3	交通安全设施	山西长达交通设施有限公司	1055.6096

续上表

合同段	合同内容	中标单位	中标金额(万元)
JD1	机电	上海交技发展股份有限公司	9286.0981
LS1	试验室	广元振通公路工程试验检测有限责任公司	96.3676
JL1	施工监理	重庆中宇工程咨询监理有限责任公司	228.1233
JL2	施工监理	广东虎门技术咨询有限公司	3094.752
JD1JL1		北京中交路通交通工程咨询有限公司	186.156
FJ1	房建	邯郸市邯一建筑工程有限公司	2052.2065

3. 征地拆迁

全线征收土地3000亩,实际支付征地费用12000万元。征地拆迁房屋330户、5.5万 m²,实际支付房屋拆迁补偿款7000万元。"5·12"汶川地震后,广元市人民政府根据省人民政府相关文件精神,大幅度提高了房屋及附属设施补偿标准,同时新增了拆房奖金和宅基地打造费用。

(三)项目建设情况

广陕高速公路沿嘉陵江河谷北上,穿越明月峡隧道、古家山隧道,进入巴山南麓,线路走廊属于典型的山区高速公路。

全线采用双向四车道高速公路技术标准建设,设计速度80km/h,路基宽24.50m,分离式路基宽12.25m,沥青混凝土路面,路基长17.65km。桥梁长33.2km,新建隧道6座5.9km,利用既有隧道1座331m,桥隧比约68%(其中棋盘关至吴家浩段桥隧比达83.4%)。设中子主线收费站和中子服务区。朝天互通式立交建成通车后设朝天收费站,连接朝天区城区。大吴家浩互通式立交与广陕广巴连接线互通,同时设广元北收费站与广元城区连接。主要控制点为嘉陵江沿江大桥、龙洞背大桥、古家山隧道、明月峡隧道。主要工程规模见表4-5。

主 要 工 程 规 模　　　　　　表4-5

项　　目	单　　位	数　　量	备　　注
里程	km	56.78	
路基土石方	万 m³	507	
防护砌体	万 m³	16.37	
特大桥	m/座	19862.56/8	
大桥	m/座	11776.565/36	其中改建半幅166.23m/1座
中小桥	m/座	616/13	其中改建175.07m/4座
隧道	m/座	5898/6	
涵洞及通道	道	45	

续上表

项　　目	单　　位	数　　量	备　　注
互通式立交	处	3	预留中子、朝天互通,上西互通未建
底基层	万 m²	34.8242	
基层	万 m²	37.1143	
沥青混凝土面层	万 m²	121.4758	原合同44.4232万 m²,桥面铺装增加75.8459万 m²
水泥混凝土路面	万 m²	7.2	
波形梁护栏	万 m	9.2688	
刺铁丝隔离带	万 m	1.8765	
标志牌	套	229	
标线	万 m²	7.3254	
收费站	处	3	已建中子收费站,预留朝天收费站和上西收费站未建

广陕高速公路初步设计概算批复391131万元。可行性研究批复项目总投资35.6亿元(静态投资33.2亿元)。国家安排中央专项基金(车购税)6.79亿元、四川省安排交通规费5.81亿元作为项目资本金,共计12.6亿元,占总投资的35.4%;其余23亿元资金利用国内银行贷款解决。

建设期间主要管理人员为指挥长周大川,副指挥长向可明、黄海荣,工程处长廖知勇。

广陕高速公路监督单位为四川省交通厅公路水运质量监督站;建设单位为四川省成绵(乐)高速公路建设指挥部;设计单位为四川省交通厅公路规划勘察设计研究院、华杰工程咨询有限公司、北京交科公路勘察设计研究院有限公司。

(1)施工设计较初步设计的重大变更情况

交通部批复广陕高速公路初步设计中,棋盘关至楼房沟采用的是全幅新建方案,楼房沟至瓷窑铺采用的是"新建半幅,改建二专路半幅"方案,瓷窑铺至陵江(过境段)采用的是全幅改建方案,全线设中子、朝天、楼房沟、沙河、瓷窑铺和上西坝6处互通式立交,改建陵江互通。

"5·12"汶川地震后,为全力保障二专路这条抗震救灾生命通道的畅通,经省交通厅批准,楼房沟至瓷窑铺段16.5km由初步设计的"新建半幅,改建二专路半幅"方案变更为全幅新建方案。同时为节约投资,施工图取消了楼房沟、沙河2处互通式立交,将上西立交与瓷窑铺立交合并后设为大吴家浩立交,缓建乱窑石隧道扩孔和朝天立交工程,将嘉陵江大桥结构形式由连续刚构调整为50m简支T梁的形式。

(2)施工过程中的较大变更情况

①因局部路段路线纵断面变化设计而引起的变更,涉及LJ11合同段K29+986~K34+176.98。

②因加强防护而引起的变更,涉及LJ3合同段GK2+672~GK2+830。

③因征地拆迁影响而引起的变更,涉及 LJ4 合同段 K7+500~K7+900。

④为满足预制梁场建设的需要而引起的变更,涉及 LJ8 合同段 K23+500.28~K23+543.7。

⑤为保证施工安全而引起的变更,涉及 LJ8 合同段 K22+245~K22+645。

⑥自然灾害引起的变更,涉及 LJ9 合同段明月峡右线隧道 K25+455~K25+485。

⑦因特大桥、大桥路面结构调整而引起的变更。广陕高速公路路基施工时,特大桥、大桥路面结构为水泥混凝土路面。所以在路面招标时未将特大桥、大桥的桥面铺装纳入路面工程招标范围。省交通厅在批复广陕高速公路施工设计图时,广陕高速公路特大桥、大桥的路面结构为沥青混凝土。为满足施工设计图的要求,设计院增加了广陕高速公路特大桥、大桥桥面铺装沥青混凝土路面的设计。

⑧为了提高路面中面层高温抗变形能力,有效减少路面车辙而引起的变更,广陕高速公路剩余半幅 6km 路基段落的路面中面层由普通混凝土变更为改性沥青混凝土。

⑨因兰渝铁路下穿广陕高速公路,从而引起广陕高速公路在崔家垭出口增设桥梁。该桥由兰渝公司负责组织实施,建成后移交给广陕高速公路项目。

(四)项目建设的意义及对沿线经济发展产生的影响

随着四川经济的快速发展和"5·12"汶川地震灾后恢复重建工作的加快,广陕高速公路被列为四川灾后重建项目之一,从根本上缓解了四川北大门的交通状况,该项目的建设对完善国家主干线和四川省高速公路网,加强西部地区西安与成都两大中心城市之间的交流和合作具有重要意义。

四、G5 京昆高速公路泸黄段

(一)项目简介

G5 京昆高速公路泸黄段即泸沽镇至黄联关镇高速公路(以下简称泸黄高速公路),位于四川省凉山彝族自治州境内,是国高网 G5 京昆高速公路四川境内重要的一段。路线起于冕宁县泸沽镇,经漫水湾、礼州、西宁(原名安宁)、西昌、西木止于西昌市黄联关镇,全长 70.4km,北与已建的雅西高速公路相连,南与西攀高速公路对接,沿线与 108 国道、214 省道相邻。于 1996 年 8 月在西昌开工,分两段建设,其中安宁(西宁)至黄联关段 30.85km 于 1999 年 10 月建成通车,泸沽至安宁(西宁)段 39.159km 于 2000 年 11 月建成通车。

(二)项目前期工作

1. 项目审批

1996 年 11 月,四川省交通厅下发《关于下达国道 108 凉山境西宁至黄联段修改设计及西宁至泸沽段一阶段施工图设计任务的通知》。

1998年8月,四川省计划委员会下发《关于国道108线泸沽至黄联关工程可行性研究报告的批复》,对泸黄高速公路建设规模、技术标准、路线走向、投资估算和资金筹措等进一步明确。

2.招投标情况

泸黄高速公路的施工实行社会竞争性招标。全部工程按6个大项进行招投标,即路基工程、路面工程、交通工程、高边坡防护工程、绿化工程和站棚修建工作。

1996年6月～1999年8月,泸黄高速公路安宁至黄联关段各工程项目进行了招标,在120家邀标单位中,经过审核,确定了26个施工单位进行了6个大项的工程施工。1997年3月～1999年8月,泸沽至安宁段各工程项目进行了招标,在120家邀标单位中,经过筛选和招标评审,确定了44家施工单位进行6个大项的工程施工。

泸黄高速公路

3.征地拆迁

泸沽至安宁段共征用土地2836亩,拆迁房屋214户、53196.3m²,拆迁杆线865根、102513m。安宁至黄联关段共征用土地2142亩,拆迁房屋55户、8668.5m²,拆迁杆线324根、7325m,拆迁铁塔13座,费用1.202亿元。

(三)项目建设情况

泸黄高速公路全线按双向四车道高速公路技术标准建设(先期不设紧急停车道),设计速度80km/h,路基宽19.5m(互通式立交段25m),水泥混凝土路面,设计荷载汽车—超20级,挂车—120。泸沽至安宁段设置大桥5座884.61m,中桥29座1304.6m,小桥71座1248.43m;安宁至黄联关段设置中桥6座339.74m,小桥74座999.12m。全线设互通式立交6处,6个收费站分别是泸沽、漫水湾、礼州、西宁、西昌、西木,设有一个西宁服务区。由于处于地震活动地带,构造物在黄土坡以南按Ⅷ度设防,黄土坡以北按Ⅸ度设防。

西昌收费站

泸黄高速公路初步设计总概算核定为10.740亿元,其中交通部补助1.36亿元,省交通厅自筹2.14亿元,凉山州自筹0.28亿元,其余由商业银行贷款解决。

泸黄高速公路的建设项目法人为四川攀西高速公路开发股份有限公司。四川攀西高速公路开发股份有限公司前身为原108国道指挥部,于1998年8月由四川高速公路建设开发总公司、西昌市道路交通建设发展有限责任总公司、冕宁县高速公路开发有限责任公司、凉山州新月实业开发有限责任公司、凉山州高等级公路开发有限责任公司5家公司共同组建成立,注册资本2.5亿元,其中四川高速公路建设开发总公司占88.8%。泸黄高速公路建设期间,公司主要管理人员为黄兴林。

泸黄高速公路合同段概括见表4-6和表4-7。

泸黄高速公路泸沽至安宁合同段概括表　　　表4-6

合同内容	合同号	承包单位	里程(km)	合同金额(元)	项目经理	备注
路基	U	凉山州桥工队	3	216356507	韩春	
	VB	攀枝花桥梁公司	0.5	15588808	朱良清	
	V	川交桥梁总公司二处	3	13489968	杨相森	
	W1	铁二十局三处	1.6	9193214	杨前进	
	W2	铁十三局三处	0.9	8813802	温伏铃	
	WB	川交桥有限公司二处	1	19853257	曾明生	
	X	江油道桥工程公司	2.5	11687718	郭大伦	
	Y	四川水利电力工程局	3.1	14933596	袁路	
	Z	西昌铁路分局工程公司	1.9	9881682	夏文先	
	N1	广汉路桥公司	2.2	13432196	李甫伦	
	N2	西昌市政工程公司	1.3	5826951	魏兆刚	
	P1	武警交通第一总队	2	8936407	柳国志	

第四章
高速公路建设

续上表

合同内容	合同号	承包单位	里程(km)	合同金额(元)	项目经理	备注
路基	P2	铁三局六处	2	10060703	翟宝清	
	Q1	德阳公路建设公司	2.25	11612148	雷体生	
	Q2	成都路桥工程公司	1.35	7033884	肖 奎	
	R	川交桥有限公司四处	2.6	22284643	黄金平	
	S1	四川土木工程公司	1.7	8605586	王现虎	
	S2	西昌市养路队	2.1	8533540	王远志	
	T1	内江鸿达路桥公司	2.4	12744878	羊移山	
	T2	铁十八局四处	1.6	7969156	张孔华	
高边坡防护	W2	铁道部第二勘测设计院	0.32	3510432	付仕友	
	WA	成都水利水电工程公司	0.07	1680057	徐 键	
	VB	成都华建勘察工程公司	0.13	2683670	肖云鹤	
	W1	四川省华地建设公司	0.11	2339348	苏永春	
	V2	成都水利水电工程公司	0.222	2390017	徐 键	
	V1	国家电力成都勘测院	0.2	2891906	隆爱军	
	WB	德阳公路建设公司	0.38	1550340	雷体生	
路面交通工程	LM3	四川省华夏工程公司	21.5	70040592	何益凌	
	LM4	攀枝花公路建设公司	17.5	54291423	张明松	
	JT2	北京华纬交通公司	20	14417282	张齐伦	
	JT1	四川高路交通公司	19	14403222	王 航	
	收费岛	四川高路交通公司		3516921	王 航	
	A3	四川双羽交通制造厂	13.3	3652601	李明全	
	A2	四川高路交通公司	25.7	7256747	王 航	
绿化		四川名山县陈胜园艺场		300000	韩熙瑞	
		成都蓝灵工程公司		841694	叶尚华	
		深圳万信达草业公司		1054668	徐国钢	
		云南昆钢景行有限公司		845222	钱 微	
		四川高路绿化环保公司		1056612	赖西北	
照明		市政西南研究院		2547544	刘 池	
配电		四川广林电器集团		2895621	谢光成	
收费站	泸沽	冕宁劳动建筑工程公司		655550	邹仲清	
	礼州	冕宁劳动建筑工程公司		307240	邹仲清	
	漫水湾	凉山州建筑工程第三处		298129	毛正则	
合计				437545482		

泸黄高速公路安宁至黄联关合同段概括表　　　　表4-7

合同内容	合同号	承包单位	里程(km)	合同价(元)	项目经理	备注
路基	A	攀枝花公路建设公司	2	15657680	敬启业	
	A1	川西南基建公司	3	11910686	粟东祥	
	B	攀枝花交通机械化公司	3	11662338	肖定垒	
	C	攀枝花特种公司	1.55	13314455	罗良才	
	D	四川省路桥三公司四处	2.8	8794737	唐道华	
	E	凉山州桥工队	1.8	8408457	朱向阳	
	F	四川省路桥三公司二处	2.7	10662539	徐文斌	
	G	西昌铁路分局工程公司	2.4	9737799	郑德生	
	H	西昌水电工程公司	3	9628192	张晓兵	
	J	西昌市政工程公司	3.03	10293473	李桂宏	
	K	凉山路桥总公司	1.97	9679518	熊毓杰	
	L	十九冶建设建材公司	3.6	9469313	张孝先	
	小计			129219187		
路面	LM1	四川省华夏工程公司	14.55	53299721	王钟连	
	LM2	攀枝花公路建设公司	16.6	50289713	张明松	
	小计			103589434		
高边坡防治		成都水利水电建设公司	0.44	1061034	费大勇	
绿化		西昌市道路发展公司		806034	卢德祥	
		成都蓝灵工程公司	30.8	341550	叶尚华	
		成都市景行酒业公司		1314900	陈志军	
	小计			2462484		
交通施工	JT3	四川高路交通公司	30.8	23626761	谭昌建	
	A1	四川双羽交通设施厂	30.8	8092000	李明全	
	照明	中国市政西南设计院		2547544	刘池	
	配电	四川广林电器集团公司		2871228	谢光成	
	小计			37137533		
收费岛		四川高路交通公司		3516921	谭昌建	
总计				276986593		

泸黄高速公路勘察设计单位为四川省林业勘察设计研究院；监理单位为108国道凉山高速公路工程监理部，在监理部的组织下，成立四川省铁科建设监理公司(负责路基)、中国四川国际监理公司和四川省公路局监理事务局(负责路面)3个监理组。

（四）项目建设的意义及对沿线经济发展产生的影响

泸黄高速公路是四川境内第一条在少数民族聚居区修建的高速公路，其建设对完善国家路网布局、促进凉山地区经济发展具有重要意义。

五、G5 京昆高速公路绵广段绵阳磨家至广元沙溪坝段

(一)项目简介

G5 京昆高速公路绵广段绵阳磨家至广元沙溪坝段高速公路是国道主干线内蒙二连浩特至云南河口公路 G040 在四川境内的一段,是四川省"九五"重点建设项目之一。路线起于绵阳磨家,经金家林、龙门、吴家沟、大堰、新安、小溪坝、厚坝、武家坝、金子山,止于广元沙溪坝,全长 135.5km。南接成绵高速公路,北接沙溪坝至瓷窑铺高速公路,是四川北大门主要进出口通道。于 1999 年 3 月开工,2002 年 12 月 26 日通车。

(二)项目前期工作

1. 项目审批

1998 年,交通部以《关于绵阳磨家至石马坝公路可行性研究报告的批复》《关于绵阳石马坝至广元沙溪坝公路可行性研究报告的批复》批准修建绵阳磨家至广元沙溪坝段高速公路。同年,又以《关于绵阳磨家至石马坝公路初步设计的批复》《关于绵阳石马坝至广元沙溪坝公路初步设计的批复》批准了该项目的初步设计。

1998 年,根据四川省交通厅的总体计划安排,两个项目合并为一个项目,并由四川省成绵(乐)高速公路建设指挥部作为项目业主组织建设。

2. 招投标情况

绵阳磨家至广元沙溪坝段高速公路未进行设计招标工作,经四川省交通厅安排,直接委托四川省交通厅公路规划勘察设计研究院和铁道部第二勘察设计院、北京中路桥技术开发有限公司、重庆交科公路勘察设计院等单位完成初步设计及施工图设计。

绵阳磨家至广元沙溪坝段高速公路施工共分为 78 个合同段,其中路基、结构物土建工程 49 个合同段;路面工程 7 个合同段;其他交通工程及沿线设施 22 个合同段,其中交通安全设施工程合同段 5 个,房建工程合同段 4 个,通信管道工程合同段 2 个,绿化工程合同段 8 个,隧道机电工程合同段 1 个,联网收费工程合同段 1 个,环保工程合同段 1 个。

绵阳磨家至广元沙溪坝段高速公路工程施工按路基及结构物土建工程、路面工程、交通工程三大部分进行了公开招标。为保证用到主体工程的材料质量,指挥部还对主要材料(钢材、大厂水泥、路面用进口沥青)的采购进行了招标,择优选取了材料供应商。

四川省成绵(乐)高速公路建设指挥部于 1998 年 12 月成立了工程监理部,随着二期工程的开工,于 1999 年 12 月成立了第二监理部,并对各合同段施工监理进行了招标,择优选定监理单位。共有 10 家监理单位,16 个监理组参与了绵阳磨家至广元沙溪坝段高

速公路建设施工监理工作。

3. 征地拆迁

绵阳磨家至广元沙溪坝段高速公路共永久征用土地14182亩，拆迁建筑物471072m²，迁改杆管线510km，安置农转非5871人。

绵阳磨家至广元沙溪坝段高速公路小溪坝段

（三）项目建设情况

绵阳磨家至广元沙溪坝段高速公路穿越平原微丘区和山岭重丘区，沿线地质、地形复杂。

全线按双向四车道高速公路技术标准建设，设计速度80km/h。

绵广高速公路磨家至石马坝段概算总投资88911万元；石马坝至沙溪坝段概算总投资353413万元，全线概算总投资为442324万元。建设资金主要由交通部补助、省交通厅自筹、国债资金及国家开发银行贷款构成。经工程项目决算，该项目的建设资金共到位421530万元，其中，交通部补助74000万元，省交通厅自筹35030万元，国家开发银行贷款260000万元，国债转贷资金52500万元。

绵阳磨家至广元沙溪段高速公路施工单位见表4-8。

参建施工单位一览表 表4-8

序号	合同段	施工单位名称	施工里程及范围	长度（km）	竣工总价（元）	主要工作内容
1	IA	四川公路桥梁工程总公司二公司	K91+056.47～K91+320.50 K91+503.5～K93+226.93 K93+459.97～K96+601.00	5.128	51043604	路基工程（含磨家互通式立交）
2	IB	铁二局五处	K91+320.5～K91+503.5 K93+226.93～K93+459.97 K96+601～K96+994.8	0.810	27673746	桥梁工程

第四章 高速公路建设

续上表

序号	合同段	施工单位名称	施工里程及范围	长度（km）	竣工总价（元）	主要工作内容
3	IC	中国航空港建设第九工程总队	K96+994.8~K101+680	4.685	30798983	路基工程
4	ID	四川广汉市路桥工程有限公司	K101+680~K104+360	2.680	30090645	路基工程（含金家林互通式立交）
5	IE	四川广汉市路桥工程有限公司	K104+360~K108+254.66	3.893	44187710	路基工程
6	IF	四川公路桥梁建设集团	K108+254.66~K109+917 K110+676~K111+371	2.357	127423686	桥梁工程（含龙门坝互通式立交）
7	IG	四川公路桥梁建设集团	K109+917~K110+676	0.759	68871188	桥梁工程
8	IH	四川公路桥梁建设集团（公路一分公司）	K111+371~K114+000	2.629	48051177	路基工程（含吴家沟互通式立交）
9	II	四川省第四建筑工程公司	K114+000~K117+000	3.000	27245926	路基工程
10	IJ	四川省土木工程公司	K117+000~K121+000	4.000	37615839	路基工程
11	IK	攀枝花桥梁工程公司	K121+000~K123+000	2.000	21765854	路基工程
12	IL	四川樊华建设集团有限公司	K123+000~K128+000	5.000	34993250	路基工程
13	IM	铁十一局三处	K128+000~K129+958.81	1.959	23439285	路基工程（含大堰互通式立交）
14	IN	四川省江油道桥建筑工程公司	K130+000~K135+465	5.465	43578676	路基工程
15	IO	铁十二局二处	K135+766.53~K140+400	4.393	29033095	路基工程
16	IP	铁十三局三处	K135+465~K135+766.53 K137+174~K137+414 K142+290~K142+433 K143+065~K143+327	0.947	31921341	桥梁工程
17	IQ	四川省建筑机化施工公司	K140+400~K145+350	4.549	32140429	路基工程（含新安互通式立交）
18	IR	铁五局机筑处	K145+350~K152+300	6.950	44443732	路基工程
19	IS	四川公路桥梁建设集团	K152+300~K157+610	4.946	37865462	路基工程
20	IT	成都铁路局工程总公司	K156+426.47~K156+790.53 K157+610~K158+071.23	0.825	25800726	桥梁工程
21	IU	四川华夏工程总公司	K158+050~K162+875	4.054	47426944	路基工程（含小溪坝互通式立交）
22	IV	四川省江油道桥建筑工程公司	K161+029~K161+800	0.771	24122960	桥梁工程

续上表

序号	合同段	施工单位名称	施工里程及范围	长度（km）	竣工总价（元）	主要工作内容
23	IW	铁十六局二处	K162+875～K168+100	5.225	62223582	路基工程
24	IX	铁十五局一处	K168+100～K173+710	5.610	53585612	路基工程（含厚坝互通式立交）
25	IY	四川路桥川交有限责任公司	贯山互通式立交工程		9585724	贯山互通式立交
26	IZ	铁十八局二处	K173+710～K178+638.11	4.928	39826328	路基工程
27	IIA	四川省土木工程公司	K178+850～K183+630	4.780	71211424	路基工程
28	IIB	铁十六局四处	K183+630～K185+686.5	2.057	73334894	路基工程（含辛家沟隧道）
29	IIC	四川公路桥梁建设集团	K185+686.5～K187+408.8	1.722	46511068	路基工程
30	IID	四川公路桥梁建设集团有限责任公司	K187+408.8～K193+050	5.647	86881236	路基工程（含武家坝简易互通）
31	IIE	水利水电第五工程局	K193+050～K194+945	1.895	65861469	路基工程（含官垭子隧道）
32	IIF	成都铁路局工程总公司	K194+945～K199+500	4.555	102062664	路基工程
33	IIG	攀枝花交通机械化施工公司	K199+500～K204+110.81	4.611	87022118	路基工程
34	IIH	四川公路桥梁建设集团	K195+704～K199+357（5座大桥）	1.388	50345436	桥梁工程
35	III	中国航空港建设第九工程队	K214+900～K221+100	6.209	82395915	路基工程（含金子山互通）
36	IIJ	铁道部隧道局一处	K221+100～K223+280	2.180	95944405	路基工程（含分水岭隧道）
37	IIK	四川公路桥梁工程总公司二公司	K223+280～K228+970	4.394	122598797	路基工程
38	IIL	四川公路桥梁建设集团	K225+155～K225+800 K227+649～K228+380	1.376	54364607	桥梁工程
39	IIM	铁十五局五处	K228+970～K231+000	2.030	104021306	路基工程（含石瓮子隧道）
40	IIN	铁十五局三处	K231+000～K233+355	2.365	66175923	路基工程
41	IIO	攀枝花公路建设公司	K223+355～K237+535.16	4.170	74077603	路基工程
42	IIP	攀枝花公路建设公司			1743372	滑坡处治
43	IIQ	攀枝花公路建设公司			1173550	改河工程
44	IIR	四川路桥桥梁工程有限责任公司			2566141	友于大桥加固

第四章
高速公路建设

续上表

序号	合同段	施工单位名称	施工里程及范围	长度（km）	竣工总价（元）	主要工作内容
45	路基处治A合同段	四川华地建设工程有限公司			13016559	缓铺路段路基处治
46	处治完善工程	广汉市路桥工程公司			5821714	路基处治
47	明三路整治江油段	四川省江油道桥建筑工程公司			2970887	线外工程
48	明三路整治剑阁段	剑阁县指挥部			2870574	线外工程
49	明三路整治青川段	青川县路桥公司			2828775	线外工程
50	ⅢA	胜利石油管理局工程建设三公司	K91+056.47～K114+000	22.900	87073169	路面工程
51	ⅢB	四川川交有限责任公司	K114+000～K157+610	43.600	170140928	路面工程
52	ⅢC	四川公路桥梁建设集团有限责任公司	K157+610～K194+945	37.300	142478364	路面工程
53	ⅢD	攀枝花公路建设公司	K194+945～K237+535	31.800	76715693	路面工程
54	ⅢD-1	四川广汉市路桥工程有限公司	K194+945～K201+020	6.075	6611926	路面底基层和基层
55	ⅢD-2	成都华川公路建设公司	K227+535.16～K237+535.16	10.000	19109468	沥青混凝土面层
56	ⅢD-3	攀枝花公路建设公司			22155730	缓铺路段路面
57	ⅣA	浙江省交通工程建设集团有限公司	K91+056～K114+000	22.900	18708801	交通安全设施工程
58	ⅣB	四川京川公路工程（集团）有限公司	K114+000～K157+610	43.600	28342556	交通安全设施工程
59	ⅣC	上海达润市政工程有限公司	K157+610～K194+945	37.300	22619533	交通安全设施工程
60	ⅣD	张家港港丰交通安全设施有限公司	K194+945～K237+535	31.800	17657931	交通安全设施工程
61	ⅣE	成都市第二建筑工程公司	磨家收费站、金家林收费站、吴家沟收费站、龙门坝管理所、磨家养护中心		28316038	房建工程
62	ⅣF	四川省第四建筑公司	大堰收费站、新安收费站、小溪坝收费站、江油管理所（城内、城外）		19482381	房建工程
63	ⅣG	成都盛兴建筑公司	厚坝收费站、武家坝收费站、金子山收费站、隧道管理站、广元管理所		23664580	房建工程

续上表

序号	合同段	施工单位名称	施工里程及范围	长度（km）	竣工总价（元）	主要工作内容
64	IVH	四川永安建设有限公司	新安服务区		12029953	房建工程
65	IVI	上海交技发展股份有限公司	K91+056~K237+535		26185768	联网收费工程
66	IVJ	成都华本科技环境有限公司			657056	环保声屏障工程
67	IVK	上海交技发展股份有限公司	K91+056~K157+610	66.600	11438321	通信管道工程
68	IVL	成都曙光光纤网络有限责任公司	K157+610~K237+535	68.900	12867360	通信管道工程
69	IVM	成都温江卉丰花木有限责任公司	K91+056~K104+360	13.300	4253192	绿化工程
70	IVN	四川怡安建设工程有限责任公司	K104+360~K114+000	9.600	4730546	绿化工程
71	IVO	深圳市绿化工程有限责任公司	K114+000~K135+465	21.500	12181140	绿化工程
72	IVP	成都金通绿化工程有限责任公司	K135+465~K157+610	22.100	6009775	绿化工程
73	IVQ	四川省天济实业有限责任公司	K157+610~K178+638	21.000	4718827	绿化工程
74	IVR	四川美源环境工程有限公司	K178+638~K194+945	16.100	3229073	绿化工程
75	IVS	四川园林花卉实业有限责任公司	K194+945~K221+100	16.200	4554100	绿化工程
76	IVT	邛崃市公路桥梁工程有限责任公司	K221+100~K237+535	15.700	5809264	绿化工程
77	IVU	上海交技发展股份有限公司			23835022	隧道机电工程
78	IVW	四川京川公路工程（集团）有限公司			1116457	贯山立交交通安全工程

绵阳磨家至广元沙溪段高速公路监理单位见表4-9。

参建监理单位一览表 表4-9

序号	监理组名称	单位名称	监理施工合同段
1	绵阳监理组	四川铁科建设监理公司	IA、IB、IC、ID、IE、IF、IH
2	涪江四桥监理组	四川国际工程建设监理公司	IG

续上表

序号	监理组名称	单位名称	监理施工合同段
3	江油监理组	北京育才交通工程咨询监理总公司	ⅠI、ⅠJ、ⅠK、ⅠL、ⅠM、ⅠN
4	新安监理组	铁道部第二勘测设计院工程建设监理公司	ⅠO、ⅠP、ⅠQ、ⅠR、ⅠS
5	厚坝监理组	四川国际工程建设监理公司	ⅠT、ⅠU、ⅠV、ⅠW、ⅠX、ⅠZ
6	雷家河监理组	铁道部第二勘测设计院工程建设监理公司	ⅡA、ⅡB、ⅡC、ⅡD、ⅡE
7	竹园坝监理组	四川省公路工程咨询监理事务所	ⅡF、ⅡG、ⅡH、ⅡI
8	普广监理组	北京育才交通工程咨询监理总公司	ⅡK、ⅡL、ⅡN、ⅡO
9	隧道监理组	四川铁科建设监理公司	ⅡJ、ⅡM
10	绵阳路面监理组	重庆中宇工程咨询监理有限责任公司	ⅢA、ⅣA、ⅣE、ⅣK、ⅣM、ⅣN
11	新安路面监理组	北京华宏路桥咨询监理公司	ⅢB、ⅣB、ⅣE、ⅣF、ⅣG、ⅣH、ⅣK、ⅣO、ⅣP
12	厚坝路面监理组	四川公路工程咨询监理公司	ⅢC、ⅣC、ⅣG、ⅣL、ⅣQ、ⅣR
13	竹园坝路面监理组	四川省公路监理咨询事务所	ⅢD、ⅣD、ⅣG、ⅣL、ⅣS、ⅣT
14	隧道机电监理组	重庆中宇工程咨询监理有限责任公司	ⅣU
15	联网收费工程监理组	北京华路捷公路工程技术咨询有限公司	ⅣI
16	贯山立交监理组	重庆中宇工程咨询监理有限责任公司	ⅠY、ⅣW

（四）项目建设的意义及对沿线经济发展产生的影响

绵阳磨家至广元沙溪坝段高速公路是四川北大门主要进出口通道,该项目的实施,使国道主干线 G040 在川北地区得以贯通,加速了四川高速公路主骨架的形成。

六、G5 京昆高速公路绵广段广元沙溪坝至瓷窑铺段

（一）项目简介

G5 京昆高速公路绵广段广元沙溪坝至棋盘关段高速公路是国道主干线二连浩特至河口公路在四川境内的一段,沙溪坝至瓷窑铺段是该路段的第三期项目。路线起于剑阁县沙溪坝,经昭化、陵江、杨家湾、吴家壕,跨越嘉陵江,止于广元北郊瓷窑铺,全长 43.84km（概算批复 45.9km,由于沙溪坝方向考虑与后期修建的绵广高速公路的平纵衔接而预留 2km,纳入绵广高速公路修建,故实际建成里程较初设批复里程减少约 2km）。沙溪坝至瓷窑铺段工程分两期先后开工,第一期陵江至瓷窑铺段于 1996 年 11 月开工,第二期沙溪坝至陵江段于 1997 年 9 月开工。

（二）项目前期工作

1. 项目审批

1998 年 8 月,交通部以《关于沙溪坝至瓷窑铺公路初步设计的批复》对国道 108 线广

元沙溪坝至瓷窑铺段公路作了初步设计批复,建设工期3年。

2. 招投标情况

国道主干线二连浩特至河口公路(四川境)广元沙溪坝至棋盘关段高速公路设计未进行公开招标,由四川省交通厅公路规划勘察设计研究院负责设计。其中,沙溪坝至瓷窑铺段后期的隧道、路基等处治工程设计由业主直接委托交通部重庆科研所完成。

广元沙溪坝至棋盘关段高速公路采取了公开招标方式选择施工单位,招标工作严格按规定进行。瓷窑铺至龙洞背段路基工程划分为9个合同段,于1994年7月公开招标,共有省内外80多个施工单位申请投标,经专家评审,其中的36个单位通过资格预审。1994年8月20日进行公开开标,经四川省交通厅组织的评标小组评审,确定了A~I合同段的中标单位。

龙洞背至棋盘关段路基工程以及瓷窑铺至棋盘关段路面、交通、房建和隧道机电工程共划分为16个合同段,经省交通厅批准,以议标形式确定施工单位。

沙溪坝至瓷窑铺段公路路基工程划分为17个合同段,于1996年和1997年先后进行公开招标,经专家评审,省交通厅审查批准,本项目中标单位16个,指定分包单位11个。

沙溪坝至瓷窑铺段高速公路路面工程、交通工程、房建工程、隧道机电工程和绿化工程划分为12个合同段,根据工程进展情况,于1999年至2001年先后由国道108线广元段工程建设指挥部组织公开招标,经专家评审,省交通厅审查批准,中标单位12个。

国道主干线二连浩特至河口公路(四川境)广元瓷窑铺至棋盘关段工程施工监理未进行公开招标,经省交通厅批准,直接选择了四川省重点公路工程监理处、四川省公路工程咨询监理事务所两家监理单位分别对瓷窑铺至龙洞背和龙洞背至棋盘关段进行施工监理,并组建了国道108线广北段公路工程监理部,下设广元、朝天和中子3个监理组。

3. 征地拆迁

广元沙溪坝至瓷窑铺段高速公路实际征用土地4186亩,拆迁房屋783户,计12.14万m²,投入征地拆迁资金5200万元。

(三)项目建设情况

广元沙溪坝至瓷窑铺段高速公路全线按双向四车道高速公路技术标准建设,设计速度80km/h,第一期陵江至瓷窑铺段全长12.84km,采用山岭重丘区一级公路技术标准,路基宽17.5m;第二期沙溪坝至陵江段全长31.00km,采用山岭区高速公路技术标准,路基宽24.5m。全线为沥青混凝土路面。

该项目资金为交通部补助、四川省自筹以及银行贷款。沙溪坝至棋盘关段概算总投资205123.69万元,其中,股本金71506万元,银行贷款133617.69万元。全线共完成投资约 195799.42 万元,较概算投资节约 9324.27 万元。其中,该项目的三期工程沙溪坝至瓷窑铺段批准概算为 141395 万元。

该项目业主为国道 108 线广元段工程建设指挥部,与之前组建的四川省川北高速公路股份有限公司(原川北交通综合开发股份有限公司)合署办公,按照"两块牌子,一套班子"的模式进行工作。

瓷窑铺至棋盘关段工程项目业主设有中心试验室两个,各施工单位建立了工地试验室,较小合同段委托有资质的检测单位代行工地试验室职能,负责施工单位的自检工作。

沙溪坝至瓷窑铺段工程通过招标选择了四家监理单位,组成了 8 个监理组分别对沙溪坝至陵江和陵江至瓷窑铺段进行监理,4 家监理单位分别为四川省重点公路工程监理处、四川省公路工程咨询监理事务所、四川省公路工程监理事务所和重庆中宇工程咨询监理有限责任公司;8 个监理组为昭化监理组、陵江监理组、宝轮监理组、广南路面监理组、过境段监理组、过境段路面监理组、大桥监理组、处治工程监理组。

沙溪坝至瓷窑铺段参建单位和监理单位分别见表 4-10 和表 4-11。

沙溪坝至瓷窑铺段参建单位一览表　　　　表 4-10

合同段	单 位 名 称	起讫桩号	里程(km)	工程内容
	四川省交通厅公路规划勘察设计研究院	K0+000~K31+466.1 K0+000~K13+503.6	44.94956	勘察、设计
	四川省公路工程质量监督站	K0+000~K31+466.1 K0+000~K13+503.6	44.94956	质量监督
	广元市公路工程质量检测中心	K0+000~K31+466.1 K0+000~K13+503.6	44.94956	质量检测
	四川省重点公路工程监理处等	见监理单位一览表		施工监理
GA1	四川桥梁工程总公司二公司	K0+000~K1+352.96 K2+000~K4+000	3.23331	路基工程及沙溪坝互通式立交
GA2	四川川交桥梁工程有限公司	K1+352.96~K2+000	0.64704	剑门河大桥
GA3	中国水利水电第五工程局	K4+000~K7+825	3.825	路基工程
GA4	重庆市公路工程总公司	K7+120~K12+150	4.325	路基工程
GA5	铁十七局第四工程处	K12+150~K16+040	3.89	路基工程
GA6	四川华莹山隧道工程公司	K16+040~K17+765	1.725	路基工程及石梯沟隧道
GA7	武警交通一总队	K17+765~K20+655	2.74734	路基工程及宝轮互通式立交
GA8	铁道部第十三工程局	K20+655~K21+780	1.125	白龙江大桥
GA9	攀枝花公路建设公司	K21+780~K25+725	3.945	路基工程
GA10	成都市路桥工程公司	K25+725~K28+850	2.625	路基工程

续上表

合同段	单 位 名 称	起讫桩号	里程(km)	工程内容
GA11	铁十八局第三工程处	K28+850～K30+350	1.50	屈家坡隧道及路基工程
GA12	四川公路桥梁总公司三公司	K30+350～K31+466.1	1.1161	陵江大桥及陵江互通式立交
GA13-1	四川路桥总公司二公司	K0+000～K14+204	14.204	路面工程
GA13-2	攀枝花公路公司	K14+204～K31+466.1	17.2421	路面工程
GA14-1	四川京川公路工程(集团)有限公司	K0+000～K16+040	16.04	交通工程(护栏、标志、标线)
GA14-2	成都双羽实业股份有限公司	K0+000～K30+350(含下市、宝轮连接线)	30.35	交通工程(隔离设施)
GA14-3	四川省路德交通工程有限责任公司	K16+040～K30+350	14.31	交通工程(护栏、标志、标线)
GA15	成都西星特夫园林景观工程公司	K0+000～K31+466.1	31.4661	绿化工程
GA16	铁道部隧道工程局第一工程处			隧道机电工程
GA17	四川省第四建筑工程公司			房建工程
GB1	四川公路桥梁总公司三公司	K0+000～K4+200	4.20	路基工程
GB2	铁十五局第三工程处	K4+200～K6+200	2.00	乱窑石隧道
GB3	四川公路桥梁总公司三公司	K6+200～K10+560	4.36	路基工程
GB4	铁五局第一工程处	K10+560～K11+980	1.42	崔家垭隧道
GB5	四川川交桥梁工程有限公司	K11+980～K13+503.6	1.52364	嘉陵江大桥及瓷窑铺互通式立交
GB6	攀枝花公路公司	K0+000～K13+503.6	13.50346	路面工程
GB7-1	四川路德交通工程公司	K0+000～K13+503.64	13.50364	交通工程(护栏、标志、标线)
GB7-2	四川现代交通设施公司	K0+000～K13+503.64	13.50364	交通工程(隔离设施)
GB8	成都市草堂花圃	K0+000～K13+503.64	13.50364	绿化工程

沙溪坝至瓷窑铺段公路监理单位一览表　　表4-11

单 位 名 称		范　围	里程(km)	合同段
四川省重点公路工程监理处	过境段路面监理组	K0+000～K13+540 路面、交通工程	12.84	GB6、GB7
四川省公路工程咨询监理事务所	过境段监理组	K0+595～K11+980 路基工程	11.385	GB1、GB2、GB3、GB4
	昭化监理组	K12+150～K21+780 宝轮连接线 K0+000～K4+500 路基工程	14.13	GA5、GA6、GA7、GA8、GAA2、GAA3、GAA4
	陵江监理组	K21+780～K31+466.1 路基工程	9.686	GA9、GA10、GA11、GA12

续上表

单位名称		范围	里程(km)	合同段
四川省公路工程监理事务所	广南路面监理组	K0+000~K31+040路面、交通工程	12.03	GA13、GA14
	宝轮监理组	K0+000~K12+150路基工程	13.922	GA1、GA2、GA3、GA4、GAA1
	大桥监理组	K12+093.85~K12+622.65嘉陵江大桥、K12+784.08~K12+904.08瓷窑铺大桥、桥梁、绿化、房建工程	43.8428	GB5、GB8、GA15、GA17
重庆中宇工程咨询监理有限责任公司	处治监理组	隧道机电设备工程	43.8428	GA16

（四）项目建设的意义及对沿线经济发展产生的影响

国道主干线二连浩特至河口公路（四川境）广元沙溪坝至瓷窑铺段高速公路是广元市境内修建的第一条高速公路，是四川省"八五"期间的重点公路工程建设项目，也是四川省高速公路主骨架和四川省北大门主要出口通道的一部分，同时还是四川省为贯彻国家加大基础设施建设、拉动经济增长的具体实施项目。它的建成将逐步贯通国道主干线，加快四川省高速公路主骨架的形成，彻底解决蜀道难问题，对四川省区域经济的发展将起到巨大的推动作用。

七、G5 京昆高速公路攀田段

（一）项目简介

G5京昆高速公路攀田段即攀枝花至田房（川滇界）高速公路（以下简称攀田高速公路）是国家实施西部大开发战略，交通部规划的西部大通道甘肃兰州至云南磨憨口岸公路中的一段，也是国家高速公路网中北京至昆明高速公路的最后一段。路线起于攀枝花金沙江大桥，通过西攀高速公路金江互通式立交与攀枝花南一路相连，路线经鱼塘、总发、大田、平地，止于田房（川滇界），接云南省拟建的永仁（川滇界）至元谋高速公路，全长59.5km。2005年12月开工，于2008年12月完工。

（二）项目前期工作

1. 项目审批

2004年3月，交通部《关于攀枝花至田房（川滇界）公路可行性研究报告的批复》批准同意了项目可行性研究报告。

2004年9月,交通部《关于攀枝花至田房公路初步设计的批复》批准同意了项目初步设计。

2005年1月,四川省人民政府《四川省人民政府关于下达2005年重点建设项目计划的通知》下达了项目建设计划。

2006年1月,四川省交通厅《四川省交通厅关于攀枝花至田房(川滇界)高速公路土建工程施工图设计的批复》批准同意了项目施工图设计。

2006年3月,交通部批准并下发了攀田高速公路的施工许可证,建设工期为4年。

2.招投标情况

攀田高速公路工程招标工作包括设计、施工、监理、试验检测招标,共31个标段,其中:设计招标2个、监理招标3个,中心试验室招标3个,施工招标23个。建设单位与各中标单位签订承包合同的同时也签订廉政建设和安全生产合同协议。建设类合同总价为227280万元,净价206908万元。

设计分土建、交通安全设施两个标段招标,实行公开招标,采用最低评标价法。由四川省交通厅公路规划勘察设计研究院中标承办。

施工招标共划分为23个标段,其中:路基桥涵土建工程10个、路面工程2个、交通安全设施工程2个、绿化工程4个、房建工程3个、隧道机电工程1个、三大系统工程1个。施工招标均实行公开招标,采用最低评标价法。

监理招标共划分为土建监理K、路面监理LJ、隧道机电及三大系统监理JL3,共3个标段。土建监理工作内容为该段路基、桥涵、隧道工程,路面监理工作内容包括路面、绿化、交通安全设施、房建、通信管道等工程施工监理,隧道机电及三大系统监理工作内容包括隧道机电、通风、照明、消防及通信、收费、监控系统等工程施工监理。监理合同段招标采用公开招标中的最低评标价法和双信封最低价评标价法。

中心试验室招标共划分为SY1、SY2、SY3共3个标段,为全线路基、桥涵、路面、绿化、交通安全设施、通信管道等工程(机电工程除外)中心试验室,采用公开招标和双信封评标法。

攀田高速公路设计、施工、监理、试验单位招标情况见表4-12。

3.征地拆迁

攀田高速公路经攀枝花市5个乡镇,66个社,概算征地补偿资金为25313.9万元。截至2012年3月23日,征地拆迁补偿费累计支付30546.341万元。其中,土地补偿费8634.281万元、附着物及青苗补偿费3312.595万元、土地征用管理费783.710万元、杆管线补偿费1272.522万元、机耕道补偿费29.039万元、建筑物补偿费3125.362万元、土地复垦补偿费1979.29万元、临时用地补偿费55.252万元、安置补偿费11150.900万元、其他费用211.388万元。全线共计征地5975.4亩,全线拆迁房屋共计14万m^2。

攀田高速公路设计、施工、监理、试验单位招标情况一览表

表 4-12

合同段	合同内容		起讫桩号	路线长度 (km)	中标单位名称	合同金额 (元)	招标时间
设计	土建		K162+550～K221+916	59.5	四川省交通厅公路勘察设计研究院	56935032	2003.11
	交安		K162+550～K221+916	59.5			
E1			K162+550～K169+000	6.45	成都华川公路建设(集团)有限公司	196782897	2004.10
E2			K169+000～K177+115	8.115	中铁四局集团有限公司	136941622	
E3			K177+115～K181+600	4.485	中国冶金建设集团公司	136016860	
E4			K181+600～K186+595	4.995	重庆市渝通公路工程总公司	148726674	2005.2
E5	路基		K186+595～K192+760	6.165	中铁十一局集团第三工程股份有限公司	177271620	2004.10
E6			K192+760～K199+215	6.447	重庆市公路工程股份有限公司	135570664	
E7			K199+215～K204+680	5.465	中铁五局(集团)有限公司	191564638	2005.2
E8			K204+680～K210+235	5.555	中铁隧道集团三处有限公司	152279610	2004.10
E9			K210+235～K216+250	6.015	二铁一局集团第二工程有限公司	151496741	
E10			K216+250～K221+916	5.548	四川武通路桥工程局	234845356	2005.2
PTLM1	路面		K162+550～K192+760	30.21	四川公路桥梁建设集团有限公司	199729357	2007.11
PTLM2			K192+760～K221+915.79	29.15579	四川川交公路有限责任公司	196654989	
PTJA1	交通安全设施		K192+760～K221+915.79	29.15579	四川路桥桥建设集团交通工程有限公司	41267477	2008.4
PTJA2			K162+550～K192+760	30.21	北京云星宇交通工程有限公司	38819177	
PFJ1		房建	鱼塘收费站、总发管理所、大田收费站、平地收费站、大田停车区、龙树湾隧道变电所、望江岭隧道变电所、梨园箐隧道变电所		攀枝花公路建设有限公司	21611253	2008.5
PFJ2			田房省界主线收费站、平地收费站及收费大棚		四川高路建筑工程有限公司	8807861	
PFJ3			总发、鱼塘、大田、平地收费站及收费大棚		四川浩帆建设工程有限公司	4119846	

续上表

合同段	合同内容		起讫桩号	路线长度（km）	中标单位名称	合同金额（元）	招标时间
LH1	绿化	中分带路堑边坡	K162+550~K192+760	30.21	四川三叶生态科技有限公司	6070462	2007.3
LH2			K192+760~K221+915.786	29.15579	重庆福森园林工程有限公司	6687729	
ST1			K162+550~K192+760	30.21	四川万达生态环境工程有限公司	8140120	2006.6
ST2			K192+760~K221+916	29.156	四川瑞云环境绿化工程有限公司	6005560	
PT1	隧道机电及三大系统		K162+550~K221+915 隧道机电采购与安装工程	59.365	北京瑞华赢科技发展有限公司	40056273	2008.4
PT2			K162+550~K221+915 三大系统采购与安装工程	59.365	北京云星宇交通工程有限公司	33338518	
合计						2272805309	
K	监理		K162+550~K221+916 路基	59.366	北京华弦路桥咨询监理公司	17575800	2004.10
LJ			K162+550~K221+916 路面	59.366	四川公路工程咨询监理公司	2932080	
JI3			K162+550~K221+916 隧道机电及三大系统	59.366	北京泰克华诚技术信息咨询有限公司	1412330	
SY1	中心试验室		K162+550~K192+760 路基	30.21	宜宾市路源公路工程质量检测服务有限公司	2895296	2004.10
SY2			K192+760~K221+916 路基	29.156	四川精益道桥试验检测有限责任公司	2180188	
SY3			K162+550~K221+916 路面	59.366	四川精益道桥试验检测有限责任公司	4981810	
合计						31977504	

（三）项目建设情况

攀田高速公路沿线经过历史上多次大的构造运动，岩体破碎，裂隙发育，加上海拔较高，温差变化大，物理化学风化作用较强烈，不良地质较发育。主要表现为风化剥落、崩塌岩堆、滑坡、泥石流等，这些现象给桥梁桩基承载力、边坡稳定性、路基填筑压实带来一定的工程难度。

全线按双向四车道高速公路技术标准建设，设计速度80km/h，路基宽24.5m，沥青混凝土路面，桥涵与路基同宽，隧道净宽9.75m，桥涵设计汽车荷载等级为公路—I级，设计洪水频率：大、中、小桥及涵洞均为1/100。全线在鱼塘、总发、大田、平地4处设置互通式立交，另建总发、鱼塘互通连接线共约6.07km。同步建设必要的交通工程及沿线设施，根据地形及交通量，以上互通均设置为单喇叭形，其中金江互通式立交采用二级互通，连接线采用一级公路标准，其余互通式立交均采用三级互通，连接线采用二级公路标准。设置5个收费站，分别是鱼塘、总发、大田、平地、田房（川滇界），设大田停车区，沿线与108国道相邻。

攀田高速公路官坝大桥施工现场

攀田高速公路主要工程数量见表4-13。

攀田高速公路主要工程数量表 表4-13

项 目	单 位	数 量	备 注
里程	km	59.461	
路基土石方	万 m³	1968.21	
防护砌体	万 m³	40.14	
大桥	m/座	12784.50/52	
中桥	m/座	1282.85/22	
小桥	m/座	34.60/2	
隧道	m/座	10285.7/11	隧道长度为单洞长度
涵洞及通道	道	6472.35/143	

续上表

项 目	单 位	数 量	备 注
互通式立交	处	4	
底基层、基层	万 m²	226.15	
沥青混凝土面层	万 m²	138.14	
混凝土路面	万 m²	2.46	
波形梁护栏	万 m	19.43	
浸塑隔离栅	万 m	10.67	
标志牌	套	1584	
标线	万 m²	8.76	

攀田高速公路为利用国内贷款项目,初步设计概算投资 26.8 亿元,其中利用国家开发银行贷款 12 亿元,交通部补助 3.54 亿元,其余由省内自筹资金解决。实际项目总投资 29.69 亿元。

攀田高速公路的建设项目法人为四川攀西高速公路开发股份有限公司。四川攀西高速公路开发股份有限公司前身为原 108 国道指挥部,于 1998 年 8 月由四川高速公路建设开发总公司、西昌市道路交通建设发展有限责任总公司、冕宁县高速公路开发有限责任公司、凉山州新月实业开发有限责任公司、凉山州高等级公路开发有限责任公司 5 家公司共同组建成立。攀田高速公路建设期间,公司主要管理人员为熊国斌(2005 年 3 月起任总经理)。

攀田高速公路勘察设计单位为四川省交通厅公路规划勘察设计研究院;监督单位为四川省交通厅公路水运质量监督站。

攀田高速公路施工、监理、试验单位见表 4-14。

(四)项目建设的意义及对沿线经济发展产生的影响

攀田高速公路是四川省与云南省省际交通的主通道。其建成后对完善国家路网布局,促进四川省及攀西地区经济发展具有重要意义。

(五)项目特色

1. 在项目建设中运用先进勘察手段

在攀田高速公路勘察工作中,设计单位运用地质遥感、数字地形图、GPS 全球定位系统等先进勘察手段为项目实施提供可靠保障;针对大型构造物场地开展专项地震安全性评价;首次引入地勘监理制度。坚持地形选线、地质选线、环保选线,采取"避重就轻"的选线原则,提高总体设计水平。针对攀西山区地形地质条件复杂的特点,在确保攀田高速公路质量与安全前提下,在有利于环境保护、节约资源、节省造价等方面开展了积极的设计优化和科研工作。

第四章 高速公路建设

攀田高速公路施工、监理、试验单位一览表

表 4-14

工程项目	合同段	起讫桩号	路线长度(km)	中标单位名称	监理单位	中心试验室
路基、隧道、桥涵	E1	K162+550~K169+000	6.45	成都华川公路建设(集团)有限公司	北京华宏路桥咨询监理公司	宜宾市路源公路工程质量检测服务有限公司
	E2	K169+000~K177+115	8.115	中铁四局集团有限公司		
	E3	K177+115~K181+600	4.485	中国冶金建设集团总公司		
	E4	K181+600~K186+595	4.995	重庆市渝通公路工程总公司		
	E5	K186+595~K192+760	6.165	中铁十一局集团第三工程有限公司		
	E6	K192+760~K199+215	6.447	重庆市公路工程股份有限公司		四川精益道桥试验检测有限责任公司
	E7	K199+215~K204+680	5.465	中铁五局(集团)有限公司		
	E8	K204+680~K210+235	5.555	中铁隧道集团第二工程有限公司		
	E9	K210+235~K216+250	6.015	中铁一局集团第二工程有限公司		
	E10	K216+250~K221+916	5.548	四川武通桥工程局		
路面	PTLM1	K162+550~K192+760	30.21	四川公路桥梁建设集团有限公司	四川公路工程咨询监理公司	四川精益道桥试验检测有限责任公司
	PTLM2	K192+760~K221+915.79	29.15579	四川川滚路桥有限公司		
交通安全设施	PTJA1	K192+760~K221+915.79	29.5579	四川路桥建设集团交通工程有限公司	四川公路工程咨询监理公司	
	PTJA2	K162+550~K192+760	30.21	北京云星宇交通工程有限公司		
房建	PFJ1	鱼塘收费站、总发管理所、大田停车区、龙树湾隧道变电所、望工坪隧道变电所、梨园箐隧道变电所		攀枝花公路建设有限公司	四川公路工程咨询监理公司	
	PFJ2	田房省界主线收费站及收费棚		四川高路建筑工程有限公司		
	PFJ3	总发、鱼塘、大田、平地收费站及收费大棚		四川浩帆建设工程有限公司		
绿化	LH1	K162+550~K192+760	30.21	四川三叶生态科技有限公司	四川公路工程咨询监理公司	
	LH2	K192+760~K221+915.786	29.156	四川福森园林工程有限公司		
	ST1	K162+550~K192+760	30.21	重庆万达生环境工程有限公司		
	ST2	K192+760~K221+916	29.5579	四川瑞云环境绿化工程有限公司		
隧道机电及三大系统	PT1	K162+550~K221+915 隧道机电采购与安装工程	59.365	北京瑞华赢科技发展有限公司	北京泰克华诚技术信息咨询有限公司	
	PT2	K162+550~K221+915 三大系统采购与安装工程	59.365	北京云星宇交通工程有限公司		

2. 加强隧道监控量测

在隧道工程方面,采用动态设计、信息化施工,加强隧道监控量测工作,针对地质复杂隧道充分运用超前地质预报手段,为确定隧道开挖方式、初期支护及衬砌设计参数提供参考。隧道内全面推广采用沥青混凝土铺装,以有效提高路面平整度,降低行车噪声。还按照"早进洞,晚出洞"的原则,对攀田高速公路隧道洞口段施工图进行优化设计,尽量减少对洞口仰边坡的扰动破坏。

3. 强化施工过程质量安全控制

积极采取现代施工工艺和设备,强化施工过程质量安全控制。如桥隧结构物混凝土浇筑使用集中拌和、罐车运输、采用自动计量系统,对梁板预制件要求采用集中预制方式;针对地形困难路段的高墩墩柱和盖梁施工,大力提倡采用塔吊施工;架设预制梁板,大力提倡采用先进的架桥机工艺。运用先进科技手段加强质量监控和安全预防工作。如通过运用超声波及小应变无损检测技术,加强对桥梁桩基、抗滑桩内在质量的监控;针对项目桥隧道结构物众多、地形地质复杂的特点,通过运用雷达超前地质预报和加强监控量测工作,起到安全预警作用;通过采用雷达探测技术,对隧道初期支护和二次衬砌的强度、厚度及背后空洞现象,以及路面各结构层厚度进行监控量测。

4."分层摊铺、分层碾压、一次成型"工艺

针对攀西地区特殊气候条件下水泥稳定碎石底基层以及基层的抗开裂技术进行系统研究,施工采用骨架密实结构较好地解决了开裂问题。在水泥稳定碎石基层铺筑中探索出采用摊铺机"分层摊铺、分层碾压、一次成型"工艺,提高结构层的整体性;在水泥稳定碎石底基层、基层养生工艺中推广应用复合材料养生膜,改善养生条件,减少开裂。通过公开招标选择专业单位对全线桥面进行喷砂打毛和专用防水处理,提高桥面防水性能及沥青混凝土与水泥混凝土铺装层之间的层间黏结。全面推广应用稀浆封层,有效减少施工期间交通车辆对基层的损坏,还可在基层顶面有效阻隔地表水的下渗,延长基层使用寿命;在面层碎石加工工艺中全面应用真空负压吸尘设备,有效提高材料的洁净程度,提升路面内在品质。推广应用振荡压路机,有效弥补传统轮胎压路机、振动压路机的不足,提高压实功效;综合运用 Superpave 法和传统马歇尔法加强沥青混合料配合比设计,有效提高路面抗车辙能力和防水性能;通过在中面层的石油沥青中掺加天然岩沥青,有效提高路面高温抗车辙性能。

八、G5 京昆高速公路西攀段

(一)项目简介

G5 京昆高速公路西攀段即西昌(黄联关)至攀枝花高速公路(以下简称西攀高速公

路),是国家实施西部大开发战略,交通部规划的甘肃兰州至云南磨憨口岸公路中的一段,也是国道主干线北京至昆明公路的重要组成部分。路线起于西昌市黄联关镇,接已建的泸沽至黄联关高速公路,经西昌市、德昌县、米易县、盐边县,止于攀枝花市金江镇,全长162.55km。于2004年1月开工,2008年8月完工。

(二)项目前期工作

1. 项目审批

2001年8月,国家发展计划委员会《印发国家计委关于审批四川省西昌(黄联关)至攀枝花公路项目建议书的请示的通知》批准同意了建议书。

2002年4月,国家发展计划委员会《印发国家计委关于审批四川省西昌(黄联关)至攀枝花公路可行性研究报告的请示的通知》批准同意了西攀高速公路可行性研究报告。

2002年10月,交通部《关于四川省西昌(黄联关)至攀枝花公路初步设计的批复》批准同意了初步设计。

2003年3月,交通部《关于四川省西昌(黄联关)至攀枝花公路技术设计的批复》批准同意了技术设计。

2006年1月,四川省交通厅《四川省交通厅关于西昌(黄联关)至攀枝花高速公路土建工程施工图设计的批复》批准同意了施工图设计。交通部下发施工许可证。

2. 招投标情况

西攀高速公路工程施工招标共划分为46个标段,其中路基桥涵工程20个、路面工程6个、交通安全设施工程5个、绿化工程4个、房建工程5个、隧道机电工程3个、三大系统2个、计量称重1个。

监理招标共划分为7个标段,其中路基监理4个,路面、交通安全设施、绿化、房建监理共2个,隧道机电及三大系统监理1个。中心试验室招标共划分为4个标段,其中路基3个、路面1个,与施工招标同步进行。

西攀高速公路施工、监理、试验单位招标情况见表4-15。

3. 征地拆迁

西攀高速公路途经凉山州的西昌市、德昌县,攀枝花的米易县、盐边县、攀枝花市等20个乡镇,51个村,188个社。征地14187亩,拆迁房屋261788m²。征地拆迁补偿费59788万元,其中土地补偿36364万元、安置补偿2345万元、附着物及青苗补偿6081万元、建筑物补偿8315万元、其他费用6683万元。

(三)项目建设情况

西攀高速公路位于山岭重丘区,地处攀西大裂谷,地震烈度高达Ⅶ~Ⅸ度,地形、地质

表 4-15

西攀高速公路施工、监理、试验单位招标情况一览表

合同段	合同内容	起讫桩号	路线长度(km)	中标单位名称	合同金额(元)	招标时间	招评标方式
B1	便桥	营街、丙海—关门、腊鹅、三锅桩	8.02	四川路桥建设股份有限公司	9807760	2002.12	国内公开招标，资格后审，最低评标价法
B2	便道	宋家湾—白沙沟—松坪子	7.99	成都华川公路建设有限公司	8456911		
B3		那尔坝—酸水湾、白沙沟城门洞		成都华川公路建设有限公司	5314492		
A11		K0+00～K2+024	2.02	成都市政工程公司	17223172	1998.11	国内公开招标，资格后审，议标
A12		K2+024～K4+400	2.38	南充道桥工程公司	13216111		
A2	路基、桥涵	K4+400～K9+800	5.4	攀枝花公路建设公司	41556503	2001.12	
A3		K9+800～K11+400	1.6	四川路桥川交有限责任公司	18184870	2002.2	国内公开招标，资格预审，最低评标价法
A4	路面	K0+00～K4+400	4.4	四川公路桥梁建设集团有限公司	13837546	2002.7	
A5		K4+400～K11+400	7	成都华川公路建设有限公司	36453792		
A6	交通安全设施及沿线设施	K0+000～K11+400	11.4	四川京川公路工程(集团)有限责任公司与四川京川环境工程有限公司组成联合体	10348470	2003.6	
C1		K11+400～K35+100	23.6	四川路桥川交有限责任公司	167291393		国际公开招标，资格预审，最低评标价法
C2		K35+100～K50+000	15	四川路桥建设股份有限公司	210097132		
C3		K50+000～K62+130.48	12.2	中铁十七局集团第五工程公司	249991336		
C4		K61+804.08～K75+875	14.2	成都市路桥工程公司	246565088	2003.6	
C5		K75+875～K80+000	4.1	中铁十四局集团有限公司	146314577		
C6	路基、桥涵	K80+000～K94+000	13.9	成都市路桥工程公司	154995017		
C7		K94+000～K104+300	10.3	中铁十六局集团有限公司	281893826		
C8		K104+300～K111+681.7	7.4	中铁一局集团第五公司	14239416		
C9		K112+300～K116+300	4	路桥集团第一公路工程局天津工程处	103896491		
C10		K116+300～K125+840	9.54	中铁十九局集团第二工程有限公司	143852587	2003.6	
C11		K125+840～K136+115	10.715	四川公路桥梁建设集团有限公司	405110989		
C12		K136+115～K143+500	7.385	四川公路桥梁建设集团有限公司	271480195		

续上表

合同段	合同内容	起讫桩号	路线长度（km）	中标单位名称	合同金额（元）	招标时间	招评标方式
C13	路基、桥涵	K143+500～K146+070	2.57	中铁二十局集团有限公司	105619733	2003.6	国际公开招标，资格预审，最低评标价法
C14		K146+070～K154+000	7.93	贵州省公路桥梁工程总公司	182035457		
C15		K154+000～K160+618.7	6.619	四川武通路桥工程局	140119568		
C16		K160+618.7～K162+550	1.931	中国铁路工程总公司	218893163		
P17	路面	K11+400～K50+000	38.6	四川川交路桥有限责任公司	289872698	2006.6	国际公开招标，资格预审，最低评标价法
P18		K50+000～K88+000	38	成都市路桥工程股份有限公司	233979418		
P19		K88+000～K125+840	37.8	四川公路桥梁建设集团有限公司	247316383		
P20		K125+840～K162+550	36.7	攀枝花公路建设有限公司	208006228		
JA1	交通安全设施	K11+400～K50+000	38.6	四川公路桥梁建设集团有限公司	45293377	2007.6	国内公开招标，资格预审，最低评标价法
JA2		K50+000～K88+000	38	中铁二十局集团有限公司	47772980		
JA3		K88+000～K125+840	37.8	贵州省公路桥梁工程总公司	40107707		
JA4		K125+840～K162+550	36.7	成都市路桥工程股份有限公司	45928816		
LV1	绿化	K11+400～K50+000	38.6	深圳市如茵生态环境建设有限公司	6253122	2007.8	国内公开招标，资格预审，最低评标价法
LV2		K50+000～K88+000	38	北京绿茵达绿化工程技术有限公司	5099834		
LV3		K88+000～K125+840	37.8	深圳市新华丰生态环保发展有限公司	7991044		
LV4		K125+840～K162+550	36.7	四川高速公路绿化环保开发有限公司	13624567		
T1	隧道机电	K11+400～K125+840	114.84	甘肃紫光智能交通与生态控制技术有限公司	47893550	2007.6	国内公开招标，资格后审，双信封最低评标价法
T2		K125+840～K162+550	36.71	中国电气化局集团有限公司	41300542		
T3	隧道配电	K11+400～K162+550	151.15	中铁十二局集团电气化工程有限公司	22400181		
E08-1	人工及计重收费	K0+000～K162+550	162.5	西安金路交通工程科技发展有限责任公司	8201084	2007.11	国内公开招标，资格后审，双信封最低评标价法
E08	通信、收费	K0+000～K162+550	162.5	北京瑞华赢科技发展有限公司	26181240	2008.4	国际公开招标，资格后审，双信封最低评标价法
E09	监控	K0+000～K162+550	162.5	中国铁路通信信号上海工程有限公司	30110735		

续上表

合同段	合同内容	起讫桩号	路线长度（km）	中标单位名称	合同金额（元）	招标时间	招评标方式
FJ2	房建	K11+400～K75+875	64.475	成都盛兴建设有限公司	17802418	2007.10	国内公开招标，资格预审，最低评标价法
FJ3	房建	K75+875～K111+681	35.806	成都迪生建工集团有限责任公司	29378053.9		
FJ4	房建	K111+681～K162+550	50.869	攀枝花公路建设有限公司	25271400		
FJ5	收费棚	K11+400～K162+550	151.15	四川浩帆建设工程有限公司	6412175.67		
FJ6	房建	西昌监控中心		西昌市鑫申建筑公司	9782025	2008.10	国内公开招标，资格后审，最低评标价法
A	监理	K0+000～K11+400	11.4	四川省公路工程监理事务所	3763673	2001.12	
S1	土建监理	K11+400～K75+875	64.5	四川武通路桥工程局	28655990	2003.3	国内公开招标，资格预审，综合评分法
S2	土建监理	K75+875～K125+840	49.97	中国铁路工程总公司	29999002		
S3	土建监理	K125+840～K162+550	36.66	铁二院咨询监理公司	27920266		
S4	路面监理	K11+400～K88+000	76.6	四川公路工程监理公司	8384376	2006.6	
S5	路面监理	K88+000～K162+550	74.55	四川省公路工程监理事务所	8359560		
S6	隧道机电及三大系统监理	K11+400～K162+550	151.15	中国公路工程咨询集团有限公司	1338972	2007.8	国内公开招标，双信封最低评标价法
L1	中心试验室（路基）	K11+400～K75+875	64.5	眉山市公路工程试验检测中心	4717568	2003.3	国内公开招标，资格预审，综合评分法
L2	中心试验室（路基）	K75+875～K125+840	49.97	四川省交通厅公路规划勘察设计研究院道桥试验研究所	3456590		
L3	中心试验室（路面）	K125+840～K162+550	36.66	攀枝花市公路工程试验检测中心	3406720	2006.6	
L4	中心试验室（路面）	K11+400～K162+550	151.15	四川精益道桥试验检测有限责任公司	4698768		

条件复杂,新老地层齐全,加上降雨量集中等特点,是滑坡、泥石流等地质灾害较为集中的地区。较多路段遇有罕见的昔格达地层,该地层承载力差,开挖后易风化、遇水易崩解,给桥梁桩基承载力、边坡稳定性、路基填筑压实带来一定的施工难度,沿线还广泛分布有强风化花岗岩、炭质千枚岩等不良地层。

全线按双向四车道高速公路技术标准建设,其中起点至垭口段(K0+000~K125+840)为沿溪线,设计速度80km/h,路基宽24.5m,隧道净宽9.75m;垭口至终点段为山区越岭线,设计速度60km/h,路基宽22.5m,隧道净宽9.25m。全线设置隧道单洞14座26470m,桥梁233座46656m,桥隧比为37%。互通式立交9处,设置9个收费站,分别是黄水、德昌、蒲坝、永郎、挂榜、米易、垭口、新九、金江。沿线与108国道、214省道相邻,设置德昌、米易、攀枝花3个服务区。

西攀高速公路主要工程数量见表4-16。

西攀高速公路主要工程数量表　　　　表4-16

项　　目	单　　位	数　　量	备　　注
里程	km	162.55	
路基土石方	万 m³	2975	
防护砌体	万 m³	120	
特大桥	m/座	26268/24	
大桥	m/座	36063/147	
中桥	m/座	5696/102	
小桥	m/座	460/22	
隧道	m/座	26582/14	隧道长为单洞长度
涵洞及通道	道	15210/472	
互通式立交	处	9	
底基层、基层	万 m²	520	
沥青混凝土面层	万 m²	487	
混凝土路面	万 m²	5	
波形梁护栏	万 m	65	
浸塑隔离栅	万 m	37	
标志牌	套	1056	
标线	万 m²	20	

西攀高速公路为政府投资模式,为利用亚行贷款项目,初步设计概算投资88.95亿元,其中亚行贷款3亿美元,为当时国内亚行贷款额最大的公路项目。利用国家开发银行贷款22亿元,交通部补助11.58亿元,其余由省内自筹资金解决。

西攀高速公路米易服务区

西攀高速公路的建设项目法人为四川攀西高速公路开发股份有限公司。四川攀西高速公路开发股份有限公司前身为原108国道指挥部,于1998年8月由四川高速公路建设开发总公司、西昌市道路交通建设发展有限责任总公司、冕宁县高速公路开发有限责任公司、凉山州新月实业开发有限责任公司、凉山州高等级公路开发有限责任公司5家公司共同组建成立,注册资本2.5亿元,其中四川高速公路建设开发总公司占88.8%。西攀高速公路建设期间,公司主要管理人员为汪洋(时任总经理,2005年3月调离)、熊国斌(2005年3月起任总经理)。

西攀高速公路勘察设计单位为四川省交通厅公路规划勘察设计研究院;监督单位为四川省交通厅公路水运质量监督站。

西攀高速公路施工、监理、试验单位见表4-17。

(四)项目建设的意义及对沿线经济发展产生的影响

西攀高速公路往北经泸黄高速公路、雅泸高速公路,往南接攀田高速公路,是四川南向出川(至云南)大通道的组成部分,其建设对完善国家路网布局,促进四川省及攀西地区经济发展具有重要意义。

(五)项目特色

1. 桥梁工程方面的新技术

在桥梁工程方面,安宁河沿线采用了大量顺河桥形式,并结合现场地形在纵面上进行分幅调整,减少了对山体和生态植被的破坏。合理优化陡斜坡地形的桥梁基础类型,将C1、C12合同段两座特大桥承台配群桩的基础形式改为方桩基础,将C12合同段近30座重力式桥台改为桩柱式轻型桥台,有效减少由于大面积山体开挖对陡峭边坡的破坏和防护

第四章 高速公路建设

西攀高速公路施工、监理、试验单位一览表

表 4-17

工程项目	合同段	起讫桩号	路线长度（km）	中标单位名称	监理单位	中心试验室
便道便桥	B1	便桥		四川路桥建设股份有限公司	四川省公路工程监理事务所	攀枝花市公路工程试验检测中心
	B2	宋家湾—白沙沟—松坪子便道	8.02	成都华川公路建设有限公司	攀枝花市公路工程监理事务所	
	B3	那尔坝—酸水湾、白沙沟城门洞便道	7.99	成都华川公路建设有限公司		
路基、隧道、桥涵	A11	K0+00～K2+024	2.024	成都市政工程公司		凉山州公路工程试验检测中心
	A12	K2+024～K4+400	2.36	南充道桥工程公司	四川省公路工程监理事务所	
	A2	K4+400～K9+800	5.4	攀枝花公路建设公司		
	A3	K9+800～K11+400	1.6	四川路桥川交有限责任公司		
	C1	K11+400～K35+100	23.6	四川路桥川交有限责任公司		眉山市公路工程试验检测中心
	C2	K35+100～K50+000	15	四川路桥建设股份有限公司	四川公路工程咨询监理公司	
	C3	K50+000～K62+130.48	12.2	中铁十七局集团第五工程有限公司		
	C4	K61+804.08～K75+875	14.2	成都市路桥工程公司		
	C5	K75+875～K80+000	4.1	中铁十四局集团有限公司	四川省公路工程监理事务所	四川省交通厅公路规划勘察设计研究院道桥试验研究所
	C6	K80+000～K94+000	13.9	成都市路桥工程公司		
	C7	K94+000～K104+300	10.3	中铁一局集团有限公司		
	C8	K104+300～K111+681.7	7.4	中铁十六局集团第五工程有限公司		
	C9	K112+300～K116+300	4	路桥集团第二公路工程局天津工程处		
	C10	K116+300～K125+840	9.54	中铁十九局集团第二工程有限公司		
	C11	K125+840～K136+115	10.715	四川公路桥梁建设集团有限公司	铁二院咨询监理公司	攀枝花市公路工程试验检测中心
	C12	K136+115～K143+500	7.385	四川公路桥梁建设集团有限公司		
	C13	K143+500～K146+070	2.57	中铁二十局集团有限公司		

续上表

工程项目	合同段	起讫桩号	路线长度（km）	中标单位名称	监理单位	中心试验室
路基、隧道、桥涵	C14	K146+070～K154+000	7.93	贵州省公路桥梁工程总公司	铁二院咨询监理公司	攀枝花市公路工程试验检测中心
	C15	K154+000～K160+618.7	6.619	四川武通路桥工程局		
	C16	K160+618.7～K162+550	1.931	中国铁路工程总公司		
路面	A4	K0+00～+4+400	4.4	四川公路桥梁建设集团有限公司	四川省公路工程监理事务所	凉山州公路工程试验检测中心
	A5	K4+400～K11+400	7	成都华川公路建设有限公司		
	P17	K11+400～K50+000	38.6	四川川交路桥有限责任公司	四川公路工程咨询监理公司	四川精益道桥试验检测有限责任公司
	P18	K50+000～K88+000	38	成都市路桥工程股份有限公司		
	P19	K88+000～K125+840	37.8	四川公路桥梁建设集团有限公司	四川省公路工程监理事务所	
	P20	K125+840～K162+550	36.7	攀枝花公路建设有限公司		
交通安全设施	A6	K0+000～K11+400	11.4	四川京川公路工程（集团）有限公司与四川京川环境工程有限公司组成联合体	四川公路工程咨询监理公司	
	JA1	K11+400～K50+000	38.6	四川路桥建设集团交通工程有限公司		
	JA2	K50+000～K88+000	38	张家港港丰交通安全设施有限公司	四川省公路工程监理事务所	
	JA3	K88+000～K125+840	37.8	贵州省交通安全设施有限公司		
	JA4	K125+840～K162+550	36.7	成都市路桥工程股份有限公司		
隧道机电	T1	K11+400～K125+840	114.84	甘肃紫光智能交通与控制技术有限公司	中国公路工程咨询集团有限公司	
	T2	K125+840～K162+550	36.71	中国电气化局集团		
隧道配电	T3	K11+400～K162+550	151.15	中铁十二局集团电气化工程有限公司		
绿化	A6	K0+000～K11+400	11.4	四川京川公路工程（集团）有限公司与四川京川环境工程有限公司组成联合体	四川省公路工程监理事务所	

续上表

工程项目	合同段	起讫桩号	路线长度（km）	中标单位名称	监理单位	中心试验室
绿化	LV1	K11+400～K50+000	38.6	深圳市如菌生态环境建设有限公司	四川公路工程咨询监理公司	
绿化	LV2	K50+000～K88+000	38	北京绿茵达绿化工程技术公司		
绿化	LV3	K88+000～K125+840	37.8	深圳市新华丰生态环境发展有限公司	四川省公路工程监理事务所	
绿化	LV4	K125+840～K162+550	36.7	四川高速公路绿化环保开发有限公司		
人工及计重收费	E08-1	K0+000～K162+550	162.5	西安金路交通工程科技发展有限责任公司	中国公路工程咨询集团有限公司	
通信、收费	E08	K0+000～K162+550	162.5	北京瑞华赢科技发展有限公司		
监控	E09	K0+000～K162+550	162.5	中国铁路通信信号上海工程有限公司		
收费站房及收费棚	A6	K0+000～K11+400	11.4	四川京川公路工程（集团）有限公司与四川京川环境工程有限公司组成联合体	四川省公路工程监理事务所	
房建	FJ2	K11+400～K75+875	64.475	成都盛兴建设有限公司	四川公路工程咨询监理有限公司	
房建	FJ3	K75+875～K111+681	35.806	成都迪生建工集团有限责任公司	四川省公路工程监理事务所	
房建	FJ4	K111+681～K162+550	50.869	攀枝花公路建设有限公司		
收费棚	FJ5	K11+400～K162+550	151.15	四川浩帆建设工程有限公司	四川省公路工程监理事务所	
房建	FJ6	西昌监控中心		西昌市鑫申建筑公司	四川公路工程咨询监理公司	

工作量,也有利于后期运营安全。注重三背回填的质量控制并采用压力灌浆等加强措施解决跳车问题。结合监控、通信系统的建设开展"西攀路桥梁健康监测系统研究",建立桥梁健康长期监测系统,方便运营期间的长期监控、监测及安全评价。以白沙沟1号桥为依托工程,开展交通部西部课题"山区大跨径钢筋混凝土箱型拱桥的设计及施工技术研究",从结构轻型化及挂篮施工、悬臂现浇技术方面研究探索适用于跨越山区深谷地形的大跨径钢筋混凝土箱形拱桥。通过开展"西攀路昔格达地层桥梁桩基摩擦力及基底承载力研究",有效缩短桩基长度,节约建设资金。4座特殊桥型的连续刚构、斜拉桥、悬浇箱形拱桥设计中,按照安全设施同步设计的要求,统一加强了劲性骨架设计,确保了高空作业安全。

2. 对不良地质开展的课题研究

针对沿线滑坡、泥石流、昔格达等不良地质,积极开展"西攀高速公路地质灾害(滑坡泥石流)研究对策"科研工作,提高地质灾害防治的主动性与预见性;针对沿线广泛分布的昔格达地层,积极开展交通部西部课题"西攀路昔格达地层开挖边坡稳定性研究"和"西攀路昔格达地层填方施工技术研究",对该地层边坡稳定性、利用填筑施工工艺进行系统研究,保证安全,节约建设资金,保护生态环境。

3. 优化隧道工程设计

在隧道工程方面,采用动态设计、信息化施工,加强隧道监控量测工作,针对地质复杂隧道充分运用超前地质预报手段,为确定隧道开挖方式、初期支护及衬砌设计参数提供参考;隧道内全面推广采用沥青混凝土铺装,以有效提高路面平整度,降低行车噪声。还按照"早进洞,晚出洞"的原则,对西攀高速公路14座隧道的54个洞口段施工图进行优化设计,尽量减少对洞口仰边坡的扰动破坏。

4. 15项科研及新技术应用研究

西攀高速公路地处攀西大裂谷,日照时间长、地震烈度高达Ⅶ~Ⅸ度,地形、地质条件复杂,新老地层齐全,加上降雨量集中等特点,导致滑坡、泥石流等地质灾害经常发生,较多路段遇有罕见的昔格达地层,该地层承载力差,开挖后易风化、遇水易崩解,沿线还广泛分布有强风化花岗岩、炭质千枚岩等不良地层,给桥梁桩基承载力、边坡稳定、路基填筑压实带来一定的施工难度。为保证工程质量,结合工程的施工情况,在省交通厅及科教处的关心和支持下,西攀高速公路开展了15项科研及新技术应用研究。具体内容为:①西攀高速公路地质灾害(滑坡、泥石流)研究及对策;②西攀高速公路强风化花岗岩高边坡稳定性与防护研究;③西攀高速公路工程建设信息管理系统;④西攀高速公路路域生态恢复工程系统集成研究;⑤穿越滑坡复杂地层修建酸水湾隧道施工技术研究;⑥西攀高速公路隧道铺装技术研究;⑦山区高速公路隧道围岩分类划分;⑧山区高速公路运营安全关键技术研究;⑨山区高速公路地质灾害信息系统及减灾决策技术;⑩西攀高速公路昔格达地层用作路基填料研究;⑪昔格达地层路堑边坡稳定性分析及防护技术研究;⑫桥梁抗震减震技术研究;⑬山区大跨径钢筋混凝土箱形拱桥的设计及施工技术研究;⑭连拱隧道设计施工技术研究;⑮西攀高速公路桥梁健康监测与安全评估系统研究。其中有4项获得四川省科技进步奖。

通过开展科研项目的研究,解决了西攀高速公路建设中存在的一些质量通病和问题,降低了以后的公路使用和管理养护成本,提高了综合效益,为工程质量、施工安全、生态环保提供了有力的科技保证,更为以后山区修建高速公路积累了丰富的科学经验。

九、G5京昆高速公路雅西段

(一)项目简介

G5京昆高速公路雅西段即雅安至泸沽高速公路(以下简称雅西高速公路),位于四川省西南部,是国家高速公路网北京至昆明高速公路(G5)和8条西部大通道之中甘肃兰州至云南磨憨口岸公路在四川境内的重要组成部分。路线起于四川省雅安市对岩镇,接成雅高速公路(京昆高速K1946+664),并与雅康高速公路相连,止于凉山州冕宁县泸沽镇,接泸黄高速公路(京昆高速K2182+200),全长239.8km。雅西高速公路被国内外专家学者公认为国内乃至全世界自然环境最恶劣、工程难度最大、科技含量最高的山区高速公路之一,被称作"天梯高速""云端上的高速公路",实现了京昆高速公路四川境内全线贯通,是四川又一条北上南下的大通道。项目于2007年4月26日开工,雅安至荥经段、彝海至泸沽段90km于2010年12月31日通车,荥经至彝海段150km于2012年4月28日通车。

(二)项目前期工作

1. 项目审批

2005年7月29日通过项目工程可行性研究报告。

2006年5月29日批复项目初步设计。

2007年12月21日批复项目施工图设计。

2. 招投标情况

雅西高速公路分为国际招标和国内招标。对使用亚行贷款资金的工程项目实行国际竞争性招标,对使用国内资金的项目实行国内公开招标。土建工程设计标段划分6个标段,房建工程设计2个标段,绿化工程设计1个标段,机电工程设计2个标段。

3.征地拆迁

雅西公司作为项目业主是拆迁主体。由项目业主根据需要将资金预拨付给沿线县、区级安置协调部门专项资金账户,由县、区协调办根据征地和拆迁安置工作进度分别按不同路径进行拨付。永久征地补偿费由县、区安置部门通过银行拨付至被征地村组银行账户,由村决定分配方式后,再由银行拨付至征地影响户的个人账户;房屋拆迁补偿费由安置部门账户直接拨付至被拆迁人在指定银行开设的个人账户;房屋集中安置点建设费由项目业主拨付至县、区安置协调部门,再由协调安置部门转拨至工程承包商;基础设施恢复重建中的"三电"改建费用由项目业主直接拨付至工程承包商。

雅西高速公路汉源段

（三）项目建设情况

雅西高速公路地处四川盆地西南边缘,所经区域为盆地与西部高原的过渡带,通过的区域地形为海拔高程630～3500m,是国内著名的地质灾害频发地区。

全线按双向四车道高速公路技术标准建设,设计速度80km/h,路基宽24.5m,沥青混凝土路面,设计汽车荷载等级为公路—Ⅰ级。路基土石方4499万m^3,防护与排水工程163.6万m^3。全线设置特大桥21座32325延米（双幅）,大、中、小桥249座58651延米（双幅）,涵洞及通道452道,隧道25座83705延米（单洞）,桥梁、隧道总长132km,桥隧比为55%。路面底基层333.0万m^2,基层319.8万m^2,下面层251.0万m^2,中面层479.0万m^2,上面层475.8万m^2。互通式立交10处,新增在建2处,分别是石棉南互通式立交和冕宁东互通式立交。设置收费站10个,分别是雅安南、荥经、龙苍沟、九襄、汉源北、汉源南、石棉、栗子坪、彝海、冕宁收费站,新增在建收费站2个,分别是石棉南和冕宁东收费站。共有12条收费站连接线,其中龙苍沟收费站与县道附城至渔泉道路相连,其余11条与108国道相连。全线设置6处服务区（投入运营3处）、5处停车区。投入运营的服务区分别为荥经、石棉、菩萨岗;在建服务区分别为石棉南、冕宁东;待建服务区为汉源。停车区分别为土山岗、汉源南、栗子坪、锅底凼、彝海。项目主要控制点为雅安市雨城区、荥经县、汉源县、石棉县,凉山州冕宁县。

雅西高速公路菩萨岗服务区

2007年9月29日,雅西高速公路控制性工程之一大相岭泥巴山隧道出口段(C7合同段)正式破土动工,11月11日,雅西高速公路大相岭泥巴山隧道进口段(C6合同段)动工,这标志着大相岭隧道全部动工开挖。

2007年12月29日,雅西高速公路石棉段擦罗1号隧道贯通,这是雅西高速公路工程第一条贯通的隧道。

2009年4月22日上午,雅西高速公路观音岩大渡河特大桥主桥抢在瀑布沟电站库区第二次蓄水前顺利合龙。

2009年5月6日,雅西高速公路另一座小半径双螺旋隧道——C22合同段铁寨子1号隧道右洞顺利贯通。铁寨子1号隧道右洞全长2940m,左洞全长2792m(于2010年1月31日贯通)。

2009年7月16日,雅西高速公路世界设计首创的小半径双螺旋隧道——干海子隧道安全顺利贯通。

2009年12月20日,雅西高速公路控制性工程、同类桥世界第一高墩腊八斤特大桥主墩混凝土顺利浇筑封顶,标志着雅西高速公路建设关键控制性工程之一的腊八斤特大桥全面进入上部结构建设。

雅西高速公路实际总投资预计约205亿元,投资模式为BOO模式。其中,中央专项基金22.55亿元,四川省交通建设资金28.65亿元,利用亚洲开发银行贷款5.004亿美元,其余资金利用中国建设银行、招商银行、中国国家开发银行、中国邮政储蓄银行贷款。

2005年9月5日,四川省交通厅雅西高速公路工程建设指挥部成立。经四川省工商局登记注册,四川高速公路建设开发总公司、川西公司出资,发起组建成立四川雅西高速公路有限责任公司,项目法人为张政国,2016年5月13日项目法人更换为张广洋。建设期间建设单位主要管理人员为熊国斌、陈勃、王建、梁毅、陈绪文等。

雅西高速公路瀑布沟库区苏村坝大桥

雅西高速公路勘察设计单位分为土建工程设计单位、房建工程设计单位、交通工程设计单位、绿化工程设计单位和机电工程设计单位。

土建工程设计单位为四川省交通厅公路规划勘察设计研究院、湖南省交通规划勘察设计院,总体设计负责单位为四川省交通厅公路规划勘察设计院;房建工程设计单位为四川省交通厅公路规划勘察设计研究院;交通工程设计单位为四川省交通厅公路规划勘察设计研究院、湖南省交通规划勘察设计院;绿化工程设计单位为四川省交通厅公路规划勘察设计研究院;机电工程设计单位为四川省交通厅公路规划勘察设计研究院、福建省交通规划设计院。

通过招投标,雅西高速公路有56个施工单位参与建设,其中土建工程28+5个,房建工程7个,机电工程7个,交通安全设施工程6个,绿化工程4个。

雅西高速公路设置8个总监办公室,负责全线施工监理工作;13+4个土建工程监理办公室,负责监理区段内路基路面工程、交通安全设施工程、绿化工程的施工监理工作;4个房建工程监理办公室,负责全线7个标段的房建工程施工监理;1个机电工程监理办公室,负责全线的机电工程施工监理。

雅西高速公路设置4+2个中心试验室,负责全线路基及路面试验检测工作。

(四)项目建设的意义及对沿线经济发展产生的影响

雅西高速公路的建设对于完善西部交通路网、发挥四川省南北高速公路快速通道的整体效益、满足日益增长的交通需求具有极其重要的意义,对于开发攀西地区资源、振兴山区经济,落实少数民族、贫困地区政策,实施国家西部大开发战略起到巨大的推动作用。

(五)项目特色

雅西高速公路由四川盆周向横断山区高地爬升,地形、地质、气候等客观条件都极其复杂,对设计、施工及运营安全带来巨大挑战,被国内外专家学者们公认为是国内乃至全世界投资最大、施工布展难度最大、建设管理难度最大、工程技术难度最大、自然环境最恶劣的山区高速公路之一。主要问题如下:

(1)地形地貌极为险峻。项目跨越泥巴山、大渡河瀑布沟库区河谷、汉彝走廊拖乌山,区域海拔在600~3200m剧烈变化,最大高差达2600m,路线被迫呈"M"形展布在高山深谷、地势陡峭的崇山峻岭之间,形成了三大突出难点:

桥隧比重高。全线共有桥梁270座90km,隧道25座41km,桥隧比重达55%,其中荥经至彝海150km路段桥隧比重达70%以上。

连续纵坡长。人相岭泥巴山北坡、南坡以及拖乌山北坡越岭线,路线长度分别为33km、26km、51km,相对高差分别达754m、670m、1515m,纵坡坡度分别为2.35%、2.56%、2.96%。

桥梁建设难。全线桥梁大部分位于沟壑或陡斜坡地段,高墩比例达70%以上,交通运输极为不便;为复杂地形而创新设计的干海子、腊八斤等特大桥,技术新、工艺复杂;以南瓜桥为代表的陡坡桥梁,下方紧邻108国道,施工场地狭窄、安全控制难度巨大。

(2)地质结构极其复杂。项目穿越大西南地质灾害频发的地区,北邻龙门山断裂,向南经过大凉山、安宁河等12条断裂带,地震烈度达Ⅶ~Ⅸ度,已查明的滑坡、泥石流沟、崩塌等不良地质病害多达80余处,带来三大困难:一是泥巴山深埋特长隧道,通过17条大断层,存在涌水突泥、大变形、岩爆等诸多地质难题;二是地震烈度高、地基承受力弱,对桥梁抗震性能要求高;三是地质病害处治工程规模大、难度高。

(3)气候条件复杂多变。多雨潮湿区、干旱河谷区和高海拔季节性冰冻积雪区并存,同时还存在浓雾、暴雨等不良气候,其中泥巴山、拖乌山北坡每年11月至次年3月为冬季,气温在5~12℃之间,最大风力达11级,对施工和运营带来不利影响。一是雅安、荥经每年下雨天气多达300天左右,拖乌山北坡高地甚至还出现6月飞雪的天气,对施工质量、进度影响极大;二是季节性冰雪路段、雨雾天气与长大纵坡的不利组合,对运营安全影响极大。

面对这条挑战世界级难题的高速公路,参建各方联合开展科技攻关,创造了许多的"第一"。

在如此困难的条件下,雅西高速公路开展了多项课题研究,并取得了如下成果:

1. 国际首创的小半径双螺旋隧道设计——高速公路螺旋形小半径曲线隧道营运安全控制技术研究

国际首创的小半径双螺旋隧道设计,解决了山区高速公路升坡难题。开展交通运输部西部科研课题"高速公路螺旋形小半径曲线隧道营运安全控制技术研究",在世界高速公路史上首次以小半径隧道形式螺旋展线,实现了在2.9km的"V"形峡谷范围内连续爬升350m,降低了纵坡,绕避了活动断层和自然保护区,为克服海拔高差、降低路线纵坡提供了崭新的思路。通过科研成果应用还优化了设计,在完全满足运营要求的情况下,风机工作台数比初步设计减少1/3,单机功率减小一半,同时提出了防灾救援措施预案。该课题获2012年度中国公路学会科技一等奖。

雅西高速公路干海子特大桥

2. 解决世界埋深第一的隧道修建难题——泥巴山深埋特长隧道关键技术研究

开展交通运输部西部科研课题"泥巴山深埋特长隧道关键技术研究",解决世界埋深第一的隧道修建难题。该隧道长10km,为当时西南公路隧道长度第一,最大埋深1650m,通风斜井长1500m、地下风机房6000m²、独头掘进5000m等为我国当时在建隧道第一。为解决泥巴山深埋特长隧道两端气候迥异,隧道通风与防灾、救灾技术难度大和高地应力等突出问题,提前考虑地质勘察、通风系统研究,在地下风机房环境标准、有效利用自然风的节能设计模式、隧道防灾和救灾预案以及复杂工程地质等关键技术方面取得积极成果,有效解决了复杂地质条件下的隧道设计技术难题。

3. 开创我国公路桥梁新结构形式——中等跨度钢管混凝土桁架梁成套技术研究

开展交通运输部西部科研课题"中等跨度钢管混凝土桁架梁成套技术研究",开创我国公路桥梁新结构形式。为解决高烈度、复杂地形条件下的山区高墩、大跨桥梁施工难度大、抗震要求高的难题,进一步转变生产方式,积极探索桥梁结构新形式,在我国公路建设史上首创了钢管混凝土连续桁架梁桥新型、轻型结构,采用现场工厂化加工制造钢管构件、再组拼成钢管节段、最后安装成桥梁,相比普通桥型减轻结构自重55%、减少桩基数量近一半,有效提高了桥梁抗震性能。其依托工程干海子特大桥,是世界第一座主梁、桥墩全部采用钢管混凝土桁式结构体系的桥梁。

雅西高速公路泥巴山隧道西昌端洞口

4.建造世界同类桥梁第一高墩——钢管混凝土组合桥墩研究

开展西部科研课题"钢管混凝土组合桥墩研究",建造世界同类桥梁第一高墩。该课题是"雅泸高速公路修筑关键技术研究及推广示范应用"子课题,在我国桥梁建设史上首次采取了C80自密实钢管混凝土灌注工艺技术、钢管混凝土组合高墩设计技术,简化了施工工艺,节省了桥墩钢筋、水泥等建材用量近20%,解决了在地基承载力差的条件下的桥梁高墩设计难题。其依托工程之一的腊八斤连续刚构特大桥,为高墩大跨桥梁的代表工程,桥高230m,10号主墩高182.6m,是世界同类桥梁第一高墩。

雅西高速公路腊八斤特大桥

5. 创造节能减排新成果——桥梁高性能混凝土制备与应用关键技术研究

开展四川省交通运输厅科研课题"桥梁高性能混凝土制备与应用关键技术研究",创造节能减排新成果。针对雅西高速公路桥梁桩基长、承台体积大、桥墩主梁箱形截面既宽又高,且混凝土设计强度等级一般大于C40、桥梁混凝土防裂性能大大降低的实际难题,提出了桥梁"结构防裂"和"结构整体强度"的理念和高性能混凝土配合比设计方法,制定了原材料、外加剂的技术要求,以及大体积混凝土、自然浇筑自密实混凝土和箱形结构混凝土等不同部位桥梁高性能混凝土的性能指标、技术措施,实现了混凝土设计、制备与应用的规范化,填补了行业空白。成果应用克服了高山峡谷缺水区建桥的施工难度,有利于提高混凝土桥梁结构质量、延长桥梁结构使用寿命。该课题获2010年度四川省科技进步一等奖,被发改委列为"十二五"全国节能减排推广成果。

雅西高速公路科研课题已取得具有国内国际领先水平的技术成果40余项,获得四川省科技进步一等奖1项、二等奖1项、三等奖1项,中国公路学会科技一等奖2项、二等奖2项、三等奖1项,在资源节约、环境保护新型道路方面取得了积极成效。随着四川高速公路建设由盆地向高山峡谷和高海拔、高寒地带延伸,对条件类似的高速公路建设具有重要的指导意义和借鉴价值。

十、G42沪蓉高速公路成南段

(一)项目简介

G42沪蓉高速公路成南段即成都至南充高速公路(以下简称成南高速公路),是国家高速公路网G42的尾端,是国家规划的"五纵七横"国道主干线上海至成都公路(支线)的一段,是国家"九五"和"十五"交通重点建设工程之一,在国家高速公路网和四川省高速公路网中具有重要地位。路线起于成都十里店,起点桩号为K1982+366,向东经成都市的成华区、龙泉驿区、青白江区、新都区、金堂县,德阳市的中江县,遂宁市的大英县、船山区、蓬溪县,南充市的嘉陵区、高坪区,止于南充市民建,终点桩号为K1766+919,全长215.45km(包括主线208.61km和成都连接线6.84km)。与成都绕城高速公路螺狮坝立交G4201相连,在遂宁与G93成渝环线、S11遂内高速公路相连,在南充与G75兰海高速公路相连。成南高速公路建成以后,成都到南充的行车时间由以前的6小时缩短为2小时,极大改善了川中、川东地区的公路运输条件,缩短了与中西部地区和东部沿海的空间距离,加快了川中腹地和川东、川北边区脱贫致富的步伐,促进了成都至南充走廊及川东地区的经济和社会发展。本项目于1999年11月1日开工,2002年12月23日通车。

（二）项目前期工作

1．项目审批

1998年8月19日，国家计委批准成南高速公路工程可行性研究报告，同意建设成南高速。

1998年9月，交通部批准成南高速初步设计，根据初设批复，1999年4月完成两阶段施工图设计文件。

2．招投标情况

（1）设计单位招标情况

成南高速公路的设计是以四川省交通厅向各设计单位下达任务或委托的方式实施的。其中，成都至遂宁唐家店段的初步设计由四川省交通厅公路规划勘察设计研究院完成，唐家店至南充民建段的初步设计是由中交公路规划设计院完成。成南高速公路交通工程初步设计也是以委托的形式，由中国公路工程咨询监理总公司承担。E1～E7、B1、B2、A1～A9、F1～F3合同段施工图设计由四川省交通厅公路规划勘察设计研究院完成，E8～E10、B3、T1～T3、JDR、JD合同段施工图由中国公路工程咨询监理总公司完成，L1～L9合同段施工图由四川农业大学完成。

（2）施工单位招标情况

从1998年9月至2003年4月底共采购了75个合同包，具体情况见表4-18。

成南高速公路项目合同包汇总表　　　　　　　　　表4-18

名　称	合同数目	采购方法	招标时间
A．土建工程			
路基、路面工程	10	ICB	1998.8～1999.10
桥梁工程	3	ICB	1998.8～1999.10
交通安全工程	9	LCB	2001.4～2001.9
房建及附属设施工程	3	LCB	2001.4～2002.2
通信管道工程	3	LCB	2001.3～2001.9
绿化工程	9	LCB	2001.4～2001.9
B．设备采购			
收费、通信和交通监控设备	1	ICB	2001.12～2003.4
人工收费系统	1	LCB	2002.5～2002.7
施工设备	6	ICB	2000.5～2000.11
养护设备	15	ICB	2002.7～2003.2
钢筋、钢绞线	9	LCB	1998.8～1999.9
沥青	6	LCB	2001.6～2001.9

注：ICB即国际竞争性招标，LCB即国内竞争性招标。

成南高速公路项目部分合同包的采购采用国际竞争性招标，部分采用国内竞争性招标。

国内竞争性招标项目执行《中华人民共和国招标投标法》、交通部及四川省交通厅有关招投标管理办法，招标工作从资格预审文件到招标文件编制审批、发布招标公告、资格评审、发售招标文件、标前会议、现场考察、开标、评标和合同签署等过程均严格遵循招标程序，招标的每一步工作都做到有章可循、有法可依。国际竞争性招标严格按亚洲开发银行规定程序执行，同时根据国家有关招投标规定，由四川成南高速公路有限责任公司与相关设计单位、招标代理单位编写。所有工程和设备招标实行经评审后最低价投标人中标的评标办法。

（3）监理单位招标情况

成南高速公路项目监理合同包汇总情况见表4-19。

成南高速公路项目监理合同包汇总表　　　　表4-19

名　　称	合同数目	采购方法	招标时间
主体工程监理	13	LCB	1998.8~1999.10
机电工程监理	1	LCB	2002.1~2002.3
国际咨询监理	1	IS	1999.11~2000.9

注：IS即国际采购。

成南高速公路是利用亚洲开发银行贷款的项目，既聘用了国内咨询监理公司，还聘用了国际咨询监理公司，实施中外联合监理（表4-20）。国内监理的选择采用国内竞争性招标程序，最终中交国际咨询监理公司、北京华路捷公路工程技术咨询有限公司等9家监理公司获得了主体工程和机电工程的监理合同。成南公司向经亚洲开发银行确认同意的7家外国咨询公司发出了投标邀请，共收到美国施伟拔公司等4家外国咨询公司的项目建议书。四川省交通厅于2000年2月按照《亚洲开发银行及其借款人使用咨询专家指南》的有关规定和方法，对上述4份建议书进行了评审，最终推荐了美国施伟拔公司。在评标报告经亚行审核批准后，成南公司与美国施伟拔公司签订了四川成南高速公路咨询服务合同。

成南高速公路实际征地拆迁数量表　　　　表4-20

县（区）名称	征地（亩）	拆迁建筑物（m²）	迁改杆管线（m）	农转非（人）
成华区	551.036	29710.98	7500	1325
龙泉驿区	1559.322	40827.18	2500	1419
新都县	47.203	4140.4	1780	44
青白江区	2875.663	60102.53	2200	821
金堂县	4273.144	150014.3	12000	605
中江县	3903.723	145699.8	1850	718
大英县	3884.628	151232	3600	1185

续上表

县(区)名称	征地(亩)	拆迁建筑物(m²)	迁改杆管线(m)	农转非(人)
遂宁市中区(现船山区)	2131.793	78336.63	1200	1438
蓬溪县	3458.44	72548.3	2800	1735
嘉陵区	4535.453	93733.46	35000	1828
高坪区	1416.78	24115.12	7500	1122
合计	28637.19	850460.7	77930	12240

成南高速公路

3.征地拆迁

成南高速公路共征地28637.19亩,拆迁各类建筑物85.046万 m²,拆迁企业15个、学校17所,安置农转非12240人。征地拆迁补偿费共计核定为73689.306万元。其中土地征用费37186.200万元,农转非12313.500万元,建(构)筑物拆迁(含学校、企事业单位)拆迁费9118.516万元,杆管线拆迁补偿费2662.970万元,征地拆迁工作经费2559.810万元,征地管理费1916.120万元,其他征地拆迁补偿7932.190万元。

成南高速公路实际征地拆迁数量见表4-20。

(三)项目建设情况

成南高速公路自西向东跨越成都平原东部台地、龙泉山及川中红层丘陵地带,地貌类型主要有侵蚀堆积地形、构造剥蚀地形和侵蚀构造地形。成都平原东部台地由第四系上更新统成都黏土组成,台面起伏,相对高差10m左右;龙泉山为低山,由侏罗系砂、泥岩互层构成,相对高差100m左右;川中红层丘陵,由白垩系、侏罗系紫红色砂岩、砂岩与泥岩互层组成,相对高差50m左右。路线走廊带跨沱江、涪江、嘉陵江及其支流,均呈树枝状展布,区内库塘星罗棋布,渠系纵横交错。

成都连接线十里店至螺狮坝段6.84km及螺狮坝至金堂廖家场段19.57km,按双向六车道高速公路技术标准建设,设计速度120km/h,路基宽度35m;金堂廖家场至遂宁桂花段108.92km,按双向四车道高速公路技术标准建设,设计速度100km/h,路基宽度26m;遂宁桂花至南充民建段80.12km,按双向四车道高速公路技术标准建设,设计速度80km/h,路基宽度24.5m,沥青混凝土路面,桥涵与相应路基同宽,设计汽车荷载为汽车—超20级,挂车—120。全线设置特大桥4座、大桥38座、中桥107座、小桥37座,互通式立交14处,人行天桥及渡槽142座,涵洞及通道1095道。除成都连接线高架桥外,其余3座特大桥设计洪水频率均为1/300。隧道2座1562.67m,桥隧比9.10%。全线在成都设置1个管理中心,在成都、遂宁、南充设置3个管理处,下辖16个收费管理站。全线设置4个服务区和3个停车区,服务区分别为成都、淮口、遂宁、南充,停车区分别为廖家、仓山、大石。

成南高速公路互通立交、连接线设置与道路连接情况统计见表4-21,收费站、连接线设置情况统计见表4-22,主要工程数量见表4-23。

交通部于1998年9月下发文件《关于成都至南充公路初步设计的批复》,批准成南高速公路的总概算投资63.6亿元,其中贷款总额为34.45亿元,中央国债1.5亿元,交通部补助11.64亿元,四川省自筹16.03亿元。成南高速公路项目累计到位建设资金63.6亿元,其中项目资本金17.56亿元,贷款46.04亿元(国家开发银行贷款5.7亿元,财政债券转贷资金7.8亿元,省建行贷款11.9亿元,国外借款20.64亿元)。

1998年4月,经四川省重点公路建设领导小组批准,成立了四川成南高速公路建设指挥部,负责成南高速公路的建设管理工作。1998年6月,注册成立了四川成南高速公路有限责任公司。经四川省交通厅批准,四川成南高速公路有限责任公司作为成南高速公路建设项目法人,全面负责成南高速公路建设管理。1999年按上级部门的要求,撤销了四川成南高速公路建设指挥部。建设期间主要管理人员为总经理唐永建、副总经理程学良、总工(总监)陈渤、工程处处长万忠金、财务处处长凌希云。

成南高速公路桥梁工程

第四章 高速公路建设

成南高速公路互通立交、连接线设置与道路连接情况统计表

表4-21

编号	主线中心桩号	互通式立交系统名称	路线方向	互通类型	互通连接道路情况	结构形式	互通式立交形式	匝道总数	桥梁总数	涵洞总数	单向行驶路段长度(m)	单向行驶路段宽度(m)	双向行驶路段长度(m)	双向行驶路段宽度(m)	施工单位	监理单位	竣工日期
1	1966.9	黄土场互通式立交	上下双向	一般互通	国道与国道交叉	两层交叉	喇叭形互通式立交桥	7	2	5	173.78	3.5	654.47	7	广西公路桥梁总公司	中交国际工程咨询有限公司	2002.12.10
2	1956.5	廖家场互通式立交	上下双向	一般互通	国道与县道交叉	两层交叉	喇叭形互通式立交桥	5	1	6	933.01	3.5	1865.9	7	四川路桥建设有限公司	中交国际工程咨询有限公司	2002.12.10
3	1936.672	淮口互通式立交	上下双向	一般互通	国道与县道交叉	两层交叉	喇叭形互通式立交桥	7	1	10	796.69	3.5	1309.64	7	攀枝花公路桥梁工程总公司	中交国际工程咨询有限公司	2002.12.10
4	1921.356	黄角垭互通式立交	上下双向	一般互通	国道与县道路交接	两层交叉	喇叭形互通式立交桥	6	1	10	1312.91	3.5	649.45	7	中铁五局集团	四川公路工程咨询公司	2002.12.20
5	1904.71	冯店互通式立交	上下双向	一般互通	国道与乡道交叉	两层交叉	喇叭形互通式立交桥	7	1	5	1102.66	3.5	1091.23	7	铁十八局三处	重庆中宇—四川铁科联合体	2002.10.1
6	1886.1	仓山互通式立交	上下双向	一般互通	国道与县道交叉	两层交叉	喇叭形互通式立交桥	5	1	6	1194.13	3.5	764.06	7	铁道部第十五工程局	重庆中宇工程咨询监理有限公司	2002.12.7
7	1818.07	桐堂坝互通式立交	上下双向	一般互通	国道与县道交叉	两层交叉	喇叭形互通式立交桥	6	0	9	1731.87	3.5	1283.71	7	四川省路桥建设集团	四川公路工程咨询监理公司	2002.11.15

续上表

编号	主线中心桩号	互通式立交系统名称	路线方向	互通类型	互通连接道路情况	结构形式	互通式立交形式	匝道总数	桥梁总数	涵洞总数	单向行驶路段长度（m）	单向行驶路段宽度（m）	双向行驶路段长度（m）	双向行驶路段宽度（m）	施工单位	监理单位	竣工日期
8	1841.048	红酒互通式立交	上下双向	一般互通	国道与乡道交叉	两层交叉	喇叭形互通式立交桥	6	0	8	1109.19	3.5	1148.61	7	铁道部第十一工程局	四川省公路工程咨询监理公司	2002.12.15
9	1845.8	遂宁桂花互通式立交	上下双向	枢纽(高接高)互通	国道与国道交叉	两层交叉	部分苜蓿叶形立体交叉	8	6	6	3879.04	3.5	3559.29	7	四川路桥建设集团股份有限公司	北京成明达监理咨询有限公司	2002.11.26
10	1854.096	隆盛互通式立交	上下双向	一般互通	国道与乡道交叉	两层交叉	喇叭形互通式立交桥	5	0	5	1288	3.5	703.33	7	四川公路桥梁总公司	北京中通公路桥梁咨询公司	2002.10.10
11	1868.312	大英互通式立交	上下双向	一般互通	国道与县道交叉	两层交叉	喇叭形互通式立交桥	5	0	7	1406.38	3.5	811.75	7	铁道部第十五工程局	重庆中宇工程咨询监理有限责任公司	2002.12.7
12	1767.988	民建互通式立交	上下双向	一般互通	国道与省道交叉	两层交叉	喇叭形互通式立交桥	7	2	12	2394.12	3.5	880	7	中国十五冶金建设有限公司	重庆安芸公路工程监理咨询有限公司	2003.4.8
13	1780.415	火花互通式立交	上下双向	一般互通	国道与国道交叉	两层交叉	喇叭形互通式立交桥	5	1	5	1669.56	3.5	752.1	7	贵州省桥梁工程总公司	北京成明达监理咨询有限公司	2002.12.10
14	1800.434	大通互通式立交	上下双向	一般互通	国道与乡道交叉	两层交叉	喇叭形互通式立交桥	5	0	7	1396.97	3.5	874.82	7	四川省路桥建设集团	四川公路工程咨询监理公司	2002.11.15

成南高速公路收费站、连接线设置与道路连接情况统计表

表 4-22

编号	收费站桩号	收费站名称	路线方向	收费站类型	收费性质	收费站位置类型	批准收费日期	批准收费年限	连接国省干线线路情况	连接乡(镇)名称	收费方向	入口车道总数	入口ETC车道数	出口车道总数	出口ETC车道数
1	1979.066	成都收费站	上下双向	高速公路主线收费站	经营性收费	主线收费站	2002.12.31	30	三环路、成都市区	成都市	双向收费	7	3	16	2
2	1966.881	义和收费站	上下双向	高速公路匝道收费站	经营性收费	匝道收费站	2002.12.31	30	车城大道	黄土镇	双向收费	3	1	3	1
3	1956.511	清泉收费站	上下双向	高速公路匝道收费站	经营性收费	匝道收费站	2002.12.31	30	迎宾大道	清泉镇	双向收费	1	1	2	1
4	1936.945	淮口收费站	上下双向	高速公路匝道收费站	经营性收费	匝道收费站	2002.12.31	30	淮白路	淮口镇	双向收费	2	1	2	1
5	1932.91	成阿收费站	上下双向	高速公路匝道收费站	经营性收费	匝道收费站	2002.12.31	30	工业园区道路	淮口镇	双向收费	2	1	4	1
6	1921.285	竹篙收费站	上下双向	高速公路匝道收费站	经营性收费	匝道收费站	2002.12.31	30	金堂大道	竹篙镇	双向收费	1	1	1	1
7	1904.851	冯店收费站	上下双向	高速公路匝道收费站	经营性收费	匝道收费站	2002.12.31	30	桂竹路	冯店镇	双向收费	1	1	1	1
8	1886.111	仓山收费站	上下双向	高速公路匝道收费站	经营性收费	匝道收费站	2002.12.31	30	省道106路	仓山镇	双向收费	2	1	3	1
9	1818.07	蓬溪收费站	上下双向	高速公路匝道收费站	经营性收费	匝道收费站	2002.12.31	30	G318	宝梵镇	双向收费	2	0	2	1
10	1841.048	红淖收费站	上下双向	高速公路匝道收费站	经营性收费	匝道收费站	2002.12.31	30	无	唐家乡	双向收费	2	1	2	0
11	1854.096	隆盛收费站	上下双向	高速公路匝道收费站	经营性收费	匝道收费站	2002.12.31	30	X057	隆盛镇	双向收费	2	1	4	1
12	1868.312	大英收费站	上下双向	高速公路匝道收费站	经营性收费	匝道收费站	2002.12.31	30	中海大道	大英县	双向收费	3	1	3	1
13	1767.988	南充东收费站	上下双向	高速公路匝道收费站	经营性收费	匝道收费站	2002.12.31	30	SA56南充绕城高速公路	胜观镇	双向收费	2	1	6	1
14	1780.415	南充收费站	上下双向	高速公路匝道收费站	经营性收费	匝道收费站	2002.12.31	30	G212	高坪镇	双向收费	3	1	6	1
15	1785.6	嘉陵收费站	上下双向	高速公路匝道收费站	经营性收费	匝道收费站	2002.12.31	30	G212	嘉陵区	双向收费	5	2	10	2
16	1800.434	大通收费站	上下双向	高速公路匝道收费站	经营性收费	匝道收费站	2002.12.31	30	通兴路	大通镇	双向收费	2	1	2	1

成南高速公路主要工程数量表

表 4-23

	名　　称	单　　位	成南高速公路全线
路基	1. 路基土石方	万 m³	9436
	(1) 路基挖方	万 m³	4914
	(2) 路基填方	万 m³	4522
	2. 排水工程	万 m³	48.16
	3. 防护工程	万 m³	86.87
路面	1. 沥青混凝土路面	万 m³	1537.90
	2. 水泥混凝土路面	万 m³	8.793
	3. 基层、底基层	万 m³	1110.22
桥涵、隧道	1. 桥梁	延米/座	18063.68/140
	(1) 特大桥、大桥	延米/座	13059.39/41
	(2) 中桥	延米/座	4152.30/65
	(3) 小桥	延米/座	851.99/34
	2. 涵洞	延米/座	31542.4/606
	3. 渡槽	延米/座	2342.32/35
	4. 隧道	延米/座	1562.67/2
交叉工程	1. 互通式立交	延米/座	1480.01/18
	2. 分离式立交	延米/座	2990.85/46
	3. 通道	延米/座	18200.29/465
	4. 天桥	延米/座	3039.64/53
交通工程	1. 波形护栏	延米	74.02
	2. 浸塑隔离栅	延米	49.25
	3. 标线	m²	29.36
	4. 标志标牌	块	3665
	5. 声屏障	m²	1400
	6. 通信管道	万 m	22.94
	7. 检查孔	个	667 (包括人孔和手孔)
	8. 收费站	处	14
连接线	连接线长度	m	6.84
房建工程	服务设施	处	6
	(1) 服务区	处	3
	(2) 停车区	处	3
绿化工程	1. 上边坡绿化	万 m²	340.46
	2. 绿化乔木	万株	46.78
	3. 绿化灌木	万株	108.72
	4. 绿化草坪	万 m²	379.91

续上表

名称		单位	成南高速公路全线
土地征用及建筑物拆迁	1. 永久征地	亩	28637.19
	2. 拆迁建筑物	m²	850460.7
	3. 拆迁电力管线	m	77930
	4. 农转非	人	12240

成南高速公路设计单位见表4-24，施工、监理单位见表4-25，检测单位见表4-26。

成南高速公路设计单位一览表　　　　　　　　　　　　　　　　表4-24

设　计　单　位	工　作　范　围
四川省交通厅公路规划勘察设计研究院	E1～E6、B1、B2、A1～A9、F1～F3
中交公路规划设计研究院	E7～E10、B3
中国公路工程监理咨询总公司	T1～T3、JD、JDR
四川农业大学	L1-L9

成南高速公路施工、监理单位一览表　　　　　　　　　　　　　　表4-25

合同内容	合同段	长度（km）	施工单位名称	监理单位名称
土建工程	E1	18.4	广西公路桥梁工程总公司	中交国际工程咨询有限公司
	E2	18.3	四川路桥建设集团公路有限公司	中交国际工程咨询有限公司
	B1	3.3	攀枝花桥梁工程总公司	中交国际工程咨询有限公司
	E3	22.8	铁道部第五工程局第四工程处	四川省公路工程咨询监理公司
	E4	20.9	铁道部第十八工程局第三工程处	重庆中宇—四川铁科建设监理公司（联合体）
	E5	24.3	铁道部第十五工程局	重庆中宇工程咨询监理有限责任公司
	E6	20.4	四川省公路桥梁工程总公司二公司	北京中通路桥工程咨询发展有限公司
	B2	4.7	四川路桥建设集团桥梁有限公司	中交国际工程咨询有限公司
	E7	23.8	铁道部第十一工程局第三工程处	四川省公路工程咨询监理公司
	E8	18.7	四川公路桥梁建设集团有限公司	四川省公路工程咨询监理公司
	E9	19.3	贵州省桥梁工程公司	北京成明达监理咨询有限公司
	B3	5.3	四川路桥建设集团桥梁有限公司	中交国际工程咨询有限公司
	E10	8.3	中国有色金属十五冶金工程公司	重庆安宏公路工程监理咨询有限公司
交通安全设施工程	A1	24.6	中国路桥（集团）总公司、徐州众安交通设施有限公司	中交国际工程咨询有限公司
	A2	21.8	徐州安达交通设施有限公司	中交国际工程咨询有限公司
	A3	22.8	四川路桥集团交通工程有限公司	四川省公路工程咨询监理公司
	A4	20.9	岳阳路桥总公司	四川省公路工程咨询监理公司
	A5	24.3	杭州市公路机械厂	重庆中宇工程咨询监理有限责任公司
	A6	25.1	四川西都交通配套设施公司	重庆中宇工程咨询监理有限责任公司

续上表

合同内容	合同段	长度（km）	施工单位名称	监理单位名称
交通安全设施工程	A7	23.8	四川京川公路工程(集团)有限公司	四川省公路工程咨询监理公司
	A8	18.7	四川京川公路工程(集团)有限公司	四川省公路工程咨询监理公司
	A9	32.9	四川京川公路工程(集团)有限公司	北京成明达监理咨询有限公司
绿化环保工程	L1	24.6	重庆市花木公司	中交国际工程咨询有限公司
	L2	21.8	成都市园林建设处	中交国际工程咨询有限公司
	L3	22.8	四川农大园林环境艺术工程部	四川省公路工程咨询监理公司
	L4	20.9	四川攀峰路桥建设有限责任公司	四川省公路工程咨询监理公司
	L5	24.4	四川万信达生态环境工程公司	重庆中宇工程咨询监理有限责任公司
	L6	25.1	四川攀峰路桥建设有限责任公司	重庆中宇工程咨询监理有限责任公司
	L7	23.8	四川省林业学校经济技术开发公司	四川省公路工程咨询监理公司
	L8	18.7	四川京川环境铬镍钢成咨询有限公司	四川省公路工程咨询监理公司
	L9	32.9	成都名门实业有限责任公司	北京成明达监理咨询有限公司
房屋建筑工程	F1	60.9	四川宏大建筑工程公司	四川铁科建设监理公司
	F2	80.5	中铁二局股份有限公司	四川铁科建设监理公司
	F3	73.1	中铁二局股份有限公司	四川铁科建设监理公司
通信管道工程	T1	69.2	广东六达交通工程有限公司	四川省公路工程咨询监理公司
	T2	70.4	泛安科技开发(石家庄)有限公司	重庆中宇工程咨询监理有限责任公司
	T3	74.9	四川高路交通信息工程有限公司	北京成明达监理咨询有限公司
机电系统工程	JD	214.5	中国港湾集团公司	北京华路捷公路工程技术咨询有限公司
	JDR	214.5	上海交技发展公司	北京华路捷公路工程技术咨询有限公司

成南高速公路检测单位一览表　　表4-26

检测单位	工作范围
四川省交通厅公路规划勘察设计研究院	E1~E4、B1、交工验收检测
遂宁市公路检测中心	E5~E8、B2
南充市公路检测中心	E9、E10、B3
西南交通大学	特大桥荷载试验
铁道部第二勘测设计院	隧道衬砌检测
交通部公路检测中心	交工验收、竣工验收检测

（四）项目建设的意义及对沿线经济发展产生的影响

成南高速公路的建成通车直接影响区域主要为成都、遂宁和南充。1998—2003年，成南高速公路沿线影响地区生产总值对四川省的贡献份额逐年提高，从建设项目施工前一年(1998年)的37.96%上升到项目全线通车后一年(2003年)的41.79%，对四川省宏观经济的带动作用明显。促进沿线及周边地区的工业、农业、服务业的发展,对于发挥沿线区域优势,发展新型工业和现代化农业、促进地区间的经济合作、加快规模经济的形成发展起到重要作用。有效改善川东北经济区的交通运输状况,保证国家公路网规划建设目标的实现,同时促进沿线公路网的完善,通过运输方式之间的协作竞争来改善运输结构,促进交通运输业发展。充分发挥沿线地区的区位优势,加强遂宁、南充等城市的交通枢纽功能,加速全方位、立体化、协作化交通新格局的形成。

(五)项目特色

1. 路面抗滑表层施工中的新技术应用

在路面抗滑表层施工中,成南高速公路积极开展科研活动,成功地完成了多个川内第一:首次大规模地铺筑 SMA-13 的实体工程;首次铺筑 3cm 厚的 SMA-10 薄层抗滑表层;首次使用 PG76-22 高性能的改性沥青铺筑抗滑表层;首次铺筑 Surperpave-12.5 抗滑表层的实体工程;首次尝试使用微表处技术铺筑桥面下封层等。在这些科研活动中,工程技术人员收集了大量的技术资料,为引进先进技术做了有益的尝试。开展技术攻关和技术创新,解决多项施工难题。路面中心试验室除了完成常规试验外,还积极进行技术创新,例如路面压实度对于沥青油面至关重要,试验室引进了真空理论密度仪测定沥青混合料最大理论密度,并采用实测的最大理论密度来控制压实度,解决了以往压实度测量不准确的问题;用 Corlok 密度仪测定沥青混合料毛体积密度,解决了以往对毛体积密度测量不准确的问题;引进 StriScan 抗剥落剂测定仪,定性、定量地检测抗剥落剂的添加,解决了以往无法检查施工单位是否在沥青中准确添加抗剥落剂的问题;首次采用短期、长期老化的方法对抗剥落剂的质量进行综合评定;首次利用旋转黏度剂测定的黏温曲线来控制压实温度。新仪器的引进、新检测技术的应用为控制质量提供了数据支撑,减少了评价的不确定性,

PG76-22 改性沥青铺筑抗滑表层

从而保证了成南高速公路路面质量,为行车舒适提供了条件。

2. 高边坡的处治

成南高速公路 E4 合同段 K73+380~K73+631 右侧深挖方路堑边坡是四川省高等级公路建设中规模最大的、具有代表性的砂泥岩互层高边坡工程,长度 251m,右侧边坡最大开挖高度 83m。由于该高边坡工程规模巨大、开挖深度大,为成南高速公路控制性工程,四川省交通厅公路设计院、成南公司、成都理工大学共同申请并承担了四川省交通厅科研项目"近水平红层高边坡稳定性分析与信息化施工技术研究"。对高边坡进行施工前理论分析研究、施工期信息化施工技术研究、施工后理论分析研究,对于保证高边坡的开挖稳定性及长期稳定性,保证工程安全可靠、经济合理,在施工中降低施工难度、缩短工期保证成南路正常通车,加深对近水平砂泥岩互层边坡变形破坏特点的认识,为后续类似的建设工程提供可借鉴经验,都具有重要意义。

高边坡处置

十一、G42 沪蓉高速公路广邻段

（一）项目简介

G42 沪蓉高速公路广邻段即广安至邻水高速公路(以下简称广邻高速公路),是交通部规划中的沪蓉高速公路的一段,也是广安到成都、重庆的快捷通道之一。路线起于广安市广安区,经华蓥市,止于广安市邻水县,全长 44.56km。广邻高速公路是四川至上海的主要陆路通道,也是川东的快速公路运输干线。

广邻高速公路分两期建设,广安至华蓥段(以下简称广华段)于1995年10月开工,于2000年1月通车;华蓥至邻水段(以下简称华邻段)于1997年4月开工建设,于2000年12月建成通车。

广邻高速公路通车庆典

(二)项目前期工作

1. 项目审批

1994年9月13日,四川省计划委员会批复广邻高速公路项目建议书。

1995年12月20日,四川省计划委员会批复广邻高速公路工程可行性研究报告。

2002年8月9日,四川省发展计划委员会批复广邻高速公路调整规模。

广邻高速公路由四川省交通厅公路规划勘察设计研究院、铁道部第二勘察设计院、重庆交通科研所共同设计,1995年7月四川省交通厅公路规划勘察设计研究院完成《广安至重庆公路广安至邻水段两阶段初步设计》后,四川省交通厅批复同意建设。

2. 招投标情况

广邻高速公路委托四川省交通厅公路规划勘察设计研究院进行初步设计和施工图设计。

项目合同段划分为路基工程(含隧道)47个标段;路面工程3个标段;交通工程8个标段;三大系统及机电工程1个标段。

广华段选择了16家有资质、施工经验丰富、信誉好的施工企业参与路基工程施工,选择了2家单位分别承担水泥混凝土路面和沥青混凝土路面工程施工,选择了2家单位分别承担交通水泥混凝土路面和沥青混凝土路面工程施工,选择了4家单位承担交通工程及房建绿化工程建设。华邻段选择了26家施工单位参与本段路基工程、路面工程、隧道土建工程、隧道机电工程、交通工程及房建、绿化等附属工程的施工。

3. 征地拆迁

广邻高速公路实行"补偿数量、标准、费用"三公开,与各级银行、农村信用社进行协调,保证了补偿费及时、足额到位,使征地拆迁补偿工作公开、公正、公平。补偿工作以农业安置为主,及时落实好征地后的土地调整,使受影响的农业人口重新获得了农业基本生产资料,农村劳动力得到妥善安置。同时,搞好农用水沟、水渠的恢复,减少工程施工对水利设施的影响。施工过程中,对沿线受影响的水沟、水渠等水利排灌设施,相关单位及时按相关技术标准进行了全面的调查处置和恢复建设。还建后,水利设施排灌功能增强,农田抗旱能力全面提高。

(三)项目建设情况

广邻高速公路属四川盆地东北部山岭重丘区地带,横穿华蓥山主脉中段,亚热带气候,雨水充沛,地下水丰富。

全线按双向四车道高速公路技术标准建设,广华段设计速度100km/h,华邻段设计速度80km/h。路基宽25m,路面分为水泥混凝土路面和沥青混凝土路面,桥涵与路基同宽,桥涵设计荷载为汽车—超20级,挂车—120,按地震基本烈度Ⅶ度设防。全线设置特大桥和大、中、小桥共51座4637m,占全线总长的10.4%。其中,华邻段有大、中、小桥33座,全长2954.44m,占华邻段全长的14.38%;有隧道7座(单洞共11个),单线总长12159m,占华邻段全长的29.6%。广邻高速公路设有广安、油炸沟、华蓥、天池、邻水5座互通式立交,与垫邻高速公路、达渝高速公路相连,西在广安红土地设互通枢纽,与南广高速公路、隧广高速公路相连;设有广安东、华蓥西、华蓥、天池、邻水5个收费站;设有天池停车区1个。

全线主要控制点为广安市广安区、华蓥市、邻水县。

广邻高速公路城门洞大桥

广邻高速公路总投资16.7785亿元,其中国债资金0.75亿元,交通部补助4.24亿元,省交通厅自筹0.746亿元,其余为银行贷款。

1995年,广渝高速公路广邻段工程建设指挥部组建,1999年7月起改为四川川东高速公路有限责任公司。建设期间主要管理人员如下:

1995年9月~1999年7月,指挥长罗松柏,常务副指挥长张炳坤,副指挥长李晓枫、黄兴林、周克俭。

1999年7月起,总经理剧世伟,副总经理刘宏、邹素国,总工程师张广洋。

广邻高速公路勘察设计单位为四川省交通厅公路规划勘察设计研究院、铁道部第二勘察设计院。通过招投标有59个施工单位参与建设,其中路基工程47个、路面工程3个、交通安全设施工程8个、三大系统及机电工程分为1个。广邻高速公路工程实行社会监理制,设立了广邻高速公路工程监理部、华蓥山隧道监理部。其中广华段设有第一、第二监理组,路面监理组及交通工程监理组;华邻段设有老山梁子监理组、MN监理组、路面监理组及交通工程监理组;华蓥山隧道设L1监理组、L2监理组、隧道机电工程监理组,分别对路基工程、路面工程、交通工程、隧道土建工程、隧道机电工程进行监理。

试验检测单位为广邻高速公路中心试验室。

(四)项目建设的意义及对沿线经济发展产生的影响

广邻高速公路的建成通车,标志着川东地区第一条高速公路的诞生,从根本上改变了广安在全省乃至全国经济布局中的地位,成为广安依托成都、重庆及上海等城市发展经济的主要动脉。

(五)项目特色

华蓥山隧道复杂技术工程

华蓥山隧道地处川中和川东结合部,位于华蓥市和邻水县交界处的华蓥山地段,为双线特长直线人字坡隧道,隧道最大埋深约770m;西洞口高程约为505.4m,东洞口高程约为476.7m,左右隧道轴线间距40m,两隧道纵坡基本相同,西段纵坡为0.3%,长1684m,东段纵坡为1.1191%,长3022m。隧道单洞长4706m(左、右隧道等长),为当时全国通车最长的公路隧道。该项目为双洞单向行车公路隧道,设计速度60km/h。隧道建筑:限界净高5.0m;限界净宽10.5m;紧急停车带限界净宽12.5m。行车道宽度为2×3.75m;路缘带宽度为2×0.5m;检修道宽度为2×1.0m;设计荷载为汽车—超20级、挂车—120。隧道采用单心圆曲墙等截面,内空半径$R=5.44m$,拱顶净高7.03m,内空净面积62m²。

设计施工部门与西南交通大学、铁道部西南科学研究所、重庆大学等就工程建设科研开发方面进行了合作,攻克了隧道瓦斯、煤层、涌突水、塌方、溶洞等多项工程建设技术难题。通过对煤层、瓦斯、岩溶涌水、大变形、岩爆等重点及难点工程地质病害和对复杂地质条件下修建长大公路隧道关键技术研究,抗腐蚀与防瓦斯气密性混凝土试验研究与应用,地质雷达超前探测、监控量测与减少压煤量、隧道信息化施工技术研究等科研课题的实施和先进、实用的通风、照明、监控等机电系统的设置,对隧道工程建设的质量、进度和造价控制以及隧道的施工、运营起到了重要作用。

华蓥山隧道工程被评为2001年度四川省优秀设计一等奖、铁道部优质工程奖和天府杯金奖,2002年度国家优秀设计二等奖和国家优质工程奖银奖,2003年度中国詹天佑土木工程大奖等,全线工程档案已达到国家一级标准。

十二、G42 沪蓉高速公路垫邻段

(一)项目简介

G42 沪蓉高速公路垫邻段即垫江至邻水高速公路(以下简称垫邻高速公路),是沪蓉国道主干线上海至成都公路支线的重要组成部分,也是国家规划的"五纵七横"国道主干线公路网的重要部分。路线起于重庆垫江县太平镇,起点桩号为 K6+209(国高网桩号 K1626),路线走向为东西展布,基本与省道 304 线并行,西与广邻高速公路主线直线衔接,并在邻水境内与 G65 包茂高速公路相交,东接忠县至垫江高速公路,途经石淙、丰禾、袁市、关河,止于邻水月亮湾,终点桩号为 K40+363.70(国高网桩号 K1660.154),全长 33.87km。全线于 2005 年 7 月 7 日动工,2009 年 1 月 1 日通车。

(二)项目前期工作

1. 项目审批

2003 年 11 月 11 日,交通部以《关于沪蓉国道主干线支线垫江(渝川界)至邻水公路可行性研究报告的批复》对垫邻高速公路进行批复立项。

2004 年 2 月 20 日,交通部以《关于沪蓉国道主干线支线垫江(渝川界)至邻水公路初步设计的批复》对垫邻高速公路初步设计进行批复。

2005 年,交通部以《关于沪蓉国道主干线支线(GZ55-1)垫江(渝川界)至邻水公路施工图设计文件的批复》对垫邻高速公路施工图设计进行批复。

2. 招投标情况

垫邻高速公路采用招标投标制,项目合同段划分为路基工程 6 个标段;路面工程 1 个标段;交通工程 1 个标段;机电工程 1 个标段;房建工程 2 个标段;绿化工程 2 个标段。

在招投标管理工作中,通过对不同工程项目进行了分类招标,所有招标均采用了全国公开招标最低评标价的办法,从源头上保证了选择优秀的施工单位实施工程项目,又降低了工程造价。同时在招标过程中采用多家监管的模式,邀请四川省交通厅建管处、四川省监察厅驻交通厅办公室、达州市检察院等部门全过程介入,进行招投标监督,有效地预防了违纪违规违法等腐败现象的出现。

3. 征地拆迁

垫邻高速公路征地拆迁涉及邻水县7个乡镇,以四川达渝高速公路建设开发有限公司分管领导为首,以公司综合处为主,与邻水县、乡各级政府分管领导及各有关部门人员组成征拆协调办公室,负责建设范围内的征地、拆迁及地方协调等工作。公司在总结达渝高速公路征地拆迁工作经验的基础上,及时与广安市人民政府签订了《邻垫高速公路邻水段征地拆迁协议书》,将征地拆迁具体工作委托给了地方政府负责。在征地拆迁和协调工作中,始终以建设"和谐垫邻路"为目标,以"三个真心、三个满意"为宗旨,确保了建设施工的顺利进行,实现了征地拆迁从"被动拆迁"向"和谐拆迁"的有效转变。

(三)项目建设情况

垫邻高速公路位于四川盆地东部,地形上主要呈现狭长条形山脉与丘陵相间的"平行峡谷"景观。路线所经条形山脉主要有铜锣山及明月山,其海拔一般为500～1000m,呈东北至西南走向,其间海拔300～500m的地区为相对宽阔的丘陵。地貌的发育受构造和岩性控制明显,背斜一般成山,向斜多为丘陵地形,其景观展布与构造线相吻合。在背斜山地,凡有石灰岩露出的地方,往往形成岩溶槽谷,并由坚硬的须家河组长石石英砂岩构成山地两侧的外山,呈现"一山两岭"的特有形态。在向斜地区,随地层产状和红岩特性的差异,往往形成"坪""岭""丘"地形,按成因类型及形态分为侵蚀堆积地形、构造剥蚀地形及侵蚀溶蚀地形。

项目设计速度80km/h,路基宽24.5m,桥涵与路基同宽,沥青混凝土路面,分离式路基宽度12.5m,设计荷载为汽车—超20级、挂车—120,路基设计洪水频率特大桥为1/300,大中小桥、涵洞、路基为1/100。全线设置大桥16座4446.8延米,中桥17座1030.6延米,小桥2座52延米,涵洞98道4210.5延米,5000m以上特长隧道2座,桥隧比40%。全线在石滓、袁市2处设置互通式立交,主线上在邻水县石滓乡境内设置收费站1处,连接重庆市垫江县。设置匝道收费站2处,分别是石滓收费站,在邻水县石滓乡境内,连接邻水县石滓乡;袁市收费站,在袁市镇两河乡黄金2组,连接邻水县袁市乡和两河乡。全线设置2处服务区,分别是荆坪服务区、毕家坝停车区。主要控制点为广安市邻水县、重庆市垫江县。

垫邻高速公路设计概算总投资23.135亿元,交通部安排专项基金5.32亿元,自筹2.615亿元,银行借款15.2亿元。

垫邻高速公路铜锣山隧道

经四川省交通厅批准,垫邻高速公路由四川达渝高速公路建设开发有限公司组织建设实施。建设期间主要管理人员为总经理李永林,副总经理周大川、曾忠、张康斌。

垫邻高速公路勘察设计单位为四川省交通厅公路勘察设计研究院。通过招投标有13个施工单位参与建设,其中路基标段6个、路面标段1个、交通工程1个、机电工程1个、房建工程2个、绿化工程2个。监理单位为四川省公路工程监理事务所、北京泰克华诚技术信息咨询有限公司。试验检测单位为遂宁市公路工程试验检测中心、四川省交通厅公路规划勘察设计研究院道桥试验研究所。

(四)项目建设的意义及对沿线经济发展产生的影响

垫邻高速公路的建设既是完善国道主干线公路网和四川省高速公路网的需要,也是开发川东和渝东北地区资源、振兴山区经济的需要,还是满足四川省未来通道内交通量增长的需要,对促进沿线地区社会经济的全面发展具有十分重要的政治、经济意义。

十三、G42沪蓉高速公路南广段

(一)项目简介

G42沪蓉高速公路南广段即南充至广安高速公路(以下简称南广高速公路),是交通部规划中的沪蓉高速公路的一段,是广安到成都、重庆的快捷通道之一。路线起于南充民建(兰家沟),止于广安红土地立交,东接广邻高速公路,西与成南高速公路相连,巴广渝路、南渝路与之互通交叉,全长69.761km。是四川东向出川(至重庆)大通道组成部分,有力地推动了沿线区域的经济发展,提高城市竞争力和活力。全线于2001年10月开工,2004年6月20日通车。

（二）项目前期工作

1. 项目审批

1998年5月11日，四川省交通厅下达了南广高速公路预可行性研究设计任务书。

2000年3月3日，四川省交通厅向四川省交通厅公路规划勘察设计研究院下达了南广高速公路工程可行性研究、初步设计和施工图勘察与设计任务书。

2000年10月30日，交通部批复了初步设计。

2001年10月24日，交通部批准项目开工。

2. 招投标情况

南广高速公路项目合同段划分为路基工程10个标段；路面工程3个标段；交通工程3个标段；房建工程3个标段；绿化工程2个标段；机电工程1个标段；桥梁伸张缝2个标段；沥青采购3个标段。

路基施工招标共有46家投标申请人获得了72份投标申请资格，其中，交通系统35个，占总数的49%；铁道系统22个，占总数的31%；建筑系统4个，占总数的6%；冶金、水电、城建等其他系统11个，占总数的14%。路基施工招标共有7家投标单位中标了9个施工标段，其中，交通系统5个，占总数的56%；铁道系统4个，占总数的44%。评标工作全部由评标委员会依据《中华人民共和国招标投标法》"招标文件""评标细则"进行，业主根据七部委令《评标委员会和评标方法暂行规定》的规定，依法选取了各合同段评标总分第一名中标。

3. 征地拆迁

南广高速公路途经广安市广安区、岳池县、南充市高坪区共3个县（区），19个乡（镇），95个村320个社。广安市境内征地拆迁任务由广安市人民政府包干负责，广安市高速公路征地拆迁办公室负责具体组织实施及建设的协调工作；南充市境内征地拆迁任务由南充市政府包干负责。四川川东高速公路有限责任公司积极与广安、南充市县各协调办及地方乡镇协作，坚持"两个有利于（既有利于高速公路建设，又有利于地方经济发展）"的原则，及时协调处理影响工程建设的各种突发事件，确保了各施工单位外部施工环境良好。

（三）项目建设情况

南广高速公路位于川中丘陵区，表现为剥蚀圆缓浅丘地貌，地形平缓，沟谷宽，谷内常被第四系坡残积物覆盖，地面高程为350~450m，切割深度小于50m，在厚层砂岩出露地段多形成陡崖。所处区域为川中褶带区，基底差异运动微弱，属整体较稳定地块。

全线按双向四车道高速公路技术标准建设,设计速度80km/h,路基宽24.5m,沥青混凝土路面,桥涵与路基同宽,桥涵设计荷载为汽车—超20级,挂车—120。全线设置特大桥、大桥21座,中桥37座,小桥11座,涵洞(通道)314道,无隧道,桥梁占全路段比例约为12%。设有分离式立交47座,天桥(渡槽)55座,全线在南江、顾县、岳池、红庙、广安5处设置互通式立交,在红庙附近设互通枢纽与巴广渝高速公路相连,在南江附近设南江互通枢纽与南大梁高速公路相连。主线上设置5个收费站,分别是南江、顾县、岳池、红庙、广安。设置岳池服务区1个。全线主要控制点为广安市广安区、岳池县、南充市高坪区,共3个县(区),19个乡(镇)。

南广高速公路仪北大桥

南广高速公路初步设计概算总投资为20.459亿元,其中,中央预算内西部国债资金1.5亿元、交通部补助4.42亿元、四川省自筹2.3亿元,其余为银行贷款。

2001年6月,四川省交通厅明确由四川川东高速公路有限责任公司承担南广高速公路招标与建设管理任务。建设期间主要管理人员为总经理杨福林,副总经理刘宏、张世平、唐承平。

南广高速公路勘察设计单位为四川省交通厅公路规划勘察设计研究院、中国公路工程咨询监理总公司北京中路桥技术开发有限公司。通过招投标有27个施工单位参与建设,其中路基标段12个、路面标段6个、交通安全设施工程3个、房建工程3个、绿化工程2个、机电工程1个。路基工程施工监理为四川公路工程咨询监理公司,路面及后续土建工程施工监理为四川国际工程监理有限公司,机电工程施工监理为中国公路工程咨询监理总公司。试验检测单位为中铁西南科学研究院、四川省公路工程试验检测研究所、四川华腾公路试验检测有限责任公司、四川省交通厅公路规划勘察设计研究院公路测设一处。

(四)项目建设的意义及对沿线经济发展产生的影响

南广高速公路的建成通车,使广安成为川渝两地东大门重要的出口通道,并形成以国道主干线为骨架的路网体系,对促进四川经济全方位发展、地区和省际间的经济信息交流具有重要作用。

(五)项目特色

1. 高速公路早期病害预防措施的研究

该项研究由交通部公路科学研究所承担,南广高速公路作为依托工程,四川川东高速公路有限责任公司作为协作单位负责试验路段的铺筑。该项目对国内外沥青路面技术的发展现状进行了广泛调研,对国内48条高速公路沥青路面进行了路况调查、损坏机理分析及室内外试验研究,在不同地区修建了试验段和实体工程。首次提出了两种不同类型的早期损坏概念,分析了病害成因,针对不同损坏形式系统地得出了材料和结构设计、施工工艺和质量控制、建设管理和维修养护等方面的措施,对我国高速公路建设有现实的指导意义;基于延长沥青路面使用寿命理念,在我国使用柔性基层沥青路面和组合式基层沥青路面方面提出的对策具有开创性意义;提出的针对山区高速公路鸡爪沟地形防止不均匀沉降的施工技术具有工程实用性。

2. 西部地区合理路面厚度及路面结构形式研究

该项研究由交通部公路科学研究所、四川川东高速公路有限责任公司共同承担,南广高速公路为该课题的试验路段和依托工程。该项目在广泛调查我国高等级公路沥青路面使用性能的基础上,分析了沥青路面主要的结构破坏模式及损坏机理,借鉴了国外沥青路面成熟技术,进行了相应的试验研究,得到了柔性基层沥青路面的合理结构组合。通过系统试验研究,总结出级配碎石和沥青稳定碎石的材料技术要求、配合比设计方法、设计参数和施工技术,铺筑了试验路段,在西部地区得到了成功应用。项目还应用3D有限元分析了柔性基层沥青路面的结构力学特性,通过野外ALF加载试验验证了材料特性和典型结构的路用功能,形成了柔性基层沥青路面结构设计方法框架,提出了结构设计指南。

十四、G65包茂高速公路达陕段

(一)项目简介

G65包茂高速公路达陕段即达州(罗江)至万源(川陕界)高速公路(以下简称达陕高速公路),是国家"十五"规划中8条西部大通道之一的省际公路通道(阿荣旗至北海)和国家高速公路网纵向线(包头至茂名)的重要组成路段。路线起于陕西巴山镇,起点桩号K1183+800,接安川高速公路终点,经官渡、万源、白沙、石塘、铁矿、厂溪、普光、宣汉,止于四川达州通川区魏兴,终点桩号K1323+318,与达万高速公路对接、与巴达高速公路交叉相连。主线全长143.244km(其中罗江改建段3.557km),连接线全长28.6km。是西南大通道的重要连线公路,是沟通西安、重庆及成都三大西部中心城市的省际快速干道,也是四川一条重要的北向进出川高速公路大通道。本项目于2008年10月开工,2012年4月通车。

（二）项目前期工作

1. 项目审批

2001年11月国家计委批复,达陕高速公路开始前期工作,并直接编制工程可行性研究报告。

2004年12月,达陕高速公路工程可行性研究报告报交通部和发展改革委。

2006年8月1日,环保部下发《关于西部开发省际公路通道阿荣旗至北海公路达州罗江至川陕界高速公路环境影响报告书的批复》（环审〔2006〕389号）。

2007年10月15日,交通部批复《关于G65包茂高速达州至陕西段高速公路初步设计》。

2008年4月3日,四川省交通厅批复《关于万源(陕川界)至达州(徐家坝)高速公路土建工程施工图设计的批复》（川交函〔2008〕207号）。

2. 招投标情况

按照国家颁布的《中华人民共和国招标投标法》和交通部颁布的《公路工程施工招标投标管理办法》《公路工程施工招标资格预审办法》《公路工程施工招标评标办法》的要求,由项目法人单位组织招标工作。

2009—2012年,完成达陕高速公路全部16个合同段所有路基合同包,包括隧道、涵洞、桥梁、排水系统、人行天桥和防护工程的施工。

2010年1月,路面工程进入合同包招标采购阶段,2010年10月授标,2012年4月完成路面工程施工。

2010—2011年,完成项目房建及附属设施、交通安全设施、绿化景观、隧道机电设备、监控、通信以及收费系统招标。该部分全部使用国内资金。

3. 征地拆迁

达陕高速公路沿线经过达州市万源市、宣汉县、通川区。永久性征地面积为1.116万亩,拆迁各类房屋面积共38.893万m²、农村居民住房35.888万m²、企事业单位和学校房屋3.005万m²。涉及拆迁影响户1594户,6073人,拆迁学校共4所,各类企业单位房屋55处。

（三）项目建设情况

达陕高速公路所在地势北高南低,为侵蚀构造及溶蚀构造低、中山地形。

全线按双向四车道高速公路技术标准建设,设计速度80km/h,路基宽24.5m,沥青混凝土路面。全线设置桥梁194座38901m,其中特大桥3座3435.94m,大中桥181座35213m,小桥10座252.5m。涵洞241道。隧道27座59075m,其中特长隧道3座27245m,长隧道3座13406m,中短隧道21座18424m。桥隧比51%。全线在官渡、万源、白沙、石塘、铁矿、厂溪、黄金、普光、宣汉、魏兴(枢纽)设置10处互通式立交。设置万源连接线、宣汉连接线。万源连接线为达陕高速公路万源站与万源市的联络道,到茶垭乡镇后可经万白地方道路至白沙镇;宣汉连接线为宣汉站与宣汉县之间的联络道。设置3处服务区和2处停车区,服务区分别为万源北、万源南、达州北。停车区分别为黄金、罗家坝。项目主要控制点为万源市、宣汉县、通川区共计3个市县区。

根据项目初步设计批复,达陕高速公路计划总投资104.73亿元人民币,其中计划利用亚洲开发银行贷款2亿美元(按评估阶段汇率折合人民币15.50亿元),计划国内配套资金89.23亿元人民币。项目预计完成总投资104.72亿元人民币,其中利用亚洲开发银行贷款2亿美元(根据提款报账情况累计拨付人民币13.14亿元),国内配套资金91.58亿元人民币。

达陕高速公路有限责任公司成立于2006年,前期为达陕高速建设指挥部,内设综合办公室、工程处、技术处、财务处、安全办公室、征拆处等职能部门,同时设立万源、厂溪、双河三个代表处,管理并全权负责现场施工的质量、安全、进度和协调。法人为高淳,总经理为华正辉,后变更为牟力。建设期间主要管理人员为总经理华正辉(后期为牟力),副总经理郑永雄、李永江、向仲生、周振华。

达陕高速公路勘察设计共有5个设计单位参与。其中土建工程设计单位为中交第二公路勘察设计研究院、中交第一公路勘察设计研究院,总体设计负责单位为四川省交通运输厅公路规划勘察设计研究院。房建工程设计单位为中国公路工程咨询总公司、四川省交通运输厅公路规划勘察设计研究院。交通工程设计单位为中国公路工程咨询总公司、四川省交通运输厅公路规划勘察设计研究院。绿化工程设计单位为中交第二公路勘察设计研究院。机电工程设计单位为中国公路工程咨询总公司、四川省交通运输厅公路规划勘察设计研究院。

通过招投标,本项目有44个施工单位参与建设,其中土建标段17个、路面工程4个、房建工程3个、机电工程4个、交通安全设施4个、绿化工程6个、伸缩缝工程4个、防水工程2个。

项目共设置9个总监办公室,负责全线施工监理工作;7个土建工程监理办公室,负责监理区段内路基工程;2个路面工程监理办公室,负责路面工程、交通安全设施工程、绿化工程、房建工程的施工监理工作;1个机电工程监理办公室,负责全线的机电工程施工监理。

(四)项目建设的意义及对沿线经济发展产生的影响

达陕高速公路北连安川高速公路,南接四川达渝高速公路,是四川省东北部地区进出川主通道和重庆市与陕西省互联的捷径。本项目的建设对完善国家路网,提高四川、重庆、陕西和周边其他地区间的综合运输能力,增强四川西部综合交通枢纽的辐射功能,改善四川投资环境等具有十分重要的意义。

(五)项目特色

1. 科技创新

达陕高速公路建立了隧道安全风控防范体系。针对大巴山、红岩湾、狮子寨等特长隧道的复杂地质情况,提出复杂地质条件下隧道涌突水的类型、形成机制和模式,建立长大隧道涌突水危险性评估方法,制订隧道涌突水超前预报和处治方案;根据公路隧道瓦斯涌突机理,得出隧道瓦斯突出风险分级评估方法,建立隧道瓦斯预警系统,制订瓦斯处治方案;建立岩爆、大变形综合集成预测指标及方法体系;建立以工程地质分析为核心的综合预报体系和隧道不良地质综合预报方法;开发公路隧道超前地质预报计算机辅助决策软件系统。

2. 单洞分离式隧道——大巴山隧道和红岩湾隧道

(1)大巴山隧道位于万源市官渡镇与陕西省巴山镇之间,设计为单洞分离式隧道,左右线间隔26~50m,属特长隧道。左线隧道起讫桩号为LK0+000、LK6+123,左线进口位于直线上,出口位于半径为$R=1300$m的圆曲线上,隧道长度6123m。右线隧道起讫桩号为K0+000、K6+115,隧道长度6115m,右线进口位于直线上,出口位于半径为$R=1200$m的圆曲线上。

达陕高速公路路线经过区在地质构造上属于川东印支褶皱带(沿线西南部)和南秦岭印支褶皱带(东北部),其中川东印支褶皱带为相对稳定区,褶皱和断裂构造相对较弱,无岩浆活动。南秦岭印支褶皱带为相对活动区,褶皱和断裂相对较发育,构造挤压程度强烈。在这样的地质背景下,高速公路沿线地形地质条件复杂,生态环境脆弱,路线的东北部不良地质问题尤其突出。建设过程中大巴山隧道左线LK1+418处发生突泥涌水,大量黄色细沙和砂岩块石突出,块石最大体积约$3m^3$,最小约$0.5m^3$,估测泥沙量大约$2216m^3$,涌水量平均$2.3m^3/h$。

为确保大巴山隧道建成后安全运营,参考襄渝二线新大巴山的隧道涌水量,对现大巴山隧道涌水量进行了修正,修正后预测雨季最大涌水量为17.2万m^3/h(局部突水达20万m^3/h),对此建议将中心排水沟管径由$\phi500$mm扩大至$\phi900$mm。

（2）红岩湾隧道位于万源市官渡镇皮窝乡处，设计为单洞分离式隧道，左右线间隔24～38m，属特长隧道。左线隧道起讫桩号为LK7+485、LK10+739.733，左线进出口均位于直线上，隧道长度3254.733m。右线隧道起讫桩号为K7+480、K10+788.343，隧道长度3087.343m，右线进出口均位于直线上。

红岩湾隧道洞内地下排水系统由纵、环向排水管和纵向中央排水管组成，地下水由总、环向排水管汇集于纵向中央排水管后排出洞外，纵向排水管直径为40cm。隧道地处大巴山腹地构造剥蚀中低山区，地形起伏大，地质情况复杂，地层与岩性受构造影响强烈，节理裂隙发育，地下水丰富。2011年7～9月连续强降雨，大量地表水涌入隧道，造成瞬间涌水量超出中央排水管排泄能力，导致多处中央排水管检查井向外冒水，右洞K8+964处检查井盖被涌水掀开，边墙纵向排水管检查井也有不同程度的井满冒水现象，涌出的地下水沿路面漫流。

为确保红岩湾隧道建成后运营安全，设计单位根据涌水情况及隧址区地形地貌、工程地质和水文地质条件，在涌水段的隧道结构下方增设一道横向泄水导洞，同时在K8+964.187、LK8+997.836隧道下方3～5m处设置另一道泄水导洞，将隧道中心沟内的水直接排入左侧后河。泄水导洞长245.26m，断面尺寸为3×2.8m。

十五、G65包茂高速公路达渝段

（一）项目简介

G65包茂高速公路达渝段即达州至重庆高速公路（以下简称达渝高速公路），是国道210线的一段，起于达州市罗江镇，止于重庆市。一、二期工程达州罗江至大竹段长77.4km，三期工程大竹至邻水邱家河段长88km。北上与达万、达陕、达巴高速公路相连。南下在大竹境内与南大梁高速公路相连，在邻水与垫邻路、广邻路相连，经大竹、邻水至重庆，与国道主干线渝湛高速公路连接并通往贵州、广西北海。在邻水与沪蓉公路（支线）GZ55-1交叉，与国道318线、省道巴彭公路（S203线）交叉，并与襄渝、达成、达万铁路，江北、河市、梁平机场，渠江、嘉陵江、长江航运联网，构成健全的交通网络体系。项目一期工程于1997年5月26日开工，2000年7月7日通车；二期工程于1998年8月开工，2000年12月通车；三期工程于2001年5月26日开工，2004年6月通车。

（二）项目前期工作

1. 项目审批

1994年四川省计划委员会以《关于达渝公路达川市至大竹段改扩建工程项目建议书的批复》及1996年四川省计划委员会以《关于对国道210线达川至大竹段高速公路可行

性研究报告的批复》对达渝高速公路一、二期工程进行批复立项。

1997年7月28日,四川省交通厅对罗江至仰天湾段两阶段初步设计进行了批复。

1999年,交通部以《关于大竹至邻水邱家河项目建议书的批复》及《关于大竹至邻水邱家河公路工程可行性研究报告的批复》对达渝三期工程进行批复立项。

2000年3月6日,四川省交通厅对国道210达川至大竹段初步设计予以批复。

2. 招投标情况

达渝高速公路全线工程按工程结构、长度、工程数量和不同的开工时间,分为路基(桥梁)工程合同段46个、路面工程合同段2个、交通工程合同段7个、绿化工程合同段9个以及房建工程合同段4个,面向社会公开招标。

一、二期路基工程分为66个标段;路面工程分为2个标段;交安工程分为5个标段;绿化环保工程分为16个标段;房建工程分为8个标段。

三期路基工程分为10个标段;路面工程分为3个标段;交安工程分为9个标段;绿化工程分为7个标段;房建工程分为4个标段。三期工程路基、路面、交通、绿化、房建、通信、机电、隔离网等项目都全部按照招投标程序进行公开招标。路基工程选择了10个施工单位,路面工程选择了3个施工单位,交通工程选择了2个施工单位,房建工程选择了4个施工单位和2个监理单位,机电工程选择了1个施工单位和1个监理单位。

一、二期工程分别委托了四川省公路工程监理事务所和北京中通国际工程监理公司承担监理任务。三期工程实行社会监理制,是四川省第一个实行工程监理总承包的项目。通过公开招投标,择优选定了1家监理单位和1家协作单位,并在达渝高速公路三期工程分设土建工程监理部和路面工程监理部,分设4个路基工程监理组和3个路面工程监理组,分别负责对路基、路面、交通、绿化、房建、通信、隔离网、机电等工程质量、进度、费用控制管理及合同管理工作。根据工程建设需要,路基监理部分别在大竹、邻水各设一个中心试验室、路面监理部在邻水设置一个中心试验室,负责三期工程标准试验和平行试验及质量抽检工作。

3. 征地拆迁

达渝高速公路一、二期工程途径通川区、达县、大竹3个县(区)16个乡(镇),156个村,228个农业社。建设工程永久性征地8013.635亩,拆迁各种建筑物18.36万m^2;拆迁电力、电信线路及地下管线共计23.025万m;并在通车前确定了达渝高速公路全线公路两侧的用地范围,顺利设置了路田分界的隔离栅,分别取得了县(市)人民政府、县(市)国土局和省人民政府、省国土局颁发的全线国有土地使用证书。

达渝高速公路三期工程横跨达州、广安两市,涉及2个县,20个乡镇,共征用土地8866.076亩,其中,邻水境内6094.291亩,大竹境内2771.785亩,非耕地957.284亩,补征土地

420.36亩。全线拆迁房屋1758户,拆迁面积约为23万m^2,拆迁各类杆线1100余根,天然气管道双线约4000m。总征地拆迁费用为3.416亿元。

(三)项目建设情况

达渝高速公路一、二期徐家坝互通到百节到大竹段属山岭重丘地貌,按山岭重丘区高速公路标准设计,按双向四车道高速公路技术标准建设,设计速度100km/h,路基宽度25m,沥青混凝土路面,设计荷载汽车—超20级,挂车—120;设计洪水频率为一般桥涵及路基1/100,特大桥1/300。设置特大桥1座、大桥16座、中桥42座、小桥6座、人行天桥57座、涵洞420道,设置收费站7个。

达渝高速公路三期工程属山岭地貌,按山岭区高速公路标准设计,按双向四车道高速公路技术标准建设,设计速度80km/h,路基宽24.5m,沥青混凝土路面,桥涵设计荷载为汽车—超20级,挂车—120。设置特大桥1座、大桥28座、中桥18座、小桥2座、分离式立交17座、互通式立交4座、涵洞388道,设置收费站4处。

达渝高速公路彩虹桥

全线无隧道,桥梁与道路里程比约为10%。主要控制点为达州市通川区、达川区、大竹县,广安市邻水县。全线设置2处服务区和1处停车区。服务区分别为大竹、邻水,停车区为达州。

达渝高速公路一、二期概算投资17.5亿元,一、二期工程竣工决算为16.26亿元。其中交通厅自筹7.2358亿元,省自筹0.21亿元,其余为银行贷款。

达渝高速公路三期概算总投资26.05亿元。其中交通部补助5.28亿元,省自筹8.771亿元,银行贷款12亿元。

为组织实施达渝高速公路建设,1996年7月26日达川地区达渝高速公路建设指挥部成立。1997年1月18日,四川达渝高速公路建设开发有限公司正式成立,与达渝高速公路建设指挥部合署办公,即两块牌子一套班子。建设期间主要管理人员为指挥长谢天刚,副指挥长李志成、殷大新、唐勇。

达渝高速公路大竹服务区

达渝高速公路勘察设计单位为四川省交通厅公路规划勘察设计研究院、铁道部第二勘测设计院重庆分院、四川省京川公路工程公司。一、二期工程通过招投标有 97 个施工单位参与建设,其中路基标段为 66 个;路面标段为 2 个;交安工程分为 5 个标段;绿化环保工程分为 16 个标段;房建工程分为 8 个标段。三期工程通过招投标有 29 个施工单位参与建设,其中路基标段 8 个;路面标段 3 个;交安标段 8 个;绿化标段 6 个;房建标段 4 个。一、二期工程的监理单位分别为四川省公路工程监理事务所、北京中通国际工程监理公司。三期工程的路基工程施工监理为四川省公路工程监理事务所;路面工程施工监理为四川省公路工程监理事务所;机电工程施工监理为中国公路工程咨询监理总公司;房建工程施工监理为四川省公路工程监理事务所、四川三信建设咨询公司。试验检测单位为四川省交通厅公路水运质量监督站。

(四)项目建设的意义及对沿线经济发展产生的影响

达渝高速公路是川东北地区北上陕西、南下重庆经贵州到广西北海的重要出海通道,它的建成极大地增进了达州市与外地的政治、经济和文化联系,对进一步改善投资环境、促进改革、加快资源开发,对工农业生产和各项事业的大发展都具有十分重要的作用和良好的社会、经济效益。

十六、G75 兰海高速公路广甘段

(一)项目简介

G75 兰海高速公路广甘段即广元至甘川界高速公路(以下简称广甘高速公路)是

兰州至海口国家高速公路的重要组成部分,起于四川省青川县姚渡镇将军石(甘川界),接武都至罐子沟(甘川界)高速公路,止于广元市罗家沟,接广元至绵阳高速公路和广元至南充高速公路,全长56.438km。广甘高速公路是国家高速公路网兰州至海口高速公路的重要路段,是国家西部大通道之一,是贯通西南、西北的进出川高速公路大通道,对带动沿线经济发展,改善地震灾区人民生活状况有着重要意义。全线于2009年9月全面展开建设,于2012年底建成。

广甘高速公路

(二)项目前期工作

1. 项目审批

略。

2. 招投标情况

广甘高速公路分三期建设,一期工程主要为电力和便道建设;二期工程包括路基土石方、桥梁、隧道、涵洞、通道、立交及防护工程,分为2个监理部,15个土建标段;三期工程主要是路面、绿化、房建、机电及交安等附属工程,分为2个监理部,14个施工标段。四川成都绕城(东段)高速公路有限责任公司作为招标人代行开展勘察设计招标工作。A1标段设计中标人为四川省交通运输厅公路规划勘察设计研究院;A1标段地勘监理中标人为中交第一公路勘察设计研究院有限公司;A2标段设计中标人为四川省交通运输厅公路规划勘察设计研究院。

广甘高速公路各合同段的单位招标情况见表4-27。

广甘高速公路设计、施工、监理、试验单位招标一览表

表 4-27

合同段名称	中标单位	合同金额(万元)
G1	中铁八局集团有限公司	17766.03
G2	四川公路桥梁建设集团有限公司	29421.41
G3	中铁二十四局集团有限公司	18983.15
G4	四川公路桥梁建设集团有限公司	30724.73
G5	中铁十五局集团第四工程有限公司	25115.85
G6	岳阳市公路桥梁基建总公司	16021.85
G7	中铁十四局集团有限公司	25597.48
G8	中铁七局集团有限公司	26207.65
G9	攀枝花公路建设有限公司	18929.84
G10	江西省交通工程集团公司	25416.55
G11	中铁十二局集团有限公司	26076.26
G12	中铁十一局集团第五工程有限公司	37654.34
G13	四川路桥建设股份有限公司	17139.59
G14	中铁隧道集团有限公司	21853.45
G15	中铁八局集团有限公司	24475.73
JL1	湖南金路工程咨询监理有限公司	2367.96
JL2	四川公路工程咨询监理公司	2439.90
JL3	四川省公路工程监理事务所	249.00
JL4	北京中交路通交通工程咨询有限公司	252.00
SY1	四川正信重点公路工程试验检测有限责任公司	713.26
SY2	四川精益道桥试验检测有限责任公司	782.95
SY3	四川精益道桥试验检测有限责任公司	343.03
BD1	达州市创达路桥建设有限公司	488.64
BD2	达州市创达路桥建设有限公司	266.98
BD3	四川凯基路桥工程有限公司	605.90
BD4	四川凯基路桥工程有限公司	866.91
LM	成都华川公路建设集团有限公司	25388.85
LH1	四川高速公路绿化环保开发有限公司	1144.22
LH2	四川三叶生态科技有限公司	829.37
LH3	成都西星特夫园林景观工程有限公司	1107.80
LQ1	四川国创兴路沥青材料有限公司	1978.05
LQ2	湖北国创高新材料股份有限公司	7784.70
JD1	四川高路交通信息工程有限公司	2843.81
JD2	西安金路交通工程科技发展有限责任公司	6880.06
JD3	北京诚达交通科技有限公司	4193.60

续上表

合同段名称	中标单位	合同金额(万元)
JD4	重庆市华驰交通科技有限公司	4159.05
JD5	北京瑞华赢科技发展有限公司	4148.33
JD6	江苏智运科技发展有限公司	4452.67
JA1	北京路安交通科技发展有限公司	1386.34
JA2	成都市路桥工程股份有限公司	2252.26
FJ1	华北建设集团有限公司	2550.18
FJ2	中国建筑技术集团有限公司	2177.16
FS1	湖北远景防水有限公司	457.92
FS2	重庆市智翔铺道技术工程有限公司	730.99
QS	四川瑞通工程建设有限公司	410.99
A1和A2	四川省交通运输厅公路规划勘察设计研究院	10877.38
合计		456514.14

3. 征地拆迁

广甘高速公路永久性征地208.87万 m^2，支付征地和相关补偿费用共1.177亿元。拆迁房屋181户计4.726万 m^2，支付房屋拆迁补偿款2373.091万元。全线签订杆、管、线及专项设施合同总费用为735.30万元。截至2015年12月31日，土地、青苗补偿及安置费用为8756.144万元。

（三）项目建设情况

广甘高速公路穿越四川三大活动性断裂带之一的龙门山断裂带，项目工程艰巨，桥隧比例很大。

广甘高速公路按双向四车道高速公路技术标准建设，设计速度80km/h，路基宽24.5m，沥青混凝土路面，全线桥梁76座19067.07m，特大桥6座5054.35m，大、中桥70座14012.72m。隧道12座23996.48m，均为分离式隧道，其中特长隧道3座14076.48m，长隧道4座8211m，中长隧道1座778m，短隧道4座931m，桥隧比为80%。全线在青川、观音店、罗家沟3处设置互通式立交，同步建设青川连接线22.438km和观音店互通式立交连接线0.392km。

该项目初步设计概算总投资为68.42亿元（含建设期贷款利息5.64亿元），其中项目资本金25.42亿元，包括交通运输部补助10.45亿元，四川省交通运输厅自筹14.97亿元，占概算总投资的37%，其余43亿元资金利用国内银行贷款解决。

项目建设单位为四川省交通运输厅广甘高速公路工程建设指挥部；项目设计单位为

四川省交通运输厅公路规划勘察设计研究院;质量监督单位为四川省交通运输厅工程质量监督局。

广甘高速公路隧道

广甘高速公路银子坝特大桥

广甘高速公路各标段的施工、监理及试验检测单位见表4-28。

广甘高速公路工程施工、监理及试验检测单位一览表　　　　表4-28

标段	施工单位名称	监理单位	试验检测单位
土建G1	中铁八局集团有限公司	湖南金路工程咨询监理有限公司	四川正信重点公路工程试验检测有限责任公司
土建G2	四川公路桥梁建设集团有限公司		
土建G3	中铁二十四局集团有限公司		
土建G4	四川公路桥梁建设集团有限公司		
土建G5	中铁十五局集团第四工程有限公司		
土建G6	岳阳市公路桥梁基建总公司		
土建G7	中铁十四局集团有限公司		

第四章
高速公路建设

续上表

标段	施工单位名称	监理单位	试验检测单位
土建 G8	中铁七局集团有限公司	四川公路工程咨询监理公司	四川精益道桥试验检测有限责任公司
土建 G9	攀枝花公路建设有限公司		
土建 G10	江西省交通工程集团公司		
土建 G11	中铁十二局集团有限公司		
土建 G12	中铁十一局集团第五工程有限公司		
土建 G13	四川路桥建设股份有限公司		
土建 G14	中铁隧道集团有限公司		
土建 G15	中铁八局集团有限公司		
便道 BD1	达州市创达路桥建设有限公司		
便道 BD2	达州市创达路桥建设有限公司		
便道 BD3	四川凯基路桥工程有限公司		
便道 BD4	四川凯基路桥工程有限公司		
路面 LM	成都华川公路建设集团有限公司	四川省公路工程监理事务所	四川精益道桥试验检测有限责任公司
沥青 LQ1	四川国创兴路沥青材料有限公司		
沥青 LQ2	湖北国创高新材料股份有限公司		
防水 FS1	湖北远景防水有限公司		
防水 FS2	重庆市智翔铺道技术工程有限公司		
房建 FJ1	华北建设集团有限公司		—
房建 FJ2	中国建筑技术集团有限公司		—
交安 JA1	北京路安交通科技发展有限公司		—
交安 JA2	成都市路桥工程股份有限公司		—
绿化 LH1	四川高速公路绿化环保开发有限公司	湖南金路工程咨询监理有限公司	—
绿化 LH2	四川三叶生态科技有限公司	四川公路工程咨询监理公司	—
绿化 LH3	成都西星特夫园林景观工程有限公司		
机电 JD1	四川高路交迪信息工程有限公司	北京中交路通交通工程咨询有限公司	—
机电 JD2	西安金路交通工程科技发展有限责任公司		
机电 JD3	北京诚达交通科技有限公司		
机电 JD4	重庆市华驰交通科技有限公司		
机电 JD5	北京瑞华赢科技发展有限公司		
机电 JD6	江苏智运科技发展有限公司		

(四)项目建设的意义及对沿线经济发展产生的影响

广甘高速公路建成对改善区域交通条件,贯彻落实西部大开发战略部署,促进沿线地区资源开发和经济社会协调发展有着重要意义。该项目是舞活川北经济的巨龙,是带动广元资源开发的大动脉。建成后青川至广元的车程由从前的约3小时缩短至约1小时,极大改善了地震灾区交通运输状况。广甘高速公路以更紧的联系深化区域合作,更快的步伐发展外向经济,成为了灾区人民的致富路和沿线社会经济协调发展的快车道。

十七、G75兰海高速公路广南段

(一)项目简介

G75兰海高速公路广南段即广元至南充高速公路(以下简称广南高速公路),是国家高速公路网中由7条首都放射线、9条南北纵向线和18条东西横向线组成的"7918网"中一条重要的南北纵向线——兰州至海口高速公路中的一段。路线起于广元市罗家沟,接广甘高速公路(K0+500),经广元市的利州区、元坝区、苍溪县和南充市的阆中市、南部县、西充县至顺庆区的秦家沟接南充绕城高速公路,全长201.099km。广南高速公路是西部开发重要通道,引导西北地区物流经四川出江达海,促进整个川东北地区人民的出行和物资流通。本项目于2008年12月开工,阆中至南充段于2011年12月31日通车,广元至阆中段于2012年3月31日通车。

(二)项目前期工作

1. 项目审批

2008年11月4日,国家发展和改革委员会《国家发展改革委关于四川省广元至南充公路可行性研究报告的批复》工程可行性研究报告。

2008年12月23日,交通部《关于广元至南充公路初步设计的批复》批复概算投资150.29亿元,建设总工期4年。

2. 招投标情况

广南高速公路招标确定共81个合同段,其中设计标段3个、土建监理标段5个、路面监理标段2个、机电监理标段1个、路基监理试验室标段5个、路面监理试验室标段2个、施工标段58个、沥青材料供应标段5个(业主招标采购,采购数量9.31万t)。按国家招投标法的相关法规,对施工合同金额在200万元以下,设计、监理、咨询的合同金额在50万元以下的项目,公司采取询价、谈判、办公会集体决策的方式,原则上选取价格最低且满足相关规定的单位签订合同。

3. 征地拆迁

南充、广元两市及各县(市)区先后成立广南高速公路建设协调指挥部(协调办),层层落实责任,将机构延伸到乡镇村社,严格按政策办事。广南高速公路项目土地报建工作从2008年7月开始申报,国土资源部于2009年7月批复。放线埋桩、实物清点工作于2008年10月和2009年2月分别在南充、广元两市启动,2009年3~7月,根据沿线地方政府有关高速公路征地拆迁补偿文件确定的补偿标准,在实物清点的基础上,经过反复核算和协商谈判,广南公司分别与南充和广元的7个县(市)区先后签订征地拆迁工作协议,沿线各地征地拆迁工作全面展开。

第一阶段是红线内的征地拆迁,各地方协调指挥部与沿线村社及被拆迁户签订土地征用和拆迁补偿协议;第二阶段是及时兑现征地拆迁补偿资金;第三阶段是全面开展实质性拆迁;第四阶段是排除疑难问题。

截至2016年12月底,广南高速公路应拨付征地拆迁资金14.546亿元,已拨付资金14.254亿元;累计征用各类土地1247万m²;拆迁房屋约76万m²(其中城市规划区4万m²),拆迁杆管线(动力线)约120km,拆迁学校5所,拆迁砖厂等民营企业8户,拆迁养殖户、种植户近100户。

(三)项目建设情况

广南高速公路所在地广元市和南充市位于四川省东北部。广元市处于四川北部边缘的山地向盆地过渡地带。地势由北向东南倾斜,山脊相对高差约为3200m。南充市可分为北部低山区和南部丘陵区两大地貌单元,地势从北向南倾斜,海拔256~889m。地貌类型以丘陵为主,浅丘平坝、中丘中谷、高丘低山类型大体各占1/3。地震基本烈度为Ⅵ度。

全线按双向四车道高速公路技术标准建设,其中起点至阆中段长117.858km,设计速度80km/h,路基宽24.5m;阆中至南充段长83.241km,设计速度100km/h,路基宽26m,沥青混凝土路面,桥涵与路基同宽,设计汽车荷载等级为公路—Ⅰ级,路基设计洪水频率1/100(特大桥1/300)。全线设置特大桥4座5772.1延米,大桥174座45200.5延米,中小桥54座2864.78延米,涵洞及通道538道,隧道23座18377.7m,桥隧比为34.26%。互通式立交12处,分离式立交26处,渡槽及人行天桥56座。全线在罗家沟(枢纽)、龙潭(枢纽)、卫子、莽子坝、苍溪、阆中、柏垭、定水、流马、金泉、西充、秦家沟(枢纽)12处设置互通式立交,另建互通式立交连接线8.717km,全线设置12个收费站,分别是卫子、五龙、苍溪、阆中、天宫院、定水、南部、流马、西充北、西充东、南充北、顺庆。广南高速公路基本与国道212线平行,连接线与国道212线相接。全线设置4对服务区和3对停车区。服务区分别为苍溪、阆中、流马、西充,停车区分别为元坝、苍溪、阆中。

阆中收费站

本项目分两阶段开工,第一阶段为控制性工程 GN15、GN16、GN17、GN20 共 4 个合同段,于 2008 年 12 月 31 日正式开工。第二阶段为 GN1～GN14、GN18、GN19、GN21 共 17 个合同段,于 2009 年 5 月 1 日正式开工。

广南高速公路概算总投资 150.3 亿元,预算总投资 140.52 亿元,其中建筑安装工程投资 102.51 亿元,征地拆迁补偿费 14.17 亿元。主要由政府投资,资金主要来源于交通部补贴、地方政府补贴、企业自筹和银行贷款。

经由四川省交通厅和四川高速公路建设开发总公司批准,2007 年 9 月正式组建四川省交通厅广元至南充高速公路工程建设指挥部(四川广南高速公路有限责任公司),指挥部和公司实行"两块牌子一套人马"管理模式。公司设办公室、工程技术处、财务处、综合处、安全办公室、广元代表处、阆中代表处、西充代表处共 8 个处室。建设期间主要管理人为陈渤、袁飞云、李子寿、刘玉荣、黄静、陈其学等。

广南高速公路勘察设计单位为四川省交通厅公路规划勘察设计研究院;施工单位为中交一公局第六工程有限公司、中铁十局集团第二工程有限公司、四川路桥建设股份有限公司等;监理单位为四川省公路工程监理事务所、武汉中交路桥设计咨询有限公司等。

(四)项目建设的意义及对沿线经济发展产生的影响

广南高速公路的建设对形成西部公路通道,完善国家和四川高速公路网络具有重要作用。作为兰州至海口高速公路的一段,广南高速公路建成后,将成为川东北地区的出海大通道。同时,也将与广(元)巴(中)、巴(中)南(充)高速公路一同改善川东北地区的交通状况,并成为连接西部甘肃、陕西和川北等贫困地区与中部、东部发达地区的重要纽带。

广南高速公路苍溪段

广南高速公路多扶段

(五)项目特色

1."八位一体"——质量管理模式

根据工程质量起始于勘察设计、材料质量和队伍素质等"源头",形成于施工工艺、工程监理和监督管理等"过程",完成于从业人员控制质量具体活动的"现场"的工程质量规律,总结出广南高速公路质量管理模式如下图。

2.近水平软弱岩层隧道——栾家岩特长隧道

栾家岩特长隧道位于苍溪境内,为分离式隧道,左线长3265m,右线长3263m,设计行车速度80km/h,双向四车道,隧道主洞单洞净宽10.25m,净高5m,行车道3.75×2m,设紧急停车带及车、人行横通道,隧道一般埋深约100m,最大埋深约186m。

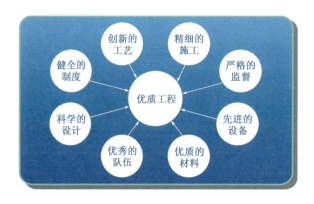

质量管理模式

栾家岩隧道地处四川盆地中北部,属构造剥蚀、侵蚀低山窄谷地形,隧道穿过低山山梁,山岭呈驼状,最高高程约800m,进、出口相对高差约180m。场地岩层产状虽平缓,但因隧道穿越九龙山背斜核部,除背斜核部受构造运动稍微强烈外,其余段受构造运动影响轻微,节理大多垂直于层面发育,与岩性、构造关系密切。在厚层砂岩中,节理延伸好,间距大,薄—中层状泥质粉砂岩、粉砂岩中节理发育较密集,延伸性差,间距小。

广南高速公路在广元至阆中段大量采用隧道的方式穿越盆地内重丘地带,如广南高速公路合同段栾家岩隧道(3310m)、GN11合同段文家垭隧道(1100m)等。栾家岩隧道穿越的地层具有以下显著特点:岩层倾角较缓,一般小于5°,成近水平状;岩层为砂泥岩互层,层间性质差异大、结合性差;岩层强度低,属软岩至极软岩范畴,其中泥岩遇水后易软化,易于风化剥落。

根据广南高速公路近水平软弱岩层地区隧道围岩的基本特性,分析并归纳总结出水平软弱岩层地区围岩结构特征,结合施工中常见的软弱围岩破坏类型,得到隧道围岩变形及破坏的基本规律。基于数值分析方法,从工程地质(如岩石物理力学性质、岩体结构与构造等)、隧道结构(如断面形状、埋深、间距等)、施工(开挖方法、支护措施、支护时间等)等三方面对影响围岩稳定性的因素进行分析,确定影响近水平软弱围岩稳定性的因素及影响规律。建立隧道开挖的三维数值模型,对隧道的施工过程进行动态数值模拟,根据数值模拟结果,指出隧道施工过程中应力场、位移场的分布特点和变化规律,结合隧道施工针对性地对重点部位进行支护加固和加强监控量测。基于数值模拟方法,从理论角度研究近水平软弱围岩下隧道开挖引起的拱顶下沉、洞周收敛变化的基本规律和数值特征,探明水平岩层与均质岩体之间的异同。以广南高速公路栾家岩隧道为依托工程,选取代表性的断面对隧道开挖的过程进行跟踪监控量测,根据大量的实际量测数据,从现场的角度提出近水平软弱围岩下开挖隧道引起的拱顶下沉、洞周收敛的基本规律。采用振动测试仪测试隧道施工爆破对邻近隧道初期支护及二次衬砌的影响情况,判断振动影响的范围、程度等,为确定软弱围岩下隧道左右线的合理间距、掌子面的合理距离提供依据。

3. 国内钢管混凝土型钢组合劲性骨架第二大跨度拱桥——昭化嘉陵江特大桥

昭化嘉陵江特大桥位于昭化古城的下游1km处,是昭化古城—剑门关风景区的组成部分。桥型为钢管混凝土型钢组合劲性骨架拱桥,全长864m,主桥长364m,主拱圈为净跨350m,拱圈采用两拱肋,两拱肋间以横联连接,每拱肋为单箱双室截面。该桥350m的跨度位居同类桥梁的世界第三。

该桥主要有以下几方面的技术特点:①桥梁规模大,主桥跨度364m,为国内同类桥梁中第二大跨度。②采用分离式箱型拱圈,拱圈横向分为两拱肋,两拱肋间以横联连接。在劲性骨架安装时,分两肋的单肋安装,减轻劲性骨架节段的安装质量,降低安装和施工控制的难度,待两肋均合龙后安装肋间横联,可保证后续施工阶段和结构使用期间的稳定。③采用新的骨架构造,骨架采用$\phi 457 \times 14mm$钢管和超高强自密实混凝土等级C80构成的钢管混凝土弦杆,骨架构造由传统的空间结构改为平面桁架,简化施工程序、便于模板安装和移动,从而减少外包混凝土工期并保证施工质量。④应用新型混凝土材料,首次在钢管混凝土拱桥中采用等级为C80的高强、高性能钢管混凝土,外包混凝土采用C55高性能混凝土。保证管内混凝土的灌注质量,降低外包混凝土振捣作业的难度。⑤改进计算理论,对劲性骨架在使用阶段的受力机理进行分析研究,结构计算时加入劲性骨架对拱肋承载能力的贡献。与不考虑此贡献的方法相比,拱肋截面纵向钢筋数量减少30%以上。⑥采用轻型化的拱上结构,行车道梁采用带翼小箱梁,通过减小盖梁尺寸、增加盖梁预应力来实现盖梁的轻型化。全宽范围内横向仅设两根立柱,并通过减小立柱的截面尺寸和壁厚等措施来减轻立柱质量。经过以上方式对拱上结构进行轻型化后,本桥拱肋除拱脚段外腹板厚度可达30cm,顶、底板厚度达40cm。

昭化嘉陵江特大桥

十八、G75 兰海高速公路南渝段

（一）项目简介

G75 兰海高速公路南渝段即国道212线南充至武胜（川渝界）高速公路（以下简称南渝高速公路），是国家高速公路网兰州至海口高速公路的一段。项目地处四川省南充市和广安市境内，起点桩号 K811+683，向北经阆中、苍溪、广元到达川甘界，向南途经南充市高坪区王家沟，与已建成的成都至南充高速公路相连接，经广安的岳池县、武胜县，止于川渝界街子，终点桩号 K877+415，全长 65.99km，是川北地区通往重庆的重要出口通道。项目的建设对逐步贯通规划中的国道干线公路，形成以国道为主骨架的路网体系，加强省际和地区间的经济、信息交流，实现川渝两地通江达海的战略目标，促进四川经济全方位发展起到重要作用。项目于2006年5月1日正式开工，2008年11月全部工程完工，由四川成南高速公路有限责任公司负责运营、管理和养护。

（二）项目前期工作

1. 项目审批

2004年5月24日，交通部下发的《关于南充至武胜（川渝界）公路初步设计的批复》批准同意南渝高速公路初步设计。

2005年11月29日，四川省交通厅下发的《四川省交通厅关于南充至武胜（川渝界）高速公路土建施工图设计文件的批复》批准同意南渝高速公路土建施工图设计。

2. 招投标情况

南渝高速公路招标共30个合同段，其中：设计招标2个，监理招标3个，中心试验室招标2个，施工招标21个，沥青材料采购2个，全部招标工作均顺利完成，没有发生违法违纪行为。建设单位与各中标单位签订承包合同的同时签订廉政建设合同和安全生产合同。

3. 征地拆迁

本项目征地拆迁实行据实核销制，南充市高坪区政府、岳池县人民政府、武胜县人民政府和广安市人民政府分别从各自辖区内的各级政府部门中抽调人员组成地方协调小组，与四川成南高速公路有限公司一起协调和组织全线的征地拆迁工作。南渝高速公路跨越南充、广安两市，途经南充市高坪区，广安市岳池县、武胜县。涉及14个乡镇，76个村，276个社，农业人口50463人，拆迁1383户，农转非人员12323人。南渝高速公路用于征地拆迁已结算的费用为47208.803万元。征用土地 482.27 万 m²，补偿 24958.323 万元;拆迁民房 24.3 万 m^2,补偿 4249 万元;移栽砍伐林木 90 多万株,补偿林木及附着物 1575.839 万元;拆迁学校 5 所 1966.53m^2,补偿资金 105.5 万元;全线拆迁蓄水池 20 口,山平塘 32 口,鱼塘 62 口,提灌站 2 处,补偿资金 384.857 万元;涉及电力、电信、联通等单位 16 个拆迁补偿 1841.393 万元;解决具体问题、特殊情况所发生的费用,补偿资金为 4233.488 万元;工作经费 2020 万元。

南渝高速公路奠基仪式

(三)项目建设情况

南渝高速公路处在丘陵地区。全线按双向四车道高速公路技术标准建设,设计行车速度 80km/h,整体式路基宽度 24.5m、分离式路基宽度 12.25m,行车道宽度 2×7.5m,一般最小圆曲线半径 400m,不设超高的最小圆曲线半径 2500m,最大纵坡 5%,凸形竖曲线半径一般最小值 4500m,凹形竖曲线半径一般最小值 3000m,主线沥青混凝土路面,收费站水泥混凝土路面,设计汽车荷载等级为公路—Ⅰ级,设计洪水频率为 1/100。隧道建筑限界净宽 2×10.25m,净高 5.0m,大桥 21 座 4713 延米,中桥 25 座 1411 延米,小桥 11 座 158 延米,隧道 2 座 2144m,桥隧比为 12.76%。全线共有王家沟、同兴、坪滩、武胜及街子 5 处互通式立交,服务区设在武胜旦家坝。

南渝高速公路项目交通部批准总概算为 22.66 亿元,采用银行贷款和自筹资金投资模式。资金来源为交通部补助 3.25 亿元,四川省交通厅自筹 7.41 亿元,其余为银行贷款。

四川成南高速公路有限责任公司全面负责南渝高速公路的建设管理,下设南渝高速公路业主代表处代表业主对设计代表、监理部、中心试验室和承包人进行现场监督管理,对本项目施工的质量、安全、费用和进度进行现场管理和地方协调工作;工程养护部负责工程招投标、合同管理和技术课题研究管理,会同四川成南高速公路有限公司聘请的专家顾问组对本项目进行技术指导,配合上级单位和相关部门对本项目监督管理;财务部负责建设资金的筹措、财务计划、合同支付、成本管理和日常财务管理;征地拆迁部负责沿线征地拆迁以及与地方政府的协调工作。成南公司通过公开招标确定设计单位、监理单位、中心试验室和施工单位。设计单位在施工现场派驻设计代表,为施工提供技术服务。上建、机电监理单位设置监理部,对相应的工程施工进行质量控制、进度控制和费用控制,以及合同管理和安全、环保监理。中心试验室负责标准试验和频率为5%的抽检试验,指导施工和监理单位的试验室工作,监督检查承包人的施工质量。建设期间建设单位主要管理人员为总经理彭洪,副总经理程学良、李武强,工程处处长许金华,财务处处长凌希云。

本项目的建设单位为四川成南高速公路有限责任公司;设计单位为四川省交通厅公路规划勘察设计研究院;监督单位为四川省交通厅公路水运质量监督站。施工、监理、试验和供货单位详见表4-29。南渝高速公路工程建设均按常规方式进行,无复杂工程技术。

南渝高速公路路面建设场景

南渝高速公路桥梁建设场景

表4-29 南渝高速公路施工、监理、试验和供货单位一览表

工程项目	合同段	起 讫 桩 号	路线长度(km)	中标单位名称	监理单位/中心试验室
路基、桥涵	J1	K0+000～K8+000	8	四川路桥建设股份有限公司	监理单位 山西省交通建设工程监理总公司(JL1) 重庆中宇工程咨询监理有限公司(JL2) 北京中交路通交通工程咨询有限公司(JDJ) 中心试验室 四川省交通厅公路规划勘察设计研究院道桥研究所(SY1) 四川精益道桥试验检测有限责任公司(SY2)
路基、桥涵	J2	K8+000～K12+300	4.3	中铁一局集团有限公司	
路基、桥涵	J3	K12+300～K20+000	7.7	中铁十三局集团第三工程有限公司	
路基、桥涵	J4	K20+000～K32+490	12.49	四川路桥航建设工程有限责任公司	
路基、桥涵	J5	K32+490～K41+000	8.51	四川公路桥梁建设集团有限公司	
路基、桥涵	J6	K41+000～K49+000	8	中国建筑第二工程局	
路基、桥涵	J7	K49+000～K57+213	8.213	成都市路桥工程股份有限公司	
路基、桥涵	J8	K57+213～K65+994	8.781	四川攀峰路桥建设有限责任公司	
路面	LM1	K0+000～K32+490	32.49	成都路桥工程股份有限公司	
路面	LM2	K32+490～K65+994	33.50	四川攀峰路桥建设有限责任公司	
绿化	H1	K0+000～K12+300	12.3	四川瑞云环境绿化公司	
绿化	H2	K12+300～K32+490	22.19	四川艺馨环境绿化公司	
绿化	H3	K32+490～K49+000	16.51	四川高路绿化公司	
绿化	H4	K49+000～K65+994	16.994	四川艺景绿化公司	
交通安全设施	A1	K0+000～K12+000	12	四川高路交通信息工程有限公司	
交通安全设施	A2	K12+000～K32+490	20.49	广东新粤交通投资有限公司	
交通安全设施	A3	K32+490～K49+000	16.51	广东新粤交通投资有限公司	
交通安全设施	A4	K49+000～K65+994	16.994	四川高路交通信息工程有限公司	
房建	F1	K0+000～K65+994	65.994	四川瑞云建设工程有限公司	
网架	WJ	K0+000～K65+994	65.994	江苏盐城大鹏有限责任公司	
机电工程	D	K0+000～K65+994	65.994	中国港湾工程有限责任公司	
沥青供货	Q1	K0+000～K65+994	65.994	广州新粤沥青有限责任公司	
沥青供货	Q2	K0+000～K65+994	65.994	中远国际贸易公司	

建成后的南渝高速公路

(四)项目建设的意义及对沿线经济发展产生的影响

南渝高速公路的建设对逐步贯通规划中的国道干线公路,形成以国道为主骨架的路网体系,加强省际和地区间的经济、信息交流,实现川渝两地通江达海的战略目标,促进四川经济全方位发展起到重要作用。

(五)项目特色

四川省内当时规模最大路面现场科研试验

南渝高速公路路面科研选择在 K3+940~K4+890 段,该科研项目是省内当时规模最大的路面现场科研试验,涉及了路面应力应变、温度、湿度传感器的埋设,低剂量水稳基层、底基层的使用,以及新的路面设计理念,在省内较少应用的 SMA-10、SUP-19、ATB-25、级配碎石基层等结构层的进一步分析研究等多方面的研究。其中以下几点在省内尚属首次。

(1)针对《公路沥青路面设计规范》(JTG D50—2006)提出的水泥稳定碎石基层、底基层振动击实成型的原理和方法,通过研究发现,用该成型方法成型的试件的无侧限抗压强度要高于用静压法成型的试件,因而大胆突破,降低水泥剂量,选择用2%水泥剂量的水泥稳定碎石底基层进行铺筑。

(2)参照国外长寿命沥青路面的设计原理,在保证基层、下面层足够的强度和柔度前提下,降低抗滑表层的厚度,期望在日后路面的养护中只对表面层进行养护,从而大大地节省养护费用。

(3)在当时,沥青路面结构设计采用的双圆均布荷载作用下的弹性层状连续体系理论,但实际上沥青大多数时间是种黏弹性体,且路面的层间结合实际上是无法达到连续结合的。为探明路面层间结合的实际应力应变的分布和变化,在路面埋设了应力应变传感器;为探明温度、湿度对路面的影响,埋设温度、湿度传感器,并分挖方段、填方段、柔性、半刚性路面分别布设传感器。

(4)继成南高速公路进行SUP-12.5抗滑表层的研究后,南渝高速公路进行了SUP-20中下面层的试验研究以及实体工程的铺筑,由此完成美国SUP路面系统在全省路面各层的试验路铺筑。

十九、G76厦蓉高速公路成渝段

(一)项目简介

G76厦蓉高速公路成渝段即成都至重庆高速公路(以下简称成渝高速公路),是国家"八五"重点公路工程,是四川第一条高速公路。成渝高速公路四川段起于成都市五桂桥,途经简阳、资阳、资中、内江、隆昌等市县,止于桑家坡,全长226km,是组成成渝高速公路两段中较长的一段,较短的一段位于重庆市境内,全长114.2km,为成渝高速公路重庆段。成渝高速公路于K2200+950处与成都市第一绕城高速公路相交,于K2169+100处与成都市第二绕城高速公路连接,于K2141+700处与成都市第三绕城高速公路连接,于K2114+300处与遂资眉高速公路连接,于K2041+950处于内遂高速公路连接,于K2004+400处与自隆高速公路连接。成渝高速公路的建成,为四川省经济发展特别是成渝高速公路沿线及周边地区的经济发展提供了前所未有的良好机遇,为沿线城市乃至整个四川省创造了巨大的社会和经济效益。成渝高速公路1990年9月开工建设,1995年9月全线竣工。

(二)项目前期工作

1. 项目审批

1984年5月,四川省公路规划勘察设计院完成《成渝公路改建工程可行性报告》,此报告视为本项目的预可行性研究报告。国家计委以计交1001号文批准立项。1986年10~11月,成渝高速公路被国家计委列入第六批世界银行贷款项目,四川省公路规划勘察设计院完成《成都至重庆公路可行性研究报告》,视为本项目的工程可行性研究报告。1987年5月,国家计委委托中国国际工程咨询公司对项目可行性研究报告正式评估。

1987年12月,经国务院批准,国家计委批复成渝高速公路设计任务书。1988年4月,交通部批准,将成渝高速公路初步设计并经国家计委批准,将成渝高速公路纳入国家基建预备大中型项目计划。1990年7月,国务院批准国家计委下达的成渝高速公路纳入国家基建预备大中型项目计划,建设工期为5年。

2.招投标情况

成渝高速公路项目内容包括道路工程、结构物、隧道、电气和机械设备以及其他工程,全部工程原划分为17个合同段。根据世界银行贷款《采购指南》规定的建设程序,成渝高速公路的工程建设采用国际国内招标承包方式。采用国际竞争性招标的有12个合同段,分为三期招标。

3.征地拆迁

成渝高速公路四川段共征用土地1375万m^2,其中耕地1231万m^2,非耕地144万m^2。耕地征地费用中,土地征用费12066.72万元,安置补偿费937.35万元,土地租用费813.90万元,征地管理费293.40万元,青苗及树木补偿费2452.69万元,耕地占用税1920.60万元,拆迁费5955.95万元。

(三)项目建设情况

成渝高速公路沿线属平原微丘和山岭重丘。全线按双向四车道高速公路技术标准建设,平原微丘区设计速度80~100km/h,山岭重丘区设计速度60~80km/h,平原微丘区路基宽度为25m,山岭重丘区路基宽度为20~21.5m,采用沥青混凝土路面结构形式,设计汽车荷载等级为公路—Ⅰ级。成都至桑家坡段路基土石方4545.5万m^3,软土地基处理20km,大桥27座4063.31延米,中小桥192座6613.75延米,涵洞及通道(含天桥)1416个,天桥及渡槽155座5860.7延米,涵洞1032座29614m,隧道2座1519m。全线一般互通式立交12处(龙泉驿、龙泉湖、石盘、石桥、简阳、资阳、球溪西、球溪东、鱼溪、资中、银山、樟木)、枢纽互通式立交7处(狮子桥、石盘、新市、遂资眉、隆昌、迎祥、玉王庙)。排水挡防工程168.4万m^3。全线设置路基排水及防护工程168.4万m^3,护栏全长597.49延公里,隔离栅505.72延公里,反光标线13.52万m^3。四川段设有1个管理处、6个管理所,在石桥、资阳、资中、内江、隆昌共设5个服务区。成渝高速公路四川段设有15个收费站;采用封闭式的非接触IC卡收费制,人工识别车型、入口发卡、出口收费验核;收费系统以处、所、站三级行政管理机构为基地,建立收费中心、收费分中心、收费站三级收费计算机管理体制。成渝高速公路四川段设有一个通信总站、7个通信分站,全线每2公里设一对紧急电话。成渝高速公路四川段的监控系统结构为一阶控制系统,由监控中心设备与外场设备组成。四川段在成都管理处、龙泉机械养护队、龙泉山隧道管理站设有变电所,其余路段采用沿途县(区)供电网就地接续方式供电。

本项目概算总投资26.232亿元,工程资金到位26.275亿元。交通部确定成渝高速公路作为一个建设项目,由四川省和重庆市负责分段包干,四川省交通厅负责西段、重庆市交通局负责东段的建设。资金来源为交通部补助 6.64 亿元、世界银行贷款 4.353 亿元、地方自筹 10.531 亿元、国内银行贷款 4.75 亿元。竣工决算为 26.168 亿元,投资节约 0.064 亿元。

成渝高速公路龙泉山隧道

成渝高速公路龙泉山爬坡车道

成渝高速公路沱江大桥

成渝高速公路内江收费站

成渝高速公路内江服务区

成渝高速公路资阳收费站

成渝高速公路资中收费站

成渝高速公路内江互通式立交

成渝高速公路建设单位为四川省重点公路建设指挥部，在1994年2月以前，成渝高速公路由四川省重点公路建设指挥部管理，在1994年2月25日进行机构调整，成立四川省交通厅高速公路管理局，在四川省交通厅直接领导下，主要负责成渝高速公路建设和管理工作，但鉴于建设项目涉及世界银行贷款、工程合同管理和与地方政府的关系，建设上仍以省重点公路建设指挥部的名义开展工作。根据《四川省人民政府办公厅关于成立四川省重点公路建设领导小组及其办事机构的通知》文件精神，四川省人民政府决定成立四川省重点公路建设领导小组及其办事机构——四川省重点公路建设指挥部，指挥部设在省交通厅，由浦海清担任组长并兼任省重点公路建设指挥部指挥长。四川省重点公路建设领导小组的主要任务是负责全省高等级公路及大型桥梁建设项目的领导工作，研究、制定有关政策、办法，协调、解决有关重大问题，四川省重点公路建设指挥部负责对上述任务的具体实施和施工组织进行管理，原四川省大件公路建设指挥部随之撤销。

建设期间，四川省重点公路建设领导小组成员如下。

1987~1993年：蒲海清、郭洪喜、冯述林、马明典、尹洪路、黄工乐、蔡振华、王寿廷、牟几千、王会卿、马安民、张盟、刘世友、朱永明、李长春、严如高、郑时源、张培南、张世银（1987~1988年）、曹锡生、黄跃、刘仁明、肖志富。

1988—1993年：胡志华、刘先谋、樊友珍、李成玉、王金祥、宰仲江。

四川省重点公路建设指挥部主要成员为蒲海清、甘宇平、郭洪熹、刘中山、马明典、李又、黄关丁、李丕振、谭诗樵、杨晓坤、崔炳权。

成渝高速公路勘察设计单位为四川省交通厅公路规划勘察设计研究院；施工单位包括成都市路桥工程公司、四川省桥梁工程公司、成都市市政工程公司、四川省建筑工程总公司、铁道路第二工程总公司、四川省建筑工程总公司、攀枝花公路桥梁工程公司、四川公路桥梁工程总公司等。

1992年，为适应成渝公路沿线地区经济发展和公路交通量增长的需要，将原设计中简阳至来风驿段252km二级公路双车道改为一级公路四车道,使成渝高速公路全线按一级公路标准一次建成。1994年6月和1996年8月,四川省交通厅和四川省重点公路建设指挥部成立的领导小组分别对成都至简阳段和简阳至商家坡段进行交工验收,两段均被评定为"优良工程"。1997年9月27~29日,由交通部组织国家竣工验收委员会,对项目进行竣工验收。工程质量综合评分88.46,工程质量评为"优良工程",同时对建设项目综合评分为88.46分,建设项目被评为"优良等级"。

成渝高速公路建设期间科学处治软土地基,为消除路面沉降等工程缺陷采用塑料排水带处理的实验研究获四川省科技进步二等奖。隧道通风、照明、监控管理等系统设施在设计时引进了德国的先进技术,为当时国内公路隧道首例,达到20世纪90年代国际先进水平。

(四)项目建设的意义及对沿线经济发展产生的影响

成渝高速公路四川段是成都市连通外界的第一条高速公路,是国家高速公路网厦蓉高速公路和渝昆高速公路的重要组成部分,是四川南向出川的主要通道。成渝高速公路的建成,为四川省省会成都和西南最大的重工业城市重庆直辖市搭起了"黄金大道",比原有的成渝公路里程缩短98km,比成渝铁路里程缩短165km,在大城市的扩展和辐射影响下,延伸沿线市(县)、区的区位优势,不断加强区间经济技术交流与合作,为整个四川经济的腾飞插上翅膀,为成渝经济走廊注入新活力。

(五)项目特色

交通部优秀设计一等奖——双桥子立交桥

双桥子立交桥桥梁采用部分预应力设计的先张四级粗钢筋空心板,较全预应力混凝土构件节省钢材17%。跨越内宜铁路的单孔120m中承式钢管混凝土提篮拱桥,当时在中国尚属首次应用,结构新颖,造型美观。此桥建成后对其进行了实桥荷载试验,表明其结构承载力高,刚度大,试验同时也为桥梁结构研究和施工工艺积累了大量技术资料和数据。

二十、G76厦蓉高速公路隆纳段

(一)项目简介

G76厦蓉高速公路隆纳段即隆昌至纳溪高速公路(以下简称隆纳高速公路),是国道321线的一段,也是西南出海大通道中的一段,为四川省经贵州出海最便捷的通道。隆纳高速公路始于成渝高速公路隆昌收费站(K0+000)处,经过内江市隆昌市,泸州市泸县、龙马潭区、江阳区和纳溪区,止于泸州市纳溪区渠坝321国道(K1786+130)处。隆纳高速公路全长87.822km,其中正线76.25km,三处连接线共11.572km。建成开通时与成渝高速公路连接,目前与成自泸赤、宜泸渝、成渝、纳黔高速公路相连。它的建设不仅有利于开发川南经济区,而且对完善四川、重庆高速公路路网结构,加速西部大通道的贯通,促进西部大开发,完善以泸州市为中心的公路、铁路、水运、航空综合运输体系,均具有重要作用。根据《1991—2020年四川省高速公路网布局暨建设规划》,该路为全省重点公路建设项目之一。第一期工程(隆昌至泸州段)于1996年11月开工,第二期工程(泸州至纳溪段)于1997年6月28日开工建设。1999年9月29日第一期工程竣工,经四川交通厅质监站组织交工验收,质量综合评分为93.1分,质量等级优。2000年11月28日第一期工程竣工,经四川省交通厅质监站组织交工验收,质量综合评分为93分,质量等级优。

隆纳高速公路

(二)项目前期工作

1. 项目审批

隆纳高速公路于1996年4月22日经国家计委批准立项。1998年3月6日,国家计委批准工程可行性研究报告。

1998年5月18日,国家计委批准同意开工建设。1998年8月19日,交通部批准初步设计。

2. 招投标情况

隆纳高速公路在第一期工程(隆昌至胡市)投标采取现场开价,现场公开报价,对报价结果、评标结果报请四川省交通厅批准,核定A~P3合同段中标单位。胡市至纳溪第二期工程招投标工作,省交通厅对第二期工程投标单位资格预审做出批复,评标工作结束后,《关于确认隆纳高速公路二期工程<胡市—纳溪段>Q1、R、S、T、U、V、W、X、Y合同段中标单位的报告》报请省交通厅确认。其余交通安全工程、房建工程、绿化工程招标工作均报请省交通厅批复、批准。

第二期工程中收费大棚和收费亭的招投标由南方公司具体实施。隆纳高速公路有主包和指定分包,共有路基、路面指定分包单位25个,皆经过合同等形式合法参与工程建设,无非法转包、违法分包等现象。

3.征地拆迁

隆纳高速公路工程涉及泸州市和内江市2个县3个区,17个乡(镇),83个村,323个合作社,征用土地共计667.664万 m^2,农转非人员3651人。拆迁各类建筑物300多万 m^2,拆迁通信线路140余条,电力线路210余条,大型灌溉、生活用水管道12条,学校及企业15家。办理用于取土场及线外工程等各类临时用地共计450余宗,约93万 m^2。

(三)项目建设情况

隆纳高速公路地处四川盆地南缘,为丘陵、低山地带气候,温暖潮湿,降水量丰沛,水网发育,浅层地下水受降水补给,以孔隙潜水形式赋存于山间谷地的土体中,以裂隙水形式赋存于基岩中,孔隙潜水还受基岩裂隙水补给,故山间谷地土体常年饱水。区内岩层主要为砂岩、泥岩不等厚互通,砂岩强度较高,泥岩强度较低。沿线大部分地区属构造剥蚀宽谷塔状斜面中丘和窄谷串珠状陡面深丘,谷宽30~150m,谷呈U形。高程250~380m,相对高差30~80m。岩层平缓,倾角5°~14°,构造简单,无断裂发育,基本地震烈度为Ⅵ度。

隆纳高速公路全线按双向四车道高速公路技术标准建设,全立交、全封闭,中间设置绿化隔离带1.5m,两边设置紧急停车道宽2m。隆昌至胡市立交桥设计速度100km/h,泸州连接线及胡市立交至纳溪渠坝设计速度80km/h。工程分两个阶段施工,第一阶段隆昌至泸州,路基宽26.5m(其中泸州连接线路基宽24.5~25m);第二阶段胡市立交桥至纳溪渠坝,路基宽25m。桥涵与路基同宽。路面为沥青混凝土(收费广场为水泥混凝土)。设计荷载汽车—超20级,挂车—120。桥梁75座,其中特大桥1座1408延米、大桥13座2207延米、中桥38座1957延米、小桥23座835延米,涵洞455道18029延米,通道66处2946延米,人行天桥、过水道78座3280延米,桥梁比为8.7%(无隧道)。路基挖土石方1571.59万 m^3,路基填方1261.91万 m^3,排水防护砌体75.29万 m^3,路面底基层231.928万 m^2,路面二灰基层230.484万 m^2,15cm黑色沥青混凝土面层588.95万 m^2。全线在新生、青龙、牛滩、胡市、况场、纳溪设置互通式立交6处,方山设置半互通式立交1处,改扩建隆昌互通式立交1处。设有隆昌主线、隆昌匝道、新生、泸县(青龙)、牛滩、胡市、泸州、况场(原泸州西)、方山(石棚)、纳溪、渠坝等收费站11个,隆昌东(原白塔)服务区和泸州西(原胡市)服务区各1处。

隆纳高速公路泸州收费站

隆纳高速公路方山收费站施工现场

隆纳高速公路泸州西服务区

第四章
高速公路建设

隆纳高速公路泸州西服务区

项目初设总概算为22.752亿元人民币,竣工决算为21.531亿元,较批准总概算节约1.221亿元。项目总投资24.5亿元,其中项目资本金9.36亿元,由交通部用车辆购置附加费安排4.36亿元、四川省用重点公路建设资金安排5亿元组成。资本金以外部分由四川省投资公司投资1.2亿元,省交通厅用省重点公路建设资金和养路费等投资8.78亿元,泸州市投资3.76亿元,内江市投资1.4亿元。

隆纳高速公路工程跨越泸州市三区一县和内江市隆昌市。建设期间设立四川省隆纳高速公路建设指挥部(四川南方高速公路股份有限公司),担负工程建设任务。省指挥部下设泸州市隆纳高速公路建设指挥部和内江市隆纳高速公路建设指挥部,分别承担所辖区域的征地拆迁、安全保卫工作。

勘察设计单位一期工程为四川省交通厅公路规划勘察设计研究院,二期工程为四川省交通厅公路规划勘察设计研究院(主体工程)、中国公路工程咨询监理总公司(交通工程及沿线服务设施);一期工程为施工单位包括四川路桥总公司二公司,四川省桥梁有限责任公司,攀枝花公路建设公司等,二期工程包括四川路桥总公司,四川路桥二公司、三公司、桥梁公司,四川华夏公司,铁十三局三处,铁五局机筑处,铁十八局三处等;一期工程为监理单位为四川省交通厅公路工程监理事务所,二期工程为四川省公路工程监理事务所。质量监督单位为四川省交通厅公路水运质量监督站。

隆纳高速公路一期工程中,由于该段沟谷属U形地貌,地面横坡较缓,路线所通过沟谷间的软土地基多在1.5~2.5m,在一期工程路基施工中的软基处理多采用抛石挤淤和换填片石处理;二期工程属重丘地形,沟谷深且较狭窄,冲沟中软土地基较深,在处理这部分软土路基时,于塑料插水板施工前先铺填30cm砂砾石。塑料插水板采用机插式施工,间距为3.0m的等边三角形。

(四)项目建设的意义及对沿线经济发展产生的影响

隆纳高速公路是四川和西南腹地通往贵州和广东、广西沿海的重要通道,沿线地区资源比较丰富。近年来该项目直接影响的隆昌、泸州、纳溪等地区经济发展较快。隆纳高速公路项目的实施完善区域内综合运输网络,使中国西南地区增加一条出海通道,促进川南及整个西南地区的相互联系和社会经济发展。

(五)项目特色

边主跨比世界最小——泸州长江二桥

泸州长江二桥是一座跨越长江的特大型桥梁,桥梁起止桩号为K68+797.45~K70+205.45,全长1408m,桥宽与路基同宽(25m),设计荷载汽车—超20级,挂车—120,设计洪水频率1/300,通航标准远期按Ⅱ—(3)级内河航运标准,最高通航水位按规划的石棚枢纽正常蓄水位控制(黄海高程263.38m),地震烈度属Ⅵ度区,按Ⅶ度设防。上部构造主桥为(145+252+54.75)m的连续刚构,引桥为19×30.075m+7×50m的预应力简支T梁。下部构造的11号、12号主墩墩身为双肋式柔性薄壁墩,为减小墩身阻水,改善水流形态,在墩身上、下游设置弓形分水尖。纳溪侧主墩基础采用明挖扩大基础,隆昌侧主墩基础则采用钢沉井深水基础。引桥下部采用钻(挖)孔嵌岩桩基础,双柱式墩,预应力混凝土盖梁。泸州长江二桥于2000年11月圆满完成施工任务,与其他同类桥型相比,其最大的特点是主桥连续刚构与边跨极不对称。为保证主桥结构受力平衡,小边跨纳溪岸设锚碇桥台,与边跨箱梁刚性连接,因此引起主桥结构在另一端(隆昌侧)的水平位移,导致隆昌侧主墩水平力过大,钢沉井基础合力偏心距大。设计施工中采用钢沉井基础受力和锚定南桥头钢梁的措施,解决了这一技术难题。

泸州长江二桥

二十一、G76 厦蓉高速公路纳黔段

(一)项目简介

G76 厦蓉高速公路纳黔段即泸州市纳溪区至黔川界高速公路(以下简称"纳黔高速公路")是国家高速公路网"7918"布局的横线厦蓉高速公路在四川境内的一段,也是四川省现规划的 24 个出川高速公路通道之一。项目起自泸州市叙永县石坝乡白土岭(黔川界),接贵州省毕节至生机(黔川界)公路,止于泸州市纳溪区新乐镇响滩子,接已建成通车的纳溪至隆昌高速公路。路线全长 136.803km,比国道 321 线缩短里程约 49km。纳黔高速公路是连接全国东西部地区的重要交通枢纽,它对于完善国家和全省高速公路网、打造西南出海大通道,对于加强西部各省与东南沿海的经济社会交流和维护彝、苗、回、汉等民族团结具有重要意义。项目于 2008 年 12 月 30 日正式开工,项目一期工程于 2011 年 12 月 30 日竣工通车,二期工程于 2012 年 12 月 31 日竣工通车。

纳黔高速公路

(二)项目前期工作

纳黔高速公路于 2007 年 9 月 27 日,经国家计委批准立项。2008 年 8 月 21 日,国家发改委批准工程可行性研究报告。2008 年 11 月 30 日,国家发改委批准同意开工建设。2008 年 10 月 31 日,交通运输部批准初步设计。

(三)项目建设情况

纳黔高速公路位于东经 105°10′~105°30′,北纬 28°50′~27°40′区内,地形上属四川盆地南缘及云贵高原的过渡带。路线走向由北向南,依次由浅、中、深丘向低、中山区过渡,止于川、黔交界处的赤水河。路线以 K146+700(B 线方案为 K148+850)为界,以北为构造剥蚀丘陵及永宁河侵蚀堆积地形,以南为侵蚀构造低、中山及溶蚀构造地形。全线海拔高程一般在 300~1500m,最低点位于起点附近,高程约 270m,最高点位于 K 线方案雪山关(K201+100),高程 1732.64m。

纳黔高速公路全线按双向四车道高速公路技术标准建设,设计速度 80km/h,路基宽 24.5m,沥青混凝土路面。隧道 22 座 30897m,其中特长隧道 1 座 4067m,长隧道 5 座 9100m。桥梁 330 座 79042.7 延米,其中特大桥 4 座 4632 延米,大中桥 136 座 33760 延米,涵洞 290 座 12848m。桥隧比例为 40%,其中黔川界至叙永县长 60km,桥隧比为 57%,叙永县至纳溪区新乐镇长 74.8km,桥隧比为 27%。防护及排水 69.8 万 m^3。纳黔高速公路全线共设高桥、震东、叙永、江门、护国、黄桷湾等 9 处互通式立交,震东互通与叙古高速公路衔接,与宜叙高速公路连接。占用土地 809 万 m^2,路基土石方 1508.68 万 m^3,设叙永南(B 级)、叙永(A 级)、纳溪(B 级)3 处服务区。其中叙永服务区占地面积 10.666 万 m^2,系当时川南地区高速公路最大的服务区。

全线主要控制点为起点(隆纳高速公路 K73+330.354)江门峡谷、会龙山槽谷、叙永县城,震东、叙岭关、椅子洋大山,终点白土岭(赤水河)。

纳黔高速公路四川省界收费站

第四章
高速公路建设

该项目总投资899496.2万元，平均每公里造价6902.63万元。建安工程费623292.2万元，设备工器具购置费19718.65万元，工程建设其他费17963.53万元。土地青苗等补偿和安置补助费57547.7万元，建设期贷款利息80491.75万元。项目资本金按照项目总投资的35%计算（考虑建设期贷款利息），即314823.67万元，由项目业主自筹。余额由国内银行贷款方式筹集资金，共计584672.53万元，为总投资65%。

本项目的勘察设计单位为北京交科公路勘察设计研究院有限公司、福建省交通规划设计院、四川交通职业技术学院、四川省国土勘测规划研究院、云南省公路规划勘察设计院、吉林省诚科工程检测有限公司；施工单位为浙江正方交通建设有限公司、四川路桥建设股份有限公司、中铁十八局集团有限公司、江苏润扬交通工程集团有限公司、中国建筑股份有限公司、攀枝花公路建设有限公司等；监理单位为四川省公路工程监理事务所、山东格瑞特监理咨询有限公司、陕西恒通工程咨询有限责任公司等；试验检测单位为四川正信重点公路工程试验检测有限责任公司、陕西恒通工程咨询有限责任公司、中铁西南科学研究院有限公司等。

纳黔高速公路工程有省内穿越岩溶区最长的隧道叙岭关特长隧道（全长4067m），有在省内同类桥型中墩高排名第二的冷水河特大桥（主墩高135.5m），有在省内同类桥型中跨径排名前五的赤水河特大桥（主跨248m）。纳黔公司工程建设坚持"最大限度地保护、最小限度地破坏"的原则，尽量减少对林木的砍伐，及时有效整改在施工过程中遭受破坏的植被。公司狠抓施工细节，想方设法将高速公路融入乌蒙山区优美的自然环境中。纳黔高速公路在进行边坡绿化、边坡防护时采取了多种措施，特别采用了客土培土技术，为路边裸露的岩石披上了"绿衣裳"。在开挖土方的路段，路堤尽可能放缓坡度，通过绿化使道路两侧更加贴近自然生态环境，沿线裸露地段的植被覆盖率达到90%以上。道路中间的绿化隔离带一改往常清一色的小叶榕品种，分别改种毛叶丁香球、塔柏等树种，可以有效地防止夜间对向来车所产生的眩光，进而减少由于眩目所产生的交通事故。纳黔高速公路位于四川盆地南缘向云贵高原过渡地带，沿线雨量充沛，加上日夜温差大，大雾出现频率高，持续时间长。特别是高桥至震东区域，冬季因雾天能见度不能满足行车视距的时间占一半以上。针对K28+660~K34+400区域多雾的情况，特在道路两侧安装了雾区行车诱导系统，692套LED 4级同步频闪可调雾灯。每隔30m设一对，安装高度1.3m。当能见度小于150m时雾区行车诱导系统即被启用，诱导车辆正常行驶。此外，为最大限度减小长大纵坡带来的安全风险，在即将通车路段还建设了4处避险车道，为长时间下坡制动发生故障的车辆特别是重型货车提供了一道安全屏障。同时路段汲取其他高速公路的经验教训，增加避险车道，长大下坡路段采用加强型防撞护栏，提高运营安全系数。

纳黔高速公路叙岭关隧道

纳黔高速公路赤水河特大桥

纳黔高速公路金榜特大桥

纳黔高速公路特色边坡、绿化带(一)

纳黔高速公路特色边坡、绿化带(二)

(四)项目建设的意义及对沿线经济发展产生的影响

根据国家高速公路网规划,纳黔高速公路是国家高速公路网的重要组成部分,也是四川省高速公路网中 10 个省际高速公路出口之一。1997 年 3 月重庆设为直辖市后,四川行政区划发生变动,本项目成为四川省经贵州通往沿海口岸最便捷的出海通道,是加强川、滇、黔、渝四省市及西北地区与华中、华东地区交通联系的重要干线,对贯彻实施西部大开发战略、促进地区经济发展均具有重要意义,在全国公路运输网中具有举足轻重的地位。

(五)项目特色

1. 保障雾区公路安全——雾区交通智能诱导系统

1)纳黔高速公路雾区特征

纳黔高速高路雾区主要集中在赤水至叙永段,该路段地处四川盆地南缘,为盆地与云贵高原过渡带,盆周山海拔较高呈北低南高趋势,属于亚热带湿润季风气候。境内多河流湖泊,一年四季多阴雨天气,最高年均降水量达1200~1400mm,空气湿度大,由于风向因季风与行星风系环流冬夏变换,具有不同的西风、西北风、东南风与西南风等,风力也因盆周山地屏障作用而削弱,空气由低层向高层爬坡,形成了冷却条件。一般说来空气每上升100m,气温就会下降0.6℃,低层的气团在上升过程中,气团的水汽含量不变,到高层后由于气温的下降,空气就容易达到饱和出现凝结,使得盆周山南北两侧容易产生上坡雾,而北坡较缓,使得气流爬升高度较大,在海拔800m左右开始遇冷凝结,从而使该路段出现多雾天气。

该雾区路段主要有以下特点:

(1)里程长、坡度大、雾天持续时间长

纳黔高速公路C5~C8（K21+875~K47+617）标段全长约26km,其中高桥至叙岭关隧道段下坡全长15.25km,多桥隧结构,平均纵坡度2.19%,多处弯道半径小于650m。该路段是一个雾大、雨多、路滑、坡陡、弯急的多雾地区,从每年的10月下旬开始进入雾季直到第二年3月,一年中大约有5个月是大雾天气,且不易消散。

(2)起雾频率高、能见度低

纳黔高速公路雾区路段起雾频率高,一个路段一天之内可能会起雾2~3次,而且起雾速度快,多伴有小雨,冬季甚至有冰雪,雾浓时能见度低(通常小于100m)这样会使过往车辆发生交通事故的概率大大增加。

根据纳黔高速公路雾区的特点,通过实地勘察研究,初步设计了纳黔高速公路雾区交通诱导控制系统。

2)雾区交通智能诱导系统

高速公路雾区交通诱导控制系统包括环境检测系统、中央控制系统、信息发布及诱导系统3个部分,如下图所示。

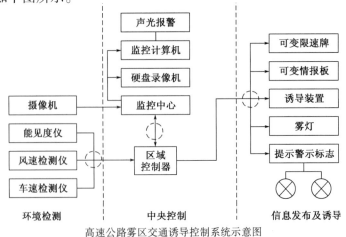

高速公路雾区交通诱导控制系统示意图

(1) 环境检测系统

主要是由遥控红外摄像机、能见度检测仪、风速检测仪和车速检测仪组成。当监控地区发生大雾后,能见度检测仪识别雾的等级,风速检测仪收集风速信息,车速检测仪收集交通流信息,并反馈给监控中心,监控管理员通过摄像机观察路侧诱导灯的数量,换算出雾区能见度可视距离,并对能见度检测仪的检测情况进行确认之后,把有关数据发送给中央控制器和监控中心计算机。

(2) 中央控制系统

主要由监控中心的计算机、显示设备及控制软件组成。计算机在接收到现场的检测数据后进行分析确认,根据分析结果确定相应的控制及诱导方案,通过通信网络自动发送,也可以由管理员确认后将这些数据发送至外场,对信息发布设备和诱导设备进行控制。

(3) 信息发布及诱导系统

由可变限速标志、可变情报板、诱导装置、提示警示标志和雾灯组成。外场显示信息发布主要包括可变限速标志、可变情报板,无雾产生时正常显示内容,如果有大雾等异常情况时,管理者可以通过可变情报板和可变限速标志发布相应的限速、诱导或封闭道路等信息。

此系统是实现智能交通控制的关键设备,它是由动态节点探测器、节点控制器和控制系统的 CAN 通信组成。雾区交通诱导控制系统设计效果如下图所示。

纳黔高速公路雾区诱导控制系统设计效果图

主要外场设备及设置位置见表 4-30。

纳黔高速公路雾区行车交通诱导控制系统(外场设备)　　表 4-30

序号	设备名称	数量	桩号	方向	备注
1	雾灯	650 对	K23+100~K32+900 K33+550~K39+750 K44+100~K47+600	黔—纳	每 30m 一盏 (高度 120~130cm)

续上表

序号	设备名称	数量	桩号	方向	备注
1	雾灯	650 对	K47+600~K44+100 K39+750~K33+550 K32+900~K23+100	纳—黔	每30m一盏 (高度120~130cm)
2	预警信号	650 对	K23+100~K32+900 K33+550~K39+750 K44+100~K47+600	黔—纳	每30m一盏 (高度120~130cm)
		650 对	K47+600~K44+100 K39+750~K33+550 K32+90~K23+100	纳—黔	
3	能见度仪、风速仪	5	K28+300 K29+700 K31+100 K34+000 K37+400	黔—纳 纳—黔	同立柱两个方向
4	摄像机(云台)	8 对	K23+100 K26+600 K30+100 K33+600 K37+100 K39+600 K44+100 K47+600	黔—纳 纳—黔	约每3.5km一台, 安置在中央 分隔带上或适合位置
5	门架式可变情报板 (含测速装置)	1	K22+700	黔—纳	进入多雾路段前的 合适位置
		1	K47+200	纳—黔	发布信息如: "前方进入雾区" "保持车距谨慎驾驶"
6	立柱式可变限速牌	2	K24+400 K39+600	黔—纳	雾区合适位置
		2	K45+600 K27+600	纳—黔	
7	提示、警示标志牌	4	K24+500 K31+600 K37+200 K39+600	黔—纳	"开启雾灯" "保持车距" "危险路段" "请勿超车" "严禁随意停车" "请开启应急灯"

续上表

序号	设备名称	数量	桩号	方向	备注
7	提示、警示标志牌	4	K46+100 K39+000 K34+000 K27+600	纳—黔	"开启雾灯" "保持车距" "危险路段" "请勿超车" "严禁随意停车" "请开启应急灯"
8	诱导装置 （诱导标牌）	142对	K29+400～K30+580 K36+340～K37+040 K38+250～K39+020 K45+130～K45+790 K46+130～K46+750 K46+920～K47+350	黔—纳 纳—黔	雾区小半径弯道外侧 每30m一个

雾区中心监控系统配置见表4-31。

中心监控系统　　　　　　　　表4-31

序号	设备名称	序号	设备名称
1	大屏幕投影	3	监视器墙
2	综合控制台	4	声光报警装置

3）雾区交通组织管理措施

由于雾的分布具有不均匀性，高速公路沿线各段能见度不同，驾驶员又很难根据不同的能见度及时调整行车速度与行车间距，如果不预先采取有效的交通组织方式，极易发生交通事故。因此，雾天的交通组织方式必须以预防事故为主。加强多雾季节的交通管理，最大限度地减少因雾造成的交通事故是降低高速公路交通事故发生率的重要途径，也是高速公路管理部门所必须考虑的问题。

在能见度较低，难以保证行车安全的路段，由交管或路政部门施行有序引导的措施；在收费站入口设立警告标志，提示驾驶员，并标明救援联系方式；发放通行卡时，收费员口头提示驾驶员；服务区开启广播，播放雾区的情况和在雾区行车的注意事项以及救援联系方式，确保车辆在进入雾区前开启雾灯、示宽灯、降低车速等；在接近雾区前500m处，由路政巡逻人员设立可移动的闪烁式警示标志，并利用锥形标志和标志牌等，按照规范逐渐变窄车道以降低车速，形成低速车流进入雾区，同时路政人员在现场进行指挥（必须配备车载喇叭）和加强巡逻力度；在能见度小于200m时，可采取主线控制和匝道控制相结合的方式，即开放交通量较大的出入口，关闭交通量小的出入口，具体操作可以限制入口放行车辆的速度、按车队方式放行等；平时，服务区加强雾区驾车的基本知识学习和客运车司机的安全意识，防患于未然；加强巡逻密度，在巡逻过程中开启警灯，并利用车载喇叭向驾驶员喊话以提示注意安全，在进入雾区前，巡逻车务必打开闪灯（警灯、尾灯），用高音喇叭喊话,使驾驶员提前减速,低速进入雾区;在特殊地段设置特殊标志,例如地形复杂路段,一旦出现大到浓雾,在能见度小于500m时,容易发生交通事故,就派移动标志车前往特殊路段前方100m处,开启闪烁灯和警笛,以提示过往司机;一旦出现交通事故,首先要立即封路,避免更多的车辆发生事故,交警、医疗救护和路政部门须尽快赶到出事地点,现场处理要迅速,以免连环相撞事故发生,同时,派2名工作人员在事故现场前用高音喇叭进行声音提示,提醒驾驶员前方有事故,减速避让。

2. 保障特殊路段安全——长大下坡安全保障技术

1)事故产生原因

由于地形、地质、水文等自然条件复杂,且生态环境制约,纳黔高速公路存在多处坡度大、坡道长的连续长大下坡路段。在当时中国现有技术规范没有对长大下坡线形做出明确的定义。长大下坡路段一般是指在线形设计上出现的容易造成车辆长时间制动或空挡滑行的长距离、大坡度的坡段。使得车辆(尤其是重载货车)长时间使用制动器,引起制动器过热而导致其减弱或者失效,进而造成车辆失控引发交通事故。长大下坡路段重特大交通事故发生率高,且面临着严峻的交通安全形势。在当时,车辆严重超载是全国长大下坡路段重特大交通事故发生的主要原因,但也与特定的长大下坡道路线形等密切相关。为了解决纳黔高速公路长大下坡路段的交通安全问题,需要对人、车、路、环境、管理等因素进行综合分析与思考。人的因素包括驾驶员的行驶行为,车的因素包括车辆载重和制动性能,路的因素包括路段的线形设计和工程设施,环境因素主要为影响安全行车的气候条件,管理因素包括管理部门采取的各种管理措施。

2)技术成果运用

"纳黔高速公路特殊路段潜在事故黑点检测及长大下坡安全保障技术"的研究成果已经在纳黔高速公路建设过程中逐步应用,主要体现在避险车道设置,爬坡车道设置、长下坡距离警示牌、紧急停车带设置、限速设置等五个方面。

(1)纳黔高速公路长下坡路段避险车道主要设计在摩尼—赤水长下坡路段和高桥—叙永长下坡路段。根据研究成果,新增避险车道2处,分别为:摩尼—赤水2号避险车道;高桥—叙永2号避险车道。

(2)根据研究成果,共增设爬坡车道5处,分别为:

左线:桩号K48+390~K48+900段;左线:桩号K54+910~K55+890段;左线:桩号K56+120~K57+300段;左线:桩号K58+640~K59+107段;左线:桩号K49+940~K50+500段。

(3)因地形受限,纳黔高速公路停车区数量低于实际需要,特在有空间的地方增设紧急停车带,全路段共设置紧急停车带16处,见表4-32。

a) 摩尼—赤水长下坡路段避险车道

b) 高桥—叙永长下坡路段避险车道

纳黔高速公路长下坡路段避险车道

纳黔高速公路爬坡车道

叙岭关隧道—叙永段紧急停车带一览表　　　　表4-32

序号	桩　号	左　线	右　线	备　注
1	K4+500	√		
2	K11+800		√	
3	K14+350	√		
4	K17+500		√	

续上表

序号	桩号	左 线	右 线	备 注
5	K19+700		√	
6	K22+740	√	√	
7	K30+325	√		
8	ZK32+320	√		
9	K34+000		√	
10	K35+330		√	
11	ZK37+350	√		
12	K39+000	√		
13	K48+455		√	
14	K50+000		√	
15	ZK55+010	√		
16	K56+150		√	

路侧紧急停车带

分车道限速标志牌

(4)考虑到长下坡路段大型车辆的安全车速特点,特在长下坡路段设置了分车道限速标志牌。

(5)大型车辆下坡行驶过程中,准确把握距坡底的距离有助于提高其行车安全,因此,在下表中应用了长下坡路段余长警示牌,见表4-33。

长下坡距离警示牌分布表　　　　　　表4-33

序　号	桩　号	内　容
1	K28+990	连续长下坡,距坡底7km
2	K25+950	连续长下坡,距坡底4km
3	K35+960	连续长下坡结束
4	K39+700	连续长下坡20km
5	K50+215	连续长下坡,距坡底10km
6	K60+360	连续长下坡结束
7	K2+030	连续长下坡结束
8	K11+700	连续长下坡,距坡底10km
9	K17+740	连续长下坡16km

3. 省内同类桥型第二墩高——冷水河特大桥

冷水河特大桥是纳黔高速公路控制性工程之一,主墩高167m,主跨采用(105+200+105)m的连续刚构,桥身横跨冷水河左右两座大山,墩高在全线最高,在省内同类桥型中排名第二。该桥位地势险恶,山高谷深,终年多雨少晴,工程难度巨大。

纳黔高速公路冷水河特大桥

1)下部结构施工

主桥基础采用钻孔灌注桩。主墩承台采用立模现浇施工。承台混凝土体积较大,设计采用冷却水管或低水化热水泥施工,减少水化热,防止混凝土开裂。主墩墩身采用滑模法施工,每个主桥墩处配置有一部高塔吊与一部施工电梯,其余所需则为常规的施工设备。交界墩及引桥墩采用常规方法施工,基础采用挖孔桩。混凝土均用输送泵运送浇筑。

2)上部结构施工

(1)主桥主梁段施工。

主桥箱梁采用挂篮悬臂浇筑。当主桥墩完成后,墩上用万能杆件组拼托架浇筑0号块件,用挂篮依次悬臂浇筑其余梁段,设计挂蓝现浇节段最大质量为249.6t,挂蓝质量为120t(包括施工荷载)。

(2)主桥主梁边跨现浇段采用墩上托架现浇。全桥分3个合龙阶段,第一、二阶段合龙两岸边跨,第三阶段合龙中跨。

(3)第一、二阶段的托架现浇及边跨现浇段,完成边跨合龙及混凝土浇筑,待混凝土强度大于85%设计强度且龄期达到5天后张拉边跨顶、底板钢束。第二阶段中跨合龙施工顺序如下:在中跨两悬臂端将挂蓝改装为吊架,并仕悬臂端设水箱平衡重力、为改善墩身受力,中跨合龙前先进行顶推,在满足设计合龙温度情况下,焊好合龙骨架,浇注合龙段混凝土,边浇混凝土边同步等效放水。待混凝土强度大于85%设计强度且龄期达到5天后张拉边跨顶、底板钢束。

(4)主、边跨合龙技术要求:

①边跨合龙步骤。

a.在主梁施工完成标准节段后,进行全桥施工监控测量、测试。

b.主梁托架现浇段两侧设置配重(重量以施工监控指令为准),清查桥面堆放情况,全面进行主梁应力的测试和调整,使结构处于安全合理的状态,为合龙段施工做好准备;对温度场和主梁、墩顶变形进行24小时(至少)循环测试、测量,测试、测量间隔时间为2小时(暂定);选择在温度变化平缓时段(例如夜间)锁定合龙支撑、安装吊架平台等施工设施;检查两岸交界墩与主梁是否有纵向约束,确保交界墩与主梁间纵向可以自由活动。

c.安装模板、绑扎钢筋、进行混凝土浇筑,边浇筑混凝土边卸掉等重的配重。混凝土达到85%设计强度且龄期达到5天后,按先长后短的顺序分两批张拉纵向预应力钢束,按有关规定要求及时压装封锚,第一批钢束张拉完成后应待压浆强度达到85%以后再张拉第二批。

②中跨合龙施工步骤。

a.在主梁施工完成标准节段后,进行监控测量,在合龙段两侧主梁悬臂端上分别设置配重(重量以施监控指令为准);中跨进行顶推;要求两幅桥同步顶推。

b.清查桥面堆放情况,全面进行主梁应力的测试和调整,使结构处于安全合理的状态,为合龙段施工做好准备。

c.对温度场和梁、墩变形进行24小时(至少)循环测试、测量,测试、测量间隔时间为2小时(暂定)。选择在温度变化平缓时段(例如夜间)锁定合龙支撑、安装吊架平台等施工设施。合龙温度应按设计合龙温度执行、选择在温度变化平缓时段（例如夜间）进行浇筑，边浇筑边卸掉等重的配重。混凝土达到85%设计强度且龄期达到5天后，按先长后短的顺序分4批张拉纵向预应力钢束，按有关规定要求及时压浆封锚，第一批钢索张拉完成后应待压浆强度达到85%以后再张拉第二批。

（5）引桥T梁施工

引桥T梁采用预制场预制，架桥机架设。

（6）边坡防护

主墩施工前，必须对边坡进行预防护，采用混凝土锚喷护壁，壁厚10cm。

4. 溶洞处理方法

根据地勘资料，8号主墩部分桩基要穿过溶洞。由于地质情况复杂，土、溶洞有3种情况。覆盖层中的土洞内一般有填充物，但不密实，空洞范围一般也不大；基岩中的小溶洞，且洞内无填充物，或有填充物，但不密实，即小空洞；基岩中的大溶洞，且洞内无填充物，或有填充物，但不密实，即大空洞。我们从实际情况考虑，制定了先易后难的总体施工原则，即把岩面情况较平、无溶洞或只有单只小溶洞的先施工成孔，等基本摸清溶洞情况并采取加固措施后，再解决那些大溶洞。对前两种情况，采用常规的溶洞处理方法，即洞顶打穿后抛填黏土、碎石、整包水泥后，冲挤压密实，凝固后复冲。对第三种情况，则先进行溶洞内的充填加固，把土、溶洞用水泥、粉煤灰浆填满，养护7天后再进行成孔。对少量上面覆盖层地质较差的、砂砾层很厚的、一旦漏浆会塌孔的第四种情况，则采用加打钢护筒的护壁措施。

桩基成孔施工的注意事项如下：

（1）在成孔过程中，要特别注意快到土洞、溶洞的洞顶时，应低锤冲击，防止卡锤、掉锤现象。

（2）遇较大的土洞、溶洞时，先在孔口附近准备好足够的块石、黏土、水泥。在洞顶打穿时，一旦发现漏装，要迅速填补，防止塌孔。当土洞、溶洞洞顶击穿后，桩孔中泥浆会很快下降，此时要用铲车及时将准备好的块石、黏土、水泥按适当的比例抛入，直至孔中的泥浆停止下降，并慢慢上升，此时可用冲锤进行适当挤压，反复抛块石、黏土、水泥，直至把桩基两侧的溶洞都填满或堵死为止。最后补充满泥浆再重新成孔，溶洞较大的最好等1~2天后再重新冲孔成桩。

（3）如果遇较大的土洞、空溶洞时，则先注浆，后成孔，这样可防止地面下陷和发生卡锤、掉锤现象，又能加固地基。

（4）有土洞、溶洞的地段，特别是那些土、溶洞覆盖面较大的地方，包容数根桩基，施工时要先施工深的桩基，由深至浅，保证安全。

（5）如果岩面是斜面，要多次抛块石纠斜，因为打斜岩比打全岩要多花3~5倍的时间。

(6)判断是否存在溶洞,如果没有溶洞,可以进行下一步骤施工,否则还应继续冲孔,确保墩台基底以下有12m完整基岩。

二十二、G85 巴南广高速公路

(一)项目简介

G85 巴中至南充至广安(川渝界)高速公路(以下简称"巴南广高速公路")是国家高速公路网银昆高速公路G85的重要组成部分,是川东北地区通过巴中北上陕西、连接关中—天水经济区,经广安南下重庆融入成渝经济区,实现与贵州、广西相连,形成的向南出海人通道。路线起丁巴中市枣林镇,接巴中至桃园高速公路,经巴中市巴州区、兴文经济开发区、恩阳区,南充市仪陇县、营山县、蓬安县,广安市广安区、枣山物流园区、岳池县,止于岳池县伏龙镇张家祠堂附近,与重庆至广安高速公路相接,全长207.5km。全线在枣林(与桃巴高速公路相交)、兴文(与巴达高速公路相交)、望龙(与南大梁高速公路相交)、广门(与南广高速公路相交)、广罗(与遂广高速公路相交)5处设置枢纽互通,15处一般互通。2013年4月开工建设,2016年10月12日全线通车。

(二)项目前期工作

1.项目审批

1)项目核准

2011年12月21日,四川省发改委以《四川省发展和改革委员会关于巴中至南充至广安(川渝界)高速公路项目核准的批复》正式批复核准巴南广高速公路项目。

2)初步设计

2012年9月17日,四川省交通运输厅以《四川省交通运输厅关于巴中至南充至广安(川渝界)高速公路初步设计文件及概算的批复》同意项目初步设计及概算。

3)施工图设计文件批复

2013年12月26日,四川省交通运输厅以《四川省交通运输厅关于巴中至南充至广安(川渝界)高速公路施工图设计及预算文件的批复》同意项目施工图设计及预算文件。

4)环境影响批复

2011年10月26日,四川省环境保护厅以《关于巴中至广安(川渝界)高速公路环境影响报告书的批复》同意项目环境影响报告。

5)水土保持方案

2011年10月25日,四川省水利厅以《四川省水利厅关于巴中至广安(川渝界)高速公路水土保持方案报告书的批复》同意项目水土保持方案。

6)建设用地

2013年6月17日,国家林业局以《使用林地审核同意书》《国家林业局关于巴中至南充至广安(川渝界)高速公路项目临时占用林地的行政许可决定》同意项目使用林地和临时占用林地。

2015年3月31日,四川省人民政府以《四川省人民政府关于巴中至南充至广安(川渝界)高速公路(巴中市境内)建设用地的批复》《四川省人民政府关于巴中至南充至广安(川渝界)高速公路(广安市境内)建设用地的批复》《四川省人民政府关于巴中至南充至广安(川渝界)高速公路(南充市境内)建设用地的批复》同意项目建设用地。

7)质量监督

2013年2月26日,广安市交通建设质量监督管理站作为巴南广高速公路广安段质量监督主体,以《广安市交通建设质量监督管理站关于印发巴中至南充至广安(川渝界)高速公路建设项目＜质量监督通知书＞的通知》对项目广安段质量监督进行了批复。

2014年1月28日,南充市交通运输局公路水运质量监督分站作为巴南广高速公路南充段质量监督主体,以《关于送达四川巴中至南充至广安高速公路南充段＜公路工程质量监督通知书＞的函》对项目南充段质量监督进行了批复。

2014年3月13日,巴中市交通运输局公路水运质量监督站作为巴南广高速公路巴中段质量监督主体,以《巴中市交通运输局公路水运质量监督站关于巴中至南充至广安(川渝界)高速公路项目(巴中段)质量安全监督手续的批复》对项目巴中段质量监督进行了批复。

8)施工许可

2013年4月10日,四川省交通运输厅批复同意对巴南广高速公路项目施工许可。

2. 招投标情况

巴广渝公司于2012年5月27日完成设计单位招标、定标工作,2012年10月22日完成土建施工、施工监理及监理试验室的招标、定标并报省交通运输厅核备,并于2012年12月完成参建单位合同签订。

1)依法招标

巴广渝公司所有招标项目的招标方案、资格预审文件和招标文件的编制均严格按照国家法律法规及集团公司管理规定依法进行,并严格按程序上报集团公司、四川省交通运输厅审批。所有合同条款、评标办法、招投标过程均符合国家法律法规及集团公司的相关规定。

2）公开招标

（1）招标程序公开

巴南广高速公路招标过程分为确定招标方式、编制资格预审文件和招标文件、发布招标公告、发售资格预审文件、资格审查、发送投标邀请书、发售招标文件、现场考察、开标、评标、定标等程序。巴广渝公司在每次招标过程中规范程序，严格按照相关法律规定以公开的方式进行，招标全过程接受社会和主管部门的监督，招标有依据，合程序。

（2）招标信息公开

每次招投标活动，严格执行《中华人民共和国招标投标法》，提前通过各种渠道发布招投标信息，确保招投标信息真实、准确、可靠。每次招标至少有3家以上投标单位参与竞标，确保每次招标活动客观公正并取得实效，提高招标的质量。

（3）招投标活动公开

在资格预审申请文件递交截止日期7日前，在省交通运输厅网站上对潜在投标人的各种信息进行公示，接受社会公开监督；在投标活动过程中邀请省交通运输厅、三地市政府和投资人监察室等部门及投标单位人员进行现场监督，从而使招投标活动的全过程始终公开、公平、公正、透明。受到行业主管部门以及社会各界的肯定和好评。

（4）招标结果公开

实行招投标结果公示制度，在四川省交通运输厅网站上及时公布投标人情况公示表、资格预审情况和招标情况，接受社会监督，杜绝徇私舞弊、暗箱操作等现象。

3）强化监督

结合工程进度，先后就土建、房建、机电工程招标等重点工作进行效能监察立项，制订监察方案。在招标过程中，始终与四川省监察厅驻交通运输厅监察室、四川省交通运输厅建管处和投资人监察室保持密切的沟通协调，严格执行行业监督、上级部门监督和本级监督"三级监督"，从不同角度对招标工作进行全面监督。同时，对外公布省交通运输厅监察室、投资人和公司的纪检监督举报电话和电子信箱，拓宽信访举报渠道，广泛接受社会监督，进一步加大招评标工作的监督力度。通过一系列措施，保证招评标工作的公平、公正，实现有理投诉为零，得到主管部门、承包商和社会各界的好评。

4）合理确定控制价格

广泛加强与省内外材料和设备供应厂商的联系，及时了解工程建设主材或设备的行情，在设计院工程概算的基础上，科学合理地确定招标控制价格，对工程造价进行有效的控制，维护了公司的利益。

3. 征地拆迁情况

全线累计完成征地拆迁投资22.7103亿元，已完成土地征用18730亩（含部分补征地），具体情况为：巴中段实际征地合计3900亩，房屋拆迁和坟墓搬迁均已完成。南充段实际征地合计 8350 亩,房屋拆迁和坟墓搬迁均已完成。广安段实际征地合计 6480 亩,房屋拆迁和坟墓搬迁均已完成。

（三）项目建设情况

巴南广高速公路沿线区域地形起伏变化大,地面横坡陡峻,支沟切割深。全线南北地形差异较大,巴中段地形相对复杂,桥隧比高,广安段则地形相对简单,桥隧比相对较低。项目沿线不良地质单一,南充段和广安段主要以软弱地基为主,分布较广,巴中境内软弱地基分布相对较少,主要集中在 K60～K73 段,其他零星分布。由于项目整体临近城区,土地资源宝贵。

全线采用双向四车道高速公路技术标准建设,设计速度 80km/h,路基宽 24.5m,桥梁与路基同宽,沥青混凝土路面,桥涵设计荷载为公路—Ⅰ级,其余技术指标按《公路工程技术标准》(JTG B01—2003)执行。主线桥梁 197 座 38925m,其中巴河特大桥、渠江特大桥长 1223.5m,大桥 141 座 34952m,中小桥 54 座 2749.7m,涵洞 264 道;长隧道 12 座 16018m、中短隧道 15 座 10096m。

全线设置 1 处管理中心,2 处管理分中心,20 处隧道变电所,10 座箱式变电站,5 处养护工区,4 处服务区(巴中曾口、仪陇马鞍、营山星火、广安浓溪),4 处停车区,15 处匝道收费站和 1 处主线收费站。

路基施工中采用冲击碾压和普夯补强路基;采用应力波反射法检测梁板孔道注浆,加强桥梁梁板预应力张拉监控;利用钢栈桥实现仰拱全断面施工;开展超声波成品混凝土强度验证检测;开展地质超前预报指导隧道掘进施工;隧道沥青混凝土路面采用温拌方式铺筑;交安工程隔离栅立柱以玻璃钢立柱代替笨重易损的水泥混凝土立柱。以采用先进技术和工艺为突破口,提高项目工程质量。

巴南广高速公路

巴南广高速公路

巴南广高速公路宴龙溪大桥

四川巴广渝高速公路开发有限责任公司于2012年1月在广安注册成立,由四川省铁路投资产业集团有限责任公司和四川公路桥梁建设集团有限责任公司共同投资成立的国有合资企业,以BOT方式负责巴南广高速公路的开发、建设、运营。项目概算总投资174.19亿元,项目资本金52.26亿元,占总投资的30%,由业主负责筹集;其余70%计121.93亿元,为利用银行贷款。

巴南广高速公路全线共有8个土建施工单位、6个监理单位、6个监理试验室、5个设计单位、6个交安单位、9个机电单位、2个房建单位、2个机电监理单位。

巴南广高速公路设计、施工、监理等单位见表4-34~表4-36。

第四章

高速公路建设

施工图设计单位一览表　　　　　　　　　　　　　　　　表 4-34

分类	标　段	中　标　单　位	备　注
设计院	B、D 标	云南省交通规划设计研究院	
	C 标	中交第一公路勘察设计研究院	
	E 标	中交第二公路勘察设计研究院	
	A、F 标	四川省交通运输厅公路规划勘察设计研究院	

施工单位一览表　　　　　　　　　　　　　　　　　　　表 4-35

分类	标　段	中　标　单　位	备　注
土建施工单位	TJ1	四川公路桥梁建设集团有限公司	路基、路面、绿化
	TJ2	四川公路桥梁建设集团有限公司	路基、路面、绿化
	TJ3	四川路桥建设股份有限公司	路基、路面、绿化
	TJ4	中国建筑股份有限公司	路基、路面、绿化
	TJ5	中城建第三工程局集团有限责任公司	路基、路面、绿化
		四川瑞通工程建设有限公司	路基、路面、绿化
	TJ6	四川川交路桥有限责任公司	路基、路面、绿化
	SYD	四川公路桥梁建设集团有限公司	试验、科研路段
	TJ7	四川路桥桥梁工程有限责任公司	路基、路面、绿化
交安工程施工单位	JA1	四川公路桥梁建设集团有限公司	
	JA2	四川公路桥梁建设集团有限公司	
	JA3	成都市路桥工程股份有限公司	
	JA4	四川路桥建设集团交通工程有限公司	
	JA5	四川高路交通信息工程有限公司	
	JA6	四川路桥建设集团交通工程有限公司	
机电设施施工单位	JD1	北京云星宇交通科技股份有限公司	
	JD2	石家庄泛安科技开发有限公司	
	JD3	成都曙光光纤网络有限责任公司、四川公路桥梁建设集团有限公司	
	JD4	四川高路交通信息工程有限公司	
	JD5	江苏安防科技有限公司	
	JD6	甘肃紫光智能交通与控制技术有限公司	
	JD7	中铁四局集团电气化工程有限公司	
	JD8	江西路通科技有限公司	
	JD9	江苏智运科技发展有限公司	
房建单位	FJ1	四川公路桥梁建设集团有限公司	
	FJ2	四川路航建设工程有限责任公司	

监理及监理试验室一览表 表4-36

分类	标段	中标单位	备注
土建工程监理（含试验室）	JL1	河北华达公路工程咨询监理有限公司	联合体投标
		太原市华宝通工程监理有限公司	
		四川金通工程试验检测有限公司	
	JL2	四川跃通公路工程监理有限公司	联合体投标
		北京中通公路桥梁工程咨询发展有限公司	
		四川蜀工公路工程试验检测有限公司	
	JL3	四川公路工程咨询监理公司	联合体投标
		四川盛达兴工程项目管理有限公司	
		南充市交通局公路工程试验检测中心	
	JL4	育才-布朗交通咨询监理有限公司	联合体投标
		四川川桥工程试验检测有限责任公司	
	JL5	武汉中交路桥设计咨询有限公司	联合体投标
		四川路航建设工程试验检测有限公司	
	JL6	四川省公路工程监理事务所	联合体投标
		四川省交通运输厅公路规划勘察设计研究院	
机电监理	JDJL1	云南纪星交通工程监理咨询有限公司	
	JDJL2	北京华路捷公路工程技术咨询有限公司	

(四)项目建设的意义及对沿线经济社会发展产生的影响

巴南广高速公路的建成加快了广安、南充区域性次级交通枢纽和巴中作为重要交通节点城市的建设，构建川东北地区高速公路主骨架，改善区域交通运输条件，加强成渝经济区内部联系，对促进区域经济社会快速发展起到十分重要的作用。同时该项目的建成与G75兰海高速公路(广元—南充—重庆段)、G65包茂高速公路(达州—重庆段)共同构成川东北经济区与重庆联系的高速公路大通道。

二十三、G85银昆高速公路巴陕段

(一)项目简介

G85银昆高速公路巴陕段即桃园(川陕界)至巴中高速公路(以下简称"巴陕高速公路")位于四川北部，是泛珠江三角洲地区高速公路网规划中巴中至昆明(第5纵)的一部分。项目(四川境)起于南江县关坝乡米仓山特长隧道(川陕界)，接陕西境宝鸡至汉中高速公路。途经南江县、巴州区，止于巴中市巴州区东兴场刘家坝，接巴中至南部高速公路起点,并与广元至巴中高速公路互通,路线全长117.8km(四川境115km,陕西境2.8km)。巴陕高速公路是连接川北革命老区与川中、川南地区的重要公路。本项目于2009年9月举行开工仪式。全线分为2段,巴中至南江段于2011年2月开工,于2013年12月建成通车;南江至米仓山段于2013年10月开工,2018年底建成通车。

巴陕高速公路巴中至南江段顺利通车

(二)项目前期工作

1. 项目审批

巴陕高速公路项目审批情况见表4-37。

巴陕高速公路项目审批一览表 表4-37

序号	文号	文件名
一		工程可行性研究报告批复
1	四川境 川发改交〔2009〕1286号	四川省发展和改革委员会关于桃园(川陕界)至 巴中高速公路项目工程可行性研究报告的批复
2	陕发改基础〔2011〕1480号	关于汉中至陕川界高速公路甩项工程有关事项的批复
3	陕西境 陕发改基础函〔2011〕1367号	关于汉中至陕川界公路甩项工程有关事项的函
二		初步设计批复
4	四川境 川交函〔2010〕377号	四川省交通运输厅关于桃园(川陕界)至 巴中高速公路两阶段初步设计的批复
5	陕西境 川交函〔2012〕655号	四川省交通运输厅关于桃园(川陕界)至 巴中高速公路米仓山隧道陕西境段初步设计的批复
6	陕交函〔2012〕560号	陕西省交通运输厅关于米仓山隧道陕西境初步设计有关事宜的复函
7	陕交函〔2012〕188号	陕西省交通运输厅关于米仓山隧道设计审查和批复等有关事项的函

续上表

序号	文 号	文 件 名
三		技术设计批复
8	川交函〔2012〕785号	四川省交通运输厅关于桃园(川陕界)至巴中高速公路米仓山隧道技术设计的批复
四		施工图设计批复
9	四川境 川交函〔2012〕786号	四川省交通运输厅关于桃园(川陕界)至巴中高速公路施工图设计及预算文件的批复
10	陕西境 川交函〔2013〕57号	四川省交通运输厅关于桃园(川陕界)至巴中高速公路米仓山隧道陕西境段施工图设计的批复

2. 招投标情况

巴陕高速公路有3个设计标段(广巴公司代理招标),LJ7~LJ20、LJ1~LJ6、LJ18-1、LM2、LM3、LH1~LH6、FJ1~FJ5、JA2、JA3、JD1~JD5共41个施工标段,SSF1~SSF4共4个伸缩缝标段,LQ1~LQ33共33个材料采购标,JL2、JL3、JDJL1、JL1-1、JL1-2、水保监理A、水保监理B共7个监理标段及JLS1、JLS2、JLS3共3个监理试验室标,已招标的业主估算价均按照规定报厅造价站审核,中标后的合同价、清单及合同已报四川省交通运输厅造价站备案。

3. 征地拆迁

巴陕高速公路全线红线内征地459.733万m^2,房屋拆迁1074户,施工过程中红线外补征地58.533万m^2,补拆房屋177户。其中巴州区征地103.8万m^2,房屋拆迁363户,补征地21万m^2,补拆房屋130余户;南江县征地353.266万m^2,房屋拆迁711户,补征地35.8万m^2,补拆房屋40户;南郑县征地2.666万m^2,补征地2.2万m^2,补拆房屋7户。杆管线涉及迁改单位20余家,迁改长度397km(其中电力线路104km;通信线段277km;管道16km)。永临用电专线四川境内总投资2577万元,包括35kV线路15.77km,10kV线路34.89km,以及桥亭、太子洞35kV变电站2座。陕西境内总投资718万元,包括35kV线路10.8km。巴陕高速公路属省市共建项目,征地拆迁资金由巴中市人民政府筹集。征地拆迁资金概算为59726万元,当时共计拨付各类征地拆迁资金62667.86万元(未含已支付陕西境内征地拆迁费用660万元),其中巴中市人民政府到位资金29550万元,公司垫支34704万元。拨付县区征地拆迁费51400万元(其中巴州区17600万元,南江县33800万元),工作经费1170万元(其中巴州区240万元,南江县870万元,巴中市60万元),杆管线迁改费4299.86万元,放线埋桩费用176万元,上缴各项税费5622万元。

（三）项目建设情况

巴陕高速公路全线按双向四车道高速公路技术标准建设，设计速度80km/h，路基宽度24.5m，沥青路面。设计汽车荷载等级为公路—Ⅰ级，设计洪水频率为特大桥1/300，大中小桥、涵洞及小型排水构造物1/100，桥涵与路基同宽，隧道建筑限界10.25m×5m。桥梁122座（特大桥7座，大桥82座，中小桥23座），隧道20座（特长隧道3座，长隧道12座，中断隧道5座），涵洞103道。全线桥隧比为72%，土石方约1 655万 m^3，防护工程88万 m^3。项目在关坝、沙滩、南江北、南江南、下两、巴中、东兴场（枢纽、与巴南高速对接共建）共设置7处互通式立交，设置主线收费站1处、匝道收费站6处、管理分中心1处、养护工区2处、服务区2处、停车区1个。

巴陕高速公路巴中收费站

巴陕高速公路南江北收费站

巴陕高速公路下两收费站

巴陕高速公路元潭服务区

全线概算总投资 147.412 亿元（含陕西境），预算总投资 139.542 亿元。项目采用省市共建原则，资金筹措方案为项目资本金占总投资的 30%，其余 70% 申请银行贷款。

本项目业主为四川巴陕高速公路有限责任公司，项目法人陈绪文。建设期间单位主要管理人员 54 人。

本项目勘察设计单位为四川省交通运输厅公路规划勘察设计研究院、中国公路工程咨询集团有限公司；施工单位包括中铁一局集团有限公司、四川川交路桥有限责任公司、中交第一公路工程局有限公司、四川公路桥梁建设集团有限公司、浙江正方交通建设有限公司等；监理单位包括四川省公路工程监理事务所、四川公路工程咨询监理公司、武汉中交路桥设计咨询有限公司等。

（四）项目建设的意义及对沿线经济发展产生的影响

巴陕高速公路是四川省高速公路网规划中的组成部分，不仅连接了陕西省汉中市和四川省巴中市两座地区级城市，并与广巴、达万高速公路等构成川北革命老区的高速公路网络。

巴陕高速公路 T 梁预制场生产现场

巴陕高速公路关坝互通 C 匝道大桥现浇箱梁浇筑

巴陕高速公路高家湾特长隧道二次衬砌台车施工

巴陕高速公路曹家沟大桥墩柱

巴陕高速公路巴中收费站收费广场特色边坡

巴陕高速公路赤溪南江河特大桥

本项目的建设,打通出川高速公路通道,扩大成渝经济圈对全省以及西部地区的经济辐射作用,加强区域合作。对实现西部地区内引外联、通江达海,完善国家和区域高速公路网,促进区域经济发展意义重大。

巴陕高速公路监控中心

(五)项目特色

国内第二长公路隧道——米仓山隧道

米仓山隧道横跨川、陕两省,隧道距南江县约70km,隧道进口位于陕西汉中市南郑县小坝乡附近,出口位于巴中市南江县关坝乡。米仓山两侧地形陡峻、中部宽缓,呈现"一山二岭夹一谷"的特殊地貌,隧道中部最小埋深约400m,最大埋深在1000m以上。隧道全长约13.8km,其中陕境约3km、川境约10.8km。米仓山特长隧道为国内第二长公路隧道(仅次于秦岭终南山隧道),隧道共设置两组斜井、一组竖井,斜、竖井规模是当时国内公路隧道界最大的。米仓山隧道下穿米仓山国家森林公园,紧邻大小兰沟省级自然保护区以及光雾山风景区,隧址区环境保护要求极高。米仓山隧道采用全纵向射流通风无法满足运营通风的需要,而且也不利于防灾救援,因此宜采用分段纵向通风。但米仓山特殊的地形地貌以及周边环境条件(特别是地表为米仓山国家森林公园)限制了通风井位置的选择,导致辅助坑道的规模增大,且通风井还要兼顾作为辅助主洞施工通道,需要考虑建设运营全过程满足安全经济要求,隧道通风与防灾救援系统十分复杂。米仓山隧道无可利用的既有辅助坑道,且由于地形、周边环境的限制,辅助坑道规模大,辅助主洞施工的难度大。因此,米仓山隧道施工难度大、工期紧张。隧道穿越地层主要为砂泥岩、白云岩和石英闪长岩,存在瓦斯、岩溶等不良地质,由于埋深大,还可能存在岩爆、涌水突泥等灾害地质问题,施工风险高。

设计阶段,在隧道轴线的选择上,遵循环保选线的原则,避开大小兰沟省级自然保护区的核心区。在辅助坑道的设置上,提出了9个技术方案,通过对各方案综合比较,选出了斜井口在米仓山国家森林公园之外的最优技术方案。对地下水的处理采用"大堵小排、以堵为主、限量排放"的设计理念,采用预注浆、后注浆等手段封堵地下水,防止地下水的大量流失,尽量减少隧道建设对隧址区环境的影响。米仓山隧道弃渣量巨大,设计时综合考虑服务区及主线收费站场坪填筑、圬工利用以及地方小城镇规划等因素,对隧道弃渣进行了充分利用。

巴陕高速公路米仓山隧道进口端

米仓山隧道进口端穿越的石牌组地层中含瓦斯等有害气体,为此,米仓山隧道LJ1合同段按瓦斯隧道进行管理,其中石牌组地层地段为瓦斯设防段,瓦斯设防对策有气密性混凝土、瓦斯隔离层等。施工中按瓦斯工区要求进行施工,其核心是加强瓦斯监测与施工通风,降低瓦斯浓度。

在超前地质预报的基础上,采用全断面深孔预注浆、深孔周边预注浆等手段加强围岩,提高围岩的稳定性,防止涌水突泥等地质灾害的发生,同时也能够封堵地下水、避免地下水的大量流失。

米仓山隧道石英闪长岩地段在埋深大时可能有中至强等级的岩爆发生,为此施工要求首先要加强岩爆的现场判别,在此基础上,对于不同强度等级的岩爆,应分别采用不同的处治措施。对于弱岩爆,其危害较小,可通过加强岩爆知识教育、改进施工方法来解决。而对于中等及强烈岩爆,可施作超前钻孔进行应力解除或钻孔注水软化围岩,在开挖爆破时选择合适的开挖方法,爆破后立即向工作面及以后15m范围内隧道周边喷洒高压水,降低岩石脆性,以减弱岩爆的剧烈程度。并可改进支护措施,采用受力及时的缝管式锚杆,必要时增加格栅钢架。

进口段及进口斜井通过泥质粉砂岩夹页岩段及岩体破碎地段的Ⅴ级软岩段,可能出现较大的塑性变形,采取的措施主要是加强超前地质预报,加强监控量测,采用先柔后刚支护结构,适当加大预留变形量,短进尺、弱爆破、支护结构及早闭合等措施。

洞身通过的3个褶皱带6个隐状岩体破碎带、不同地层接触带、岩溶发育段,岩体破碎,且往往是地下水富水段,围岩稳定性差,开挖不慎极易引发塌方。由于勘测阶段不可能把握其位置、工程地质和水文地质情况,设计采用的支护结构,参数选择与实际出入较大,施工中由于情况不明,开挖方法欠妥、工序衔接不合理、支护不及时等因素也会引起塌方,所以应加强综合超前地质预报,探明掌子面前方地质情况,加强监控量测,随时掌握变形动态,及时调整支护参数和施工方法。大型空溶洞或半充填型溶洞,可采用顶部支顶、基底加固、跨越等方式通过。小型溶洞主要采取清淤回填的方式。

巴陕高速公路米仓山隧道光面爆破

二十四、G85渝昆高速公路内宜段

(一)项目简介

G85渝昆高速公路内宜段即内江至宜宾高速公路(以下简称"内宜高速公路")是交通部规划的国道主干线内蒙古二连浩特至云南河口在四川境内的一段。项目北起内江苏家桥立交桥与成渝高速公路连接,经自贡与宜宾相连。项目一、二期工程全长107.28km,比原内宜路缩短42.5km,与已建成的成渝、成自泸、内遂、乐自、自隆、宜泸高速公路路网相连。内宜高速公路是四川省南向出川的重要通道,极大地改善了川南地区的经济发展条件和投资环境,给沿线经济带来新机遇。第一期工程内江苏家桥至自贡杨公桥段39.5km,1995年1月6日开工,1997年9月30日建成通车;第二期工程自贡杨公桥至宜宾凉水井段67.5km,1997年1月1日开工,1999年12月17日建成通车。全线建成通车后由四川省川南高等级公路开发股份有限公司负责运营管理养护。

(二)项目前期工作

1. 项目审批

内宜高速公路第一期工程(内自段),交通部以《关于内江至自贡公路项目建议书的批复》《关于内江至自贡公路设计任务书的批复》《关于内江至自贡公路可行性研究报告的重新批复》《关于内江至自贡公路初步设计的批复》和《关于内宜公路内自段开工报告的批复》,正式批准内江至自贡段1995年1月6日开工建设。第二期工程(自宜段)交通部以《关于自贡至宜宾公路项目建议书的批复》《关于自贡至宜宾公路可行性研究报告的批复》和《关于自贡至宜宾高速公路初步设计的批复》于1997年5月批准自宜段的开工报告,1997年1月1日开工建设。

2. 招投标情况

内宜高速公路工程项目路基施工实行公开招标,路面及交通工程施工实行邀请招标,参加投标的施工企业均通过省交通厅建管处进行资格预审。招标中,川南公司严格按照程序,择优选择施工单位和工程监理单位,确保工程建设质量。

3. 征地拆迁

内宜高速公路的征地拆迁均由地方政府主导、项目业主单位(川南公司)配合完成。第一期工程(内自段)拆迁补偿按省政府通过的标准按实补偿结算;第二期工程(自宜段)土地补偿费和人员安置费实行包干,其余按实补偿。

(三)项目建设情况

内宜高速公路一、二期工程建设地处四川盆地南部边缘,为丘陵与低山过渡地带,地形复杂,土石方挖填量大,桥梁、涵洞数量多,施工难度较大。

内宜高速公路采用平原微丘区和山岭重丘区高速公路标准进行设计施工,第一期工程内江苏家桥至自贡杨公桥段按双向四车道高速公路技术标准建设,设计速度100km/h,最大纵坡4%,平曲线最小半径700m、竖曲线最小半径4500m,路基宽25m,沥青混凝土路面,桥涵设计荷载为汽车—超20级,挂车—120。第二期工程自贡杨公桥至宜宾凉水井段按双向四车道高速公路技术标准建设,设计速度100km/h,最大纵坡4.5%,平曲线最小半径500m、竖曲线最小半径7100m,设计流量为5104~12762辆/24h,路基宽25.5m,沥青混凝土路面,桥涵设计荷载为汽车—超20级,挂车—120。建桥梁、渡槽283座,涵洞547道。桥梁长度8418.37m,其中特大桥1座(岷江二桥全长1258.3m,净宽24.5m,主桥为三孔160m的钢筋混凝土箱型拱),大桥23座,桥隧比7.84%。路基挖方1930万 m^3,路基填方1705万 m^3。目前,全线共有15座项目互通式立交,分别是内江苏家桥互通型立交(K168+100)与成渝高速公路连接;白马互通式立交(K172+328),内遂互通式立交

(K175+000)与内遂高速公路连接,永安互通式立交(K180+550)与内威路连接,成自泸万家枢纽式立交(K193+600)与成自泸高速公路连接,大山铺互通式立交(K197+658)距恐龙博物馆1km,自贡互通式立交(K209+417)与省道305线连接,乐自、自隆永安枢纽型立交(K215+550)与乐自、自隆高速公路连接,金银湖互通式立交(K217+600)与王舒路连接,板桥互通式立交(K230+129)与邓泥路连接,邱场互通式立交(K246+757)与大观、林丰路连接,象鼻互通式立交(K260+160),象鼻互通枢纽(K263+200)与乐宜泸高速公路连接,宜宾北站互通式立交(K270+241)与宜宾主城区连接,宜宾南站互通式立交、宜宾机场站互通式立交(K274+206)与宜宾机场路连接。内宜高速公路在自贡、内江和宜宾境内共设有自贡、大山铺、金银湖、板桥、白马、永安、象鼻、邱场、宜宾北、机场、宜宾南11个收费站;2个服务区(自贡北、宜宾东服务区)和2个停车区(内江停车区、金秋湖停车区),自贡北服务区已创建为省内四星级服务区。

内宜高速公路总投资为247948万元,均采用交通部补助、交通厅补助、地方自筹和银行贷款的投资方式完成工程建设。一期工程(内自段)共投资80263万元,其中交通部补助11700万元,交通厅补助31200万元,地方自筹13275万元,银行贷款24088万元。二期工程(自宜段)共投资167685万元,其中交通部补助31900万元,交通厅补助8788万元,地方自筹1200万元,银行贷款125797万元。

内宜高速公路一、二期工程建设业主及项目法人为四川省川南高等级公路开发股份有限公司(简称川南公司),与内宜路建设指挥部两块牌子一套人马(建设指挥部已于1999年撤销)。

内宜高速公路项目建设设计单位为四川省交通厅公路规划勘察设计研究院,试验检测单位为内宜路中心实验室。第一期工程(内自段)施工合同段路基工程主包单位8家,分包单位5家,路面施工单位2家,交通工程施工单位1家;监理由四川省公路工程监理处承担,下设内江、自贡两个监理组负责监理任务。第二期工程(自宜段)施工合同段路基工程主包单位16家,分包单位14家,路面施工单位1家,交通工程施工单位5家;监理部为业主所设,由6家监理单位设立6个工程监理组。

内宜高速公路工程建设地处四川省南部深丘地区,地形复杂,工程建设难度大。内宜高速公路一期工程(内自段)采用的石灰、液态渣及页岩粉底基层;二期工程(自宜段)采用的是灰渣泥质岩和石灰水泥粉煤灰稳定沙底基层,全线均采用二灰碎石基层、改性沥青混凝土面层及机械场拌施工工艺,克服了纯灰土底基层水稳性差和开裂的缺陷,提高了路面的压实度、平整度及耐磨度。2009年,针对自宜段通车时间久,原路面沥青层大面积破损,路面使用性能出现大幅度衰减的情况,为充分利用原路面材料,四川省交通运输厅公路规划勘察设计研究院在对自宜段原路面病害进行调查和分析的基础上,建议在K39+000~K64+000及K92+337~K106+700主线超车道采用泡沫沥青就地冷再生技术(铣刨原路面14cm）进行处治。2010年，泡沫沥青就地冷再生技术在自宜段进行规模化应用，这也是四川省第一次进行大规模的应用，总体效果较好。泡沫沥青就地冷再生技术不仅可提高路面结构的完整性，使处治后的原路面较为均匀，消除原基层、面层强度不均造成的质量隐患，而且可以充分利用原路面材料，减少对环境的污染。

采用苜蓿叶形设计的内宜高速公路宜宾南全互通式立交

内宜高速公路宜宾南收费站

内宜高速公路自贡收费站

宜宾监控室

(四)项目建设的意义及对沿线经济发展产生的影响

内宜高速公路的建成通车,极大地改善了川南地区的经济发展条件和投资环境,解除交通对自贡、宜宾等地的制约,成倍提高交通运输效率,促进旅游业的快速发展,进一步优化投资开发环境,促进沿线城镇经济的迅速发展,给地方经济带来新机遇。内白段于1997年10月开通后,1998年,自贡市举办了第五届国际恐龙灯会,观灯人数80多万,使该届灯会成为首次实现赢利的灯会,并实现招商引资2890万元,经贸成交额20.46亿元。自宜段于1999年底开通,2000年,宜宾各旅游点的游客大增,旅游人数150万人次,旅游收入5.5亿元。

二十五、G85渝昆高速公路宜水段

(一)项目简介

G85渝昆高速公路宜水段(以下简称"宜水高速公路")是交通部规划的国道主干线内蒙古二连浩特至云南河口在四川境内最后修建的一段。路线北接已建成的银川至昆明高速公路内宜段柏杨湾互通式立交,经柏溪、冠英、南至川滇交界处的云南水富伏龙口关河大桥与在建的云南水富至麻柳湾公路相连,路线全长28.88km。宜水高速公路的建成通车打通了四川向南的出口通道,极大地改善了川南地区的经济发展条件和投资环境,给地方经济发展带来了新机遇。宜水高速公路于2002年开工建设,于2006年11月18日建成通车,全线建成通车后由四川省川南高等级公路开发股份有限公司负责运营管理养护。

(二)项目前期工作

1. 项目审批

交通部以《关于宜宾至水富公路可行性研究报告的批复》《关于宜宾至水富公路初步

设计的批复》正式同意本项目于2001年12月开工建设。

2. 招投标情况

宜水高速公路工程项目招投标工作实行公开招标,最低价中标。参加投标的施工企业均通过省交通厅建管处进行资格预审。招标中,川南公司严格程序,择优选择施工和监理单位,确保工程建设质量。

3. 征地拆迁

宜水高速公路的征地拆迁由地方政府主导、项目业主单位(四川省川南高等级公路开发股份有限公司)配合完成。拆迁补偿除省属以上杆管线按实补偿外,其余按标准包干。

(三)项目建设情况

宜水高速公路工程建设地处四川盆地南部边缘,为丘陵与低山过渡地带,地形复杂,土石方挖填量大,桥梁、涵洞数量多,施工难度较大,尤其是桥梁建设长度占建设总长度约1/3。

宜水高速公路工程建设由四川省交通厅公路规划勘察设计院负责设计(其中,机电和交通工程由交通厅委托上海交通设计所负责设计),全线按双向四车道高速公路技术标准建设,设计速度80km/h,路基宽24.5m,沥青混凝土路面,桥涵设计荷载为汽车—超20级,挂车—120。全线有双连拱隧道1座445m,特大桥1座1732.09延米,大桥26座6543.75延米,中桥20座1434.7延米,小桥3座81.3m,桥梁长度占路线总长约1/3,桥隧比为35.2%。路基挖方446.4万 m^3,填方293.7万 m^3。全线共有3座互通式立交,分别为宜宾县互通式立交(K280+746)宜宾县收费站出站后与宜宾县城北新区相连,柏溪互通式立交(K285+444)柏溪收费站出站后与宜宾县老城区相连,兴隆互通式立交(K292+506)兴隆互通式立交出站连接线为省道,与宜宾市高县和筠连地方道路相连。全线在宜宾境内共设有宜宾县、柏溪、兴隆收费站和四川(冠英)主线收费站,1个停车区,即冠英停车区。

宜水高速公路采用交通部补助、交通厅补助、地方自筹和银行贷款的投资方式完成工程建设,工程建设总投资131642.91万元,其中交通部补助21800万元,交通厅补助40452万元,地方自筹2408.31万元,银行贷款66500万元。

宜水高速公路工程建设业主及项目法人为四川省川南高等级公路开发股份有限公司。

公路交通工程由上海交通设计所设计;路基、桥涵、隧道土建工程由四川省交通厅公路规划勘察设计研究院设计完成。宜水高速公路共划分为13个施工合同段,其中路基工程分为A、B、C、D、E、F六个合同段,分别于2002年9月、12月和2003年3月开工;路面及后续工程分为路面、交安、绿化、房建、机电、伸缩缝等七个合同段,于2004年12月、2005年11月、2006年3月和5月开工,分别由四川川交路桥有限责任公司等13个施工单位中标承建。施工监理实行监理总承包制度,由四川公路工程咨询监理公司(原厅监理处)承担。根据宜水高速公路监理招标文件实行二级监理机构,设置一个工程监理部,下设三个路基监理组、一个路面监理组和一个中心试验室。

在应用新工艺、新技术,提高工程质量方面,宜水高速公路K119+130~K119+500段(金沙江特大桥)高边坡危岩处治工程获得了"中国力学与工程学会科学技术奖三等奖"、"四川省科技进步三等奖"。金沙江大桥桥面铺装采用1.8cm微表处,在超高弯道处设超薄磨耗层,提高了行车的安全度和舒适度,减小了汽车对桥梁冲击。在路面施工中,宜水高速公路采用架设钢模铺筑水稳底基层和基层,同时采用ABG进行基层全幅摊铺,充分保证了边缘压实度和平整度,解决了施工中的混合料离析问题。宜水高速公路工程建设完工后被四川省建设厅评为2007年度建设工程"天府杯"金奖。

建设中的宜水高速公路金沙江特大桥

建成后的宜水高速公路金沙江特大桥

宜水高速公路的云南入川首站——冠英主线收费站

(四)项目建设的意义及对沿线经济发展产生的影响

宜水高速公路的建成通车,对逐步贯通国道主干线,打通四川向南出口通道,充分发挥国道主干线高速、安全、快捷的功能,加强省间物质流通、信息交流及在川南形成以国道主干线为骨架的路网体系,改善川南地区的投资环境,发展川南地区的经济,达到省内旅游景点联网,促进四川旅游优势产业的全面发展,都具有极其重要的作用。

二十六、G93 成渝环线高速公路乐雅段

(一)项目简介

G93 成渝环线高速公路乐雅段即乐山至雅安高速公路(以下简称"乐雅高速公路")是国家高速公路网成渝地区环线的一段,也是四川省规划的高速公路路网中 5 条东西横线中的第 3 横——雅安至合江高速公路的重要组成部分。乐雅高速公路由三段组成,分别为:乐山连接线高速公路,起自四川省乐山市市中区肖坝大件公路,起点桩号 LK0+000,终至张徐坝枢纽型立交,终点桩号 LK1+433,长 1.433km;乐雅主线高速公路,起自与乐宜高速公路相交的张徐坝枢纽型立交,起点桩号 K795+707,终至与成雅高速公路相交的水碾坝立交,终点桩号 K895+694,长 99.987km;峨眉支线高速公路,起自冷山互通,起点桩号 LK0+000,终至峨九公路,终点桩号 LK10+783.613,长 10.78km。乐雅高速公路全长 112.2km,途经峨眉山市、夹江县、眉山市洪雅县、雅安市雨城区,作为四川省中部东西向的重要快速通道,乐雅高速公路对打造西部综合交通枢纽,构建西部经济发展高地意义重大。项目 2010 年 4 月开工建设,乐山—峨眉山—符溪段 26.499km 于 2012 年 12 月 27 日向社会开放;符溪—水碾坝段 85.701km 于 2013 年 9 月 12 日向社会开放;2015 年 8 月 20 日雅安连接线建成通车。目前未全部完成竣工验收工作。

第四章
高速公路建设

(二)项目前期工作

1. 项目审批

项目基本建设程序执行情况见表4-38。

基本建设程序执行情况一览表 表4-38

项　　目	批 准 部 门	批 复 时 间	批复或备案文号
地震安全性评价	国家地震局	2005.11.30	中震函[2005]336号
地质灾害评估	省国土厅	2006.4.10	川国土资环[2006]125号
环保评价	省环保局	2006.7.6	川环建函[2006]368号
水生物及鱼类调查	省水产局	2006.8.29	川渔政[2006]68号
压覆矿调查评估	省国土厅	2006.12.19	川国土资函[2006]1340号
水土保持	水利部	2007.12.18	水保函[2007]354号
土地预评审	国土资源部	2009.6.1	国土资预审字[2009]221号
水保补充本	省水利厅	2009.7.14	川水函[2009]699号
环报重新报批	环保部	2009.8.31	环审[2009]394号
项目选址建议意见	省建设厅	2009.9.30	选字第511102200900019号
通航论证	乐山航务局	2009.12.8	乐航局函[2009]43号
可行性研究报告	国家发改委	2009.12.8	发改基础[2009]3065号
初步设计	交通运输部	2010.1.12	交公路发[2009]780号
乐山境先行用地	省国土厅	2009.12.25	川国土资函[2009]1762号
眉山境先行用地		2010.3.2	川国土资函[2010]210号
雅安境先行用地		2010.3.22	川国土资函[2010]282号
使用林地行政许可	国家林业局	2010.6.4	林资许准[2010]151号
肖坝崖墓考古发掘	国家文物局	2010.7.1	文物保函[2010]617号
文物调查评估批复	省文物局	2010.7.9	川文物保函[2010]198号
桥梁行洪论证	省水利厅	2010.7.12	川水函[2010]756号
压覆矿重新调查	省国土厅	2010.7.29	川国土函[2010]1022号
施工图设计及预算	省交通运输厅	2010.8.26	川交函[2010]587号
质量安全监督申请	厅质监局	2010.10.25	川交质函[2010]225号
项目建设用地	国土资源部	2011.3.6	国土资函[2011]101号
施工许可申请书	交通运输部	2011.1.14	交公路施工许可[2011]3号
临占林地许可	国家林业局	2011.10.31	林资许准[2011]291号

2. 招投标情况

乐雅高速公路勘察设计划分为A1~A4共四个合同段进行招标,其中A1、A2合同段为路基、路面、绿化等土建工程,A3、A4合同段为交安、房建、机电等交通工程。勘察设计招标工作于2006年8月全部完成,2006年9月与各中标单位签订工程勘察设计合同。

2009年12月上旬，公司全面启动项目全线路基土建工程招标工作，2010年3月上旬完成招标工作，4月2日正式签订合同协议书。乐雅高速公路路面、防水工程的施工及监理、试验室招标工作于2011年4月启动，8月底完成招标工作，9月30日正式签订合同协议书。交安工程施工招标于2012年1月正式启动，4月底完成招标工作，5月8日正式签订合同协议书。房建、机电工程施工及机电工程施工监理招标于2012年3月正式启动，5月中旬完成招标工作，6月8日正式签订合同协议书。绿化景观、服务区内房建工程施工招标于2012年6月正式启动，8月中旬完成招标工作，9月5日正式签订合同协议书。

全线隧道监控量测及超前地质预报单位（JC1和JC2标段）由发包人统一招标确定，该项招标工作于2010年4月启动，8月完成招标并签订了合同协议书。路用沥青材料采购于2012年1月正式启动，4月底完成招标工作，5月8日正式签订合同协议书。

3. 征地拆迁

项目建设用地总计686.552万m^2。其中乐山市境内353.665万m^2，眉山市（洪雅县）境内210.267万m^2，雅安市境内122.621万m^2（其中雨城区94.454万m^2、名山县28.164万m^2）。设计修正补征地，截至2013上半年，全线设计修正补征地面积累计25万m^2（乐山市7.533万m^2，洪雅县6万m^2，雅安市11.4万m^2），已全部提交使用。房屋拆迁，红线内房屋拆迁1309户（乐山市617户，洪雅县311户，雅安市381户），已经全部拆迁。红线挂角房屋共计110处；红线附近房屋共计101处。

乐雅高速公路开工仪式

（三）项目建设情况

乐雅高速公路所处区域主要为低山河谷地貌，总体地势为自东南向西北逐渐增高。沿线青衣江两岸普遍发育Ⅰ～Ⅲ级阶地，呈不对称分布，宽约100～600m，河流阶地及漫滩最宽处在乐山段，宽度大于4km。

第四章
高速公路建设

乐雅高速公路洪雅段交地进场仪式

乐雅高速公路全线按双向四车道高速公路技术标准建设,设计速度80km/h,路基宽24.5m,沥青混凝土路面。全线除匝道桥外,共有桥梁(含跨线桥)201座34119.86延米(特大桥2座3871延米,大中桥179座29603.82延米,小桥20座645.04延米),隧道7座单洞长度20007延米(长隧道5座17571延米,中短隧道2座2436延米),桥隧比为28.66%。全线设张徐坝枢纽、苏稽、冷山枢纽、符溪、夹江、木城、洪雅、止戈枢纽、东岳、草坝、凤鸣、水碾坝枢纽等12座互通式立交,设夹江、瓦屋山2处服务区,设三宝和三叉河2处停车区。

主要控制点为乐山市(峨眉山市、夹江县)、眉山市(洪雅县)、雅安市,共计3个市、3个县(市)、26个乡镇。

项目概算投资79.4亿元,目前未完成竣工决算,预计每公里造价7076.65万元。中央专项基金(车购税)8.6亿元,省级交通投资预算资金16.95亿元,国内银行贷款47.45亿元,峨眉支线投资5.5亿元由省自筹,雅眉乐公司由川高公司控股。

项目业主为四川雅眉乐高速公路有限责任公司;建设期间建设单位主要管理人员为刘勇、董胜勇、郭永军、赵明雄、张猛、刘波、孙建华、刘海泉、黄有能、王静梅、雷晓峰、付晓君、杨其、叶勇先、刘郎应等。

设计单位为四川省交通运输厅公路规划勘察设计研究院、中国公路工程咨询总公司。项目施工标段包括12个土建合同段(TJ1~TJ12),3个路面合同段(LM1~LM3),2个防水合同段(FS1~FS2),3个交通安全设施合同段(JA1~JA3),6个房建合同段(FJ1~FJ6),4个机电合同段(JD1~JD4),6个绿化合同段(LH1~LH6),4个沥青采购合同段(LQ1~LQ4);8个监理单位(JL1~JL8);7个监理实验室(SY1~SY7)。

2010年,乐雅高速公路实际完成投资14.35亿元,占年计划12.5亿元的114.81%;2011年完成投资22.13亿元,占年计划22亿元的100.59%;2012年,项目完成投资26.93

亿元,占年计划23.9亿元的112.66%。自开工累计完成投资72.835亿元,占概算总投资79.40亿元的91.73%。

建设初期的张徐坝枢纽型立交

建设中的张徐坝枢纽型立交

建设中的青衣江一号桥

第四章
高速公路建设

通车前的周柏山隧道

通车前的乐雅高速公路夹江段

乐山张徐坝高速公路交汇处立交桥

乐雅高速公路峨眉山收费站

(四)项目建设对沿线经济社会发展产生的影响

乐雅高速公路作为四川省中部东西向的重要快速通道,连接了雅安、眉山、乐山等成渝经济圈的紧密层,对打造西部综合交通枢纽,构建西部经济发展高地意义重大。进一步完善了全省高速公路路网,为开发人力、能源等优势资源提供便利的运输条件,必将促进乐山、雅安、眉山三市经济发展,带动沿线工业、旅游等产业强势提升。

(五)特色项目

高速公路环境保护——冰水堆积物特性及路用性状研究

乐雅高速公路沿线广泛分布有组成成分非常复杂的冰水堆积物土体约260万 m^3,如不加改良利用,将会带来大量的土方搬运、弃置、堆放等问题,对环境保护、工程造价、节约土地、工程质量和建设工期带来诸多影响,经四川省交通运输厅审批,雅眉乐公司开展了"乐雅高速公路冰水堆积物特性及路用性状研究"的研究工作。

该课题在2010年10月~2011年3月完成了资料收集、整理和分析;2011年4~10月对施工现场进行了现场调查,制定了研究计划和实施方案,根据工程需要开展试验段填筑及观测工作;2011年11月~2012年4月对施工现场进行取样,完成部分室内试验和现场试验,做好数值仿真分析的准备工作,全面开展理论分析和试验研究,对冰水堆积物填料路基变形机理及沉降规律进行探索,分析其影响因素。2012年完成课题研究报告编写和技术查新工作并通过验收。

二十七、G93成渝环线高速公路乐宜段

(一)项目简介

G93成渝环线高速公路乐宜段即乐山至宜宾高速公路(以下简称"乐宜高速公路")是国家重点公路第十一横向路线——宁波至樟木公路的一段。乐宜高速公路起自乐山辜李坝,止于宜宾市翠屏区象鼻街道境内的老鹰岩(AK136+902.27),全长137.778km,在乐山境由辜李坝互通同成乐高速公路相连,由张徐坝互通同乐雅高速公路相连,在宜宾境由象鼻互通同内宜高速公路、宜泸高速公路相连。乐宜高速公路为四川省高速公路网中的主干线公路之一和成渝经济环线的重要组成部分。乐宜高速公路自2007年12月7日正式开工建设,项目总工期36个月,其中路基24个月,路面15个月,交通安全设施、房建、机电、绿化工程同期建成,2010年12月26日建成通车。

（二）项目前期工作

1. 项目审批

2006年12月21日，国家发展改革委以《国家发展改革委关于四川省乐山至宜宾公路项目核准的批复》对项目核准进行正式批复。

2007年3月20日，交通部以《关于乐山至宜宾公路初步设计的审查意见》对乐宜高速公路初步设计进行了批复。2007年12月17日，四川省交通厅以《四川省交通厅关于乐山至宜宾高速公路土建工程施工图设计技术文件的批复》对两阶段施工图设计进行批复。

2. 招投标情况

乐宜高速公路项目勘察设计由四川省交通运输厅进行招标，监理、施工由山东高速集团四川乐宜公路有限公司依法进行公开招标。

3. 征地拆迁

2007年6月29日，国土资源部批复本项目建设用地共854.370万m^2。乐宜公司与乐山、宜宾两市政府分别签署《乐宜高速公路项目征地拆迁、建设协调工作协议书》，地方政府以全包方式负责实施具体的征地拆迁补偿的各项工作。乐宜高速公路实际征用土地847.874万m^2。其中乐山段征地510.461万m^2，宜宾段征地337.412万m^2。

（三）项目建设情况

乐宜高速公路经过四川盆地西南边缘，地势南西高，北东低。地形上分为河谷平原、丘陵和低山地形。低山地形地面高程一般470~650m，丘陵地形地面高程一般在360~450m，河谷平原分布高程285~450m。地貌单元按成因可分为3种类型，即侵蚀堆积地形、构造剥蚀地形和侵蚀构造地形。

乐宜高速公路全线按双向四车道高速公路技术标准建设，设计速度80km/h，路基宽24.5m，沥青混凝土上面层320.65万m^2，中面层252.19万m^2，下面层263.77万m^2。桥涵设计汽车荷载公路—Ⅰ级。全线共设特大桥5座6714延米，大桥93座21926.7延米，中桥57座4038.6延米，小桥4座89.1延米，涵洞及通道471道，桥隧比19.3%。路基挖方1 645.4万m^3，路基填方3053.9万m^3。全线设有互通式立交11座（辜李坝互通、张徐坝互通、安谷互通、五通桥互通、犍为北互通、犍为南互通、新民互通、泥溪互通、大塔互通、宗场互通、象鼻枢纽），收费站8处（乐山站、五通桥站、犍为北站、犍为南站、新民站、泥溪站、大塔站、宗场站），服务区3处（五通桥服务区、犍为东服务区、宜宾县服务区）。

乐宜高速公路全路段控制性工程为3269.8m的岷江特大桥和全长5000余米的长山

特长隧道。

乐宜高速公路项目批复概算投资71.02亿元,其中资本金35%,其余65%采用银行贷款。

2005年9月28日,山东高速集团有限公司中标乐宜高速公路BOT投资项目,并与四川省交通厅正式签署乐宜高速公路BOT项目特许经营权协议,成为乐宜高速公路项目法人。2015年12月28日,注册成立山东高速集团四川乐宜公路有限公司,全面负责乐宜高速公路项目建设与运营管理。建设期间,公司领导班子总经理1名、副总经理3名,下设"一室五处",即综合办公室、技术工程处、计划企管处、财务处、人力资源处、工程监理处。

勘察设计分为A1、A2、A3共3个合同段。其中A1、A2为路基土建工程,分别由四川省交通运输厅公路规划勘察设计研究院、云南省规划勘察设计院实施,A3合同段为交通工程及沿线服务设施,由福建省交通规划设计院实施。四川省交通运输厅公路规划勘察设计研究院负责全线勘察设计汇总。中铁大桥局股份有限公司、沈阳高等级公路建设总公司等48家为施工单位。

建成后的乐宜高速公路(一)

建成后的乐宜高速公路(二)

建成后的乐宜高速公路(三)

建成后的乐宜高速公路(四)

乐宜高速公路控制性工程——岷江特大桥(一)

(四)项目建设对沿线经济社会发展产生的影响

乐宜高速公路与成乐、内宜、成渝三条高速公路构成区域性干线公路网,辐射周边,连接其他公路,促进区域交通运输、旅游和国民经济快速发展,形成四川通江达海的第二条经济干线,是国家实施西部大开发战略、完善国家重点公路网和四川省整体路网布局的需要。

乐宜高速公路控制性工程——岷江特大桥(二)

二十八、G93 成渝环线高速公路绵遂段绵阳段

(一)项目简介

G93 成渝环线高速公路绵遂段绵阳段即绵遂高速公路绵阳段是国家高速公路网规划中 G93 成渝环线高速公路的重要组成部分,是川西北南下重庆乃至华南方向的重要公路通道。项目起于绵阳市游仙区张家坪,起点桩号 K115+600(建设桩号为 K0+000),与绵广高速公路相接,向东南跨经游仙区、农科区、三台县,止于三台县百顷镇,止点桩号 K193+548(建设桩号为 K77+948),顺接绵遂高速公路遂宁段,全长 77.94km,沿线经过绵阳市的游仙区和三台县,直接影响到东林乡、游仙镇、小枧镇、新华农场、松垭镇、永明镇、建设镇、花园镇、老马乡、里程乡、争胜乡、新德镇、东塔乡、百顷镇等乡镇,极大地带动了沿线经济的发展。绵遂高速公路绵阳段于 2009 年 2 月开始建设,于 2011 年 12 月建成通车。

(二)项目前期工作

1. 项目审批

四川省发展改革委于 2005 年 10 月 17 日对绵遂高速公路绵阳段工程可行性研究报告作出批复。2007 年 5 月 21 日国家环保总局下发《关于国家高速公路成渝地区环线四川省绵阳至遂宁高速公路绵阳段环境影响报告书的批复》。2007 年 4 月 29 日水利部下发《关于绵阳—重庆公路绵阳至遂宁段水土保持方案的复函》。2008 年 6 月 24 日国土资源部下发《关于绵阳至遂宁公路绵阳段工程建设用地的批复》。

2008 年 4 月 21 日交通部下发了《关于绵阳至遂宁公路绵阳段初步设计的批复》,对绵遂高速公路绵阳段的建设规模和技术标准、路线设计方案、路基路面设计方案、桥隧方案、概算等做出同意批复。四川省交通厅于2009年5月4日下发了《关于绵阳至遂宁高速公路绵阳段项目施工图设计文件的批复》。

2. 招投标情况

四川汉龙高速公路开发有限公司委托成都万安建设项目管理有限公司对绵遂高速公路绵阳段路基、路面、交安、绿化、机电等工程进行施工招标、评标工作，采用综合评分法进行评审。

3. 征地拆迁

征地拆迁的工作主体是绵阳市游仙区政府和三台县政府。

(三)项目建设情况

绵遂高速公路绵阳段位于四川盆地中部丘陵地区，地貌形态以构造剥蚀丘陵为主，侵蚀堆积的阶地和河漫滩亦有分布。在构造剥蚀作用为主的地质条件下，工作区地貌分为丘陵地貌和河谷堆积地貌两大类。河谷堆积地貌主要沿涪江及其支流的两岸呈断续分部，主要由冲洪积的河漫滩，一、二级阶地，冰水堆积三至五级的高阶地等组成。

项目全线按双向四车道高速公路技术标准建设，设计速度80km/h，路基宽24.5m，车道宽$4 \times 3.75m$，沥青混凝土路面，桥涵设计汽车荷载等级为公路—Ⅰ级，全线桥梁148座，其中小桥40座、中桥40座、大桥68座，短隧道4座，桥隧比为13.6%。全线设有互通式立交7座，分别是张家坪互通连接G5京昆高速公路绵广段、九绵高速公路，永明互通连接绵阳绕城高速公路，三台东互通(成巴互通)连接S2成巴高速公路，新桥互通连接国道108线绵梓路，松垭互通连接省道101线绵盐路，花园互通连接三台县花园镇中立路，三台互通连接三台县马望路，设游仙新桥、松垭、花园和三台4处收费站，服务区2处(三台服务区、新桥服务区)，停车区1处(廖家湾停车区)。

主要控制点有游仙镇、松垭镇、花园镇、三台县等。

绵遂高速公路绵阳段投资规模约40亿元。

项目由四川汉龙高速公路开发有限公司(以下简称"汉龙公司")投资修建。

绵遂高速公路绵阳段由四川省交通厅公路规划勘察设计研究院负责勘察工作，由华杰工程咨询有限公司进行初步设计和施工图设计。共分为路基10个标段、路面2个标段、交安、绿化、机电各1个标段。LJ01合同段由核工业西南建设集团有限公司承建；LJ02合同段由无锡市交通工程有限公司承建；LJ03由吉林长城路桥建工有限责任公司承建；LJ04由南京东部路桥工程有限公司承建；LJ05由重庆市渝通公路工程总公司承建；LJ06由中铁十五局集团第二工程责任有限公司承建；LJ07合同段由湖南省永州公路桥梁建设有限公司承建;LJ08合同段由南京东部路桥工程有限公司承建;LJ09合同段由成都市路桥工程股份有限公司承建;LJ10合同段由中铁十五局第六工程有限公司承建;LM01合同段由成都市路桥工程股份有限公司承建;LM02合同段由攀枝花公路建设有限公司承建;交安工程由四川嘉和交通工程有限公司承建;绿化工程由四川高速公路绿化环保开发有限公司承建;机电工程由石家庄泛安科技开发有限公司承建。路基部分分为两个总监办,分别为LJJL01总监办(重庆锦程工程咨询有限公司)、LJJL02总监办(湖北中交公路桥梁监理咨询有限公司);路面部分分为两个总监办,分别为LMJL01总监办(绵阳市川交建设工程监理咨询有限公司)、LMJL02总监办(武汉中交路桥设计咨询有限公司);交安监理为成都久久公路工程监理有限公司、机电工程监理为北京华路捷公路工程技术咨询有限公司。路基部分设立两个检测实验室:LJSY01合同段为武汉市公路水运工程试验检测中心;LJSY02合同段为四川诚杰工程试验检测有限公司。路面检测为四川省金山工程试验检测有限责任公司。

项目于2009年开始实施,于2011年底建成通车。

绵遂高速公路绵阳段花园互通式立交

绵遂高速公路绵阳段通车庆典

绵遂高速公路绵阳段争胜大桥

绵遂高速公路绵阳段游仙新桥收费站

绵遂高速公路绵阳段廖家湾停车区

(四)项目建设的意义及对沿线经济发展产生的影响

绵遂高速公路向北接绵阳至九寨沟高速公路,南连遂宁至重庆高速公路,向南延伸至国家高速公路网中的重庆至海口(兰州至海口)高速公路和重庆至茂名(包头至茂名)高速公路,横向与国家高速公路网中的北京至昆明高速公路和上海至成都高速公路相连,是成渝地区和川东北地区的快速通道,进一步扩大和促进了区域经济合作与发展,同时也有利于完善国家级四川高速公路网,充分发挥路网整体效益,满足通道交通量快速增长。此外,该项目的建成还为川北、重庆等地区开辟了便捷的出川通道,增强各地区间的经济辐射力。

(五)项目特色

1. 优质高效服务——高速公路收费

全路段设置新桥、松垭、花园、三台四个收费站。汉龙公司在2009年与四川交通职业技术学校联合,建立起培训道路收费员的纽带关系,在经营管理期培养出一百余名收费业务人才和交通执法人员以及从事该行业的其他综合性人员。由于涉及的行业新、专业性强,公司领导要求全体员工加强学习。公司领导秉承"建一流的队伍、树一流的形象、创一流的业绩"的管理理念,积极培养人才,虚心向外界学习。全力履行交通厅高速公路管理局的有关政策要求,实现"应免不征、应征不漏"的收费原则。公司自2011年经营管理至今未发生一次重大安全责任事故。

进入运营期后,汉龙公司在转型之初制定的试行收费管理制度基础上,研究和借鉴了全省高速公路网先进经验并结合公司收费工作实际,在通车前已经制定的各类制度的基础上,对收费管理试行制度不断地进行完善,"服务有起点、满意无止境",实际工作中全面规范服务管理和服务行为,实现服务管理制度化。一是完善便民服务设施,配备便民服务医药箱、工具箱、自来水设施,通过渠化设施的设置确保车道安全畅通;二是完善服务制度,修订完善《优质文明服务规范》《投诉处理流程》等,做到服务用语规范化、服务方式程序化、服务项目系统化;三是提高服务技能,定期开展岗位练兵活动,强化业务培训,完善各类突发事件工作预案,一线员工业务技能、岗位政策把握的能力不断提高;四是完善稽查监控制度体系,强化监督职能。以日常考核和突击检查为手段,对收费管理各环节进行监督和检查,以全面提升服务质量、规范内部管理、足额征收、全额解缴为目的,定期通报情况,促进收费秩序规范;五是开展服务考核、星级评定,完善奖惩机制。制定《收费人员奖惩实施细则》《收费站综合评比办法》《收费员星级评定办法》,强化服务监督职能,将日常表现、通行费任务与绩效考核、星级评定挂钩,增强员工岗位责任感,提高岗位操作技能,切实把工作做扎实、做细。对车道纠纷,公司一贯坚持"骂不还口、打不还手"的工作方针。整个收费服务得到上级主管单位和社会人士的肯定。

日常工作中,通过常态化、专项化的业务监督和突击检查,狠抓各环节流程落实,形成了规范化的稽查管理。稽查工作重点突出保通保畅、服务质量、安全管理、工作纪律、免费车稽核、车型车情判断稽查等,通过及时的反馈和纠正,确保了路段安全畅通、站容优美、服务优良,通过对每辆免费车的稽查和分析,防微杜渐,有效地防止了内外勾结、换卡倒卡等造成的通行费流失。

日常工作中,把专项培训与制度建设结合起来,把事前防范与事故查处结合起来,收费一线人员每天进行不少于6次的安全巡检,巡检内容涵盖机电设备、车道广场、站房周边、发电机房等各重要点位,每月站内大排查,并将排查表发公司,公司安全检查小组再进行对比检查。各环节层层落实,切实做到安全排查点位完善、准确,安全排查不走过场,隐患治理及时有效。此外每季度开展各种突发事件应急演练,提高实战经验,确保安全生产处于受控状态,确保站口万无一失,提高了一线员工应急处理能力。

在收费管理工作中,公司推行绩效考评、星级考评和收费站综合考评。考评对象为收费员、收费班长、站务和收费站环境,考评内容涉及安全管理、收费服务、站容站貌、保通保畅、收费业务技能等,将个人收费业务能力、服务水平同个人收入和晋升机会挂钩。通过评比活动有效地调动了基层人员的工作积极性,形成了"比、学、赶、超"的良好氛围。

收费工作政策性强、现场纠纷处理要求既要坚持原则又要讲究灵活,业务培训是提高业务水平的有效手段。为让全路段一线员工操作统一、规范管理,收费管理部根据出台文件、制度,编制了《收费员培训教材》,涵盖政策法规、业务操作、应急处理等,并定期进行修订,定期开展业务培训,收费业务操作规范统一,杜绝了操作上的随意性和盲目性。

通车5年来,收费管理部在前期"收费站档案管理规范"及"收费管理部档案管理规范"的基础上,结合"十二五部检规范要求",对档案管理进行了进一步规范,对基础档案表格、填报、目录编制、字体、字号、封面背脊等进行了统一要求,各站档案内务管理统一、规范。

2. 收费系统维护工作

汉龙公司高度重视机电系统的安全运行。从运营期开始,要求日常以设备运行畅通安全、维护高效低廉、信息发布准确全面、反馈问题及时有效、监控客观真实、数据提取先报后出为工作原则。机电系统以实现高速公路路网联网收费为主要工作,负责公司收费系统的安全畅通,确保机电系统设施正常运行,保证日常营运工作正常开展。对收费业务、站容站貌、违法违章、突发事件、安全管理进行实时跟踪监控,保证信息传递及时准确,数据统计真实有效,保障收费系统收费工作井然有序。几年来保证了联网收费设备的正常运转。

为保证收费系统监控工作的顺利进行,汉龙公司结合工作实际制定并修改完善了监控中心《库房管理制度》《监控人员工作纪律》《12122值班管理制度》《清障救援工作流程》。根据工作实际需要,为保持与行业技术同步,公司先后分批组织参加省结算中心的机电系统的维护与维修、收费软件的使用与管理和12122服务热线的培训学习。要求部门组织监控人员、技术人员对新的政策、制度进行学习并对业务技能进行专题培训,以提升技术员、监控员的业务技能水平。组织技术人员积极参加各种技术讲座和新技术交流及运行维护经验交流等活动,使技术人员更加全面掌握设备工作、维修、维护保养操作原理。

针对监控行业的特殊性分别完成技术员、监控员的业务技能考评考核,结合实际工作情况进行试题考卷的命题与考试,取得良好的效果。公司要求监控人员在维护维修设备时必须先向公司或有关部门上报安全管理实施方案。提高部门员工的安全意识,切实做好基层员工的安全教育工作。对特殊部位如高空作业必须拴挂安全劳动保护用品,道路作业必须设置警示标志或安全维护隔离带。对特殊工种如强弱电作业必须要持特种作业证书人员方能进行,严禁技术人员带电操作。定期清理各种设备的灰尘油污。结合《新安全法》进行安全专项培训,提高安全防护能力。定期检查库房是否存放有安全隐患的易燃、易爆和腐蚀物品,是否存在有安全隐患物品混放的现象,是否配置足够的安全灭火器材,及时发现及时制止,消除隐患。

为提升业务水平,2013年12月,信息中心全体技术员报名参加了省建技工学校的电工培训,并取得了低压电工进网作业操作资格证。2013年1月,机电组完成在各站安装稽查摄像机的工作。安装完成后能够更加清楚地掌握收费站周边安全情况及各类特殊车辆的放行情况。例如:车道在放行鲜活车时,监控员可通过监控软件调整该摄像头,以最好的视觉角度对货物运输种类等信息进行稽核,并对现场放行情况行录像备份。

2013年3月,芙蓉山隧道入口引导灯线缆被盗,技术组配合公安机关现场勘查、备案处理。

2013年10月,可变情报板因施工单位及供货单位纠纷无法正常使用。机电组多次与施工单位协商后,同意另外购买配件使用。同月,外场巡检中发现老农山隧道灭火器部分被盗,机电组上报公司及时采购后进行更换,保障了安全工作的顺利开展。

软件测试,并针对此系统软件对新桥及三台站务进行了培训讲解,2014年1月,完成了新桥站、三台站入口增加超限检测工作。新装两台动态汽车衡,使用环氧树脂加细砂浇筑称台基础,施工完成后通过绵阳市计量局检测,技术组进行超限检测主要业务功能,联系厂家安装梅特勒-托利多称台,对入口超限检测站准备新装的栏杆机进行电路方案设计,使其具有防砸车功能,并实现能够手动、自动双控制,软件由技术员进行修改、调试完成后正常使用。

2014年3月完成新桥、松垭、花园三个收费站入口超限检测站栏杆机安装并投入使用。

2014年4月自主设计安装了松垭入口超限检测站监控设备,包括车道摄像机、亭内摄像机、脚踏报警器、拾音器、内线电话等设备,经测试能够实现功能。

2014年5月新桥站、花园站、三台站入口超限检测站监控设备全部装好、调试完成,并接入监控网。

2015年1月,新桥站、松垭站ETC开通运行,年内运行情况良好。花园站、三台站ETC于12月进行开通试运行。但因天线故障,时有出错的情况出现,机电组与厂家及中创软件进行沟通协调处理调试后恢复正常使用。

2015年1月,三台站更换收费广场至互通的电缆。机电组对三台站外场设备无法加电进行了处置,起因为鼠害破坏了传输线路中绝缘层。

绵遂高速公路绵阳段松垭收费站管理用房

绵遂高速公路绵阳段基本制度汇编

绵遂高速公路绵阳段管理岗位竞聘

绵遂高速公路绵阳段汛期安全应急演练

绵遂高速公路绵阳段收费管理文明服务培训

二十九、G93成渝环线高速公路绵遂段遂宁段

(一)项目简介

G93成渝环线高速公路绵遂段遂宁段即绵阳至遂宁高速公路遂宁段是国家高速公路网规划中G93成渝环线高速公路的重要组成部分,位于遂宁市境内,起于绵阳市与遂宁市交界处射洪县香山镇,止于遂宁市船山区复桥镇,跨越达成、遂渝铁路以及涪江、梓江等河流,全长96.968km,与绵遂高速公路绵阳段、遂西高速公路、沪蓉高速公路成都至南充段、遂广高速公路、成渝环线高速公路遂宁至重庆段、内遂高速公路相接或互通。绵遂高速公路遂宁段于2008年8月26日开工建设,2011年12月12日全线通车。项目建成后,使得成渝地区环线建设更进一步,同时对于拉动泛成渝经济圈将起到举足轻重的作用。

(二)项目前期工作

1.项目审批

2005年3~4月,四川省发展改革委和交通厅分别审批绵遂高速公路遂宁段预可行性研究报告。同年8~9月,四川省发展改革委和交通厅分别审批该项目工程可行性研究报告。

2.招投标情况

2005年7月,四川省人民政府批准并委托遂宁市人民政府作为该项目投资人招商主体,以BOT方式启动投资人招标。2006年2月21日,中铁二局中标成为项目投资人;3月9日,中铁二局集团公司与遂宁市人民政府签订《四川省绵阳至遂宁高速公路遂宁段BOT项目投资协议书》。

3.征地拆迁

项目公司于2007年12月分别与沿线经过的区县人民政府签订了《四川省绵阳至遂宁高速公路遂宁段项目征地拆迁补偿安置协议》及《<四川省绵阳至遂宁高速公路遂宁段项目征地拆迁补偿安置协议>的补充协议》。采取单亩包干的方式,充分调动地方政府的积极性,各区县成立了绵遂高速公路建设协调领导小组,制订了针对被征地村组、被拆迁户的征地拆迁补偿政策。严格按照国家土地、林地征用法律法规的要求,依法办理申报。该项目共完成正线征地约637.333万m^2(含部分补征地),房屋拆迁2537户,共计47.5万m^2;迁改10kVA以上高压线88.6km、低压及照明线113.3km、天然气管道5.1km、军用光缆1.6km、长话及通讯线34.6km、电线电缆62.2km。

(三)项目建设情况

绵遂高速公路遂宁段按双向四车道高速公路技术标准建设,设计速度80km/h,路基

宽度整体式24.5m、分离式12.25m,行车道宽度4×3.75m,圆曲线一般最小半径460m,路线最大纵坡4.8%;设计荷载等级为公路—Ⅰ级;设计洪水频率特大桥为1/300,大、中、小桥、涵洞及路基为1/100;设计安全等级一级,环境类别Ⅱ类;地震动峰值加速度系数0.05g,基本烈度为Ⅵ度。桥梁共计112座,全长19001.56延米,其中,特大桥1座1010延米,大桥54座105094.97延米,中桥25座1654.99延米,小桥5座153.05延米,人行天桥27座1988.55延米;隧道11座9115.23米;桥长占路线总长14%,隧道长占路线总长4.7%,桥隧比18.7%。全线共设置金华、射洪、红江、吉祥、永兴、遂宁东、复兴共计7座互通式立交(不含预留),金华、射洪、红江、永兴、遂宁东、玉太6处收费站,射洪、遂宁东2处服务区及红江1处停车区。

项目总投资51.11亿元,由中铁二局集团有限公司以BOT方式投资建设,其中银行贷款31.80亿元,企业自筹资金19.31亿元。

各参建单位及合同段划分见表4-39~4-42。

绵遂高速公路遂宁段设计单位 表4-39

合同段	设计单位名称	起讫桩号	长度(km)	工作内容
1	四川省交通厅公路规划勘察设计研究院	K80+017.6~K177+128.451	96.968	土建、路面及绿化工程设计
2	中国公路工程咨询集团有限公司	K80+017.6~K177+128.451	96.968	交安、机电及房建工程设计

绵遂高速公路遂宁段监理单位 表4-40

合同段	监理单位名称	对应施工合同段	起讫桩号	长度(km)	监理内容
J1	华铁工程咨询有限责任公司 眉山市公路工程试验检测中心	A1、B1、D1、D2、D5、F1、F2、F4、F5	K80+017.6~K101+840 K80+017.6~K122+075	21.699 42.057	路基、桥涵、隧道、互通 路面、绿化、交安
J2	成都久久公路工程监理有限公司 成都清正公路工程试验检测有限公司	A2	K101+840~K122+075	20.214	路基、桥涵、隧道、互通
J3	中国华西工程设计建设有限公司 四川新高工程质量检测有限公司	A3、A4	K122+075~K147+495	25.421	路基、桥涵、隧道、互通
J4	中交建工程咨询(北京)有限公司 遂宁市公路工程试验检测中心	A4、A5、A6、B2、C1、C2、D3、D4、D6、E、F1、F3、F6、F7	K147+495~K177+128.451 K122+075~K177+128.451	29.634 54.911	路基、桥涵、隧道、互通 路面、绿化、交安、房建、机电

第四章
高速公路建设

绵遂高速公路遂宁段检测单位　　　　　　　　　　表 4-41

序号	单位名称	起讫桩号	长度(km)	工作内容
1	四川省交通厅公路水运质量监督站	K80+017.6~K177+128.451	96.968	施工安全质量监督
2	遂宁市公路工程质量监督站	K80+017.6~K177+128.451	96.968	施工安全质量监督
3	陕西西安公路研究院公路工程检测中心	K80+017.6~K177+128.451	96.968	桥梁动载试验、隧道、路面、标志、标线
4	遂宁市公路工程试验检测中心	K80+017.6~K122+075	42.057	土建地面结构工程
5	四川畅仪能工程测试技术有限责任公司	K80+017.6~K177+128.451 K122+075~K177+128.451	96.968 54.911	桩基工程土建地面结构工程

绵遂高速公路遂宁段施工单位　　　　　　　　　　表 4-42

合同段	起讫桩号	施工内容	施工单位
A	K80+017.6~K177+128.451	路基、桥梁、隧道、互通、涵洞	中铁二局股份有限公司
B1	K80+017.6~K122+075	路面工程	中铁二局机械筑路有限公司
B2	K122+075~K177+128.451	路面工程	中铁二局第五工程有限公司
C1	K80+017.6~K177+128.451	服务区各项工程	四川省广安市广安区建筑工程总公司
C2	K80+017.6~K177+128.451	收费站、管理中心房建工程	中铁二局集团建筑有限公司
D1	K80+017.6~K101+840	路堑、路堤边坡绿化工程	成都市风景园林绿化工程有限公司
D2	K101+840~K122+075	路堑、路堤边坡绿化工程	四川易之境环境艺术有限公司
D3	K122+075~K157+425	路堑、路堤边坡绿化工程	四川长青生态园林建设有限责任公司
D4	K157+425~K177+128.451	路堑、路堤边坡绿化工程	重庆森瑞园林工程有限公司
D5	K80+017.6~K122+075	中心隔离带、路肩、互通绿化工程	重庆聚富园林绿化有限公司
D6	K122+075~K177+128.451	中心隔离带、路肩、互通绿化工程	四川好越多园林有限公司
E	K80+017.6~K177+128.451	机电安装工程	中铁二局集团电务工程有限公司
F1	K80+017.6~K177+128.451	隔离栅工程	江苏耀鑫交通设施有限公司
F2	K80+017.6~K122+075	标志、标线工程	张家港港丰交通安全设施有限公司
F3	K122+075~K177+128.451	标志、标线工程	四川路桥建设集团交通工程有限公司
F4	K80+017.6~K101+840	波形护栏工程	四川西都交通配套设施有限责任公司
F5	K101+840~K122+075	波形护栏工程	成都双羽实业股份有限公司
F6	K122+075~K147+495	波形护栏工程	四川远程科技开发有限公司
F7	K147+495~K177+128.451	波形护栏工程	四川京川公路工程(集团)有限公司

2007年5月22日,国土资源部正式下发《关于绵阳至遂宁高速公路遂宁段工程建设用地预审意见的复函》。2007年8月15日,交通部下发《关于绵阳至遂宁高速公路遂宁段建设项目核准的意见》,同意建设绵遂高速公路遂宁段。2007年11月5日,国家发展和改革委员会批复四川省发展和改革委员会,同意建设四川省绵遂高速公路遂宁段。2007年12月26日,绵遂高速公路遂宁段施工主干便道开工建设。2008年4月9日,四川省绵遂高速公路遂宁段初步设计获交通运输部批复。2008年6月24日,国土资源部对四川省绵遂高速公路遂宁段建设用地作出正式批复。2008年7月28日,绵遂高速公路遂宁段在万天宫隧道、金华互通和桥木湾三个工点同时破土动工。2008年8月26日,四川省绵遂高速公路遂宁段全面动工。2010年5月18日,绵遂高速公路项目过军渡涪江特大桥主体工程完工。2010年12月30日,绵遂高速公路遂宁段射洪互通至复兴互通段(58km)通车试收费。绵遂高速公路遂宁段建成通车。2011年12月12日,绵遂高速公路遂宁段香山(起点)至射洪互通段通车试收费,与绵遂高速公路绵阳段同步实现全线通车。

绵遂高速公路遂宁段(一)

绵遂高速公路遂宁段(二)

第四章
高速公路建设

绵遂高速公路遂宁段(三)

绵遂高速公路遂宁段(四)

绵遂高速公路遂宁段麻柳井大桥

绵遂高速公路遂宁段梓江大桥

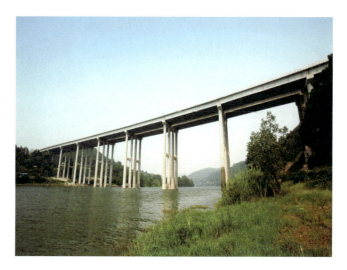

绵遂高速公路遂宁段桃花河大桥

绵遂高速公路遂宁段射洪互通式立交

绵遂高速公路遂宁段红江互通式立交

第四章
高速公路建设

绵遂高速公路遂宁段红江停车区

绵遂高速公路遂宁段遂宁东收费站

(四)项目建设的意义及对沿线经济发展产生的影响

绵遂高速公路遂宁段的建设,是完善国家高速公路网和四川省高速公路网布局、促进西部大开发和成渝经济圈区域经济发展的需要,也是适应区域交通量快速增长、促进沿线自然资源开发及当地旅游业发展的需要。项目建成通车后,显著改善了绵阳至遂宁之间的交通条件,较好地改善了沿线投资环境,带动了沿线园区的投资开发,拉动了遂宁市的经济社会发展。

(五)项目特色

预应力混凝土连续刚构桥——过军渡涪江特大桥

过军渡涪江特大桥位于四川省绵遂高速公路遂宁境内,桥梁总长1015m。设计主跨为(73+130+73)m的预应力混凝土连续刚构,引桥为11×30m预应力混凝土简支T梁和20×20m预应力混凝土简支小箱梁。

（1）水中墩桩基及承台施工

枯水期，涪江水面标高保持在262.70m，主墩承台底设计标高为259.00m，32号墩位置水深约为6m，承台底高出河床面2.3m。水中钻孔桩采用水中搭设钻机作业平台，每根桩位打设一根$\phi 2200 \times 10$mm的钢护筒，冲击钻机钻孔施工；桩身钢筋笼在两岸分两节预制，用50t履带吊机上平台吊放入桩孔内，水下灌注桩身混凝土。承台钢筋在两岸钢筋加工场内加工，用汽车运输到钻机平台上，吊车吊放到工作面绑扎成型。混凝土采用设在两岸的拌和站集中拌和，混凝土搅拌运输车到现场，通过混凝土输送泵泵送或梭槽进行灌注。

墩身采用翻模法施工，主桥墩处配置一台80m塔吊，每次灌注高度6m。墩身钢筋在两岸钢筋加工场内加工，用汽车运输到钻机平台上，吊车或塔吊吊放到工作面绑扎成型。混凝土采用拌和站集中拌和，混凝土搅拌运输车到施工现场，通过吊车配合料斗或混凝土输送泵泵送到灌注工作面。

（2）主跨梁段悬灌施工

过军渡涪江特大桥主跨为(73+130+73)m的预应力混凝土连续刚构，主梁分为19个节段，其中0号段和18号段为现浇梁段，16、17号段为合拢段，1号~15号段为悬臂浇注梁段，主梁为三向预应力结构，单箱单室截面，顶板宽12.1m，底板宽6.8m，外翼板悬臂长2.65m，顶面设置2%的单向横坡，悬臂浇注梁段长为8×3.5m$+ 7 \times 4.4$m，梁高从箱梁根部截面的8.2m按1.8次抛物线渐变至3.0m，底板厚度从箱梁根部1.0m渐变至0.28m，腹板厚从0.70m变至0.50m，每个梁板腹板上均设置2个$\phi 10$cm的通风孔。纵、横向预应力钢绞线均采用$\phi_s 15.24$高强低松弛钢绞线，纵向波纹管采用塑料波纹管，竖向预应力和横向预应力采用JL32精轧螺纹粗钢筋。

0号段采用搭设托架现浇法施工，托架施工完成后进行模拟加载试验，混凝土分两次浇注。悬灌段施工采用三角挂篮两端对称均衡进行施工，挂篮外采用大块钢模，内箱采用组合钢模，根据挂篮预压和已经施工阶段线形监测数据分析立模，再制安钢筋及预应力管道，采用混凝土泵车（地泵）两端对称进行混凝土浇筑。

边跨现浇段施工：位于涪江河中的31号墩，水深达6m，采用斜腿支架方法；34号墩位于挖方地段，地质条件好，采用搭设钢管支架现浇法施工。

边跨合拢段施工：待主桥边跨现浇段和15号梁段施工完毕后，挂篮及模型系统走至合拢段位置，前端与边跨现浇段对接。

中跨合拢段：中跨合拢段采用吊架合拢，利用中跨单侧挂篮的内模、外模、底模桁架及模型。然后调整模型，绑扎钢筋，安装预应力及合拢劲性骨架，安装反力架，用千斤顶进行顶推，使墩顶产生相对位移，焊接劲性骨架，此时要选择当天温度最低时段施焊，并尽快焊接完成。劲性骨架锁定后才能张拉临时预应力束，观测到次日最低温度，在次日最低温度时进行混凝土浇筑，合拢温度要求控制在18℃以下，争取在两小时内浇筑完成。

绵遂高速公路遂宁段过军渡培江特大桥主桥施工

绵遂高速公路遂宁段过军渡涪江特大桥(一)

绵遂高速公路遂宁段过军渡涪江特大桥(二)

三十、G93 成渝环线高速公路遂渝段

(一)项目简介

G93 成渝环线高速公路遂渝段即遂宁至重庆高速公路(以下简称"遂渝高速公路")是 G93 成渝环线高速公路的重要组成部分,与 G42 沪蓉高速公路成遂段连接,并延伸至重庆,为四川省重要的出川通道之一,构成成渝高速公路环线。项目起自遂宁市罗家湾,接建遂(宁)回(马)高速公路(K19 + 502),经上宁、西宁、保升、复兴、西眉、

莲池、磨溪等乡镇,止于川渝交界处的双龙庙,与同期建设的重庆至遂宁高速公路相接。起点桩号 K290+298,终点桩号 K309+164,全长 36.642km。项目建成将大大改善沿线地区投资环境,促进川渝地区经济交流。遂渝高速公路于 2004 年 4 月开工,于 2007 年 10 月全部工程完工,由四川成南高速公路有限责任公司负责运营管理养护。

(二)项目前期工作

1. 项目审批

2001 年 11 月,四川省发展计划委员会下发的《四川省计委关于遂宁至重庆高速公路遂宁至双龙庙段(四川境)工程可行性研究报告(代立项)的批复》批准同意可行性研究报告。

2003 年 10 月,四川省交通厅下发的《四川省交通厅关于遂宁至重庆高速公路遂宁至双龙庙段高速公路初步设计的批复》批准同意初步设计。

2004 年 9 月,四川省交通厅下发的《四川省交通厅关于遂渝高速公路施工图设计的批复》批准同意施工图设计。

2. 招投标情况

遂渝高速公路工程招标工作包括设计、监理、试验检测、施工招标和沥青材料采购招标,共 21 个合同,其中设计招标 1 个,监理招标 2 个,中心试验室招标 1 个,施工招标 15 个,沥青材料采购 2 个,全部招标工作均顺利完成,没有发生违法乱纪行为。建设单位与各中标单位签订承包合同的同时签订廉政建设和安全生产合同。

项目勘察设计招标共 1 个合同段,招标内容包括全线公路工程、交通工程及沿线设施勘察设计,包括初步设计、施工图设计文件编制工作,采用邀请招标、资格后审和双信封评标法。

勘察设计招标于 2003 年 6 月进行,邀请四川省交通厅公路规划勘察设计研究院、云南公路规划勘察设计院、重庆交通科研设计院共 3 家投标人参加投标。根据评标委员会的推荐意见,确定中标人为四川省交通厅公路规划勘察设计研究院,于 2003 年 7 月签订勘察设计合同,合同金额为 2030 万元。

项目施工招标共划分为 15 个合同段,其中路基桥涵土建工程 6 个,路面工程 1 个,绿化工程 3 个,交通安全设施工程 1 个,房建工程 1 个,网架工程 1 个,通信管道工程 1 个,机电工程 1 个,均采用公开招标和最低评标价法(招标人公布估算价),从 2003 年 9 月~2006 年 10 月完成。沥青材料采购招标共划分为 2 个合同段,均采用公开招标和最低评标价法,2005 年 10 月完成。

项目监理招标共划分为土建监理(JL)和机电监理(JTJ)共2个合同段,土建监理(JL)合同段工作内容为全线路基、桥涵、路面、绿化、交通安全设施、房建、网架、通信管道等工程施工监理,机电监理(JTJ)合同段工作内容为机电施工监理。土建监理(JL)合同段招标采用公开招标和双信封评标法,2004年1月完成,中标单位为铁科院(北京)工程咨询有限公司,合同金额为828.579万元。机电监理(JTJ)合同段招标采用公开招标、资格后审和双信封评标法,2006年10月完成,中标单位为北京中交路通交通工程咨询有限公司,合同金额为48.423万元。

项目中心试验室招标共划分为1个SY合同段,工作内容为全线路基、桥涵、路面、绿化、交通安全设施、房建、网架、通信管道等工程(机电电工程除外)中心试验室,采用公开招标和双信封评标法,2004年1月完成,中标单位为眉山市公路工程试验检测中心,合同金额为378.9万元。

施工招标及沥青材料采购招标的中标单位及合同金额见表4-43。

遂渝高速公路施工、监理、试验和沥青供货单位招标情况一览表　　表4-43

合同段	合同内容	起讫桩号	路线长度(km)	中标单位名称	合同金额(万元)	招标时间
LJ1	路基、桥涵	K0+000~K7+400	7.4	四川川交路桥有限责任公司	6123.823	
LJ2	路基、桥涵	K7+400~K11+960	4.56	四川路桥建设集团股份有限公司	6781.488	
LJ3	路基、桥涵	K11+960~K19+000	7.04	成都市路桥工程公司	6421.747	
LJ4	路基、桥涵	K19+000~K24+540	5.54	成都华川公路建设有限责任公司	4564.756	2003.9~2004.1
LJ5	路基、桥涵	K24+540~K31+065	6.525	中铁十九局集团有限责任公司	6441.855	
LJ6	路基、桥涵	K31+065~K36+643	5.578	四川攀峰路桥建设有限责任公司	8813.545	
LM	路面	K0+000~K36+643	36.643	四川路桥建设集团股份有限公司	16221.227	
LH1	绿化	K0+000~K11+960	11.96	四川燎原草业科技有限责任公司	628.004	
LH2	绿化	K11+960~K24+540	12.58	温江川西卉森发展有限公司	628.833	2003.9~2004.7
LH3	绿化	K24+540~K36+643	12.103	四川枫叶园林绿化有限公司	982.197	

续上表

合同段	合同内容	起讫桩号	路线长度（km）	中标单位名称	合同金额（万元）	招标时间
JT	交通安全设施	K0+000~K36+643	36.643	四川路桥建设集团交通工程有限公司	2755.129	2005.8~2006.3
FJ	房建	K0+000~K36+643	36.643	深圳中铁二局工程有限公司	2192.47	2006.1~2006.8
WJ	网架	K0+000~K36+643	36.643	盐城市大鹏交通电力有限公司	154.536	2006.1~2006.6
TX	通信管道	K0+000~K36+643	36.643	成都曙光纤网络有限责任公司	474.571	2005.4~2005.6
JD	机电	K0+000~K36+643	36.643	四川高路交通信息工程有限公司	1789.275	2006.1~2006.10
JL	土建监理	K0+000~K36+643	36.643	铁科院（北京）工程咨询有限公司	828.579	2003.9~2004.1
JTJ	机电监理	K0+000~K36+643	36.643	北京中交路通交通工程咨询有限公司	48.423	2006.6~2006.10
SY	中心试验室	K0+000~K36+643	36.643	眉山市公路工程试验检测中心	378.9	2003.9~2004.1
LQ1	改性沥青采购	K0+000~K36+643	36.643	陕西大成国际贸易有限责任公司	3981.106	2005.4~2005.10
LQ2	普通沥青采购	K0+000~K36+643	36.643	中远国际贸易公司	5634.139	

3. 征地拆迁

遂渝高速公路征地拆迁由成南高速公路有限责任公司组织实施，遂宁市从各级政府部门中抽调人员组成地方协调小组，与成南公司一起协调和组织全线的征地拆迁工作。成南公司和地方协调小组把依法保护拆迁户权益作为重中之重，做到公开、公平、合理。拆迁补偿费由地方协调小组以现金或存折直接支付给拆迁户本人，土地补偿费直接支付给村组。

遂渝高速公路途经遂宁市3个区、3个乡、3个镇、27个村、86个社。全线共征地264.23万m^2；全线拆迁房屋共计11.803万m^2；天然气迁改21处计5050m；高压线迁改17处计6010m，低压线迁改73处计29870m；通讯线迁改16处计4340m；电视光纤线迁改44处计23990m。征地拆迁补偿资金支付13211.19万元，其中征地拆迁费9691.75万元，其他费用3519.44万元。

（三）项目建设情况

遂渝高速公路所处地区水系属涪江水系，地势倾向东南，为川中红层丘陵区，沿线地貌类型主要为构造剥蚀地形，局部沿小河分布有侵蚀堆积地形，地貌组合为平谷、宽谷、箱形谷与中丘相间排布，地形切割较强烈，高低起伏频繁。

遂渝高速公路全线按双向四车道高速公路技术标准建设，设计速度80km/h，路基整体式宽24.5m，桥涵与路基同宽，行车道宽度2×7.5m，中间带宽度3m，中央分隔带宽度2m，路拱横坡2%；最大纵坡5%，设计荷载等级为汽车—超20级、挂车—120；道路主线为沥青混凝土路面，收费站为水泥混凝土路面。大桥13座2216.5延米，中桥7座510.5延米，小桥4座103.5延米，桥隧比为7.72%。全线设置花拱桥、西眉2座互通式立交，遂宁南、西眉、书房坝3处收费站，停车区设在遂宁市磨溪镇楼房沟。

遂渝高速公路采用贷款模式筹资建设。项目批准总概算为10.449亿元，其中，国家开发银行硬贷款6亿元，国家开发银行软贷款1.5亿元，省自筹2.949亿元。截至2007年9月底，项目累计到位资金10.13亿元，为总概算96.9%，其中，基建投资借款国家开发银行四川省分行贷款7.5亿元（其中软贷款1.5亿元，硬贷款6亿元，已归还硬贷款本金0.03亿元），为概算100%；项目资本金2.63亿元（其中交通部补助1.83亿元，省交通厅自筹0.8亿元），为概算90%。

经四川省交通厅批准，四川成南高速公路有限责任公司为甲级公路建设项目法人，全面负责遂渝高速公路的建设管理。成南公司设行政办公室、党群办公室、财务部、资产部、人力资源部、工程养护部、营运中心、路产管护部（安全办公室）、征地拆迁处、遂渝路业主代表处以及遂渝路成都管理处、大英管理处、南充管理处等部门。建设期间建设单位主要管理人员为总经理唐永建、彭洪，副总经理程学良，工程处处长许金华，财务处处长凌希云。

勘察设计单位为四川省交通厅公路规划勘察设计研究院，施工、监理单位、试验检测单位见表4-44。

遂渝高速公路施工、监理、试验和沥青供货单位一览表　　　　表4-44

工程项目	合同段	起讫桩号	路线长度（km）	中标单位名称	监理单位/中心试验室
路基、桥涵	LJ1	K0+000～K7+400	7.4	四川川交路桥有限责任公司	铁科院（北京）工程咨询有限公司（JL）/眉山市公路工程试验检测中心（SY）
	LJ2	K7+400～K11+960	4.56	四川路桥建设集团股份有限公司	
	LJ3	K11+960～K19+000	7.04	成都市路桥工程公司	
	LJ4	K19+000～K24+540	5.54	成都华川公路建设有限责任公司	

续上表

工程项目	合同段	起讫桩号	路线长度（km）	中标单位名称	监理单位/中心试验室
路基、桥涵	LJ5	K24+540~K31+065	6.525	中铁十九局集团有限责任公司	铁科院（北京）工程咨询有限公司（JL）/眉山市公路工程试验检测中心（SY）
	LJ6	K31+065~K36+643	5.578	四川攀峰路桥建设有限责任公司	
路面	LM	K0+000~K36+643	36.643	四川路桥建设集团股份有限公司	
绿化	LH1	K0+000~K11+960	11.96	四川燎原草业科技有限责任公司	
	LH2	K11+960~K24+540	12.58	温江川西卉森发展有限公司	
	LH3	K24+540~K36+643	12.103	四川枫叶园林绿化有限公司	
交通安全设施	JT	K0+000~K36+643	36.643	四川路桥建设集团交通工程有限公司	
房建	FJ	K0+000~K36+643	36.643	深圳中铁二局工程有限公司	
网架	WJ	K0+000~K36+643	36.643	盐城市大鹏交通电力有限公司	
通信管道	TX	K0+000~K36+643	36.643	成都曙光纤网络有限责任公司	
沥青供货	LQ1	K0+000~K36+643	36.643	陕西大成国际贸易有限责任公司	
	LQ2	K0+000~K36+643	36.643	中远国际贸易公司	
机电	JD	K0+000~K36+643	36.643	四川高路交通信息工程有限公司	北京中交路通交通工程咨询有限公司（JTJ）

遂渝高速公路

第四章
高速公路建设

遂渝高速公路桂花互通式立交

遂渝高速公路省界四川收费站

(四)项目建设的意义及对沿线经济发展产生的影响

遂渝高速公路与国道主干线 G42 沪蓉高速公路成都至遂宁段连接,并延伸至重庆,为四川省重要出川通道之一,构成成渝高速公路环线,比现有成渝高速公路里程缩短 50 多公里。项目的建成通车,对促进成渝两地"全国统筹城乡综合配套改革试验区"的全面协调可持续发展具有重要意义。

(五)项目特色

1. 创新科研——预防沥青路面早期破坏的研究

为解决已建成高速公路沥青路面容易出现早期破坏的实际情况,成南公司申请了四川省交通厅立项科研项目《预防沥青路面早期破坏的研究》,研究重点在于改变现行四川省沥青路面的结构组合,从结构组合上解决沥青路面早期破坏的问题。在高速公路上首次进行开级配多空隙沥青排水基层、沥青碎石上封层、应力吸收层的试验段的铺筑。该课题尚在研究之中。

为解决高速公路路面通病"桥头跳车"问题,成南公司申请了四川省交通厅立项科研项目《利用土工格室处理台背填方的应用技术研究》,通过采用新型高强土工格室的应用来解决路面桥头跳车问题。课题尚在研究之中。

2. 新技术应用——防盗井盖、弹性PVC材料制造的交通诱导设施、一体化污水处理系统

成南公司还根据高速公路建设和营运管护的经验,把一些适用的新材料、新工艺使用到遂渝高速公路的建设中。例如为解决以往通信井、电力井铸铁井盖经常被盗的问题,在遂渝高速公路使用了由工程塑料制造的防盗井盖;交通安全设施方面,使用不易撞坏的弹性PVC材料制造的交通诱导设施来代替以前使用的脆性材料制造的交通设施,有利于降低以后的养护成本;为改善收费人员的工作环境,在主线收费站采用新风系统,向收费亭内补充新鲜空气;在服务区采用能耗低的一体化污水处理系统,污水经过生化处理后达到环保规定的排放标准,对周围环境无任何影响。

三十一、G93成渝环线高速公路泸渝段

(一)项目简介

成渝地区环线合江(川渝界)至纳溪段高速公路(以下简称"泸渝高速公路")是《国家高速公路网布局方案》和《四川省高速公路网布局规划》的重要组成部分,是四川省际高速公路出口通道之一,也是泸州"四大通道"之一。西接纳溪至宜宾段高速公路(泸宜高速公路),东连江津至合江(重庆境)高速公路,与乐山至宜宾、江津至合江(重庆段)、遂宁至重庆、绵阳至遂宁、雅安至乐山等高速公路和成都至绵阳、成都至雅安高速公路共同构成成渝地区环线。路线起于合江县白鹿乡(渝川界),与重庆市江津至河塘高速公路相接,经合江县白鹿乡,在榕山镇跨长江至北岸白米乡,在合江县城上游二跨长江至南岸合江镇后,沿长江南岸继续向西,经佛荫镇、分水镇、安富镇,止于纳溪白鹤林(枢纽)互通,全长74km。2010年1月开工,2013年6月建成通车。

(二)项目前期工作

1. 项目审批

2006年10月20日,获水利部《关于成渝地区环线宜宾—川渝界段高速公路水土保持方案的复函》批复;2006年11月3日,获国家环境保护总局《关于国家高速公路网成渝地区环线宜宾至川渝界段公路环境影响报告书的批复》;2008年9月26日,获国家发展

改革委《关于四川省合江(渝川界)至纳溪公路项目核准的批复》;四川省人民政府批准法人泸州东南高速公路发展有限公司注册;2008年10月29日,获交通运输部《关于合江(渝川界)至纳溪公路初步设计的批复》;2009年6月15日,获四川省交通厅《关于国家高速公路网成渝地区环线合江(渝川界)至纳溪高速公路施工图设计及预算文件的批复》。

2. 招投标情况

泸渝高速公路土建路基工程施工及施工监理招标方案经四川省交通运输厅批复,2009年12月,土建路基工程施工按照6个标段,施工监理按照3个标段进行公开招标;泸渝高速公路路面、交安、绿化工程施工及施工监理招标实施计划经四川省交通运输厅批复,2011年10月,按照路面、交安、绿化2个标段,监理单位2个标段,以及机电进行公开招标。

3. 征地拆迁

泸州市委、市政府高度重视征地拆迁工作,市国土局主要领导部署督促,健全机构,周密部署,高效地完成征地拆迁任务,及时保障红线内建设用地。征地拆迁既确保沿线老百姓的切身利益,又要保证工程的依法推进。

(三)项目建设情况

项目位于四川省东南地区,属四川盆地南部丘陵地区,总特点是南高北低,以长江为侵蚀基准面逐渐倾斜。项目所在区域地貌单元简单,由侵蚀剥蚀低山地貌和构造剥蚀丘陵地貌组成,侵蚀剥蚀低山沟谷相间分布,峰丛底座相连,山顶浑圆,高程250~550m。丘陵形态多以圆丘、块状丘、斜面丘存在,沟谷平缓,呈箱形或"V"形,部分谷底有小溪沟。绝对高程一般在250~490m,相对高程高差20~80m。

全线采用四车道高速公路技术标准建设,路基宽24.5m,设计速度80km/h,桥涵设计汽车荷载等级采用公路—Ⅰ级。设计洪水频率:路基及大、中、小桥为1/100,特大桥为1/300。设计安全等级一级,环境类别为Ⅱ类。设榕山、白米、合江、佛荫和泸州南5座互通式立交,设榕山、白米、合江、佛荫和泸州南5处匝道收费站,主线设白鹿收费站1处,设白鹿、蓝田服务区2处,设合江停车区1处。路基土方1100万m^3,特大桥2座,大桥、中小桥52座,天桥37座,涵洞及通道273道。桥隧比例17.27%。

泸渝高速公路实行集团公司投资、项目公司具体管理的建设管理模式。即由波司登集团投资,建设资金来自BOT项目招标人自筹,具体由泸州东南高速公路发展有限公司(以下简称东南公司)负责工程建设、运营管理和移交。工程概算投资51.24亿元。

泸渝高速公路各参建单位见表4-45~表4-47。

波司登大桥

康博大桥

泸渝高速公路

泸渝高速公路设计单位一览表　　　　　　表4-45

设计合同段	设 计 桩 号	设 计 单 位
A3	K0+000～K36+840	四川省交通运输厅公路规划勘察设计研究院
A2	K36+830～K78+400	湖北省交通规划设计院

续上表

设计合同段	设计桩号	设计单位
A5	K0+000~K78+400	北京交科公路勘察设计研究院有限公司
YQZ	国家高速公路网成渝地区环线合江（渝川界）至纳溪公路白鹿、蓝田服务区加油与LNG/L-CNG加气合建站建设工程施工图设计	安徽实华工程技术股份有限公司

泸渝高速公路施工单位一览表 表4-46

序号	施工合同段	施工单位名称	起讫桩号	长度(km)
1	LJ1	广西壮族自治区公路桥梁工程总公司	K0+000~K15+000	15.0
2	LJ2	广西壮族自治区公路桥梁工程总公司	K15+000~K23+900	8.9
3	LJ3	四川公路桥梁建设集团有限公司	K23+900~K26+155	2.26
4	LJ4	广西壮族自治区公路桥梁工程总公司	K26+155~K36+840.674	10.68
5	LJ5	广西壮族自治区公路桥梁工程总公司	K36+830~K59+300（长链32.513m）	22.5
6	LJ6	广西壮族自治区公路桥梁工程总公司	K59+300~K78+400（短链5293.494m）	13.81
7	S1	广西壮族自治区公路桥梁工程总公司	K0+000~K36+840.674	36.84
8	S2	广西壮族自治区公路桥梁工程总公司	K36+830~K78+400（短链5293.494m）	36.31
9	FJ	四川省泸州市金利建筑工程有限责任公司	K0+000~K78+400	78.40
10	JD	中国公路工程咨询集团有限公司	K0+000~K78+400	78.40
11	FJYQZ	四川省泸县建筑安装工程总公司	白鹿、蓝田服务区	

泸渝高速公路监理单位一览表 表4-47

序号	监理合同段	单位名称	所监理的施工合同段
1	JL1	中铁二院（成都）咨询监理有限责任公司	LJ1、LJ2
2	JL2	西安方舟工程咨询有限责任公司	LJ3、LJ4
3	JL3	重庆育才工程咨询监理有限公司	LJ5、LJ6
4	J1	中公交通监理咨询河南有限公司	S1
5	J2	四川兴华建设咨询有限公司	S2
6	FJJL	中铁二院（成都）咨询监理有限责任公司	FJ
7	JDJL	四川公路工程咨询监理公司	JD
8	YQZJL	重庆大地建设监理有限责任公司	FJYQZ

全线设有两座跨长江的特大型桥梁，分别为合江长江一桥（即波司登大桥，主桥为530m中承式钢管混凝土拱桥）和合江长江二桥[即康博大桥，总长1695m，桥面总宽30m，主桥为主跨(210+420+210)m双塔双索面预应力混凝土斜拉桥，主梁为预应力混凝土双纵肋主梁，H形索塔]。

针对主墩承台为近5000m³的C40混凝土、交界及辅助墩承台1100余立方米混凝土的现状，项目部与武汉理工大学积极联系，成立合江长江二桥C40大体积无降温管承台混凝土施工质量控制小组，采用"密实骨架堆积法"对承台混凝土配合比进行设计优化，降低承台混凝土的水泥用量,降低水化热,取消冷却水管,从源头上减少大体积混凝土裂纹的产生,也提高承台混凝土的耐久性。

混凝土测温自混凝土入模后开始,在7天内,每2小时测温1次,也可根据温度发展规律和峰值出现的时间调整测温时间,自第7天至第15天内,每4小时测温1次,由专人负责,及时进行记录,确保记录真实无误,及时反馈,以便根据温度变化及时调整混凝土的养护措施。

承台浇筑后前3天每检测混凝土温控点温度,并按照外界环境的变化对材料及混凝土入机、出模温度进行监测,控制混凝土的浇筑温度并了解混凝土的温度变化过程,确保承台内混凝土绝热温升、内外温差满足规范要求。

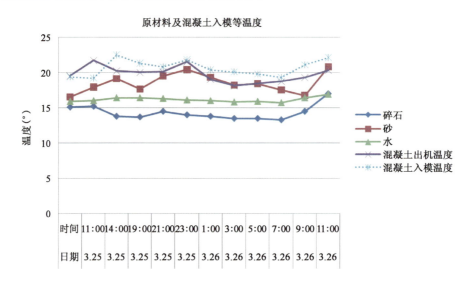

混凝土及其原材料施工实测温度图

(四)项目建设的意义及对沿线经济社会发展产生的影响

泸渝高速公路是国家高速公路网成渝地区环线的重要组成路段,地处长江上游经济带和川渝经济区的核心位置,是四川与重庆之间及川渝两地与东南亚地区沟通交往的重要通道。

成渝经济区是西部地区经济最发达的区域,泸渝高速公路的建设将完善成渝地区公路交通大环线,扩大成渝经济带对川渝、黔北以及整个西部地区的经济辐射作用,推动西部内陆地区与珠江三角洲经济发达地区的经济合作与资源交流,进一步确立四川省和重庆市交通运输和社会经济发展方面在西部地区中的龙头地位。

泸渝高速公路的建设将构建连接两大城市的横向交通干线,形成泸州、宜宾及川南腹地各县区与重庆、黔北、云南地区之间的快速通道;贯通四川境内长江航道沿线高速公路通道,快速连通泸州、宜宾的主要港区,充分发挥泸州、宜宾内河航运和集装箱码头的功能,构建区域公路、水路运输主骨架;拓展公路网络功能,衔接航空、铁路,促进区域交通运输一体化的发展。

泸渝高速公路的建设将大大提高公路运输速度,降低物流成本,提高煤炭、化工制品等重要资源和工业产品的转运能力及其对社会经济的贡献率,促进运输行为合理化发展,促进矿产资源的深入开发;项目与乐宜高速公路连接,形成四川省黄金旅游带:成都—乐山—宜宾—泸州—重庆,并在合江—赤水—重庆打造旅游金三角;进一步吸引重庆及以远的广大市场,增加旅游收入;满足未来游客出行对公路交通"安全、舒适、快捷"的要求,全面提升旅游产业总体规模和整体素质,提高泸州、宜宾的旅游品质,促进产业结构的调整和第三产业的发展。

泸渝高速公路的建设将促进沿线特色农业的发展并建立农业产品快运通道,对于提高农民收入、缩小城乡差距、调整农村产业结构具有重要意义。

(五)项目特色

1. 解决大体积混凝土工程难题——"桥梁高性能混凝土制备与应用技术研究"获奖

泸州东南高速公路发展有限公司"桥梁高性能混凝土制备与应用技术研究"获四川省2010年度科学技术一等奖。

如何采取有效措施降低水泥水化热引起的温度和收缩而导致有害裂纹产生是大体积混凝土工程的难题。泸渝高速公路波司登大桥(合江长江一桥)、康博大桥(合江长江二桥)采用混凝土双掺、高效能减水剂等技术研究措施大幅降低水化热,在大体积混凝土的施工过程中,使用较完善的温控手段,无须使用降温管,达到大体积混凝土不开裂的目的。

C40大体积混凝土采用无降温管进行温度控制,在国内尚无先例。泸渝高速公路康博大桥成功地进行C40大体积混凝土无降温管施工,取得良好的质量和经济效益,获得行业专家的认可。

2. 波司登大桥"500m级钢管混凝土拱桥建造核心技术"获奖

2015年11月,由广西路桥工程集团有限公司、四川省交通运输厅公路规范勘察设计研究院、重庆交通大学、柳州欧维姆机械股份有限公司四家单位共同完成的"500m级钢管混凝土拱桥建造核心技术"荣获广西科学技术进步奖一等奖。课题组依托跨径世界第一(跨度530m,净跨径500m)的泸渝高速公路合江长江一桥(波司登大桥)项目进行研究,取得的成果有:开展大比例仿真模型对比试验,研发"大型钢管混凝土结构管内混凝土真空辅助灌注方法"和相应的"真空辅助灌注系统";攻克特大体量钢管结构制造、大吊重超高可拆分横移主索缆索吊装系统、组合式锚锭斜拉扣挂系统等技术难题,研发超高超宽扣塔大段安装摇臂抱杆技术;首次提出一种新型钢管混凝土拱桥主拱间横撑和主拱内横隔构造形式,解决拱肋的稳定问题并实现主拱骨架的无临时构件安装;研发从索体自由段至锚固段采用非金属材料全隔离的吊杆拉索,提高防腐、抗疲劳、抗振性能,采用吊索水平制振措施,保证吊杆使用安全和耐久性。

项目成果在泸州合江一桥应用时,节约费用2636万元,应用于其他桥梁也大大节约成本。为500m级钢管混凝土拱桥建造提供可靠的理论与实践依据,为钢管混凝土拱桥向更大跨径发展奠定了坚实的基础,并推广应用于云桂高速铁路南盘江特大桥、广西贵港郁江特大桥和广西六钦高速公路钦州钦江特大桥等工程建设,推广应用前景广阔。

三十二、G0512成乐高速公路

(一)项目简介

G0512成乐高速公路即成都至乐山高速公路(以下简称"成乐高速公路")南起于乐山市中区辜李坝,经夹江、青神、眉山、彭山,北止于青龙场,全长86.4km,连接成雅、乐宜、成都第三绕城、遂洪高速公路。成乐高速公路的建成大大缩短了成都与乐山、眉山两市的时间距离和空间距离,把成昆铁路、长江(岷江)水道、成都双流国际机场连接起来,有利于建立和完善铁路、公路、航运、航空分流的综合运输体系,改善川西南的投资环境,促进两地旅游业的快速发展,促进四川经济的可持续发展。成乐高速公路于1996年12月开工建设,1999年12月交工通车,2007年8月完成竣工验收。

(二)项目前期工作

1. 项目审批

四川省发展计划委员会于1993年7月批复《四川省计委关于成都至乐山高速公路乐山境内段项目建议书的批复》,于1995年4月批复《四川省计委关于＜成都至乐山一级汽车专用公路工程可行性研究报告＞的批复》。

四川省交通厅于1996年4月16日批复《关于成都至乐山公路两阶段初步设计的批复》。

2. 招投标情况

四川省交通厅于1996年7月24日批复《关于成乐高速公路投标单位资格的批复》(川交函〔96〕526号),于1996年10月17日批复《关于成乐高速公路投标单位资格的批复》(川交函建〔96〕816号),于1996年12月同意项目报建和开工建设,于1998年4月6日批复《关于成乐高速公路路面工程投标单位资格预审的批复》。

3. 征地拆迁

1997年7月,眉山地区行政区划建立,由四川省人民政府协调将原乐山市指挥部更名为四川省成（绵）乐高速公路建设指挥部，同时承担眉山地区三县的征地拆迁工作。沿线经过乐山市中区、夹江县、青神县、东坡区（眉山县）、彭山县。

根据《中华人民共和国土地管理法》的有关规定，借鉴成渝、成绵高速公路征地拆迁办法，结合成乐高速公路沿线的具体情况，成乐高速公路指挥部会同乐山市有关部门代原乐山市政府拟订《成乐高速公路建设征地拆迁补偿办法》讨论稿，并在广泛征求沿线县区意见的基础上，由乐山市政府审定，于1996年初以《关于成乐高速公路征地拆迁补偿有关问题的通知》下发执行。在实施过程中各县区分指挥部结合实际，制定了更加切合本地实际的征地拆迁补偿《实施细则》，平衡细分本地范围内的补偿标准。

全线租用临时用地65.751万m^2。临时用地使用后，成乐高速公路指挥部及时督促分指挥部组织当地群众还耕还林。根据高速公路工程建设需要，对受影响的地方道路和沟渠等线外工程及时补征土地，恢复地方道路畅通和农田生产灌溉，保护当地群众利益。

项目征地拆迁统计见表4-48。

成乐高速公路征地拆迁统计表 表4-48

县（区）名称	征地面积（亩）	其中颁证面积（亩）	拆迁建筑物（万m^2）	拆改杆线（km）	农转非人员安置（人）	各类林木（万株）
乐山市中区	1290.9	1160.1	12.6	13.38	716	3.28
夹江县	2266.32	2118.009	16.8	9.34	795	5.43
青神县	192.49	162.629	1.28	0.3		0.8
东坡区（眉山县）	3540.524	3438.797	21.16	23.10	702	8.6
彭山县	1555.469	1465.429	11.33	12.60	432	3.6
合计	8845.703	8344.964	63.17	58.72	2645	21.71

（三）项目建设情况

成乐高速公路地形地貌分属两类：一是侵蚀堆积河谷地貌，分布在夹江至彭山段。主要为砂、卵砾石、黏性土构成的Ⅰ级基座或上叠阶地及砂、卵砾石构成的河漫滩。二是构造剥蚀单斜丘陵地貌，分布在乐山至夹江段。由白垩系夹关组、灌口组岩层组成。丘陵多单斜状，倾向夹江平原，分水岭单薄，断面形态呈"U"形或"V"形的横向沟谷发育。

成乐高速公路全线按双向四车道高速公路技术标准建设，设计速度100km/h，路基宽度25m，平曲线最小半径采用2000m，最大纵坡采用3.9%。路基土石方1980.93万m^3，防排水工程79.14万m^3，沥青混凝土路面185.23万m^2，水泥混凝土路面17.99万m^2，大、中、小桥共177座7018.4m^2，桥隧比3.3%。互通式立交8座，分离式立交88座，涵洞588道，收费站房10处，管理及养护用房2处19921.92m^2，服务区2处7449m^2。

项目互通高速公路情况、收费站连接情况、服务区及停车区设置情况见表4-49~表4-51。

互通高速公路情况　　　　　　　　　　　　　　　　　　　　　　　　　　表4-49

区　　县	立　　交	互通高速公路
眉山市彭山区青龙镇	青龙场枢纽型互通式立交	成雅高速公路：新津、双流、成都、绵阳、阿坝、广元
眉山市东坡区	眉山南坝枢纽型互通式立交	遂资眉高速公路：仁寿、资阳、遂宁、南充、洪雅、雅安
	思濛枢纽型互通式立交	蒲丹井高速公路：丹棱、井研
乐山市市中区	乐山北枢纽型互通式立交	乐山绕城高速公路
	辜李坝立交	乐宜高速公路：宜宾、犍为

收费站连接情况　　　　　　　　　　　　　　　　　　　　　　　　　　表4-50

区　　县	出入口名称	可通往地区
眉山市彭山区	青龙（青龙收费站）	青龙镇
	彭山、谢家（彭山收费站）	彭山县城、谢家镇
眉山市东坡区	丹棱、洪雅（眉山收费站）	丹棱县城、洪雅县城
	眉山、仁寿（眉山收费站）	眉山市区（东坡区）
	张坎、青神（青神收费站）	张坎镇、青神县城
夹江县	夹江（夹江收费站）	新场镇、夹江县城
	观音、甘江（观音滩收费站）只上下乐山方向	甘江镇、夹江县城
乐山市市中区	棉竹（乐山北收费站）	S305 棉竹镇、乐山市区
	乐山城区、乐山大佛（乐山收费站）	乐山市区、乐山大佛景区　峨眉山市、峨眉山景区

服务区及停车区设置情况　　　　　　　　　　　　　　　　　　　　　　表4-51

地　　区	服　务　区	停　车　区
眉山市东坡区	眉山服务区	181
乐山市夹江县	天福服务区	370

成乐高速公路采用政府补助及企业自筹方式建设。概算投资20.239亿元，由四川高速公路建设开发总公司投入四川省交通厅自筹资金拨款5.561亿元，乐山星源交通开发公司投入地方自筹资金0.126亿元，其余为银行贷款11.85亿元。竣工决算投资19.028亿元，平均每公里造价0.22亿元。

项目建设单位是由四川省交通厅、乐山市人民政府共同组建的成乐高速公路建设指挥部。建设期间建设单位主要管理人员为指挥长刘运生，副指挥长何征修、王福云、刘学忠。

通过招投标项目有61个施工单位参与建设，其中路基工程35个标段，底基层16个标段,路面工程2个标段,房建工程1个标段,桥梁伸缩缝工程1个标段,交通安全设施3个标段,绿化工程3个标段。勘察设计单位中土建工程设计单位、房建工程设计单位为四川省交通厅公路规划勘察设计研究院;交通工程设计单位、绿化工程设计单位、机电工程设计单位为四川京川公路工程(集团)有限公司。施工单位包括铁道部第二十工程局第四工程处、乐山市星源交通开发总公司、中国水电部第七工程局、铁道部第二十工程局第四工程处、眉山县路桥公司、四川省川交桥梁工程有限责任公司、中国人民解放军56005部队工程指挥部等单位。监理部由总监办、5个监理组和4个中心试验室组成。路面工程和交通安全设施及沿线设施的监理由四川省重点公路工程监理处承担。

  成乐高速公路一期路基工程有8个合同段,于1996年5月开工建设;二期路基工程有12个合同段,于1996年10月开工建设;三期路基工程为15个合同段,于1996年12月开工建设;路面工程于1998年8月完成招标,沿线设施及其他工程于1998年9月完成招标;1999年11月24日~12月2日,四川省交通厅公路工程质量监督站组织专家对成乐高速公路进行交工验收。根据《公路工程质量检验评定标准》对项目进行了竣工质量鉴定,评分为93.3分,等级为优良。

成乐高速公路彭山收费站及互通式立交

成乐高速公路眉山收费站及互通式立交

成乐高速公路眉山服务区

成乐高速公路夹江天福服务区

成乐高速公路夹江至观音路段

(四)项目建设的意义及对沿线经济发展产生的影响

成乐高速公路是四川省人字形高等级公路骨架的重要组成部分,是中共四川省委、省政府经济改革规划实施的"发展县经济、先抓一条线"的南段,也是通往世界自然与文化遗产——乐山大佛和峨眉山等名胜旅游景区的干线。该项目内连盆地腹地,外连盆周山区和西部高原,与国家公路主干线融合一体,改善了西部的投资环境,成为带动四川经济发展和西部大开发的黄金大道。

(五)项目特色

(1)为提高工作效率,精简成本,实现精细化管理,公司由以往三级管理模式变成"扁平式"二级管理。

(2)建成了"省级文明样板路",公司创建成为"厅级最佳文明单位",乐山收费站建成"全国青年文明号""全国巾帼文明岗"、四川省"工人先锋号"、省"三八红旗集体","厅级青年文明号"2个。

(3)夹江天福服务区被评为交通部优秀服务区和全省A类五星级服务区,眉山服务区被评为全省B类四星级服务区。

三十三、G4201成都绕城高速公路东段

(一)项目简介

G4201成都绕城高速公路东段是交通部规划的二连浩特至河口和上海至成都国道主干线在成都交会的过境线,是四川"九五"期间重点公路建设项目之一,是连接成绵、成南、成渝、成自泸、成雅(乐)、成都机场高速公路及大件路、成金青快速路、人民南路南延线、剑南大道的快速通道,与成都市一、二、三环路共同构成环形加放射路网构架。该路起于新都三河场,经木兰、龙潭寺、螺蛳坝、狮子桥、大面铺、中和场、石羊场,止于双流白家场。全长43.097km,1999年1月开工,2001年12月建成通车。

(二)项目前期工作

1. 项目审批

1996年,成都绕城高速公路东段工程预可行性研究报告报交通部;1997年7月,交通部下发《关于成都绕城公路东段可行性研究报告的批复》。1998年,四川省交通厅对成都绕城高速公路东段进行初步设计并报交通部;1998年11月,交通部下发《关于成都绕城公路东段初步设计的批复》。

2. 招投标情况

1)设计单位招标情况

由于该项目工程设计较早,未进行设计招标工作,而是委托四川省交通厅公路规划勘察设计研究院进行初步设计和施工图设计。

2)施工单位招标情况

成都绕城高速公路东段路基、结构土建工程分三河场至狮子桥一期工程和狮子桥至白家场二期工程两部分,分两期进行招标,共15个路基结构土建合同段。路面工程分底基层、基层和沥青混凝土路面共4个合同段。交通安全设施等附属工程7个合同段分别为:交通

安全设施合同段2个,房建工程合同段2个,通信管道工程合同段1个,绿化工程合同段2个。

3. 征地拆迁

成都绕城高速公路东段地处成都平原,城镇密集,人口稠密,路网纵横,河流沟渠密布,杆管线复杂,征地拆迁量大。

为使征地拆迁和施工协调顺利进行,成绵(乐)高速公路建设指挥部实行科学目标管理,由征地拆迁处主要负责成都绕城高速公路征地拆迁、施工协调等工作,各处室责任明确,目标一致,紧密配合,保证目标任务的顺利完成。在沿线的各市、县(区)成立成都市、金牛区、新都县、成华区、龙泉驿、锦江区、高新区、双流县八个指挥部,由其党政负责人担任指挥长,具体工作由地方交通局实施,主要负责征地拆迁、部分连接线及线外工程的建设以及协调施工单位与地方之间的关系等工作。

项目实际征地拆迁数量见表4-52。

成都绕城高速公路东段实际征地拆迁数量表 表4-52

分项	征地 (亩)	临时用地 (亩)	拆迁建筑物 (m²)	迁改杆管线 (km)	农转非 (人)
数量	6211.6818	662.047	660821	72	7255

(三)项目建设情况

项目位于四川盆地西部岷江冲积平原与成都东部台地结合地带,跨越台地与平原两个地貌单元。台地地貌为垄岗状、弧状、坪状浅丘和残丘与沟谷相间分布,地势东高南低,丘包高程一般为500~520m,最高达540m,受后期应力侵蚀、剥蚀而成的坳沟、冲沟及谷地,局部形成软弱地基。平原地貌为平坦开阔地形,地面高程一般为470~490m。

成都绕城高速公路东段设三河场、成金(青)、白鹤林(成绵高速公路)、螺蛳坝(成南高速公路)、狮子桥(成渝高速公路)、成龙、成自泸(成自泸高速公路)、人民南路南延线、锦城湖、白家场(成雅高速公路)、机场高速公路11座互通式立交、全立交。按双向六车道高速公路技术标准建设,设计速度100km/h,路基宽34.50m,沥青混凝土路面,桥涵与路基同宽。桥梁设计荷载为汽车—超20级,挂车—120,按地震基本烈度Ⅶ度设防。全线特大桥1座、大桥6座、中桥17座,桥隧比23.62%。路基土石方862.2万m³,挡护工程26.89万m³,沥青混凝土面层155.06万m²。设置大件站、成金站、成龙站、成自泸站(成仁分公司代管)、天府站、机场站、锦城湖站、成雅站(成雅公司代管)8处主线收费站。建成绕城东服务区。项目概算投资22.617亿元,实际投资20.174亿元。建设资金来源:基建拨款53000万元,其中交通部补助的实际到位资金31000万元;四川省交通厅自筹到位资金22000万元,其中客附费8000万元、车购费5000万元、成渝路分红9000万元;基建投资借款177400万元,其中国家开发银行贷款164400万元、国债转贷资金13000万元。

成都绕城高速公路东段复杂技术工程包括：

(1)软基处理和软土地基路基沉降与稳定观测项目

该项目软土路基、膨胀土、零填挖地段、水田占80%，软土处理的好坏直接影响整体工程的质量。在采用传统工艺处理的同时，指挥部与重庆交通学院合作，在吸取碎石桩、砂垫层、土工格栅垫层处理软土地基优点的基础上，提出GSPS加固系统的处理方法并进行现场试验。通过观测发现，采用GSPS软基处理系统，可以加速路基底层排水固结，提高路基沉降速率，明显减少路堤的工后沉降量，约束地基的侧向变形，提高路基承载力。同时，用GSPS处理软基的成本要低于其他处理方式，值得推广应用。

在与西南交通大学合作时，指挥部选择以软土地基处理难度大、采用典型的强夯片石桩处理方法的D、J合同段作为试验观测点，对其软土地基上的路基进行沉降与稳定观测，通过预埋应力片感应的路基应力变化情况，总结规律，用以指导今后的路基填筑。同时通过室内试验、现场观测、荷载试验和仿真计算等方法，对不均匀沉降问题进行了研究，定量分析了不均匀沉降对路面结构的影响，对提高类似地区高速公路路基路面设计水平、防止路面早期破坏、减少路面维修费用以及促进路面管理水平的提高，都具有重要的意义。

(2)S1合同段的抗滑表层施工

根据AK-13A沥青混凝土结构形式特点及国内资料研究情况，为提高沥青混凝土抗滑层的抗透水性，在保证沥青混凝土所有技术指标的前提下，研究时主要考虑通过提高压实度，调整配合比，降低空隙率来解决这一技术难点，项目在研究时主要考虑采取以下措施，在AK-13A沥青混凝土抗滑层配合比设计中，由原规范各击实50次改为双面各击实75次。AK-13A抗滑表层初压、复压分别由2台DD-110型双钢轮振动压路机和2台XP-260型轮胎压路机，按"阶梯重叠碾压法"碾压，将压实度提高到98%，构造深度0.55mm，空隙率控制在7%以内。从而使路面表层坚实、稳定，抗透水性能力提高，延长沥青混凝土路面的使用寿命，减少因通车后车流量增大和雨水破坏增加的维护费用，以及道路通行受阻引起的恶劣社会影响，从而显著提高了经济和社会效益。

(3)府河大桥工程

府河大桥全长143.38m，为一孔净跨130m的中承式钢管混凝土拱桥。钢管拱肋主拱圈采用无支架缆索吊装，每个拱肋分成5个节段，每段长约30m，重约35t；各拱肋间用五道钢管桁架横撑连接。由于主拱圈矢跨比达1/4、单个拱肋宽跨比达1/140，所以拱肋安装过程中横向稳定性极难保证。为此，采取以下手段：万能杆件拼装缆索吊装塔架，每个塔架立柱4根、横撑3道、前后抗风3组、压塔绳2根，确保吊装塔架的纵横向稳定性，为拱肋安装提供安全保障；拱肋安装采用双拱肋交叉吊装同步合龙法，设临时横撑保证横向稳定性与安装精度，合龙后安装永久横撑；临时横撑与拱肋铰接，临时横撑两端端铰的铰孔做成椭圆形，使得拱肋在安装过程中可以在垂直或水平方向做微小的调整确保安装精度。该施工方法安全高效,全部拱肋安装仅两周,对同类型桥梁的施工有很好的借鉴作用。

四川省成绵(乐)高速公路建设指挥部作为成都绕城高速公路东段工程项目建设的法人,具体负责成都绕城高速公路东段项目的建设。

设计单位:四川省交通厅公路规划勘察设计研究院

施工单位:四川公路桥梁建设集团有限公司、广汉路桥工程有限公司等

监理单位:四川铁科建设监理公司、四川国际工程监理公司

成都绕城高速公路东段通车庆典

(四)项目对沿线经济社会发展的影响

成都绕城高速公路东段与成都绕城高速公路西段共同组成成都市的环线高速公路,全长约85km。成都绕城高速公路是以解决国家交通枢纽城市的过境交通为突破口,让国道主干线通过绕城高速公路在成都市迅速过境,把过境交通和城市交通两大体系有机联系。快速集散进出城交通和过境交通,有效地减轻了城市交通压力,极大地改善了成都市交通拥堵状况,对促进西部大开发,完善国家交通枢纽城市的综合运输体系均具有十分重要的政治和经济意义。

(五)特色项目

1. 多个第一——路面建设新模式

首次提出在高速公路路面上设置排水沟,有效解决设置拦水带容易积水和宽路面(双向六车道)的排水问题。首次在高速公路路面上设置三条绿化带,增强行车视觉舒适感,美化了环境。首次在全省路面石灰粉煤灰稳定底基层和基层施工中全部采用机械拌

和,机械摊铺,确保路面工程质量。首次在全省高速公路全面采用轻型、变截面的钢筋混凝土桥梁作为人行天桥,取代传统的排架式人行天桥,收到了既安全又美观的功效。

2. 多措并举——解决软基问题

成都绕城高速公路东段80%的路段均为膨胀土、软土地基、水田池塘、零填挖地段,这成了工程建设的"拦路虎"。通过科技攻关,采用片块石强夯、碎石沉管桩、盲沟、抛石挤淤、换填沙砾、软基改桥等8种方法,成功地解决了高速公路软基处理的难题。同时,在膨胀土基坑底采用石灰土或低强度等级混凝土封底,解决在膨胀土地基上修建挡土墙、涵洞和桥梁的问题。

3. 统一机拌,分层夯实——解决桥头跳车

桥头跳车历来被视为高速公路的顽症,指挥部重视对"三背"回填的处理,石灰土回填都集中过筛统一采用机拌,分层采用小型振动夯进行夯实,彻底解决了高速公路桥头和涵背跳车的难题。

成都绕城高速公路东段通车以来,以其快捷、安全、舒适、畅通优美的行车环境,赢得了人们的普遍好评。竣工后3年中没有一个断面出现路基路面开裂、沉陷,没有一座桥梁涵洞出现桥涵台身、桥涵梁板开裂或沉降,没有一处挡土墙、护面墙、边坡出现垮塌,没有一处出现桥头、涵背跳车等质量通病。

三十四、G4201成都绕城高速公路西段

(一)项目简介

G4201成都绕城高速公路西段是交通部规划的国道干线"五纵七横"中的一纵一横(二连浩特至河口和上海至成都高速公路)在成都交汇的过境线,是连接成都机场高速公路、新川藏公路、成温邛高速公路、成灌高速公路、成彭高速公路的快速通道,是国家交通基本建设重点项目,也是四川省和成都市的重点交通基础设施建设项目。沿线途经成都市双流区、武侯区、青羊区、温江区、郫县、新都区、金牛区等经济最发达的地区。路线起于成都机场高速公路与成都绕城高速公路东段交汇的白家立交桥,从东向西至北经金花镇、接待寺、马家河、交家场、犀浦镇、大丰镇,止于新都三河镇,与成都绕城高速公路东段起点三河场立交桥相连,全长41.903km,于1999年11月26日正式开工,2001年12月16日正式竣工通车。

(二)项目前期工作

1. 项目审批

该项目于1997年提出工程可行性研究报告,1998年8月24日交通部批复同意四川

省交通厅成都绕城高速公路西段可行性研究报告。

1998年11月3日,交通部批准工程立项建设。1999—2001年该项目被纳入四川省和成都市重点公路建设项目计划。

2. 招投标情况

(1)设计单位招标情况

四川省公路规划勘察设计院和中国公路工程监理咨询总公司负责该项工程的土建和交运设施设计,成都市建筑设计院负责房建设计,成都市公路规划勘察设计院负责绿化设计。

(2)施工监理单位招标情况

项目分第一期工程(路基和桥梁工程)和第二期工程(路面、交通工程、房建、绿化)。第一期工程经四川省交通厅批准同意,除先期开工的K、L合同段及第四监理合同段采用邀请招标方式外,其余13个施工合同段及4个施工监理合同段均采用公开招标。二期路面工程、交通工程、房建和绿化工程的施工、监理单位及交通工程型材供应、绿化苗木供应也全部通过公开招标确定。

3. 征地拆迁

成都绕城高速公路西段地处成都平原,河流沟渠密布,路网纵横,征地拆迁量大。成都绕城高速公路(西段)工程建设指挥部实行科学的目标管理,设置征地拆迁办公室,负责整个工程建设的征地拆迁、施工协调等工作。沿途各区县(武侯区、双流区、温江区、青羊区、金牛区、郫县、新都区等)分别成立了分指挥部,由其党政负责人担任指挥长,负责辖区内征地拆迁、协调工作。

成都绕城高速公路西段共征地5374亩,拆迁房屋及建筑物357284m^2,电力线及管线拆迁159处,拆迁光缆20km,征地拆迁农转非安置人口4579人。

(三)项目建设情况

路线位于四川盆地西部岷江冲积平原与成都东部台地结合地带,跨越台地与平原两个地貌单元。台地地貌为垄岗状、弧状、坪状浅丘和残丘与沟谷相间分布,地势东高南低,丘包高程一般为500~520m,最高达540m,受后期应力侵蚀、剥蚀而成的坳沟、冲沟及谷地,局部形成软弱地基。平原地貌为平坦开阔地形,地面高程一般为470~490m。采用双向六车道高速公路技术标准建设。设计速度100km/h,路基宽度34.50m,沥青混凝土路面,桥涵与路基同宽。桥梁设计荷载为汽车—超20级,挂车—120,按地震基本烈度7度设防。全线桥梁82座,其中主线桥55座(大桥8座、中桥32座、小桥15座),互通式立交桥24座(特大桥1座、大桥17座、中桥6座),非主线桥3座(大桥3座)。桥隧比

18.31%。设置6处主线收费站：双流站、成新蒲站、成灌站、成彭站、北新站、货运站。包括1处集中式收费站（货运大道）和20处匝道式收费站，现有物理车道113条（入口50条，出口63条），ETC专用车道25条，另有串行收费、应急机、移动收费机等虚拟车道16条，共计129条各类车道。已建成有绕西停车区。

主要工程数量：建设初期完成路基土石方625万m^3，沥青混凝土面层120.491万m^2，下穿互通式立交3座，上跨分离式立交66座，大桥28座8926.18m，中桥33座1988.98m，小桥13座345.9m，涵洞357道14164.49m，通道143道5708.78m，人行天桥1座67m，水泥混凝土路面23110m^2，征用土地5374亩。

成都绕城高速公路西段由成都双流高频集团、成都高速公路建设开发有限公司、四川高速公路建设开发总公司三家单位共同出资建设。项目概算投资20.1889亿元，实际投资13.3785亿元。

资金来源：三家股东到位资金22500万元，国债资金22000万元，国家开发银行贷款110000万元。设计单位为四川省公路规划勘察设计院、中国公路工程监理咨询总公司等；施工单位为铁道部第五工程局、成都市建筑工程总公司等；监理单位为北京成明达监理咨询有限公司、四川公路工程咨询监理事务所等。

（四）项目对沿线经济社会的影响

成都绕城高速公路西段环绕半个成都市区，通过7座互通式立交与武侯大道、成新蒲快速路、成温邛高速公路、成灌高速公路、成彭高速公路、北新大道、货运大道相连，项目的实施将上述7条主干线道路有机联系。它与绕城高速公路东段及成都市一、二、三环路共同构成以成都市为核心的环形放射状路网构架，有利于过境和进出城交通，极大地改善了国道主干线在西部的通行能力和在成都市区的过境条件。同时绕城高速公路还兼有分流市区交通功能，减轻了市区的交通压力，降低了市区交通事故，也降低由汽车尾气造成的污染，对改善城市的投资环境，繁荣成都市地区经济具有十分重要的作用，充分体现出公路运输快速、灵活、方便的优势。

三十五、G4215成自泸高速公路内自段

（一）项目简介

G4215成自泸高速公路内江至自贡段（以下简称成自泸高速公路内自段）是国家高速公路网G4215蓉遵高速公路中的内江至自贡段。西北接成都绕城高速公路，东南连贵州省遵义至赤水高速公路，是《四川省高速公路网规划》中成都引入线的组成部分，是四川东南向连接贵州的重要出川大通道。路线起于威远县桐凉村（仁寿与威远交界处），止

于富顺县与泸县交界的龙贯山,全长112.941km(含与泸州段接界的龙贯山隧道半座,长1.187km)。2009年12月16日开工建设,2012年9月10日通车营运。

(二)项目前期工作

1.项目审批

2009年3月25日,四川省工程咨询研究院就《成都—自贡—泸州公路(内江境段、自贡境段)工程可行性研究报告》作出评估意见。

2009年5月20日,自贡市人民政府、内江市人民政府于自贡市与投资人签署《投资协议》。

2009年7月22日,四川公路工程咨询监理公司联合四川省交通运输厅公路规划勘察设计研究院以川咨监司《成自泸高速公路A3、A4段初步设计外业勘测验收报告》对该路段初步设计外业勘测资料及路线方案等进行验收。

2009年7月31日,中铁二院工程集团有限责任公司完成该路段两阶段初步设计上报审查。

2009年8月10日,内江市人民政府、自贡市人民政府于成都与投资人设立的项目公司——四川成自泸高速公路开发有限责任公司签订《特许权合同》。

2009年10月9日,初步设计及概算获四川省交通运输厅批复,批复概算总投资66.97亿元。

2.征地拆迁

成自泸高速公路内自段沿线征地拆迁涉及内江和自贡市的威远、大安、沿滩、富顺4个区县,内江和自贡市均设置成自泸高速公路工程建设指挥部,负责属地内的征地拆迁和协调。沿线房屋及建筑物较多、地下管线及电力线分布密集,拆迁难度极大。指挥部克服种种困难,本着先易后难、见缝插针的工作方法,先行提交桥涵结构物用地,再根据工程轻重缓急分期分批提交相应工程土地,保障工程建设顺利进行。全线累计征用土地10632亩。

(三)项目建设情况

成自泸高速公路内自段地处四川盆地与青藏高原的过渡地带,属川东条形褶皱构造区,受构造控制,形成呈叠瓦状扇形单斜山。山顶高程400~770m,切割深度150~350m,地形起伏较大,地势陡峻,自然坡度一般在25°之上,局部近直立。特别是威远段,线路大多处在陡峻的山崖之下,不良地质非常发育,沿线地质灾害分布广泛。

全线按双向四车道高速公路技术标准建设,设计速度80km/h,路基宽24.5m,沥青混凝土路面,设计荷载为公路—Ⅰ级,全线设置大、中、小桥208座(分离式桥分幅统计),其中主线大桥99座,中桥44座;匝道大桥9座,中桥11座;渡槽7座;天桥38座。涵洞及通道409道,桥隧比15.7%;设置连界、新场、威远西、威远南、万家桥、自贡、瓦市、富顺、童寺9座互通式立交,8处收费站。

成自泸高速公路万家桥互通

成自泸高速公路内自段以BOT方式建设,批准概算投资66.97亿元。项目法人是四川成自泸高速公路开发有限责任公司,负责实施项目的投资、建设和运营管理。

项目建设及质量监督单位见表4-53。

建设及质量监督单位一览表　　　　　　　　　　　表4-53

职　能	单　位　名　称
建设单位	四川成自泸高速公路开发有限责任公司
质量监督单位	四川省交通运输厅公路水运质量监督站

根据项目特点,成自泸高速公路内自段土建施工划分为3个合同段,土建监理划分为5个合同段,土建监理试验室划分为3个合同段,房建施工3个合同段、机电2个合同段。详见表4-54~表4-57。

设计单位一览表　　　　　　　　　　　表4-54

合　同　段	单　位　名　称
A3	中铁二院工程集团有限责任公司
A4	中铁二院工程集团有限责任公司
B2	北京交科公路勘察设计研究院有限公司

监理单位一览表　　　　　　　　　　　表 4-55

合　同　段	单　位　名　称
JL1	西安华兴公路工程咨询监理有限公司
JL2	四川省亚通公路工程监理所
JL3	四川公路工程咨询监理公司
JL4	四川省公路工程咨询监理事务所
JL5	成都久久公路工程监理有限公司

土建施工单位一览表　　　　　　　　　表 4-56

合　同　段	单　位　名　称
TJ-A	四川路桥桥梁工程有限责任公司
TJ-B	四川路桥建设股份有限公司
TJ-C	四川公路桥梁建设集团有限公司

房建施工单位　　　　　　　　　　　　表 4-57

合　同　段	单　位　名　称
FJ1	四川路航建设工程有限责任公司
FJ2	四川公路桥梁建设集团有限公司
FQ	四川路航建设工程有限责任公司

(四)项目建设的意义及对沿线经济社会发展产生的影响

成自泸高速公路内自段建成后,成都至内江交通时间将缩短至一个半小时,成都至自贡交通时间缩短至两小时,该条高速公路将成为四川到东南沿海最近的出川通道,对实现西部地区内引外联、通江达海,促进区域经济快速发展具有十分重要的作用。

三十六、G4215 成自泸赤高速公路泸州段

(一)项目简介

成都至自贡至泸州高速公路是《四川省高速公路网布局规划》(2008 年 3 月)中成都引入线成都至赤水公路的有机组成部分,路线起于成都市东南接建成的绕城高速公路,经仁寿、连界、威远、自贡东(大山铺)、瓦市、富顺东、童寺、石洞至分水岭接成渝环线渝宜高速公路,路线长约 263.89km。成自泸赤高速公路泸州段路线全长 78.424km,路线起于自贡与泸州交界的龙贯山隧道(2763.5m),经潮河镇、牛滩镇、金龙乡,在金龙乡仰天窝处设

枢纽型互通与已建隆纳高速公路相连,经石洞镇、特兴镇,在特兴镇手爬岩处设黄舣长江特大桥(1230m)跨越长江,经黄舣镇、分水岭乡,在分水岭乡设枢纽型互通与在建宜渝高速公路相连,经尧坝镇、二里乡、九支镇,止于赤水河特大桥(川黔省界),与在建贵州仁赤高速公路相接。2010年3月开工,2014年6月完工。

成自泸赤高速公路泸州段开工典礼

该项目是四川省高速公路网规划的重要路线,(西)北接成都绕城高速公路,(东)南连泸州至赤水高速公路,与国道主干线内宜高速公路和西南出海通道隆纳高速公路相连,构成西南地区高速公路主骨架,是出川综合运输通道中东南向通道的重要组成路线。项目便捷连接成都城市群和川南城市群,有效沟通综合运输枢纽泸州和宜宾,形成四川通往贵州、云南、珠三角以及东盟等地区的快速通道。

(二)项目前期工作

(1)2008年12月15日,四川省国土资源厅印发《关于泸州至赤水(川黔界)高速公路用地预审意见的复函》。

(2)2009年8月25日,四川省发展和改革委员会印发《关于成都至自贡至泸州至赤水(川黔界)高速公路泸州段项目核准的批复》。

(3)2009年10月10日,四川省交通厅印发《关于成都至自贡至泸州至赤水(川黔界)高速公路泸州段初步设计及概算的批复》。

(4)2010年6月19日,国土资源部印发《关于成都至自贡至泸州至赤水(川黔界)高速公路泸州段工程建设用地的批复》。

(5)2010年6月28日,泸州市交通局公路水运工程质量监督站印发《关于成自泸赤(川黔界)高速公路泸州段工程进行质量监督申请的批复》。

(6)2010年11月15日,四川省交通运输厅印发《关于成都至自贡至泸州至赤水(川黔界)高速公路泸州段两阶段施工图设计及预算的批复》。

(7)2010年12月30日,四川省交通运输厅批复同意泸贵公司《成都至自贡至泸州至赤水(川黔界)高速公路泸州段施工许可申请书》。

(8)该项目的环保、水保以及质量监督手续完备。

项目批复情况见表4-58。

项目批复情况一览表　　　　表4-58

序号	项目	批复机关	批复文号	时间
1	工可	四川省发展和改革委员会	川发改交〔2009〕1000号	2009.8.25
2	初步设计	四川省交通厅	川交函〔2009〕769号	2009.10.10
3	施工设计	四川省交通运输厅	川交函〔2010〕814号	2010.11.15
4	施工许可	四川省交通运输厅	—	2010.12.30
5	环境影响	四川省环境保护局	川环审批〔2009〕347号	2009.6.16
6	水土保持	四川省水利厅	川水函〔2008〕907号	2008.9.16
7	地灾备案表	四川省国土资源厅地质环境处	川国土资环备〔2008〕883号	2008.11.13
8	地震	四川省地震局	川震发防〔2008〕218号	2008.8.28
9	文物	四川省文物考古研究院	川文考函〔2013〕12号	2013.5.6
10	压矿	四川省国土资源厅	川国土资函〔2009〕1164号	2009.8.24
11	通航安全	四川省地方海事局	川海事函〔2010〕27号	2010.5.10
12	用地预审	四川省国土资源厅	川国土资函〔2008〕1725号	2008.12.15
13	项目选址意见书	四川省住房和城乡建设厅	选字第510500201200061号	2012.6.15

(三)项目建设情况

构造剥蚀地形是沿线分布最广的地貌类型,据其形态特征可分为多向宽谷圆顶浅切丘陵和宽谷塔状斜面状浅切丘陵。

该项目采用双向四车道高速公路技术标准建设,设计速度80km/h,路基宽24.5m,汽车荷载等级采用公路—Ⅰ级。主要技术指标见表4-59。

主要技术指标表　　　　表4-59

指标名称		单位	规范指标	采用指标	备注
公路等级			高速公路	高速公路	
设计速度		km/h	80	80	
路基宽度(四车道)	整体式	m	24.5	24.5	
	分离式	m	12.25	12.25	
平曲线一般最小半径		m	400	1100	

续上表

指标名称		单位	规范指标	采用指标	备注
平曲线极限最小半径		m	250		
不设超高的平曲线最小半径		m	2500	2500	路拱为2%
平曲线最小长度	一般值	m	400	666.875	
	最小值	m	140		
停车视距		m	110	110	
最大纵坡		%/m	5/700	4/690	
最短坡长		m	200	380	
竖曲线一般最小半径	凸型	m	4500	12000	10处
	凹型	m	3000	8000	1处
竖曲线最小长度	一般值	m	170	266.170	
	最小值	m	70		
设计荷载			公路—Ⅰ级	公路—Ⅰ级	
设计洪水频率	特大桥		1/300	1/300	
	大、中桥及路基		1/100	1/100	

全线路基挖方 1118.7 万 m^3，填方 1018.8 万 m^3，桥梁 97 座 12228.2m，其中，特大桥 1.5 座 1423m（黄舣长江特大桥 1 座 1230m，赤水河特大桥 0.5 座 213m），大桥 40 座 8337.2m，中桥 26 座 1718m，小桥 29 座 730m，隧道 0.5 座 1576.5m，桥隧比 17.6%，互通式立交 8 座，服务区 2 处，停车区 1 处，匝道收费站 6 处，主线收费站 1 处。

成自泸赤泸州段项目为 BOT 模式，项目概算总投资 57.03 亿元。资金来源为银行贷款加企业自筹的方式，四川龙光泸贵高速公路有限公司为项目的业主，对工程建设实施管理，对工程质量、施工安全、工程进度和工程造价等进行控制和管理。

建设单位：四川龙光泸贵高速公路有限公司。

质量监督单位：四川交通运输厅工程质量监督局、泸州市交通局公路水运工程质量监督站。

项目各参建单位见表 4-60 ~ 表 4-63。

设计单位一览表 表 4-60

序号	单位名称	合同号	备注
1	北京交科公路勘察设计研究院有限公司	B2	
2	中交公路规划设计院有限公司	A5	
3	四川省交通厅公路规划勘察设计研究院	A3	

监理单位一览表 表 4-61

序号	单位名称	合同号	备注
1	四川省亚通公路工程监理所	J1	
2	四川公路工程咨询监理公司	J2	

监理试验室单位一览表　　　　　　　表 4-62

序号	单 位 名 称	合同号	备 注
1	资阳市公路工程试验检测中心	J1	
2	四川正信重点公路工程试验检测有限公司	J2	

施工单位一览表　　　　　　　表 4-63

序号	单 位 名 称	合同号	备 注
1	山东黄河工程集团有限公司	A1/A3	土建工程
2	中交二航局第二工程有限公司	A2	黄舣长江大桥
3	四川兴立园林环境工程有限公司	A4	绿化工程
4	广东六达交通工程有限公司	A5	交通安全设施工程
5	中咨华科交通建设技术有限公司	A6	机电工程

成自泸赤高速公路泸州段复杂技术工程有 3 处：

(1) K214+807.5~K216+378 龙贯山隧道

仰天窝枢纽型互通

分水岭枢纽型互通

龙贯山隧道

赤水河大桥

龙贯山隧道位于泸贵高速公路第一标段,自李家沟由西北向东南穿过泸州境的龙贯山,隧道右洞起止桩号 Y213+625～YK216+378,长 2753m,左洞起止桩号 ZK213+620～ZK216+394,长 2774m。隧道分两段,一段在自贡境内,一段在泸州境内。泸州境内段右洞起止桩号 YK214+807.5～YK216+378,长 1570.5m,左洞起止桩号 ZK214+811.5～ZK216+394,长 1582.5m。隧道线路穿越瓦子煤矿,是一条低瓦斯隧道,在开挖过程中,经常遇到瓦斯突涌事件,施工难度较大。

(2)K254+801.5～K256+031.5 黄舣长江特大桥

黄舣长江大桥位于四川省泸州市黄舣镇境内,是成自泸赤高速公路(泸州段)上跨越长江的一座特大型桥梁,全桥长 1223m,主桥长 953m,引桥长 270m。

主桥为 10 跨连续梁半漂浮体系斜拉桥,高低双塔、双索面、不对称斜拉索、混合梁结构形式,跨径具体布置为(39+53+48)m+520m+(53+5×48)m,主跨跨径较大,达到 520m,按高塔的折算跨径达到 696m。引桥下部为圆柱墩身,上部为预制 T 梁,共 9 跨,跨径具体布置为 3×(3×30)m,每 3 跨形成一连续体系,每跨布置 10 片 T 梁,全桥共计 90 片 T 梁。

黄舣长江大桥效果图

(3) K293+316.9 赤水河大桥

赤水河大桥桥位横跨赤水河,左岸位于四川省泸州市合江县九支镇,右岸位于贵州省赤水市华一纸厂,桥轴线处河面宽 185m,水深 0.5~7.8m,桥位与主河道呈约 66°斜交。桥面采用左右分幅设计并为预制简支 T 梁+连续梁形式,大桥全长 406m,里程 K293+072.17~K293+478.17,全桥桥跨结构:3×30m+(80+140+80)m,赤水河大桥原设计为 180m 连续箱梁,系国内之最,由于地形限制,该桥墩身与路线斜交 24°,施工难度也极大,已于 2013 年底顺利实现中跨合龙。

(四)项目建设意义及对周边沿线经济发展的影响

该项目的建设有利于完善四川高速公路网络,构筑西南地区高速公路主骨架;有利于构建通江达海通道,提高运输能力,降低运输成本;有利于促进农村经济发展,实现区域协调;有利于促进矿产、旅游资源开发,产业结构的调整。对于加快川南经济区和川南城市群建设,加快形成沿线区域和周边城市经济流向,具有十分重要的意义。

(五)特色部分

1. 高低双塔 不对称斜拉——黄舣长江大桥

黄舣长江大桥桥型设计美观独特,高低双塔与地势匹配较好,造型新颖、独具匠心。主塔采用下塔肢分离、上塔肢内收的酒瓶形塔身,很好地体现了泸州酒城文化理念。本桥主要特色有三点:一是高低双塔造型,二是主梁为混合梁结构,三是不对称布置的斜拉索。主桥高塔塔高 210m,低塔塔高 123.5m,两塔高差较大,达到 86.5m。主桥箱梁为混合梁结构,其中边跨为混凝土箱梁,中跨为钢箱梁,钢-混结合段分缝线设置在索塔横桥向中轴线靠中跨侧 12m 位置,由于边、中跨结构形式的差异,导致塔身两侧荷载不平衡,主塔两侧的斜拉索布置不对称。

2. 独具匠心 古朴壮美——收费站建设

泸州港收费站采用独具匠心的膜结构船帆造型，像一艘迎风启航的巨轮，使之与紧邻的四川第一大水运口岸泸州港遥相呼应、相得益彰。黄舣收费站采用传统中式建筑形体，大坡屋面，古典圆柱，灰瓦红柱，造型古拙而豪壮，充分展现其作为黄舣酒业园区门户的作用。

三十七、G4216 丽攀高速公路攀枝花段

（一）项目简介

丽攀高速公路攀枝花段是国家高速公路网中沪蓉高速公路重要连接线——G4216 蓉丽高速公路四川段的末段，也是《四川省高速公路网规划（2008—2030年）》中的第五条南北纵线（宜宾至攀枝花）的末段，全长 51.213km。项目不仅连接国家高速公路（京昆高速公路、大丽高速公路）和在建的攀大高速公路（攀枝花至大理）四川段，补充和完善了国家西南部高速公路网，同时也是四川省高速公路网的重要组成部分，建成后将成为四川省西南部东西向十分重要的出川大通道，与丽攀高速公路丽江段共同组成大香格里拉旅游环线，对带动川西南、滇西北社会经济的发展，完善攀枝花交通次枢纽功能，具有十分重要的现实意义。同时将极大地缓解攀枝花市交通拥堵状况，并促进区域经济发展、产业结构调整、城市发展转型和社会文明进步。

丽攀高速公路攀枝花段起于攀枝花市钒钛产业园区金江镇，接已建成的京昆高速公路（G5）攀枝花至田房段，止于川滇省界攀枝花市仁和区福田镇，接在建的丽攀高速公路丽江段。

丽攀高速公路攀枝花段共 14 个土建路基合同段（其中包括 LJ 连接线），采取分两批实施的方式，第一批实施路段 C3～C13（庄上至金江段）于 2010 年 6 月开工建设，第二批实施路段 C1、C2、LJ（庄上至川滇界福田镇）于 2011 年 11 月开工建设。

交工时间：2013 年 12 月 26 日 C2 合同段庄上互通式立交至 C13 合同段金江互通式立交（K10+295.35～K50+760.65）共 40.5km 建成通车；2016 年 2 月 5 日 C1 合同段川滇界至 C2 合同段庄上互通式立交（GK0+000～K10+295.35）共 10.7km 建成通车。

（二）项目前期工作

1. 项目审批

2009 年 11 月 16 日，该项目经省交通运输厅《关于印发丽江至攀枝花段高速公路攀枝花段工程可行性研究报告评审意见的通知》评审立项，2009 年 12 月 7 日获省发改委

《四川省发展和改革委员会关于丽江至攀枝花段高速公路攀枝花段项目核准的批复》核准批复,项目估算总投资 54.68 亿元。

2009 年 12 月 24 日,省交通运输厅以《四川省交通厅关于丽江至攀枝花高速公路攀枝花段初步设计的批复》批复项目的初步设计,项目全长 50.298km,批复总概算为 53.993 亿元,2011 年 7 月 27 日,省交通运输厅以《四川省交通运输厅关于丽江至攀枝花高速公路攀枝花段项目两阶段施工图设计文件的批复》批复项目的两阶段施工图设计,批复预算为 51.76 亿元,项目总工期 3 年。

2. 招投标情况

该项目招标工作包括设计、监理、监理试验室、施工招标,共 38 个合同段,其中设计标段 1 个、土建监理标段 3 个、路面、绿化、交安及房建监理标段 1 个、机电监理标段 1 个、监理试验室标段 3 个、施工标段 29 个。整个招标过程,没有发生违法乱纪行为。建设单位与各中标单位签订承包合同的同时签订廉政建设和安全生产合同。

1)设计招标情况

该项目设计招标由攀枝花市交通投资公司组织实施,共 1 个标段,2009 年 6 月完成招标工作并签署勘察设计合同。中标单位为四川省交通运输厅公路规划勘察设计研究院。

2)施工及材料采购招标情况

(1)土建路基施工招标情况

根据省厅批示,为加快丽攀高速公路建设,丽攀高速公路攀枝花路基土建工程招标根据工程建设需要分两阶段进行,第一阶段土建路基施工 C3~C13 标段招标起于 2009 年 12 月,2010 年 1 月结束。第二阶段土建路基施工 C1、C2 标段从 2011 年 2 月开始,2011 年 3 月结束。

(2)土建路基施工监理及中心试验室招标情况

丽攀高速公路土建路基施工监理共 3 个合同段,监理试验室 3 个合同段。

JL1、JL2 合同段和 LS1、LS2 招标工作与第一阶段土建路基施工招标同步进行,于 2010 年 1 月结束。

JL3 合同段和 LS3 招标工作紧跟第二阶段土建路基施工招标,于 2011 年 7 月结束。

(3)后续工程施工招标

路面工程于 2011 年 10 月启动招标程序,2011 年 2 月完成招标,4 月完成合同签署。

路面监理、沥青采购于 2012 年 3 月 23 日向省厅上报了招标方案请示。2012 年 6 月开标,7 月完成合同签署。

机电工程、机电监理和绿化工程于 2012 年 5 月 22 日向省厅上报了招标方案请示，2012 年 9 月开标，10 月底完成合同签署。

交安工程于 2012 年 10 月 11 日向省厅上报了招标方案请示，2012 年 11 月 19 日省厅作出了批复，2012 年 12 月 12 日开标，2013 年 1 月前完成合同签署。

房建工程于 2013 年 3 月 1 日上网招标，2013 年 3 月 20 日开标，4 月初完成合同签署。

3. 征地拆迁

全线已征用土地 3887.8903 亩，占国土资源部批复用地总量 2956.7595 亩的 131%。攀枝花市政府拨付征地费用 47157 万元。由于 C1、C2 合同段改线、施工图设计路基宽由 21m 增加到 24.5m、施工图设计增加两个互通式立交、变更设计补征地等原因征用土地面积增加 900 多亩。

全线已拆迁房屋 1183 户，168463m^2。该项目路线走廊狭窄，建设用地较为紧张，攀枝花地区是山原峡谷地貌，城区或居民区基本上沿沟谷展布，互通式立交及隧道进出口基本位于居民密集区，既有大量城市中的居民（城中村）需要搬迁，又有大量居住在农村的居民需要搬迁；既要解决红线内拆迁户的安置补偿，又要解决红线外的拆迁户、影响户的安置补偿、生产生活、读书就业、医保社保问题；既要解决各种类型的合法产权的拆迁，又要解决大量合理但不合法的各种"非法"建筑物的拆迁；拆迁类型复杂，历史遗留问题多，自然、人文环境复杂，所以房屋拆迁补偿安置费用高。

本项目杆管线拆迁涉及铁路、国家电网、电信、移动、联通、中石油、攀钢、攀煤等大型国企，还有若干地方骨干企业和民营企业，仅电网就涉及国家电网、攀钢、攀煤三家，所以杆管线拆迁难度大，费用高。全线签订杆、管、线及专项设施合同总费用为 4854.62 万元。沿线全部 18 座铁塔拆迁；拆除电力通信电杆 753 根，占应拆 753 根的 100%；拆除管线拆迁 175359m，占应拆 175359m 的 100%。

（三）项目建设情况

线路位于攀西裂谷中南段，属侵蚀、剥蚀中山、山原峡谷地貌，最大相对高差 1962.8m，一般相对高差 800～1900m。雅砻江、金沙江两侧为深切峡谷区，金沙江谷底海拔为 700～800m，与两岸山峰构成上千米的峡谷。

全线采用双向四车道高速公路技术标准建设，设计速度 80km/h，路基宽 24.5m（分离式 12.25m），沥青混凝土路面，设计荷载为公路—Ⅰ级。全线主线有桥梁 64 座 20254.65m，其中特大桥 6 座 7955.59m，包括 3 座大跨径（两座主跨 230m，一座主跨 180m）连续刚构桥，大桥 41 座 11383.81m，中桥 15 座 881.25m，小桥 2 座 34m；匝道桥梁 29 座 4652.11m，人行天桥 5 座 171m，分离式立交 7 座 329m，涵洞及通道 78 道，棚洞3座165.5m；隧道9座11537m，其中特长隧道1座，长隧道2座，中隧道2座，短隧道4座；全线桥隧比例62.71%。全线互通式立交6座，其中枢纽型互通1座，交通工程及沿线设施等级A级。在攀枝花西服务区设置了占地面积约为60亩的B类服务区、停车区。

庄上收费站

新庄收费站

沿江隧道

第四章

高速公路建设

白石岩隧道

庄上特大桥

宝鼎特大桥

项目核准批复估算总投资54.6808亿元,资金来源为项目资本金占总投资的25%,即13.6702亿元,由项目业主自筹。其余75%即41.0106亿元申请银行贷款解决。

项目法人:四川丽攀高速公路有限责任公司。

业主机构设置:丽攀高速公路设办公室、财务部、综合部、工程部、技术部、安全部等6个部门及华坪业主代表处(负责华坪段建设现场管理)。

建设期间建设单位主要管理人员如下。

总经理:梁毅;副总经理:赖长福、管理、曾利能;财务部经理、安全部经理:郝克鸿;综合部经理:陈青;办公室主任:罗志慧;工程部经理:王剑川;技术部经理:陈荣军;华坪业主代表处处长:解超平;副总工程师:李锦华。

勘察设计单位:四川省交通运输厅公路规划勘察设计研究院。

施工单位如下。

路基14个标段:LJ(攀枝花公路桥梁工程有限公司);C2(中冶交通工程技术有限公司);C3(中交第三公路工程局有限公司);C4(中铁二十局集团第四工程有限公司);C5(河北北方公路工程建设集团有限公司);C6(中交第三公路工程局有限公司);C7(新疆昆仑路港工程公司);C8(安通建设有限公司);C9(路港集团有限公司);C10(中国水电建设集团路桥工程有限公司);C11(中铁五局集团有限公司);C12(四川川交路桥有限责任公司);C13(中国水电建设集团路桥工程有限公司)。

路面1个标段:LM1(攀枝花公路建设公司)。

防水2个标段:FS1(重庆市智翔铺道技术工程有限公司);FS2(湖北省隆兴防水材料有限责任公司)。

交安2个标段:JA1(北京路安交通科技发展有限公司);JA2[四川京川公路工程(集团)有限公司]。

绿化3个标段:LH1(四川益生园艺工程有限责任公司);LH2(四川兴立园林环境工程有限公司);LH3(四川立森园林有限公司)。

房建3个标段:FJ1(四川浩帆建设工程有限责任公司);FJ2(江西中恒建设集团有限公司);FJ3(四川高路建筑工程有限公司)。

机电5个标段:JD1(江苏智运科技发展有限公司);JD2(北京公科飞达交通工程发展有限公司);JD3(西安金路交通工程科技发展有限责任公司);JD4(甘肃紫光智能交通与控制技术有限公司);ETCT2(四川高路交通信息工程有限公司)。

监理单位如下。

JL1 北京中通公路桥梁工程咨询发展有限公司;JL2 四川公路工程咨询监理公司;JL3 四川正信工程监理咨询有限公司;JL4 北京中通公路桥梁工程咨询发展有限公司(JL4)/四川金通工程试验检测有限公司(联合体);JL5 四川省公路工程监理事务所。

(四)项目建设的意义及对沿线经济社会发展产生的影响

该项目不仅连接国家高速公路(京昆高速公路及大丽高速公路),补充和完善国家西南部高速公路网,同时也是四川省高速公路网的重要组成部分,建成后将成为四川省西南部东西向十分重要的出川大通道,与丽攀高速公路丽江段共同组成大香格里拉旅游环线,对带动川西南、滇西北社会经济的发展,完善攀枝花交通次枢纽功能,具有十分重要的现实意义。

三十八、G4217成都至昌都高速公路成灌段

(一)项目简介

G4217成都至昌都高速公路成灌段即成都至都江堰高速公路(以下简称"成灌高速公路")起于成都市绕城高速公路中心线往成都方向345m,经郫县至都江堰市二环路加气站。全长40.439km,沿途与成都第一、第二绕城高速公路及都汶高速公路相连。成灌高速公路于1998年12月7日开工,2000年6月30日竣工,于2000年7月21日通车试运行。

(二)项目前期工作

1. 项目审批

四川省计划委员会以《四川省计委关于成灌高速公路工程可行性研究报告的批复》批复项目的工程可行性研究报告。四川省计划委员会以《四川省计委关于成灌高速公路项目建议书的批复》批复项目的建议书。

四川省交通厅以《关于成都至都江堰公路初步设计的批复》批复项目初步设计。四川省交通厅公路工程造价管理站以《成灌高速公路沿线设施及其他工程设计概算审查意见》批准该项目概算。

2. 招投标情况

成灌高速公路按照施工工序分别进行监理工程、路基工程、路面工程、交通工程等多项招标。采用国内招标程序和《成灌高速公路施工监理招标评标办法》和《成灌高速公路公路工程施工招标评标办法》对投标人进行评定,经成灌高速公路评标委员会及市交通局批准。

3. 征地拆迁

成灌高速公路建设时,郫县、都江堰市也相应成立了以县、市党政领导牵头,相关部门及沿线乡镇和专业技术干部参加的工程建设指挥部,负责属地内征地拆迁和配合协调等相关工作。成灌高速公路共征地4382.19亩,拆迁建筑物176082m^2;拆迁管线31000m。

(三)项目建设情况

成灌高速公路按双向六车道高速公路技术标准建设,设计速度120km/h,计算荷载为汽车—超20级,挂车—120,沥青混凝土路面,路基宽34.5m,桥梁宽33m,大桥7座1247.41m,中小桥11座314.91m,涵洞137道4889.14m。项目总投资11亿元。成灌高速公路在修建过程中充分运用当时的新技术、新工艺、新材料解决工程问题。成灌高速公路

全线采用改性沥青混凝土铺筑路面面层,同时引进当时最先进的摊铺设备,在路面进行全幅摊铺,减少施工纵缝,提高了路面的抗永久变形能力及抗低温开裂能力,从而显著延长沥青路面的使用寿命。针对台背及高填方地段不易压实易产生沉陷的情况,本项目采用高压水泥浆灌浆的办法进行处理,保证了路基质量,对到面积换填的软基地带采用强夯处理。将原设计2孔13m斜交度数45°的简支梁桥改为2孔17.78m斜交68°的预应力简支梁桥。

成灌高速公路建设时由成都市交通局组织成立了成灌高速公路工程建设指挥部,由王树基担任指挥长并兼任总监理工程师,刘守成、史有慧担任副指挥长。邵小康、魏伟及苏力担任指挥部成员。

主要参建单位及合同段划分见表4-64。

成灌高速公路合同段划分及主要参建单位　　　　　　　　　　表4-64

序号	合同段	参建单位
1	成灌高速公路工程 A 合同段合同	成都市路桥工程公司
2	成灌高速公路工程 A1 合同段合同	中国葛洲坝水利水电工程集团公司
3	成灌高速公路工程 A2 合同段	邛崃市公路桥梁工程公司
4	成灌高速公路工程 B 合同段合同	四川通达利交通建设有限责任公司
5	成灌高速公路工程 D 合同段合同	成都市公路工程有限责任公司
6	成灌高速公路工程 E 合同段合同	成都市路桥工程公司
7	成灌高速公路工程 G 合同段合同	四川华西集团有限公司
8	成灌高速公路工程 I 合同段合同	四川省公路桥梁建设有限公司公路一分公司
9	成灌高速公路工程 K 合同段合同	邛崃市公路桥梁工程公司
10	成灌高速公路工程 M 合同段合同	铁道部第十八工程局第四工程处
11	成灌高速公路工程 B1 合同段合同	成都市公路工程有限责任公司
12	成灌高速公路工程 C 合同段合同	中国建筑总公司第三工程局
13	成灌高速公路工程 D1 合同段合同	成都市路桥工程公司
14	成灌高速公路工程 F 合同段合同	四川华西集团有限公司
15	成灌高速公路工程 J 合同段合同	四川公路桥梁建设集团有限公司公路二分公司
16	成灌高速公路工程 L 合同段合同	邛崃市公路桥梁工程公司
17	成灌高速公路工程 N 合同段合同	交通部路桥总公司
18	成灌高速公路工程路面基层合同	成都市路桥工程公司
19	成灌高速公路路面工程 S 合同段	成都市路桥工程公司
20	成灌高速公路工程收费站站房及配套设施项目T1 合同段	成都自豪装修工程有限公司
21	成灌高速公路工程收费站站房及配套设施项目T2 合同段	四川郫县德源建筑工程公司

续上表

序号	合 同 段	参 建 单 位
22	成灌高速公路工程收费站站房及配套设施项目T3合同段	成都长远建筑工程公司
23	成灌高速公路工程收费站站房及配套设施项目T4合同段	成都市路桥工程公司
24	成灌高速公路工程收费站站房及配套设施项目T5合同段	吉泰钢结构有限公司
25	成灌高速公路工程收费站站房及配套设施项目T6合同段	成都兰天网架厂
26	成灌高速公路工程收费站站房及配套设施项目T7合同段	四川通达利交通建设有限责任公司
27	成灌高速公路工程交通工程机电项目W合同段	成都曙光光纤网络有限责任公司
28	成灌高速公路交通工程设计合同书	四川京川公路工程(集团)有限公司
29	成灌高速公路交通工程(机电设施部分)设计合同书	成都市公路规划勘察设计院、四川省交通科学研究所
30	成灌高速公路交通工程(机电设施部分)补充设计合同书	成都市公路规划勘察设计院、四川省交通科学研究所
31	成灌高速公路工程第一监理合同段	四川公路工程监理事务所
32	成灌高速公路工程第一监理合同段补充协议	四川公路工程监理事务所
33	成灌高速公路工程第二监理合同段	成都大西南铁路监理有限公司
34	成灌高速公路工程第三监理合同段	四川省公路工程监理事务所
35	成灌高速公路工程沥青路面施工监理合同段	成都市公路工程监理事务所
36	成灌高速公路交通工程施工监理合同段	成都市公路工程监理事务所

成灌高速公路二期加铺工程

2015 年成灌高速公路都江堰收费站入口

(四)项目对沿线经济社会的影响

成灌高速公路的建设是构筑西部大开发战略高地、实现跨越式发展的重要支撑,对完善全国公路主骨架、建设西部交通枢纽具有极其重要的作用。

成灌高速公路的正式投入运营对拉动沿线乃至四川阿坝州的经济发展和川西旅游业的发展起到十分重要的推动作用和示范效应。

三十九、G4217 成都至昌都高速公路都映段

(一)项目简介

G4217 成都至昌都高速公路都映段即都江堰至映秀高速公路(以下简称"都映高速公路")是西部大通道西藏(那曲)—四川(成都)、甘肃(兰州)—云南(磨憨)之共用段。该项目是四川省高速公路网成都放射线的重要组成部分,是四川省西北向出川(至甘肃、青海、西藏)的高速大通道。全长 25.060km,路线起于都江堰市城南石马巷,接成灌高速公路都江堰收费站,经玉堂,至映秀。项目于 2003 年 9 月开工,期间经历了"5·12"汶川地震,于 2009 年 5 月 12 日正式通车。

(二)项目前期工作

1. 项目审批

2001 年,交通部下发《关于国道 317、213 线都江堰至汶川公路项目建议书批复》《关于国道 317、213 线都江堰至汶川公路可行性研究报告的批复》。2002 年,交通部下发《关于国道 317、213 线都江堰至汶川公路初步设计的批复》。2006 年,四川省交通厅印发《四

川省交通厅关于国道317、213线都江堰至汶川公路路基(含结构物)土建工程施工图设计的批复》。2007年,四川省交通厅印发《四川省交通厅关于国道317(213)线都江堰至汶川公路路面工程(含通信管道)施工图设计及预算文件的批复》。

2. 招投标情况

都映高速公路路基、路面及后续工程均采用国内公开招标方式进行。

E合同段庙子坪大桥施工及监理先期招标,招标工作从2002年8月15日开始,至2002年9月25日全部结束。

路基施工及监理合同的招标工作从2003年3月11日开始,至2003年11月18日全部结束。

中心试验室、桥梁桩基试验检测和隧道初期支护及二次衬砌检测采用最低价评标法,中心试验室招标工作从2003年5月27日开始,至2003年6月27日全部结束。

桥梁桩基试验检测招标工作从2004年1月13日开始,至2004年2月2日全部结束。隧道初期支护及二次衬砌检测招标工作从2004年10月22日开始,至2004年11月15日全部结束。

3. 征地拆迁

沿线经过都江堰市玉堂镇、龙溪乡,汶川县映秀、银杏、桃关、草坡、绵虒、玉龙,汶川县城南凤坪坝。共计2个市县,6个乡镇(玉堂、龙溪、映秀、银杏、绵虒、威州)。汶川境的征地拆迁工作,土地征用涉及汶川县威州、映秀、绵池、银杏四个乡镇,涉及农户约1546户,完成土地征用1761.63亩,青苗征赔约1252.72亩,房屋征地拆迁约394户近78702.33m^2,林木、经济林木征地拆迁约23万株,货币安置222户。主要内容有:签订协议、界定征地界限、办理永久性占地报批手续;永久占地界内房屋等各种构造物的搬迁;永久占地内附着物的拆除;各种管线的迁移、改建,既有通信管线的改建、加高、迁移,还有电力线路的改建、加高、迁移;临时及借土占地的征用。

初步设计征地拆迁概算18950万元(其中都江堰境征地拆迁概算为9758.66万元,汶川境概算为9191.34万元)。

都江堰境的征地拆迁工作。都汶公司与都江堰市委市政府下设机构"都汶高速公路都江堰段工程建设指挥部"于2004年3月19日签订协议,集体土地1539.61亩以协议价8580万元实行"大包干"操作,征地拆迁工作至2008年9月结束,补征永久用地约96亩,拆迁房屋404户,拆迁21个电力通讯单位的杆线107km,涉及拆迁的企事业单位8家,都江堰境共发生征地拆迁费用14105.56万元。

征地拆迁工作始于2006年2月17日,委托四川君和会计师事务所有限责任公司,对2003年4月1日~2005年12月31日汶川境征地拆迁资金进行专项审计。至2008年12

月征地拆迁工作结束,汶川境共发生征地拆迁费用13391.02万元。征地拆迁工作结束后于2009年1月9日,委托四川立诚会计师事务所有限公司再次对汶川境征地拆迁资金进行专项审计。

都江堰境超概算4346.90万元,汶川境超概算4199.68万元,上缴森林植被恢复费、耕地占补平衡费等2210.92万元。

(三)项目建设情况

都江堰段位于四川盆地西北侧平原区,高程一般为680～750m,路线位于成都平原与中低山的交接部位,地形平坦开阔,起伏变化小,路线经过一种地貌单元,即侵蚀堆积河谷地形,又可分为漫滩和阶地地貌。

汶川段处于龙门山中南段,与成都平原相邻,由岩浆形成的地形陡峻,山势巍峨,地势北西高,南东低,海拔高程870～2558m,相对高差近1700m。区内以齿状高山为主,山脊多呈齿状,峰多呈锥状,常见悬崖陡壁,属深切割构造侵蚀高中山地貌。

都映高速公路按双向四车道高速公路技术标准建设,全线桥涵车辆设计荷载为汽车—超20,挂车—120,地震基本烈度7级,其余技术标准符合《公路工程技术标准》(JTJ 001—97)。全线共设互通式立交2座,分别为玉堂、龙池互通式立交。共设都江堰西、映秀2处收费站。南接成灌高速公路,北与映汶高速公路相接。

项目与映汶高速公路统筹设置绵虒服务区1处,占地面积38亩,为映秀至汶川方向服务区,设置在K32+000绵虒路段右侧。

主要工程数量为:土石方393万m^3,排水及防护11万m^3,路面34.9万m^2,特大桥1座1436m,大桥7座1592m,中桥12座704m,小桥11座297m,涵洞58道1926m,隧道4座9268m,互通式立交2座。

项目初步设计审批概算19.517亿元。项目资本金总投资的35%为申请国家补助部分及业主自筹(交通部划拨资金为5.51亿元),其余65%申请银行贷款解决。2008年汶川地震发生后,政府投入10亿元的灾后恢复重建资金。

设立都江堰指挥部和汶川指挥部负责建设管理。

建设期间建设单位主要管理人员如下。

总经理:徐德玺(2003—2005年底)、刘四昌(2006—2007年底)、冯学钢(2008—2009年);党委书记:曹钢;副总经理:许定明、张广洋、肖波、吴跃英、徐志军、兰北章。

勘察设计单位:四川省交通厅公路规划勘察设计研究院;监理单位:铁科院(北京)工程咨询有限公司,四川省公路工程咨询监理事务所等;施工单位:四川公路桥梁建设集团有限公司,四川路桥建设股份有限公司等。

复杂技术工程有庙子坪特大桥。庙子坪岷江特大桥主跨220m,主跨两侧桥跨为125m,其余19个桥跨50m,两端接路段各8m,全桥长1436m。

场区为垄状中山区及岷江河谷阶地区,由岷江河道向两侧山坡可以分为四级阶地,各地段地层结构复杂,岩相变化大,软硬不均匀,力学强度差异大。受岷江内断裂的影响,岷江两岸的岩层产状不一致,节理裂隙的发育程度具有较大差异。F7断层破碎带完整性差,受断层挤压作用影响右岸主墩处地层褶皱发育,岩体较为破碎,力学形状较差,基础埋置深度适当加深,并以分布较为稳定的岩层作为基础持力层。

(四)项目特色

1. 单项大纵坡特长公路隧道纵向式营运通风及救灾通风关键技术研究——紫坪铺隧道

以紫坪铺隧道为工程依托,进行了隧道营运及救灾通风基础设计条件和控制参数研究、隧道营运通风研究、营运通风流场数值模拟研究、隧道火灾流场的数值模拟研究和隧道救火通风方案研究,通过研究为隧道营运通风控制、射流风机的设置的三维间距、火灾救援通风设计和射流风机优化配置提供了技术支撑。研究成果获得四川省科技进步二等奖。

2. 隧道安全——西部地区公路瓦斯隧道设计与施工技术研究

结合公路隧道的特点,对公路瓦斯隧道勘察技术与方法、分级标准、设计技术、施工技术、揭煤防突技术、运营监测和通风技术进行研究,以便指导今后公路瓦斯隧道的施工建设与运营管理,确保隧道施工与运营安全。研究成果获得四川省科技进步二等奖。

3. 施工爆破标准——双洞小净距隧道设计、施工关键技术研究

研究小净距隧道施工爆破振动影响范围,得出峰值速度与附加拉应力呈线性关系的重要结论,提出了施工爆破振动速度控制标准、现场监控量测及现场三级预警管理标准,在对小净距隧道施工开挖方法、中岩墙加固工艺、爆破振动控制指标等关键技术总结的基础上,编制了双洞小净距隧道设计与施工指南以及设计图集。研究成果获得四川省科技进步二等奖。

四十、G4216成都至昌都高速公路映汶段

(一)项目概况

G4216成都至昌都高速公路映汶段即映秀至汶川高速公路(以下简称"映汶高速公路"),路线全长48.272km,起于都江堰至映秀高速公路龙溪隧道出口,经映秀、银杏、桃关、草坡、绵虒、玉龙,止于汶川县城南凤坪坝,与在建汶川至马尔康高速公路相接。项目

先期启动工程映秀隧道于2009年5月9日开工,土建主体工程招标工作于10月底完成,建设工期3年,于2012年11月29日建成通车。

(二)项目前期工作

1. 项目审批

2009年3月16日,四川省国土资源厅以《四川省国土资源厅关于兰州—磨憨西部干线公路映秀至汶川高速公路项目用地预审意见的复函》批复项目的用地预审。2009年3月20日,四川省发展和改革委员会以《四川省发展和改革委员会关于映秀至汶川高速公路项目可行性研究报告的批复》批复项目工程可行性研究报告。2009年8月24日,四川省交通运输厅以《四川省交通厅关于映秀至汶川高速公路项目初步设计及概算的批复》批复项目初步设计。2010年5月27日,四川省交通运输厅以《四川省交通运输厅关于映秀至汶川高速公路项目施工图及预算的批复》批复项目施工图设计。2010年6月19日,国土资源部以《关于映秀至汶川高速公路工程建设用地的批复》批准全线用地。2010年8月10日,四川省交通运输厅批复项目的开工报告。

2. 招投标情况

按照国家颁布的《中华人民共和国招标投标法》和交通部颁布的《公路工程施工招标投标管理办法》《公路工程施工招标资格预审办法》《公路工程施工招标评标办法》的要求,由项目法人单位组织招标工作。

2009年4月23日,由四川省评标专家库技术经济专家和业主代表组成评标委员会评审出2家中标先期启动土建施工单位,1家中标先期启动土建监理单位。2009年9月14日,由四川省评标专家库技术经济专家和业主代表组成评标委员会评审出10家中标土建施工单位,3家中标土建监理单位。2011年11月2日,由四川省评标专家库技术经济专家和业主代表组成评标委员会评审出1家中标路面施工单位。2011年11月15日,由四川省评标专家库技术经济专家和业主代表组成评标委员会评审出1家中标交安施工单位。2011年12月20日,由四川省评标专家库技术经济专家和业主代表组成评标委员会评审出1家中标土建施工单位。2012年2月10日,由四川省评标专家库技术经济专家和业主代表组成评标委员会评审出3家中标机电施工单位,1家中标机电监理单位。所有工程均为公开招标。

3. 征地拆迁

主要内容包括:签订协议、界定征地界限、办理永久性占地报批手续;永久占地界内房屋等各种构造物的搬迁;永久占地内附着物的拆除;各种管线的迁移、改建,既有通信管线的改建、加高、迁移,还有电力线路的改建、加高、迁移;临时及借土占地的征用。

在工程开工前,都汶公司就要求各参建单位要加强职工和民工队伍的教育工作,切实做到遵守国家民族宗教政策,尊重地方民族风俗,不滋事、不扰民,争做文明和民族团结的使者。同时主动向阿坝州委、州政府汇报,加强与州县协调办的沟通交流,争取地方政府对工程建设的大力支持。为解决施工单位的临时用地、取土场、弃土场及砂石材料等问题,都汶公司主动到现场多次会同地方协调办现场办公。对协调难度最大、周边环境较为复杂的个别合同段,公司请地方政府加大了协调力度,同时请公、检、法、司等部门联合组成的工作组进驻现场,有力促进了工程的顺利建设。

征地拆迁资金初步设计概算为 178129576.00 元,已拨付 215462086.61 元。映汶高速公路全线设计征用土地 1833.950 亩,其中耕地 1211.715 亩,非耕地 622.235 亩;拆迁房屋共计 203227.41m²;迁改杆线 84400m;拆迁企业 38 家(其中大型砂场 10 家)。

(三)项目建设情况

项目地处四川盆地西部,处于龙门山中南段,与成都平原相邻,由岩浆形成的地形陡峻,山势巍峨,地势北西高,南东低,海拔高程 870~2558m,相对高差近 1700m。区内以齿状高山为主,山脊多呈齿状,峰多呈锥状,常见悬崖陡壁,属深切割构造侵蚀高中山地貌。

全线采用双向四车道高速公路技术标准建设。设计速度 80km/h,路基宽 24.5m,桥梁设计荷载公路—Ⅰ级、公路—Ⅱ级;设计洪水频率:路基、大中桥、涵洞 1/100,特大桥 1/300;地震基本烈度:按 8 度设防。特大桥 1 座 1637.2m、大桥 30 座 8104.12m、中小桥 8 座 554m,隧道 8 座 25.869km,其中特长隧道 5 座 22202m,长隧道 1 座 1659.5m,中短隧道 2 座 1352.5m,线路桥隧比为 76.3%。

全线共设互通式立交 5 座,分别为映秀南、映秀北、银杏、绵虒、汶川互通式立交。项目全线设置绵虒服务区 1 处,占地面积 38 亩,为映秀至汶川方向服务区,设置在 K32+000 绵虒路段右侧。

根据四川省交通运输厅对映汶高速公路初步设计的批复,该项目概算总投资 49.91 亿元,项目资本金占总投资的 35%,为申请国家补助部分及业主自筹,其余 65% 申请银行贷款解决。

建设期间建设单位主要管理人员为:总经理冯学钢;副总经理许定明、徐志军、羊勇、何雁。项目管理单位:四川都汶公路有限责任公司;勘察设计单位:四川省交通运输厅公路规划勘察设计研究院等;监理单位:山东格瑞特监理咨询有限公司,湖南金路工程咨询监理有限公司等;施工单位:中铁十五局集团有限公司,四川路桥建设股份有限公司等。

复杂技术控制性工程有映秀、福堂及桃关2号特长隧道,连山村特大桥。结合对映汶高速公路建设和修复的工程实践,开展科研课题研究是非常必要的,对于总结灾害环境下高速公路修建的理论、技术和方法,提高建设的技术水平,具有重要意义。同时,也对高速公路的建设、修复和营运具有重要实用价值。

(1)福堂隧道(K16+186~K21+450),长度5264m。该隧道属特长隧道,穿越地层岩性为第四系全新统崩积层块碎石、泥石流堆积层和元古界晋宁~澄江期第四期花岗岩等,岩质坚硬;水文地质条件主要受构造断裂位置及宽度影响。隧道施工主要风险在于:洞口进洞安全,洞顶崩塌及危岩;施工过程的余震影响;断层破碎带的影响;岩爆的可能存在;倒坡施工;洞身穿越巨厚覆盖层段的施工安全。

隧道按新奥法施工原理进行洞身结构设计,并结合本隧道的地质、地形特点,通过结构分析计算和工程模拟,综合拟定洞身衬砌支护参数,确保洞身结构具有足够的强度、稳定性和耐久性,满足隧道的营运安全。隧道洞口区均布置了完善的截、排水系统,确保洞口不被暴雨冲蚀。

(2)连山村特大桥(K13+480.5~K15+462.5),长度1982m。该桥左幅桩号K13+480.5~K15+462.5,右幅为三座桥分开设置。桥梁设计不受最大洪水位控制,起点横坡陡处最大桥高23m,其余桥高约15m。全桥左幅采用79×25m预应力混凝土T梁,右幅1号桥为18×25m+8×25m(现浇连续箱梁)+2×25m T梁,右幅2号桥采用8×25m预应力混凝土T梁,右幅3号桥采用16×25m预应力混凝土T梁。下部结构采用分幅双柱圆形墩、重力式桥台、扩大基础及桩基础。

该段地质条件较为复杂,根据地灾专项调查报告,岷江两岸斜坡发育有多处范围较大的崩塌、危岩落石等,部分区域危岩、危石体顺冲沟形成泥石流,堵塞岷江或对岷江左岸路基冲刷,威胁桥梁安全。部分临近岷江河坎附近的桥墩充分考虑岷江的侧向掏蚀作用,做好桥墩附近的岸坡防护,同时对G213线路基甚至挖方边坡坡口段斜坡进行必要的坡面防护。

(3)桃关2号隧道(K22+580~K27+595),长度5015m。该隧道属特长隧道,穿越地层岩性为第四系全新统崩积层块碎石和花岗岩,岩质坚硬;水文地质条件主要受构造断裂位置及宽度影响。隧道施工主要风险在于:洞口进洞安全,洞顶崩塌及危岩;施工过程的余震影响;断层破碎带的影响;岩爆的可能存在。

隧道按新奥法施工原理进行洞身结构设计,并结合本隧道的地质、地形特点,通过结构分析计算和工程模拟,综合拟定洞身衬砌支护参数,确保洞身结构具有足够的强度、稳定性和耐久性,满足隧道的营运安全。隧道洞口区均布置了完善的截、排水系统,确保洞口不被暴雨冲蚀。

(四)对沿线经济社会的影响

映汶高速公路是国家西部开发省际公路通道兰州至磨憨公路的重要组成部分,是连接成都经都江堰至九寨沟和黄龙旅游景区的重要旅游公路。映汶高速公路提高国道213线都江堰至汶川段"生命线"的抗灾能力,承担起"震中第二生命线"的职能,促进沿线地震灾区发展振兴和民族地区社会稳定与民族团结。

(五)项目特色

1. 汶川地震震中隧道修复——都汶公路隧道修复与建设关键技术研究

以汶川地震震中区都汶公路隧道修复与建设工程为依托,以隧道工程建设中遭遇的高地应力、高烈度地震和高风险地质灾害这"三高"灾害环境中的关键技术难题为主研方向,针对性地解决极震区高地应力软岩隧道大变形防治、强震后的特殊高地应力现象解释与硬岩隧道岩爆灾害预测和防治、隧道灾害快速评估与修复技术和隧道穿越次生地质灾害体的风险评估与处置技术等关键技术难题。

2. 灾害环境下道路修复——都汶公路建设与修复关键技术研究与应用

通过收集都汶公路相关技术资料和现场调查,采用室内试验和现场探测相结合、理论分析与数值分析相结合、工程应用及跟踪测评相结合等技术手段,深化国内外相关理论研究成果,对都汶公路建设、修复和运营阶段的安全保障技术进行系统、深入研究。

四十一、G5012 恩施至广元高速公路巴达段

(一)项目简介

G5012 恩施至广元高速公路巴达段即四川巴中至达州高速公路(以下简称"巴达高速公路"),是四川省高速公路网规划中的东西横线,是我国西部省区和四川省东北部地区与华中、华东地区相互联系的便捷通道,是连接万州港、进入长江黄金水道的便捷出海通道,是落实四川省委提出"一枢纽、三中心、四基地"战略构想的具体举措。全长109.609km,路线起于巴中市巴州区穆家坝,与已建的广元至巴中高速公路终点相接,经平昌县、达川区,止于达州通川魏兴,与达州至万州高速公路对接并与达陕(达州至川陕界)高速公路交叉连接。巴达高速公路于2010年9月开工,2013年12月建成通车。

(二)项目前期工作

1. 项目审批

2009年11月24日,获《四川省发展和改革委员会关于巴中至达州高速公路项目工

程可行性研究报告的批复》《四川省交通厅关于巴中至达州高速公路初步设计及概算的批复》，2011年，获《四川省交通运输厅关于巴中至达州高速公路项目两阶段施工图设计及预算文件的批复》。

2. 招投标情况

巴达高速公路建设项目均采用招标投标制，严格履行基建程序，认真抓好质量源头管理，严格贯彻和执行《中华人民共和国公路法》《中华人民共和国招标投标法》、国务院《关于进一步规范招投标活动的若干意见》、国家七部委2003年第30号令《工程建设项目施工招标投标办法》《中华人民共和国标准施工招标资格预审文件》《中华人民共和国标准施工招标文件》(2007年版)《公路工程标准施工招标资格预审文件》《公路工程标准施工招标文件》(2009年版)以及四川省交通运输厅的相关法律法规。在招标方案制定、发布公告、资格预审、开标、评标、结果公示等招投标工作中，始终在四川省交通运输厅主管部门的指导下，以及上级纪检、监察部门全过程监督下，严格按照"公开、公平、公正、科学、择优、诚实信用"的原则实施。

该项目在招标过程中采用多家监管的模式，邀请四川省交通运输厅建管处、四川省监察厅驻交通运输厅办公室、交投集团、川高公司等相关部门全过程介入，进行招投标监督，有效地预防了违纪、违规、违法等腐败现象的出现。

3. 征地拆迁

巴达高速公路征地拆迁工作主体为巴中市人民政府、达州市人民政府；具体工作组织分别由巴中市、达州市人民政府征地拆迁协调领导小组办公室实施。由于巴达高速公路属省市共建模式，地方政府负责征地拆迁及资金，具体征地拆迁工作由地方政府部门组织实施。但巴达公司在征地、拆迁及地方协调等工作中，积极与地方各级政府及有关部门组成的征地拆迁协调办公室加强协作，做到优势互补，充分发挥各自的职能作用，为工程建设的顺利实施，确保工程安全、质量、进度、造价、环水保奠定了极为良好的基础。

(三)工程建设情况

巴达高速公路沿线为丘陵地区(局部为浅丘)，地层岩性主要为砂泥岩交叉互层，因其色彩为红色或紫红色，称为红层。

全线采用双向四车道高速公路技术标准建设，设计速度80km/h，路基宽24.5m，沥青混凝土路面；桥涵与路基同宽，汽车荷载等级公路—Ⅰ级，以及A级交通工程及沿线设施，其余技术指标按交通部颁《公路工程技术标准》(JTG B01—2003)的有关规定。桥梁132座，其中特大桥2座，大中桥130座。隧道20座，其中特长隧道2座。互通11座，主线分离式立交7座。桥隧比为52%。全线共设置2处服务区,分别为平昌服务区(位于平昌境内,离平昌站约8km处)、达州服务区(通车后称为达州西服务区,位于达州市通川区魏家境内);2处停车区分别为清江停车区(距水宁寺收费站约5km处)、碑庙停车区(距碑庙收费站约5km处)。

项目概算总投资102.7亿元,预算总投资98.3亿元。其中资本金238200万元(含交通部车购税补助181700万元),银行贷款517933.9万元(银行转贷协议贷款金额715000万元),川高股东借款48000万元。

为推进巴达路项目建设与管理,由四川高速公路建设开发总公司发起组建,于2009年6月在四川省工商行政管理局登记注册成立了四川巴达高速公路有限责任公司,为项目执行机构。

为加快推进项目建设高效开展工作,巴达路工程建设在管理组织机构上进行了优化设置,两个项目(达万、巴达)一套班子。以公司领导班子为首,设置综合办公室、工程处、技术处、财务处、安办、征地拆迁处等职能部门,同时设立巴中、达州两个代表处管理并全权负责现场施工的质量、安全、进度和协调。

巴达高速公路建设期间主要管理人员有:巴达公司总经理牟力,副总经理谢旺林、邹晓东、张康斌、余世康(2009—2010年)、肖明忠(2009—2012年),办公室主任孙彬,工程技术处处长兰富安,财务处副处长(主持工作)朱玉明,安办主任刘武,征地拆迁处处长向志勇,巴中代表处处长戴枪林,达州代表处处长黄军。

土建、路面及后续工程设计单位均为四川省交通运输厅公路规划勘察设计研究院。

巴达公司先后选择16个路基施工单位,4个路面施工单位,4个交安施工单位,2个房建施工单位,4个机电施工单位和5个监理单位。各参建单位技术力量雄厚,施工管理经验丰富,为保证巴达路工程质量、安全、进度打下了坚实的基础。

巴达高速公路施工、监理单位分别见表4-65和表4-66。

巴达路各施工单位一览表 表4-65

类别	标　段	中　标　单　位
土建	BD01	安通建设有限公司
	BD02	浙江大地交通工程有限公司
	BD03	青岛公路建设集团有限公司
	BD04	中铁二十局集团有限公司
	BD05	中铁二十局集团第二工程有限公司
	BD06	四川川交路桥有限责任公司
	BD07	成都华川公路建设(集团)有限公司

续上表

类 别	标 段	中 标 单 位
土建	BD08	四川公路桥梁建设集团有限公司
	BD09	江西井冈路桥(集团)有限公司
	BD10	中铁十一局集团有限公司
	BD11	中铁十五局集团有限公司
	BD12	成都市路桥工程股份有限公司
	BD13	攀枝花公路建设有限公司
	BD14	中铁隧道股份有限公司
	BD15	中铁二局第四工程有限公司
	BD16	中铁七局集团有限公司
沥青	BD17	厦门华特集团有限公司
	BD18	四川国力达燃料油有限公司
房建	BD19	四川长城建筑(集团)有限公司
	BD20	邯郸市邯一建筑工程有限公司
路面	BD21	中交第四公路工程局有限公司
	BD22	攀枝花公路建设有限公司
	BD23	中天路桥有限公司
	BD24	江西交建工程集团有限公司
绿化	BD25(巴中)	重庆上城园林景观艺术有限公司
	BD26(巴中)	江西福乐园林有限责任公司
	BD27(达州)	四川高速公路绿化环保开发有限公司
	BD28(达州)	四川三叶生态科技有限公司
	BD29(巴中)	四川艺馨环境景观工程有限公司
	BD30(巴中)	四川省广安市大树园林有限责任公司
	BD31(达州)	四川名门园林有限公司
	BD32(达州)	四川益生园艺工程有限责任公司
连接线	BD33	四川公路桥梁建设集团有限公司
	BD34	浙江大地交通工程有限公司
	BD35	青岛市华鲁公路工程有限公司
交安	BD36	四川高路交通信息工程有限公司
	BD37	四川京川公路工程(集团)有限公司
	BD38	四川嘉和交通工程有限公司
	BD39	成都双羽实业股份有限公司
机电	BD40	成都曙光光纤网络有限责任公司
	BD41	紫光捷通科技股份有限公司
	BD42	四川高路交通信息工程有限公司
	BD43	重庆市华驰交通科技有限公司

续上表

类别	标段	中标单位
隧道内装	BD44	邯郸市邯一建筑工程有限公司
	BD45	四川浩帆建设工程有限公司
	BD46	北京八达岭金宸建筑有限公司

巴达路各监理单位一览表　　　表4-66

类别	标段	项目	中标单位
总监办	BDJ1	土建、路面、交安、绿化、房建	北京中通公路桥梁工程咨询发展有限公司
	BDJ2	土建、路面、交安、绿化、房建	西安华兴公路工程咨询监理有限公司
	BDJ3	土建、路面、交安、绿化、房建	四川省公路工程监理事务所
	BDJ4	土建、路面、交安、绿化、房建	四川公路工程咨询监理公司
	BDJ5	机电	北京天智恒业科技发展有限公司
监理试验室(试验检测)	BDS1	土建、路面、交安、绿化、房建	四川正信重点公路工程试验检测有限责任公司
	BDS2	土建、路面、交安、绿化、房建	资阳市公路工程试验检测中心
	BDS3	土建、路面、交安、绿化、房建	四川诚通公路工程试验检测有限责任公司
	BDS4	土建、路面、交安、绿化、房建	达州市公路工程试验检测中心

通江河特大桥是BD09合同段跨越通江河的一座特大桥,跨度组合右幅为$(8\times40m)$简支T梁$+(85+160+85)m$连续刚构$+(10\times40m)$简支T梁,桥梁全长1070m;左幅为$(8\times40m)$简支T梁$+(85+160+85)m$连续刚构$+(11\times40m)$简支T梁,桥梁全长1110m。交接墩是8号、11号,主墩是9号、10号。主墩墩高分别是93m、95m。由于该结构形式决定了其施工技术含量较高,施工难度较大,是决定巴达路通车时间的控制性工程。梁部施工阶段,主桥梁部主要工程量:C60梁部混凝土14112m^3,直径15.2钢绞线800t,HRB335钢筋2347t。

(1)技术特征及难点

①主桥梁部施工前期和过程中对C60混凝土的控制难点。

为保证施工过程中高强混凝土的强度指标,要求混凝土可泵性高,便于施工。从材料的选择和准备、技术保证措施、人员机械安排等有关环节都做好充分的考虑,保证了梁部的顺利施工。

从2012年6月开始,监理试验室组织对C60混凝土配合比进行10次(30组)试配及验证试验,通过改变不同的原材料、外加剂和掺量,不断进行优化,并每月组织监理、试验室相关人员召开混凝土配制工作会议,共同分析总结直至找到最优配合比。施工过程中,鉴于当地的卵石粒径较小,扎制的碎石破碎面不足的情况,要求施工单位在扎石场对母材采用10cm的方孔筛进行筛分,从源头上控制了卵碎石的质量。同时现场上要求中心试验室加大对原材料的抽检频率。

②桥梁高程、线形的控制难点。

为保证连续刚构桥的施工质量和成桥线形符合设计要求,充分发挥桥梁监控单位,设计单位的技术优势,建立有效的联系复核机制程序,确保监控单位的监测数据更有利于指导上部主梁节段施工,同时提供经几方单位复核认可的监测数据资料时间不影响施工单位的施工进度,代表处对数据运转流程进行了规范。

由于通江河特大桥处于半径1250m的平曲线上,也是省内目前唯一一座在曲线上的连续刚构桥,不同于直线桥梁,它是个空间受力体系。在施工过程中由于附加扭矩、弯矩等的存在,除了主梁自身在竖直方向上的预拱度和施工挠度等之外,还存在着横向的偏移。所以线形的控制尤为重要。要求监控单位对监控方案进行补充,加入曲线控制内容,在提供高程的同时提供坐标点。

(2)应对措施及效果

裂缝分析控制:预应力连续刚构桥箱梁的腹板、顶板、底板、横隔板以及锚固齿板等部位极易出现不同形式的裂缝。有些裂缝在施工期间就已经出现,有些经过一段时间运营后开始出现。这些裂缝对结构的安全性、耐久性和正常使用会产生十分不利的影响。箱梁裂缝绝大多数集中分布在顶板、底板、腹板和横隔板,基本具有7类普遍性的裂缝,分别是:腹板斜向、竖向、水平向裂缝;顶板纵向、斜向和横向裂缝;底板纵向、斜向和横向裂缝;横隔板竖向、横向、斜向和过人孔周围辐射状裂缝;锚下劈裂裂缝;沿纵向预应力束孔道的裂缝;齿板局部区域裂缝。

针对上述裂缝形式,分别进行原因分析并制定相关的防治措施。如提高混凝土的性能指标,尽量满足高强度、低收缩、低徐变;改变张拉时机及局部加强钢筋等措施进行有效防制。

跨中下挠控制:主要由混凝土徐变引起,尤其是大跨径梁式桥。跨中下挠往往伴随跨中段出现横向裂缝或大量斜裂缝,其下挠可达到相当大的程度,造成严重病害。

采取措施:混凝土加载龄期至少应在5天以上、强度和弹模至少在85%以上方可张拉的双控保证措施;采用真空压浆,减小管道摩阻、防止漏浆。对所有参与施工的人员根据工程的进展情况逐步开展技术交底工作,技术交底由业主、监理、试验、监控、施工单位5方共同参加,使其充分掌握具体施工工艺,树立质量第一的意识。并要求交底至班组、到每一个工人。同时适当延伸质量边界,协助与本工程相关联的人员增强质量意识、提高管理水平,使其共同协作,形成一个良好的质量管理团队。

(四)对沿线经济社会的影响

四川巴中至达州高速公路,是国家高速公路网G5012恩广高速公路中广元—巴中—

达州—万州(川渝界)的重要组成部分,该横线高速公路先后与纵向布局的京昆、汉中至巴中至成都、包茂3条高速公路相交,可实现多条高速公路之间的相互转换和联系,并与国家高速公路网相接,对完善四川省和区域高速公路网、发挥高速公路网络规模效益具有重要意义。

(五)项目特色

(1)瓦斯隧道——高速公路瓦斯隧道防治与施工管理研究

旨在通过开展隧道穿越煤系地层及采空区的相关关键技术研究,探明巴达高速公路隧道瓦斯的赋存机制及运移涌出规律,提出瓦斯隧道施工的安全控制方法及风险评价体系,建立瓦斯隧道施工的标准化管理体系。

(2)边坡动态研究——路堑边坡动态设计与精细化施工控制研究

以川东红层地区建设中路堑边坡的开挖与支护为工作背景,对巴达高速公路进行了三次调研,详细分析了沿线岩体的稳定性以及致灾因素(地下水、降雨、堆载、施工扰动等)对边坡变形演化的影响程度,并对建立红层地区路堑边坡动态优化设计的详细工作思路和流程,提出相应的精细化施工实施细则。

(3)精细化施工——隧道精细化施工的安全与质量控制研究

着力于解决红层隧道施工关键技术以及制约工程工期质量、安全、进度和造价的实际问题,研究成果为后续工程施工提供标准化、程序化、专业化和精细化的系统性指导,确保了项目工程优质、安全可控。

四十二、G5012恩施至广元高速公路达万段

(一)项目概况

G5012恩施至广元高速公路达万段即四川达州至重庆万州高速公路(以下简称"达万高速公路"),全长63.8km,路线起于达州市通川区魏兴镇,经通川区、宣汉县、达川区及开江县进入重庆境,是四川省承接西北,贯通川东北革命老区和贫困山区,连通长江黄金水道,连接四川与重庆,直达华中华东,实现"通江达海"的一条重要东向出川高速大通道。项目西接广元—巴中—达州高速公路,东连重庆市万州—达州高速公路,与国道主干线G040(二连浩特—河口)、国道G108(北京—昆明)、国道G210(包头—南宁)、国道G212(兰州—重庆)交叉相连,通过国道G210沟通国道主干线G055A(沪蓉支线),与国家西部铁路大动脉襄渝铁路和四川铁路主干线达成铁路、达万铁路以及达州、万州两大航空港紧密联系,并可直抵万州深水港,沿长江黄金航道出海。达万高速公路的建成对完善四川省和区域高速公路网、构筑西部综合交通枢纽、发挥路网规模效益、促进沿线社会经

济的发展具有重要意义。该项目于2010年1月开工,2012年12月建成通车。

(二)项目前期工作

1. 项目审批(核准)情况

四川省发展和改革委员会于2009年7月23日以《四川省发展和改革委员会关于达州至万州高速公路(四川境)工程可行性研究报告的批复》(川发改交〔2009〕940号),审批了达万项目工可报告。

2. 项目设计文件审批情况

2009年10月19日,四川省交通厅以《四川省交通厅关于达州至万州高速公路(四川境)初步设计及概算的批复》(川交函〔2009〕799号),批复达万项目初步设计及概算。

2010年12月16日,四川省交通运输厅以《关于达州至万州高速公路(四川境)施工图设计及概算的批复》(川交函〔2010〕892号),批复达万项目施工图设计及概算。

3. 招投标情况

按照国家颁布的《中华人民共和国招标投标法》和交通运输部颁布的《公路工程施工招标投标管理办法》《公路工程施工招标资格预审办法》《公路工程施工招标评标办法》的要求,由项目法人单位组织招标工作。

达万高速公路建设项目均采用招标投标制,严格履行基建程序,认真抓好质量源头管理,严格贯彻和执行国家、四川省招投标相关法律法规。在招标方案制定、发布公告、资格预审、开标、评标、结果公示等招投标工作中,始终在四川省交通运输厅主管部门的指导下,在上级纪检、监察部门全过程监督下,严格按照"公开、公平、公正、科学、择优、诚实信用"的原则实施。

达万高速公路经过科学、合理地"制标、招标、开标、评标、定标"等程序,先后选择了11个路基施工单位,2个路面施工单位,2个交安施工单位,1个房建施工单位,4个绿化施工单位,2个机电施工单位和3个监理单位。在项目招投标管理工作中,对不同工程项目进行了分类招标,所有招标均采用了全国公开招标最低评标价的办法,从源头上保证了选择优秀的施工单位实施工程项目,又降低了工程造价。

同时在招标过程中采用多家监管的模式,邀请四川省交通运输厅建管处、四川省监察厅驻交通运输厅办公室、交投集团、川高公司等相关部门全过程介入,进行招投标监督,有效地预防了违纪、违规、违法等腐败现象的出现。

4. 征地拆迁

达万高速公路为省市共建项目,即业主负责建设资金及管理,地方政府负责征地拆迁及资金。但达万公司在征地、拆迁及地方协调等工作中，积极与达州市各级政府及有关部门组成的征地拆迁协调办公室加强协作，做到优势互补，充分发挥各自的职能作用，为工程建设的顺利实施，确保工程安全、质量、进度、造价、环水保奠定了极为良好的基础。

（三）项目建设情况

达万高速公路位于四川盆地东部的岭谷地区，为典型的梳状褶皱山地形。岭、谷相间平行，背斜成山，紧密狭窄，向斜成丘，宽广平缓间或高低、平坝。外营力普遍以剥蚀和侵蚀为主，堆积作用微弱，仅在沿江两岸和山间平原里有少许分布。

全线采用双向四车道高速公路技术标准建设，设计速度80km/h，整体式路基宽24.5m（分离式路基宽2×12.25m），桥梁与路基同宽，设计荷载公路—Ⅰ级，沥青混凝土路面。其余技术指标按交通部颁《公路工程技术标准》（JTG B01—2003）的有关规定执行。主线有桥梁54座，其中大桥38座，中桥16座；隧道7座，其中特长隧道2座，长隧道3座，中短隧道2座。桥隧比达32%（项目控制性工程有1座大桥，2座特长隧道，桥隧比达32.3%。）

全线互通式立交5座，收费站5处。其中：魏兴互通与达渝、达陕、巴达高速公路连接；磐石互通设收费站通过连接线与磐石乡及S202连接；七里互通设收费站通过连接线与七里乡及X169连接；开江互通设收费站通过连接线与开江县及S202连接；讲治互通设收费站通过连接线与讲治镇及S202连接；达万路四川收费站与G5012恩广高速公路重庆万开路连接。全线在K52设磐石停车区1处，在K27设开江服务区1处。

达万高速公路属省市共建项目，由四川省和达州市共同投资建设。实行（BOT）股份制。项目总投资为48.46亿元。资金来源为政府投资，项目采用公开招标方式。

为推进达万路项目建设与管理，由四川高速公路建设开发总公司与四川省达州市交通发展总公司发起组建，于2009年5月在四川省工商行政管理局登记注册成立了四川达万高速公路有限责任公司，为项目企业法人，负责实施达万项目建设管理。达万高速公路项目建设主要管理人员：总经理牟力，副总经理谢旺林、张康斌、兰富安、孙彬，党办主任刘武，办公室主任孙建国，财务处处长朱玉明，工程处处长朱劲，技术处处长徐强，征地拆迁处处长向志勇，代表处处长姜洪涛。

1. 参建单位

（1）勘察设计单位

四川省交通运输厅公路规划勘察设计院。

（2）施工单位

根据工程内容的不同，土建工程11个标段，路面工程2个标段，机电工程3个标段，房建工程3个标段,绿化工程4个标段,交通安全设施2个标段。

(3)监理单位

现场管理共3个总监办,DWJ1总监办(四川公路工程监理咨询公司)负责管辖土建1~6标,路面15标,交安23标,绿化17、19标,房建21标;DWJ2总监办(四川省公路工程监理事务所)负责管辖土建7~11标,路面16标,交安24标,绿化18、20标,房建21标;DWJ3总监办(北京天智恒业科技发展有限公司)负责管辖机电25、26标。

2. 实施过程简述

为确保达万高速公路项目工程建设质量,成立了以总经理为第一负责人的质量管理领导小组,建立健全了各级质量保证体系,把工程质量落实到具体的责任人,明确将达万高速公路建成优质工程、精品工程,同时形成了交通厅质监站、业主公司、监理组和承包人共同承担、分别分担、互相监督的四级质量保证体系。确保项目工程质量、造价、进度、安全总体受控。

项目复杂技术工程有3处:天坪寨特长瓦斯隧道、沙坝弯特长隧道、州河连续刚构大桥。

(1)工程概况

天坪寨特长瓦斯隧道,长3.676km;沙坝弯特长隧道,长3.326km;州河连续刚构大桥,桥跨布置为$1 \times 30m + 3 \times 40m + 74.7m + 140m + 74.7m + 9 \times 40m + 3 \times 30m$,总长909.4m,为连续刚构+预应力混凝土简支T梁特殊结构大桥,施工难度系数大。

(2)技术特征及难点

达州至万州高速公路四川境多次穿越崇山峻岭,施工技术复杂,施工难度大;州河大桥连续刚构段跨度140m,墩高102m;2座特长隧道中天坪寨特长隧道为瓦斯隧道。

(3)应对措施及效果

州河大桥主梁施工,采用先进的挂篮对称悬臂浇筑施工技术,确保了连续刚构桥的施工进度;承台大体积混凝土施工中,采用混凝土内部设置冷却水管技术措施,有效防止了因混凝土内部水化热过大导致的干缩裂缝。

沙坝弯特长隧道在掘进施工中采用了微差毫秒和光面爆破技术,确保了隧道洞身开挖质量;进出口50m范围内,采用醒目鲜红色防滑涂层,确保了行车安全;隧道内采用LED诱导标,隧道内用LED照明灯,确保隧道照明节能环保实效。

天坪寨特长瓦斯隧道的超前地质预报工作中,安全施工瓦斯隧道的核心是"先探后掘",预测预报煤系地层的煤层赋存的瓦斯、构造破碎带内的裂隙游离瓦斯、岩溶瓦斯、老窑采空区瓦斯、老窑水、承压水等。

四十三、G5012 恩施至广元高速公路广巴段

（一）项目概况

G5012 恩施至广元高速公路广巴段即广元至巴中高速公路（以下简称"广巴高速公路"），是国家重点公路建设规划"13 纵 15 横"中的杭州至兰州横向通道中的重要组成部分，广元境内起自杨家湾，起点桩号：K28+479，终止于巴中市东南穆家坝，终点桩号：K149+500，全长 121.13km。沿线途经广元市利州区、元坝区、旺苍县、巴中市南江县、巴州区。广巴高速公路是历史上著名的革命老区、川陕革命根据地的腹地——巴中市的第一条高速公路。它的建设对完善川北地区综合运输网络、改善地区投资环境、促进四川广元和巴中红色旅游资源开发、发展当地经济、贯通东西南北的快速通道具有十分重要的意义。

G5012 广元至巴中高速公路于 2005 年 12 月以 LJ19 合同段东兴场隧道控制性工程进行开工仪式，2006 年 12 月全面开工，元坝至普济段于 2009 年 12 月通车，2010 年 5 月全部完成并全线通车。

广巴高速公路巴中东兴场隧道开工奠基仪式

（二）项目前期工作

1. 项目审批（核准）情况

四川省交通厅从 1998 年 5 月开始，逐年下达广巴高速公路测量设计任务通知，要求

分阶段完成项目的预可、工可和勘察设计工作。

广巴高速公路劳动竞赛总结表彰大会

广巴高速公路通车仪式

交通部北京公路勘察设计所于2002年3月编制完成《四川省广元至巴中高速公路预可行性研究报告》。

2003年2月28日，国家发展计划委员会以《国家计委关于审批四川省广元至巴中公路项目建议书的请示》请示国务院，建议批复项目建议书；2003年4月30日，国家发展和改革委员会以《印发国家计委关于审批四川省广元至巴中公路项目建议书的请示的通知》，明确项目建议书业经国务院批准，要求编制工程可行性研究报告。

四川省交通厅公路规划勘察设计研究院从2000年开始开展本项目工可研究及初步设计工作，于2003年7月编制完成工程可行性研究报告。

国家发展和改革委员会于2005年5月底下达《关于四川省广元至巴中高速公路可行性研究报告的批复》。

2. 项目设计文件审批情况

四川省交通厅公路规划勘察设计研究院、中国公路工程咨询监理总公司于2005年6月编制完成初步设计文件。

交通部于2005年10月上旬下达《关于四川省广元至巴中公路初步设计的批复》。

四川省交通厅公路规划勘察设计研究院、中国公路工程咨询监理总公司于2006年10月编制完成《广元至巴中高速公路(土建工程LJ4~20合同)两阶段施工图设计文件》(元坝—巴中段)。

四川省交通厅于2006年11月下旬下达《关于广元至巴中公路LJ4~20合同段路基土建工程施工图设计的批复》(工程部分,不含预算部分)。

3. 招投标情况

广巴公司在初步设计批复后开始招标工作,于2006年6月完成路基土建、监理、中心试验室招标工作,2008年底完成路面工程招标工作,2009上半年完成房建、绿化、机电等后续工程的招标工作。通过招标进入广巴路的参建单位共计61个,其中监理单位4个,中心试验室3个,检测单位4个,施工和设备材料采购单位50个。施工和设备材料采购单位合同总价(含不可预见费和专项暂定金)48.8亿元。

因广巴路路基土建招标时间早于施工图设计批复时间,招标图纸采用的是施工图早期未经过审查、修改的版本,和正式批复的施工图设计文件有差异。在施工图设计文件批复后,根据正式文件对各路基土建施工合同段的工程量进行了梳理,按施工图设计文件的工程数量套用中标合同单价形成新的工程量清单,以0号变更的方式对原工程量清单进行了修正。0号变更后施工和设备材料采购单位合同总价为52.23亿元,较招标总价增加3.43亿元。

4. 征地拆迁

由于广巴路工可报告中征地拆迁数量和费用是2003年调查编制,实际征地拆迁工作大面积开展是2006年后,征地拆迁补偿政策和数量有较大的变化,执行新的征地拆迁补偿标准、城市拆迁及专项设施拆迁管理办法、政策性收费标准等,征用土地及拆迁安置补助费增高,同时由于工可与设计阶段相隔时间较长,在此期间沿线村镇发展迅速,新建了较多民房及电力设施,造成拆迁规模增大。

广巴路元坝至巴中段原设计里程全长121.13km,工可设计征地11881亩,综合平均单价3.6460万元/亩,估算资金4.33亿元。实际永久性征地11639亩;拆迁房屋44万m^2;杆管线拆迁676km、新建1383km;专项设施拆迁73家。累计征地拆迁补偿费9.13亿元,综合平均单价7.844万元/亩,较工可估算增加4.8亿元G5012广巴高速公路征地拆迁统计信息见表4-67。

G5012广元至巴中高速公路征地拆迁统计表　　表4-67

序号	高速公路编码	项目名称	征地拆迁安置起止时间	征用土地（亩）	拆迁房屋（m²）	拆迁占地费（万元）	备注
1	G5012	广元至巴中高速公路	2006.12~2010.05	11639	441019	91300	

（三）项目建设情况

项目属山区地貌，沿线水系发达，V形河谷明显，全线滑坡、崩塌、岩堆等潜在地质灾害较多，地质地形条件较为复杂。

采用双向四车道高速公路技术标准建设，设计速度80km/h，路基宽度24.5m。平曲线最小半径采用420m，最大纵坡采用4.0%。特大桥4座，大桥176座，中桥34座，小桥3座；互通式立交9座（其中服务型互通9座，枢纽型互通0座），分离式立交4座；匝道收费站9处；服务区3处，停车区1处。

项目概算投资71.2546亿元。国家专项基金（交通部投资）7.92亿元，省交通建设资金14.76亿元，广元和巴中两市公路建设资金4.455亿元（依据2003年12月7日省政府办公厅《议事纪要217号第3项精神》），余额44.12亿由国内银行贷款解决。项目建设单位和执行机构均为四川广巴高速公路有限责任公司。公司法人代表为王孝国，总经理为张世平。建设初期，广巴公司共有人数22人，建设中期，共有人数91人，建成通车后，共有人数71人。

1. 参建单位

本项目分土建、路面、绿化、交安、房建、机电等6类工程进行分别招标和组织施工。

土建工程包含路基、桥涵、隧道及路线交叉等分项工程，划分LJ4~LJ20共17个合同段，在完成定测及详勘后，以施工图设计送审稿编制招标文件，于2006年5~6月进行和完成招标，同时完成4个监理、3个中心试验室、4个检测等单位的招标。

路面工程划分LM1~LM4、LMbc共5个合同段，机电工程划分JD1~JD5、JDbc共6个合同段，在施工图设计的基础上，于2008年底完成招标。

交安设施划分JA1~JA4、JAbc共5个合同段，房建工程划分FJ1~FJ4共4个合同段，在施工图设计的基础上，于2009上半年完成招标。绿化工程划分LH1~LH4共4个合同段，在施工图设计的基础上，于2009下半年完成招标。

设计单位：四川省交通厅公路规划勘察设计研究院、中国公路工程咨询总公司。

监理单位:JL1 四川省公路工程监理事务所、JL2 四川公路工程咨询监理公司、JL3 广东虎门技术咨询有限公司、JL4 中国公路工程咨询监理集团公司。

中心试验室:LS1 绵阳市川正建设工程试验检测有限公司、LS2 四川精益道桥试验检测有限责任公司、LS3 广安市公路工程试验检测中心。

检测单位:JC1 四川正信重点公路工程试验检测有限责任公司、JC2 四川省交通厅公路规划勘察设计研究院、JC3 四川华腾公路试验检测有限公司、JC4 四川省交通厅公路规划勘察设计研究院。

路基单位:LJ4 成都华川公路建设(集团)有限公司、LJ5 中国水利水电第八工程局、LJ6 四川川交路桥有限责任公司、LJ7 安通建设有限公司、LJ8 中铁十八局集团第五工程有限公司、LJ9 贵州省公路工程总公司、LJ10 路桥华南工程有限公司、LJ11 四川路桥建设集团有限公司、LJ12 四川路航建设工程有限责任公司、LJ13 新疆昆仑路港工程公司、LJ14 成都市路桥工程股份有限公司、LJ15 四川武通路桥工程局、LJ16 无锡路桥集团有限公司、LJ17 中铁二十局集团一公司、LJ18 中铁十八局集团有限公司、LJ19 中铁九局集团有限公司、LJ20 江西中煤建设工程有限公司。

路面单位:LM1 浙江正方交通建设有限公司、LM2 四川川交路桥有限责任公司、LM3 四川攀峰路桥有限责任公司、LM4 攀枝花公路建设有限公司。

房建单位:FJ1 四川贵通建设集团有限公司、FJ2 湖南省朝辉建设开发有限公司、FJ3 四川高路建筑工程有限公司、FJ4 四川浩帆建设工程有限公司。

2. 重大变更

广(元)巴(中)高速公路在前期工作至建设实施期间,由于周期较长,沿线城市、乡村基础设施建设快速发展,国家汶川地震灾后恢复重建规划发布、沿线城市修编规划、四川省高速公路网规划调整,以及执行《工可批复》及《初设批复》、公路设计新颁规范、征地拆迁惠民新政策等诸多因素,对本项目建设方案、规模及投资产生极大影响,需要调整建设方案及概算,主要分为以下四个方面:

(1)项目起点杨家湾—元坝段建设方案发生重大变化

受《广元市城市总体规划(2010—2020)》对城市总体规划较大修编以及"5·12"地震灾后重建规划重大调整的影响,本项目起点杨家湾—元坝段长约28km与广元市城市规划发生较大冲突,难以协调和实施。经四川省高速公路网规划调整及对广元市过境方案的合理优化,并相继建设和建成 G5 京昆高速公路广元—陕西段、G75 兰海高速公路广元—南充段、广南—广巴高速公路连接线、广陕—广巴高速公路连接线,形成了广元市环状绕城高速公路。本项目在元坝对接已建成的广南—广巴高速公路连接线,至张家湾立交接入广元市环状绕城高速公路,不再需要建设杨家湾—元坝段,需要调整建设方案及概算,扣减概算 107728 万元。

(2)元坝—巴中段施工图设计建设规模及设计标准发生较大变化

元坝—巴中段施工图设计结合沿线地形、地质条件及城市规划调整,执行《初设批复》,对全线路线平纵面线形、部分特殊路基、桥梁、隧道及互通式立交设计方案进行优化,引起建设规模及投资的较大变化,需要调整概算,主要在以下两个方面发生了较大变更。

①四处路线总体设计方案的较大变更

初设批复后,旺苍县对城市总体规划进行了较大调整,新增了红军城、热电厂等规划,初设推荐路线与调整后的城市规划不相协调,经与旺苍县政府多次协商,结合《初设批复》意见,遵循安全、环保、舒适、和谐的可持续发展理念,调整该段路线线位及总体设计方案,避免与城市及厂矿规划的干扰。

项目地处山岭重丘区,特别是清江河及木门河路段地形、地质条件复杂,由于初步设计对滑坡的认识不深,通过详勘进一步查明,在洞子岩、盐井、盐溪河等段存在3处特大型古滑坡,滑坡规模大,稳定性差,初步设计推荐路线穿过古滑坡区,将引起滑坡复活,其处治难度大、安全隐患大、风险高、造价高,执行《初设批复》意见,调整路线及设计方案,绕避特大型古滑坡。施工图设计阶段对这四处局部路段路线线位及总体设计方案进行了较大调整,造成建设规模及投资增大。

②执行部颁新设计规范引起的较大变更

配套《公路工程技术标准》(JTG B01—2003),交通部于2003—2006年相继修订和颁布实施了《公路桥涵设计通用规范》(JTG D60—2004)、《公路钢筋混凝土及预应力混凝土设计规范》(JTJ D62—2004)、《公路路线设计规范》(JTG D20—2006)、《公路交通安全设施设计规范》(JTG D81—2006)等新规范,提高了互通式立交、桥梁涵洞、交通安全设施的设计标准和指标,同时废止旧版规范,加之桥涵标准图编制工作滞后,广元至巴中高速公路初步设计执行旧版设计规范,施工图设计时元坝—巴中已建段执行新颁设计规范,导致建设规模及投资增大。

(3)元坝—巴中段实施阶段工程量及材料价格、征地拆迁补偿标准发生较大变化

元坝—巴中段工程实施阶段主要在以下三个方面发生了较大变化,造成工程及拆迁数量、投资增大,需要调整概算。

①设计变更引起工程量变化

由于本项目地处秦巴山区,地形、地质条件复杂,加之沿线乡村规划建设发展及环境变化较快,勘察设计难以与现场实地完全一致,元坝—巴中段施工过程中根据现场实际地形地质条件、乡村社会环境和施工组织情况进行动态设计和变更设计,相应增大工程数量及造价。

经统计,建筑安装施工合同段累计100万元以下变更2414份,增加造价约14869万

元;累计100万元以上变更81份,增加造价约33901万元。变更增加金额约占投标总报价的9.99%。

②材料价格发生较大变化

项目前期工作及建设周期长,时间跨度大,受市场波动影响,钢材、水泥、沥青及燃油等价格上涨。项目设计及实施阶段执行更加严格的环境保护及江河管理制度,地方材料开采难以批准,可开采场场减少,开采难度增大,就地取材难以实现,变为远运,砂石材料运距增加,部分天然砂改为机制砂;执行新版规范对结构混凝土最大碱含量及砂石材料碱活性要求,部分天然砂石材料不符合要求,改为远运或机制,运距增加。受市场波动的影响,并受环保及江河管理制度的严格控制,筑路材料供应方案发生较大变化,材料价格上涨,需要调整材料价差。

③征地、拆迁规模及安置补偿标准发生较大变化

该项目工可及初设于2000年初进行现场调查、勘察工作,至2005年下半年进行施工图勘测,直到2006年底开工,前期工作时间跨度达6年之久,正值国家"九五"至"十五"期间人力发展"三农"、建设社会主义新农村时期,沿线乡村发展迅速,基础设施建设加大,造成设计及实施阶段拆迁规模增大。

在此期间各级政府相继出台了新的征地拆迁补偿标准、城市拆迁及专项设施拆迁管理办法、政策性收费标准等政策,项目实施阶段执行这些惠民新政策规定,造成拆迁属性发生变化及征地拆迁安置补助费用增高。由于项目前期工作时间长,沿线乡村发展迅速,拆迁规模增大,线外工程占地规模增大,执行惠民新政策,征地拆迁补偿及安置补助费用增大。

(4)元坝—巴中段实施中发生自然灾害,引起较大变更

①汶川特大地震灾后恢复重建

2008年5月12日发生于汶川的8.0级特大地震,对在建中的元坝—巴中段产生较大影响,造成岩土松散、边坡失稳、路基滑移等病害。

根据国务院《关于印发汶川地震灾后恢复重建总体规划的通知》,本项目被列为地震灾后重建项目。按照四川省交通运输厅《关于组织开展"5.12"特大地震灾区重点公路项目勘察设计复核和完善工作的紧急通知》,在建设过程中完善相关灾后恢复重建工程。

②2010年特大暴雨水毁抢险与修复

2010年7月,广元、巴中两地区遭受百年不遇的特大暴雨,降雨强度及降雨时间均超历史极值,已建成通车的元坝—巴中段受暴雨洪灾影响,造成部分工程水毁和被泥石流掩埋,引起部分路段出现边坡失稳、路堤垮塌、路基滑坡、泥石流等病害。为及时保通高速公路营运,进行掩埋泥石流清理和一般水毁工程修复等现场抢险工作,对暴雨和水毁引起的

地质病害进行处治变更设计和施工。

③2011年特大暴雨水毁抢险与修复

2011年7月4~6日,旺苍县境内普降大雨到暴雨,许多乡镇雨量超过100mm,最大降雨量出现在旺苍县檬子乡,雨量达208.6mm。此轮暴雨强度大、范围广、持续时间长,致使旺苍县境内灾情严重。受此次特大暴雨影响,造成部分边坡失稳、路堤垮塌、路基滑坡等病害。为及时保通高速公路营运,对水毁路段进行了应急抢险处治,并对水毁路段路基、桥梁进行了加固处治。

时任四川省省长蒋巨峰到广巴高速公路建设工地视察

3. 复杂技术工程

(1) 高填土路堤采用EPS板替代拱形涵洞

针对高填方涵洞设计新理念的应用推广,以广巴路LJ6合同段涵洞为依托工程进行试验研究,将较经济的盖板涵应用于填方高度大于14m的填方路堤,以取代造价高、工期长的拱涵,采用EPS板减荷优化工程设计缩小涵洞结构尺寸,降低工程造价约1/3,缩短施工周期近1/2,加快建设进度。在2010年度技术成果鉴定中得到评审专家的一致认同,荣获省级科研项目三等奖,该项目研究成果已达到国际领先水平。

(2) 应用砂石材料技术性能

综合考虑广巴路沿线构造物用砂石材料和路面工程材料严重匮乏,因地制宜,就地取材地利用当地机制砂替代河砂、辉长岩替代玄武岩用于表面抗滑层材料,大大降低了运费及工程造价,节约相关费用达9000多万元,经专家组评审一致认定该课题研究成果已达到国际先进水平。

第四章
高速公路建设

时任四川省政协主席陶武先到广巴高速公路建设工地视察

时任四川省委常委、省政法委书记王怀臣到广巴高速公路建设工地视察(一)

(3)应用红层堆积体高边坡灾害机理及防治技术

通过调查分析广巴路全线30多处红层堆积体高边坡后,具有针对性地结合工程现场实际情况,提出优化设计方案,采用在四川省尚属首次使用的微型桩、门式抗滑桩、小箱梁等技术处治方案,使得土体稳定边坡效果良好,最终节约工程造价总计约1000万元。专家组全体成员评定该课题的部分研究成果已达到国际领先水平,部分研究成果达到国际先进水平。

(4)应用小直径钢管排桩抗滑技术

针对地形陡峻、受场地条件限制,传统支挡结构(如抗滑桩、重力式挡墙等)难以实施的工点,小直径钢管桩可以进行灵活、有效的支挡防护。该技术经广巴路的实践应用,验证了其场地适应性强、施工快捷、安全、经济的优点。在安全、快捷地完成各应用工点处治的同时,相比传统支挡结构,节约总体工程费用已超过2300万元,缩短了约2/5的施工工期,取得了良好的经济效益。

时任四川省委常委、省政法委书记王怀臣到广巴高速公路建设工地视察(二)

(5)采用沥青路面温度场及抗车辙性能技术

项目研究以广巴高速公路路面工程为依托,选择了微丘区、山岭区和过渡区三个路段,在路面各结构层之间埋设了温度传感器,再通过材料的热传导研究分析,在理论上认识沥青路面产生车辙的力学机理和流动变形范围,从而对防治车辙病害提供理论依据和技术方案。项目研究针对车辙防治技术,兼具理论性和实用性,具有显著的创新性,荣获了四川省公路科学技术二等奖。

(6)采用浆砌片石混凝土改为片石混凝土

项目原设计大量砌筑防护工程均采用浆砌片石混凝土结构,由于地方政府禁止非法开采片石,造成片石开采数量极为有限,能采购到的片石数量无法满足全线浆砌片石混凝土施工条件,致使已施工路段无法及时实施防护工程,影响路基整体质量。鉴于浆砌片石混凝土砌体内部易出现砂浆不饱满及砌体间易形成空洞等质量通病,施工质量难以保障,且施工进度较片石混凝土施工缓慢,需动用大量人工进行砌筑,不利于全线整体进度控制,结合地方政府限制开采的实际情况,将原设计部分浆砌片石混凝土部位改为片石混凝土,其中片石掺量不超过混凝土体积25%,不仅降低全线片石用量,减少质量隐患,还提高了工程质量,满足施工条件,响应了地方政府相关要求。

四十四、G5012 广南、广巴高速公路连接线

(一)项目简介

G5012 广南、广巴高速公路连接线(龙潭至元坝高速公路)是广元市绕城高速公路组成部分,实现了巴中至南充、重庆等地全程高速公路。路线起于广南高速公路黑水塘枢纽型互通式立交L匝道,止于元坝接广南、广巴高速公路,全长16.929km。2010年1月28日开工建设,2012年4月28日建成通车。

(二)项目前期工作

1. 项目审批

2010年10月25日,四川省发展和改革委员会下发《关于广南、广巴高速公路连接线(龙潭至元坝高速公路)工程可行性研究报告的批复》,批准广南、广巴连接线工程项目立项建设。

2011年5月20日,获四川省交通运输厅《关于广南、广巴高速公路连接线(龙潭至元坝高速公路)两阶段初步设计及概算的批复》;7月28日,获省交通运输厅《关于广南、广巴高速公路连接线(龙潭至元坝高速公路)两阶段施工图设计及预算文件的批复》。

2. 招投标情况

2009年9月,完成路基土建招标。2011年9月,完成路面、房建工程招标;2011年底,完成交安、机电等后续工程招标。通过招标进入广南、广巴连接线项目的参建单位共计11个,其中监理单位2个,施工和设备材料采购单位9个。施工和设备材料采购单位合同总价(含不可预见费和专项暂定金)10.9亿元。

3. 征地拆迁

广南、广巴连接线设计征地1286亩,均价每亩8.584万元,概算资金1.104亿元。实际永久性征地1391亩,拆迁房屋2.93万 m^2,累计征地拆迁补偿费1.081亿元,均价每亩7.77万元,较概算节约0.023亿元。

(三)项目建设情况

广南、广巴连接线位于广元市利州、元坝两区,地势西北高,东南低;在地形上表现了自摩天岭高中山—龙门山、米仓中山—盆地边缘低山、丘陵渐次过渡特征。

全线按双向四车道高速公路技术标准建设,设计速度80km/h,路基宽24.5m,桥涵与路基同宽,沥青混凝土路面。全线设置大桥29座,长隧道3座,涵洞、通道16道。互通式立交3座(服务型互通1座,枢纽型互通2座),匝道收费站1处,管理、养护、服务、监控房

屋建筑面积 1833m²。

项目概算投资 15.6 亿元,资金由业主自筹和银行贷款组成。其中,业主自筹资本金 4.0875 亿元,占总投资 25%;其余 12.2625 亿元,占总投资 75%,申请银行贷款解决。截至 2016 年 12 月 31 日,累计到位各项借款 153100 万元,其中:川高公司股东借款 53100 万元,工行基建投资借款 100000 万元。

2005 年 6 月 3 日,四川省交通厅党组批准成立广巴高速公路工程建设指挥部;2006 年 3 月 16 日,注册成立四川广巴高速公路有限责任公司(以下简称广巴公司),注册资本 10000 万元,股东为四川高速公路建设开发总公司、广元市正达路桥投资有限公司、巴中市茂源投资有限责任公司;出资额分别为 9375 万元(93.75%)、425 万元(4.25%)、200 万元(2%)。

广巴公司作为项目业主,建设期间公司法人代表为王孝国,总经理为张世平。建设初期,共有工作人员 82 人;建设中期,共有工作人员 70 人;建成通车后,共有工作人员 74 人。

项目勘察设计单位为四川省交通厅公路规划勘察设计研究院。建设单位为路桥华南工程有限公司、四川川交路桥有限责任公司、中铁一局集团第一工程有限公司、四川公路桥梁建设集团有限公司、江西中煤建设工程有限公司等。监理单位为四川省公路工程监理事务所、四川省公路工程监理事务所等。

项目建设期间,广巴公司引进新材料、新工艺,提高工程质量。一是采用轻质混凝土进行"三背"回填,避免回填材料选择不佳、压实度不足等影响"三背"回填质量的现象,最大限度控制"三背跳车";二是引进锚杆、锚索长度检测技术,对锚杆、锚索的抗拔力及长度进行双控,有利于控制边坡防护、隧道初期支护工程质量。

为提高工程建设管理的科技化、信息化及工作效率,广巴公司提高管理科技含量,实施信息化管理。在梁体较多的合同段、控制性工程及路面热拌场、试验室安装网络视频监控系统,实现现场管理远程性与实时性,及时动态掌握工程质量。

广南、广巴高速公路连接线建成通车

（四）项目建设的意义及对沿线经济社会发展产生的影响

广南、广巴连接线的建成进一步完善了广元交通路网,使巴中、旺苍方向至成都的车辆不再经过广元城区,降低了广元城区交通的压力,对缓解广元市城区过境交通压力、助推区域经济发展和构建现代商贸物流中心有重要意义。

四十五、G4202 成都第二绕城高速公路东段

（一）项目简介

G4202 成都第二绕城高速公路东段是四川高速公路网规划和成都综合运输体系的重要组成部分。路线起于彭州市濛阳镇南侧的成汶铁路附近,经过广汉、青白江、金堂、龙泉驿、简阳、双流 6 个区(市)县,止于双流永兴镇棺山堂华大路附近,与第二绕城高速公路西段起点对接,全长 108.89km。2011 年 4 月开工,2015 年 12 月 24 日全线建成通车。

成都第二绕城高速公路东段

（二）项目前期工作

成都第二绕城高速公路东段采取 BOT 建设形式。龙光基业集团有限公司中标为成都第二绕城高速公路东段项目投资人,集团于 2010 年 4 月注册设立成都龙光二环高速公路有限公司,为项目法人。项目公司成立后,严格按照《特许权协议》,认真履行国家建设程序,2010 年 5 月取得项目核准批复,2012 年 3 月取得建设用地批复,2012 年 3 月取得施工图设计文件批复,2012 年 10 月取得施工许可证等基建手续,项目资金到位,招标选定施工企业,及时展开工程施工。

（三）项目建设情况

全线按双向六车道高速公路技术标准建设,路基宽 33.5m,设计速度 100km/h。主线

横穿龙泉山脉,桥隧比达35.2%,主线有桥梁99座27408m,其中特大桥6座11549m;匝道桥57座13290m,涵洞通道429座。全线有隧道7座9780m,其中特长隧道丹景2号隧道总长3404m。概算总投资为166.62亿元。

项目设互通式立交16座,其中5座为与高速公路交叉的枢纽型互通,即成绵互通、成德南互通、成南互通、成安渝互通、成渝互通,分别与成绵、成德南、成南、成安渝、成渝高速公路互通。预留坛罐互通,未来衔接成都第二机场高速公路。沿线有青白江、龙泉湖、三岔湖共3处服务区和广汉停车区。全线共设置彭州濛阳、广汉三星堆、广汉同善、青白江大同、青白江城厢、青白江人和、金堂五凤、简阳龙泉湖、简阳贾家、简阳三岔湖共10处收费站,与全省高速公路实行联网收费,每处收费站都设置ETC车道。

丹景2号隧道全长3404m,从2011年开始施工,2013年贯通,概算总投资9.44亿元。该隧道位于简阳市三岔湖镇和成都市双流县三星镇交界处,隧道采用左右分离式:左线ZK102+160～ZK105+548,长3388m;右线K102+160～K105+585,长3425m,最大埋深约365m。根据地质勘探表明,该隧道地质围岩为Ⅳ、Ⅴ类,富含天然气,属于高瓦斯隧道,安全风险极高。该隧道在整个施工过程严格采取防爆措施,选用可靠的防爆设备及电器,加强火源的控制,日常施工过程加强瓦斯的隐患排查,加强通风,确保高瓦斯隧道施工的安全;隧道采取综合超前地质预报设计,增设瓦斯超前探测钻孔,检测地质情况,安装瓦斯自动监控系统,开展全过程瓦斯检测。

隧道地质条件复杂,隧道洞口为偏压浅埋段,为防止洞口出现坍塌,在施工中始终坚持"先固后挖,密闭支撑,边挖边封闭"的施工原则。在隧道经过断层破碎带时,为防止施工过程中出现坍塌和涌水,提前做好爆破设计,施工过程中加强监控量测,确保隧道开挖稳妥推进;在通过松散岩层时,针对其稳定性差、结构松散、遇水极易发生坍塌的特点,采取超前管棚注双浆液、钢架支撑、超前锚杆等措施来加固岩体,整个隧道施工过程较为顺利,未出现大规模岩层坍塌的现象。

丹景2号隧道

广汉高架桥位于广汉市高铁工业园内,两跨青白江,跨成绵乐客运专线、宝成铁路、川陕公路、国道108线(大件路)等,且与广汉南互通、成绵枢纽型互通相互连接,施工区域地形复杂,有较多居民点,施工干扰多,安全风险高,协调难度大。该桥全长4989m,163跨,桥梁结构复杂多样,施工难度大,工程造价高,概算总投资5.35亿元。

广汉高架桥施工现场

(四)项目建设的意义及对沿线经济社会发展产生的影响

项目投运后能有效缓解成都绕城高速公路交通压力,分流城市过境交通,完善中国西部综合交通枢纽,引导城市空间和产业合理布局,并将极大地促进成都二、三圈层及周边区县市的经济发展,同时对确立成都作为西部综合交通枢纽龙头地位起到十分重要的作用。

四十六、G4202成都第二绕城高速公路西段

(一)项目简介

G4202成都第二绕城高速公路西段是四川省高速公路网规划和成都市综合运输体系的重要组成部分。路线起于双流境内的华大路附近,经双流、新津、崇州、温江、郫县、新都、彭州,止于彭州市濛阳镇,与成自泸、成雅、成温邛、成灌、成彭5条高速公路交叉,形成枢纽型互通,与成都红星路南延线、天府大道南延线、元华路南延线、大件路、成新蒲快速路等11条快速通道交叉,全长114.26km。2010年7月开工建设,2015年5月8日全线建成通车。

(二)项目前期工作

1.项目审批

该项目经省发展改革委《关于成都第二绕城高速公路西段项目核准的批复》核准立项,省交通运输厅《关于成都第二绕城高速公路西段项目初步设计文件的批复》《关于成都第二

绕城高速公路西段项目施工图设计及预算文件的批复》分别批准项目预算及施工图设计。

项目主要文件汇总见表4-68。

项目主要批复文件 表4-68

文 件 名	文 件 号
项目核准	川发改交〔2010〕351号
初步设计批复	川交函〔2010〕412号
施工图设计文件批复	川交函〔2010〕220号
环境影响报告批复	川环审批〔2010〕190号
水土保持方案批复	川水函〔2010〕244号
行洪论证报告批复	川水函〔2011〕169号
建设用地批复	国土资函〔2011〕825号
质量监督批复	成交质监〔2012〕29号

2. 招投标情况

根据省发展改革委《关于成都第二绕城高速公路西段项目核准的批复》,确立项目招标为项目公司自主招标。自2010年4月项目公司成立以来依法成功组织监理、路基(含桥涵)、中心试验室、路面、房建、交安、机电等招投标工作。通过严格程序、强化监管、依法办事、公平公正,顺利完成招投标工作。

3. 征地拆迁

2010年11月30日,项目公司同成都市人民政府签订《成都第二绕城高速公路(西段)项目征地拆迁协议》。

项目实际征用土地825.54公顷,其中双流县163.55公顷、新津县170.16公顷、崇州市183.92公顷、温江区61.11公顷、郫县131.69公顷、新都区93.04公顷、彭州市22.08公顷。

根据《拆迁协议》,由地方政府负责实施具体的征地拆迁各项补偿工作。在费用支付上按征地拆迁进度分期支付,由业主和地方政府共同对征地拆迁专项资金的使用和管理实施监管,大大降低项目投资风险,并为争取工程早日开工创造良好条件。项目土地征用及拆迁补偿费约45亿元。

(三)项目建设情况

项目位于四川省成都市辖区域内,区域内地势总体较平缓,K93+048.426~K121+500段以成都平原高台地为主,地形起伏稍大,填挖工程亦稍大,其余路段地形平缓,河流水网较多。沿线属亚热带季风气候,具有气温高、湿度大、雨量充沛及无霜期长的特点。区域内红层基岩裂隙水在浅部因循环交替强烈,一般不具有腐蚀性,中—深部地下水循环交替弱,多为硫酸钙、钠型,多具有弱—中等硫酸盐型腐蚀性。项目沿线地层有三叠系,侏罗系、白垩系及第四系中、上更新统、全新统地层。

根据 GB 50011—2001《中国地震动参数区划图》(2008 年版) 及 1 号修改单, 该路线区域地震动峰值加速度为 0.10g, 反应谱特征周期为 0.40s, 对应的地震基本烈度为Ⅶ度。路线区域内未见滑坡、崩塌、泥石流等不良地质现象, 特殊性岩土主要为膨胀土及饱和软弱黏性土。

全线采用双向六车道高速公路技术标准建设, 设计速度 100km/h, 路基宽 33.5m。主要工程包括：路基土石方 1851.5 万 m^3, 路面工程 236 万 m^2, 桥梁 74 座 (其中特大桥 8 座, 桥梁长度合计 24.928km, 占路线总长的 21.82%), 互通式立交 17 座 (含高接高枢纽型互通 5 座), 管理分中心 1 处, 收费站 12 处 (不含天府新区三纵项目 3 处), 养护工区 2 处, 服务区 2 处 (B 级半开放式服务区), 停车区 2 处, 实际永久性占地 12557.5 亩。

全线设置新都清流、郫都古城、郫都、郫都友爱、温江万春、崇州廖家、崇州、崇州三江、崇州大划、新津兴义、新津花源、利州大道、天府新区煎茶、天府新区、成都科学城共 15 处收费站。

项目主要技术指标见表 4-69。

项目主要技术指标表　　　　　　　　　　　　　表 4-69

序号	项目		单位	技术指标			备注
一	主线						
1	公路等级			高速公路			收费路
2	设计速度		km/h	100			
3	车道数			6			双向
4	停车视距		m	160			
5	圆曲线	一般最小半径	m	700			
6		极限最小半径	m	400			
7		不设超高最小半径	m	4000			
8	最大纵坡		%	4			
9	竖曲线最小长度(一般值/最小值)		m	210/85			
10	凸形竖曲线最小半径		m	一般值 10000；极限值 6500			
11	凹形竖曲线最小半径		m	一般值 4500；极限值 3000			
12	路基宽度		m	33.5			
13	桥梁宽度		m	2×16.25			
14	桥梁净宽		m	2×15.0			
15	桥涵设计车辆荷载			公路—Ⅰ级			
16	路面类型			沥青混凝土			
17	路拱正常横坡		%	2			
二	匝道						
1	设计速度		km/h	40	50	60	

续上表

序 号	项 目		单 位	技术指标	备 注
2	匝道宽度	单向单车道	m	8.5(含土路肩2×0.75)	
3		单向双车道(无硬肩)	m	10.5(含土路肩2×0.75)	
4		对向双车道(连接线)	m	15.5(含土路肩2×0.75)	
5	最小圆曲线半径		m	60	
6	最大纵坡			≤5%	

项目主要工程数量见表4-70。

项目主要工程数量表 表4-70

名 称			单 位	完成工程数量	备 注
路线长度			km	114.32	
路基土石方			m³	36060000	
排水及防护工程			m³	281000	
沥青混凝土路面工程			m²	4380000	
桥梁	合计		m/座	24928/74	
	其中	特大桥	m/座	15488/8	
		大桥	m/座	7337.6/23	
		中桥	m/座	1744.7/30	
		小桥	m/座	178/7	
涵洞与通道			道	504	
互通式立交			座	17	
房建			m²/幢	41512/25	其中办公楼15幢,公共服务10幢

项目由四川省铁路产业投资集团公司和四川路桥集团联合发起成立的四川蓉城第二绕城高速公路开发有限责任公司,按BOT方式建设经营。项目概算总投资133.72亿元,全部为项目公司自筹,其中项目资本金46.8亿元,占概算投资35%,银行贷款86.92亿元,占概算投资65%。

项目主要参建单位见表4-71。

项目主要参建单位一览表 表4-71

序 号	单 位 名 称	标段编号
一、勘察设计单位		
(一)初步设计单位		
1	中国华西工程设计建设有限公司 中铁二院工程集团有限责任公司(联合体)	第A2合同段(负责全线初步设计及K134+398.807~K161+540施工图设计)
(二)施工图设计单位		
1	中国华西工程设计建设有限公司 中铁二院工程集团有限责任公司(联合体)	第A2合同段(负责全线初步设计及K134+398.807~K161+540施工图设计)

第四章
高速公路建设

续上表

序 号	单 位 名 称	标 段 编 号
2	湖北省交通规划设计院	第 B2 合同段（负责 K93 + 048.426 ~ K134 + 398.807 施工图设计）
3	江苏省交通规划设计院股份有限公司	第 B3 合同段（负责 K161 + 540 ~ K207 + 375.273 施工图设计）
4	四川省交通运输厅公路规划勘察设计研究院	负责房建、交安、机电施工图设计
二、监理单位		
1	河南省宏力工程咨询有限公司	JL1
2	四川省公路工程咨询监理事务所	JL2
3	河北四方公路工程咨询有限公司	JL3
4	江苏兆信工程咨询监理有限公司	JL4
5	四川天接工程咨询监理有限公司	JL5
三、试验检测单位		
1	四川金通工程试验检测有限公司	中心试验室
四、施工单位		
1	四川路桥建设股份有限公司	路基 TJ - A 合同段
2	四川公路桥梁建设集团有限公司	路基 TJ - B 合同段
3	四川公路桥梁建设集团有限公司	路面 LM1 合同段
4	四川川交路桥有限责任公司	路面 LM2 合同段
5	四川路桥建设股份有限公司	路面 LM3 合同段
6	四川路桥建设集团交通工程有限公司	交安 JA1
7	四川公路桥梁建设集团有限公司	交安 JA2
8	四川公路桥梁建设集团有限公司	交安 JA3
9	四川路航建设工程有限责任公司	房建 FJ1
10	四川公路桥梁建设集团有限公司	房建 FJ2
11	四川路桥建设集团交通工程有限公司（成员）	机电 JD1
12	四川公路桥梁建设集团有限公司（成员）	机电 JD2
13	北京云星宇交通工程有限公司	ETC

成都第二绕城高速公路成灌互通

(四)项目复杂技术工程

1. 府河特大桥

(1)工程概况

成都第二绕城高速公路工程项目 TJ-B2 合同段位于成都市双流县境内,府河特大桥跨越府河自然河流,该桥位于平曲线半径 $R=4100m$ 的圆曲线和直线段内,全长 1201.08m,该桥先简支后桥面连续,上部采用 19×30m+72m+120m+72m+12×30m 跨径组合,引桥为 30m 预应力混凝土简支 T 梁,主桥采用(72+120+72)m 三向变截面预应力混凝土连续箱梁,主桥下部采用矩形墩,引桥下部为柱式墩、肋板式桥台,基础为钻孔灌注桩。

(2)关键技术

府河特大桥的挂篮施工,按传统工艺是将总质量约 220t 的材料吊装至单套挂篮上预压 7 天,4 套挂篮共需 28 天,成本高、时间长。项目部通过借鉴学习、精密计算,大胆采用预应力张拉预压的新工艺,新工艺在施工中逐步校验后,预压的变形结果与实际挂篮设计荷载变形对比差值仅为 ±1mm,完全满足规范要求。该新工艺的实施为挂篮施工节约工期 20 天,节约成本 20 余万元。

2. 成灌铁路跨线桥

成灌铁路跨线桥在主线 K179+140.82 处跨越成灌高速铁路,上跨桥与铁路斜交,斜交角度为右线 59°、左线 58°,采用双幅错置 2×75m T 构跨越,跨线部分采用双转体施工。箱梁分 3 部分现浇:2×69m T 构、2×3.92m 边跨直线段、2×2m 合龙段。2×69m T 构平行于铁路方向现浇,与桥夹角 60°,双幅同时同步转体,2×3.92m 边跨直线段、2×2m 合龙段则在转体完成后浇筑。

成灌铁路跨线桥转体部分箱梁施工

(五)项目建设的意义及对沿线经济社会发展产生的影响

该项目的建成,使成都经济区域的联系更为紧密,极大地促进成都市二、三圈层之间以及周边区、县、市的经济发展,对确立成都作为西部综合交通枢纽龙头将起到十分积极的作用。

四十七、G5515 南大梁高速公路

(一)项目简介

G5515 南充经大竹至梁平(川渝界)高速公路(以下简称"南大梁高速公路")是国家高速公路网张家界至南充高速公路(G5515)的重要组成和沪蓉高速公路(G42)的重要补充。路线起于南充市高坪区南充至广安高速公路谭家沟,经蓬安、营山、渠县、大竹,止于大竹县石桥铺镇川渝界,与重庆梁平至忠县高速公路相接。全长 142.10km。2010 年 7 月开工,2017 年 1 月全线通车。

(二)项目前期工作

2008 年 8 月,四川省交通厅交通勘察设计研究院、重庆市交通规划勘察设计院签订《关于四川省南充—大竹—梁平(川渝界)高速公路与重庆市梁平—黔江高速公路在川渝两省(市)交界处接线方案的协议》。

2008 年 12 月,获中国地震局《对南充—大竹—梁平高速公路工程场地地震安全性评价报告的批复》。

2009 年 2 月,获四川省交通厅《南充至梁平(川渝界)高速公路预可行性研究报告评审意见》。

2009 年 4 月,四川省工程咨询研究院签发《关于＜南充至大竹至梁平(川渝界)高速公路工程可行性研究报告＞评估意见的函》。

2009 年 8 月,获四川省环境保护厅《关于南充—大竹—梁平高速公路工程环境影响报告书的批复》。

2009 年 8 月,获四川省水利厅《关于南充—大竹—梁平(川渝界)公路工程水土保持方案报告书的批复》。

2009 年 12 月,获四川省国土资源厅《关于南充—大竹—梁平(四川段)高速公路工程压覆矿产资源情况的复函》。

2010 年 1 月,重庆市交通委员会、四川省交通运输厅签订《关于四川南充至梁平与重庆梁平至黔江高速公路川、渝两省(市)接线方案的协议》。

2010 年 4 月,南大梁高速公路前期工作协调领导小组办公室印发《关于南充—大竹—梁平(川渝界)高速公路工可修编的函》。

2010 年 5 月,南充市人民政府、达州市人民政府与四川南渝高速公路有限公司签订

《南充—大竹—梁平（川渝界）高速公路项目特许权协议》。

2010年5月，获四川省发展和改革委员会《关于南充经大竹至梁平（川渝界）高速公路项目核准的批复》。

2010年6月，获四川省交通运输厅《关于南充经大竹至梁平（川渝界）高速公路初步设计及概算的批复》。

2010年6月，获四川省国土资源厅《对南充—大竹—梁平高速公路（南充段）建设项目控制性工程先行用地的复函》。

2010年8月，获四川省国土资源厅《对南充—大竹—梁平高速公路（达州段）建设项目控制性工程先行用地的复函》。

2011年8月，获四川省交通运输厅《关于南充经大竹至梁平（川渝界）高速公路施工图设计及预算的批复》。

2011年12月，获国土资源部《关于南充经大竹至梁平（川渝界）高速公路工程建设用地的批复》。

（三）项目建设情况

全线按双向四车道高速公路技术标准建设，设计速度80km，路基宽24.5m，概算投资118.34亿元。全线设13座互通式立交，其中谭家沟、红花湾为枢纽型互通式立交，分别接南广高速公路、达渝高速公路。全线桥梁85座16307m，隧道10座17033m，桥隧比为23.5%。其中重点控制性工程有华蓥山特长隧道（长8159m），铜锣山隧道（长5024m），渠江特大桥（长1210m）。全线设置高坪东、蓬安利溪、蓬安、营山、营山小桥、渠县静边、渠县、渠县賨人谷、大竹西、大竹北、大竹东11处匝道收费站和四川大竹省界主线1处收费站，3处服务区（营山服务区、渠县服务区、大竹服务区）、3处停车区（高坪停车区、四喜停车区、杨家停车区）。

红花湾枢纽型互通

运营中的南大梁高速公路

项目土建工程量见表4-72。

项目土建工程量汇总表 表4-72

主要工程内容	计算单位	设计总量
路基	km	109.36
其中:土石方	万 m³	3858
路面	km	142.101
其中:路面底基层	m²	30623263
其中:路面基层	m²	28845948
其中:路面面层	m²	29685252
特大桥、大桥	座	58
中桥、小桥	座	23
涵洞、通道	道	554
隧道	处	10
其中:掘进	m	17033
其中:衬砌	m	17033
防护工程	m³	612834

（四）项目建设意义及对沿线经济社会发展产生的影响

南大梁高速公路是国家高速公路网纵线二广高速公路(二连浩特至广州)联络线张南高速公路(张家界至南充)的组成部分,四川东部东向出川(至重庆)大通道。将串联起南广、达渝、巴南广、营达及重庆梁忠等五条高速公路,实现互联互通,即从成都经大竹至万州、武汉,经达州至安康、西安,经梁平至黔江、张家界,从而全面加强川东北地区与成都、重庆的融合,并便捷通往华中、华东地区及陕西省。

(五)项目特色

1. 华蓥山特长隧道

该隧道横穿渠县临巴镇和大竹县杨家镇之间的华蓥山背斜中段,路线走向与越岭山脊走向近于正交。隧址区地势总体表现为南高北低、中部高两侧低的地貌特征。区内最高高程1190m,最低侵蚀基准面渠江高程220～240m,相对高差达950～970m,背斜轴部为三叠系雷口坡组、嘉陵江组等碳酸盐岩地层形成的岩溶槽谷地貌,高程一般为700～1190m;两翼主要为三叠系须家河组和部分侏罗系砂岩、泥岩形成的高陡岭脊或单面山地貌,高程一般为300～700m,地形切割较强烈,植被茂密,山体两侧羽状V形冲沟较发育。华蓥山隧道进口位于华蓥山背斜西翼的龙门溪沟中的杨家湾附近,其附近洼地高程为345m,出口位于华蓥山背斜东翼的田坝乡青溪沟李家榜附近,其附近洼地高程380m,进口端斜坡较出口端陡峭。左、右线进口及洞身位于直线上,右洞出口位于半径2540m的左偏曲线上,左线隧道位于半径5400m的左偏曲线上;隧道洞身纵坡为人字坡,其中左、右线进口均为1.46%的上坡,出口均为0.6%的下坡。

华蓥山特长隧道

2. 铜锣山特长隧道

该隧道横穿大竹县余家镇之间铜锣山背斜中段,隧道进、出口分别位于大竹县余家镇麂子坝煤矿和石桥铺二煤厂附近。

隧址区位于四川盆地东部,横穿走向北东向的铜锣山背斜北段,路线走向与越岭山脊走向近于直交。隧址区地势总体表现为南高北低、中部高两侧低的地貌特征。区内最高高程1015.2m,最低侵蚀基准面高程320m,相对高差达700m。背斜轴部为三叠系雷口坡组、嘉陵江组等碳酸盐岩地层形成的岩溶槽谷地貌,高程一般为650~995m;两翼主要为三叠系须家河组的部分侏罗系砂岩、泥岩形成的高陡峭或单面山地貌,高程一般为460~780m,地形切割较强烈,植被茂密,山体两侧羽状V形冲沟较发育。

左线隧道最大埋深约475m,右线隧道最大埋深485m。隧道进口、中部、隧道出口的线间距为15.3m、38.1m、30m。隧道设车行通道5个,人行通道8个,车型通道位置的隧道异侧设紧急停车带5处,紧急停车带长40m。隧道左洞平面线形为半径3350m的曲线,坡度为+1.7%及-0.8%的人字坡,全长5015m;隧道右洞平面线形为半径为2950m的曲线,坡度为+1.7%及-0.8%的人字坡,全长5032m。

3. 渠江特大桥

主桥采用(80+140+80)m连续刚构,箱梁采用C55混凝土,半幅桥宽11.75m,单箱单室断面,采用纵向和竖向预应力体系;在施工中,底板上、下缘弧线在一个节段内按直线处理,腹板厚度变化在一个施工节段内完成。主梁在梁端头设置横梁,在0号块处设置两道横隔梁。在端头箱室的底板留直径80cm圆孔,供施工人员进出,同时为检修人员从桥面平台进箱梁检修提供通道。下部采用双肢H形桥墩,群桩基础。该桥抗震措施等级为7级,桥墩盖梁适当加宽,均设置抗震挡块。

渠江特大桥

四十八、G4216成都至丽江高速公路仁沐新段

(一)项目简介

G4216成都至丽江高速公路仁沐新段即仁寿经沐川至屏山新市(含马边支线)高速公路(以下简称"仁沐新高速公路")是《国家公路网规划(2013年—2030年)》中G4216

成都至丽江高速公路的重要组成部分,也是四川省高速公路网规划内的重要项目。项目全长 200.675km(主线全长 157.275km,马边支线全长 43.4km),路线起于仁寿县满井附近接 S40 遂资眉高速公路,后路线向南布设,在途经乐山市井研县、犍为县、沐川县后,在宜宾市屏山县新市镇附近接 G4216 新市至攀枝花段高速公路。仁井段于 2016 年 12 月底通车,井新段于 2016 年底开工建设。

(二)项目前期工作

1. 项目审批(核准)情况

仁沐新高速公路仁井试验段基本建设程序涉及的要件编制与审批情况见表 4-73。

仁沐新高速公路仁井试验段主要基本建设程序执行情况一览表　　表 4-73

工作阶段		工作内容	批复文号
工可阶段	1	可行性研究报告	川发改基础〔2013〕1152 号
	2	环境影响评价	川环审批〔2013〕586 号
	3	水土保持方案	川水函〔2013〕1306 号
	4	矿产压覆评估	川国土资函〔2013〕374 号
		地质灾害评价	川国土资环备〔2012〕1054 号
		用地审查及批准	川国土资函〔2013〕1210 号
	5	地震安全性评价(桥梁/隧道)	川震审批〔2011〕93 号
			川震审批〔2011〕136 号
	6	项目选址意见书	选字第 511421201330151 号
	7	社会稳定风险评估	乐府函复〔2014〕14 号
			眉府函〔2014〕104 号
			宜府函〔2014〕110 号
	8	通航论证	航函港〔2011〕93 号
	9	交通部行业审查	交规划函〔2016〕80 号
初设阶段	10	初步设计审查	川交造价〔2013〕150 号
	11	初步设计及概算批复	川交函〔2013〕657 号
施设阶段	12	施工图设计审查	川交造价〔2014〕69 号
	13	施工图设计及预算批复	川交函〔2014〕289 号
	14	文物影响评估	川文物函〔2015〕101 号

2. 项目设计文件审批情况

仁沐新高速公路全线的批复情况如下:

2016年4月22日,国家发展与改革委员会以《国家发展与改革委员会关于四川省仁寿至屏山新市公路可行性研究报告的批复》(发改基础〔2016〕881号)同意建设仁沐新高速公路;2016年9月23日,交通运输部以《交通运输部关于仁寿至屏山新市公路初步设计的批复》(交公路函〔2016〕607号)批复仁沐新高速公路的初步设计方案;2016年11月16日,四川省交通运输厅以《四川省交通运输厅关于四川省仁寿至屏山新市公路井研(K49+800)至五指山(K145+160)段施工图设计的批复》(川交函〔2016〕713号)批复仁沐新高速公路井研至五指山段施工图设计。

仁井试验段的批复情况如下:

仁井试验段两阶段初步设计文件及概算批复已由四川省交通运输厅于2013年11月19日以《四川省交通运输厅关于仁寿经沐川马边支线高速公路仁寿至井研试验段两阶段初步设计文件及概算批复》(川交函〔2013〕657号)批复;仁井试验段两阶段施工图设计文件及预算批复由四川省交通运输厅于2014年6月30日以《四川省交通运输厅关于仁寿经沐川马边支线高速公路仁寿至井研试验段两阶段施工图设计预算的批复》(川交函〔2014〕289号)批复。

3. 招投标情况

仁沐新高速公路为"市企共建"项目,在勘察设计招标阶段四川仁沐高速公路有限责任公司尚未成立,由乐山市交通投资开发有限公司负责进行初步设计和施工图设计的招标工作,于2012年10月完成。

中标设计单位如下:A合同段由四川省交通运输厅公路规划勘察设计研究院完成全线初设工作;B1合同段为联合体中标,由中交第一公路勘察设计研究院有限公司(联合体牵头人)和四川省交通运输厅交通勘察设计研究院(联合体成员)共同完成K0+000~K83+800的施设工作;B2合同段由四川省交通运输厅公路规划勘察设计研究院完成主线K83+800~K159+401和马边支线LK0+000~K43+400的施设工作;C合同段由四川省交通运输厅公路规划勘察设计研究院完成交安、房建、机电等交通工程及沿线设施的设计任务。

仁井试验段施工、监理及监理试验室等标段招标均由仁沐公司自行组织招标,井研至新市段(含马边支线)(以下简称"井新段")招标组织形式为委托招标。

(1)土建工程施工、监理及试验室招标

2014年6月,仁沐公司启动了仁井段土建工程施工、施工监理及监理试验室的招标工作,其中施工采用资格后审、单信封形式、经评审的最低投标价法,施工监理及监理试验室采用资格后审、双信封形式、经评审的最低投标价法,于2014年7月24日发出中标通知书。

(2) 仁寿连接线土建工程招标

2015年12月，仁沐公司启动仁寿连接线LJ5标段的路基土建工程施工招标工作，采用资格后审、双信封形式、经评审的最低投标价法，于3月4日发出中标通知书。

(3) 路面工程施工与路面、交安、绿化工程监理及路面、交安、绿化、房建监理试验室招标

2016年4月，仁沐公司启动了仁井段路面工程施工与路面、交安、绿化工程监理及路面、交安、绿化、房建监理试验室招标，其中路面工程施工采用资格后审、双信封形式、合理低价法，监理及监理试验室采用资格后审、双信封形式、经评审的最低投标价法，于2016年6月1日发出中标通知书。

(4) 交安、绿化工程施工招标

2016年6月，仁沐公司启动了仁井段交通安全设施和绿化工程施工招标，采用资格后审、双信封形式、合理低价法，于2016年8月4日发出中标通知书。

(5) 机电工程施工及机电监理招标

2016年9月，仁沐公司启动了仁井段机电工程施工及施工监理招标工作，均采用资格后审、双信封形式、经评审的最低投标价法，于2016年10月28日发出中标通知书。

根据施工图设计批复文件，仁沐新高速公路井研至五指山段、五指山至新市段和马边支线将分别予以招标，计划于2016年底至2017年初完成招标工作。

4. 征地拆迁

仁沐新高速公路采用"市企共建"方式（四川省人民政府以川办函〔2012〕167号文件授权），根据四川省高速公路建设开发总公司和眉山市、乐山市、宜宾市共同签订的《仁寿经沐川至屏山新市高速公路建设项目投资协议》有关约定，三市人民政府是项目建设征地拆迁补偿安置工作的主体，负责项目土地组卷报件批复、红线建设用地征地拆迁补偿、失地农民社保安置费用、涉及的各项税费、土地确权办证费等所有费用。根据四川仁沐高速公路有限责任公司和眉山市仁寿县、乐山市、宜宾市签订的《G4216仁寿经沐川至屏山新市（含马边支线）高速公路计算征地拆迁协调工作协议书》有关规定，具体明确地方政府在仁沐新高速公路建设过程中的工作内容，即负责红线永久性征地拆迁补偿安置工作及所有费用，负责协调工程建设临时用地、使用地方道路、料场、民爆、施工用电等建设要素保障和地方协调工作，创造良好的施工环境。地方各级政府针对仁沐新高速公路项目分别成立相应协调指挥部；项目业主四川仁沐高速公路有限责任公司专门设置了综合协调处，具体负责项目建设征地拆迁和地方协调工作，加强与地方政府联系、沟通，及时协调解决工程建设过程中各类纠纷，为施工创造良好外部环境。

（三）项目建设情况

仁沐新高速公路采用"市企共建"的模式，由乐山市、眉山市、宜宾市三市人民政府与川高公司签订项目投资协议，共同出资组建四川仁沐高速公路有限责任公司（以下简称"仁沐公司"）负责建设和营运管理。2014年5月8日，四川仁沐高速公路有限责任公司完成工商注册，正式组建成立。公司法定代表人为刘勇。高速公路建设项目实收资本1000万元，资本共计5亿元，川高公司股东借款7.42亿元，川高公司转贷款10亿元。项目总投资约245.26亿元。

全线按双向四车道高速公路技术标准建设，设计速度80km/h，路基宽25.5m。目前已开工建设的仁井试验段占用土地5967亩，主要工程量包括路基土石方2051万m^3，大桥37座7630m、中桥6座523m，桥梁合计43座8153m，占路线长度的16.35%；设置互通式立交6处，人行天桥及渡槽13座，分离式立交18座，涵洞及通道268道；主线收费站1处，匝道收费站4处；管理分中心1处，服务区1处，养护工区1处。

仁井试验段全线设置枢纽互通式立交2处：第一处在仁寿县满井镇周家湾设满井枢纽互通与S40遂资眉高速公路相接，第二处在井研县三江镇设置三江枢纽互通与S66乐自高速公路相接；设置4处一般互通式立交，包括钟祥互通、慈航互通、井研互通和石牛互通。

远眺大桥

井研互通景观绿化

生态护坡

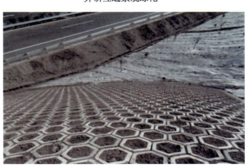

六棱砖锥坡

仁井试验段实景图

该项目施工单位和监理单位均通过国内公开招标的方式确定。

路基土建施工：LJ1 标段起止桩号为 K0+000～K12+000，由浙江正方交通建设有限公司承建；LJ2 标段起止桩号为 K12+000～K27+080，由中交一公局海威工程建设有限公司承建；LJ3 标段起止桩号为 K27+080～K38+400，由攀枝花公路建设有限公司承建；LJ4 标段起止桩号为 K38+333.391～K49+800，由中交第一公路工程局有限公司承建。

路面工程施工：LM1 标段起止桩号为 K0+000～K27+080，由中铁五局集团有限公司承建；LM2 标段起止桩号 K27+080～K49+800，由中铁十一局集团有限公司承建。

路基监理为 JL1 标段：起止桩号为 K00+000～K49+800（断链 0.067），由四川公路工程咨询监理公司承担监理任务。

路面、交安、绿化和房建监理为 JL2 标段：起止桩号为 K00+000～K49+800（断链 0.067），由北京交科工程咨询有限公司承担监理任务。

监理试验室：SY1 标段起止桩号为 K00+000～K27+080，由四川精益道桥试验检测有限责任公司承担试验检测任务；SY2 标段起止桩号为 K27+080～K49+800（断链 0.067），由四川督信工程试验检测有限责任公司（原资阳锦业公路工程试验检测中心有限公司）承担试验检测任务；SY3 标段起止桩号为 K00+000～K49+800（断链 0.067），由四川督信工程试验检测有限责任公司承担试验检测任务。

绿化工程：LH1 标段起止桩号为 K00+000～K27+080，由四川名门园林有限公司承担绿化景观工程；LH2 标段起止桩号为 K00+000～K49+800，由四川瑞通园林绿化工程有限公司承担绿化景观工程。

交安工程：JA1 标段起止桩号为 K00+000～K27+080，由江西省交通工程集团公司承担交通安全设施工程；JA2 标段起止桩号为 K00+000～K49+800，由潍坊东方交通设施工程有限公司承担交通安全设施工程。

（四）项目建设对沿线经济社会的影响

仁沐新高速公路的建设将完善国家高速公路网和四川省公路网布局，加强成都、攀西和川南三大经济区联系，进一步促进沿线资源整合和区域产业发展，是改善行车条件、提高道路抗灾能力、满足区域内交通发展的重要交通基础设施建设工程。项目的建设及营运将对沿线地方经济和社会发展作出积极贡献，特别是对促进区域产业结构的优化和调整，增加就业岗位和减少贫困，提高沿线居民的生活水平和质量，促进当地文化、旅游、教育、卫生事业发展，以及加快城乡一体化进程等方面都将起到积极作用。

（五）项目特色

本项目的工程亮点为标准建设，预制养生。

（1）设计标准化：仁井试验段在设计阶段充分考虑设计的标准化和结构形式的统一。全线T梁统一采用25m和40m两种形式、涵洞车通和人通分别采用6m和4m宽度、软基处理统一采用水泥搅拌桩等，提高了各承包人机械设备、模板的利用率，提高了施工效率，降低了施工成本。

（2）小型构件集中预制：仁沐新高速公路要求路基、路面施工单位专门设置小型构件预制场，场内集中预制涵洞盖板、水沟盖板及其他小型构件。涵洞盖板预制使用钢模，水沟盖板使用塑钢模具。通过小型构件集中加工、流水线生产，不仅提高了生产效率，确保了预制件质量，也使安装后的水沟盖板表面平整、线性良好，使整个防护工程外观质量显著提升。

（3）梁板预制场预制养生：所有桥梁梁板在预制场集中预制、采用多功能泵车浇筑、安装自动喷淋设备养生；在每个梁场，根据设计图纸将每片梁板的长度、高度、宽度、横纵坡等进行验算并公示，确保每片梁板按照设计要求的结构尺寸进行预制，使梁板质量得到有效控制；场地内模板数量按照台座的1/4配置，全部采用全新钢模板，使用专用脱模剂；梁板注浆采用专用循环注浆设备、预应力施加采用智能张拉及数据自动采集设备；养护区在施工台座时预留出水口，以外接自动喷淋养护设施，所有预制梁板采用土工布包裹、自动喷淋养生设备养生。本项目十分重视梁板质量通病，通过多次组织专家现场指导、学习交流、集中座谈，杜绝了混凝土浇筑及养生时的通病问题。通过标准化生产，仁沐新高速公路桥梁梁板混凝土质量及外观得到良好控制。

（4）标准化场站建设：仁沐新高速公路项目在施工现场建立6个标准化场地；路基单位建立封闭式梁场、钢筋加工场和混凝土搅拌站，路面单位建立独立的热拌场和冷拌场；路基、路面单位独立设置小型构件集中预制加工场。所有梁场、料场、钢筋加工场等场站全部按照标准化要求搭建防雨棚，场地内地面硬化，在四周设置排水沟，并设置适当的绿化面积。通过标准化场地建设，不仅保障了工程的质量、安全，而且为工人提供了良好的生产环境。施工单位项目部全部设置成活动板房，在保证安全、实用、美观的前提下，兼顾阻燃、环保等功能要求。各工作、住宿场所根据功能分区和面积要求予以标准化建设，满足所有员工的日常工作和生活需要。

（5）施工标准化：仁井段所有桩基施工采用了旋挖钻，提高了效率、杜绝了安全事故的发生、降低了对环境的污染；所有结构物混凝土集中拌和、罐车运输、泵车浇筑；砌体砂浆也集中拌和，运至现场专用砂浆盒存放；挖方全部采用机械施工，避免爆破对边坡的损害，保证边坡坡面平整、顺适；全线桥梁护栏浇筑和边沟盖板安装强化细节控制，对平面位置、高程、护栏模板安装等监理工程师逐一检查验收，使混凝土防撞护栏及边沟盖板预制安装的平纵面位置满足设计要求，确保线形顺适美观。

驻地远景

项目部驻地

混凝土拌和站

集料料仓

梁板预制场

梁板养生

路面热拌站

路面冷拌站

第四章 高速公路建设

四十九、G4217 成都至昌都高速公路汶马段

(一)项目概况

G4217 成都至昌都高速公路汶马段即汶川至马尔康高速公路(以下简称"汶马高速公路")是《国家高速公路网规划》上海至成都高速公路成都至昌都联络线(G4217)中的重要路段,起于汶川县城以南,与映汶高速公路相接,途经理县,止于马尔康市以东,路线全长172.319km,交通运输部批复总工期6年。于2014年11月4日开工,计划竣工时间为2020年11月3日。

(二)项目前期工作

1.项目审批及设计文件审批情况

项目审批及设计文件审批情况见表4-74。

项目审批及设计文件审批表　　　　　表4-74

批复内容	文号	发文单位	批复时间
工可批复	发改基础〔2014〕1794号	国家发改委	2014.8
初步设计	交公路发〔2014〕837号	交通运输部	2014.10
施工图设计	川交函〔2015〕422号	四川省交通运输厅	2015.7
工程质量监督通知书	2015-007号	阿坝州质量监督分站	2015.7
鹧鸪山隧道控制性工程使用林地批复	川林地审字〔2012〕D370号	四川省林业厅	2012.9
使用林地批复	林资许准〔2015〕192号	国家林业局	2015.6
建设用地	国土资预审字〔2013〕285号	国土资源部	2013.12

2.项目招标情况

在省交通运输厅、省交投集团的领导下,严格按照相关法律法规、招标程序和省交通运输厅的有关规定开展招标文件的编制、评审、核备、发布公告、发售招标文件、开标、评标、评标结果公示、定标、招标工作报告备案、发出中标通知书及签订合同等招标工作。四川省交通运输厅、四川省公共资源交易服务中心、阿坝州交通运输局、省交投集团及四川藏区高速公路有限责任公司派代表对招标全过程进行监督,并对整个开标工作进行了全过程录音、录像工作,按照公平、公正、公开、科学择优的原则确定了设计、施工、监理、监理试验室、第三方检测等中标单位。

在招标工作中,不存在按规定应招标的项目而不招标,不存在以不合理条件限制或排斥潜在投标人或针对特定人设定资格条件,不存在向他人泄露专家组名单等可能影响公

平性的信息问题,并按照有关程序在交通运输部专家库抽取评标专家组成了评标委员会,评标委员会严格按照招标文件的规定开展评标工作,推荐了中标候选人。按照有关规定,对中标候选人进行公示,公示期结束后,组织定标会议,确定中标人并按招标文件和投标文件要求订立合同。

该项目在全省高速公路建设中首次将第三方检测单位面向全国进行公开招标。

该项目通过公开招标,有24家土建施工单位、9家监理单位、9家监理试验单位、7家隧道监控量测和地质预报单位、1家隧道专项检测单位、3家桩基无损检测单位的招标工作均已完成并已全部进场开展工作。

3. 征地拆迁

征地拆迁主体为当地政府,汶马公司综合管理部主要负责统筹协调征地拆迁相关政策和阶段性目标任务,取得州党委、政府、协调办的支持并保持密切联系,多次争取召开州协调大会,对重大征拆问题进行决策。各代表处对应其管理合同段所在地协调办(指挥部)、协调组,依托当地党委、政府解决征地实际问题,协调县、乡、村组地方关系。

(三)项目建设情况

1. 具体规模

项目主线设置桥梁121座52.468km、隧道33座96.588km,桥隧总比例达86.5%。全线共设置10处互通式立交、4处服务区、3处停车区、3处管理分中心和4处养护工区、1处主线收费站。项目控制性工程为鹧鸪山隧道、狮子坪隧道群。主要工程规模:路基土石方1927万 m^3,抗滑桩1183根,其他防护工程179m^3,涵洞工程263道,桩基7748根,墩柱5614根,预制梁13698片,洞身开挖184873m,二次衬砌184842m。

2. 建设单位情况

四川汶马高速公路有限责任公司(以下简称"汶马公司")于2013年12月成立,是由四川藏区高速公路有限责任公司(以下简称"藏区高速公司")设立的全资子公司,具有独立法人资格,主要负责汶马高速公路建设及营运管理工作,公司下设工程建设部、综合部、财务部、党纪部、综合办公室、桃坪代表处、理县代表处、米亚罗代表处、马尔康代表处9个部门,现有管理人员49人,其中博士1人,硕士10人,本科21人,高级工程师10人,工程师13人,助理工程师8人,员工平均年龄37岁。

项目概算总投资金额287.085亿元,资金来源主要为国家补助、省自有资金、国内银行贷款,其中资本金约244亿元,占比85%,由交通运输部安排112亿元,省级财政安排15亿元,省交投集团代表省政府自筹资本金117亿元构成,其余15%由银行贷款43亿元解决。

第四章
高速公路建设

汶马高速公路 C8-1 合同段 T 梁架设

汶马高速公路 C15 合同段拌和站

2015年3月,该项目路基土建、监理、监理试验室等24家施工单位、9家监理单位、9家监理试验室单位进场,2015年7月全面进入实质性开工建设。路基土建施工划分为24个标段,标段号为C1~C24;施工监理划分为9个标段,标段号为JL1~JL9;监理试验室划分为9个标段,标段号为JLS1~JLS9。第三方检测单位隧道监控量测划分为7个标段,标段号为JC1-1~JC1-7;隧道超前地质预报划分为7个标段,标段号为JC2-1~JC2-7;隧道质量专项检测划分为1个标段,标段号为JC3;桩基无损检测划分为3个标段,标段号为JC4-1~JC4-3。

主要参建单位见表4-75。

主要参建单位一览表 表4-75

序号	标段	施工单位	起止桩号	路线长度（km）	监理单位	监理试验室	设计单位
1	C1	中铁隧道股份有限公司	K178+800~K184+000	5.2	重庆中宇工程咨询监理有限责任公司	四川正信重点公路工程试验检测有限责任公司	四川省交通运输厅公路规划勘察设计研究院
2	C2	中铁二局集团股份有限公司	K184+000~K188+496	4.496			
3	C3	中铁十一局集团第五工程有限公司	K47+792~K53+600	5.808	中公交通监理咨询河南有限公司	温州信达交通工程试验检测有限公司	
4	C4	四川路桥华东建设有限责任公司	K53+600~K61+455	7.855			
5	C5	中铁六局集团有限公司	K61+455~K70+040	8.591			
6	C6	江西省交通工程集团公司	K70+0404~K79+884	9.849	四川公路工程咨询监理公司	四川华腾公路试验检测有限责任公司	
7	C7	中铁十四局集团有限公司	K79+884~K86+380	6.639			
8	C8-1	中交第四公路工程局有限公司	K86+380~K90+121	3.741			
8	C8-2	四川交投建设工程股份有限公司	K90+121~K92+895	2.774			
9	C9	中铁十七局集团有限公司	K92+904~K100+074	7.17	中铁二院监理公司	四川金通工程试验检测有限公司	
10	C10	中铁隧道股份有限公司	K100+074~K104+900	4.826			
11	C11	四川路航建设工程有限责任公司	K104+900~K115+740	8.714			
12	C12	中交一公局第六工程有限公司	K115+740~K124+700	8.96	重庆育才工程咨询管理公司	四川诚通公路检测公司	
13	C13	成都市路桥工程股份有限公司	K124+700~K132+504	7.804	重庆育才工程咨询管理公司	四川诚通公路检测公司	
14	C14	四川川交路桥有限责任公司	K132+504~K141+552	9.088			
15	C15	中交一公局第五工程有限公司	K141+552~K147+400	5.848	山东东泰工程咨询有限公司	四川省交通运输厅公路勘察设计院	
16	C16	中铁一局集团有限公司	K147+400~K152+600	5.2			
17	C17	岳阳市公路桥梁基建总公司	K152+600~K160+100	7.5			

续上表

序号	标段	施工单位	起止桩号	路线长度（km）	监理单位	监理试验室	设计单位
18	C18	中铁二十局集团第二工程有限公司	K160+100~K168+400	8.3	北京中通公路桥梁咨询发展有限公司	深圳高速工程检测有限公司	四川省交通运输厅公路规划勘察设计研究院
19	C19	攀枝花公路桥梁工程有限公司	K169+500~K178+800	9.3			
20	C20	中铁航空港第一工程有限公司	K190+300~K198+100	7.8	安徽省公路工程建设监理有限责任公司	四川川交检测有限公司	中交第二公路勘察设计研究院有限公司
21	C21	中铁十七局集团第二工程有限公司	K198+100~K209+200	11.1			
22	C22	道隧集团工程有限公司	K209+200~K213+900	4.7	湖南金路公路工程管理公司	四川精益道桥试验检测有限公司	
23	C23	中铁七局集团第三工程有限公司	K213+900~K218+600	4.7			
24	C24	中国建筑第五工程局有限公司	K218+600~K223+460	4.86			

3．实施过程简述

项目启动以来，严格按国家基本建设程序规定要求，做好项目法人及机构组建，抓好项目前期工作手续报批，具体工作进展如下。

1）工程质量管理

一是制定了《工程质量管理办法（试行）》、《施工质量管理实施细则（试行）》、《首件工程认可制实施办法（试行）》、《样板工程推广制实施办法（试行）》、《工程质量责任终身制和实名制实施办法（试行）》等质量管理制度，建立健全了质量保证体系，确保质量管理监控有效到位。二是参与工程实施过程的质量监督，以代表处为单位每天深入工地，加强分项工程施工质量的监控，坚决杜绝不合格材料和设备进场，督促施工单位做好技术交底，严格按照设计图纸、技术标准和工艺要求施工，坚持上道工序未经验收合格不得转入下道工序施工的原则，做到质量问题早发现、早解决。三是仔细核查参建单位"三同时（同时安排、同时实施、同时考核）、三到位（认识到位、整改到位、责任追究到位）"情况，发现问题及时整改，从源头遏制工艺通病、质量通病，确保了工程施工质量得到有效控制，到目前为止，本项目未发生工程质量事故。四是根据省交通运输厅《关于印发高速公路工程质量检测信息监控的工作实施意见的通知》要求，在全线各施工试验室、监理试验室建立质量检测信息监控系统，实现关键数据实时上传，保证质量检测工作科学、真实、有序开展。

2）工程安全管理

一是成立了安全生产领导小组，制订了《安全生产管理制度（试行）》，并与施工单位签订了安全生产责任书，同时印发了《安全综合应急救援预案》和《地质灾害防治预案暨地质灾害应急救援预案》，从制度上规范和履行各方在安全管理中的责任，做到有章可循，有据可依。二是认真执行安全生产"三同时"制度,安全设施从设计之初就优先考虑,在具体实施中坚持安全设施与主体工程同时设计、同时施工、同时交工验收,坚决杜绝忽视安全,强抢工期的行为。三是认真落实"三级交底"和保障检查工作,确保一线施工人员理解掌握生产要点和安全注意事项。要求监理认真履行监理职责,认真审查单位、分部、分项工程施工方案,必须包含明确详细的质量、安全技术保障措施,开工前严格进行检查,禁止野蛮施工,确保施工安全和质量。四是认真开展"安全生产月""平安工地"等专项活动,切实消除安全隐患。五是加强安全教育学习培训,提高参建人员的安全意识。六是加强对各种危险源的登记和管理,加大安全特别是汛期安全检查和整治力度,按照排查登记、公示公告、防范治理、验收销号4个步骤,及时发现问题,及时整治隐患,安全隐患的排查做到"横向到底,纵向到边,不留死角",重点加强自然灾害易发多发区域内驻地、办公场所等人员密集区、生产设施、施工现场周边环境的隐患排查治理。七是强化安全应急预案及演练,通过现场实际模拟,切实提高参建人员面对突发事故的应急和多变能力,杜绝安全责任事故的发生,目前全线各参建单位的应急演练已基本完成。

截至2016年底,项目未发生任何安全事故。

3)参建信用管理情况

(1)严肃合同

为规范项目管理,确保工程建设各项工作制度化、规范化、程序化,结合本项目制定了近30个工程类管理办法,在制订过程中除了向有经验的项目学习,深入探讨外,还主动向跟踪审计单位和法律咨询机构征求意见,以科学管理、求真务实为原则,组织管理人员对项目管理办法进行认真细致的探讨和研究,逐字逐句斟酌、相互审查、相互把关,确保办法的合法、合规、可操作性。编制完成后,将管理办法汇报成册,作为《招标文件》的一部分列入合同执行。在合同执行过程中,不断强化履约意识,严格贯彻执行《管理办法》,认真检查承包人履行合同承诺,按合同条款办事。对不履行合同承诺的单位,严格按照《合同文件》条款采取限期整改、违约处罚、约谈法定代表人等形式进行处理,维护合同的严肃性。

通过严密的合同管理,设计单位在工程设计过程中能根据地质情况和建设单位对工程功能使用要求进行科学设计,严格执行国家有关法律法规及工程建设强制性标准,做到科学合理、美观大方;监理单位对工程进行全面监理,监理人员能全过程认真负责按照监理规划、监理细则实施监理工作,能按设计要求和强制性规范标准对工程质量进行控制;各施工单位在施工过程中能按照设计要求和施工规范要求组织安排施工,能严格履行合同,执行相关法律法规和工程建设强制性标准,工程质量控制资料齐全有效,工程质量达到验收标准。

(2)严格考核

严格按照交通运输部相关文件要求和评价规定,遵循"公开、公平、公正和诚实信用""动态管理、奖优罚劣"的原则,对各从业单位进行信用考核,每季度将从业单位信用初评结果上报藏区高速公司、省交投集团、阿坝州交通运输局和省交通运输厅,并及时向交通运输主管部门提供本项目从业单位的信用信息。

本项目各从业单位履约情况基本良好，各单位人员更换均履行了变更手续，持证上岗并符合资格预审强制性条件的要求。

4）合同履约管理

一是结合项目实际，派设4个代表处常驻现场对各参建单位实施合同管理；二是以合同工期为主导，严格将上级下达的目标任务层层分解到各参建单位，严格实施进度管理；三是依据省交通运输厅、省交投集团、藏区高速公司的计量、变更管理办法，制定了适合本项目的相关管理办法和实施细则，确保设计变更和计量支付开展的规范性；四是以合同的形式明确了标准化建设相关费用，并以《公路工程施工标准化指南》作为参建单位驻地、场（站）等建设的标准，加强检查与考评，大力提高本项目标准化建设、管理水平；五是以合同明确规定，本项目严禁转包，不允许违法分包；六是项目推进中积极配合国家审计署、省审计厅及省交投集团、藏区高速公司开展的各项审计工作，使项目建设各项工作处于可控状态。

5）造价管理情况

一是切实做好项目造价控制，制定了《路基土建工程计量支付管理办法》（试行）、《暂计量管理办法》（试行）、《工程设计变更管理实施细则》（试行）等多项管理制度，使造价管理制度化、规范化、程序化，确保项目工程造价不超概。二是由于本项目地形地质条件复杂，在监理合同中单独以暂估价的形式强调地质专家的作用，同时抽取参建单位的优秀人员，在项目内部组建专家库，共同对施工地质特别是变更地质原因进行把关，确保变更的真实合理，控制造价。三是在《设计变更管理实施细则》中，明确变更管理权限，充分发挥本项目内部专家库的作用，切实做到方案选择合理，经济节约。四是加强过程控制，主动配合藏区高速公司相关部门对本项目设计变更开展的抽查审核，同时本项目亦将在全线推行《工程设计变更核查制》（讨论稿）和《汶马路业主工程计量抽查制度》（讨论稿），多渠道管控变更工作的合理合法性，严厉控制造价。五是建立了工程投资、计量支付、变更设计等相关台账，各个台账做到及时准确、信息完整。六是变更设计遵循省交通运输厅、省交投集团、藏区高速公司设计变更管理的有关规定，按照公司《工程设计变更管理实施细则》（试行），严格执行四方现场会审制度，建立更新变更管理台账，及时报藏区高速公司、省交投集团、阿坝州交通运输局、厅造价站备案。

4. 复杂技术工程

(1) 鹧鸪山隧道

四川省汶川至马尔康高速公路项目鹧鸪山隧道，位于四川省阿坝藏族羌族自治州理县与马尔康交界处，隧道进口在四川省阿坝州理县米亚罗镇境内山脚坝大队，与国道317线相邻，距米亚罗镇约15km。隧道出口在马尔康县境内的王家寨溪沟内，距国道317线约3.5km，路线全长约11.5km。

工程施工重难点：①鹧鸪山隧道属于汶马高速公路控制性工程，为深埋特长隧道，最大埋深1400m。②工程地处3200m高海拔地区，人员、机械设备效率低，工期较紧张，为工程项目控制性关键工程，属于施工管理和控制的重点、难点。③隧道开挖断面大，隧道地质构造复杂，存在断层破碎带、炭质千枚岩等软弱围岩,岩体层理发育,遇水易软化,稳定性较差,局部易垮塌,存在大变形,施工风险高,难度大。④冬季严寒,年平均气温0.8~4.3℃,年均无霜期120天,冰雪天气较多,隧道结构防冻害要求高,冬季施工工艺及施工场地保温防寒是重点。⑤地处高原严寒地区,生态系统脆弱,植被一旦被破坏,恢复困难,环保要求较高。确保环境不被破坏,维持生态平衡,是施工管理的重点。⑥目前,C2标为高瓦斯隧道,安全风险大。

应对措施:①高度重视瓦斯隧道的施工安全,加强安全管理,绝不能发生安全事故。②制定完善的瓦斯隧道安全管理制度和详细的瓦斯隧道安全操作规程。及时开展全员瓦斯隧道施工安全培训,做到每一位操作人员都要熟知制度和规程,对不按照安全操作规程的作业人员要严格处罚。③冬季严寒天气,瓦斯隧道停止掘进,掌子面要用喷射混凝土封闭。按规定组织瓦检员进行瓦斯监测,保持洞内通风。④严格人员、机械进洞管理,不必要的人员严禁进洞,每个隧道洞内人数不得超过10人。通风、监测、安保人员加强值守。⑤按照瓦斯隧道标准改造隧道门禁系统,杜绝火源进洞。⑥制定瓦斯隧道安全管理制度和安全施工措施,及时为项目提供技术支撑。

(2)狮子坪隧道群

狮子坝大桥施工:施工图设计狮子坝大桥左右线位于狮子坪水库左岸斜坡,由于狮子坪便道也沿斜坡展线,狮子坝大桥桥墩位所处位置横坡较陡,部分桥墩位于便道上,加之施工便道,相互间干扰影响大;另外,该段坡面为崩坡积块石土,松散、厚度大,局部坡面出露基岩,岩体节理较发育,施工桥墩时不宜大面积开挖坡面,搭设施工平台,施工场地狭窄,况且不能利用机械冲孔,只能人工作业,施工安全风险大。同时横坡陡,坡体覆盖层为松散土层,外力影响坡体稳定,直接影响桥梁施工和施工安全,并存在安全风险。

据补勘报告揭示部分墩位覆盖层比原设计厚,桩基入土深度需加深,同时原设计桥墩均位于陡斜坡上(天然横坡45°~60°),为保证有效嵌岩深度,桩基长度需进一步加长,导致桩基长度普遍在30m以上,其中桩长大于40m的有2根,最大桩长51m,根据最新的地质资料显示,由于墩位横坡陡峻,无法摆放钻机平台,需采用人工挖孔施工,施工难度较大,并存在安全风险。

边坡防护难处治:狮子坪便道开挖与桥梁桩基存在部分交织,需要精细施工、严格控制、及时防护才能降低相互干扰,但在狮子坪便道的开挖中引发了大量边坡垮塌,尤其是狮子坝大桥左线3号、5号、7号、8号、9号墩和右线1号、3号、5号、6号墩附近的土质边坡,边坡开挖没有统筹考虑桥梁施工,边坡土体厚度大,垮塌严重,松散且高陡,1号崩坡积体边坡高度达70余米,边坡防护工程的实施非常困难。

(四)对沿线经济社会的影响

汶马高速公路具有"五个极其"的特点,即极其复杂的地形条件、极其复杂的地质条件、极其复杂的气候条件、极其脆弱的生态条件、极其复杂的工程建设环境,在项目建设过程中要着力解决长大纵坡、冰冻积雪、生态环境、地质灾害等建设难题。汶马高速公路的建成,能吸引投资,带动当地经济发展,并解决沿线地区经济作物销售中的运输问题,还能解决贫困人民就业问题,从根本上实现扶贫。远期,汶马高速还将成为四川省西向连接西藏,西北向连接青海、新疆,进而出境的通道,对四川省融入国家"一带一路"发展战略有重大意义。

汶马高速公路 C16 合同段狮子坪 2 号隧道出口 1

(五)项目特色

1. 合力攻坚,统筹安排——合署办公机制

公司积极按照藏区高速公司部署,率先在全省推行业主代表处与监理、监理试验室合署办公机制,工程建设管理工作由代表处按照公司要求统筹安排,实行同计划、同部署、同落实、同考核,充分激发和调动参建单位人员的工作积极性和主动性,形成攻坚合力,大大提高工作效率,有序有力地推动各项工作开展。

2. 目标明确,精细管理——标准化施工

自项目参建单位进场以后,公司就召开施工标准化工作动员会,明确提出项目标准化建设的总体目标,并重点抓好场站建设、施工工艺流程、工程实体质量等方面工作。对混凝土拌和站、构件预制场、钢筋加工场等场站建设,充分发挥集中施工、集中管理优势,实现混凝土集中拌制、构件集中预制、钢筋集中加工"三集中"目标。在项目沿线全面推行"首件工程认可制""样板工程推广制",并适当提高抽检标准,突出过程控制,加强质量检测考核,力求管理精细化。目前,该项目标准化施工工作已取得初步成效,受到省交投集团的充分肯定,并组织了系统内多家公司来交流学习。

3. 建设科研并举——科研任务

在藏区高速公司科研工作的统筹规划下,截至 2016 年底,汶马公司相继接受下达的科研任务有五项,分别为:

(1)基于大数据分析的智慧交通技术框架体系研究(藏区高速科技 2016-01);

(2）藏区高原梯度带高速公路气象灾害监测预警技术研究（藏区高速科技 2016-02）；

(3）强震崇岭区钢管混凝土组合桥梁推广应用支撑技术研究（藏区高速科技 2016-03）；

(4）高原梯度带高速公路潜在斜坡地质灾害评价研究（藏区高速科技 2016-09）；

(5）四川藏区高速公路重大地质灾害监测预警系统及应用示范研究（藏区高速科技 2016-10）。

五项科研共涉及研究经费预算约 482 万元。根据藏区高速公司对每项科研任务的指示，汶马公司严格按照有关招标程序，分别确定了一至四项科研任务的中标人，目前汶马公司已与四家科研单位签订了研究合同，并向四家单位支付了第一期科研预付款。"第五项"科研任务，目前汶马公司已委托厅咨询公司正在编写招标文件。

另外，汶马公司还参与了藏区高速公司西部课题"恶劣地质条件长大山区隧道施工安全风险防控与示范（藏区高速西部课题 2015318J29040）"在鹧鸪山隧道的示范及相关组织联系工作。由于汶马高速项目所处地形、地质、构造、气候等条件极其复杂恶劣，开展有关科研立项研究，并及时将研究成果用于指导工程建设，解决工程推进中存在的相关难题，确保产品全寿命周期内安全生产及使用，显得尤为重要。介于此，汶马公司积极按照藏区高速公司有关科研部署，建立了以主要领导亲自抓、安排专人负责、相关技术人员参与的科研团队，严格按照科研合同规定，结合工程实际，积极敦促各研究单位按时间节点完成相关任务。目前，各项科研工作进展情况基本可控。

五十、G4218 康定至叶城高速公路雅康段（在建）

（一）项目概况

G4218 康定至叶城高速公路雅康段即雅安至康定高速公路（以下简称"雅康高速公路"）连接雅安与康定、沟通内地与藏区，是国家高速公路网雅安至叶城（新疆喀什）国家高速公路的重要组成部分，是成都平原经济区、川南经济区和攀西经济区连接甘孜藏区进而通往西藏的重要通道。它不仅是一条穿越芦山地震灾区的生命大通道，更是一条进入藏区、辐射带动藏区的经济大动脉。雅康高速公路开工建设，将结束甘孜境内无高速公路的历史，对完善国家和四川省高速公路路网，改善民族地区和芦山地震灾区交通条件，构建川藏"经济走廊"、促进藏区经济社会跨越发展和长治久安，加快推进灾后恢复重建、建设幸福美丽新家园等具有重要意义。

雅康高速公路起于雅安市雨城区草坝镇，接乐雅高速公路，西经天全县、泸定县，止于康定城东，路线全长约 135km（其中雅安段 89km，甘孜段 46km）是目前全省乃至全国桥隧比最高、施工难度最大的高速公路之一。批复工期 5 年，于 2014 年 4 月 20 日正式开工，计划完工时间为 2019 年 4 月。

(二)项目前期工作

1. 项目审批

雅康高速公路项目前期审批情况见表4-76。

雅康高速公路项目前期审批情况表   表4-76

序号	要件名称	批复文件名称	批复文件号	批复时间
1	工可	四川省发展和改革委员会关于雅安至康定高速公路控制性工程(二郎山隧道)工程可行性研究报告的批复	川发改基础〔2011〕1694号	2011.12.8
1	工可	国家发展改革委关于四川省雅安至康定公路可行性研究报告的批复	发改基础〔2014〕230号	2014.1.29
2	初步设计	交通运输部关于雅安至康定公路初步设计的批复	交函公路〔2014〕216号	2014.4.9
2	初步设计	四川省交通运输厅关于雅安至康定高速公路控制性工程(二郎山隧道段)初步设计及概算文件的批复	川交函〔2012〕762号	2012.9.17
3	施工图设计	四川省交通运输厅关于雅安至康定高速公路雅安至大渡河桥东侧段及大渡河桥西侧至小天都隧道出口(K129+000)段施工图设计文件的批复	川交函〔2014〕570号	2014.10.21
3	施工图设计	四川省交通运输厅关于雅安至康定高速公路雅安至大渡河特大桥、东小天都隧道出口(K129+000)至止点段施工图设计文件及全线施工图预算的批复	川交函〔2015〕462号	2015.7.14
4	贷款承诺函	国家开发银行股份有限公司四川分行关于承诺雅安至康定高速公路二郎山隧道项目贷款的函		2011.11.3
5	选址意见书	建设项目选址意见书	选字第511800 201100038号	2011.11.2
6	矿产压覆	四川省国土资源厅关于雅安至康定高速公路推荐方案压覆矿产资源情况的复函	川国土资函〔2011〕235号	2011.3.1
7	地灾评估	四川省建设项目用地地质灾害危险性评估报告(一级评估)备案表	川国土资环备〔2010〕1936号	2010.10.8
8	水保	水利部关于雅安至康定高速公路水土保持方案的批复	水保函〔2013〕392号	2013.11.20
8	水保	四川省水利厅关于雅安至康定高速公路水土保持方案报告书的批复	川水函〔2011〕1818号	2011.11.24
9	节能评估	四川省发展和改革委员会关于雅安至康定高速公路节能审查的批复	川发改环资〔2011〕1596号	2011.11.21
10	用地预审	四川省国土资源厅关于雅安至康定高速公路工程用地预审意见的复函	川国土资函〔2011〕555号	2011.4.22
10	用地预审	国土资源部办公厅转送雅安至康定高速公路项目用地预审意见的函	国土资厅函〔2014〕43号	2014.1.14
11	环评	关于雅安至康定高速公路工程环境影响报告书的批复	川环审批〔2011〕548号	2011.12.5
12	行洪论证	四川省水利厅关于雅安至康定高速公路青衣江大桥工程行洪论证与河势稳定评价报告的批复	川水函〔2014〕414	2014.3.27

续上表

序号	要件名称	批复文件名称	批复文件号	批复时间
13	地震安评	四川省地震局关于对《雅安至康定高速公路工程场地地震安全性评价报告》的批复	川震审批〔2011〕294号	2010.9.13
14	文物勘察	关于《雅康高速公路建设工程文物考古调查勘探报告》的批复	川文物保函〔2014〕41号	2014.3.21

2. 项目招标情况

雅康高速公路采取工程总承包模式，由四川雅康高速公路有限责任公司（以下简称"雅康公司"）负责建设管理。2014年4～7月雅康公司正式启动了雅康高速公路路基土建工程施工、监理及监理试验室（不含路面、交安、绿化、房建、机电工程及先期招标的控制性工程二郎山隧道）的招标工作。

按照招投标法及省交通运输厅、省交投集团、藏区高速公司招投标管理办法的规定，雅康高速公路项目的招标文件（含补遗书）须经雅康公司招标工作委员会审议，再报藏区高速公司、省交投集团、雅安市或甘孜州交通运输局、省交通运输厅核备后，方可对外公开免费发布，确保招标文件中各项条款合法、合规、合理。

雅康高速公路项目的招标工作全面实行电子化招标，招标文件、补遗书、补充技术规范、招标图纸、招标工程量固化清单等招标资料采取电子化形式在规定网站发布，由投标人免费下载。在开标前，招标人不得以任何形式、方法掌握投标人信息，确保招标过程公开、公平、公正。招标过程中的开标、清标、评标工作均进入省公共资源交易服务中心进行，且由省交通运输厅、雅安市和甘孜州交通运输局、省交投集团、藏区高速公司监督人员进行全过程跟踪监督，确保评标过程公平、公正。

严格执行"两随机"[公司委派的清标人员每次招标清标时由招标委员会在公司纪检监督下随机抽取产生；公司委派的评标人员（招标人代表）每次招标评标时由招标委员会在公司纪检监督下随机抽取产生]，"三分离"[招标前期工作（招标文件编制、核备等）人员与清标评标工作分离；清标人员不得参与招标前期工作及评标工作，清标人员与招标前期工作及评标工作分离；评标人员不得参与清标工作，评标人员与清标工作分离]，"四全面"[严格执行核备程序，确保招标文件合法合理合规；严格执行电子化招标规定，确保招标过程公开、公平、公正；严格执行全过程监督规定，确保评标过程公平、公正；严格执行"三分离、两随机"工作机制，确保招标评标风险防控得到加强]的招标工作机制，克服了人手少、时间紧、任务重、程序多的困难。按照相关法律法规实行全过程备案、全过程监督，在省交通厅、雅安市交通局、甘孜州交通局、省交投集团以及藏区高速公司的监督指导下有序完成路基、路面、绿化、交安、房建、机电工程施工招标工作，实现业主源头责任零投诉，为项目工程建设加快推进打下了坚实基础。

3. 征地拆迁

雅康公司高度重视征地拆迁工作,成立以总经理为组长、各分管副总经理为副组长的征地拆迁专项领导小组,采取与地方政府委托协议的方式,确定4个区市县政府负责征地拆迁及施工协调。工作中充分利用沿线市州灾后重建优惠政策,坚持四个会议机制(联席会、现场办公会、专题协调会、设计回访会),在雅安市、甘孜州和沿线雨城区、天全县、泸定县、康定市党委政府高度重视和大力支持下,及时提供土地、拆迁房屋、环境协调,拆迁款支付及时,支持沿线群众合理合规参加工程劳务,为沿线群众修建永临施工便道10条共计47km,为工程建设提供了良好的环境保障。

(三)项目建设情况

雅康高速公路建设,面临安全、经济、生态、便捷等一系列重大技术、经济问题的挑战,具有工程建设极其困难、地形条件极其复杂、地质条件极其复杂、气候条件极其恶劣、生态环境极其脆弱等"五个极其"的鲜明特点。控制性工程二郎山特长隧道长13.4km,居全国在建隧道第二;泸定大渡河兴康特大桥主桥跨径达1100m,居全省第一。

雅康高速公路项目建设实行项目法人、工程招标、工程监理和合同管理四项制度。项目法人为四川雅康高速公有限责任公司。雅康公司于2013年12月成立,是四川藏区高速公路有限责任公司设立的全资子公司,具有独立法人资格,独立核算、自主经营、独立承担法律和经济责任,经营范围为投资与资产管理。内设综合办公室、工程建设部、安全生产办公室、资金财务部、技术合同部、党纪工作部,同时设立雅安代表处、天全代表处、泸定代表处负责工程现场管理。现有管理人员45人,其中:研究生10人,本科32人,专科3人;教授级高工2人、高级职称9人、中级职称22人、初级职称8人。

雅康高速公路全线按双向四车道高速公路技术标准建设,设计速度80km/h,路基宽24.5m。桥隧比高达82%,全线共有桥梁128座(其中特大桥6座,大中小桥122座);隧道27座(特长隧道10座,瓦斯隧道1座,中短隧道16座),互通式立交11处(其中2处枢纽互通),设9个收费站(3进3出6个、3进4出2个、4进6出1个),监控中心1个。项目概算总投资金额230.3亿元,资金来源主要为国家补助、省自有资金、国内银行贷款。其中资本金约184.24亿元,占比80%,其中车购税补助65.20亿元,省级财政资金26亿元,省交投集团代表省政府自筹资本金93.04亿元;其余20%由国内银行贷款46.06亿元解决。

1. 参建单位(合同段划分及参建单位)

全线共19家路基施工单位,合同段号C1-C19标;7家监理单位,标段号为JL1-7;6家监理试验室单位,标段号为JLS1-6,于2014年6月底前全部进场,9月初开始实质性施工。后期招标3家路面单位,标段号为LM1-3;6家绿化单位,标段号为LH1-6;6家房建单位,标段号为FJ1-6;3家路面、房建、交安、绿化监理单位,标段号为JL8-10;3家路面、房建、交安、绿化监理试验室单位,标段号为JLS8-10;3家交安单位,标段号为JA1-3;11家机电单位,标段号为JD1-11;1家机电监理单位,标段号为JL11;3家支座单位,标段号为Z1-3;3家伸缩缝单位,标段号为S1-3;1家猫道单位,标段号为MD;2家沥青单位,标段号为LQ1-2;1家钢桁梁单位,标段号为GL-1;1家水土保持监测单位,标段号为SBJC;1家水土保持监理单位,标段号为SBJL;3家交工验收质量检测单位,标段号为JGJC1-3。

2. 复杂工程技术

1)二郎山特长隧道

二郎山隧道位于四川省雅安市、甘孜州境内,是雅安至康定高速公路控制性工程之一。二郎山隧道左线长13459m、右线长13406m,于长河坝进洞,进洞高程1476m,于五里沟出洞,出洞高程1569m;隧道最大埋深1506m。隧道工程特点、难点及主要处置措施如下:

(1)控制性工程新二郎山特长隧道全长13459m,是全国通车及在建公路第4长公路隧道。

(2)全国公路隧道首次单掌子面独头掘进长度超过6500m,通风压力大。为有效解决洞内通风,业主、监理和项目部对巷道式通风方案进行了多次优化。

(3)世界第一条设计采用水力发电方式供应于隧道运营期间照明及通风的隧道。

(4)全国首次设计有抗震扩大段及交通转换带的隧道,为四川频繁发生的地震灾害预留抗震变形空间,保证隧道有效建筑限界。

(5)隧道设计异形断面复杂、支洞众多、多处设计有紧急停车带、抗震扩大段、交通转换带、喇叭形联络通道,地下风机房及水力发电室共设计主通道1条、联络通道16条、总长1112m,施工安全风险极大。

(6)位于Ⅷ度高烈度地震区,地质条件极其复杂、灾害众多,隧址穿越13条区域性断裂带,存在断层破碎带、岩爆、大变形等不良地质灾害。在不良地质地段,采用TSP、地质雷达、红外探水和水平钻孔钻探等相结合,超前探测前方不良地质段具体位置和范围,综合超前地质预报和监控量测及掌子面地质分析等资料,业主、设计、监理和施工单位制订合理施工方案,所有不良地质地段均安全度过。

(7)为有效保护二郎山生态环境和二郎山大熊猫栖息地自然保护区,斜井采用从主洞反向施工。

(8)出口端施工过程中埋深将近400m时即遇到中等—强烈岩爆,全国罕见。在业主的组织下,项目成立岩爆攻关小组,调整爆破支护参数,加强施工现场和一线工人的防护措施,平安度过岩爆地段,未发生一起安全事故。

(9)进口端600m范围内为瓦斯煤系地层,为低瓦斯设防段。在施工过程中按瓦斯隧道进行严格管理,机械设备为非防爆型,电气系统全部防爆,安全度过瓦斯设防段。

2)大渡河兴康特大桥

雅康高速公路C15合同段起止桩号为K97+405~K100+165,全长2.76km,主桥为泸定大渡河特大桥。本项目主桥为1100m单跨钢桁梁悬索桥,主缆分跨为(220+1100+253)m,成桥状态下中跨矢跨比为1/9,主缆横向中心距为27.0m,纵向吊索间距为10.0m。雅安岸采用隧道锚,康定岸采用重力锚;两岸索塔均采用门形塔,钢筋混凝土塔柱、波形钢腹板PC横梁,群桩基础。钢混叠合桥道系。两岸索塔处各设一对竖向支座、两对横向抗风支座和一对纵向阻尼装置,主桥两端各设一道RBQFG2000单元式多向变位梳形板伸缩装置。

两岸引桥均采用连续现浇桥梁,以适应两岸平曲线和局促场地的要求;雅安岸右线引桥采用3×34m箱梁桥、左线引桥采用3×30m箱梁桥,康定岸引桥为3×34m+3×34m两联箱梁桥。

(1)在高地震烈度区域内山区主塔深孔桩基挖孔施工安全防护

泸定大渡河特大桥主墩桩基桩径为2.8m,桩长达到60m,并且雅安岸的桩基均需要进行爆破施工,其施工难度大,风险高。

采取措施:预先制订光面爆破方案,并邀请爆破专家现场指导,及时调整爆破参数,减小对围岩的扰动。

(2)隧道锚为世界最长隧道锚,施工难度及风险大

隧道锚长159m,为世界第一,而桥址区位于三大断裂带交汇处,设计地震烈度达到Ⅷ级。在如此高烈度区域施作世界第一长隧道锚,其开挖角度达到38.8°,而且前锚室为变截面段,最大开挖断面达到282m^2,施作难度极大。

采用光面爆破施工工艺,经监测,隧道锚施工过程中开挖围岩的扰动范围为1.2~1.5m,最大限度地使围岩保持原有的应力和抗震能力,对工作的顺利开展起到极其重要的作用。

(3)重力锚基坑高边坡开挖,施工难度及风险大

重力锚所处位置地质情况复杂,并处于强地震区,而开挖最大坡高达81.4m,其施工难度和安全风险均较大。

采取措施:严格按照设计要求自上而下分层开挖,及时防护,加强观测。

(4)锚固系统钢拉杆精确定位施工难度大

该桥的隧道式锚碇与重力式锚碇的锚固系统均采用高强拉杆锚固系统,其由索股锚固系统和钢拉杆系统组成。钢拉杆直径为87mm,每延米质量达到46.7kg,拉杆定位施工难度极大,特别是隧道锚施工空间狭小,且在大斜坡面上。

采取措施:隧道锚钢拉杆安装采取整体安装完成187根钢拉杆后再分层浇筑混凝土,并在混凝土浇筑前后对钢拉杆位置进行复测,保证钢拉杆安装精度在±5mm之内。

(5)山区复杂风场条件下的悬索桥上部施工,其难度及风险大

泸定大渡河特大桥上部结构施工周期在一年以上,将历经整个风期,而桥区风场复杂,紊流明显,瞬时最大风速达到32.6m/s。如何保证在大风环境下上部结构(主索鞍吊装、猫道架设、索股牵引、吊索索夹安装、钢桁梁安装等)施工的安全,是施工控制的一大难点。

采取措施:将对缆索吊装及猫道架设采用BIM设计,在设计过程中对悬索吊装方案进行优化,同时建议施工单位采用全自动无线视频监控系统对整个施工现场进行监测,及时避开不利气象因素。

(6)全桥大体积混凝土浇筑部位多、浇筑质量控制难度大

大渡河特大桥承台、重力式锚碇、隧道锚、主塔塔基均为大体积混凝土。混凝土浇筑方量大,浇筑质量控制难度大。

采取措施:预先编制详细的温控方案,采用全自动温控数据采集系统对大体积混凝土内表温度进行监控,严格控制拆模时的内外温差,采取保温保湿措施,防止混凝土因内外温差过大开裂。

康定大杠山施工便道(作者:江宏景)

泸定县大渡河兴康特大桥全景(作者:谢冶民)

雅康高速公路天全猫子岩特大桥（作者：何婧）

五十一、G8513 平凉至绵阳高速公路九绵段（在建）

（一）项目简介

G8513 平凉至绵阳高速公路九绵段即绵阳至九寨沟高速公路（以下简称"绵九高速公路"）是《国家公路网规划（2013 年—2030 年）》银川至昆明高速公路（G85）平凉至绵阳联络线（G8513）的重要路段，也是《四川省高速公路网（2014—2030 年）》成都经绵阳、九寨沟至甘肃放射线的重要部分。项目北接拟建的平凉至绵阳高速公路甘肃陇南段，南连已建的京昆高速公路广元至绵阳段和成渝地区环线绵阳至遂宁段，构成甘川两省又一条便捷的省际公路运输大通道，在国家和四川省公路网中居重要地位。平凉至绵阳高速公路（G8513）是《长江经济带综合立体交通走廊规划》（2014—2020 年）中公路建设重点项目之一。路线全长 244.026km（含跨省界的回龙隧道甘肃境段约 0.7km），起于九寨沟县郭元乡青龙桥（甘川界）附近，与 G8513 甘肃省高速公路网规划的两水至青龙桥高速公路顺接，经双河、平武、桂溪、江油，止于绵阳市游仙区东林乡张家坪，和已建京昆高速公路广元至绵阳段枢纽互通。九绵高速公路项目控制性工程白马隧道于 2016 年 5 月开工建设。

（二）项目前期工作

1. 项目审批情况

（1）2016 年 9 月 30 日，获得国家发展改革委《关于四川省九寨沟（甘川界）至绵阳公路可行性研究报告的批复》。

（2）2017 年 5 月 3 日，初步设计文件获得交通运输部批复。

（3）2017 年 6 月 2 日，施工图设计获得四川省交通运输厅批复《关于四川省九寨沟（甘川界）至绵阳施工图设计的批复》。

(4) 其他要件见表4-77。

项目审批情况其他要件表　　　　　　表4-77

序号	内　　容	审批单位	审批日期	审批文号
1	环境影响评价批复	四川省环境保护厅	2016.7.11	川环审批〔2016〕172号
2	建设项目用地预审意见的复函	国土资源部	2016.6.29	国土资预审字〔2016〕82号
3	建设项目选址意见书	四川省住房和城乡建设厅	2016.6.6	
4	社会稳定风险评估的批复	绵阳市人民政府、阿坝州人民政府	2016.7.15	绵府函〔2016〕98号阿府函〔2016〕65号
5	节能评估	国家发展和改革委	2016.9.15	发改办环资〔2016〕1972号

2．招投标情况

按照国家相关规定，该项目已开展的招投标工作有：初步勘察设计、施工图勘察设计、勘察设计监理、控制性工程黄土梁隧道土建工程施工、施工监理、监理试验室等。

(1) 勘察设计招标：初步设计于2011年3月进行公开招标，确定初步设计及设计监理中标单位7家。施工图设计于2016年1月进行公开招标（其中控制性工程施工图招标于2013年完成），确定施工图设计及地勘监理中标单位9家。

(2) 控制性工程土建招标：控制性工程于2015年12月进行了公开招标，确定土建施工中标单位2家、监理中标单位1家、监理试验室中标单位1家。

(3) 全线土建招标：全线土建工程于2017年6月12日进行公开招标，确定监理中标单位9家、监理试验室中标单位8家。路基土建工程施工招标将于8月28日开标。

3．征地拆迁

(1) 工作及范围

沿线经过绵阳市〔平武县、北川县、江油市、游仙区共4个市（区、县）〕、阿坝藏族羌族自治州九寨沟县。共计2个市、5个县（区）。

(2) 主要内容

①永久占地界内房屋等各种构造物的搬迁；

②永久占地内附着物的拆除；

③办理土地确权和国有土地使用权证；

④放线埋桩、实物调查；

⑤征拆相关工作费用的兑付。

(3) 遵循的政策法规

①《中华人民共和国土地管理法》；

②《中华人民共和国土地管理法实施条例》；

③四川省《中华人民共和国土地管理法》实施办法；

④《关于进一步做好征地征地拆迁补偿安置工作的紧急通知》。

（4）主要做法

绵阳市境内拆迁工作主要由绵阳市政府负责。作为征地拆迁的工作主体，绵阳市政府组织成立了市、县（区）两级专门的征地拆迁及地方协调机构，明确了各级负责人、相关工作组及工作人员。由市政府分管副市长担任组长，由各县分管领导具体负责本县段的征拆拆迁与协调工作，形成了在市政府领导下的专门负责征地拆迁工作的领导体系和专门机构。为落实政策、落实地方工作、落实人口安置、落实征地拆迁提供了组织保证。

阿坝州境内采取了阿坝州协调指挥办负责拆迁工作，绵九公司承担拆迁费用的方式。绵九公司内部设置了综合处，负责在征地拆迁问题上与阿坝州政府进行协调。

（三）项目建设情况

项目位于四川省北部至甘肃境一带，区域上整体以黄土梁为界，南北低、中部高。海拔以中部黄土梁最高，为3500m，线路终点绵阳市一带海拔最低，为500m。区内地貌整体呈中山—高中山地貌，沟谷地貌发育，地形切割强烈，切割深度一般为500~2000m，山坡较陡，平均坡度为30°~50°。受地质构造的控制，河流多顺构造线发育、展布，涪江、白水江水系的分水岭脊线作北东—南西向延伸，两侧河谷向源侵蚀作用甚强，沟谷源头皆达到分水岭山脊附近，致使分水岭山体狭长单薄，因而河谷阶地分布零星，面积狭小，通常只有一至二级阶地，以一级阶地较为普遍，主要分布在河流下游谷地中。

按照交通运输部部颁《公路工程技术标准》（JTG B01—2014），全线采用双向四车道高速公路技术标准建设，设计速度80km，路基宽25.5m。

工可批复：桥梁总长199座89136.5m，隧道总长42座92242.5m，桥隧比74.84%，服务区4处，停车区2处；总投资估算410.09亿元（静态投资382亿元，建设期贷款利息28.09亿元），平均每公里造价1.69亿元。项目资金由国家车购税补助、企业自有资金、银行贷款组成。

施工图设计批复情况：路线全长244.026km，桥梁130座78km，隧道42座121km，其中特大桥28座、特长隧道16座，桥隧占比约81.5%，共设置枢纽互通式立交2处，一般互通式立交15处，服务区5处，停车区1处，涵洞、通道144道，分离式立交（含天桥）17处，施工图设计批复的预算409.797亿元，平均每公里1.68亿元，项目建设工期6年。

项目法人单位为四川绵九高速公路有限责任公司，由四川高速公路建设开发总公司和绵阳市政府共同出资组建。

1. 参建单位（合同段划分）

根据各专业的工程内容划分标段如下。

①初步勘察设计阶段标段划分7个标段，初步勘察设计4个标段，初步勘察设计监理3个标段。

②施工图勘察设计阶段标段划分9个标段,施工图勘察设计6个标段,施工图地质勘察监理3个标段。

③控制性工程施工阶段标段划分为4个标段,土建施工2个标段,监理1个标段,监理试验室1个标段。

A. 初步勘察设计阶段单位

a. 初步勘察设计单位:江西省交通设计院有限公司、中交第一公路勘察设计研究院有限公司、中国公路工程咨询集团有限公司(中标2个标段)。

b. 初步勘察设计监理单位:北京中交京华公路工程技术有限公司、华杰工程咨询有限公司、招商局重庆交通科研设计院。

B. 施工图勘察设计阶段单位

a. 施工图勘察设计单位:四川省交通运输厅公路规划勘察设计院(中标2个标段)、中交第一公路勘察设计研究院有限公司、中国公路工程咨询集团有限公司(中标2个标段)、江西省交通设计院有限公司。

b. 施工图地勘监理单位:中交第一公路勘察设计研究院有限公司、四川煤田地质一三七总公司、西安中交公路岩土工程有限责任公司。

C. 控制性工程施工阶段单位

a. 控制性工程施工单位:中铁一局集团有限公司、四川川交路桥有限责任公司。

b. 控制性工程监理单位:四川省公路工程监理事务所。

c. 控制性工程监理试验室单位:四川华腾公路试验检测有限责任公司。

D. 项目全线施工阶段

a. 路基土建工程监理单位:JL2 广东翔飞公路工程监理有限公司、JL3 育才-布朗交通监理咨询有限公司、JL4 广东华路交通科技有限公司、JL5 武汉市公路工程咨询监理公司、JL6 海南交通建设咨询有限公司、JL7 合诚工程咨询集团股份有限公司、JL8 山东东泰工程咨询有限公司、JL9 北京华路捷公路工程技术咨询有限公司、JL10 四川正信工程监理咨询有限公司。

b. 路基土建工程监理单位:SY2 上海同济检测技术有限公司、SY3 四川华新工程试验检测有限公司、SY5 长沙理工大公路工程试验检测中心、SY6 辽宁同益公路试验检测有限公司、SY7 四川精益道桥试验检测有限责任公司、SY8 绵阳市川正建设工程试验检测有限公司、SY9 太原市华宝通试验检测有限公司、SY10 四川齐明建设工程检测咨询有限公司。

2. 复杂技术工程

复杂技术工程主要为控制性工程白马隧道。控制性工程起于九寨沟县勿角乡浦南桥村,设浦南大桥,经白马隧道(原设计黄土梁隧道)进入平武白马藏族乡亚者造祖村,设白马河大桥,止于祥述家,路线全长15.66km(其中九寨沟县6.71km,平武县8.95km);白马隧道进口海拔高程2166m,出口海拔2325m,左线长13km,右线长13.013km;九寨沟端设斜井1处(长1248m)、绵阳端设竖井1处(长333m),隧道最大埋深1105m,隧道总弃渣300余万m^3,工程量巨大。省交通运输厅批复概算投资36.72亿元。

项目技术难点主要表现如下。

(1)C1标段

①便道纵坡度大、运输难。C1标段便道长4.193km,均为土质路基,常年受水冲刷严重,容易出现上边坡滑坡,且便道纵坡度大,最大坡度达11.5%。隧址区每年10月至次年4月为积雪期,路面极易结冰,材料、设备等运输较困难。

②隧道长,通风、运输管理难度大。白马隧道进口掘进距离长(7km),通风及施工组织管理难度大。斜井辅助主洞施工,人员及设备组织要求高。

③地质情况复杂、围岩级别变化快,施工技术难度大。白马隧道为超特长隧道,地质情况复杂多变,不良地质较多,隧道穿越不良地质主要有岩溶、涌突水、高地应力、中等—强烈等级的大变形地段和岩爆等,因此隧道的涌水、岩溶、高地应力、岩爆和大变形段的处治都是本项目的重点和技术难点。

(2)C2标段

①构造断裂带。刀切加—胡家磨断裂F5及其支断裂F6,该断裂北起火溪河上游刀切加,向南经胡家磨沟口,在右岸山体内延伸至岩窝沟下游一带消失,破碎带宽数0～30m,主要由破碎岩、片岩及断层糜棱岩组成,在祥术加附件断裂的北东盘为炭质板岩夹煤层,靠近断面处的地层产状为走向南北,倾向东,出露有约5m宽的挤压破碎带,内有一组走向北北西,倾北东的小断层。

黄土梁断裂,该断层穿越黄土梁,北起火溪河上游王朗,走向N60·W,南经黄土梁后折向东经跌不寨在草河坝汇入南岸—甲午池—文县沟断裂。该断裂北西段为逆断层,破碎带宽度约10～200m,主要有碎砾岩、片岩组成。

②地热。根据钻孔地温测试,R87(K43+982.55)洞轴附近地温为28.8℃,高于28℃,隧道施工时可能存在有高地热的危害。

③岩爆。白马隧道洞身岩性主要为花岗斑岩、板岩夹砂岩及炭质板岩。花岗斑岩岩石极限抗压强度一般为70MPa,属坚硬岩,弱风化,满足岩爆发生的条件。根据地质钻探资料预测,左线K41+400～K42+130段、右线YK41+350～YK42+060段,可能发生的岩爆等级为轻微—中等。

④隧道大变形段落。根据构造断裂带位置,现场围岩地质条件和隧道埋深情况对大变形段落进行预测,K42+130～K42+700(YK42+060～YK42+630)、K43+200～K45+650(YK43+130～YK45+620)、K46+400～K46+975(YK46+370～YK46+858)段存在中等—强烈大变形。

(四)项目建设的意义及对沿线经济社会发展产生的影响

本项目是畅通北向通道,沟通四川藏区、川甘之间的重要公路通道,对于改善大西南与大西北地区的交通与经济、加强成都主枢纽和重要节点城市绵阳联络、完善综合交通枢纽体系具有重要作用。项目的实施对于帮助沿线羌族、藏族少数民族群众脱贫致富,维护藏区稳定和民族团结、巩固国防具有十分重要的意义。

第二节 省高速公路网

一、S1成巴万高速公路成绵复线段

(一)项目简介

S1成巴万高速公路成都至绵阳高速公路复线(以下简称"成绵复线")是四川省高速公路网规划的成都至什邡至绵阳联络线,是成绵高速公路的必要补充,是国家高速公路网成渝环线组成部分。路线起于成彭高速公路K18+114.23处,经新都、彭州、什邡、绵竹、旌阳、罗江、安县、绵阳高新区,止于绵阳磨家镇,连接成绵广高速公路,与绵广、成绵、绵阳高速公路形成枢纽互通,全长86.191km。是成都经济圈、成德绵高新技术产业和现代制造业基地及成渝经济走廊的重要联络线。2010年1月18日开工建设,2012年5月10日建成通车投入试运营。

成绵复线鸟瞰图

(二)项目前期工作

1. 项目审批

2008年,四川省发展和改革委员会下发《关于成都至绵阳高速公路复线项目核准的批复》《关于变更成都至绵阳高速公路复线项目业主和招标组织形式的批复》，批准项目建设。

2009年，获四川省交通运输厅《关于成都至绵阳高速公路复线初步设计的批复》；同年，获四川省交通运输厅《关于成都至绵阳高速公路复线施工图设计的批复》。

2. 招投标情况

成绵复线是四川省人民政府委托成都市、德阳市、绵阳市人民政府公开招标，确定投资人为四川公路桥梁建设集团有限公司（以下简称"四川路桥公司"）。中标后，四川路桥公司严格按照基本建设程序报批项目。2009年12月，完成成绵复线项目和环评、水保、用地、工可、初设、施设、质量安全监督、施工许可等报批手续。根据国家相关法律法规，完成勘察设计、施工、监理和试验检测等类别公开招标，与中标单位签订合同文件，并及时报行业主管部门及上级主管部门核备。

3. 征地拆迁

四川省国土资源厅用地预审批复成绵复线拟用地总面积644公顷；报国土资源部批复建设用地473.7113公顷。四川省交通运输厅批复土地征用及拆迁补偿费初步设计概算11.08亿元；两阶段施工图设计土地征用及拆迁补偿费预算12.16亿元。

成绵复线沿线地下结构物较多，地表灌溉水系及道路交通网复杂，跨越水体较多，涉及居民拆迁安置量较大。四川成德绵高速公路开发有限公司（以下简称"成德绵公司"）作为项目业主设立综合处专职负责征地拆迁工作，积极与沿线各级地方政府协调沟通。沿线各级地方政府作为成绵高速公路复线征地拆迁工作主体，各地交通运输局、国土资源局或征地拆迁协调领导小组负责具体征地拆迁、协调工作。

（三）项目建设情况

成绵复线位于四川平原北部，西起龙门山脉东麓，东至龙泉山西侧。地势西北高，东南低。区内最高海拔680m，位于绵竹市广济镇，最低海拔433m，位于沱江狮子沱。项目跨越两个大地貌单元，西南方向为成都冲积扇平原区，东北方向为浅丘区。

全线按双向四车道高速公路技术标准建设，设计速度100km/h，整体式路基宽24.5m，分离式路基宽12.25m，桥涵与路基同宽，沥青混凝土路面，桥涵设计汽车荷载采用公路—Ⅰ级。全线设桥梁166座16136.41m（特大桥2座2885.6m，大中桥64座11129.4m，小桥100座2121.41m），涵洞511座，桥隧比17.5%。路基土石方1497万m^3。互通式立交12处（成彭枢纽互通、汉彭大件路互通、彭州马牧河互通、什邡四平互通、什邡两路口互通、绵竹新市互通、绵竹德绵互通、绵竹隆兴场互通、安县宝林互通、罗江金山互通、绵阳科技城互通、成绵磨家枢纽互通），分离式立交17处，收费站10个（彭州收费站、马牧河收费站、什邡西收费站、什邡北收费站、新市收费站、绵竹收费站、什地收费站、宝林收费站、金山收费站、绵阳高新区收费站),服务区2个(彭州服务区、绵竹停车区),停车区1个(安县服务区)。

成绵复线以BOT模式建设,批复概算投资56.49亿元,其中业主自筹25%,商业银行贷款75%。

四川路桥公司组建成德绵公司,负责成绵复线投资建设及管理运营工作,周勇任总经理,邢晋川任党委书记。

成绵复线勘察设计单位为四川省交通运输厅公路规划勘察设计研究院。建设单位有四川路桥公司、中交第三公路工程局有限公司、四川京川公路工程(集团)有限公司等。监理单位有四川公路工程咨询监理公司、中公交通监理咨询河南有限公司、四川省公路工程咨询监理事务所等。

成绵复线宝林收费站

成绵复线彭州服务区

建设过程中,成德绵公司严格按照质量、工期、安全、投资资金、廉政建设"五大要素"推进项目实施,尤其注重线路沿线环境保护:一是进行生态防护,恢复自然植被;二是在高路堤、深挖路堑、弃土场、料场等做专项水保设计方案;三是对全线桥涵水系进行详细调查,对设计不合理的桥梁、涵洞等作移位、合并、增加、调整,对原有农田水力灌溉系统做相应保护;四是在边坡设置截水沟、急流槽等临时排水工程,减少水土流失。

(四)项目建设的意义及对沿线经济社会发展产生的影响

成绵复线跨越成都、德阳、绵阳三市八县,是唯一穿越"5·12"地震极重灾区彭州、什邡、绵竹、安县、罗江、北川、绵阳等地的高速公路,缓解了成绵高速公路交通压力,改善了成德绵地区对外交通条件,对"5·12"地震灾区灾后重建和改善区域经济发展有重要推动工作。

二、S1成巴万高速公路绵阳绕城段南环线

(一)项目概况

绵阳绕城高速公路南环线是《四川省十三城市过境公路布局规划》中绵阳市绕城高速公路(由绵广高速公路、绵遂高速公路绵阳段和绵阳绕城高速公路南环线三条高速公路构成)重要组成部分,属《四川省高速公路网规划》项目,是绵阳市交通灾后恢复重建工程,是绵阳市构建区域性综合交通枢纽重要工程之一,纳入省政府(2010—2012年)交通重点项目三年集中建设攻坚活动监管。路线起于G5成绵高速公路K89+095处,经绵阳市高新区磨家,涪城区新皂、吴家、杨家、关帝、丰谷,三台县永明镇,通过新建磨家枢纽互通与成绵高速公路完成交通量转换,与成绵高速公路终点磨家顺接,以十字枢纽互通与成绵高速复线连接;与省道205、绵中路、绵盐路和宝成铁路、成绵乐客运专线交叉互通,全长33.54km。2011年5月1日开工建设,2014年12月29日建成通车。

建成通车后的绵阳绕城高速公路南环线

(二)项目前期工作

1. 项目审批

2009年12月,省交通运输厅、省发展和改革委员会分别批复项目预可行性研究报告。2010年6月,省交通运输厅、省发展和改革委员会分别批复项目可行性研究报告,批准立项。在可行性研究阶段,同步完成环评、水保、用地预审、规划选址、地震安全、通航论证等大量专题研究工作,取得省行政主管单位审批手续。在开展工程可研和各专题研究同时,项目业主单位委托甲级设计单位超前开展工程勘察设计工作,积极争取省交通运输厅支持,在批准立项后一个月,取得省交通运输厅对项目初步设计和概算的批复。2011年4月,办理项目质量安全监督手续,由绵阳市交通建设工程质监站实施该项目质量安全监督工作。

2. 招投标情况

根据省发展和改革委员会立项批复要求,项目业主单位于2010年7月5日在四川日报网以公开比选招标方式确定北京中交建设工程招标有限公司为绵阳绕城高速公路南环线招标代理机构。

2010年10月11日,分别在中国采购与招标网、四川省交通运输厅网站、绵阳市交通运输局网站发布招标公告。路基及结构土建工程共分7个标段,投标人共117家;监理招标设1个标段,投标单位共11家;监理试验室招标设1个标段,投标单位共8家。路基施工标段招标限价共计73400万元,中标价共计65837万元,全线平均降幅10.3%,中交第一公路工程局、四川路桥等大型施工企业等7家路基施工单位中标。

2013年4月2日,在中国采购与招标网和四川省交通运输厅网站发布绵阳绕城高速南环线路面工程、沥青采购招标公告;5月13日,确定中标单位。

2013年5月16日,在中国采购与招标网和四川省交通运输厅网站发布绵阳绕城高速南环线绿化工程招标公告;6月21日,确定中标单位。

2013年7月26日,在四川省公共资源交易信息网和交通运输厅网站发布绵阳绕城高速公路南环线机电工程、机电监理、交安工程、房建工程招标公告;8月27日,召开绵阳绕城高速公路南环线交安工程、房建工程招标开标大会;9月9日,确定机电、机电监理、房建的中标单位;11月15日,确定交安中标单位。

3. 征地拆迁

项目用地(市辖区部分)涉及高新区磨家镇、涪城区新皂镇、吴家镇、杨家镇、关帝镇、丰谷镇共6个镇、24个村、63个社的集体农用地177.3951公顷,其中耕地91.7887公顷。经四川省国土资源厅批复同意对项目用地实行边建设边报批。征地拆迁补偿安置工作于

2010年12月启动,2012年3月底前对用地范围内的青苗及地上附着物按相关号文件要求的标准据实补偿到位。

（三）项目建设情况

绵阳绕城高速公路南环线位于四川盆地西北部,涪江中上游地带。绵阳市山区占61.0%,丘陵区占20.4%,平坝区占18.6%。地势为西北部高,东南部低,地形起伏很大。西北部面对四川盆地的首列山脉为东北西南向的龙门山脉,海拔1000m至3000多米;其西面的岷山山脉和北面的摩天岭山脉,海拔多在3000m以上。最高点为平武县与松潘县接壤的岷山山脉第二峰(松潘县境雪宝顶之东南侧峰),海拔高达5440m。东南部属四川盆地盆中丘陵,一般海拔400~600m,最低点位于三台县建中乡郪江河谷的短沟口,海拔307.2m。市境最高点与最低点高差达5092.8m。项目沿线存在软土、高液限土、膨胀土等特殊岩土,边坡砂泥岩互层情况普遍,部分山体覆盖层厚,基岩埋藏深,基岩面陡,加上汶川地震对地质的深层影响,地质条件进一步复杂,容易发生地质灾害。

全线按双向四车道高速公路技术标准建设,设计速度80km/h,路基宽24.5m,桥涵与路基同宽,沥青混凝土路面,桥涵设计汽车荷载采用公路—Ⅰ级。全线设置大桥、特大桥7座3706.12延米,其中特大桥1座2218.53m,大桥6座1487.59延米,桥梁比10%,地震基本烈度为Ⅶ度。设磨家、杨家、丰谷、永明4处互通式立交(其中枢纽互通2处);设B类服务区1处,包含综合楼2栋,汽车维修车间2个,加油站站房2个,加油、加气棚各2个,水泵房2个,变电所2座以及污水处理、油罐等附属设施。

建成后的绵阳南服务区

项目由绵阳市交通建设有限责任公司实施项目建设,并委托绵阳市重点公路建设指挥部办公室全面实施项目建设管理工作。项目概算总投资18.87亿元,其中自筹资金25%,其余资金申请银行贷款解决。

(四)项目建设的意义及对沿线经济社会发展产生的影响

绵阳绕城高速公路南环线建成后与成绵广高速公路和绵遂高速公路共同组成约91.5km绵阳绕城高速公路环线,有效缓解绵阳市过境交通压力,拓展城市发展空间,促进市区外围经济组团的开发建设,增强绵阳中心城市对周边地区的经济辐射带动作用,对构建绵阳区域性综合交通枢纽,推动区域经济社会快速发展等具有十分重要的作用。

(五)项目特色

创新措施多管齐下——建生态环保、安全抗震高速公路

绵阳绕城高速公路南环线地处低山丘陵区,坚持填挖平衡原则,减少路基弃方,对有限的弃土场进行复绿防护。清表土方集中堆放,后期用于边坡绿化和弃土场复绿。涪江左岸地面线较平坦,必须借方,项目组进行被交道的上跨下穿比较,选择填方较低的方案,并利用终点互通内的丘陵集中取土,改善互通线形的同时,避免增加占地。项目跨河桥梁设置集中排水设施,将桥面水引入岸边的油水分离池和沉淀池,避免桥面水直接排入河中。沿线森林覆盖率高,植被良好,水土流失少。在设计中考虑公路与沿线环境协调的主要环境敏感要素,包括移民拆迁安置、基本农田保护、景观协调、水土流失、噪声污染等。针对以上环境敏感因素,设计中采取的主要环境保护对策为:在选线过程中尽量避开居民密集区、基本农田保护区、不良地质地段等;对路线穿过不能避让居民密集区、基本农田保护区,尽量采取措施少拆迁、少占地,设置必要的隔声设施减少噪声污染;路线穿过不良地质地段时,做好不良地质地段的防护措施,避免诱发不良地质灾害发生;对路基填挖边坡,优先采用生物防护措施,使公路景观与原有地形、地貌融为一体。路基取、弃土场使用完毕后,认真做好复垦或绿化,避免造成水土流失。本项目环境保护设计主要内容有:总体设计中环境保护分项设计、水土保持设计、生物防护技术设计、景观绿化设计、新技术应用等。

业主在组织设计人员参观汶川地震破坏桥梁、实地了解地震破坏机理的同时,根据新的抗震设计细则,强化抗震计算,加强抗震构造措施设计,增加构件的延性,优化横桥向和顺桥向挡块设计等。

从"生态环保公路"的理念出发,项目结合沿线景点进行服务区和环保景观设计,同时采用多功能服务区,使公路更好地为地方服务。结合项目地质特点,局部运用陡坡高填路堤加固新方案、轻质土和H形抗滑桩,起到收坡和加固的作用。结合汶川地震的破坏实例,加强桥梁抗震设计。涪江特大桥与水利枢纽距离较近,两者共同规划设计。

设计成果对今后高速公路乃至高等级公路建设具有指导和借鉴价值,有着十分广泛的应用前景。

三、S2 成南巴高速公路成德南段

(一)项目简介

S2 成南巴高速公路成德南段是成都至德阳至南充高速公路(以下简称"成德南高速公路"),是四川省规划的"16、5、5"网(16 条成都引入线、5 条南北纵向路线、5 条东西横向路线和 8 条联络线)布局方案中成都引入线二线"成都—南江—陕西"公路重要组成路段。路线起于成都绕城高速公路螺狮坝立交,经成都市青白江区、金堂县,德阳市中江县,遂宁市射洪县,绵阳市三台县、盐亭县,南充市西充县,止于广南、巴南高速公路李桥枢纽互通式立交,全长 193.791km,其中新建段长 178.3km,与成南高速公路共线 16km。2009 年 12 月开工建设,2013 年 1 月 20 日建成通车。

(二)项目前期工作

1. 项目审批

项目建设严格遵守基本建设程序,建设前期项目立项、设计、环评、水保以及施工许可等各项手续完备(详见表 4-78)。

成德南高速公路项目审批表　　　　表 4-78

项　　目	批　准　部　门
工程可行性研究报告的批复	四川省发展和改革委员会
初步设计的批复	四川省交通运输厅
施工图设计的批复	四川省交通运输厅
环境影响报告书的批复	四川省环境保护局
水土保持报告书的批复	四川省水利厅
地灾备案登记表的批复	四川省国土资源厅
通航论证的批复	四川省交通运输厅船务管理局、绵阳市交通航务管理处
建设用地预审的批复	四川省国土资源厅
先行用地的批复	四川省国土资源厅

2. 招投标情况

经省交通运输厅批准,项目由川高公司负责组织项目工程勘察设计及后续服务招标工作。勘察设计招标采用资格后审,双信封最低评标法,分为三类共 6 标段,其中主体工程初步勘察设计 1 个标段,主体工程施工图勘察设计按项目所经市的行政区域划分为 4 个标段,交通工程初步勘察设计和施工图勘察设计 1 个标段。招标过程按照合法、公开、公平、公正、科学、择优的原则,于 2009 年 4 月 30 日发布招标公告启动招标程序,6 月 16～26 日完成评标、公示及定标工作,确定最终中标单位。

3. 征地拆迁

项目征用土地 1059.2 公顷，拆迁房屋 3172 户，沿线涉及迁改的杆管线 129km，大型杆管线拆迁 30 处。拆迁过程中严格执行合同，会同地方协调办到现场协调、现场办公，解决施工单位临时用地、取土场、弃土场等问题，对协调难度大、周边环境复杂的合同段，会同地方政府积极向上级领导部门汇报，同时派遣协调员及督导组进驻现场，加大协调力度，顺利完成征地拆迁。

（三）项目建设情况

成德南高速公路沿线属低山丘陵地貌，地形起伏频繁，跨越梓江、涪江、沱江。

全线按双向四车道高速公路技术标准建设，设计速度 80km/h，路基宽 24.5m，沥青混凝土路面。全线桥隧里程 33.385km，其中特大桥 3 座 3171 延米、大中桥 127 座 24340 延米、小桥 25 座 629 延米，分离式隧道 3 座 10168 延米、连拱隧道 3 座 2264 延米、涵洞及通道 668 道，天桥、渡槽 93 座，桥隧比 19%。路基土石方 5966 万 m^3，排水及防护工程 108 万 m^3，沥青混凝土路面 539 万 m^3。互通式立交 15 处（李桥、槐树、八角、盐亭、共和、三台东、三台、古井、中江、兴隆、赵家、金堂、青白江、福洪等），服务区 4 对，停车区 1 对。

成德南高速公路金堂收费站

项目估算总投资 111.8 亿元，初步设计概算 111.2 亿元，施工图预算 110.81 亿元，项目建设总投资 75% 采用国内银行贷款方式筹集，贷款期为 3 年，其余 25% 为自筹资本金。

川高公司作为建设实施主体，组建四川成德南高速公路有限责任公司（以下简称"成德南公司"）负责项目投资、建设和运营管理。勘察设计单位为四川省交通运输厅公路规划勘察设计研究院、华杰工程咨询有限公司、中国公路工程咨询集团有限公司；施工单位为江西省交通工程集团公司、北京城建远东建设投资集团有限公司、成都市路桥工程股份有限公司、四川路航建设工程有限责任公司、中交第三公路工程局有限公司、中铁十五局集团第六工程有限公司等；监理、试验检测单位为重庆育才工程咨询监理有限公司、育才-布朗交通咨询监理有限公司、海南交通工程监理公司、山东格瑞特监理咨询有限公司、北京华路捷公路工程技术咨询有限公司、四川金通工程试验检测有限公司、中铁西南科学研究院有限公司等。

（四）项目建设对沿线经济社会发展产生的影响

成德南高速公路作为连通川西、川中、川东北的高速公路大动脉，对进一步完善全省高速公路网布局，支撑西部综合交通枢纽建设，促进沿线资源整合开发和地方经济社会可持续发展，提高沿线地区城市化水平，加强成德绵经济拓展区、川东北经济区与成都城市群的经济社会联系具有重要意义。

（五）项目特色

1. 技术创新——沥青路面新型抗裂防水封层开发与应用研究

针对目前国内高速公路半刚性基层沥青路面乳化沥青稀浆封层做下封层和桥面防水涂料的防水和抗裂（抗割破）性能不理想，以及半刚性基层沥青路面下封层和桥面防水层缺乏施工质量检测、评价与验收标准等现状，结合成德南高速公路工程建设实际，项目研究开发一种新型抗裂防水封层作为半刚性基层沥青路面的下封层和桥面铺装防水层，以达到拟制反射裂缝出现、保证层间黏结、延长半刚性基层沥青路面的使用寿命和提高桥面铺装的防水功能等目的。研究内容有新型抗裂防水封层的材料要求与组成设计标准；新型抗裂防水封层与半刚性基层、沥青面层、水泥混凝土桥面板之间层间黏结能力评价；新型抗裂防水封层抗开裂能力与防水评价研究；新型抗裂防水封层的施工工艺与质量验收标准。

2. 三台涪江特大桥

三台涪江特大桥的施工技术特点如下。

（1）最高桥墩高71.2m，采用爬模多节段施工，墩身垂直允许误差控制在1/1000内，且墩身各断面中心位置与设计位置偏差不得大于20cm；主桥采用悬臂挂篮现浇施工，合龙顺序为先边跨后中跨；引桥采用预制吊装施工。

（2）连续刚构桥后期跨中下挠控制，适当增加梁高，提高结构的承载能力；设置足够的施工预拱度，以抵消箱梁的后期下挠；在中跨底板适当设置体外备用束，待需要时进行张拉；延长混凝土的加载龄期，减少徐变对结构的影响。

（3）根据边跨正弯矩和中支点负弯矩大致接近的原则，使布束更趋合理，构造简单（$L_1/L_2=0.55$，属于$L_1/L_2=0.54\sim0.58$较合理的范围），边跨不需单独压重，且在边跨悬臂端用导梁支承于端墩上合龙边跨，取消落地支架。

（4）低温灌注合龙。合龙前使两悬臂端临时连接，保持相对固定，防止合龙混凝土早期因梁体混凝土的热胀冷缩开裂。同时选择在一天中的低温、气温变化较小时进行混凝土施工，保证混凝土处于温升，在受压的情况下达到终凝，避免受拉开裂。

（5）尽量减小桥墩抗推刚度，使桥墩温度内力较小，从而减少桥墩裂缝发生概率；采用高性能混凝土、加强桥面排水细节设计，保证连续刚构具有较长使用年限。

建成后的三台涪江特大桥

3. 云顶山一号隧道

云顶山一号隧道的关键性技术如下。

（1）隧道设计采取的基本思路是预设计，即全隧道根据天然气中瓦斯含量高低采取分段分级设防的衬砌结构，施工中根据超前地质预报和实时监测情况作动态调整，并加强通风、钻爆控制、安全防护及施工工序等多个系统及相应措施要求，以达到经济、合理修建隧道的目的。对运营期间天然气防治采取"防、排、堵"相结合、综合治理的原则，使天然气不渗入隧道影响运营，又使衬砌背面的天然气减压排放，减少渗入隧道危险性。

（2）初期支护喷混凝土和模筑二次衬砌混凝土均采用防腐蚀气密性混凝土。初支与二衬之间全断面满铺防水层兼作瓦斯隔离层。隧道衬砌变形缝和施工缝均严格进行气密性处理。从结构的耐久性出发，提高混凝土强度等级。隧道衬砌背面设置排水、排气两套独立排放系统。

（3）结合隧道特点，施工通风先期采用压入式，后期长距离采用双机双风筒压入式通风方式。施工期间，设通风管理机构，负责通风系统各种设备的管理和检修，定期测试洞内风速、风量、气温、气压、瓦斯浓度等并做详细记录，计算有效风量，及时修正通风系统。施工中采用综合预报方法预测隧道掌子面前方地层中天然气赋存情况，预测预报以地质分析为基础，辅以物探手段，最终采用水平超前钻探加以验证。采用"双保险"监测措施，即建立遥控自动化监测系统与人工现场监测相结合的风、瓦、电连锁系统和声光报警系统。由于地质结构的多样性，隧道内瓦斯气体涌出位置、涌出量、涌出时间等不确定性，洞内施工需严格控制火源，实行动火审批制度及不动火施工工艺。施工期间采用双电源、双回路、风瓦电闭锁等措施建立可靠的供电系统，确保施工期间供电不中断。

四、S2 成南巴高速公路巴南段

(一)项目简介

S2成南巴高速公路巴中至南部段(以下简称"巴南高速公路")是四川省高速公路网规划的第二条成都放射线成都—巴中—川陕界的一段。路线起于巴中市东兴场刘家坝,设东兴场枢纽互通接广元至巴中高速公路、巴中至陕西桃园高速公路,经巴中市恩阳区,南充市仪陇县、南部县、西充县,止于西充县李桥,设李桥枢纽互通接广南高速公路和成德南高速公路,全长116km。2009年底部分控制性工程开工建设,2010年6月全线正式开工,2012年底建成通车90km,2013年3月全线建成通车。

(二)项目前期工作

1. 项目审批

2009年,项目工程可行性研究报告获省发展和改革委员会批复;环境影响报告书获省环保局批复;初步设计及概算获省交通厅批复;使用林地审核获国家林业局同意;建设用地获国土资源部批复;水土保持方案报告书获省水利厅批复。2010年,施工图设计及预算获省交通运输厅批复。

2. 招投标情况

根据交通运输部《公路建设四项制度实施办法》规定,为充分体现项目法人责任制,巴南高速公路所有招标均由四川巴南高速公路有限责任公司(以下简称"巴南公司")作为招标人自行组织,并对其招标行为负全部责任。招标工作严格按《中华人民共和国招标投标法》、交通运输部及四川省关于招投标管理等法律法规要求和规定的程序进行(详见表4-79)。

巴南高速公路招投标情况一览表　　　　表4-79

招标内容	招标方式	发布招标公告时间	发出中标通知书时间
设计	公开招标	2009.3.13	2009.4.17
土建施工、施工监理、监理试验室	公开招标	2009.6.16	2009.9.8
钢绞线及支座材料	公开招标	2010.4.12	2010.5.19
绿化工程	公开招标	2010.11.22	2011.1.4
路面施工及施工监理	公开招标	2011.5.20	2011.7.4
路用沥青采购、桥面及隧道防水黏结层工程施工	公开招标	2011.11.26	2012.1.7
房建工程	公开招标	2012.2.29	2012.4.5
交安工程	公开招标	2012.4.16	2012.5.18

续上表

招标内容	招标方式	发布招标公告时间	发出中标通知书时间
机电工程及施工监理	公开招标	2012.5.14	2012.6.15
服务区房建工程	公开招标	2012.7.13	2012.8.15
伸缩缝	公开招标	2012.7.13	2012.8.22
巴中至南充高速公路恩阳何家坝互通工程施工	公开招标	2015.5.05	2015.6.12
环境保护工程施工	公开招标	2015.7.29	2015.9.6
恩阳何家坝收费站和恩阳服务区及恩阳互通连接线工程施工	公开招标	2015.11.20	2015.12.21
巴南高速公路恩阳服务区基本功能区及恩阳互通连接线工程施工	公开招标	2015.12.29	2016.2.29

3. 征地拆迁

按照省政府《研究巴中至南部高速公路建设有关事宜的会议纪要》要求，巴南高速公路建设采取多元主体、股份合作方式组建业主。因此，项目由省市共建，征地拆迁费由巴中、南充两市按5∶5比例分担并按规范标准计入两市应出资股份。为做好项目建设用地保障工作，巴中市、巴州区，南充市、仪陇县、南部县、西充县政府于2009年6月先后成立巴南高速公路协调领导小组或协调指挥部，与巴南公司签订征地拆迁协议，明确责任、规范程序，切实承担起巴南高速公路征地拆迁工作主体、责任主体和实施主体责任，对辖区内征地拆迁工作负总责，依法按程序组织征地拆迁和补偿安置工作。虽然客观上存在项目征地拆迁资金到位晚等困难，但通过不断接触沟通，双方求同存异，在工程建设用地、杆管线迁改、房屋拆迁及两费补偿等问题上取得一致认识。按照川高公司要求，结合巴南高速公路省市共建的实际情况，巴南公司细化项目前期工作措施，创新工作方法，抓住关键环节，落实责任人员，注重工作实效，着力提高征地拆迁工作质量。公司和地方协调办全力配合，形成合力，征地拆迁工作在面对诸多困难情况顺利完成。

(三)项目建设情况

巴南高速公路位于四川省东北部，属四川盆地东北边缘低山丘陵区，是山地向丘陵过渡的地带，地形条件较复杂，起伏频繁且相对高差大。区域属构造侵蚀剥蚀地貌类型，沟壑发育，呈树枝状分布，地形支离破碎。地势从东北向西南呈倒叠瓦式渐次降低。

全线按全封闭、全立交、双向四车道高速公路技术标准建设，设计速度80km/h，整体式路基宽24.5m，分离式路基宽12.25m，沥青混凝土路面，桥涵与路基同宽，桥涵设计汽车荷载采用公路—Ⅰ级。全线设特大桥1座1036延米、大桥75座17894.9延米、中小桥24座1676.15延米，中短隧道10座4915.83延米（折算为双洞），涵洞及通道415道17702.2延米，人行天桥及分离式立交桥（包括匝道桥）64座4878.4延米，桥隧比为22.03%。设计洪水频率为特大桥 1/300,大中小桥 1/100,涵洞 1/100,路基 1/100。路基挖方 1683 万 m^3,填方 1567 万 m^3。互通式立交 11 座,收费站 9 处(恩阳、柳林、下八庙、日兴、五福、仪陇、铁佛塘、东坝、古楼),服务区 2 处(碧龙服务区、下八庙服务区,恩阳服务区规划中),停车区 1 处(赛金服务区),监控分中心 1 处,养护工区 2 处。

项目概算总投资 80.04 亿元,其中资本金比例 35%,征地拆迁费用由巴中、南充两市按 5:5 比例分担并按规范标准计入两市应出资的股份,川高公司负责其余资本金筹措。65% 以银行贷款方式筹集。

2009 年 6 月,巴南公司成立,作为项目业主负责巴南高速公路建设及运营管理工作。公司下设综合办公室、综合处、技术处、财务处、工程处、安全处 6 个职能部门,主要管理人员有郜进良、兰波、银和平、赖长福、周礼中、黄红亚、詹苇生、李琳等。

根据项目特点和批复招标方案,巴南高速公路设计划分为 5 个合同段、土建施工划分为 12 个合同段、土建监理划分为 2 个合同段、土建监理试验室划分为 2 个合同段、路面施工划分为 4 个合同段、路面施工监理试验室划分为 1 个合同段、绿化施工划分为 10 个合同段、房建施工划分为 3 个合同段、机电工程划分为 2 个合同段、交安工程划分为 5 个合同段、机电监理划分为 1 个合同段,沿线设 6 个征地拆迁协调指挥部。勘查设计单位有四川省交通运输厅公路规划勘察设计研究院和四川省交通运输厅交通勘察设计研究院等 5 家单位;施工单位有四川川交路桥有限责任公司、江西省交通工程集团公司、成都华川公路建设集团有限公司等 52 家单位;监理单位有四川公路工程咨询监理公司、武汉中交路桥设计咨询有限公司、四川华腾公路试验检测有限责任公司等 6 家单位。

巴南高速公路建设充分考虑沿线群众合理诉求,满足群众正常生产生活需要,先后优化设计施工天桥 12 座,增设涵洞 20 座,改迁涵洞 40 座,修建恢复提灌站 9 个,修建恢复防洪灌溉水渠约 6km,在影响群众生产生活细节问题上广泛认真征求意见,做到逐个村社调查核实,确保工程建设便民利民;改善沿线乡村通行条件,恢复和修建乡村便道 100 余公里,方便群众出行;加强耕植土保护和取弃土场合理利用,严格推行集约节约用地,保护耕植土 100 万余立方米,计划和正在进行改田造地 300 余亩,既美化环境,又增加耕地,造福沿线地方群众;打造和谐开放、便民惠民的服务区,着力将服务区规划建设为集休闲观光、农产品流通贸易、民俗文化展示为一体的综合性服务区,促进当地特色农业和农村经济的良性发展,服务过往旅客,造福周边群众。

(四)项目建设对沿线经济社会发展产生的影响

巴南高速公路对进一步完善全省高速公路骨架网络,畅通全省北上出川通道,提升南充区域性次级交通枢纽地位,增强巴中对外通达能力,构建西部综合交通枢纽,加快川东北革命老区扶贫开发,具有重要意义。

(五)项目特色

1. 新政嘉陵江特大桥

新政嘉陵江特大桥是全线亮点工程和控制性工程,属D9合同段,位于仪陇县新政镇航电枢纽库区,桥梁跨径组合为6×30m+5×40m+(95+180+95)m+9×30m,全桥长1036.0m;主桥设计为95m+180m+95m连续刚构,引桥设计为30m、40m多跨预应力沥青混凝土T梁;主墩桩基设计为2×9φ2.2m群桩,桩顶设承台。特大桥位处水面宽度约510m,主墩墩位处最大水深21m;13号主墩处河床面为裸露基岩,12号主墩处覆盖层为0~0.5m的淤泥覆盖层,并且岩层倾斜。该大桥主要施工工艺、方法和技术措施如下。

(1)钢护筒钻孔平台施工深水基础。新政嘉陵江特大桥主桥桩基及大部分引桥桩基位于新政航电站库区,水深16~21m不等,因水库建成后大量的采砂作业,河床基面极不平整,根据潜水工下水实地查勘情况显示,墩位处河床基面起伏较大且极不规律,表面一层为厚约50cm的淤泥,其下多为大粒径卵石堆积层,几乎无覆盖层。根据工程实际水文地质情况,基础施工主要面临两大难题:一是库区水位基本不受洪水影响,主要受新政航电枢纽开闸影响,开闸瞬时流速、流量大,且水位落差可达2m以上,这一条件制约采用浮式钻孔平台方案的可行性;二是根据地勘资料及实际水下摸底调查,墩位处河床除表层少量淤泥外,基本无覆盖层,这一条件制约采用插打钢管桩配合钢护筒支承钻孔平台的可行性。在分析以上各种不利因素后,项目部经过反复研究,结合工程实际水文地质情况,决定采用钢护筒直接支撑钻孔平台技术方案进行施工:先采用振动锤插打钢护筒,钢护筒插打完毕后,在护筒顶端之间设置纵向牛腿、纵向平联、纵向斜承、横向牛腿、横向平联、横向斜承6个连接体系,将钢护筒连成整体,确保其稳定性,同时作为钻孔平台型钢的支撑体系。钢护筒安装完毕后,为提高整个钢护筒基础稳定,在钢护筒的着床面下放开放式简易钢沉箱,以钢沉箱为模板,利用基本成型的钻孔平台作为浇筑平台,浇筑板阀水下混凝土基础,将所有钢护筒底部连成整体。然后在钢护筒上直接搭设钻孔平台,机械冲孔进行桩基施工,同时在水中搭设钢管浮桥作为水上运输便道。钻孔作业:对各项准备工作进行检查,根据地质资料绘制钻孔地质剖面图,针对不同土质选用适当的钻机钻头、调整钻进速度和合适的泥浆;对钻机进行调平对中,钻进过程中经常进行钻直度检查。钻孔采用正循环钻孔法,钻孔过程中保持孔内水头稳定保护孔壁稳固。清孔、插放钢筋笼:当钻孔终孔后,立即进行清孔,保持孔内水头以稳固孔壁。按设计要求进行钢筋笼制作,插放垂直居中,保证桩壁混凝土保护层准确。安装导管及检查沉淀:采用直径30cm卡口式导管,导管位于孔位中心,轴线顺直,下口距孔底0.4m。检测沉淀厚度,不符合时进行二次清孔。灌注水下沥青混凝土:桩基沥青混凝土由集中拌和站供应,混凝土由输送泵通过浮桥泵送到各桩位。首灌确保导管下口沥青混凝土埋深不少于1m,灌注过程中导管埋深2~6m。

(2)无斜撑固结梁托架法施工主梁0号梁段。连续刚构桥0号梁段施工一般采用托架施工,托架结构为型钢牛腿结构形式,即预埋平撑型钢(或钢板)在墩顶段,同时预埋斜撑的支撑钢板,在墩柱封顶段施工完毕,拆除模板后,采用型钢与预埋钢板进行焊接形成牛腿平撑或斜撑,搭设托架平台,进行0号梁段施工。牛腿托架为0号梁段施工的重要承重结构,承载能力要求大,因此对此类牛腿托架的焊接质量要求高,在焊接完成后要求进行焊缝探伤检查,确保结构的安全,但由于桥梁施工都是在野外作业,焊接施工时外部环境差,不确定因素较多,直接影响托架的焊接质量,主要有以下几个方面的影响:①施工时间及气候的不确定性。由于桥梁施工的特殊性,0号梁段施工没有确定的时间,由于大多数工程施工工期紧,除特殊气候条件外均在施工作业,焊接工作面临的气候条件多变复杂,焊接时所处的环境较差,而桥梁施工均为野外作业,在恶劣气候环境下不能采取有效防护处理措施,直接影响牛腿的焊接质量。②牛腿焊接工作均为高空作业,操作人员焊接作业条件差,而牛腿斜撑大部分为倒焊、立焊,焊缝质量难以得到保证。③现场焊接设备一般仅为普通电焊机,不能采用特殊保护的焊接。由于以上各种因素的影响,钢牛腿焊接质量不易得到保证,如果现场管理不能及时跟上,极易出现因焊缝质量不过关而导致的安全事故。另外0号梁段施工托架钢牛腿较多,在施工时需耗费大量的时间进行焊接工作,一般需一周左右时间,施工进度较慢,因此在本桥托架设计中,根据0号梁段的荷载和施工悬臂长度,采用无斜撑固结梁托架法施工主梁0号梁段,直接将需大量焊接工作的牛腿斜撑取消,加大平撑的强度和刚度,采用较大的型钢作为平撑,直接预埋在墩柱沥青混凝土中,完成0号梁段的施工。无斜撑固结梁托架法即在施工墩顶段时,顺桥向贯穿两薄壁墩预埋8根I45b工字钢做纵向承重梁,承重梁上铺设I25b横向分配梁形成0号梁段托架受力平台,翼缘部分采用在托架平台上搭设钢管支架支承。托架平台承重梁在墩柱封顶段施工时预埋,预埋到位后亦可同时搭设分配梁、铺设底模,这样既可以提前施工托架,又可以利用该托架做为墩柱封顶段施工的临时平台。该方法搭设的托架系统受力简单明确,结构稳定可靠,托架取消斜撑,无须检查焊缝质量,也就没有常规方法施工时因焊接质量不好导致结构受力不利的因素影响,另外托架平台可提前安装,在墩顶段施工时预埋,大大缩短平台搭设的时间,实际施工中节约施工工期12天。本桥0号梁段2011年1月25日提前完工,模板及托架系统未发生任何变形及安全问题,本托架的成功应用,是在传统施工方法上的一次改进尝试,为主梁0号梁段施工节约大量搭设时间,取得较好效益,可以为其他类似工程施工提供一定的参考价值。

2.路基低碳环保加固处理新技术研究及应用

对于高填方路段软弱地基和挖(填)方交界地形变化较大地段处理,目前普遍采用以高分子聚合物为原料的石化产品土工格栅,通过铺设土工格栅来有效分配荷载、约束侧向变形、提高路基的刚度和强度,解决路基不均匀性沉降。然而,以高分子聚合物为原料的现代土工合成材料,成本相对较高,属于不可再生资源。

建成通车后的巴南高速公路新政嘉陵江特大桥

竹子具有生长快、再生能力强、用途多、生态环保、经济价值高等特点,且四川省竹源丰富。研究利用天然竹材作土工格栅材料,符合当前大力提倡的低碳、生态、环保理念,研究成果不但有推广意义,而且还可节约成本、增加农民收入,是互利多赢模式的具体体现。

巴南公司委托四川大学对巴南高速公路高填方路段路基低碳环保加固处理新技术进行研究和应用,在应用中取得很好效果,较原设计土工格栅降低成本约60%。

3. 环保安全型沥青混合料设计研究及应用

巴南公司委托长安大学就巴南高速公路路面从降低施工温度、减少烟尘排放、降低路面噪声、提高路面抗滑性能等多方面进行环保安全型沥青混合料设计研究。通过对巴南高速公路交通量、气候、地质状况等的调查,运用环保安全型沥青混合料 ESM(Environmental friendly and Safe Mixture),达到降低路面行车噪声,降低施工时烟尘污染,节约资源能源的消耗,提高路面的抗滑性能,全面改善沥青路面使用性能的目的。

4. 公路沥青路面施工质量信息化监控研究及应用

高速公路沥青路面早期损坏主要是由四个方面的原因引起的:一是由于施工不当造成的路基承载能力不足引起的路面损坏;二是半刚性基层开裂引起的沥青面层反射裂缝;三是沥青面层材料选择或设计不当引起的早期病害;四是路面各结构层材料的生产质量变异及摊铺碾压不均匀,导致在路面上形成质量较差的薄弱面。究其根本,可以发现导致沥青路面早期损坏的主要原因是施工过程质量控制不当。

为有效控制路面施工过程质量,巴南公司委托长安大学就巴南高速公路路面施工开展基于信息化的沥青路面施工质量过程控制研究,研究沥青路面质量过程控制的关键因素,开发沥青路面施工过程信息化监控系统、沥青路面质量异常预警系统,提出基于信息化的沥青路面质量动态管理方法,从而达到提高路面质量稳定性、减小变异性、提升路面耐久性的目的。

研究成果能够实现施工过程质量信息连续采集与传输,为建设管理者及时提供动态质量数据及其分析评价结果,对沥青路面施工质量采用过程动态控制,能够有效实现对施工质量全面、快速、有效地调控,有利于及时发现施工中存在的质量隐患问题,从而达到保证路面质量稳定性,减小施工变异性,保障路面耐久性的目的。同时,还能减少因施工过程控制不当造成的返工等现象,降低因返工造成的资源浪费与工期延误;该项目研究成果在巴南高速公路建设中的成功应用,为沥青路面施工质量过程控制应用提供示范,成果也将推动我国沥青路面动态质量管理发展,为开创一种先进的沥青路面质量管理体系提供理论依据和实际应用借鉴。

5.机制砂在巴南高速公路中的应用研究

巴南高速公路沿线河沙数量、质量不能满足工程要求,其他区域的河沙运距很远,交通不便,将增加工程成本、影响施工进度。通过对机制砂生产、特性及机制砂混凝土的研究,结合巴南高速公路机制砂特点,巴南公司委托西南交大对机制砂混凝土的配制技术进行研究,并对沿线机制砂生产、质量控制及机制砂混凝土配制技术进行现场指导及技术验证。研究和应用取得成功,在确保巴南高速公路机制砂混凝土结构的质量的前提下,大大节约建设成本。

6.预应力精细化施工技术研究

国内以往对预应力施工质量全过程测控重视程度不够,技术手段较为落后,是造成近年来预应力桥梁使用过程病害早发、频发的重要原因之一。为确保巴南高速公路桥梁预应力施工质量,巴南公司委托重庆交通大学就巴南高速公路桥梁预应力精细化施工技术进行研究。研究应用取得多项成果,包括锚具控制系统、梳编穿束系统(确保有效预应力同束不均匀度)、预应力张拉控制系统(确保有效预应力大小及其同断面不均匀度)、有效预应力检测控制系统(对预应力施工过程进行结果验收控制)、智能评估系统(实时跟踪现场过程与验收结果控制,全面确保预应力施工质量)等。

研究成果中既有过程控制(锚具质量控制系统、梳编穿束系统、张拉过程控制系统),又有结果控制(有效预应力检测控制系统、智能评估系统),过程控制的成败由结果控制来评定,结果控制发现存在的质量问题并及时调整过程控制,解决了现今桥梁预应力施工存在的隐患,降低桥梁全寿命成本。

五、S6成都机场高速公路

(一)项目简介

S6成都机场高速公路(以下简称"机场高速公路")是连接成都市区与双流国际机场

的高速公路,是成都市唯一民用运输机场高速公路。路线由老机场路改建,起于成都火车南站向西高架桥跨132厂专用铁路、元华路后下穿铁路西环线、经成雅高速公路再上跨成都绕城高速公路并从高架穿过双流航空港开发区,止于双流国际机场新候机大楼,全长11.98km(高架桥6.56km,道路5.34km),部分路段利用原有机场路实施封闭新建两侧辅道,辅道长9.62km。于1998年3月开工建设,1999年6月30日完工,7月9日运营。

(二)项目前期工作

1. 项目审批

1997年,成都市计委下发《关于成都双流机场路改建成高速公路的项目建议书的批复》,批准将老机场路改建为高速公路;同年,成都市交通局下发项目可行性研究报告编制任务通知;9月,成都市公路规划勘察设计院、铁二院联合提出可行性研究报告,成都市交通局组织专家对项目可行性研究报告进行评审后,下发机场高速公路工程设计任务书,批准项目初步设计。

2. 招投标情况

机场高速公路一期工程划分13个施工合同段、3个监理合同段,采用国内招标。按照国内招标程序,经成都机场高速公路评标委员会批准,确定中标单位;所有公开开标和签订合同由成都市公证处公证。

3. 征地拆迁

机场高速公路沿线高新区、双流县设项目建设分指挥部,分管交通的区(县)长任指挥长,主要负责征地拆迁及协调施工单位与地方关系等。项目沿途人口稠密、资源丰富,是成都市经济较发达地区,建筑物、管线密集,征地拆迁难度极大。征地拆迁及协调工作得到各分指挥部大力协助和支持,共征地273亩,拆迁建筑物10万余平方米,拆迁管线1万余米。

(三)项目建设情况

机场高速公路全线按双向四车道高速公路技术标准建设,设计速度100km/h,老路段路基宽24m,其余路段路基宽26m,设计荷载标准为:汽车—超20级、挂车—100。全线设置特大桥2座5978.98m,大桥1座582.26m,中小桥4座28.6m,人行天桥5座349.7m,通道、涵洞11道,桥隧比55.42%。路基土石方27.38万m^3。设置互通式立交2处,分离式立交2处。

机场高速公路批准总投资6.15亿元,其中项目资本金1.85亿,由成都市高速公路建设开发有限公司、四川成渝高速公路股份有限公司、四川华能万康电力有限公司按55∶25∶20

比例自筹;其余4.3亿元商通过银行贷款解决。

机场高速公路夜景 （高月谨 摄）

1997年11月28日,成都市人民政府批准成立机场高速公路建设指挥部,负责机场高速公路建设的实施和组织管理。四川省副省长邹广严任顾问,成都市市长王荣轩任指挥长、先后由成都市副市长孙家堰、狄廷国仜副指挥长,成都市交通局局长王树基任总监理工程师,成都市交通局副局长刘守成任副总监理工程师。

机场高速公路勘察设计单位有成都市公路规划勘察设计院等,施工单位有成都市公路工程有限责任公司、成都市路桥公司、邛崃路桥公司等,监理单位有中川国际监理公司、铁二院监理公司、成都市公路工程监理事务所等。

项目建设过程中,采取了新技术、新工艺、新材料确保工程质量、进度:一是采用改性沥青混凝土铺路面,提高路面抗永久变形能力及抗低温开裂能力;二是在原水泥混凝土路面接缝处先铺设土工布再铺沥青混凝土面层,防止老路纵、横缝反射到沥青混凝土面层形成裂纹;三是对桥台台背及挖孔抽水时流沙严重的桩基采取高压压浆的处理方法,防止土基沉陷造成路面结构开裂、破损、跳车及桩基沉陷;四是针对严重流沙而无法下挖情况,确定地面以下3m处浇筑扩大基础包围桩基(俗称"穿裙子"),同时辅以灌浆作业增强地基承载力处理方案;五是分两层铺筑油路,加强高架桥局部路段平整度。

（四）项目建设的意义及对沿线经济社会发展产生的影响

双流国际机场是四川省最大的民用机场,也是目前成都市唯一的民用运输机场,机场高速公路作为四川省、成都市的窗口工程,对四川省西部综合交通枢纽主体骨架地位具有重要意义。

（五）项目特色

严控工程质量——参照"菲迪克"条款建设机场高速公路

机场高速公路是参照国际通用"菲迪克"条款组织施工的公路工程项目。执行过程中,建设指挥部和监理部门严控工程进度、工程质量、工程造价。项目监理机构按两级监理组织设置;工程监理部设总监、副总监各1人,主任1人,成员3人;设3个监理组,由驻地高级监理工程师和副高级监理工程师负责,监理组配备38人,监理机构制度化、科学化、规范化。项目指挥部严格执行"项目业主制""工程招投标制""工程监理制""合同管理制",严控项目进度、质量、安全、资金4个关键环节,成效显著。

六、S8成邛雅高速公路邛名段

(一)项目概况

S8成邛雅高速公路邛名段(以下简称"邛名高速公路")是成温邛高速公路延伸线,起于成温邛高速公路桑园互通式立交,经邛崃桑园镇、白鹤镇、平乐镇、石头场、夹关镇、名山百丈湖,止于新店互通式立交,与成温邛高速公路、成雅高速公路连接,全长52.67km。项目作为成都往返雅安、西昌、康定重要通道,沿途地方路网发达,交叉众多。是四川省首条以BOT模式建设并通车的高速公路,也是成都市统筹城乡综合配套改革试验区建设的第一个重大交通项目。于2007年12月开工建设,2010年10月完工,开始试运行。

(二)项目前期工作

1.招投标情况

2007年11月6日,邛名高速公路投资合同签订仪式在成都锦江宾馆举行,中国水电建设集团公司为投资人。项目是四川省以BOT模式建设高速公路的第一次尝试,也是中国水电建设集团公司以BOT方式在川投资建设的第一条高速公路。

2.征地拆迁

中国水电建设集团公司组建四川成名高速公路发展有限公司(以下简称"成名公司"),具体负责项目建设、经营。成名公司总经理牵头成立内部拆迁工作领导小组,与沿线各级政府共同成立建设指挥部,建立有效工作机制;充分信任和依靠当地政府,在坚持政策法规、维护百姓利益的基础上,开展依法、合理、稳妥的征地拆迁合同谈判,顺利完成移民拆迁、交地接收、资金支付工作。

(三)项目建设情况

邛名高速公路位于成都平原西部边缘与低山丘陵过渡带,地形条件较好,地质条件相对复杂。

全线按双向四车道高速公路技术标准建设,设计速度80km/h,路基宽24.5m,桥涵设计汽车荷载采用公路—Ⅰ级。全线设置特大桥1座1267m、大桥8座1890m、中桥8座456m、小桥及通道57座856m。路基挖方593万 m³，排水工程10万 m³。互通式立交6处，分离式立交9处，车行天桥17处，渡槽1处，收费站5处、服务区2处（邛崃服务区、新店服务区）。

项目以BOT模式建设，总投资28.22亿元。其设计、建造和管理遵循现代高速公路服务理念，以安全行驶为首要目标，线形平直顺畅、弯道少，路面采用改性沥青铺路，行车舒适度高。

邛名高速公路控制性工程南河特大桥

邛名高速公路鸟瞰图

邛名高速公路建设更注重生态环保问题。为节约利用土地，提高土地利用率，按照地势起伏高低分层设计服务区，将不适合农业耕种地区采用"零填"方式建设服务区，最大程度节约耕地，突出了人与自然和谐发展的主题。

第五标段周沟大桥是项目控制性工程和难点工程，最大跨径T梁达50m，右幅2号墩位处于玉溪河深沟，桩基钻孔地质条件差。经过艰苦施工，大桥28m最高右2号桥墩盖梁混凝土按期浇筑。

(四)项目建设的意义及对沿线经济发展产生的影响

邛名高速公路改善了四川省区域交通条件,促进了沿线产业布局合理调整,加快了区域经济协调发展;尤其推动了旅游资源深度开发,将大邑刘氏庄园、花水湾、西岭雪山、邛崃天台山、平乐古镇、名山百丈湖、蒙顶山等一批景点串连成线,形成名副其实的"风景高速"。

(五)项目特色

因地制宜——和谐新颖的建设理念

邛名高速公路地处邛崃市和雅安市旅游景点密集地区,收费站管理所工程设计采用川西民族风格,融合当地民族风情,造型新颖、美观。合理利用地理地貌和湿地植物特点,巧妙选择绿化树种,在建成通车不到1年的时间里,使整条路与周边自然风景融为一体,营造了自然、舒适的行车环境。在地质条件差的路段,采用片石挤淤和砂砾换填方法,解决了基础稳定和透水性问题;在利用土方填筑施工中,采取了掺生石灰改良方案,解决了土质含水量不能压实的难题,避免了挖方土大量废弃,节约了工程造价。

七、S31 遂西高速公路

(一)项目简介

S31 遂宁至西充高速公路(以下简称"遂西高速公路")位于四川省遂宁市及南充市境内,是《四川省高速公路网规划(2011年调整方案)》中一条重要连接线,连接绵遂内高速公路、成南高速公路、广南高速公路等省内多条高速公路,形成完善、快捷的高速公路网络,提升运输效率。路线起于遂宁市蓬溪县吉祥镇,经南充市嘉陵区、西充县,止于西充县太平镇,与成渝环线高速公路、广南高速公路、金蓬路、国道212、乡道七宝寺镇至晏家公路相连,全长67.644km。于2013年4月27日开工建设,2015年10月30日竣工通车。

建成通车后的遂西高速公路

(二)项目前期工作

1.项目审批

项目严格遵守基本建设程序,项目立项、用地、施工图设计、环保、水保、质量监督各项手续完备(详见表4-80)。

遂西高速公路项目审批表　　　　表4-80

项　　目	批　准　部　门
项目核准的批复	四川省发展和改革委员会
初步设计及概算的批复	四川省交通运输厅
使用林地审核同意书	国家林业局
建设用地的批复	四川省国土厅
施工图设计及预算的批复	四川省交通运输厅
水土保持方案报告书的批复	四川省水利厅
环境影响报告书的批复	四川省环境保护局

2.招投标情况

遂西高速公路经省人民政府批准采用BOT方式实施,授权遂宁市人民政府、南充市人民政府以公开招标方式确定项目法人。通过公开招标,四川成渝高速公路股份有限公司(以下简称"成渝公司")成为投资人。

3.征地拆迁

2012年5月15日,省政府印发《关于同意南充市征地青苗和地上附着物补偿标准的批复》文件;2012年7月18日,项目涉及的遂宁市、南充市3个区县(遂宁市蓬溪县,南充市嘉陵区、西充县)成立征地拆迁协调指挥部。在征地拆迁过程中,四川遂广遂西高速公路有限责任公司(以下简称"遂广遂西公司")严格按照政策法规程序办事,通过各级政府加强协调管理。根据《中华人民共和国土地管理法》有关规定,借鉴成仁高速公路、巴广渝高速公路征地拆迁办法,结合遂西高速公路沿线具体情况,与蓬溪县、嘉陵区、西充县协调指挥部签订征地拆迁协议,对受影响地方道路和沟渠等线外工程及时补征土地,恢复地方道路畅通和农田生产灌溉,保护当地群众利益。

(三)项目建设情况

遂西高速公路位于四川丘陵区,总体地势西北高东南低。地貌类型为构造剥蚀型和侵蚀堆积型。

全线按双向四车道高速公路技术标准建设,设计速度 80km/h,路基宽 24.5m,沥青混凝土路面,桥涵与路基同宽,设计汽车荷载采用公路—Ⅰ级。全线设置大桥 40 座 9998 延米、中小桥 6 座 355 延米、隧道 2 座 1149.5 延米、涵洞及通道 199 道,桥隧比 17.01%。路基土石方 2740 万 m^3。互通式立交 7 处(齐福互通、明月互通、蓬溪北互通、七宝寺互通、西充互通、太平枢纽互通、双江枢纽互通)、人行天桥及渡槽 27 座、分离式立交 20 处,服务区 1 处,停车区 4 处。

遂西高速公路以 BOT 模式建设,概算总投资 48.24 亿元,资本金 14.44 亿元(占总投资金额 30%)由成渝公司自筹,其余 33.8 亿元来自银行贷款。项目法人为遂广遂西公司,四川交投建设工程股份有限公司、四川公路桥梁建设集团有限公司组建建设指挥部,建设期间主要管理人员有余万福、刘东、冯云才、赵平、周礼中、兰长军、沈川等。勘察设计单位为四川省交通运输厅公路规划勘察设计研究院。监理单位为四川公路工程咨询监理公司、海南交通建设咨询有限公司、四川省公路工程监理事务所。试验检测单位为四川精益道桥试验检测公司。

项目建立"政府监督、法人管理、监理控制、施工负责"的质量管理体系,明确"各分项工程合格,项目交工验收合格,竣工验收优良,创建高品质典范工程"质量目标,编制印发《遂宁至广安、遂宁至西充高速公路工程项目建设管理制度》,制订质量管理实施细则、工程质量监控违约处理办法、计量支付管理办法、工程变更管理办法、首件工程认可制实施办法、文明施工等管理办法。

遂广遂西公司在混凝土通病治理专项活动中,要求混凝土外露面模板必须使用大块定型钢模,接缝平顺并涂刷模板漆,模板采用拉杆的必须使用专用堵头,整体提升混凝土实体及外观质量,并编制《清水混凝土宣传册》在项目中全面使用。

为解决涵洞模板体系拉杆漏浆质量通病,遂广遂西公司与四川路桥集团联合设计"饰面清水混凝土模板堵头机构",并于 2014 年 5 月获得实用新型专利证书。2015 年 11 月,遂广遂西公司获得国家知识产权局颁发的"一种全桥桥面连续结构桥梁"实用新型专利证书。此外,遂广遂西高速对传统的水沟预制结构进行优化,形成了简单易行的预制构件,大幅度提高混凝土外观质量。优化后的结构不仅可以减小预制块尺寸,使用振捣台振捣,确保振捣充分,还能减小预制块质量,便于运输和安装,确保边沟线形顺直。

(四)项目建设的意义及对沿线经济社会发展产生的影响

遂西高速公路结合遂宁市路网规划、交通需求、城市交通组织等因素,为蓬溪县正在规划的吉祥新区和宝梵镇打通对外交通,并为其带来发展机遇。实现川中、川南经济区与川东北经济区更为快速、方便地连接,加强蓬溪与广元、巴中、南充等市连接,进一步推动遂宁次级交通枢纽建设。路线主要经过蓬溪和西充县境,改变了两县之间无高等级公路直接相连的状况,加强两县经济交流,促进沿线的经济社会发展。

(五)项目特色

1. 饰面清水混凝土模板堵头获国家专利

遂西高速公路建设时实行清水混凝土模板,采用此新型堵头技术保证安装模板后的使用强度,便于安装拆卸,克服了模板与堵头端面之间存在间隙导致在浇筑混凝土砂浆时砂浆进入影响模板拆卸的问题。技术于2014年5月获国家实用新型专利。

2. 全桥桥面连续结构桥梁获实用新型专利

基于遂西高速公路桥隧比较低且以简支梁桥为主的特点,以及桥梁伸缩装置易出现早期破坏的通病,遂广遂西公司组织开展桥梁无缝化试验研究工作,创新提出全桥桥面连续结构桥梁,2015年11月,该技术已获得实用新型专利授权。

遂西高速公路赤城湖1号大桥施工现场

3. 混凝土预制块复合挡墙结构及施工方法的研究和应用

挡墙是高速公路建设中常用的一种边坡支挡结构,结合遂西高速公路实际情况,在建设过程中,通过研究设计出一种外观美观、整体效果好、特别适用于大面结构物施工、简单易施工、工程质量易控制、省时省力、施工速度快、施工成本低的混凝土预制块复合挡墙结构。截至2016年底,此项应用研究正在申报国家专利。

4. 无筋桥面铺装混凝土研究和应用

普通的钢筋混凝土桥面铺装具有工艺复杂、工期长、造价高等的特点,在使用中易出现开裂甚至断裂的病害,已成为该类桥面铺装通病。随着国内混凝土施工设备、材料制备、施工工艺和后期养护等技术地不断进步,为提高桥面铺装结构体系使用性能和疲劳寿命,加快工程施工进度、降低工程造价、提高桥面铺装的全寿命效益,遂西高速公路建设中开展桥面铺装整平层复合强化技术研究及工程应用,破解了传统桥面铺装病害问题。

八、S40 眉遂广高速公路遂资段

(一)项目简介

S40 眉遂广高速公路遂资段(以下简称"遂资高速公路")是《四川省高速公路网规划》5 横中的一条,位于四川省遂宁市、资阳市境内。路线起于遂宁市区西宁乡附近,与遂渝高速公路连接,经遂宁市安居区的横山、白马、中兴、保石,资阳市乐至县的龙门、天池、童家与成安渝高速公路连接,经高寺、中天,雁江区中和、宝台、南津、丰裕、迎接与成渝高速公路相接,止于资阳界老棚湾,全长 126.285km。项目连接遂渝、成安渝、成渝、成自泸、成乐、乐雅高速公路,串联川东北与川南城市,提高区域城市间通行能力。2010 年 8 月 2 日全面开工建设,2013 年 6 月 6 日建成通车。

建成通车的遂资高速公路

(二)项目前期工作

1. 项目审批

遂资高速公路工程建设项目规划、选址、勘察、可研报告及评审、初步设计、设计概算编制、立项审批等项目建设前期工作均由遂宁市人民政府、资阳市人民政府牵头完成。2009 年 11 月 30 日,四川省国土资源厅《关于遂宁至资阳至眉山高速公路项目用地预审意见的复函》完成遂资路工程建设用地批复;12 月 21 日,四川省发展和改革委员会下发《关于遂宁—资阳—眉山高速公路遂宁至资阳段项目核准的批复》,批准项目立项[重庆建工集团四川遂资高速公路有限公司(以下简称"遂资公司")自立项阶段接手遂资路工程建设管理工作,工可报告为投标阶段购买取得,遂宁市人民政府、资阳市人民政府未向遂资公司移交工可批复]。2010 年 4 月 19 日,四川省交通运输厅下发《关于遂资眉高速公路遂宁至资阳段项目初步设计文件的批复》,批复概算 748536 万元,项目总工期(自开工之日起)3年。2011年3月6日,国土资源部《关于遂宁—资阳—眉山高速公路遂宁至资阳段工程建设用地的批复》,批准遂资高速公路工程建设用地792.572公顷(11888.58亩);6月22日,四川省交通运输厅下发《关于遂资眉高速公路遂宁至资阳段项目施工图设计及预算文件的批复》。

2. 项目招投标

经四川省人民政府办公厅《关于同意以BOT方式建设遂资眉高速公路遂宁至资阳段的复函》批准,同意遂宁市政府、资阳市政府共同以BOT方式建设遂资高速公路。

3. 征地拆迁

2011年5月31日,四川省人民政府下发《关于遂宁—资阳—眉山高速公路遂宁至资阳段工程建设用地的批复》,批准资阳市人民政府将资阳市雁江区、乐至县16个乡(镇)、77个村、274个组(社)的集体土地和建设用地522.7804公顷(7841.706亩,其中乐至县3653.61亩,雁江区4171.851亩,国有建设用地16.245亩)提供给遂资公司,作为工程建设用地;批准遂宁市人民政府将遂宁市安居区、船山区7个乡(镇)、40个村、169个组(社)和3个村的集体土地及建设用地269.7916公顷(4046.874亩,其中船山区557.3265亩,安居区3467.3025亩,国有未利用地22.245亩)提供给遂资公司,作为工程建设用地。

(三)项目建设情况

遂资高速公路地处遂宁、资阳两市,其中遂宁市位于四川盆地中部,涪江中游,境内中小河流众多,水能资源充足;资阳市位于四川盆地中部,成渝经济走廊带北段,沱江中游,是川西、川北、川东南的结合部。资阳属浅丘地貌,境内地势平缓,浅丘平坝相间,丘陵约占总面积93%。

全线按双向四车道高速公路技术标准建设,设计速度80km/h,路基宽24.5m,桥涵与路基同宽,沥青混凝土路面,汽车荷载采用公路—Ⅰ级。全线设置大桥72座16698延米、中桥35座2027延米、小桥4座88延米,涵洞及通道533道,天桥及渡槽58座。路基土石方4756万m^3,其中挖方2535万m^3,填方2221万m^3,防护及排水工程87万m^3。互通式立交11处,服务区3处(遂宁西服务区、乐至服务区、资阳东服务区),停车区2处(宝石停车区、龙滩河停车区),管理处1处,养护工区3处,匝道收费站9处。

项目以BOT模式建设,概算总投资74.85亿元,实际投资71.878亿元,75%申请国内银行贷款,其余部分由项目业主自筹(资本金20.75亿元)。建设期三年贷款比例按3∶4∶3分配。

重庆建工集团组建遂资公司负责遂资高速公路投资、建设及经营管理。勘察设计单位为中国公路工程咨询集团有限公司、四川省交通运输厅公路规划勘察设计院;施工单位为重庆交通建设(集团)有限责任公司(TJ1、TJ2、LM1合同段)、湖南郴州公路桥梁建设有限公司(JD、JA、LM2合同段)、重庆华驰交通科技有限公司(JD合同段)、重庆工业设备安装集团有限责任公司(JD、JA合同段)、重庆建工第三建设有限责任公司(FJ1合同段)、重庆建工第二建设有限公司(FJ2合同段);监理公司为四川省亚通公路工程监理所(ZJB合同段)、重庆中宇工程咨询监理有限责任公司(JL1合同段)、上海华申信联公路工程监理有限公司(JL2合同段)、四川省公路工程监理事务所(JL3、JL6合同段)、重庆合治道路工程有限公司(JL4合同段)、贵州科达公路工程咨询监理有限公司(JL5合同段)、北京泰克华诚技术信息咨询有限公司(JD、JL合同段);检测单位为资阳华通工程试验检测有限公司(SY1合同段)、招商局重庆交通科研设计院有限公司(SY2合同段)、遂宁市公路检测中心(SY3合同段)。

(四)项目建设的意义及对沿线经济社会发展产生的影响

遂资高速公路为遂宁市建设次级交通枢纽城市、资阳市建设交通节点城市提供更加完备的交通基础设施,为资阳市融入成都经济圈进一步创造条件,对经济一体化发展战略布局,促进成渝经济实验区腹心地区经济发展有重要意义。

(五)项目特色

国内首条双层排水降噪沥青路面研究应用及推广

遂资公司配合交通运输部开展国内首条双层排水降噪沥青路面研究应用及推广。

随着经济社会快速发展,人民群众出行质量需求不断升级,交通建设愈加突显"安全环保""以人为本"理念。具有大空隙特征的排水沥青路面因其具有抗滑性能高、噪声低、抑制水雾、防止水漂、减轻眩光、节约材料等突出优点,成为道路表面特性品质飞跃的最佳路面形式,将成为未来五到十年国内道路工程革新、提升道路安全功能和服务品质的主要技术趋势之一。主要创新点:一是雨天路面"主动安全",大幅减少交通事故40%;二是从交通噪声源头"消音""主动降噪"营造人居环境考虑;三是提高道路的"主动安全"性能。该路面结构适用于高速公路、城市快速路、旅游区公路以及对安全和降噪要求高的城市小区、学校和医院等附近道路,具有较高的社会和经济效应。

九、S40眉遂广高速公路眉山段

(一)项目简介

S40眉遂广高速公路是《四川省高速公路网规划》中康定、雅安经眉山、资阳、遂宁、南充、大竹至重庆梁平出川大通道的重要组成路段,将遂渝、成安渝、成渝、成自泸、成乐、乐雅等省内6条高速公路有机连接起来,形成完善的高速公路网络,有效发挥高速公路综合效益。眉山段接眉遂广高速公路资阳段仁寿县北斗镇老棚湾,与成自泸赤、成乐高速公路交叉,止点接乐雅高速公路洪雅县止戈镇唐埃山,在仁寿枢纽互通接成自泸赤高速公路、在眉山南枢纽互通接成乐高速公路、在止戈枢纽互通接乐雅高速公路,全长119.189km。2012年6月开工建设,2014年11月建成通车。

(二)项目前期工作

1. 项目审批

2010年5月5日,获四川省发展和改革委员会《关于遂宁—资阳—眉山(洪雅)高速公路眉山段项目核准的批复》;2010年5月17日,获四川省交通运输厅《关于遂资眉高速公路眉山段初步设计及概算的批复》;2011年2月25日,获四川省交通运输厅《关于遂资眉高速公路眉山段项目施工图设计文件的批复》。

2. 招投标情况

2009年11月19日,四川省交通运输厅网站公示确定四川省交通运输厅公路规划勘察设计研究院为眉遂广高速公路眉山段建设项目D、F标段勘察设计招标中标候选人;确定中交第二公路勘察设计研究院有限公司和四川省交通运输厅交通勘察设计研究院组成的联合体为眉遂广高速公路眉山段建设项目E标段勘察设计招标中标候选人。2009年12月16日,四川省交通运输厅网站公示泸州鑫福矿业集团有限公司为眉遂广高速公路眉山段项目投资人招标中标候选人。

根据项目特点,路线划分为J1-1、J1-2、J2-1、J2-2、J3-1、J3-2共6个独立施工标、1个土建监理标和1个机电监理标。2010年6月23日,四川省交通运输厅网站公示确定四川省亚通公路工程监理所为眉遂广高速公路眉山段土建工程全线施工监理招标中标候选人;确定四川攀峰路桥建设集团有限公司为眉遂广高速公路眉山段土建工程施工招标J2标段中标候选人,因中标候选人未提交履约担保不具备签约资格,需重新招标。2010年12月13日,四川省交通运输厅网站公示确定四川瑞通工程建设有限公司为眉遂广高速公路眉山段土建工程施工招标J1-1、J1-2、J3-1、J3-2标段中标候选人。2013年5月24日,四川省交通运输厅网站公示确定中铁八局集团第二工程有限公司为眉遂广高速公路眉山段土建工程J2-1、J2-2标段中标候选人。2014年7月4日,四川省交通运输厅网站公示确定北京华路捷公路工程技术咨询有限公司为眉遂广高速公路眉山段机电工程施工监理招标中标候选人。

3. 征地拆迁

根据四川鑫福高速公路投资有限公司(以下简称"鑫福公司")与眉山市人民政府签

订的《特许权协议》约定:"征收土地安置补偿费用标准按照国家和四川省政府关于土地征收的相关法律、法规、规章、规范性文件规定执行;无相关规定的,参照四川省高速公路项目同期同类标准执行。《协议》签订后,项目公司与相关市县人民政府签订征地拆迁安置补偿协议,相关区县政府根据协议约定负责实施征地拆迁具体工作,费用由项目公司承担并按照拆迁协议约定进行支付。拆迁安置及用地费用由双方另行签订补充协议确定。"2010年11月8日,鑫福公司与眉山市人民政府、仁寿县政府、东坡区政府、丹棱县政府、洪雅县政府分别签订《遂资眉高速公路眉山段征地拆迁工作协议》(以下简称《协议》),《协议》约定由各区(县)人民政府负责组建征地拆迁协调组织机构,完成项目用地的申请、报批工作,办理土地产权证书及永久性占地和临时用地征地拆迁及安置补偿工作。各区(县)政府成立由交通、国土、农业等部门参加的征地拆迁指挥部高效完成眉遂广高速公路眉山段全线征地拆迁工作。2012年10月10日,省政府《关于遂宁—资阳—眉山(洪雅)高速公路眉山段工程建设用地的批复》,批复建设用地726.6474公顷。扣除安置点、连接线实际征地总面积704.4317公顷,其中东坡区217.60公顷、仁寿县325.40公顷、洪雅县113.20公顷、丹棱县48.24公顷。项目永久性用地采用由政府土地管理部门依法划拨并办理用地手续形式;临时用地采用经政府土地主管部门批准,由政府协助项目公司同土地所有权人或使用权人协商解决。征地拆迁工作由各区县地方政府成立征地拆迁协调组织机构,由专职工作人员具体开展项目用地申请、报批、征拆补偿工作。

(三)项目建设情况

眉遂广高速公路眉山段地处四川盆地西南部,整体地势西高东低,路线走廊带内以中部龙泉山脉最高,最高点达904.8m,东西两侧地形陡然变缓。区内河流发育,岷江、青衣江均由北向南穿越区内。区内龙泉山以西地形高程一般为462~721m,以东地形高程一般为402~507m。走廊带以丘陵和平原为主,丘陵高程一般为442~498m,丘顶多圆缓,谷底一般较为宽阔,呈浅槽形,平原台地在项目区广泛发育。除按其海拔高度可分为三级外,按其表面形态又可分为两种:第一种地表较平坦,第二种地表略有起伏,呈波状或丘状。平坝内以最新河流堆积为主,广见于工程区东部及中部,主要分布在岷江、青衣江两大水系主干河谷两侧;中部龙泉山一带则为低山区,河流切割较深,多呈"V"字形,纵向沟谷与山脉走向近于平行,形如梳状,常见悬崖峭壁,地势陡峻。按地貌类型可划分为3种类型:侵蚀构造地貌、构造剥蚀地貌、侵蚀堆积地貌。

全线按双向四车道高速公路技术标准建设,设计速度80km/h,路基宽24.5m,沥青混凝土路面,桥涵设计汽车荷载等级采用公路—Ⅰ级。全线设特大桥3座、大桥39座、中桥46座、小桥17座、隧道3座(长隧道1座、短隧道2座)、涵洞519道(主线涵洞488道,匝道涵洞31道),桥隧比12.85%。互通式立体交叉13处,其中,仁寿、眉山南、止戈为枢纽式互通立交。路基挖方1928.40万 m^3,废方780.46万 m^3,借方491.74万 m^3,防护排水工程99.06万 m^3。互通式立交13处(北斗、富加、仁寿枢纽、满井、虞丞、洪峰、东坡、修文、眉山南枢纽、丹棱南、仁美、洪雅北、止戈枢纽),收费站10处(仁寿北斗、仁寿富加、仁寿满井、仁寿黑龙滩、仁寿洪峰、眉山东坡、眉山修文、丹棱、丹棱仁美、洪雅),服务区3对,停车区2对。

眉遂广高速公路眉山段以BOT模式建设,估算总投资71.28亿元,鑫福公司自筹25%,银行贷款75%。2009年12月29日,项目工程指挥部成立;建设期间,公司法人代表为敬均平,主要管理人员有赖大权、牟世辉、赖大春、刘秀、程明森等。勘察设计单位为四川省交通运输厅公路勘察设计研究院、中交第二公路勘察设计研究院有限公司;施工单位为四川瑞通工程建设有限公司、中铁八局集团第二工程有限公司;监理单位为北京华路捷公路工程技术咨询有限公司、四川省亚通公路工程监理所;试验检测单位为四川恒业公路工程试验检测有限责任公司、中铁八局集团工程检测中心、四川畅仪能工程测试技术有限责任公司;交工检测单位为眉山市公路工程试验检测中心、四川正信重点公路工程试验检测有限责任公司、四川交大工程检测咨询有限公司、苏交科集团股份有限公司。

项目主要控制性工程有:仁寿枢纽互通、眉山南互通、止戈枢纽互通;岷江特大桥、思蒙河特大桥、青衣江特大桥。

针对岷江特大桥建设中出现结构跨度大的问题,采用自适应施工控制方法,通过结构线形和应力测试的反馈进行参数分析,减小参数偏差量,修正分析模型,及时修正误差影响,确保结构线形和内力状态始终处于可控。针对挂篮变形影响,通过挂篮试拼、主桁加载试验和挂篮拼装后的预压试验,获取挂篮前后下横梁的力与位移关系曲线,确保各节段挂篮变形计算值准确,消除挂篮变形的不利影响。主梁挂篮立模的放样测量工作避免日照温差的影响。混凝土收缩徐变问题,施工监控中对施工组织设计进行认真分析,采用合理的符合实际的收缩徐变参数和计算模型,确保混凝土收缩徐变计算值的准确性。悬臂浇筑施工对称、平衡进行,两端悬臂上荷载的不平衡偏差量严格控制。针对主梁合龙施工控制,在合龙前对悬臂两端高程、合龙口形状以及主梁温度、大气温度进行连续观测,在对观测资料综合分析的基础上,结合相关气象资料,确定最佳合龙口锁定时机。针对温度影响的问题,通过对环境温度和结构温度场的监测与分析,在施工控制指令中考虑温度效应影响;在调整立模高程等关键施工工序时应选择在温度较均匀的时间段进行,以减少温度效应的不利影响。

(四)项目建设的意义及对沿线经济社会发展产生的影响

眉遂广高速公路眉山段的建设实现了资阳市、眉山市与雅安市快速方便连接,为眉山市建设交通节点城市提供更加完备的交通基础设施,为资阳市、眉山市融入成都经济圈进一步创造条件,促进成渝经济试验区腹心地区的经济发展,带动区域经济全面发展。

眉遂广高速公路乐至互通

（五）项目特色

1. 劳动模范蒋顺林

眉遂广高速公路眉山段岷江特大桥焊工蒋顺林同志专业技能扎实，工作中任劳任怨，服从工作安排，不怕苦，不怕累，较好完成施工任务，深受大家好评。该同志十六年如一日，利用打工所得捐助困难户和贫困大学生，于2013年被乐山市授予道德模范提名奖。经中铁八局集团第二工程有限公司眉遂广高速公路眉山段土建工程J2-2标段项目经理部推荐和公司评审，鑫福公司授予蒋顺林同志"劳动模范"称号，并给予奖励。

2. 切实维护农民工权益

眉遂广高速公路眉山段全面开工建设以来，秉承"建精品高速、创优质服务"理念，坚持"精心组织、精心施工、精心管理"的"三心"原则，从"人力、财力、物力"的"三力"保障，"用心做事、用情待人"和"快乐累着"的企业文化历时28个月，优质、高效完成工程项目投资建设任务。

为维护和实现好农民工权益，促进和谐可持续发展，项目开工建设起，公司成立农民工工资纠纷应急领导小组，制定《农民工工作保证金制度》，实现了"工民一家亲"愿景。

十、S40眉遂广高速公路遂广段

（一）项目简介

S40眉遂广高速公路遂广段（以下简称"遂广高速公路"）是《四川省高速公路网规划（2008—2030年）》调整方案新增10条联络线之一，位于四川省遂宁市、广安市境内。路线起于遂宁市蓬溪县，经广安市武胜县、岳池县，止于广安区，与绵遂高速公路、南渝高速公路、沪蓉高速公路连接,全长 102.941km。项目进一步完善四川省高速公路网,形成遂宁市、广安市最直接、最便捷的高速公路通道。2013 年 4 月 27 日开工建设,2015 年 12 月 30 日竣工,2016 年 10 月 9 日正式试运行。

遂广高速公路鸟瞰图

(二)项目前期工作

1. 项目审批

严格按照高速公路基本建设程序,立项、用地、施工图设计、环保、水保、质量监督各项手续完备(详见表 4-81)。

眉遂广高速公路项目审批表　　表 4-81

项　目	批 准 部 门
项目核准的批复	四川省发展和改革委员会
初步设计及概算的批复	四川省交通运输厅
使用林地审核同意书	国家林业局
建设用地的批复	四川省国土厅
施工图设计及预算的批复	四川省交通运输厅
水土保持方案报告书的批复	四川省水利厅
环境影响报告书的批复	四川省环境保护局

2. 招投标情况

经四川省人民政府同意,遂宁市人民政府、广安市人民政府采用特许经营方式实施项目,通过项目投资人公开招标,选定四川成渝高速公路股份有限公司(以下简称"成渝公司")为投资人。

2012 年 10 月,项目土建招标完成。

2014 年 7 月 30~31 日,房建工程施工公开招标确定 SG-FJ1 和 SG-FJ2 标段。

2014年12月9日,SG-FJ3标段进行重新招标,确定中标候选人。

2015年5~7月,完成项目交安、绿化、机电工程施工及机电施工监理招标。

3. 征地拆迁

2011年12月13日,遂宁市人民政府作为征地拆迁协调工作牵头市与中标单位成渝公司签订《遂宁至广安、遂宁至西安高速公路BOT方式实施项目特许权协议》。2012年7月18日,四川遂广遂西高速公路有限责任公司(以下简称"遂广遂西公司")成立,同时遂宁市、广安市涉及4个区县成立征地拆迁协调指挥部,负责签订协议、界定征地界限、办理永久性占地报批手续、永久占地界内房屋等各种构造物的搬迁、永久占地内附着物的拆除、管线(通信管线、电力线路等)迁移和改建、临时借土占地征用等具体工作。

根据《中华人民共和国土地管理法》有关规定,借鉴成仁、巴广渝高速公路征地拆迁办法,结合项目具体情况,遂广遂西公司与蓬溪县、武胜县、岳池县、广安区协调指挥部签订征地拆迁协议。2012年9月21日,广安市人民政府下发《巴广渝高速公路和遂广高速公路广安境内段征地拆迁补偿安置实施办法》,为沿线县区征地拆迁工作打下政策基础。相关单位围绕工程建设计划实施征地拆迁工作,一方面确保工程施工进度,提供跟踪协调服务,切实做好当地群众工作;另一方面对受影响的地方道路和沟渠等线外工程及时补征土地,恢复地方道路畅通,保证农田生产灌溉,保护当地群众利益。

(三)项目建设情况

遂广高速公路沿线广泛分布构造剥蚀丘陵,局部为侵蚀堆积平原。

全线按双向四车道高速公路技术标准建设,设计速度80km/h,路基宽24.5m,沥青混凝土路面,汽车荷载采用公路—Ⅰ级。全线设置特大桥1座866m、大桥85座16736m、中小桥20座1469m,涵洞及通道260道,桥隧比17.1%。路基土石方3880万m^3,路面283万m^2,排水及防护工程57万m^3。互通式立交11处(金桥、三凤、蓬南、赛马、金牛、武胜西、飞龙、齐福、金桥枢纽、武胜枢纽、红土地枢纽)分离式立交55处、人行天桥及渡槽31处、收费站8个、服务区2个、停车区4个、养护工区1个。

项目以BOT模式建设,概算总投资70.63亿元,其中资本金21.7亿元(占总投资金额30%),由成渝公司自筹,其余50.5亿元由银行贷款。

成渝公司组建遂广遂西公司为项目法人,具体负责项目的建设、经营。公司下设办公室、工程处、财务处、综合处、技术处、安全生产办公室、创优办、党群办;遂广高速公路设立蓬南代表处、武胜代表处、广安代表处负责工程现场管理。四川交投建设工程股份有限公司、四川公路桥梁建设集团有限公司设指挥部。勘察设计单位为四川省交通运输厅公路规划勘察设计研究院;施工单位有四川交投建设工程股份有限公司(联合体牵头单位)/四川公路桥梁建设集团有限公司(联合体成员单位)、中交第一公路工程局有限公司、四川高路交通信息工程有限公司等;监理单位有北京交科工程咨询有限公司(联合体牵头单位)/四川国际工程监理有限公司(联合体成员单位)、四川省公路工程监理事务所等;试验检测单位有四川金通工程试验检测有限公司、四川督信工程试验检测有限责任公司等。

作为成渝公司第二个BOT项目组成部分,遂广高速公路在工程建设创优方面被寄予厚望,明确建成"高品质典范工程"的建设目标,提出"科学管理、追求卓越、生态环保、安全和谐"的建设理念,建立"政府监督、法人管理、监理控制、施工负责"的质量管理体系,确立"各分项工程合格,项目交工验收合格、竣工验收优良,创建高品质典范工程"的质量目标。

项目控制性工程武胜嘉陵江特大桥位于广安市武胜县龙女镇,采用分幅设计,桥面距水面39m,宽29.5m,两侧设人行道。桥梁起点桩号K58+195.5,讫点桩号K59+061,跨径组合16×30m+(95+180+95)m。主桥长370m,为变截面连续刚构桥,挂篮悬浇施工;引桥长480m,为30m简支T梁桥(共需预制224片)。全桥长866m。

桥梁存在18号桩基承台筑岛围堰施工、17号柱墩桩基承台水中作业、洪水期混凝土运输及主跨150m连续刚构悬臂施工等施工难点。通过各方协调及采取技术措施,2013年洪水季节之前,完成18号墩的承台施工;采用钢管桩平台加围岩方式解决17号墩施工问题;采用水上浮桥及空中栈桥方式解决洪水期混凝土运输;专门聘请监控量测单位对悬臂浇筑线形进行监控,确保嘉陵江大桥施工过程可控。

为解决涵洞模板体系拉杆漏浆质量通病,遂广遂西公司与四川路桥集团联合设计"饰面清水混凝土模板堵头机构",于2014年5月获得了实用新型专利证书。此外,遂广高速公路对传统水沟预制结构进行优化,形成简单易行的预制构件,大幅度提高混凝土外观质量。优化后的结构不仅减小预制块尺寸,使用振捣台振捣,确保振捣充分,还能减小预制块质量,便于运输和安装,确保边沟线形顺直。2015年11月,获得国家知识产权局颁发的"一种全桥桥面连续结构桥梁"实用新型专利证书。

清水混凝土模板堵头取得国家专利

(四)项目建设的意义及对沿线经济社会发展产生的影响

遂广高速公路是成都经遂宁、广安和重庆忠县到湖北、上海的捷径,是对 G42 沪蓉高速公路国道主干线四川段的补充和完善,也是四川省高网规划的次级枢纽城市间快捷通道。在蓬溪境内开设 4 个互通式立交,从根本上解决金桥新区发展的通道瓶颈问题,对提升周边土地开发价值、拉动地方经济具有积极作用。

(五)项目特色

科技成果丰厚,两项技术获国家专利

"饰面清水混凝土模板堵头机构"获国家专利。在遂广高速公路采用新型堵头技术,保证安装模板的使用强度,便于安装拆卸,解决模板与堵头端面之间存在间隙导致混凝土砂浆进入影响模板拆卸的问题。技术于 2014 年 5 月取得国家实用新型专利。

全桥桥面连续结构桥梁取得实用新型专利授权。为避免桥梁伸缩装置易出现早期破坏的通病,结合遂广高速公路桥隧比低和以简支梁桥为主的特点,组织开展桥梁无缝化试验研究,创新提出全桥桥面连续结构桥梁。技术于 2015 年 11 月取得实用新型专利授权。

混凝土预制块复合挡墙结构及施工方法申报国家专利。挡墙是高速公路建设常用的一种边坡支挡结构。结合遂广高速公路实际情况,研究设计出一种外观美观、整体效果好、特别使用于大面结构物、施工速度快、施工成本低、工程质量易控制的混凝土预制块复合挡墙结构。截至 2016 年底,应用研究正在申报国家专利。

无筋桥面铺装混凝土研究及应用。普通的钢筋混凝土桥面铺装具有工艺复杂、工期长、造价高等特点,使用中易出现开裂甚至断裂的病害,成为该类桥面铺装通病。随着国内混凝土施工设备、材料制备、施工工艺和后期养护等技术进步,为提高桥面铺装结构体系的使用性能和疲劳寿命,加快工程施工进度、降低工程造价、提高桥面铺装的全寿命效益,遂广高速公路建设中开展桥面铺装整平层复合强化技术的研究及其工程应用,破解传统桥面铺装的病害问题。

十一、S43 遂内宜高速公路内遂段

(一)项目简介

S43 遂内宜高速公路内遂段(以下简称"内遂高速公路")位于四川盆地中部,是泛珠江三角洲地区高速公路网规划中巴中至昆明(第五纵)的一段,是连接川东北与川南地区的重要高速公路。路线起于内江市白马镇,接内宜高速公路,经东兴、双才、双河、九龙、文化、安岳、长河、通贤、安居,止于遂宁市船山区复兴,与遂渝、绵遂高速公路连接,全长

119.757km。2009年9月开工建设,2012年5月通车试运营。

(二)项目前期工作

1. 项目审批

项目完成专项评价、评估、调查、审查报告:2006年6月20日,四川省发展和改革委员会、四川省交通厅下发《关于印发内江至遂宁高速公路工程可行性研究报告预评审专家意见的通知》;2008年7月10日,省发展和改革委员会下发《关于内江至遂宁高速公路项目核准的批复》;2008年7月30日,省交通厅下发《关于内江至遂宁高速公路初步设计的批复》;2009年6月16日,省交通厅下发《关于内江至遂宁高速公路项目施工图设计及预算文件的批复》。

2. 招投标情况

2007年8月,遂宁市政府、内江市政府、资阳市政府组织完成项目投资人招标工作,与葛洲坝股份有限公司签署项目《投资协议》;10月,投资人根据协议约定出资组建四川内遂高速公路有限责任公司,后更名为葛洲坝集团四川内遂高速公路有限公司(以下简称"内遂公司");12月,项目设计招标工作由内遂公司自行组织完成。

勘察设计划分3个合同段:第一合同段中标单位为中交公路规划设计院有限公司,路线长度53.03km,主要负责K0+693(路线起点)至K53+722.682公路工程(含路线、路基、路面、桥涵、路线交叉、绿化工程、交通安全设施等)勘察设计,包括初步设计、技术设计、施工图设计及概预算编制工作,以及施工配合服务等;第二合同段中标单位为四川省交通厅公路规划勘察设计研究院,路线长度66.727km,主要负责K53+780~K177+128.451(绵遂桩号,路线终点)公路工程(含路线、路基、路面、桥涵、路线交叉、绿化工程、交通安全设施等)勘察设计,包括初步设计、技术设计、施工图设计及概预算编制工作,以及施工配合服务等;第三合同段中标单位为中交第二公路勘察设计研究院有限公司,主要负责K0+693(路线起点)至K119+686.17(内遂桩号)至K177+950(绵遂桩号)至K177+128.451(绵遂桩号,路线终点)交通工程及沿线设施(含管理养护设施、监控设施、通信设施、收费设施、供配电设施、照明设施、房建设施以及服务设施等)的初步设计和施工图设计,施工配合服务等。

土建工程施工划分一个合同段(合同编号:NSGS-TJ),内容含路基、路面、桥涵等施工。合同段采用公开招标形式,通过初步评审、详细评审,投标报价最低投标人为中标人。2009年6月,经公开招标,确定中国葛洲坝集团股份有限公司为中标单位。

土建工程施工监理划分3个监理合同段,通过公开招标、资格预审,招标工作于2009年8月完成。中标人分别为武汉中交路桥设计咨询有限公司、四川国际工程监理有限公司、湖北顺达公路工程咨询监理有限公司。

3. 征地拆迁

沿线各区(县)征地拆迁补偿安置协议签订后支付安置补偿费：船山区1059.87万元(16.059公顷)，安居区6584.58万元(129.109公顷)，安岳县17563.92万元(344.391公顷)，东兴区14318.83万元(194.814公顷)，市中区5770.73万元(78.513公顷)，共计45297.93万元(按设计图纸统计面积，合计762.887公顷)。全线补征土地约完成总量90%：安岳段新增土地4.892公顷，安置补偿费为249.44万元；东兴区段新增土地6.321公顷，安置补偿费为464.56万元；市中区段新增土地2.004公顷，安置补偿费为147.26万元；安居区段新增土地0.453公顷，安置补偿费为23.12万元，共计888.02万元。

工作奖励、协调经费670万元，耕地开垦费6988.72万元，管理中心用地用电费386.80万元，个案处理费4368.72万元(全线线外房屋占拆迁总量约85%：船山区段拆迁房屋1户，合计9.58万元；安居区段拆迁房屋9户，合计81.40万元；安岳段拆迁房屋70户，合计499.83万元；东兴区段拆迁房屋9户，合计85.21万元；市中区段拆迁房屋18户，合计249.66万元。共计925.68万元)。

截至2012年4月，完成设计征地762.887公顷，二次征地13.669公顷；线内房屋拆迁采取包干方式，线外房屋拆迁113户；迁改10kV以上高压线8处、低压线路3处、天然气管道5处、军用光缆1处、通信光缆6处、供水管道2处。拆迁协调总计60129.65万元，内遂高速公路建设征地拆迁部工程预算为71924.18万元，剩余可用资金11794.52万元。内遂高速公路建设期完，节约资金约7000万元。

(三)项目建设情况

内遂高速公路主要穿越河谷平坝工程地质区和褶皱平缓丘陵工程地质区。以涪江及其支流河漫滩、河谷一级阶地的河谷平坝工程地质区地形平坦，为黏质砂土、砂卵砾石工程地质岩组，呈散体结构。涪江堆积阶地具二元结构，上覆第四系黏质砂土、砂质黏土，厚3~6m；下伏砂卵砾石层，厚3~8m，水位埋深1~6.81m，变幅1.14~1.25m。琼江基座阶地不具二元结构，砂质黏土和黏质砂土厚6~10m，局部厚达16.5m。工程地质问题主要为地基承载力不足以及不均匀沉降等。以双桥以南部分路段的浅切丘陵工程地质亚区，在地貌上呈浅切圆缓丘陵，坡缓谷宽，相对高差小于30m，出露地层为遂宁组泥岩、砂质泥岩夹粉砂岩，沙溪庙组为泥岩与砂岩互层。构造单一、岩层平缓。地下水属基岩裂隙水，井、泉流量一般为0.01~0.51m³/s，水质主要为重碳酸钙型，矿化度0.14~0.77g/L。区内风化带十分发育，岩性和地貌条件控制其发育程度与深度。风化带一般厚13~20m，岩石力学强度大大降低。以九龙、文化一带的深切丘陵工程地质亚区，地貌为深切丘陵，相对高差 60～100m，形成沱江与涪江的分水岭。地层为泥岩、砂质泥岩与细、粉砂岩等厚土层，岩层平缓。由于所含砂岩较多，切割后，谷窄坡陡，地形较高。抗风化能力不一，常呈陡坎状或梯坎状边坡，鉴于砂岩泥岩风化程度的差异，伴有小规模崩坍现象。地下水主要为风化带孔隙裂隙潜水，水位埋深浅，水量小，水质以重碳酸钙型水为主，矿化度 0.3～0.8g/L。以遂宁范围的中切丘陵工程地质亚区，属中切宽谷圆缓丘陵地带，相对高差 50～70m，主要为钙质泥岩，夹薄层至中厚层细、粉粒砂岩。泥岩中夹细粒脉状或网状石膏；地下水属风化裂隙水类型，井、泉水量一般为 0.01～0.5m³/s，局部埋藏有单井出水量 100～300m³/d 的富水地段，水质主要为重碳酸钙型，矿化度 0.14～0.77g/L，深部受膏盐影响，出现有硫酸盐类水，矿化度也略增高。该区风化带普遍发育，强风化带厚度 3～13m。

全线按双向四车道高速公路技术标准建设，设计速度 80km/h，路基宽 24.5m，桥涵与路基同宽，桥涵设计汽车荷载采用公路—Ⅰ级。全线设特大桥 1 座 904m，大桥 48 座 10127.77 延米，中桥 21 座 1381.54 延米，小桥 17 座 152 延米，分离式立交 18 座 1138.5 延米；涵洞及通道 464 道；天桥 30 座。路基土石方 4132.4 万 m³。设计洪水频率：路基及一般桥涵 1/100，特大桥 1/300。互通式立交 13 处[白马、冷家湾（预留）、玉王庙、史东、双河、文峰、石佛、安岳、长河、通贤、安居、复兴等]，管理分中心 1 处，互通式立交匝道收费站 9 处，服务区 1 处和停车区 2 处。

内遂高速公路以 BOT 模式建设，经四川省交通运输厅《关于内江至遂宁高速公路初步设计的批复》文件批复项目概算总投资 60.68 亿元，其中建筑安装工程费 43.819 亿元。股东方葛洲坝集团股份有限公司出资占总投资 35%，银行融资占总投资 65%。资金来源 206363.86 万元中：中国葛洲坝集团股份有限公司出资 203363.86 万元，于 2011 年 12 月全部到位，占公司实收资本的 98.55%；葛洲坝集团第一工程有限公司、葛洲坝集团第二工程有限公司、葛洲坝集团第五工程有限公司、葛洲坝集团第六工程有限公司和葛洲坝集团新疆工程局五家企业各出资 600 万，于 2009 年 12 月全部到位，各占公司实收资本的 0.29%。

内遂公司作为项目业主具体负责建设管理工作。公司实行董事会领导下的总经理负责制，设综合部、第一工作站、第二工作站、第三工作站、质量安全环保部、计划合同部、工程技术部、财务部、征迁协调部、机电物资部和内遂公司试验中心等职能机构。

内遂高速公路设计单位为中交公路规划设计院有限公司、四川省交通厅公路规划勘察设计研究院、中交第二公路勘察设计研究院有限公司；施工单位为中国葛洲坝集团股份有限公司（施工总承包）；监理单位为武汉中交路桥设计咨询有限公司、四川国际工程监理有限公司、湖北顺达公路工程咨询监理有限公司、中国公路工程咨询集团有限公司、湖北华泰工程建设监理有限公司等 7 家单位；交工检测单位为内江市路盛工程试验检测有限责任公司、资阳市公路工程试验检测中心、遂宁市公路工程试验检测中心、四川省交通运输厅公路规划勘察设计研究院道桥试验研究所。

内遂高速公路控制性工程——沱江特大桥

对于质量控制重点项目,如高填深挖交界、软基沉降观测,内遂公司在施工、监理单位监控的基础上专门聘请具备相应资质单位进行重点监控,确保填筑质量和路基稳定;对于重点工程的施工进行重点监控,如沱江特大桥等重点控制性工程,组织监理和施工单位成立专班,24小时全程监控,加强桥梁监测,掌握施工过程中桥梁的受力状态、变形情况;对桥头跳车的路面通病,在"三背"回填施工过程中要求建立专项档案,责任到人,有效保证"三背"回填施工质量。对于全线重点工程配合比,如桩基沥青混凝土、梁板C40及C40以上沥青混凝土配合比、路基基层、面层配合比,在施工单位试配、监理单位平行对比复核的基础上,要求业主试验中心再进行平行验证。针对项目土石方填筑主要为泥岩和砂岩的特性和不易压实的情况,统一要求采用大吨位压路机,并对高填和薄弱路段进行冲击碾压补强,使整个路基填筑质量处于受控状态。为确保桥涵、路面工程施工质量,全线水泥沥青混凝土拌和站、水稳拌和站、沥青拌和站全部采用标准化建设,计量监督局标定完成后邀请长安大学施工设备专家进行调试,保证生产配比准确。

(四)项目建设的意义及对沿线经济社会发展产生的影响

内遂高速公路的通车,使内江到遂宁时间由原来需要的4小时缩短为1.5小时,直接沟通成渝、成南、绵渝等多条干线公路,与成渝、内昆等铁路形成铁路、公路联运合力,成为连接中国大西北和大西南的高速大动脉。使云南、贵州及川南宜宾、泸州北上,绵阳、遂宁等川北城市南下的客货运输条件改善,缩短运输时间距离,促进四川省内外物资信息交流,促进沿线城市经济快速发展。

十二、S56内威荣高速公路

(一)项目简介

S56内江至威远至荣县高速公路(以下简称"内威荣高速公路")是《四川省高速公路网规划(2011年调整方案)》新增的10条联络线之一,全长62.761km。路线起于内江市经开区冷家湾,经威远县庆卫镇,止于自贡市荣县境内,东接内遂高速公路,中与成自泸高速公路十字交叉,西接乐自高速公路,与成渝、内宜、成自泸、乐自高速公路形成东西相连、纵横交错的高速公路网络。2013年4月22日开工建设,2015年12月26日建成通车。

(二)项目前期工作

1. 项目审批

2011年9月8日,四川省交通运输厅下发《关于内江至威远至荣县高速公路工程项目可行性通知》文件。

2011年12月21日,获四川省发展和改革委员会文件批复核准内威荣高速公路项目;5月18日,四川省交通运输厅批复内威荣高速公路初步设计文件;9月3日,四川省交通运输厅批复内威荣高速公路施工图设计。

2. 招投标情况

在内江市人民政府、自贡市人民政府组织的内威荣高速公路项目法人公开招投标中,四川公路桥梁建设集团有限公司(以下简称"四川路桥集团")中标成为项目投资人,确定项目由四川路桥集团采取BOT方式组织实施。2011年10月31日,四川路桥集团与内江市人民政府、自贡市人民政府签订《内江至威远至荣县高速公路项目投资协议》,并于2011年12月签订BOT特许权合同,取得项目投资、建设和运营管理的权利。按照《特许权合同》约定,为保证项目建设尽快启动和顺利实施,根据相关法律法规,四川路桥集团注册四川内威荣高速公路开发有限公司(以下简称"内威荣公司")负责项目投资、建设和运营管理。

3. 征地拆迁

项目开建起,内威荣公司主动加强与沿线各区县政府沟通联系,全力以赴推进征地拆迁工作快速开展。

内威荣高速公路沿线内江市中区、威远县和荣县分别由当地交通运输局设项目建设指挥部,负责属地内征地拆迁和协调工作。项目沿线杆管线、房屋分布较为密集,拆迁难度大。内威荣公司克服重重困难,积极与地方指挥部沟通,采取先易后难、见缝插针的工作方法,先行征地拆迁荣县枢纽互通式立交、威远互通式立交、冷家湾互通式立交等最先开工建设的控制性工程用地,再根据工程建设需要,分轻重缓急分批次征地拆迁后期陆续开工建设工程用地,保障项目建设工程顺利推进。全线累计完成线内征地6067.516亩,线外工程用地452.094亩。

(三)项目建设情况

内威荣高速公路全线按双向四车道高速公路技术标准建设,设计速度80km/h,路基宽24.5m,沥青混凝土路面,汽车荷载采用公路—Ⅰ级。全线设置大中桥36座7653.5m、涵洞137道,桥隧比10.2%。主线土石方849.649万 m³,排水及防护工程51.73万 m³。互通式立交8处(玉皇观互通、威远北互通、庆卫互通、镇西互通、荣县东互通、冷家湾枢纽、威远枢纽、荣县枢纽),分离式立交27处,人行天桥7座,收费站7个(经开区收费站、黄河湖收费站、朝阳收费站、威远收费站、铺了湾收费站、镇西收费站、荣县收费站),服务区1处(黄河湖服务区)。

内威荣高速公路黄河湖服务区

项目以BOT模式建设,概算总投资42.29亿元。

项目勘察设计单位为四川省交通运输厅公路规划勘察设计研究院;建设单位为四川路桥集团;施工单位为四川路桥公路一分公司、三分公司,四川路桥大桥分公司,四川路航建设工程有限责任公司,四川路桥隧道分公司;监理单位为四川省亚通公路工程监理所、四川胜达兴工程项目管理有限公司、四川济通水运公路工程试验检测有限责任公司。

项目前期先开工建设冷家湾枢纽互通、威远枢纽互通及荣县枢纽互通三项控制性工程。建设过程中,内威荣公司多次组织开展创先争优劳动竞赛,克服种种困难,采取多种措施,抢进度、赶工期,路基工程完成后,迅速进入路面施工,房建、交安、绿化同步施工,如期完成通车任务。

项目沥青路面建设采用VVTM沥青混合料,提升沥青混合料高温性能35%、低温性能40%,提高水稳定性,基本解决沥青路面早期损坏问题。

(四)项目建设对沿线经济社会发展产生的影响

内威荣高速公路建成通车,带动沿线区域经济快速发展,强化内江市和自贡市及川西南经济区联系,对完善区域路网,加快地方工业、旅游等资源开发,促进地区经济发展有重要作用。

内威荣高速公路主线路况

十三、S66汉乐隆高速公路乐自段

(一)项目简介

S66汉乐隆高速公路乐自段(以下简称"乐自高速公路")是《四川省高速公路网规划(2008—2030年)》高速公路网规划第4条横线——汉源至自贡高速公路组成部分。路线起于乐山市中区安谷镇,连接乐宜高速公路,向东与规划的乐山绕城高速公路相交,经杜家场、九峰、茅桥、马踏、三江(与仁沐新高速公路设立枢纽互通连接)、竹园、长山、度佳、荣县、桥头,止于自贡市永安镇海龙湾,连接内宜高速公路,全长113.2km。项目填补了乐山、自贡两市之间高等级公路空白,完善了国家高速公路网和四川省高速公路干线布局,增强了川南地区城市之间联系。2010年12月31日开工建设,2013年12月30日正式通车。

(二)项目前期工作

1.项目审批

2009年7月,四川省交通厅下发《关于印发乐山至自贡高速公路工程可行性研究报告评审意见的通知》,批准项目工程可行性研究报告。

2009年12月,四川省发展和改革委员会下发《关于乐山至自贡高速公路项目核准的批复》核准项目。

2010年4月,四川省交通运输厅下发《关于乐山至自贡高速公路工程两阶段初步设计及概算的批复及附件》,批准项目初步设计。

2.招投标情况

2010年8月23日~9月28日,完成项目施工监理和路基土建工程招标工作;2012年

12月3日~2013年5月29日,完成房建工程招标工作;2013年3月27日~5月10日,完成绿化和交安工程招标工作;2013年4月28日~5月29日,完成机电工程招标工作。

3. 征地拆迁

2010年6月,乐山市人民政府、自贡市人民政府与乐自公司签订征地拆迁协调工作协议,两地市政府分别成立工程建设指挥部负责相应行政区域征地拆迁协调工作,并负责土地使用证办理、相关资料收集及协调工作。

(三)项目建设情况

乐自高速公路全线按双向四车道高速公路技术标准建设,设计速度80km/h,路基宽24.5m,桥涵设计汽车荷载采用公路—I级。全线设置特大桥1座(岷江特大桥)3269.8m,大桥49座8284.25m,中桥16座1055.3m,特长隧道1座(长山特长隧道)5087m,涵洞410座17029.57m,桥隧比16.54%。互通式立交13处(2处预留,新增1处舒坪互通),天桥71座,收费站9个(新增舒坪收费站),服务区2个(井研服务区、荣县服务区),停车区3个(乐山大佛停车区、长山停车区、自贡停车区)。

乐自高速公路长山特长隧道洞口(刘文杰 摄)

乐自高速公路茅桥互通匝道口(刘文杰 摄)

乐自高速公路以 BOT 模式建设,概算投资 69.8 亿元,是山东高速集团继乐宜高速公路之后,在四川投资建设的第二条高速公路。集团成立山东高速集团四川乐自公路有限公司(以下简称"乐自公司")负责项目建设管理及运营工作,下设综合办公室、养护部、信息部、收费部、路产管护大队五部门协同管理,刘平任公司总经理。

乐自高速公路勘察设计单位为四川省交通厅公路规划勘察设计研究院。施工单位为沈阳高等级公路建设总公司、四川路桥建设股份有限公司、山东鲁桥建设有限公司、山东省路桥集团有限公司等。监理单位为山东高速工程咨询有限公司、山东东泰工程咨询有限公司、四川公路工程咨询监理公司等。

(四)项目建设的意义及对沿线经济社会发展产生的影响

乐自高速公路明显改善了乐山到自贡的交通条件,便利了沿线磷、岩盐、石灰石、卤水、天然气、煤等矿产资源运输,促进了岷江、大渡河、青衣江、沱江等主要水系和众多河流水能资源的开发利用,带动了沿线地区经济发展;对已列入世界文化和自然遗产的峨眉山、乐山大佛及自贡市恐龙博物馆、盐业博物馆等旅游产业进行了更深地开发利用,经济效益显著。

(五)项目特色

1. 沟通川南旅游圈——促进沿线旅游资源开发利用

乐自高速公路位于四川省南部地区,北靠眉山、成都至阿坝,南连宜宾、凉山至云南、贵州,东接泸州、重庆,西望甘孜、西藏,是四川省旅游资源最丰富地区之一。乐山境内旅游景区以乐山大佛和峨眉山为中心呈辐射状分布,自然景观有峨眉山、乐山大佛、三江汇流等;人文景观有乐山"弥勒坐佛"、沙湾"郭沫若旧居"、犍为罗城船形建筑等。自贡境内自贡恐龙博物馆是世界三大恐龙博物馆之一;自贡灯会是中华彩灯文化代表,自贡盐业博物馆既是全国重点文物,又是全国七大专业博物馆之一;荣县境内荣县大佛是当今世界第二大佛。项目与乐宜高速公路、内宜高速公路、成自泸高速公路共同形成川南地区旅游交通网络,促进川南旅游圈形成,更好地整合和开发利用川南丰富的旅游资源。

2. "亚洲第一跨"——乐自高速公路岷江特大桥

2013 年 4 月 16 日,乐自高速公路岷江特大桥主桥合龙贯通。该桥主桥连续 3 跨 180m,在亚洲同类型桥梁中连续跨度最大,被誉为"亚洲第一跨"。

乐自高速公路岷江特大桥总长 3269.8m,桥面总宽 27.5m,主桥上部结构为连续梁 $100.4m + 3 \times 180m + 100.4m$,主梁为预应力箱梁,钻孔灌注桩基础,是亚洲同类型桥梁之最,引桥上部结构为预应力混凝土简支 T 梁 $10 \times 40m + 10 \times 38m + 11 \times 40m + 8 \times 50m + 4 \times 50m + 10 \times 38m + 8 \times 40m$,50mT 梁下部采用 $\phi 2.0m$ 墩柱,38m 以及 40mT 梁下部采用

$\phi 1.6m$ 墩柱，钻孔灌注桩基础。

该桥施工运用了三项新技术、新工艺。一是承台施工。采用钢围堰施工方案，在钢围堰下沉过程中采取多种措施，确保钢围堰下沉速度，顺利浇筑承台封底混凝土，确保承台施工质量。二是挂篮施工。采用自制"主纵梁接长行走"进行施工；增加了挂篮行走速度，主纵梁接长后增加了抗倾覆措施，保证了挂篮行走的施工安全。三是桥面施工，采用半自动凿毛机对已架设的梁板顶进行清凿。加强了新老混凝土结合，使桥面铺装层整体发挥作用，提高桥梁使用寿命。

乐自高速公路岷江特大桥（刘文杰 摄）

十四、S66汉乐隆高速公路自隆段

（一）项目简介

S66汉乐隆高速公路自隆段（以下简称"自隆高速公路"）是四川省规划建设的省重点高速公路路网之一。路线起于内宜高速公路与乐自高速公路交叉的永安互通，经黄市镇、沿滩区，跨釜溪河，在互助镇设互助枢纽互通与成自泸高速公路相交，跨沱江，经狮市镇、响石镇、龙市镇，跨成渝铁路和国道321线，止于隆昌县迎祥镇，设迎祥枢纽互通与成渝高速公路相接，全长50.848km。2012年11月30日开工建设，2015年12月26日建成通车。

（二）项目前期工作

1. 项目审批

2011年12月15日，四川省交通运输厅下发《关于自贡至隆昌高速公路项目核准审查意见的函》，核准自隆高速公路工程立项。

2011年12月21日，获四川省发展和改革委员会《关于自贡至隆昌高速公路项目核准的批复》，批复自隆高速公路工程项目。

建成通车后的自隆高速公路

2012年5月23日,获四川省交通运输厅《关于自贡至隆昌高速公路初步设计文件的批复》。

2.招投标情况

自隆高速公路建设严格按照《中华人民共和国招标投标法》及国家相关法律法规开展项目建设工作,全面实行招投标制度,严格按照交通运输部和四川省规定的招投标管理办法和程序进行,自隆高速公路建设工程符合《招投投标法实施条例》第九条第三款规定,并获四川省交通运输厅批复,由投资人自行组织建设。监理、机电工程均按法律法规实行公开招标评标,经评标工作专家组预审,评标委员会审查同意并经四川省交通运输厅批准,确定中标单位。

3.征地拆迁

自隆高速公路沿线自贡市、隆昌县分别组建重点公路建设指挥部,受工程建设指挥部委托,负责属地内征地拆迁和协调工作。主线地处自贡市、隆昌县,沿线人口较密集,房屋及建筑物、地下管线及电力线分布较密集,拆迁难度极大。自贡市高速公路自贡段建设指挥部和隆昌县高速公路建设推进组办公室克服种种困难,本着先易后难、见缝插针的工作方法,先行提交桥涵结构物用地,再根据工程轻重缓急分期分批提交相应工程土地,保障工程建设顺利进行。累计全线(主线)征用土地4881.486亩,征地拆迁农转非安置人口3294人。

(三)项目建设情况

自隆高速公路全线按双向四车道高速公路技术标准建设,设计速度80km/h,路基宽24.5m,沥青混凝土路面,设计汽车荷载采用公路—Ⅰ级。全线设桥梁75座(大桥26座,中桥27座,小桥3座、人行天桥11座、车行天桥8座)7162.5m,涵洞244道。路基土石方903.18万m^3,路基防排水工程56.238万m^3。互通式立交8处(迎祥枢纽互通、永安枢纽互通、隆昌互通、响石互通、狮市互通、富顺互通、沿滩互通、互助互通),收费站5处(隆昌收费站、狮市收费站、响石收费站、富顺收费站、沿滩收费站)。

自隆高速公路以 BOT 模式建设,总投资 50.84 亿元。

2012 年 2 月 15 日,四川公路桥梁建设集团有限公司注册成立四川自隆高速公路开发有限公司,负责自隆高速公路建设、运营及管理。项目勘察设计单位为四川省交通运输厅交通勘察设计院。施工单位有四川公路桥梁建设集团有限公司(机化公司、川交公司、公路一分公司、路航分公司、三分公司、华东公司、二分公司、隧道分公司、桥梁公司、盛通公司、交通公司),四川匹克生态景观工程有限公司,四川省瑞云环境绿化工程有限公司,机电施工单位(联合体)为成都曙光光纤网络有限责任公司,四川公路桥梁建设集团有限公司。土建监理单位(联合体)为四川省公路工程咨询监理事务所、四川跃通公路工程监理有限公司、四川蜀工公路工程试验检测有限公司;机电监理单位为四川省公路工程监理事务所。

(四)项目建设的意义及对沿线经济社会发展产生的影响

自隆高速公路直接影响区域为自贡市和内江市,是成渝经济区的重要节点城市,处于成渝两极间的带状经济发展轴,是四川省城镇体系规划的川南经济区的重要组成部分。对完善省高速公路网布局,加强成渝经济区合作与交流,全力构建西部综合交通枢纽具有重要意义。

十五、XA45 成都城北出口高速公路

(一)项目简介

XA45 成都城北出口高速公路(以下简称"城北出口高速公路")是国家高速公路网 G5 京昆高速公路成绵段进出成都市区的连接线。路线起于成都市成华区青龙场铁路立交桥,经成都市昭觉寺横街、四十中、四川省粮校、政干院、鸦雀窝、成华堰、狮子包,新都区李家祠、三都寺,止于白鹤林成都绕城高速公路互通式立交,与成绵高速公路相接,全长 10.35km。该路段是四川省和成都市合作修建高速公路,对缓解成都市北大门交通拥挤状况起到重要作用。1997 年 4 月 1 日开工建设,1998 年 11 月 30 日完工通车,1998 年 12 月 21 日与成绵高速公路同步运营。

(二)项目前期工作

1. 项目审批

1996 年 9 月 19 日,成都市计划委员会以《关于市交通局新建成都青龙场—白鹤林高速公路项目建议书(代可行性研究报告)的批复》核准城北出口高速公路工程项目。

1997年5月28日,获交通部《关于成都绕城公路东段可行性研究报告的批复》,批复包括城北出口高速公路工程项目。

1998年11月3日,获交通部《关于成都绕城公路东段初步设计的批复》,批复包括城北出口高速公路工程项目。

2. 招投标情况

城北出口高速公路建设全面实行招投标制度,严格按照交通部和四川省规定的招投标管理办法和程序进行,城北高速公路建设指挥部组织进行招标评标工作,经评标工作专家组预审,评标委员会审查同意并经成都市交通局批准,确定中标单位。其中主要工程实行公开招标,部分附属工程或工期紧迫的工程采取邀请招标或议标,个别小型、内容单一的工程项目引用招投标时签订合同的相关单价。

公开招标工程项目1996年11月在《成都晚报》发布招标公告,采用竞争性招标程序完成。所有招标评标及签订合同均在成都市纪检委、成都市公证处的监督及公证下完成,在确保公开、公平、公正原则基础上,选择报价最优、实力最强、信誉最好的施工单位中标,为确保工程优质高效建设奠定了坚实的基础。

3. 征地拆迁

城北出口高速公路沿线的成华区和新都区分别组建重点公路建设指挥部,受工程建设指挥部的委托,负责属地内的征地拆迁和协调工作。路线地处成都市近郊,沿线人口密集,房屋及建筑物、地下管线及电力线分布密集,拆迁难度极大。指挥部及成华区、新都区重点公路建设指挥部克服种种困难,本着先易后难、见缝插针的工作方法,先行提交桥涵结构物用地,再根据工程轻重缓急分期分批提交相应工程土地,保障工程建设顺利进行。累计全线征用土地1118.299亩,拆迁房屋及建筑物5.50万m^2,管线拆迁5.53万m,征地拆迁农转非安置人口1268人。

(三)项目建设情况

城北出口高速公路位于四川盆地西部,为宽谷垄岗地貌,垄岗沿宽谷两侧呈长条状、枝杈状分布,顶部较宽平,起伏不大。

全线按双向六车道高速公路技术标准建设,设计速度100km/h,路基宽34.5m,沥青混凝土路面,设计荷载标准为:汽车—超20级,挂车—120。全线设置桥梁16座(其中特大桥1座,大桥3座,中桥6座,小桥6座)4174.252m,涵洞及通道55道,桥隧比40.33%。路基土石方113.9万m^3。设置成都市三环路、绕城高速白鹤林2处互通,狮子包收费站1座。

城北出口高速公路批准概算4.24亿元,成都高速公路建设开发有限公司与四川高速公路建设开发总公司分别按51%和49%比例投资筹建。工程竣工决算3.78亿元,每公里造价3652.98万元。

为加强对工程建设管理,成都市政府、市交通局组成城北出口高速公路工程建设指挥部,代行工程建设期间业主权限,负责工程建设管理协调,内设办公室、工程处、监理部、征地拆迁部、机电部等。刘守成(时任成都市交通局副局长)任指挥长。

项目勘察设计单位为四川省交通厅公路规划勘察设计院。施工单位有四川省川交桥梁工程有限责任公司、铁道部第二工程局第五工程处、铁道部第十九工程局第三工程处、铁道部第十五工程局第二工程处、四川省川交桥梁工程有限责任公司等。监理单位为成都市公路工程监理事务所、四川省公路工程咨询监理事务所、四川省公路工程监理事务所。试验检测单位为成都市公路工程中心试验室。

城北出口高速公路位于成都市平原地区,沿线地表土多为塑性指数较高的黏土及亚黏土,并跨越大量农田灌溉水系,地基承载能力较低,必须取土换填;填方路段借土均为泥岩及粉砂质泥岩,最高填方达6m,难以保证路基填筑压实质量。工程建设期间,指挥部采用了许多新工艺、新材料、新方法,如全线路基填料原设计拟用远运取土,主要取土场在新都县鸳兜山,运距10多公里,经现场勘察,最后择优选址狮子包作为优化取土方案,缩短了运距,节省了工程造价,又保证了工期,还为在狮子包设立城北收费站节省了费用;针对K9+324~K9+435、K9+698.5鱼塘沼泽地段,对软土地基采用强夯的施工方法,有效提高地基承载能力;为解决台背填压实存在的问题,指挥部变更设计,换填砂卵石材料,并最后逐一做了压浆处理,确保了工程质量。

城北出口高速公路

(四)项目建设的意义及对沿线经济社会发展产生的影响

城北出口高速公路根据地区经济和自然环境特点,配合城市建设规划,避开规划中的熊猫基地和中华故土园;对川西平原各农灌主支渠系按长远规划设桥孔跨越,确保沿线农灌设施畅通,保持和完善了高速公路两侧田园自然风貌;对改善区域投资环境也具有重要意义。

十六、S70 广陕、广巴高速公路连接线

(一)项目简介

S70 广陕、广巴高速公路连接线(以下简称"广陕、广巴连接线")即吴家浩至张家湾一段,与广南广巴高速公路连接线、广南高速公路、绵广高速公路、广陕高速公路共同构成广元市绕城高速公路,串联广元中心城区外公铁枢纽、港口、机场和物流中心,对带动物流产业发展,实现枢纽高效集散和中转,增强广元次级枢纽集聚辐射能力具有重要作用。路线起于广陕高速公路上西坝大吴家浩,止于与广南广巴高速公路连接线相交的张家湾互通,全长 19.456km。2010 年 12 月 25 日举行开工仪式,因地方政府征地拆迁进度滞后,实际于 2013 年 9 月 24 日开工建设,2015 年 12 月 26 日建成通车。

(二)项目前期工作

1. 项目审批

2011 年 5 月,四川省水利厅批复水土保持方案报告书,四川省国土资源厅以对项目公路用地进行批复;6 月,四川省发展和改革委员会批复项目工程可行性研究报告,四川省环境保护厅批复环境影响报告书;12 月,四川省交通运输厅批复两阶段初步设计及概算;2012 年 5 月,四川省林业厅下达使用林地审核同意书,四川省交通运输厅批复两阶段施工图设计及预算;6 月,四川省交通运输厅批准施工许可手续。

广陕、广巴连接线建成通车

2. 招投标情况

2011年11月，广陕、广巴连接线完成路基土建、施工监理、监理试验室、专项检测等招标工作。2015年上半年完成路面、房建、交通安全、机电等后续工程招标工作。通过招标进入项目的参建单位共计15个，其中监理单位3个，施工和设备材料采购单位12个。施工和设备材料采购单位合同总价（含不可预见费和专项暂定金）11.15亿元。

3. 征地拆迁

广陕、广巴连接线设计征地2015亩，综合平均单价9.23万元/亩，概算资金1.86亿元。实际永久性征地2137亩；拆迁房屋6.48万m²；累计征地拆迁补偿费7.59亿元（根据四川高速公路建设开发总公司与广元市政府共建协议，征地拆迁由广元市出资），综合平均单价35.5万元/亩，较概算增加5.73亿元。

（三）项目建设情况

广陕、广巴连接线位于四川省广元市利州区，地势西北高，东南低，在地形上表现自摩天岭高中山—龙门山、米仓山中山—盆地边缘低山、丘陵的这种渐次过渡的特征。此外，由于龙门山、米仓山前缘低洼，形成一个狭长状的山前凹槽，呈现河谷平坝景观。

全线按双向四车道高速公路技术标准建设，全封闭全立交，设计速度80km/h，路基宽24.5m，桥涵与路基同宽，沥青混凝土路面。全线设置大桥18座3159延米、中桥5座419.8延米，无特大桥、小桥，桥梁长度占路线总长度18.4%；涵洞及通道19道。互通式立交5处（其中服务型互通3处，枢纽型互通2处），分离式立交1处，匝道收费站3处，无服务区、停车区。管理、养护、服务、监控房屋建筑面积6300m²。

项目概算投资19.08亿元，资金由业主自筹和银行贷款组成。其中，业主自筹资本金4.8389亿元，占总投资25%；其余75%，共14.5169亿元申请银行贷款解决。截至2016年12月31日，累计到位各项借款153100万元（四川高速公路建设开发总公司股东借款53100万元，工行基建投资借款100000万元）。

2005年6月3日，四川省交通厅党组批准成立广巴高速公路工程建设指挥部；2006年3月16日，注册成立四川广巴高速公路有限责任公司（以下简称"广巴公司"），注册资本10000万人民币，股东为四川高速公路建设开发总公司、广元市正达路桥投资有限公司、巴中市茂源投资有限责任公司；出资额分别为9375万元（93.75%）、425万元（4.25%）、200万元（2%）。广巴公司为项目业主，建设期间公司法人代表、总经理为张世平。建设初期，共有工作人员65人；建设中期，共有工作人员60人；建成通车后，共有工作人员58人。项目建设单位有四川路桥桥梁工程有限责任公司、中铁一局集团有限公司、江西宜春公路建设集团有限公司、四川川交路桥有限责任公司、四川高速公路绿化环保开发有限公司、北京路安交通科技发展有限公司等。

(四)项目建设的意义及对沿线经济社会发展产生的影响

广陕、广巴连接线建成标志着82km广元绕城高速公路正式形成,进一步完善了广元交通路网,对缓解广元市城区过境交通压力、助推区域经济发展和构建现代商贸物流中心有重要意义。

十七、S80宜叙习高速公路宜叙段

(一)项目简介

S80宜叙习高速公路宜叙段(以下简称"宜叙高速公路")是四川省"十二五"期间规划建设的高速公路,是四川省高速公路路网规划经贵州至珠三角北部湾一条重要南向出川省际大通道。路线起于宜宾市翠屏区牟平镇绥庆村,经宜宾市翠屏区、长宁县、兴文县,止于泸州市叙永县双桥乡,与纳黔高速公路相接,全长114.07km,其中主线96.109km,宜叙、宜泸高速公路连接线17.964km。是中国白酒金三角核心区域的重要连接通道,是四川省精准扶贫工作开展以来,建成通往乌蒙山区的第一条高速公路。2013年11月25日开工建设,2016年6月30日建成通车,行业内首创两年半时间建好一条高速公路的骄人业绩,创造了全省高速公路建设最快纪录。

(二)项目前期工作

1. 项目审批

2012年12月,四川省交通运输厅下发《关于印发宜宾至叙永高速公路工程可行性研究报告评审意见的通知》,批准项目工程可行性研究报告。

2012年12月,四川省发展和改革委员会下发《关于宜宾至叙永高速公路项目核准的批复》核准项目。

2013年5月,四川省交通运输厅下发《关于宜宾至叙永高速公路工程两阶段初步设计及概算的批复及附件》,批准项目初步设计。

2. 招投标情况

2013年8~9月,完成项目施工监理工程招标工作。

2015年4~7月,完成机电工程招标工作。

路基土建、房建、绿化交安工程由四川省发展和改革委员会核准,铁投集团及路桥集团作为宜叙高速公路中标业主单位,可自主组织施工。

3. 征地拆迁

2013年7月,宜宾市翠屏区人民政府、长宁县人民政府、兴文县人民政府和泸州市叙永县人民政府与四川宜叙高速公路开发有限责任公司(以下简称"宜叙公司")签订征地拆迁协调工作协议,两地四区(县)政府分别成立工程建设指挥部,负责相应行政区域征地拆迁协调工作,并负责土地使用证办理、相关资料收集及协调工作。

(三)项目建设情况

宜叙高速公路位于四川盆地东南部,地势南高北低。路线走廊带地形、地貌单元受地质构造和岩性控制明显,分为构造侵蚀及构造岩溶地貌两种地貌类型。

全线按双向四车道高速公路技术标准建设,设计速度80km/h,路基宽24.5m,桥涵设计汽车荷载采用公路—Ⅰ级。全线设置桥梁125座15597.19m,占线路总长13.6%;隧道11座9873m,占线路总长8.6%,桥隧比22.32%。服务区2处(蜀南竹海服务区、兴文石海服务区),收费站11个(梅白、绥庆、长宁、竹海、龙头、双河、梅硐、僰王山、兴文、石海、龙凤)。

宜叙高速公路绥庆收费站(周超 摄)

宜叙高速公路兴文互通

宜叙高速公路以BOT模式建设,概算投资102亿元,由业主自筹和银行贷款两部分组成,其中业主自筹35%,银行贷款65%。

第四章
高速公路建设

宜叙高速公路永宁河大桥

2013年7月3日,宜叙公司登记注册成立,负责宜叙高速公路投资建设和经营管理。公司设总经理、副总经理兼总工程师各1人为班子成员,设党政综合办公室、工程处、财务处、收费运营处、技术合同处、工程养护处、路产安全处、人事科、资产管理科协同管理。

宜叙高速公路勘察设计单位为四川路桥集团勘察设计分公司、中铁二院集团有限责任公司、中交远洲交通科技集团有限公司。施工单位有四川公路桥梁建设集团有限公司、四川路航建设工程有限公司、浙江省机电设计研究院有限公司、四川环绿园林工程有限公司等。监理单位有河北华达公路工程咨询监理有限公司、四川省公路工程监理事务所、四川省公路工程咨询监理事务所、河北四方公路工程咨询有限公司、四川省亚通公路工程监理所、四川盛达兴工程项目管理有限公司。

(四)项目建设的意义及对沿线经济社会发展产生的影响

宜叙高速公路结束了四川省最大的苗族聚居县兴文县无高速公路历史,串联起宜宾境内蜀南竹海、兴文石海、李庄古镇、僰王山、七洞沟等热门旅游景点,对沿线地区的物流、资源开发、招商引资、产业结构的调整、横向经济联合都能起到促进作用。

宜叙高速公路蜀南竹海服务区

(五)项目特色

青翠之旅·白酒之道

宜叙高速公路作为串起蜀南竹海和兴文石海,连通李庄古镇、僰王山、七洞沟等著名景区的高速通道,从规划建设之初,就树立建设高标准"景观路、旅游路"理念,最大限度保护和彰显绿色生态人文景观,服务区和收费站景观设计充分考虑竹、石林、僰人文化等当地民俗特色,塑造了不同的景观主题。

宜叙高速公路连接"中国白酒金三角"核心区域,形成从宜宾经叙永、古蔺、二郎直至贵州习水、仁怀的大通道,孕育了五粮液、茅台、泸州老窖、郎酒等美酒佳酿,拥有中国白酒最大品牌群、最大产能群。该路线完善了"白酒金三角"的交通基础设施,助力中国打造世界顶级白酒基地。

宜叙高速公路梅硐至僰王山段

十八、S105 成都成彭高速公路

(一)项目简介

S105 成都成彭高速公路是成都北上出川的重要通道,是四川高速公路网成都放射线(成绵复线高速公路)重要组成部分,填补成都西北方向高速公路空白。路线起于绕城高速公路大丰立交,向西北方向经新都大丰、郫县团结,跨毗河,经新都龙桥、新繁,跨青白江,经新都清流、彭州致和,止于成青公路彭州绕城段(牡丹大道),全长 21.317km。2003 年 1 月 1 日开工修建,2004 年 10 月 1 日建成通车。

(二)项目前期工作

1. 项目审批

2002 年 4 月,获四川省计委《关于成都至彭州高速公路立项的批复》;7 月,获四川省计委《关于成都至彭州高速公路工程可行性研究报告的批复》;8 月,获《成彭高速公路工程招标事项》。

2002年11月,获省交通厅《成都至彭州高速公路两阶段初步设计的批复》。

2004年3月,省交通厅批复《成彭高速公路两阶段施工图设计》。

2. 招投标情况

严格按照《中华人民共和国招标投标法》《四川省国家投资工程建设项目招标条例》和省计委、省监察厅联合颁发的《国家投资工程建设项目招投标"十不准"》等规定招投标,按照省计委批复的委托招标方式,委托华杰工程咨询有限公司等作为招标代理机构,开展成彭高速公路工程招标工作,对全线路基、路面、监理、材料采购、绿化、交安、机电、房建等进行公开招标。

2002年9月17日,第一期招标公告在中国采购与招标网、四川建设网、四川日报、成都日报等媒体公开发布;开标过程中,省交通厅、成都市纪检、市监察局驻市交通局监察室、成都市公证处均派员参加并监督,评标过程完全按照国家、省的有关规定执行,招投标工作中,未发生投诉情况。

3. 征地拆迁

2002年11月,项目建设指挥部与各市、区(县)工程建设指挥部分别签订《征地拆迁包干协议》;12月,成都市下发《关于加快成彭高速公路征地拆迁补偿安置工作的通知》。指挥部克服了种种困难,边拆迁边施工,经过一年半努力,全面完成征地拆迁工作。项目共征地2231.522亩,完成房屋拆迁13.57万 m^2,拆迁线路总长度29780m。

(三)项目建设情况

成彭高速公路位于成都平原西北部,路线范围内天然地面海拔多在510~550m,由南东向西北平缓过渡升高,地面无大的起伏。

全线按双向四车道高速公路技术标准建设,设计速度100km/h,主线路基宽24.5m,行车道宽4×3.75m,中间带宽2.5m(中央分隔带宽1.5m),硬路肩宽2×2.75m,土路肩宽2×0.75m。设计荷载标准为:汽车—超20级,挂车—120。全线设置桥梁38座,涵洞114道,收费站4座(成都站、彭州站为主线收费站,龙桥站、新繁站为匝道收费站)。

成彭高速公路批准概算4.69亿元,资金来源于业主自筹和银行贷款。工程竣工决算3.78亿元,每公里造价1773.23万元。

成都市政府成立以副市长孙平为组长的"成彭高速公路建设领导小组",以加强成彭高速公路工程建设领导协调工作;组建成都成彭高速公路有限责任公司(以下简称"成彭公司")为项目业主,负责建设资金筹措和建成后经营管理;受业主委托,市交通局成立成彭高速公路工程建设指挥部,负责工程建设组织管理。

项目勘察设计单位为四川省交通厅公路规划勘察设计研究院。施工单位有中铁一局集团第一工程有限公司、中铁十二局集团第四工程有限公司、中铁十六局集团第四工程有限公司、邛崃市公路桥梁工程有限公司、成都市路桥工程股份有限公司、四川公路桥梁建设集团有限公司等。监理单位为成都久久公路工程监理有限公司、四川合石工程咨询监理有限公司。试验检测单位为成都市公路工程中心试验室。

成彭高速公路建设始终坚持以"政府监督、社会监理、企业自检"的三级质量管理体系进行工程质量科学管理,严把建设行为监督关、工程实体抽查关和交工前工程质量评定关,严格质量监督和控制。通过省、市质监站7次质量大检查和省交通厅两次重点项目大检查,成彭高速公路工程质量管理规范,质量、进度、投资、安全处于控制中,并做到精心设计、精心组织、精心施工、科学管理,未发生任何质量事故。

成彭高速公路龙桥段

(四)项目建设的意义及对沿线经济社会发展产生的影响

成彭高速公路是四川省和成都市重点交通基础设施建设项目,填补了成都西北方向高速公路空白。成彭高速公路延伸至什邡、绵竹,形成川西地区重要交通和经济走廊,对开发新都、郫县、彭州沿线旅游资源和矿产资源,巩固国防建设有积极作用。

十九、S4成宜彝高速公路宜彝段(在建)

(一)项目简介

S4成宜彝高速公路宜彝段(以下简称"宜彝高速公路")是《四川省高速公路网规划(2011年调整方案)》加强南向联系的一条重要出川通道,在路网中具有重要地位。主线起于宜宾城市过境高速公路西段赵场互通,途经宜宾市高县双河、来复、符江、文江、罗场、筠连县筠连、巡司、武德、蒿坝,止于川滇交界尖山子,全长130km。连接线起于赵场互通,途经翠屏区赵场、高县大窝、月江、胜天,于翠屏区牟坪连接宜叙高速公路。2014年2月正式开工,预计2019年底建成通车。

（二）项目前期工作

1. 项目审批

项目全面完成用地预审、环境影响评价、水土保持、矿产压覆、地震安评、规划选址意见书、地质灾害评估、通航论证、节能评估、社会稳定风险评估报告等10项专题审批。

2013年11月29日，获四川省发展和改革委员会《关于宜宾至彝良高速公路（四川境）项目核准的批复》。

2014年5月5日，获四川省交通运输厅《关于宜宾至彝良高速公路（四川境）两阶段初步设计及概算的批复》。

2016年7月25日，获四川省交通运输厅《关于宜宾至彝良高速公路（四川境）两阶段施工图设计文件及预算的批复》。

2. 招投标情况

经公开招投标，项目施工图设计由中交远洲交通科技集团有限公司中标；监理招标共分3个标段，四川盛达兴工程项目管理有限公司、四川跃通公路工程监理有限公司、四川公路工程咨询监理公司中标；项目施工按省发展改革委批复意见以及国家、省的相关规定，由具备相关资质条件和履约能力的投资人邢台路桥建设总公司承包。

3. 征地拆迁

根据项目《投资协议》，宜宾市政府作为征地拆迁工作主体，协调沿线各区县组织实施征地拆迁工作。截至2016年5月底，连接线段征地拆迁工作全面完成，主线筠连段完成约15km征地拆迁工作，工程进展较为顺利。

（三）项目建设情况

宜彝高速公路沿线为山地丘陵地形。

全线按双向四车道高速公路技术标准设计，设计速度80km/h，路基宽24.5m，桥涵与路基同宽，沥青混凝土路面。桥涵设计汽车荷载采用公路—Ⅰ级。主线设置特大桥3座2970延米，大桥85座27070延米，长隧道14座21030延米；连接线设计大桥20座6562延米，桥隧比51.8%。互通式立交11处[赵场（枢纽）、来复、高县、文江、罗场、筠连、巡司、武德、蒿坝、月江、胜天]，服务区3处，主线收费站2处，匝道收费站10处，管理中心2处，养护工区3处。

宜彝高速公路经省政府授权宜宾市政府以BOT模式建设，估算总投资165.2亿元，概算总投资156.83亿元，资金来源为项目业主自筹和银行贷款。

经公开招投标，四川宜宾伊力集团有限公司、邢台路桥建设总公司、中交远洲交通科技集团有限公司组成联合体中标投资建设。投资人按照《投资协议》于2013年11月组建项目公司宜宾伊力宜昭高速公路投资有限公司(以下简称"伊力公司")具体负责项目筹资、建设、管理、运营。

项目施工图勘察设计由中交远洲交通科技集团有限公司中标负责,2015年底全面编制完成并经省交通运输厅咨询院初审,2016年7月取得省交通运输厅批复。项目施工由具备相关资质条件和履约能力的投资人邢台路桥建设总公司总承包施工;连接线共分5个标段,分别是K20+702.53~K35+604(一分部),K14+133~K20+702.53(二分部),K10+800~K14+133(三分部),K8+3600~K10+800(四分部),K7+250~K8+360、NK0+750~NK1+305(赵场互通分部);主线划分5个标段,分别是K1+305~K16+127(五分部),K16+127~K32+400(六分部),K32+400~K66+532(七分部),K66+532~K83+000(八分部),K83+000~K100+600.23(九分部)。其中三分部主要工程为佛现山隧道,施工难度较大,采用专业分包,由吉林长城路桥建工有限公司中标建设。监理单位为四川盛达兴工程项目管理有限公司、四川跃通公路工程监理有限公司、四川公路工程咨询监理公司。试验检测单位为四川金通工程试验检测有限公司南绕监理试验室、四川建功建设工程检测有限公司宜昭高速监理试验室、四川正信重点公路工程试验检测有限责任公司宜昭高速监理试验室。

2014年底,项目所有施工单位驻地及钢筋加工场、拌和站等临时设施全面建设完成,所有标段施工单位、劳务协作单位、监理单位确定,连接线段和焦家隧道段全面进场展开施工,截至2016年底,宜彝高速公路累计完成挖方330万m^3,完成填方310万m^3,路基工程完成约10%;桥梁工程完成桩基527根,系梁106道,墩柱190根,盖梁49片,预制梁板120副,桥面铺装4400m^2,桥梁工程完成约2%;盖板涵完成1485m,管涵完成450m,涵洞工程完成约15%,隧道工程完成约3%。

项目复杂技术工程有佛现山隧道、焦家坡隧道、焦家坡隧道、南广河特大桥、宋江河特大桥、四方碑沟特大桥、锅圈岩特大桥。

佛现山隧道为瓦斯隧道,左线长2340m,右线2315m;左洞进口及洞身第一段317m长围岩分级为Ⅴ级,第二段洞身1595m长的围岩级分级Ⅳ级,出口段424m长围岩分级为Ⅴ级。右洞进口及洞身第一段301m长的围岩分级为Ⅴ级,第二段洞身1635m长的围岩级分级Ⅳ级,出口段379m长围岩分级为Ⅴ级。

焦家坡隧道为长隧道,进口、出口皆为端墙式洞门。左线长2004m,右线2014m;左洞进口及洞身第一段130m长的围岩分级为Ⅴ级,第二段洞身1722m长的围岩级分级Ⅳ级,出口段162m长围岩分级为Ⅴ级。右洞进口及洞身第一段124m长的围岩分级为Ⅴ级,第二段洞身1730m长的围岩级分级Ⅳ级,出口段150m长围岩分级为Ⅴ级。

南广河特大桥位于高县月江镇回龙寺村,南广河左线特大桥中心桩号Z1K15+307.544,跨径组合形式为5×25m+5×25m+4×25m+(65+120+65)m+2×40m+3×

40m+5×25m+5×25m+5×25m；南广河1号右线特大桥中心桩号K15+130.614，跨径组合形式为5×25m+5×25m+4×25m+(65+120+65)m+2×40m+3×40m+2×25m；南广河2号右线特大桥中心桩号K15+743.114，跨径组合形式为5×25m，其中25m跨径为简支小箱梁，40m跨径为简支T梁。桥梁上跨南广河，路线与主河道交角90°，主河槽水面宽约190m，主桥为65m+120m+65m连续刚构，上部结构断面形式采用预应力混凝土变截面箱梁，下部结构桥墩采用双薄壁墩，基础为桩基础。

宋江河特大桥上跨多条冲沟，桥址处路线沿宋江河而设。桥梁左幅全长1563.5m，跨径组合形式为26×25m+21×40m+30m+40m+30m；右幅全长1598.5m，跨径组合形式为25×25m+16×40m+30m+4×40m+30m+40m+30m。桥梁上部结构分别为25m预应力混凝土简支小箱梁和40m预应力沥青混凝土简支T梁，桥面连续。处于河道中的桥墩采用整幅双柱实心方墩，预应力盖梁；其余桥墩中高墩采用半幅双柱实心方墩，其他墩采用柱式墩、桩基础；桥台采用柱式台、桩基础。墩台桩基础均为端承桩。

四方碑沟特大桥为跨越沟谷及斜坡而设，位于宜宾市筠连县巡司镇四方村附近。全长1128.5m，该桥跨径组合形式为6×25m+9×40m+39m+(97+178+97)m+8×25m。全桥共6联，上部结构为97+178+97m连续刚构，起点侧引桥为6×25m小箱梁+5×40mT梁+(4×40+39)mT梁，终点侧引桥为4×25+4×25m小箱梁，引桥采用简支结构，桥面连续。主桥下部主墩采用双薄壁墩，20根φ2.5m群桩基础。桥台采用重力式桥台接扩大基础，桩基础采用钻(挖)孔灌注桩基础。

锅圈岩特大桥上跨沟谷，上部结构左幅采用32×25m+4×40m+6×25m、右幅采用30×25m+4×40m+6×25m预应力沥青混凝土简支小箱梁加预应力沥青混凝土简支T梁，桥面连续。桥墩采用双柱式桥墩、薄壁空心墩、实心方墩和桩基础；桥台采用柱式台、重力式台、桩基础，基础均为端承桩。

(四)项目建设的意义及对沿线经济社会发展产生的影响

宜彝高速公路建设对进一步完善四川省高速公路网和构建川南地区高速公路主骨架，加快宜宾区域性次级交通枢纽建设，促进区域优势资源开发和社会经济快速发展，建设川南、滇东北综合能源化工基地有重要意义。

二十、S22阆营达高速公路营达段(在建)

(一)项目简介

S22阆营达高速公路营达段(以下简称"营达高速公路")是《四川省高速公路网规划(2014—2030年)》中的重要路段，是实现川东北地区经济社会协同发展，形成达州至成都快捷通道的必要交通条件,与达巴铁路、襄渝铁路交叉,分别与巴广渝高速公路(在建)、平渠广高速公路(规划)及包茂高速公路形成交叉枢纽。路线起于南充市营山县境内的巴广渝高速公路新店互通,途经营山县、达州市渠县和达川区,止于包茂高速公路石板互通,主线全长92.167km,复兴连接线(L连接线)全长计5.702km(未包含计入铁山互通的连接线主线0.600km)。项目处于施工图送审阶段,批复工期4年。

(二)项目前期工作

1. 项目审批

2015年12月1日,四川省发展和改革委员会对项目工程可行性研究报告进行项目核准批复。2016年6月22日,省交通运输厅对项目两阶段初步设计文件及概算进行批复,初步设计工作全面完成。2016年8月15日,两阶段设计施工图设计报送审查单位,2016年8月19日,完成施工图设计外业验收,2016年9月14日,完成地勘专项验收。2016年11月5日,两阶段施工图设计咨询单位完成初步审查,进入修编阶段。

2. 招投标情况

根据省发展和改革委员会批复,勘察、设计、监理、重要设备和材料采用邀请招标方式进行委托招标,施工不采用招标方式,由特许经营项目投资人成都华川公路建设集团有限公司自行建设。

3. 征地拆迁

2016年12月8日,营达公司与达州市人民政府签署征地拆迁协议。南充段正进行征拆协议谈判。征地报件委托四川省地政地籍事务中心,2016年4月启动外业调查,5月启动报件工作。截至2016年底,各区(县)国土资源局正在组卷。全线完成放线埋桩61.49km(达州33km,南充28km),已完成土地征用1300余亩。

(三)项目建设情况

营达高速公路位于四川盆地东北部,为低山丘陵区。以华蓥山—铁山为界,两侧地势迥然相异。东侧为低山地貌,以狭长高耸平行排列的中低山岭与开阔的丘陵谷地相间排列,组成典型的隔挡式地形,地势总体呈北东向;西侧为红层丘陵区,地势无明显脉络,迂回起伏较为破碎,地形为爪状起伏垅岗与宽阔槽谷相间杂呈,垅岗由小山丘与不规则状残丘组成,地势整体平缓。路线最高点位于华蓥山,海拔960m,最低点为雷家坝,海拔275m。按照地貌成因、形态类型、海拔高程、地质构造格局等,拟建高速公路走廊带内地貌划分为5种类型:侵蚀堆积地貌、剥蚀浅切丘陵区、剥蚀中切丘陵区、剥蚀深切丘陵区和构造剥蚀平行中低山区。

全线按双向四车道高速公路技术标准设计,设计速度80km/h,路基宽24.5m,桥涵与路基同宽,沥青混凝土路面,桥涵设计汽车荷载采用公路—Ⅰ级。全线设置桥梁93座18801延米,其中特大桥2座1676.5延米、大中桥75座16964.68延米、小桥16座160延米;隧道8座13925延米;涵洞(通道)163道;主线桥隧比35.39%。大中桥、涵洞、路基设计洪水频率1/100,特大桥设计洪水频率1/300。主线加连接线共计土石方1129.762万m^3,排水与防护工程62.2791万m^3。分离式立交33处,枢纽立交2处,天桥(含渡槽)11座,服务区2处。

营达高速公路以BOT模式建设,概算投资101.17亿元,平均每公里造价10337.3万元。依据招标文件,资本金投入36.17亿元,配套资金融资65.00亿元,其中国家发改委审批同意营达项目专项建设基金1亿元,贷款期限10年。成都华川公路建设集团有限公司(以下简称"华川集团")为项目业主。

2014年9月,四川营达高速公路有限公司(以下简称"营达公司")组建,负责营达高速公路建设、运营及管理,内设有工程、机料、合约、技术、安全环保、综合、财务及行政人事等职能部门,有营山、渠县、达川区3个区县指挥部。建设期间主要管理人员有骆晓红、杨开荣、赵学春、谢应武、钱印忠等。

项目勘察设计单位由中国公路工程咨询集团有限公司、四川省交通运输厅公路规划勘察设计研究院、四川省交通运输厅交通勘察设计研究院、山西省交通规划勘察设计院承担。施工单位由成都华川公路建设集团有限公司承担。监理单位正在进行招标程序。试验检测单位为川衡信公路工程试验检测有限公司。咨询单位为四川省交通运输厅交通勘察设计研究院。

2016年3月,营达高速各个标段陆续进场,进行开工准备工作,截至12月底,除L连接线标段外,其余8个标段已进驻现场,LJ01、LJ02、LJ03、LJ06、LJ07、LJ08标段已实质性动工。路线的桥梁施工跨越消水河、巴河、州河、铜钵河等大型江河段,尤其跨越消水河、巴河、州河采用高墩柱、大跨径连续刚构桥梁施工,存在一定难度。

营达高速公路铁山隧道效果图

(四)项目建设的意义及对沿线经济社会发展产生的影响

营达高速公路建成后将成为川东北通往西北、华中地区最重要的高速通道,极大缩短营山北向出川里程,对推动营山融入重庆,建设有影响力的山水田园城市和川渝合作示范县具有积极推动作用。营达高速公路建设将有效缓解营山县新店、消水、双流等20多个乡镇30多万群众出行难问题,助推沿线乡镇经济社会发展。加快推进营山至达州高速公路建设,是四川交通建设中的一件大事,更是川东北经济区特别是南充、达州两市人民翘首企盼的一件喜事。建成后将缩短达州至成都高速公路里程约110km,形成新的北向出川便捷通道,对进一步完善川东北经济区交通路网具有重要作用。

二十一、S26 绵西高速公路

(一)项目简介

S26绵阳至西充高速公路(以下简称"绵西高速公路")是《四川省高速公路规划网布局规划(2011年调整方案)》为优化经济区间路网引出10条联络线中的重要一条,是绵阳与南充直连通道,是绵阳经南充港进入嘉陵江水运航道的便捷路线。路线起于绵阳市三台县永明镇,接绵阳南环高速公路,经盐亭县、西充县,止于南充市顺庆区龟石坝与广南高速公路相接,与县道XB04线、XB10线、XB12线、XB24线、X114线、X115线、X133线、X131线、XR62线等县乡公路交叉,全长124.515km。2016年1月开工建设,预计完工时间2019年1月。

(二)项目前期工作

1. 项目审批

2013年5月22日,获四川省环境保护厅《关于绵阳至西充高速公路环境影响报告书的批复》;11月29日,获四川省发展和改革委员会《关于绵阳至西充高速公路项目核准的批复》。

2014年7月9日,获省交通运输厅初步设计及概算的批复文件;8月20日,获省发展和改革委员会关于变更绵西项目部分事项的核准批复文件。

2015年7月10日,获省交通运输厅施工图设计文件及预算的批复文件。

2. 招投标情况

招投标工作严格按照《中华人民共和国招标投标法》《四川省国家投资工程建设项目招标投标条例》等规定,于2015年9月采用自行招标组织形式和公开招标方式完成土建施工、土建监理、土建监理试验室的招标工作。

3. 征地拆迁

四川绵南高速公路开发有限公司(以下简称"绵南公司")专门成立综合协调处与绵西高速公路沿线各区(县)政府积极配合,负责征地拆迁工作。项目需永久性征地12174亩,总计已完成土地交付12146亩,占总量99%;拨付征拆资金7.64亿元,占总量85%。

(三)项目建设情况

绵西高速公路位于四川盆地西北的丘陵地区,总体地势平缓,属浅切丘陵地形。地形地貌主要受岩性控制,厚层砂岩常形成陡崖,泥岩常形成缓坡。勘察区地面高程为300~650m,最大高差316.1m,一般高差50~80m,最高点位于观鹿山,高630.6m,最低点位于观音河,高314.5m。勘察区地层岩性主要为砂、泥岩,常构成台阶状孤山包,山脉无一定走向,线路多从缓坡及丘间平坝穿过。

全线按双向四车道高速公路技术标准设计,设计速度80km/h,整体式路基宽24.5m,分离式路基宽12.25m,桥梁与路基同宽,沥青混凝土路面,桥涵设计汽车荷载采用公路—Ⅰ级。主线设置大桥79座19641延米,长隧道1座1370延米。特大桥设计洪水频率1/300,大、中、小桥、涵洞及路基1/100。互通式立交13处[永明(枢纽)、中太、塔山、忠孝、柏梓、盐亭北、黄甸、江家湾(枢纽)、金孔、凤和、占山(枢纽)、西充南、龟石坝(枢纽)],同步建设互通式立交连接线约15km。重点控制工程为梓江大桥和观鹿山隧道。

绵西高速公路以BOT模式建设,估算总投资102.92亿元,概算批复102.51亿元(其中建安费71.22亿元),预算批复94.48亿元。其中,资本金占总投资30%由业主负责筹集,其余70%申请银行贷款解决。四川省铁路产业投资集团有限责任公司、四川公路桥梁建设集团有限公司、成都华川公路建设集团有限公司、绵阳交通发展集团有限责任公司(代表绵阳市人民政府出资)和南充市经纬交通投资开发有限责任公司(代表南充市人民政府出资)五家股东共同出资成立绵南公司负责项目建设、管理及运营工作。

项目勘察设计单位为四川省交通运输厅公路规划勘察设计研究院、中交第二公路勘察设计研究院有限公司。施工单位为四川公路桥梁建设集团有限公司。监理单位为四川公路工程咨询监理公司、四川跃通公路工程监理有限公司、四川省公路工程咨询监理事务所、四川省亚通公路工程监理所、北京中通公路桥梁工程咨询发展有限公司、四川川桥工程试验检测有限责任公司、四川正达检测技术有限公司、四川金通工程试验检测有限公司、四川公路工程咨询监理公司(原四川正信重点公路工程试验检测有限责任公司)。

项目重点控制性工程为梓江大桥,左幅采用(30+72+130+72+13×30)m、右幅采用(30+72+130+72+12×30)m预应力混凝土连续刚构+T梁引桥的组合结构,下部结构主墩采用钢筋混凝土双薄壁实心墩、承台接群桩基础。

建设中的绵西高速公路梓江大桥

(四)项目建设的意义及对沿线经济社会发展产生的影响

绵西高速公路是四川省高速公路网规划中一条重要的二级城市通道,将支撑绵阳、南充次级枢纽建设发展,提高运输能力和质量,促进工业化,推进城市化,加快信息化,服务现代化。

二十二、S80宜叙习高速公路叙古段(在建)

(一)项目简介

S80宜叙习高速公路叙古段(以下简称"叙古高速公路")是四川省高速公路网规划建设的南向出川大通道宜宾—兴文—叙永—古蔺—习水(贵州)高速公路的一段,与乐宜、成自泸、纳黔、宜叙四条高速公路相接,对完善全省高速公路网络和构建川南地区高速公路网有重要意义。路线起于泸州市叙永县震东乡灯盏坪互通枢纽,与纳黔高速公路连接,经古蔺县箭竹乡、德耀镇、古蔺镇、永乐镇、太平镇,止于古蔺县二郎镇,通过赤水河大桥,与江(津)习(水)古(蔺)高速公路连接,全长65.739km。2013年5月开工建设,预计2020年5月建成通车。

(二)项目前期工作

项目获四川省发展和改革委员会下发《关于叙永至古蔺高速公路项目核准的批复》;获四川省交通运输厅下发《关于至古蔺高速公路初步设计文件的批复》和《关于叙永至古蔺高速公路施工图设计及预算文件的批复》;获国土资源部下发《关于叙永(震东)至古蔺(二郎)高速公路工程建设用地的批复》。

（三）项目建设情况

叙古高速公路位于四川盆地东南部，是盆周山区向云贵高原北部过渡的地带，整个区域地形地貌复杂起伏大，山包、平地交错，相对高差大，一般为50~200m，河谷地段相对高差近600m，山势陡峭，沟谷纵横。属盆缘山地地貌，最高处箭竹乡土地沟林场海拔1354m，最低处太平渡小河口300m，相对高差1054m。地势西高东低，南陡北缓。

全线采用双向四车道高速公路技术标准设计，设计速度80km/h，路基宽24.5m。主线设置桥梁84座（特大桥7座），隧道9座（特长隧道2座），桥隧比53%。互通式立交4处（另预留互通1处），枢纽互通1处，服务区1处，收费站4处（含四川、贵州省界收费站）。

叙古高速公路以BOT模式建设，概算总投资79.66亿元，分别由企业自筹和银行贷款解决。四川叙古高速公路开发有限责任公司（以下简称"叙古公司"）负责项目建设、管理及运营工作，建设期间主要管理人员有王中林、刘小波、石学川、李兴明等。

项目勘察设计单位为四川省交通运输厅公路规划勘察设计研究院；施工单位为四川路桥建设股份有限公司、四川路桥桥梁工程有限责任公司、四川公路桥梁建设集团有限公司；监理单位为四川公路工程咨询监理公司、太原市华宝通工程监理有限公司、四川省亚通公路工程监理所。

主要控制性工程为磨刀溪特大桥、螺丝寨特大桥、古蔺河1号特大桥、石亮河特大桥、天堂河特大桥、汪家岩隧道、太平渡隧道。叙古高速公路磨刀溪特大桥采用无支架缆索吊装施工技术，该技术工艺极其复杂，C100沥青混凝土是首次在国内桥梁工程应用，其科技含量极高且对桥梁工程发展意义重大。

目前，灯盏坪枢纽互通、古蔺西互通、古蔺东互通全部建设完成，太平互通A、E、D匝道已建设完成，其余匝道正在建设过程中。叙古高速公路通车56km，通车段起于叙永县震东乡灯盏坪枢纽互通，接纳黔高速公路。

（四）项目建设的意义及对沿线经济社会发展产生的影响

叙古高速公路建设对打造川南经济次高地及白酒金三角地区，构建成渝经济区和南贵昆经济区，促进川、滇、黔、渝结合部地区经济社会发展具有重要意义。对加快泸州区域性次级交通枢纽建设，进一步完善四川省高速公路网络和构建川南地区高速公路主骨架，促进区域优势资源开发和经济社会快速发展有积极作用。

二十三、S4203成都经济区环线高速公路德简段

（一）项目概况

S4203成都经济区环线高速公路德简段（以下简称"德简高速公路"）是成都平原城

市群城际交通网络重要组成部分。路线起于德阳市主城区北部黄许镇成绵高速公路,与G0511线德阳至都江堰段顺接,往南经德阳市中江县、成都市金堂县和简阳市,止于在建的成安渝高速公路,顺接成都经济区环线高速公路南段简阳至蒲江段,与省道106线、什德中快速路(规划)、中金快速路、积淮路、转龙大道、云又路连接,上跨成绵高速公路、成德南高速公路、成南高速公路、成安渝高速公路。路线全长105.56km。项目将增加成都市、德阳市、资阳市和眉山市之间的城际联系通道,完善成都平原城市群的交通网络,保障高速公路协调发展,与其他运输方式有效衔接,共同构建西部综合交通枢纽。计划于2017年4月1日开工,2020年3月31日竣工。

(二)项目前期工作

1. 项目审批

2016年4月11日完成审批;初步设计于2016年8月2日完成审批;施工图设计于2016年12月30日完成审批。

2. 招投标情况

2015年8月17日,德简高速公路投资人招投标结果公布,中国铁建联合体中标。

2016年8月4日,项目施工总承包合同签订,两家施工单位总承包于8月下旬完成指挥部驻地建设。

截至2016年底,完成施工图设计、施工图设计审查、施工监理、监理试验室等招标。

3. 征地拆迁

项目拆迁建筑物359334m², 占用土地13479.3亩,沿线区县政府作为征地拆迁工作主体,德简公司与施工总承包指挥部联合成立征地拆迁工作组配合,分区县开展工作。截至2016年底,金堂县交地70%,房屋拆迁80%;简阳市交地20%,房屋拆迁因临近春节暂未展开;旌阳区预计2017年1月开始交地;中江县暂未交地。

(三)项目建设情况

德简高速公路处于四川盆地龙泉山脉至盆地中部浅丘—深丘区,海拔450~900m,相对高差100~300m,总体地势北高南低,沿线分布侵蚀堆积地貌、构造剥蚀地貌、侵蚀构造地貌三大类型。

全线按双向六车道高速公路技术标准设计,设计速度120km/h,路基宽33.5m,桥涵设计汽车荷载采用公路—Ⅰ级,实行全封闭、全立交、完全控制出入、收费管理方式。全线设置桥梁98座22954.95m,隧道3座2789m,桥隧比24.42%。路基挖方2353.6万m³、填方2314.0万m³。互通式立交13处,其中枢纽型互通4处(德阳黄许枢纽互通、中江中兴枢纽互通、金堂广兴枢纽互通、简阳禾丰枢纽互通),分离式立交42处,通道258处,天桥

28处(含渡槽),服务区(与停车区合建)2处。

德简高速公路以BOT模式建设,概算总投资131.4964亿元,其中建筑安装工程费用82.3772亿元。按照协议,资本金至少25%为企业自筹,至多75%为企业融资。

2015年11月16日,中国铁建投资集团有限公司、中国铁建大桥工程局集团有限公司、中铁十七局集团有限公司联合体在德阳市注册成立组建四川德简高速公路有限公司(以下简称"德简公司")为项目法人。初步设计单位为四川省交通运输厅公路规划勘察设计研究院,施工图设计单位为中铁第一勘察设计院集团;全线划分为两个施工总承包合同段,建设单位分别为中国铁建大桥工程局集团有限公司和中铁十七局集团有限公司;监理单位为北京中交安通工程技术咨询有限公司和四川公路工程咨询监理公司;试验检测单位为陕西海嵘工程试验检测有限公司和山东铁正工程试验检测中心有限公司。

项目施工提出"合理布局,精心安排;突出重点,全面展开;科学组织,均衡生产;措施合理,确保工期"的总原则,先期安排征地拆迁、临时设施施工、组织施工设备及人员进场,具备施工条件后,迅速展开施工;以4个枢纽互通、五龙环溪河特大桥、廖家沟特大桥、林家山隧道、马鞍村隧道等控制性工程为节点,以点带面全面铺开建设。

(四)项目建设对沿线经济社会发展产生的影响

项目建设将完善四川省高速公路网规划,满足通道内和区域内交通需求日益增长,提高项目沿线交通保障和抗灾能力,强化天府新区辐射带动作用,推动成都经济区一体化发展,促进成渝地区经济协调发展,支撑四川省加快建设西部经济发展战略高地。

二十四、S4203成都经济区环线高速公路蒲都段

(一)项目简介

成都经济区环线高速公路蒲江至都江堰段是《四川省高速公路网规划(2014—2030年)》规划的完善区域城际网络高速公路的重要组成部分。线路全长101.701km,连接线全长16.283km。项目通过天华枢纽互通与成雅高速公路相接、通过平乐东枢纽互通与邛名高速公路相接、通过胡家沟枢纽互通与大邑至西岭雪山高速公路(尚未建成)相接。项目于2016年9月开工,预计于2020年建成通车。

(二)项目建设情况

该项目建设区域以平原微丘地形为主,由东向西从成都平原逐渐以丘陵地形过渡到龙门山脉。总体上,地形呈西高东低的趋势,路线走廊主要在成都平原和龙门山过渡地带的丘陵区展布。走廊带地貌根据成因类型可分为侵蚀冲积平原地貌、构造剥蚀低山丘陵地貌两类。

S4203 成都经济区环线高速公路蒲都段天华枢纽交通示意图

该项目主线采用双向六车道高速公路标准建设,设计速度 120km/h,路基宽度 33.5m,隧道建筑限界 15.25m×5.0m。街子连接线采用双向四车道一级公路标准,设计速度 80km/h,路基宽度 24.5m。均采用沥青混凝土路面,桥梁与路基同宽,汽车荷载等级为公路—Ⅰ级,特大桥设计洪水频率 1/300,一般大、中、小桥、涵洞及路基 1/100。全线设主线桥 100 座 32864 延米,其中特大桥 6 座 14024m、大桥 63 座 17340m、中桥 31 座 1500m;涵洞、通道 173 道;全线共设隧道 2 座 902m;设互通式立交 14 处(含 3 个枢纽互通),天桥 17 座,分离式立交 16 座;路基计价土石方 3479.5206 万 m^3。连接线全长 16.283 km,设主线桥 6 座 399m,大桥 1 座 129m,中、小桥 5 座 270m;设平交口 24 处;路基计价土石方 81.743 万 m^3。成青联络线长 1.727km,路基计价土石方 7.86 万 m^3。桥隧占全线总长度 33.7%。全段采用沥青混凝土路面。设置完善的交通安全、服务和管养设施,设服务区 2 处,停车区 2 处,匝道收费站 11 处,养护中心 3 处。主要控制性工程有 9 处:天华枢纽互通(浦江县)、平乐东枢纽互通(邛崃市)、胡家沟枢纽互通(大邑县)、蒲江河特大桥(浦江县)、韩石特大桥(浦江县、临溪河特大桥(浦江县与邛崃市)、邺江河特大桥(邛崃市与大邑县)、朱河坝特大桥(大邑县)、都江堰特大桥(都江堰市)。项目估算总投资 172.53 亿元,其中主线估算投资约 161.9 亿元,街子连接线估算投资约 10.63 亿元。采用 BOT 模式,投资人为中国铁建股份有限公司(牵头人)和中国中铁股份有限公司组建的联合体。

该项目项目资本金占总投资的 20%,由项目投资人自筹,其余 80% 申请银行贷款。2016 年 6 月,投资人组建四川天府机场高速公路有限公司作为项目法人,于 2016 年 11 月 16 日,成立中铁建昆仑投资集团有限公司蒲都高速公路总承包指挥部作为建设指挥部,指挥部对蒲都高速公路的建设管理负全面责任。指挥部总定员 20 人,其中指挥部领导职数 6 人,设指挥长(党工委书记)1 人、常务副指挥 1 人、副指挥 1 人、总工程师 1 人、总经济师1人、安全总监1人。指挥部下设"六部一室"：工程管理部、安质环保部、物资设备部、计划合同部、财务部、前期工作部、综合办公室（党群工作部）。主要参建单位：勘察设计单位为中铁第四勘察设计院集团有限公司（招标工作正在进行中）；施工单位为中铁十一局集团有限公司、中铁十四局集团有限公司、中铁二十四局集团有限公司、中国铁建大桥工程局集团有限公司、中铁二十三局集团有限公司、中铁十五局集团有限公司等11家单位；监理单位、试验单位招标工作正在进行中。路面土建划分3个标段，交安设施、环保绿化、房建、机电标各划分一个标段，施工单位暂未进行招标。

（三）项目建设的意义及对沿线经济发展产生的影响

该项目建成后，将进一步完善区域和成都市的综合交通运输体系，推动成都市城乡统筹发展，强化周边旅游产业营销推广，对构建四川省西部综合交通枢纽成都主枢纽，实现成都市、德阳市、资阳市、眉山市等市州的合作发展具有重要意义。从时间、效率上来讲，该高速公路建成后，起始点之间只需要1个小时车程就能到达，将为"一小时城市生活圈"的实现增添有力保障。

二十五、S4203成都经济区环线高速公路简蒲段

（一）项目简介

S4203成都经济区环线高速公路简蒲段（以下简称"简蒲高速公路"）是《四川省高速公路路网布局规划》成都平原城市群城际交通网络组成的环线高速公路中的一段，位于环线南段，从成都天府新区南侧外缘通过。路线起于简阳市禾丰镇（K182+350），对接德简高速公路，止于蒲江县天华镇（K308+727），对接蒲都高速公路，与成安渝高速公路、成渝高速公路、成自泸高速公路、成乐高速公路、成雅高速高速公路相交。全长126.40km，其中简阳市境内45.01km，仁寿县境内39.12km，眉山市东坡区境内28.84km，眉山市彭山县境内8.45km，成都市蒲江县境内4.98km。是四川省高速公路网和西部交通枢纽的重要组成部分，是贯穿成都经济区中间区域重要的走廊。2014年11月30日开工，计划2017年11月30日竣工通车。2016年12月31日，简蒲高速公路禾丰互通至古佛互通61km完成建设，开始试运营。

（二）项目前期工作

1. 项目审批

2013年11月，项目工可编制完毕；11月25日，四川省交通运输厅下发《关于成都经济区环线高速公路简阳至蒲江段核准审查意见》；11月29日，四川省发展和改革委员会以

《关于成都经济区环线高速公路简阳至蒲江段项目核准的批复》核准简蒲高速公路项目。

2014年2月8日,获四川省交通运输厅《关于成都经济区环线高速公路简阳至蒲江段初步设计文件及概算的批复》;11月26日,获四川省交通运输厅《关于成都经济区环线高速公路简阳至蒲江段两阶段施工图设计文件及预算的批复》。

2. 招投标情况

经四川省发展和改革委员会核准的项目招标事项,对勘察设计单位(初步设计、施工图设计)、土建施工监理(监理试验室)、机电施工监理单位、机电工程采购(含安装)单位及交工验收质量检测单位实施公开招标,招标过程按照招投标法、招投标实施条例及四川省交通运输厅对招标的相关要求,在法定媒介和网站发布招标公告,在四川省政府政务服务和公共资源交易中心开标评标,按照有关要求定标和备案。其中勘察设计单位由眉山市、成都市、资阳市公开招标确定单位并签订勘察设计合同后,按照项目特许权协议有关条款将相关合同义务转让给简蒲公司;土建工程(含交安、绿化、房建)施工单位根据招标核准意见、特许权协议和四川省交通运输厅相关规定,由中铁二十局集团有限公司实施总承包施工。

3. 征地拆迁

简蒲高速公路征地拆迁采取政府综合单价包干,政府为工作主体,项目公司配合的模式。简蒲公司成立以总经理为组长的征地拆迁工作领导小组,征地拆迁协调部负责具体的征地拆迁业务工作。截至2016年底,项目主线用地1.63余万亩已经全部移交(含补征地);线外用地根据线外工程用地需要全部完成征占;房屋拆迁剩余1户未拆迁;2处电力线和2处天然气管道正在进行迁改,其余杆线全部拆迁完毕。

(三)项目建设情况

简蒲高速公路沿线地形以平原微丘为主,在眉山市文宫镇附近及蒲江县附近分别由龙泉山脉的二峨山和长秋山南北隔断,由东向西呈平原、丘陵、低山、相间(平行)分布。沿线地貌分为侵蚀堆积地貌、构造剥蚀地貌及构造侵蚀地貌三大类。

全线按双向六车道高速公路技术标准设计,设计速度100km/h,路基宽33.5m,桥涵设计汽车荷载采用公路—Ⅰ级。全线设置桥梁113座22267.19m,隧道2座4228m,涵洞及通道554座22954.4m,桥隧比21%。路基土石方5260.2万m^3。互通式立交17处(枢纽互通5处,一般互通12处),另建互通式立交连接线9条6.7km,按一、二级公路标准建设。设置收费站12处、服务区2处、管理分中心1处、养护工区2处。

简蒲高速公路以BOT模式建设,概算投资155.11亿元,资本金占总投资25%,由项目业主负责筹集,其余75%申请银行贷款。

第四章
高速公路建设

简蒲高速公路古佛互通

简蒲高速公路沱江特大桥

根据眉山市人民政府、成都市人民政府、资阳市人民政府与中国铁建投有限公司、中铁二十局集团有限公司签订的投资协议约定,组建成都经济区环线高速公路简蒲段的项目法人,即中铁建四川简蒲高速公路有限公司(以下简称"简蒲公司"),设总经理1人,副总经理2人、副总经理兼总工程师1人,财务总监1人为主要管理人员。

简蒲高速公路勘察设计单位为四川省交通运输厅公路规划勘察设计研究院和中交第一公路勘察设计研究院有限公司。施工单位为中铁建四川简蒲高速公路施工总承包指挥部(中铁二十局集团有限公司)、中铁十二局集团电气化工程有限公司、中国铁建电气化局集团第一工程有限公司。监理单位为北京中港路通工程管理有限公司、四川省公路工程咨询监理事务所、四川省亚通公路工程监理所、四川省公路工程监理事务所、中咨公路工程监理咨询有限公司。试验检测单位为陕西恒泰公路科技有限公司、四川省交通运输厅公路规划勘察设计研究院、成都市公路工程试验检测中心有限责任公司、长春春原工程检测有限公司。

简蒲高速公路主要控制点有简阳市沱江特大桥、眉山市和东坡区岷江特大桥、仁寿县二峨山隧道、眉山市与蒲江县交界长秋山隧道。其中沱江、岷江特大桥深水施工、桥梁跨度大、主梁采用挂篮悬臂浇筑；二峨山、长秋山双向六车道长隧道、瓦斯隧道跨度大，瓦斯隧道地质差。沱江、岷江两座特大桥通过制订专项施工方案，加强监控，已顺利合龙；二峨山、长秋山双向六车道长隧道、瓦斯隧道通过定期召开瓦斯隧道专家联席会"诊断"，顺利实现贯通。

（四）项目建设的意义及对沿线经济社会发展产生的影响

简蒲高速公路建设将助力眉山、成都、资阳三市经济发展，成为连接成都经济区核心区和7个次级经济中心快速城际通道的重要组成部分。

（五）项目特色

降低融资成本——借力"互联网+"平台建设简蒲高速公路

2015年以来，简蒲高速公路借力"互联网+"平台，积极推广云信电子支付，利用集团公司授信资源，降低资金保有量，挖潜结算收益，培育新的利润增长点，降低融资成本。截至2016年底，简蒲公司采用云信支付工程款30355万元，节约了资金成本。

二十六、天府国际机场高速公路

（一）项目简介

成都天府国际机场高速公路是《四川省高速公路网规划（2014—2030年）》16条成都放射线中成都至资阳至重庆高速公路的重要组成部分，是成都天府国际机场场外综合交通体系重要交通项目，是联系成都和重庆之间的第四条高速公路大通道。

项目设置主线、起点入城连接线、天府支线和机场南线4段，经成都市锦江区、天府新区、龙泉驿区、高新东区（空港新城）、简阳市，全长88.286km。其中，主线起于锦江区三圣乡绕城高速公路，沿成渝客专并行，以隧道穿越龙泉山至简阳境，设枢纽互通接第二绕城高速公路，经天府机场T1/T2互通接天府国际机场，再向东延伸连接至在建的成都经济区环线高速公路（第三绕城高速公路），路段长57.015km（不含天府机场T1/T2主线重复路段长度3.2km）。起点入城连接线与主线在绕城高速公路白鹭湾枢纽互通处对接，向城内方向延伸至成都三环路，路段长2.796km。天府支线起于成自泸高速公路正公路互通式立交，对接正公路快速通道连接天府新区，向东延伸至双流区太平镇设冷家河坝枢纽互通与主线相接，路段长9.784km（不含冷家河坝枢纽互通主线长度1.2km）。机场南线起于天府国际机场高速公路正线，设南北分叉涌泉枢纽互通，经成都天府国际机场南侧止于成都经济区环线高速公路太医沟互通，接规划建设的成（都）宜（宾）高速公路，路段长

18.691km。

成都天府国际机场高速公路主线、起点入城连接线、天府支线于2016年8月开工,预计2019年底建成通车;机场南线根据机场建设需要择期实施。

天府国际机场高速公路开工仪式

(二)项目前期工作

1. 项目审批

2016年8月,地灾、压矿、地震安评、水保、选址论证、社会稳定评估、环评、节能、用地等项目核准要件基本齐备,具备评审条件;8月22日,四川省发展和改革委员会委托省工程咨询院组织,召开项目核准申请报告专家评审会;8月29日,获得项目工可批复与项目核准;10月12日,完成初步设计阶段安全性评价项目评审;12月30日,取得项目初步设计批复。

2. 招投标情况

施工单位、施工监理、监理试验室均已招标完成。

3. 征地拆迁

根据项目招标文件、投资协议、特许权协议及国家、地方相关法律、法规规定,地方政府作为征地拆迁工作主体,负责项目工程建设用地及临时用地征收拆迁工作。规划建设用地共计599.656公顷,截至2016年底已交付95.671公顷,拨付资金5.5亿元。其中,锦江区总计建设用地49.965公顷,未交地,拨付资金0.5亿元;龙泉驿区总计建设用地4.036公顷,未交地,未拨付资金;天府新区总计建设用地232.343公顷,已交地28.6公顷(太平镇),拨付资金1亿元;简阳市总计建设用地313.31公顷,已交建设用地93.765公顷,拨付资金3.5亿元。

(三)项目建设情况

天府国际机场高速公路地处四川盆地中部,沿线地形地貌分为平原、河谷、断褶低山、浅丘及微丘四种类型。平原主要分布于线路起点至龙泉山脚下,地形平坦,主要为郊区以及城市边缘。河谷地貌主要沿沱江及其支流两岸呈断续分布,主要由河漫滩、Ⅰ级阶地、高阶地等组成。丘陵地貌是项目所穿越的主要地貌类型,丘陵山地地貌分为浅切丘陵、中切丘陵和深切丘陵。断褶低山分布于龙泉山主峰及两侧,山地高程一般为500~980m,最高海拔1059m,谷地窄深,呈"V"字形,纵向谷沟与山脉走向近于平行,形如梳状,常见悬崖峭壁,地势陡峻。浅丘及微丘分布于龙泉山东麓,2号隧道出口至路线止点之间。路线从简阳市五指乡龙泉山东麓出洞后,进入从低山向微丘过渡的浅丘地带,丘顶相对高度40~50m,跨过第二绕城高速公路后,进入微丘区,一直到路线止点,丘顶相对高度多数在30m以下,一般仅20m左右。

主线成都绕城至天府国际机场北段采用双向八车道高速公路技术标准[龙泉山隧道段分离式路基采用路基宽17.25m三车道(客车道)+路基宽度13.25m双车道(货车道)的双向十车道高速公路技术标准]设计,设计速度120km/h,路基宽42.0m;天府国际机场北至成都经济区环线高速公路采用双向六车道高速公路技术标准设计,设计速度100km/h,路基宽33.5m;天府支线采用双向六车道高速公路技术标准设计,设计速度120km/h,路基宽34.5m;起点入城连接线采用双向八车道的一级公路技术标准设计,设计速度100km/h,路基宽37.0m,横断面参照城市道路布置;桥梁与路基同宽。沥青混凝土路面,桥涵设计汽车荷载采用公路—I级。特大桥设计洪水频率1/300。设置服务区1处(高明服务区),收费站8处(其中主线收费站2处,为白鹭湾互通和机场T1/T2互通主线收费站;匝道收费站6处,为白鹭湾互通匝道收费站、车城匝道收费站、华龙匝道收费站、机场T1/T2互通匝道收费站、双简收费站、高庙收费站)。

天府国际机场高速公路以BOT模式建设,机场北线批复概算165.38亿元(含建设期贷款利息8.82亿元),建筑安装工程费110.47亿元。资本金占总投资的20%,由项目业主负责筹集,其余80%申请银行贷款解决。

项目建设内容包括起点连接线、主线和天府支线,线路全长69.595km,主要工程有桥梁37座(特大桥5座21670.5m、大桥32座6930.54m,占路线长度41.1%);隧道2座4617m,占路线长度的6.63%;涵洞及通道217座;渡槽及天桥12座;桥隧比47.7%。本期工程土石方累计2483.8万m^3。互通式立交10处(其中枢纽互通5处、一般互通5处,分离式立体交叉5座),服务区1处(两侧布置,场坪占地面积20.07公顷),收费站8处,养护工区2处,监控站1处,监控分中心1处,变电所3处。公路用地599.656公顷。

2016年6月,项目建设单位中国中铁股份有限公司(牵头方)和中国铁建股份有限公司(成员)组成联合体成立四川天府机场高速公路有限公司(以下简称天府机场高速公路公司),负责项目建设、经营管理及移交工作。公司按现代企业制度实行董事会领导下的总经理负责制,设股东会、董事会、监事会、经营管理机构,其中经营管理机构按建设期和运营期两个阶段设置。项目主要管理人员有董事长赵爱军,总经理杨继全,副总经理、总工程师李勤良,副总经理、总会计师邓勇,副总经理郝燕春、李维等。

项目勘察设计单位为四川省交通运输厅公路规划勘察设计研究院。截至2016年底,根据项目特点,将建设任务暂分为10个施工合同段,路面施工任务由TJ4标和TJ6标分别承担,预埋管线和交安工程纳入路面工程一并实施;房建、机电工程由TJ8标承担;绿化及环境保护工程由各个土建合同段分别实施,监理标划分为3个标段,2个监理试验室。

天府国际机场高速公路龙泉山隧道效果图

（四）项目建设的意义及对沿线经济社会发展产生的影响

天府国际机场高速公路是四川省首条双向八车道高速公路,是成都天府国际机场交通基础设施配套工程,也是进出四川的重要通道和窗口,项目建成后,将有效衔接成都经济区环线高速公路、资(阳)潼(南)高速公路、成(都)宜(宾)高速公路,在支撑成都天府国际机场加快打造航空枢纽的同时,支持新机场周边临空经济区发展,进一步增强天府新区向外的联系和辐射带动作用,促进成渝经济区双核协调发展,对巩固成都国家中心城市地位、发展四川经济有着积极意义。

二十七、宜宾城市过境高速公路西段（在建）

（一）项目简介

宜宾城市过境高速公路西段是《四川省高速公路网规划（2011年调整方案）》的一条重要城市环线。路线起于乐宜高速公路中峰寺附近,向南经宜宾市翠屏区宗场、思坡,跨岷江,进入宜宾县高场境内,经宜宾县喜捷后接宜水高速公路柏溪互通,利用宜水高速公路约6km后向东展线,止于翠屏区赵场境内宜昭高速公路赵场互通,全长38.644km。2014年3月正式开工建设。

（二）项目前期工作

1. 项目审批

全面完成用地预审、长江上游珍稀鱼类国家级自然保护区水生生态影响评价、环境影响评价、水土保持、矿产压覆、地震安评、规划选址意见书、地质灾害评估、通航论证、节能评估、社会稳定风险评估报告11项专题审批。

2013年11月29日,获四川省发展和改革委员会《关于宜宾过境高速公路西段项目核准的批复》。

2014年7月9日,获四川省交通运输厅《关于宜宾城市过境高速公路西段项目初步设计及概算的批复》。2015年9月14日,获四川省交通运输厅《关于宜宾城市过境高速公路西段施工图设计文件及预算的批复》。

2. 招投标情况

经公开招投标,四川宜宾伊力集团有限公司、邢台路桥建设总公司、中交远洲交通科技集团有限公司组成的联合体中标投资建设。

施工图设计由中交远洲交通科技集团有限公司中标;监理由四川省亚通公路工程监理所中标。工程施工按省发展和改革委员会批复意见及国家、省相关规定,由具备相关资质条件和履约能力的投资人邢台路桥建设总公司总承包施工。

3. 征地拆迁

按照《投资协议》,宜宾市政府作为征地拆迁工作主体,协调项目沿线各区县组织实施征地拆迁工作。截至2016年底,项目全线征地拆迁工作已全面完成。

(三)项目建设情况

全线按双向四车道高速公路技术标准设计,设计速度80km/h,路基宽24.5m。主线设置桥梁74座,长隧道1座,通道及涵洞159道,天桥21座。互通式立交8处,服务区1处。

项目经省政府授权宜宾市以BOT模式建设,估算总投资37.48亿元,由业主自筹和银行贷款解决。2013年11月,投资人按照投资协议组建宜宾过境高速公路投资有限公司负责项目筹资、建设、管理及运营工作。

项目勘察设计单位为中交远洲交通科技集团有限公司。施工由具备相关资质条件和履约能力的投资人邢台路桥建设总公司总承包施工,分4个标段,分别为K0+000~K11+893.066(一分部)、K11+893.066~K12+546.566(二分部)、K12+546.566~K23+800(三分部)、XK0+000~XK7+250(四分部)。其中二分部主要工程为岷江特大桥,施工难度较大,采用专业分包,由中国铁建港航局集团有限公司承建。监理单位为四川省亚通公路工程监理所。试验检测单位为四川建功建设工程检测有限公司宜宾绕城JL1监理试验室。

项目自开工以来,首先展开岷江特大桥、喜捷互通、中峰寺互通等控制性工程建设,目前正在全线施工。

截至2016年底,累计完成挖方292万m^3,填方293万m^3,路基工程完成约41%;桥梁工程完成桩基263根,系梁82道,墩柱60根,盖梁16片,预制梁板14榀,桥面铺装1827m^2,桥梁工程完成约10%;盖板涵完成89m,管涵完成2654m,涵洞工程完成约37%。

项目复杂技术工程为岷江特大桥横跨岷江,主桥桥跨组(116+288+116)m+5×25m,上部结构(116+288+116)m为双塔单索面沥青混凝土斜拉桥,主梁采用近似三角形沥青混凝土断面,墩、塔、梁固结,主桥5×25m上部为装配式预应力沥青混凝土小箱梁(后张),简支结构;主桥下部主墩采用双薄壁墩,14根ϕ2.5m群桩基础,辅助墩采用单薄壁墩,6根ϕ1.5m群桩基础。小箱梁及过渡墩采用柱式墩,桩基均采用钻孔灌注桩基础。

引桥为21×25m预应力沥青混凝土小箱梁(后张)+8×40m简支T梁+11×25m预应力沥青混凝土小箱梁(后张)+3×40m简支T梁+5×25m预应力沥青混凝土小箱梁(后张);下部结构采用柱式墩接桩基础,桥台采用柱式台、桩基础。

(四)项目建设的意义及对沿线经济社会发展产生的影响

项目建成后,宜宾城市过境高速公路将进一步完善,有机衔接宜宾市区域内多条高速公路,在宜宾城区外围形成环状快速大通道,对强化宜宾市川滇黔区域交通枢纽中心地位、完善对外交通体系、分流城市过境交通、缓解城市道路交通拥挤等将起积极作用。

第三节　高速公路建设管理

一、管理体制

20世纪90年代,四川省建设高速公路主要采取由各级政府牵头组建建设指挥部模式。20世纪末,改用项目法人模式。2005年,四川省全面开放高速公路投资建设市场,采取多元化融资方式,高速公路建设实现跨越式发展。至此,四川形成了"政府主导、统一规划、分级负责、部门联动、多元主体、市场运作"的高速公路建设管理模式。实践证明,这一模式适应四川实际,有力地推进四川高速公路健康快速发展。

1987年,四川省政府成立以蒲海清副省长为指挥长的四川省重点公路建设指挥部,主要负责成渝高等级公路(后升级为成渝高速公路)建设。四川省重点公路建设指挥部既是议事协调机构,又承担施工招标、合同管理等项目业主职责,还承担项目征地拆迁、工程质量安全管理等政府职能。期间四川省高速公路建设大多采用"一路一公司(指挥部)"的模式建设。1993年4月,省重点公路建设领导小组批准成立四川成绵高速公路建设指挥部。1994年5月,成立四川西南高速公路股份有限公司;7月,成立川西高等级公路开发股份有限公司;8月,成立四川南方高速公路股份有限公司。高速公路建设指挥部负责组织领导高速公路的设计审核、工程招标、征地拆迁、物资供应、施工组织、工程监理、计量支付、建设资金管理和建设管理的协调工作;高速公路公司主要负责对外签订合同。指挥部模式下的行政干预对工程的组织、直接管理工作还是发挥了积极作用。这种模式的弊端在于同一个项目出现两个重叠交叉主体,导致政企不分,责任不明,权属边界不清。

20世纪末,国家高速公路建设管理的法规制度逐步建立健全,高速公路建设管理逐步规范化。1996年1月,国家计划委员会制定《关于实行建设项目法人责任制的暂行规定》,明确规定"由项目法人承担投资风险,对工程项目的建设及建成后的生产经营实行一条龙管理和全面负责"。1998年1月,《中华人民共和国公路法》颁布实施,明确规定公路建设项目应当"按照国家有关规定实行法人负责制度、招标投标制度和工程监理制度"。2000年10月,交通部颁布《公路建设市场准入规定》,对公路建设项目法人的准入条件进行了原则性的规定,明确项目法人资格实行审查审批制。2001年9月,交通部印发《公路建设项目法人资格标准(试行)》,对《公路建设市场准入规定》细化项目法人的资格标准认定;2004年12月,交通部出台《公路建设市场管理办法》,明确项目法人可以自行管理公路建设项目,也可委托具备法人资格的项目建设管理单位进行项目管理,并将项目法人和项目建设管理单位的资格审查由审批制变更为备案制。

在此期间,四川高速公路建设在招标投标制、项目监理制、合同管理制等高速公路项目建设具体管理方面开展了一系列有益的探索。2001年,四川省制定《四川省〈公路建设市场准入规定〉实施办法》。四川省高速公路建设招投标、设计变更和分包管理、质量保障、造价管理等方面逐步规范。2003年起在全省工程建设中率先推行最低评标价法,并建立"政府监督、社会监理、企业自检"三级质量保障体系。

1997年10月,四川省重点公路建设指挥部与省交通厅高速公路管理局合并组建高速公路管理局,负责全省高速公路、重点公路(桥梁)在建项目的管理和已建成后的高速公路的行业管理和协调。全省高速公路建设任务主要由各项目法人(指挥部/股份公司)组织实施。

1999年5月,四川省撤销各高速公路项目公司的高速公路建设指挥部,改由项目法人独立承担项目投资、资金筹集、工程质量、投资效益、债务偿还、国有资产保值增值和给投资者合理回报等责任。同时成立高速公路建设协调领导小组,承担综合协调职能。项目法人对项目的策划、资金筹措、建设实施、生产经营、债务偿还和资产的保值增值,实行全过程负责。

2005年,国务院进一步深化改革、扩大开放,树立更加开放的发展观念,创造良好的投资发展环境,更好地发挥市场化配置资源的作用,发文鼓励、支持和引导非公有制经济发展。

第四章
高速公路建设

四川省在高速公路建设中大胆探索投融资体制的改革,在全国首次实行高速公路BOT项目公开招标、在招标中实行最低收费期限中标。2005年9月,四川省第一条进行BOT国内公开招标试点的高速公路乐(山)宜(宾)高速公路项目投资签约,山东省高速公路集团有限公司以最低收费期限报价成功中标。2006年3月,以绵阳、遂宁两市政府为组织实施主体,四川汉龙集团、中铁二局集团有限公司为投资人的绵(阳)遂(宁)高速公路BOT建设项目在成都签署投资协议。该路系全省第一条由地方政府以BOT方式组织实施建设的高速公路项目。至此,四川省全面开放高速公路投资建设市场,打破省级交通主管部门独家建设高速公路的模式,由省政府授权市(州)政府通过BOT等方式建设规划内高速公路,多方参与、多种方式推动高速公路建设大发展。截至2016年底,四川省已成功招商43个高速公路项目,总里程4249km,引进国有、民营企业共24家,吸纳社会投资约4152亿元。2016年,全省建成通车的高速公路BOT项目已达到14个,运营总里程1279km,"政府主导、统一规划、多元主体、市场运作"的高速公路建设投资新格局已初具规模。

2010年,四川省人民政府整合川高公司、成渝高速公司和港航公司,组建四川交通投资集团,充分发挥多级融资平台的功能,引领、集中各类社会资金投向高速公路在内的重大交通基础设施项目,推进四川省重大交通基础设施建设。

四川省高速公路建设还曾出现市企共建、多个投资人联合投资建设的混合投资模式。第一类是市企共建项目,由市(州)政府和省交通投资平台共同出资,由市(州)政府负责征地拆迁工作及有关费用,由企业负责筹集项目建设的其他费用,主要有巴中至达州高速公路、达州至万州高速公路、广巴广陕高速公路连接线、攀枝花至丽江高速公路、仁寿至井研高速公路等项目。第二类是由政府以财政资金注入BOT项目作为项目资本金,成立股份制项目法人企业,政府按比例享有相应股权,主要有绵阳至西充高速公路、叙永至古蔺高速公路等。这类混合投资模式中地方政府投入资金所占比例较低,一般不参与项目法人的组建及建设管理工作。第三类是国有资本和民营资本联合投资四川省BOT项目建设,共同组建项目法人企业,如绵阳至西充高速公路等。

2014年,四川省进一步解放思想、创新思维,立足改革创新,探索采取BOT、BOT+政府补助、BOT+股权合作等PPP投融资新模式,加快推进四川高速公路建设发展。2016年,巴(中)万(源)高速公路BOT+股权合作模式招商成功。在此阶段,四川省逐渐形成"政府主导、统一规划、分级负责、部门联动、多元主体、市场运作"的高速公路建设管理新体制。四川省高速公路多元化投资建设的新格局基本建立,为四川省高速公路建设跨越发展提供了坚实的基础。

在这种体制下,高速公路建设的责任主体由省级交通运输主管部门转变为市(州)人民政府。省交通运输主管部门主要负责编制全省高速公路中长期发展规划和近期建设规划,指导高速公路项目的管理、投资人招商、项目法人组建等工作,按规定履行高速公路项目基本建设程序监督、前期工作管理、建设市场管理、项目建设管理、资金管理和投资管理、监督检查等相关职责。市(州)交通运输局(委)负责指导、监督经营性高速公路组建项目法人,履行高速公路项目基本建设程序监督、前期工作管理、建设市场管理、项目建设管理、资金管理和投资管理、监督检查的相关职责。除极少数具有特殊意义的高速公路项目,如雅(安)康(定)、汶(川)马(尔康)等藏区高速公路由省政府指定四川交投集团具体实施外,四川省高速公路建设主要由通过市场化竞争方式产生的社会投资人及高速公路项目法人具体实施。

二、建设市场管理

1989年,交通部出台《公路工程施工招标投标管理办法》,开始规范公路项目施工招标主体和投标人的行为。1990年,四川省要求所有的公路建设项目均需选择持有相应设计资质等级证书的单位承担勘测设计,非交通系统施工企业参与投标前均需取得交通行政部门认证。

1992年1~3月,由重庆交通学院和四川省交通厅公路设计院具体承办四川省第一期公路工程监理工程师培训班,学员通过考试被授予结业证书。省厅公路设计院有70多名技术人员参加了培训通过了考试,省厅公路设计院组建公路工程监理事务所,并于1992年6月被交通部批准为甲级监理单位,具有在全国范围内承担高等级公路、大型桥梁和隧道施工监理咨询资格。

1992年10月,受交通厅和省技监局的委托,省厅公路设计院举办了四川省公路工程质量监督检测人员岗位培训班,17名在岗的检测人员全部参加强化培训,经交通厅和省技监局组织考试,参加培训的人员全部合格,均领取到四川省产品质量监督检验证和四川省产品质量检验员证,实现了持证上岗。

1992年初,组建成立四川省公路工程质量监督检验站。1993年1月,四川省公路工程质量监督检验站经省技监局批准,取得"计量合格证""评审合格证",并开始行使对全省社会公路工程质量监督检验职能。

1994年9月,根据交通部《中华人民共和国公路管理条例实施细则》,四川省交通厅制定《四川省公路建设市场管理办法》,从事公路设计、施工、监理单位均需取得公路建设资格许可证。同时颁布《四川省公路小型基本建设监理工程师注册管理办法》,规范全省监理工程师管理。1994年底,全省共有120人获得交通部监理工程师资格注册,57人获得部专项监理工程师资格注册,全省共有3家监理单位取得合法资格。

1995年,按照《四川省公路建设市场管理办法》的规定,四川省对拟进入四川省公路建设市场从事勘察、设计、施工、监理等单位的资历、能力、实绩进行市场准入审查,对符合条件的颁发"四川省公路建设资格许可证",并明确其从事公路建设的范围。贯彻"许可证"制度分两步走,第一步,首先在省、市重点公路建设项目实施。新上和在建项目都必须办理和补办"许可证",该工作在1995年上半年内完成。第二步,推广到县、乡公路等一般公路建设。首批完成了90多家从业单位的审查,58家取得许可证,其中施工单位45家(一级27个、二级13个、三级5个)、勘察设计单位12家、监理单位1家。

同年7月,交通部发布《公路水运工程监理单位资质管理暂行规定》,对从事公路水运工程的监理单位进行资质认定,四川省获得交通部批准的监理单位达5家。

1996年,四川省对取得许可证的单位实施资信追踪调查,定期(每季度)进行考核,将资信情况按时间顺序记录在其资信档案中,作为公路建设资格许可证的复审换证和工程招标资信审查的重要依据。同年,交通部发布《公路建设市场管理办法》,要求对公路建设从业单位进行资信登记,进行市场准入审查。

1997年,四川省交通厅建立从业单位的激励机制和制约机制。对于资信较好的单位给予了通报表扬。对于资信较差的从业单位,视其情节可分别给予缩小许可证资格范围、全省通报批评、限制参与投标、取消其公路建设资格许可证等制裁措施。

1998年,根据资信调查情况,四川省交通厅通报了存在质量、安全或管理问题的内宜高速公路宜宾岷江二桥、成雅高速公路魏口大桥、羌江大桥的施工单位和监理单位以及相关人员,提出处理意见。

1999年3月,四川省交通厅发文通报8家存在严重质量问题的公路施工企业,对其中2家单位取消公路建设资格许可证、取消四川省境内公路施工投标资格;6家黄牌警告。11月,查处国道108广南段高速公路跨线机耕道桥垮塌事故的责任单位,取消施工单位和监理单位2年的投标资格。

2000年5月,四川省交通厅查处国道108广南段高速公路存在质量问题的4座隧道的施工单位和监理单位。6月,建立"工程质量黑名单"制度,向全省通报了部分不良信誉从业单位名单。

2000年8月,交通部发布《公路建设市场准入规定》,在资信登记的基础上,开始实行公路建设项目法人资格审查制度。2001年,四川省发布《四川省〈公路建设市场准入规定〉实施细则(试行)》,统一资信登记内容,并对省外企业入川投标实行资信备案制度。同年4月,建设部发布新版《建筑业企业资质管理规定》,要求在2002年7月1日前对所有的施工企业重新进行资质认定。2002年,四川省归并市场准入审查和资质审查,资信登记不再作为市场准入依据,主要结合资信调查,对施工企业动态管理。2002年7月1日后,公路施工企业必须具备新资质证书才能进入公路建设市场。新的资质管理体系对标WTO法规,将施工企业分为总承包企业、专业承包企业和劳务分包企业。公路总承包企业可承担路基、路面等一并发包的公路工程,路基、路面、桥梁等专业承包企业可依法分别承担路基、路面、桥梁等专业工程，劳务分包企业只能分包工程劳务。

2003年，四川省采取业主上报和社会举报相结合的方式，建立自下而上的"黑名单"制度，会同纪检监察部门加大对违法、违纪、违规从业单位的处理力度，严肃查处各种扰乱公路建设市场秩序的行为。2003年10月，四川省公布了四川省公路建设不良信誉从业单位的黑名单，共涉及153家单位，包括施工、监理单位和材料供应商等。

2004年，根据建设部和建设厅规定，全省开展建筑业企业资质年检工作。重点审查施工企业上年是否存在违法违规行为、安全质量事故和其他不良信誉记录。

2005年，在2003年公布的不良信誉从业单位名单基础上，对2004年具有不良信誉记录的单位进行了新的汇总，2005年1月发布了新的公路建设不良信誉的从业单位汇总信息，共涉及40家单位。

2006年，南充市潆溪至新政、新政至马鞍公路路基改建和新政嘉陵江大桥建设工程（简称"两路一桥"工程）施工过程中，出现了管理混乱、进度慢、质量差和拖欠民工工资等问题，严重扰乱了建设市场秩序，极大影响了国家重点工程项目的建设。经省政府领导批准，省招标投标监督委员会办公室、省发改委和省交通厅7月联合发文《关于南充市"两路一桥"工程建设有关问题的通报》，对3家设计单位、23家施工企业和2家监理公司予以通报。12月，为全面落实省委、省政府整顿和规范市场经济秩序的各项工作部署，切实规范交通建设秩序，按照省政府办公厅《转发省交通厅等部门关于进一步治理整顿交通建设市场秩序实施方案的通知》，省建设厅和省交通厅联合制订《四川省公路工程施工企业资质清理（复查）实施方案》，启动了从2006年12月至2007年11月为期1年的公路工程施工企业资质清理（复查）工作。

2007年，省交通厅会同省建设厅共组织了3次集中审查，联合发布了4次清理意见通告。在资质清理以前共有约480家公路施工企业，有402家企业接受了资质清理审查。资质清理结束后，全省共有公路施工企业361家，较清理前减少119家，减少比例为24.8%。接受资质清理的402家企业中，完全符合标准保留原资质的企业共有287家，部分符合标准降级或调整资质范围的企业74家，被取消资质的企业41家（未包含因未递交资质清理审查资料而放弃资质的78家企业）。在资质清理活动中受到影响的企业（包括取消资质、放弃资质、降级或调整资质范围）共有193家，影响比例为40.2%。在此基础上，四川省交通厅建立了公路施工企业数据库（《四川省公路施工企业名录》），对公路施工企业实行登记制度，实现了公路施工企业的网上数据传输和信息传递，并通过门户网站实时将施工企业的资质情况向社会动态公告。

2008年，四川省制订《四川省公路建设信用体系建设实施总体方案》，启动公路建设市场信用体系建设工作，在重点公路建设领域开展信用体系建设试点工作，在总结经验的基础上，进一步完善相关规章制度。

第四章
高速公路建设

2009年，根据交通运输部统一部署，《四川省重点公路建设从业单位信用管理办法（试行）》正式印发，并配套建设四川省交通建设市场信用管理系统。

2010年，按照《四川省重点公路建设从业单位信用管理办法（试行）》，对四川省重点公路项目的所有参建单位进行了信用归位工作，并向社会公布了1100多家交通建设从业单位的信用等级。按照四川省《工程建设领域项目信息公开和诚信体系建设试点工作方案》的要求，制订《四川省交通运输厅工程建设领域项目信息公开和诚信体系建设试点工作方案》，构建了项目信息公开服务平台，实现与市（州）、区（县）以及与省级与国家等专栏的链接，交通建设从业单位和人员不良行为信息公开共享，建立并完善了重点公路建设项目守信激励和失信惩戒制度。

2011年，完成2010年度从业单位信用评价的汇总、审定和公布，并将评价结果与投标过程的资质审查、投标担保、履约担保等行为挂钩。将1577家从业单位纳入四川省重点公路建设从业单位信用管理。按照《四川省工程建设领域项目信息公开和诚信体系建设试点工作方案》要求，制定《四川省交通运输厅工程建设领域项目信息公开和诚信体系建设实施工作细则》，逐步实现全省范围内交通建设市场工程建设领域信息和信用信息的互联互通和互认共享。

2012年，完成2011年度816个合同段、362个从业单位的信用评价工作。为解决交通工程建设中挂靠借用资质投资、违规出借资质问题，维护交通运输工作建设招投标市场秩序，促进交通运输工程建设市场健康发展，按照交通运输部的统一部署和省工程治理工作领导小组办公室要求，结合四川省交通运输工程建设实际，研究制订《四川省交通运输工程建设挂靠借用资质投标违规出借资质问题专项清理工作实施方案》。

2013年，完成2012年度163个项目、1320个合同段、557家从业单位的信用评价工作。同时，公布了37家存在不良使用情况的机电设备供应商从业单位及不良使用信息。5月，为进一步完善和深化项目信息公开和诚信体系建设，加快形成交通建设市场守信激励、失信惩戒的运行机制，促进工程建设领域信用环境持续优化，根据省治工办关于开展守信激励和失信惩戒制度建设试点工作的要求，制订了《项目信息公开工作方案》和《开展工程建设领域守信激励和失信惩戒制度建设试点工作方案》，建立起覆盖公路、水运、运输场站等交通建设项目的勘察设计、施工、监理、检测、招标代理等所有从业单位和人员的信用评价或记录体系，建立了全省统一的发布平台，进一步健全完善了项目公开制度和公开细则。11月完成了对信用管理办法的首次修订工作。将机电设备供应商和合法分包单位纳入评价范围。按照强化动态监管的原则，在年度信用评价中增加了扣分处理的信用处罚，包括限制投标、禁止投标和黑名单三类。由原来仅对履约行为进行评分修改为投标行为、履约行为、其他行为三部分内容进行评分。同时进一步细化了信用降级处罚期限以及处罚期结束时信用等级确定方法，规范信用处罚处理决定。

2014年，完成2013年度1119个合同段、297家从业单位的信用评价工作。按照《四川省重点公路建设从业单位信用管理办法》有关规定，依据交通运输部信用行为评价标准，根据动态评价的需要，对原有信用管理系统进行改造升级，按季度组织开展高速公路建设从业单位履约行为考核工作，提升了信用评价工作的透明度和工作效率。进一步加强对从业单位市场失信行为处罚力度，对2014年在招投标活动中存在失信行为的单位列入黑名单，给予其禁止投标一年的信用处罚。并对现场存在质量安全问题和履约不力的从业单位进行了通报，并按信用管理规定进行了信用扣分处理。8月，为规范公路水运施工企业资质申报行业审查工作，依法履行行业资质审查职责，根据住建部建筑业企业资质有关规定，厅制定了《公路水运施工企业资质申报行业审查内部工作制度》。

2015年，完成2014年度1119个合同段、297家从业单位的信用评价工作。结合公路建设市场实际情况，年底再次对《四川省重点公路建设从业单位信用管理办法》（以下简称《办法》）进行了修订。加强对从业单位市场失信行为处罚力度，对在招投标活动中存在失信行为的59家单位列入黑名单，给予其禁止投标一年的信用处罚。并对现场存在质量安全问题和履约不力的高速公路项目从业单位进行了通报，并按信用管理规定进行了信用扣分处理。

2016年，完成2015年度1494个合同段、368家从业单位的信用评价工作。完成重点公路建设从业单位信用管理办法修订。对评价程序、评价方法、信用奖罚以及评分计算方法等进行了完善。并依据修订后《办法》开展2016年度信用评价工作。

三、工程质量管理

四川省公路建设在"九五"末期及"十五"初期是由数量、规模型向质量、功能型转变的关键时期。"九五"期间，四川省完成高速公路建设项目20余个，交工验收工程质量平均分93.22分。"十五"期间，四川省完成高速公路建设项目11个，交工验收工程质量平均分94.25分。2004年竣工的达（州）渝（重庆）高速公路三期、南（充）广（安）高速公路、南充绕城高速公路、二（郎山）康（定）路等重点建设项目，工程质量处于十多年工程建设的最好水平。尤其是作为交通部示范工程的川（主寺）九（寨沟）路，工程质量达到了很高的水平，其建设理念也在全国范围内得到了普遍推广和应用。

2008年，四川省将质量监督检测关口前移，在建设项目的实施过程中对完成的分项工程开展交工验收的检测工作，同时，制定《监督及鉴定委托试验检测管理办法》，规定诚信协议签订制度，完善委托检测三方合同审查程序，进一步规范了委托检测行为。"九五"期到"十五"期的前三年，四川省公路工程建设"政府监督、社会监理、企业自检"三级质量保证体系对质量控制发挥了巨大的作用。

"十五"期四川省工程建设管理监督工作逐步向科学化、系统化的方向迈进。四川省交通厅负责直接监督并组织交工验收质量检验评定的高速公路、省重点公路建设项目49个。在已交、竣工建设项目中,荣获2000年度省"天府杯"优质工程奖的项目有:涪陵长江大桥、成雅路 CQ_0 合同段(5.6km 高架桥)、成乐路 F_1 合同段(42km 路面工程)获"天府杯"金奖;泸定猫子坪大渡河大桥获"天府杯"银奖。荣获2001年度省建设工程"天府杯"优质工程奖的有:广渝高速公路华蓥山隧道(金奖)、达渝高速公路罗江至大竹段(金奖)、成雅高速公路 L_1L_2 路面合同段(金奖)、成灌高速公路(银奖)、南充清泉寺嘉陵江大桥(银奖)。此外,万县长江大桥当时正申报国家最高工程质量奖——鲁班奖。

"十五"期是四川省公路质量安全监督方式发生重大转变的时期。在创新监督理念、加强监督工作科学化、规范化、程序化方面加强建设。"十五"期后两年实现了监督工作重点的转移,即监督工作由过去的重视现场施工质量,到将监督工作范围延伸到工程质量、安全隐患形成的各个主要过程及环节;由过去的重视实体质量抽查向监督检查建设各方质量安全管理行为及保证体系的建立、完善和运行与工程实体监督检查并重的监督方式的重大转变;监督方式也由过去的单一的监督抽查转变为质量大检查、专项检查、驻地监督检查、质量巡查四种方式进行。

对各重点在建项目质量和安全监督检查中,加大了对参建各方质量管理程序、管理行为的检查力度,重点突出对工程的重要环节和关键工序的监督检查,重视监督检查发现问题的跟踪处理和反馈、回访。监督重点的转移和监督方式的转变进一步促进了工程质量的有效控制。

四、工程安全管理

1990—2003年,高速公路建设项目全部由政府投资,项目建设管理以四川高速公路建设开发总公司下设的建设单位为主体,四川高速公路建设开发总公司为交通运输厅直属单位,代厅履行安全生产行业监管职责,这一时期在建的高速公路主要有成渝高速公路、内宜高速公路、成绵高速公路、广邻高速公路、绵广高速公路、达渝高速公路、成都绕城高速公路、遂回高速公路、成南高速公路、宜水高速公路、都汶高速公路等。

2004—2008年,高速公路建设项目以国家投资为主,项目建设管理以四川高速公路有限公司为主体,安全生产行业监管为省级交通运输主管部门,建设项目的监督职责具体由省交通运输厅工程质量监督局(当时名称为四川省交通厅公路水运工程质量监督站)承担。这一时期在建的高速公路主要有西攀高速公路、攀田高速公路、雅西高速公路、宜水高速公路、南渝高速公路、都汶高速公路、垫邻高速公路、乐宜高速公路(BOT)、广陕高速公路、广巴高速公路、绵遂高速公路(BOT)、邛名高速公路(BOT)。

2005年,四川省制定《四川省公路水运工程二级及其以下施工企业安全生产考核实施细则》,规范企业负责人、项目负责人、安全专职人员的安全生产考核管理工作,组织了

5期施工企业安全生产管理人员培训班,共培训考核900人,有效提升了公路水运工程从业人员安全生产意识和管理水平。

2007年,交通部出台《公路水运工程安全生产监督管理办法》,明确安全生产专项费用比例,规定施工现场安全生产专职人员配备标准,明确施工企业"三类人员"培训考核要求,为安全监督工作提供了法规依据。

2007年,省交通厅工程质量监督局举办了三期施工企业"三类人员"安全知识培训班,共培训一级施工企业"三类人员"272人,培训二级及其以下施工企业"三类人员"150人。

四川省于2010—2012年开展为期3年的"交通重点项目集中建设攻坚活动",高速公路建设进入快速发展轨道。高速公路建设大量引入社会资本,建设模式以"BOT"方式为主,招商主体为市级人民政府,建设项目的安全生产行业监管为市级交通运输主管部门,具体监督工作由市级交通质监机构承担。这一时期高速公路建设项目有纳黔高速公路、宜渝高速公路等。

2009年6月1日,省交通运输厅制定《四川省重点公路建设从业单位信用管理办法(试行)》。首次将施工单位安全组织机构、管理制度以及各类应急预案和措施未建立或落实不到位,未定期开展安全生产教育和检查,安全生产投入和安全生产设施不满足要求,特殊作业、高危作业施工人员未经过培训或未持证上岗,发生一般安全生产事故等安全生产违规行为纳入信用考核,进一步增强了四川省重点公路建设市场从业单位的安全守法、诚信意识,强化了重点公路建设项目安全生产管理。2009年7月24日,省交通运输厅工程质量监督局制定《重点公路运建设项目施工安全隐患排查治理指导意见》,指导四川省交通建设项目安全生产隐患排查治理工作。

2010年7月30日,省交通运输厅工程质量监督局印发《关于加强重点公路建设项目高危作业施工监测监控工作的通知》。切实加强对在建项目桥梁悬臂施工、悬索施工、钢管施工等,隧道浅埋施工、软弱围岩施工、高应力高地温施工、不良地质施工等,边坡高路堑高危作业施工点的监测监控工作,提高建设项目施工安全管控水平。

2010年8月9日,省交通运输厅印发《四川省公路水运工程安全生产监督管理实施办法》,明确承担公路水运工程安全生产监督管理职能的部门、职责、安全生产条件、从业单位安全责任、事故报告与调查处理、监督检查等内容,进一步规范四川省公路水运工程安全生产监督管理工作。

2010年8月17日,省交通运输厅印发《关于在重点公路建设项目开展工程施工安全风险评估工作的通知》,要求对在建高速公路建设项目桥梁工程、隧道工程以及高边坡施工中的重要结构物进行风险评估。

2010年8月31日,省交通运输厅印发《四川省公路水运建设工程安全生产费用管理办法(试行)》,进一步加强公路水运建设工程安全生产费用管理,促进安全生产技术进步、施工作业条件的改善和施工伤亡事故的减少,切实保障施工人员人身安全。

2010年10月20日,省交通运输厅工程质量监督局制定《四川省公路水运工程从业人员安全生产教育培训制度》,四川省公路水运工程项目安全生产教育培训管理规范化、制度化。

2011年5月19~30日,省交通运输厅与省安监局组成联合检查组,对全省在建高速公路处于施工高峰期的13座瓦斯隧道施工安全生产状况进行专项检查。

2011年11月7日,省交通运输厅印发《四川省重点公路水运建设项目施工安全隐患排查治理工作实施方案》(川交函〔2011〕792号),有效指导公路水运建设项目继续深入开展施工安全隐患排查治理工作,逐步构建施工安全隐患排查治理长效机制,坚决遏制重特大安全事故,进一步加强建设项目施工安全监管。

2011年11月,省交通运输厅工程质量监督局正式上线运行项目监督信息系统,全面提升了项目监督信息化水平。

2011年,举办2期省内二级及以下公路水运工程施工企业安全生产管理人员资格考试,考核合格284人;2期安全继续教育,考核合格203人。

2012年4月12日~5月19日,省交通运输厅联合省安监局组成联合检查组,并邀请四川省多名桥梁隧道专家,对全省在建17个高速公路项目的30座特大桥、10座瓦斯隧道、8座特长隧道的施工安全状况开展专项检查。

2012年9月24日,省交通运输厅印发《关于对在建高速公路瓦斯隧道、特大桥梁及特长隧道挂牌监管的通知》,进一步落实各市(州)交通运输主管部门行业监管主体责任。

2013年4月8日,省交通运输厅工程质量监督局印发《关于加强全省公路水运建设工程生产安全事故报告统计工作的函》,规范了公路水运建设工程生产安全事故快报、月报和年报程序,畅通安全生产事故报送渠道。

2013年10月22日~11月13日,省交通运输厅与省安监局组成联合检查组,并邀请四川省多名桥梁隧道专家,对9个重点公路建设项目处于施工高峰期的9座瓦斯隧道、15座特大桥梁及2座特长隧道进行了安全生产专项检查。

2013年,省交通运输厅工程质量监督局编制印发了《公路水运工程质量安全监督工作标准化指南》,分7篇43章,从质量、安全、交工验收检测、工程质量举报投诉调查、监理和检测资质管理等方面,提供了标准化流程、工作重点、文件范本。

2013年,举办4期省内二级及以下公路水运工程施工企业安全生产管理人员资格考试,考核合格436人;3期安全继续教育,考核合格341人。

2014年7月8日,省交通运输厅工程质量监督局制定并印发《公路水运工程安全生产监督检查工作责任制(试行)》,规范了公路水运工程安全生产监督检查工作,强化了安全生产监督检查痕迹化管理,提升了安全生产监督检查工作质量。

2014年8月19日,省交通运输厅工程质量监督局制定并印发《公路水运工程生产安全事故应急处置规定(试行)》,规范了局公路水运工程生产安全事故应急处置工作程序。

2014年,修订完善《四川省公路水运工程质量安全监督工作标准化指南》。举办施工企业安全生产管理人员资格考试6期,考核合格641人;举办安全继续教育4期,考核合格399人。

2015年1月1日~3月31日,省交通运输厅工程质量监督局组织开展安全生产专项督查暨交通运输行业安全隐患"大排查大整治"活动,共成立8个督查小组,分3个阶段分别对处于施工高峰期的巴陕、内威荣等9个在建高速公路项目的重点结构物和高风险作业点进行了安全专项检查。

2015年6月3日,省交通运输厅印发《关于推行钢筋数控集中加工等四项施工标准化专项技术的通知》,通过在工程施工现场重要作业点和关键部位安装远程视频监控系统,实现对关键工序、隐蔽工程和重要结构部位质量安全监管的可视化、集成化、信息化,有效提升高速公路质量安全管理水平。

2015年,参与成洛大道东延线洛带古镇隧道"2·24"瓦斯爆炸和内威荣高速公路"4·1"龙门垮塌事故调查,收集整理省内公路水运工程建设典型事故案例,编制完成安全生产事故手册。

2015年,省交通运输厅工程质量监督局出台《公路水运工程二级施工企业安全生产管理人员考核管理工作指南(2015版)》,进一步加强安全三类人员考核管理,规范三类人员考核管理流程。上、下半年分别集中组织一次施工企业安全生产管理人员延期考核及资格考核,累计资格考核合格1563人,延期考核合格842人。

2016年5月23日~12月10日,省交通运输厅在全省范围内组织开展公路水运工程建设项目安全生产专项整治工作,突出防范长大桥隧、高瓦斯隧道、深基坑、高边坡、起重机械、脚手架、模板支撑垮塌和高处坠落、触电、物体打击等事故,有效减少和降低事故总量、控制较大事故、坚决遏制重特大事故。

2016年,按照《交通运输部公路水运工程施工企业主要负责人和安全生产管理人员考核管理办法》要求,省交通运输厅工程质量监督局制定出台《四川省安全生产管理人员考核工作实施细则》,明确安管人员考核工作流程。同时组织对2016年到期的省内二级及以下施工企业三类人员继续教育,考核合格332人。

五、工程造价管理

四川省公路造价管控体制为"政府监督、业主负责、设计控制、监理监控、施工自控"。

工可阶段对可行性研究报告进行预评审,方案和投资估算以专家团队为主进行评审,报发改部门审批；

初步设计阶段设计文件以咨询公司为主进行评审，概算以省交通运输厅造价站为主进行审查，交通运输厅审批（或初审）；

施工图设计阶段设计文件以咨询公司为主进行评审，预算以省交通运输厅造价站为主进行审查，交通运输厅审批；

招投标阶段业主负责委托造价咨询公司编制招标控制价，省交通运输厅造价站审查招标控制价。自2016年1月1日起，省交通运输厅造价站不再对招标控制价进行审查，由项目业主自行确定。并采用经评审的最低评标价法进行评标，通过市场竞争合理降低工程造价。

实施阶段业主负责控制工程造价，造价站对重大设计变更工程预算进行审查，交通运输厅审批，每年由厅造价站牵头组织相关部门对各项目造价进行考评并全省通报，最近出台文件对项目材料调差和新增单价进行审查；较大及一般设计变更按变更管理办法由项目业主负责审定。

交竣工阶段以厅审计处（或审计厅）组织社会力量进行审计（含工程审计和财务审计）。

省交通运输厅造价站参与审查的依据主要是省编委规定的单位职责、四川省交通建设工程造价管理办法、考核评价办法、省交通运输厅授权等。

2008年，四川省造价监督考核评价工作开始试点，2010年起全面展开。当年对全省21个市、州和所有在建重点交通建设项目的造价管理工作进行监督检查和考核。

六、工程监理

四川公路工程监理制度是从修建第一条高速公路——成渝高速公路开始实施，在成渝高速公路上严格、彻底执行了"菲迪克"条款，借鉴当时成功运用"菲迪克"条款的西三公路和京津唐高速公路的成熟经验，与国际接轨，实施工程监理制度。四川公路实施监理制度以来，目前已经形成了一套比较完整的有中国特色的工程监理运作模式，基本形成了开发、竞争、到后来投资多元的市场监理格局。2016年，四川省公路工程施工监理企业有87家，其中有四川公路工程咨询监理公司、四川省公路工程监理事务所等甲级监理企业15家，特殊独立大桥专项4家，特殊独立隧道专项3家，公路机电工程专项2家。四川省监理企业注册监理工程师中部监理工程师2618人、省交通运输厅专业监理工程师1881人。

（一）委托监理模式

委托监理模式是项目业主按照国家招投标办法，由招标代理机构经过向社会公开招标，由中标的监理机构在项目上独立组建一级或二级监理机构的模式。该模式符合现行的法规文件、监理招标范本和监理规范,在政府投资公路建设项目中取得了较好的管理效益。

(二)合作监理模式

两级合作的监理模式,是由项目业主组建总监办,或项目业主和监理同属一个投资人、通过合同方式组建总监办,驻地办通过公开招标由中标的监理单位组建,为2003年前四川省实际工作的主要模式。当时山东高速集团投资的乐宜和乐自高速公路为这一模式。

2010—2012年,共有51个监理单位参加了四川省45个高速公路项目监理,其中监理合同段145个,由四川省监理单位承担的合同段共计76个,占总数的52%,由省外监理单位承担的合同段共计69个,占总数的48%。目前,全省在建高速公路项目共计26个,监理合同段84个,由四川省监理单位承担的合同段共计49个,占总数的58%,由省外监理单位承担的合同段共计35个,占总数的42%。

第五章
高速公路行政监管及营运管理

2016年底,四川省高速公路通车总里程达到6519km,跃居全国第二;建成和在建总里程超过8600km,实现全省21个市(州)全覆盖。高速公路营运及执法管理体系逐步健全,政企分离、政府监管、企业运营的管理体制形成,管理机制不断完善,信息化智能化建设、运行监测、养护管理、公共服务水平显著提升。

第一节 高速公路行业监管

2010年9月29日,四川省交通厅稽查征费局更名为省交通运输厅高速公路管理局(以下简称厅高管局),承担全省高速公路的建设、养护、运营服务的监督管理和联网收费管理、安全监控、应急处置等工作。保留省交通运输厅高速公路交通执法总队(以下简称执法总队)的牌子,与省交通运输厅高速公路管理局仍实行"一套机构、两块牌子"。同时,核定厅高管局内设机构8个、事业编制70名,厅7个高速公路交通执法支队、高速公路监控结算中心由厅高管局(执法总队)管理。2011年5月26日,四川省交通运输厅印发《关于省交通运输厅高速公路管理局主要职责内设机构和人员编制有关事项的通知》,明确了机构职责、内设机构等事项。2014年7月7日,厅高管局(执法总队)印发《关于各高速公路交通执法支队承担高速公路行业监督管理职责的通知》,明确各高速公路交通执法支队新增高速公路行业监督管理职责。2015年12月1日,《四川省高速公路条例》(以下简称《条例》)正式实施,明确了高速公路路政管理、道路运输行政执法及养护、经营服务、收费监督管理工作执法主体责任,四川省高速公路行业监管体制机制逐步完善。

一、高速公路养护监管

2011年5月~2014年7月,高速公路养护监管由厅高管局(执法总队)负责实施。在这个阶段,厅高管局(执法总队)积极探索建立高速公路养护监管机制,主要完成了"三个一"建设:建立一套适应新体制的养护监管制度体系,搭建一个基于云计算与GIS地图的信息化监管平台,建立一种基于道路实体状况与行业制度执行情况的年度抽查机制。

(一)养护管理制度体系

厅高管局(执法总队)先后制定《高速公路服务区设计与建设标准》《四川省"十二五"高速公路养护管理指导意见》《高速公路养护管理暂行办法》《四川省高速公路大中修养护工程信息公开实施细则》《四川省高速公路桥梁养护管理工作制度》《四川省高速公路养护管理考核办法》《四川省高速公路养护管理系统数据标准手册》《四川省高速公路养护管理科学化决策技术指南》《四川省高速公路路面预防性养护技术指南》《四川省高速公路隧道养护管理工作制度》《四川省营运高速公路交通标志标线管理办法(试行)》共11项制度标准及技术指南,从高速公路道路安全、公共服务的角度,对维护道路基础设施状况、企业养护管理行为制定统一标准。在交通运输部"十二五"养护管理纲要基础上,进一步细化标准要求,并创新提出了路段PQI均值、优良路率、养护信息化管理全覆盖等全新指标,建立了基本完善的制度体系,总体提升了全省高速公路养护管理水平。

2011年6月,厅高管局(执法总队)组织厅公路勘察设计研究院等有关单位编制发布了《高速公路服务区设计与建设标准》。该标准共十章,包括总则、等级与规模、布局和选址原则、总体布局、场地设计、建筑设施、建筑设备、消防疏散、建筑节能、环境保护内容,对全省高速公路服务区的总体设计原则、设计标准、功能区划分、交通组织、建筑设计、附属设施等各方面都进行了详细的规定。

2013年1月,厅高管局(执法总队)印发了《高速公路养护管理暂行办法》,明确了厅高管局及高速公路交通执法机构、各高速公路经营管理者的职责,并对路基工程、路容路貌、路面工程、桥涵工程、隧道工程、机电设施、交通安全设施、服务及管理设施、桥隧养护工程师配备、桥隧定检、养护工程实施及备案、施工作业区布设、养护资金投入与养护计划报送、路况信息报送、高速公路养护系统建立完善、高速公路巡查频率及病害修复期限等方面做了详细定义与规定。

2013年8月,厅高管局(执法总队)制定《四川省高速公路桥梁养护管理工作制度》,明确了高速公路经营管理者对所辖路段桥梁养护管理工作的职责,厅高管局及其下属机构对全省高速公路桥梁养护的行业监管职责,并对桥梁养护工程师制度、桥梁检查与评定、桥梁重要病害动态管理、桥梁养护工程管理、桥梁技术档案管理、桥梁应急处置、桥梁监督检查、桥梁信息公示牌等内容进行了详细说明与规定。

2016年3月,厅高管局制定《四川省高速公路隧道养护管理工作制度》,明确了高速公路经营管理者对所辖路段隧道养护管理工作的职责,厅高管局及其下属机构对全省高速公路隧道养护的行业监管职责,并对隧道养护工程师职责、隧道巡查与清洁、隧道检查与评定、隧道技术档案管理、隧道安全及应急管理、隧道监督与检查及隧道信息公示牌设置要求等内容进行了详细说明与规定。

厅高管局(执法总队)统一组织、交通执法支(大)队具体实施考核监督,对高速公路路容路貌、养护及时性进行考核,通过养护管理信息化平台考核巡查频率、养护计划备案、重点项目进展等日常养护管理质量,定期集中抽查路基及沿线设施、路面、桥梁和隧道技术状况,全面掌握养护管理情况,督促整改存在的问题,推广养护管理好的经验。

(二)养护管理计划

养护标准的统一和养护监管加强,高速公路营运公司年度养护计划制订和执行质量得到很大提高。一是高速公路营运公司每年根据厅高管局抽检和企业自检结果,结合行业目标,制订落实次年路面、桥梁和隧道养护计划。2012年以来,全省高速公路MQI均值保持在98以上,PQI均值保持在92以上,PQI优良率超过97%。路段PQI均值低于良的,已全面大修或纳入改扩建同步处治,桥隧低于三类的,当年处置率达到100%。二是重点项目年度计划完成率达到100%。2016年完成路面大中修900km,收费站改造49处,隧道水泥混凝土路面抗滑性能提升18处。三是有计划分年度实施交通安全设施提升。2014—2015年全面改造指路标志,2016年完成新形成的城市环线指路标志及新通车高速公路在其他营运高速公路上的指路标志改造。

(三)完善道路基础设施

服务区升级改造。"十二五"期间,四川省新建成高速公路里程3335km,路网规模迅速扩大,群众出行需求不断增长,但部分服务区接待能力不足,重大节假日期间车辆进出难、加油难、旅客如厕难、环境卫生差等问题日益突出。四川省委结合西部综合交通枢纽建设和城乡环境综合治理,将高速公路服务区建设纳入城乡建设总体规划,把高速公路的现代服务融入当地社区,使服务区成为城市综合体和新农村综合体的有机组成部分。2010—2011年,四川集中开展了高速公路服务区建设改造工作,先后印发了《全省高速公路服务区和公路加油站建设改造工作方案》《四川省高速公路服务区布局规划》《四川省高速公路服务区设计与建设标准》,并创造性提出了服务区A、B、C三级标准,其中A类服务区在传统服务区基本功能上进行拓展,集中体现城乡综合发展,展示地方文化、经济和自然资源特色,具备完善的促进高速公路过境交通流与地方经济相沟通功能;B类服务区为高速公路过境交通流提供补给等主要服务,并兼顾地方经济文化交流功能,布设间距原则上为50km左右;C类服务区(停车区)主要是配合A、B类服务区,起加密作用,具有卫生、休息和简单补给功能。"十二五"期间,全省高速公路改造完成服务区41处。目前,四川省高速公路服务区设计与建设标准完善,经营方式多样,总体布局合理,建筑风格多样,功能更加人性化,卫生间厕位大幅增加,通风良好,自然采光;风雨回廊巧妙连接超市、卫生间、儿童乐园等建筑;服务区内交通流引导更加清晰,小车、客车、危化品车、货车、超长车分区停放,标志牌及地面标识统一完善,服务区服务显著提升。

收费站改造。《四川省高速公路条例》第三十一条规定"高速公路经营者应当设置和开启足够数量的收费车道。高速公路收费站出入口排行车辆超过二百米或者匝道收费站出站车辆排行至主线车道的,高速公路经营者应当采取增加收费人员、增设相关设备等应急管理措施,保证车辆通行畅通。收费站通行能力不能满足通行需要且采取前款规定的应急管理措施不能解决拥堵问题的,高速公路经营者应当改造或者迁建收费站",第一款规定对于具体时间点上出现的拥堵应采取措施人工疏导、复式收费等方式予以改善,第二款规定对于收费站通行能力不足的,应予以改造或迁建。为科学评价收费站通行能力,厅高管局(执法总队)开展了"四川省高速公路收费站拥堵评定指标体系研究",在此基础上确定了以收费站设计通行能力(A)、年度实际通行车流量(B)及极限通行能力(C)为主要衡量指标的评价方法,当 B 小于 A 时,通行能力为"适应";当 B 大于 A 但小于 C 时,通行能力为"基本适应";当 B 小于 C 时,通行能力评价为"不适应"。2014 年 1 月,全省高速公路启动了收费站改造工程,采取改造收费站外观形象、复式车道扩能、增加车道扩能、迁建等方式,对部分收费站进行改造。截至 2016 年底,全省高速公路完成 100 处收费站改造,新增收费车道 345 条,收费站通行及服务能力进一步增强。

指路标志系统改造。在高速公路分段建设的过程中,指路标志实行"一路一设计",系统性不足。随着全省高速公路逐步成网和全省 18 个市(州)环线高速公路规划、建设及国高网调整,原有指路标志局限性逐渐显现,出行信息服务水平亟须进一步提高。四川省从 2014 年起在全省高速公路开展了指路标志统一改造工作。

结合全省高速公路网布局特点,逐路、逐环、逐点开展调查分析,采取实地调研、采集标志照片、复原设计文件等方式,全面摸清高速公路指路标志现状,研究确立了指路标志改造"在继承中完善、突出节点信息、优化路段信息"的基本思路,在保留大量群众熟知的指路信息基础上,根据全省高速公路网信息,采取增设转换节点(枢纽互通)地图板、枢纽互通标志,完善路段指路标志等措施,确保指路标志总体连续、清晰、准确。统一发布《四川省高速公路指路标志设置技术指南(试行)》《四川省营运高速公路指路标志设置补充要求》,统筹路网指路标志设置规则,确定城市环线、枢纽互通、一般互通、一般路段指路标志改造原则。厅高管局(执法总队)负责指路标志改造方案设计审查,保持枢纽互通各向指路信息统一和预告地点信息连续、顺接,完善城市过境环线指路体系,确保改造后的指路标志更加符合出行需求。各高速公路营运公司负责具体实施,实行先试点、后推行,先期在成都绕城、泸州过境环线、成雅、成温邛等具有代表性的高速公路开展试点改造,及时完善改造原则,再由各营运公司分别实施。

在满足技术规范的基础上,结合全省高速公路网特点,着力打造具有四川特色的指路标志。一是构建城市过境环线高速指路标志体系。针对城市过境环线高速公路普遍有多个枢纽互通及多个城市出入口,指路标志体系既要服务过境交通,又要便于不同城区出入口相互转换的特点,四川省以泸州过境环线高速公路指路标志系统改造为先行,探索形成了城市过境环线高速公路指路标志体系。对于同城多个出入口,形成了"大地名+小地名"的地点命名规则,"大地名"即城市名,"小地名"即城市区县名。二是枢纽互通设置地图板图形标志。针对枢纽互通路线相对复杂的特点,四川省除了按规范设置指路标志外,还在前基准点前适当位置增设地图板指路标志,形象直观表达枢纽互通和各方向信息。三是丰富出口预告信息。收费站是高速公路出行起终点,结合群众在出行路径规划时以收费站定位的习惯,避免出口预告地名信息与收费站站名不一致的情况,特别明确出口预告必须包含收费站名,满足群众出行需要。

为提高出行信息服务质量,四川省建立了意见征集机制,推动指路标志建设更加顺应民心。一是征求沿线地方政府意见。调动多方积极性,充分征求沿线市(州)政府意见。各市(州)政府结合地方发展规划,主动参与,眉山市政府统一打造沿线高速公路风貌,积极开展高速公路指路标志改造。二是设立专用邮箱,听取社会各方建议,广泛收集群众、媒体等对指路标志的意见与建议。对可能引起歧义的指路标志,经核实与研究后及时完善。针对媒体反映的个别群众不熟悉成都绕城高速公路成仁路口地面标线含义,导致误读地图板图形信息而错过收费站的情况,及时宣传解释,并对地图板信息进行了优化。

(四)养护技术交流

厅高管局(执法总队)组织高速公路营运公司,采取"走出去"与"请进来"相结合等方式,加强养护技术交流。2016年10月13日,厅高管局(执法总队)主办的全省高速公路路面养护技术交流培训会在成都召开,邀请国内知名专家介绍了沥青路面养护技术对策、沥青路面再生技术的现状、技术与设备、超高性能混凝土UHPC的应用等相关内容,并观摩了成都绕城高速公路沥青路面就地热再生施工现场,交流培训会对促进全省高速公路绿色养护、预防性养护,推动高速公路养护"四新"技术研发应用,推动养护转型,发挥了重要作用。

二、高速公路经营服务监管

(一)高速公路运营监管

1.信息化建设

2012—2014年,按照交通运输部统一安排,结合四川省高速公路实际,厅高管局(执法总队)强化信息化建设顶层设计,全面落实互联网+交通运输行动计划,加快推进高速公路监控结算灾备中心、干线通信网改造、ETC等重点项目建设,加快整合信息资源,高速公路管理信息化水平不断提升。

2015年2月28日,四川省发改委正式批准四川省高速公路监控结算和灾备中心项目;12月22日,四川省发改委正式批准四川生高速公路监控结算和灾备中心项目工程可行性研究报告;2016年7月14日,四川省交通运输厅召开专题会议,安排部署四川省高速公路监控结算和灾备中心建设工作,明确了实现全省高速公路网实时运行监测、高效应急指挥、全面大数据支撑、全方位公众服务,全流程行业管理等功能以及系统"双活"灾备能力的同时,满足省路网中心业务管理需要的总体目标。

高速公路通信干线网改造。2014年,按照《四川省高速公路专用通信网规划》要求,四川省交通运输厅审议通过《四川省高速公路专用通信网改造实施方案》。2014年5月12日,厅高管局印发《关于开展四川省高速公路专用通信网改造项目前期工作的通知》,要求监控结算中心(智能公司)启动专用通信网改造项目设计招标前期工作;5月31日,监控结算中心按规定审查及备案设计招标文件后启动项目设计;10月上旬,监控结算中心(智能公司)和设计单位完成设计方案初稿,设计单位据此进行了详细设计;11月20日,组织设计单位和各高速公路经营管理单位,召开项目配套工程建设座谈会,研究和布置全路网配套工程建设具体工作;2015年1月28日,印发《关于开展四川省高速公路专用通信网改造项目招标代理、建立单位招标等工作的通知》(川交高管便〔2015〕3号),要求监控结算中心启动专用通信网改造项目招标代理、监理单位招标等工作,抓紧开展设备采购安装和监理单位招标文件的编制;2月9日,将经修改完善后配套工程和系统组网两部分施工图设计文件及预算文件报厅审批;3月24日,召开招标文件正式评审会,分别形成了专家组评审意见;6月10日,向四川省交通运输厅报送《四川省交通运输厅高速公路管理局关于全省高速公路专用通信网改造项目设备采购安装及监理招标方案的请示》;8月14日,监控结算中心全面完成了与各高速公路经营管理单位委托招标协议签署,项目招标限价获厅造价站批复;8月18日,组织监控结算中心和设计单位召开报批前最后一次项目招标文件讨论会;9月7日,向省交通运输厅报送《四川省交通运输厅高速公路管理局关于四川省高速公路专用通信网改造项目设备采购安装及监理招标文件的报告》。

高速公路电子不停车收费(ETC)工作。2011年8月,四川省印发《四川省高速公路应用联网电子不停车收费技术实施方案》,正式启动电子不停车收费(以下简称ETC)工作。2014年10月8日,四川省ETC正式开通试运行,首次开通专用车道417条,覆盖208个收费站,覆盖率为55.5%(其中,主线站和市州站覆盖率为100%,县级站覆盖率为82%),开通ETC客户服务网点206个,覆盖所有已通车高速公路市(州)级城市。至2014年底,ETC专用车道达504条,覆盖242个收费站,ETC客服网点突破393个,用户17万,首次开通ETC车道数、ETC客户服务网点数和用户发展速度居全国第一。2015年6月28日,四川省10座省界收费站及3座典型收费站全部通过了交通运输部路网中心组织的联合实车测试,各项设备系统运行性能和技术指标达到全国联网运行要求。2015年7月25日,四川省ETC系统成功切换并入全国ETC联网系统,经过连续72小时跨省市生产验证运行,13座省界收费站运行平稳、通行顺畅,资金清分结算平台数据传输准确,客户服务系统运行正常。截至2015年底,13座省界收费站全部并入了全国联网。ETC用户在四川省高速公路通行仍享受通行费9.5折优惠,在其他省(市)通行按相应省(市)标准执行。截至2016年底,全省累计开通ETC车道1309条,ETC站点覆盖率100%(其中,主线收费站ETC专用车道覆盖率达到100%、ETC专用车道数原则上不少于2入2出;匝道收费站ETC专用车道覆盖率达到93%),开通ETC客户服务网点1689个,累计发展ETC用户突破182万,ETC用户日均通行量约50万辆次,交易金额约1700万元。

  针对四川省高速公路人工收费基于433MHz标准,并按实际路径收费,且交通运输部尚未明确多路径收费技术标准的情况,厅高管局(执法总队)编制了《四川省高速公路联网电子不停车收费系统复合车载设备暂行技术要求》,加强技术攻关,成功实现ETC系统既能基于433MHz标准与人工收费一致,按实际路径收费,又能满足交通运输部5.8GHz的技术标准及下一步平滑升级要求。另一方面,创新建设人工/ETC混合车道,保障ETC车辆不刷卡通行。针对四川省部分山区高速公路和通车时间较长的高速公路存在因地形条件限制,收费站无法建设ETC专用车道,或由于交通量大、车道数少,收费站拥堵严重等现象,2015年3月31日,厅高管局编制发布了《四川省高速公路联网电子及人工混合收费车道暂行技术要求》,指导人工/ETC混合车道建设:在不具备建设ETC专用车道的收费站建设人工/ETC混合车道,实现ETC车辆不刷卡通行全覆盖;结合ETC专用车道的建设,开展全面备份,针对仅有1入1出ETC专用车道的收费站补充建设1入1出人工/ETC混合车道,作为ETC专用车道的备份,以实现ETC车辆不刷卡通行MTC车道,全面保障ETC车辆快速通行。目前,成都绕城高速公路已实现了人工/ETC混合车道全覆盖。

  2016年,四川省开通ETC服务网点1689个,覆盖了已通高速公路的所有县(区)级以上城市,并设置了集团用户业务集中受理点,全面启动集团用户办理ETC业务。组织完成了ETC查询系统建设,并于2014年11月10日开通运行,满足了营运公司及社会用户有关通行及交易信息查询服务。厅高管局(执法总队)全面梳理ETC通行费票据打印服务情况,加强与省地税部门协调,指导合作银行强化与当地税务部门沟通,落实ETC通行费票据打印服务,客服网点打印发票实现100%覆盖。按照交通运输部总体安排部署,四川省以2015年6月底全面具备联网条件为时间控制节点,将推进工作大体分为四个主要阶段:第一,前期准备阶段(2015年2月1日~4月15日),完成ETC车载终端设备报部测试、测试系统环境搭建、系统升级建设准备、与相邻省份对接、申请全国ETC联网银行结算账户开设等工作;第二,系统升级阶段(2015年4月16日~5月10日),完成系统升级建设,做好联网及实车测试准备等工作;第三,联网测试阶段(2015年5月11日~6月

7日),完成与国家中心及相邻省(市)联网测试工作;第四,切换部署阶段(2015年6月8日~6月30日),完成系统优化及部署,人员培训,社会宣传准备,制订切换保障及应急处置方案等工作。

2016年,ETC服务网点达到1689个(新增994个)、集团客户集中受理点1处,实现已通车高速公路县级以上城市全覆盖,ETC用户总规模突破180万(年新增用户70万),用户增长位居全国前列(表5-1)。

2016年各银行及地市州ETC用户数量一览表(单位:万户)　　表5-1

区域	工行	建行	中行	合计
成都	39.18	39.25	15.70	94.13
绵阳	2.93	3.81	1.22	7.95
自贡	0.96	1.54	0.59	3.09
攀枝花	1.02	1.44	0.32	2.78
泸州	1.02	2.26	0.80	4.08
德阳	1.91	2.53	1.67	6.12
广元	1.32	0.83	0.23	2.37
遂宁	0.98	1.74	0.45	3.17
内江	0.76	1.00	1.60	3.36
乐山	0.99	1.62	1.31	3.92
资阳	0.71	0.86	1.12	2.69
宜宾	1.24	1.25	1.00	3.49
南充	2.53	2.76	0.95	6.24
达州	2.71	2.05	0.83	5.59
雅安	0.78	0.55	0.23	1.56
阿坝	0.05	0.28	0.03	0.36
甘孜	0.02	0.09	0.01	0.13
凉山	0.74	0.69	0.46	1.89
广安	1.38	2.09	0.34	3.80
巴中	0.41	0.45	0.22	1.09
眉山	1.13	1.41	0.87	3.42
其他	0.70	0.95	0.35	2.00
各银行合计	63.48	69.46	30.28	163.22

2016年,全省高速公路网中1型小客车通行数据显示:非ETC用户约为520万,其中,成都市的非ETC用户达290.50万,占全省路网非ETC用户总量的55.87%,ETC潜在用户发展数量巨大。

2016年,全省ETC用户平均活跃度为42.30%,同比下降3.71%。其中,阿坝州用户活跃度最高,为56.25%(同比增长0.30%);其次是成都市,为49.64%(同比下降

2.26%);绵阳市用户活跃度最低,为20.75%(同比下降0.44%);具体详见表5-2。

2016年各市州ETC用户活跃度一览表　　　表5-2

序号	区域	活跃度(%)	同比(%)	序号	区域	活跃度(%)	同比(%)
1	阿坝	56.25	0.36	12	眉山	36.62	-5.19
2	成都	49.64	-2.26	13	达州	35.68	-0.11
3	甘孜	46.38	8.30	14	乐山	35.26	-3.93
4	泸州	45.87	-2.41	15	资阳	34.89	-5.42
5	遂宁	44.86	1.75	16	南充	33.31	-7.46
6	宜宾	44.29	2.04	17	广元	33.29	1.69
7	内江	43.17	-4.12	18	凉山	32.77	-5.47
8	巴中	42.61	-2.92	19	德阳	31.24	-2.13
9	雅安	38.67	-1.83	20	攀枝花	27.45	2.65
10	广安	38.59	-1.43	21	绵阳	20.75	-0.44
11	自贡	37.26	1.37	22	其他	36.60	-4.50

高速公路路运行信息平台。厅高管局(执法总队)组织绘制了《四川省营运高速公路路网示意图》,方便群众了解掌握高速公路网运行状态,进一步提高管理和公众出行服务水平。在此基础上,厅高管局(执法总队)组织开发了四川省高速公路路网运行信息平台。2016年11月8日,厅高管局(执法总队)组织省交投集团、铁投集团、川高公司、成渝公司、成都市交投、四川路桥股份及部分营运公司,召开了四川省高速公路路网运行测试平台研讨会,围绕提高管理水平、建立运营机制及路网运行平台等进行了交流,提出了意见建议。2016年11月中旬,该平台正式在部分路段试点运行。2017年1月,该平台正式上线,在全路网范围内动态展示收费站状态、交通事件、计划性施工、服务区动态和极端天气等信息。

高速公路基础数据库和电子地图。根据交通运输部工作安排,厅高管局(执法总队)每年组织高速公路营运公司开展全省公路养护统计年报和公路数据库电子地图的更新报送工作。2014年,四川省交通运输厅公路局在成都召开年报更新工作布置会,通报了2013年全省公路养护统计年报及电子地图更新维护的工作情况,布置了2014年的工作,并邀请了交通运输部专家讲解了报表制度、操作系统的新变化等,对报送工作的变化进行详细解读。会后,厅高管局(执法总队)组织高速公路营运公司按照部省要求认真开展填报工作,仔细核对每项数据,确保真实可靠。

高速公路养护管理系统。2012年,厅高管局(执法总队)启动高速公路养护管理系统建设,整合全省高速公路基础信息资源,建立了全省高速公路养护信息化地理信息平台,并采用云计算等开展相关业务管理,实现了从路况数据采集到养护计划、巡查检查、养护工程、路况检测评定、考核等养护全过程信息化管理。该系统于2012年底上线调试,2013

年4月开始试运行,2013年6月正式运行。此后,又根据业务需要对系统功能进行不断完善和扩展,基本形成了全省养护管理信息化大数据库平台。该系统主要具备6项功能:一是查询、统计、分析全省高速公路营运公司养护管理基础数据;二是通过业务管理模块实现了道路技术状况评定抽检数据导入与分析、养护计划管理、养护大中修工程管理、服务区管理、应急管理、任务管理以及高速公路养护工程统计报表管理等相关功能;三是通过行业监督模块可实现挂牌督办项目的跟踪管理功能;四是通过行业考评模块实现厅高管局(执法总队)及各交通执法支队考评等行业养护监管功能;五是通过重要数据库模块主要实现对全省的重要结构物数据库、重要路段数据库、重大地质灾害数据库进行动态跟踪与管理;六是通过数据利用模块实现养护决策与数据分析利用功能。

高速公路交通综合执法系统。该系统于2013年6月上线试运行,基本实现了行政处罚(含超限处罚)案件内业处理电子化和网络化,实现了超限运输审批、道路运输管理及历史违法信息等数据共享,初步建成了统一的高速公路交通执法业务数据平台,进一步提高了案件办案水平,规范了案件办理流程,实现案件全过程跟踪监管,提升了案件处理效率。该系统具备三大功能:一是行政处罚案件办理,实现案件台账录入、执法文书生成、证据上传保存、审批环节控制等功能;二是案件信息查询统计,对所有联网办理的在办、结案案件进行查询统计,实现在办案件实时跟踪,结案案件实时审查;三是系统数据交换,实时查询道路运输车辆、线路牌、业主、驾驶员、超限证等信息,为实现全省高速公路交通精准执法提供了支撑。目前,该系统正按计划升级。系统升级后,可通过前端移动执法装备,完成现场证据采集、上传,实现行政处罚、路产赔偿、行政许可等高速公路交通执法全过程信息化和全生命周期管理;实现日常巡查、行业监管全过程网络化,及时记录发现的问题或隐患,并将实时数据推送高速公路养护管理系统,督促公司整改,形成全流程的闭环管理,进一步提高监管效能;实现车辆位置的实时监控、动态调度,视频实时回传,数字语音对讲等及时通信功能开发,进一步提升应急处置能力。

超限运输审批管理系统。该系统于2010年上线运行,为用户提供了办理全省高速公路范围内超限运输许可的统一平台,实现了超限运输申请、审批和查询等相关功能;帮助用户完成审批、打印证件等相关业务操作及管理,实现了超限运输的在线申请、集中办理;简化了审批手续,提升了审批效率,规范了审批流程,实现了超限运输证审批、发放、使用、作废的全过程管理。同时,在与陕西、重庆、云南交界处的成绵广高速公路棋盘关收费站、邻垫高速公路毕家坝收费站、成渝高速公路渔箭收费站建立了3个超限运输证审批代办点,外省车辆可直接在省界收费站办理超限运输审批业务,极大地方便了群众。2013—2015年,该系统共办理超限运输审批36000余件。

2. 交通运输量监管

2016年,全省高速公路网客货车总交通量达5.7599亿辆,同比增长18.20%,连续6

年保持稳定增长态势。其中,客车交通量 4.8375 亿辆,同比增长 20.06%;货车交通量 0.9225 亿辆,同比增长 9.32%,客货比为 5.2∶1。

2011—2016 年四川省高速公路路网客、货车交通量变化图

2016 年,全省高速公路网 ETC 交通量 1.2562 亿辆,占全路网总交通量的 21.81%。

2016 年,全省高速公路网完成旅客运输量 18.1429 亿人,同比增长 11.31%;完成货物运输量 5.2075 亿 t,同比增长 12.98%,连续 3 年持续回升,但仍低于 2013 年水平。

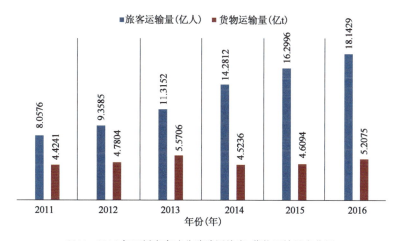

2011—2016 年四川省高速公路路网旅客、货物运输量变化图

2016 年,全省高速公路网完成旅客周转量 1054.8876 亿人公里,同比增长 10.18%;完成货物周转量 815.2974 亿吨公里,同比增长 10.37%。

3.路网运行监管

2016 年,全省高速公路网的拥挤度为 0.29%,无严重拥堵路段,畅通程度较好。其中,处于"畅通"和"基本畅通"状态的里程比例为 98.70%,处于"轻度拥堵"状态的里程比例为 1.01%,处于"中度拥堵"状态的里程比例仅为 0.29%,比 2015 年略有缓解。

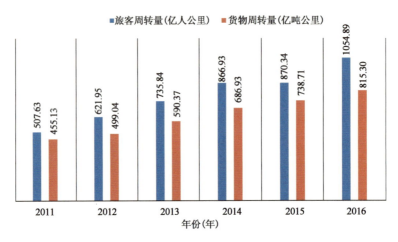

2011—2016 年四川省高速公路路网旅客、货物周转量变化图

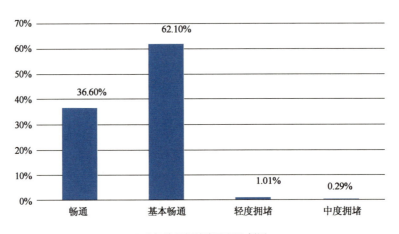

2016 年路网拥挤度里程比例图

2016 年,高速公路拥堵路段主要集中在成都附近放射线。其中,成都绕城高速公路成雅站至成温邛成都站之间路段处于"中度拥堵"状态(表 5-3)。

2016 年路网拥堵路段高峰小时平均速度及拥挤度状态表　　　表 5-3

序号	路　段　名　称	平均速度(km/h)	拥挤度状态
1	成都绕城高速公路(成雅成都站至成温邛成都站路段)	39.6	中度拥堵
2	成都绕城高速公路(成雅成都站至成温邛成都站路段除外)	51.2	轻度拥堵
3	成雅高速公路(成都至新津段)	52.7	轻度拥堵
4	成渝高速公路(成都至简阳段)	54.6	轻度拥堵
5	广陕高速公路	57.1	轻度拥堵
6	成绵高速公路(成都至青白江段)	58.4	轻度拥堵
7	成温邛高速公路(成都至温江段)	59.5	轻度拥堵

第五章
高速公路行政监管及营运管理

据统计,2016年成都周边部分收费站早晚高峰时段交通量已达到饱和状态,且多为出口方向(表5-4)。

2016年成都周边路网过饱和的收费站一览表　　　　表5-4

序号	拥堵收费站	实际交通量/设计交通量	序号	拥堵收费站	实际交通量/设计交通量
1	成温邛成都站(出口)	1.23	6	绕东成金站(出口)	1.09
2	绕东锦城湖站(出口)	1.19	7	绕西双流站(出口)	1.06
3	蓉昌成都站(出口)	1.20	8	绕东天府站(出口)	1.06
4	绕西成灌站(出口)	1.18	9	绕东大件站(出口)	1.04
5	成南成都站(出口)	1.14	10	成温邛温江站(出口、入口)	1.00、1.03

4. 应急处置体系建设

"十二五"期间,根据《中华人民共和国突发事件应对法》等相关法律法规,结合全省高速公路网运行实际,厅高管局(执法总队)制定印发了突发事件管理办法和应急预案,建立预测预警、应急处置、信息发布和跨部门联动等运行机制,并定期组织应急演练,形成了较为完善的全省高速公路应急体系。

应急预案。厅高管局(执法总队)印发了《四川省高速公路突发事件应急预案管理办法》,指导全省高速公路网应急预案的管理、编制、发布、备案、演练等工作,增强应急预案的针对性、实用性和可操作性。同时,印发了《四川省高速公路网突发事件综合应急预案》《四川省高速公路网突发事件应急通行预案》《四川省高速公路网防汛抢险应急预案》《四川省高速公路突发公共卫生事件应急预案》《四川省高速公路突发气象灾害应急预案》《四川省高速公路网处置恐怖袭击事件应急预案》等预案,应对四川省行政区域内发生的与高速公路网相关的各类突发事件,提高全省高速公路网突发事件应急处置效率。根据四川省2015年度地震重点危险区分布情况,借鉴汶川地震、芦山地震抗震救灾的成功经验,厅高管局(执法总队)印发了《四川省高速公路网2015年度重点危险区地震抢通保通应急预案》《四川省高速公路网2015年度四川道孚—川滇交界东部片区地震抢通保通应急预案》《四川省高速公路网2015年度滇西—川滇交界西部片区地震抢通保通应急预案》和《四川省高速公路网2015年度甘青川交界地区地震抢通保通应急预案》,进一步完善全省高速公路网抗震救灾应急保障机制。厅高管局(执法总队)还指导高速公路监控结算中心、各高速公路营运公司、高速公路执法支队等单位,分别制定相关应急预案1477项,形成较为完善的全省高速公路应急预案体系。

完善运行机制。一是加强预测预警。建立健全全省高速公路网突发事件预测预警机制。针对全省高速公路网高风险区(事故多发点、桥隧群路段、特殊气象路段、地质灾害路段等)可能发生突发事件的性质、类型、严重程度、影响范围、可控性等,厅高管局(执法总队)监督指导各高速公路营运公司、高速公路执法支队和高速公路监控结算中心开展突发事件预防预警和风险分析工作,做到"早预防、早发现、早报告、早处置"。同时,各单位根据应急预案要求,及时上报相应等级预警报告;厅高管局(执法总队)根据预警等级及性质,及时通知相关单位做好预防工作。此外,根据中国气象局、省地震局等部门发布的重大气象预警信息及年度地震重点危险区分布情况等灾害信息,结合全省高速公路网实际情况,厅高管局(执法总队)及时转发相关单位,安排布置预防准备工作,确保责任落实到基层。二是加强应急处置。为及时掌握全省高速公路网突发事件信息,提高路网突发事件应急响应效率,厅高管局(执法总队)设立全省高速公路网总值班室,负责搜集、汇总突发事件信息及路网应急处置相关信息。突发事件发生后,按照省政府和交通运输部相关要求,事发地相关单位"接报即报",在第一时间内如实报告有关情况,不得迟报、谎报、瞒报和漏报,并在处置过程中,及时续报。同时,根据事态及发展趋势,研究决定启动相应应急预案。预案启动后,各工作组在最快时间就位,迅速有效开展工作。厅高管局(执法总队)根据突发事件等级及类型,安排相关负责人赶赴现场,监督协调路网突发事件处置工作。三是加强信息发布。为满足人民群众出行需求,加强高速公路信息发布管理工作,进一步提高高速公路应急保障和公共服务能力,根据中华人民共和国交通运输部《公路交通突发事件应急预案》(交公路发〔2009〕226号)等有关规定,结合四川省高速公路运行管理实际情况,厅高管局(执法总队)制定印发了《四川省高速公路可变情报板信息发布管理办法》和《四川省高速公路交通阻断信息报送管理办法》等制度,规范突发事件信息发布工作。突发事件发生后,通过广播、网站、服务热线、短信、可变情报板、微博等及时发布事件信息,准确客观地向社会提供预警信息,保障公众生命财产安全。四是加强协调联动。经省政府同意,省交通运输厅牵头,建立了由交通运输厅、公安厅、各市(州)人民政府和各高速公路管理及营运公司组成的四川省高速公路管理联席会议制度,整合各地、各部门力量,建立3820人的应急救援队伍,完善107018件(套)应急救援物资装备资料,建立健全全省高速公路管理长效机制。在此基础上,厅高管局(执法总队)联合省公安厅交通管理局制定《四川省高速公路交通安全及路网管理联勤联动机制》,充分发挥高速公路沿线地方政府、高速公路交警、交通执法支队、高速公路营运公司等作用,建立健全高速公路"一路四方"联动机制,进一步整合优化高速公路管理资源,有效提升高速公路管理效能,形成统筹协调、各司其职、各负其责、齐抓共管、运行有序的工作格局。

开展应急演练。按照综合预案规定,2012—2015年,厅高管局(执法总队)每年至少组织一次全省路网区域综合应急演练。制订《四川省2016年省级防震救灾综合演练高速公路交通保障实施方案》,组织高速公路营运公司、交通执法支队、监控结算中心等15个单位开展2016年四川省高速公路网区域应急通行交通保障应急演练。

（二）高速公路服务监管

为适应全省高速公路加快发展的新形势,加快提升高速公路服务质量,切实满足公众不断增长的出行需求,厅高管局(执法总队)抓住服务区服务、收费服务、清障救援服务等关键环节,在高速公路服务标准体系建设、监管机制创新、优质品牌打造等方面持续发力,进一步提升服务监管效果。四川省高速公路服务监管发展分为三个阶段:一是建章立制打基础阶段(2011—2012年)。这个阶段的主要任务是建立行业标准,确保监管有规可依。二是规范管理补短板阶段(2013—2014年)。这个阶段的主要任务是弥补高速公路服务相关基础设施不足,全面推行服务质量标准化管理。三是强化监管提质量阶段(2015—2016年)。《四川省高速公路条例》出台后,高速公路行业监管机制初步建立,高速公路服务监管逐渐从补齐不足向提升质量效益,打造服务品牌转变。经过几年不懈努力,四川高速公路服务标准体系和监管机制基本健全,服务质量明显提升,公众满意度不断提高。

1. 高速公路服务监管模式创新

2014年,省交通运输厅、省发展和改革委员会、省财政厅积极开展调研论证工作,在深入测算评估、反复研讨基础上,根据《中华人民共和国公路法》《中华人民共和国价格法》《收费公路管理条例》《四川省〈中华人民共和国公路法〉实施办法》等法律法规,起草了《四川省高速公路车辆通行费收费标准与工程和服务质量挂钩管理办法》。此后,反复征求省交投集团、铁投集团、川高公司、成渝公司等高速公路管理公司及营运公司意见,并邀请四川大学、西南交通大学、四川交通职业技术学院教授及知名律师等进行专题论证和风险评估。2015年9月,发布《四川省高速公路条例》,规定高速公路车辆通行费收费标准根据道路技术状况、运营服务质量等情况调整。2016年3月25日,省交通运输厅、省发展和改革委员会、省财政厅联合发出《关于印发〈四川省高速公路车辆通行费收费标准与工程和服务质量挂钩管理办法〉挂钩管理办法》,从2016年4月1起正式施行。

该办法规定:凡在四川省行政区域内,符合高速公路技术标准,经验收合格并开通运行的高速公路项目的车辆通行费,实行与高速公路工程建设质量、运营服务质量评价挂钩管理。高速公路车辆通行费管理坚持科学合理、客观公正、质价相符、简便易行的原则,并根据工程和服务质量评价情况,在省人民政府批准的收费标准内,实行浮动管理、年度调整。

新建项目车辆通行费正式收费标准,依据竣工验收工程质量评价情况确定。竣工验收工程质量评价在75分以下的,按照国家有关规定暂停收取车辆通行费。竣工验收工程质量评价在90分(含)以上的,按车辆通行费试收费标准批准正式收费标准。竣工验收工程质量评价在90分以下、75分(含)以上的,按车辆通行费试收费标准下浮5%批准正式收费标准。

　　高速公路建成投运后按自然年度实施服务质量评价。服务质量评价坚持日常评价与年终评价相结合，采取全面自查、日常巡查、随机抽查、集中检查、公众调查等多种方式，以行业评价为主，征求沿线市州政府意见，广泛发动社会群众参与，并及时反馈评价结果。服务质量评价包括公路养护、收费服务、服务区服务、运行监测和应急管理、安全生产管理5个方面的内容。

　　运营项目车辆通行费收费标准以省人民政府批准的收费标准为基准，根据服务质量评价情况，在次年度实行浮动管理。项目服务质量年度评价在85分（含）以上的，次年度按省人民政府批准的收费标准收取车辆通行费。项目服务质量年度评价在85分以下的，按省人民政府批准的收费标准下浮5%核准次年度车辆通行费收费标准。

　　该办法还规定，有下列情形之一的，下浮5%核准次年度车辆通行费收费标准：一是因运营管理原因发生重特大安全生产责任事故的；二是因运营管理原因致使交通拥堵、服务不规范等，引发严重社会负面影响，或受到省部级（含）以上通报批评的；三是除不可抗力因素外，未按时完成国家、省下达的目标任务的；四是不严格执行省人民政府交通运输主管部门运行调度和应急指挥指令，造成严重后果的。

　　该办法明确了暂停收取车辆通行费的特殊情形，并规定，有下列情形之一的，依法暂停收取车辆通行费，且不得影响高速公路正常使用：一是公路技术状况指数（MQI）、路面损坏状况指数（PCI）、路面行驶质量指数（RQI）、路面车辙深度指数（RDI）任一项处于良等以下，未按期完成整改的；二是四、五类桥梁，危险涵洞及A类隧道未按期完成整改的；三是隧道消防及火灾报警系统功能失效且未按期完成整改的。

　　该办法还明确了行政实施主体，规定：高速公路车辆通行费收费标准与工程和服务质量挂钩，管理由省人民政府交通运输主管部门会同同级价格主管部门、财政部门建立联席会议制度实施。

　　2014年11月，厅高管局（执法总队）组织开展了服务质量评价试行工作，实现全省65个高速公路项目全覆盖。统一评价尺度，优化设计评价指标体系，提高量化标准比例。建立健全厅高管局（执法总队）、高速公路交通执法支队、基层执法大队三级服务质量评价机制，健全厅高管局（执法总队）、高速公路交通执法支队两级约谈机制。多次组织基层执法人员开展培训，邀请专家和有关人员深入讲解高速公路养护、运行、收费、服务等知识，进一步提高执法人员业务素质。在7个交通执法支队开展交叉评价，相互学习借鉴经验。建立厅高管局（执法总队）与高速公路管理公司、高速公路交通执法支队与营运公司、高速公路交通执法大队与管理处专门的工作对接机制，及时沟通评价信息，提高问题整改效率。委托第三方机构实施公众满意，切实保障评价的科学性客观性。截至2016年底，全省高速公路交通执法机构开展评价日常巡查99425次，按月通报评价工作情况23

次,发现并督促营运公司整改养护、服务、安全等方面问题11645个,高速公路服务质量得到整体提升。

2. 高速公路"四个全覆盖"

2015年,按照四川省政府《关于印发四川省2015年"互联网+"重点工作方案的通知》要求,四川高速公路大力推进以实现高速公路移动通信信号、四川交通广播信号、服务区免费WiFi服务和信息查询服务"四个全覆盖"工作。厅高管局(执法总队)多次召开专题会议,加强与四川广播电视台及中国移动、联通、电信三大运营商和高速公路管理公司的沟通,协调落实项目资金,推动信息查询软件开发,推进移动通信信号和四川交通广播信号发射塔建设。截至2016年底,全省高速公路服务区全部实现免费WiFi服务、公共服务信息查询服务全覆盖,高速公路基本实现移动通信信号和四川交通广播信号全覆盖。

3. 服务区服务质量监管

2012年底,厅高管局(执法总队)印发服务区星级评定管理办法,以成乐高速公路夹江天福服务区等6对高速公路服务区为首批试点服务区,推行服务区星级评定。截至2016年底,四川高速公路共评定星级服务区49对,其中,五星级服务区1对,四星级服务区14对,三星级服务区34对。四川高速公路打造出一批功能完善、服务优质,又具地方特色的服务区。同时,加强典型带动、示范引领,四川高速公路服务区功能不断完善,环境卫生更加整洁,全省的服务区面貌总体上有了较大改观,社会公众满意度逐年提高。

2015年,四川积极参与全国高速公路服务区服务质量等级评定工作。省交通运输厅召开两次全省高速公路服务区优质文明服务创建工作推进会,在全面总结全省服务区优质文明服务创建阶段性成果的同时,针对存在的问题提出创建工作要求。厅高管局(执法总队)组织开展三次全省服务区创建工作情况摸底排查,梳理存在的薄弱环节,对服务区硬件设施、管理和服务等方面问题突出,创建工作严重滞后的重点服务区,采取通报和约谈相关单位负责人等方式督促整改。2015年7月21日,厅高管局(执法总队)组织营运公司、执法支队,在成南高速公路淮口服务区召开服务区创建工作现场会,开展现场交流学习和模拟评分,取得良好的示范推广效应。为提高服务区整体形象,四川高速公路开展服务区标识标牌建设改造,实现服务区标识、功能分区指示牌、服务信息公示牌、停车位分类标线"四统一"。在2015年的全国高速公路服务区服务质量等级评定中,成雅高速公路蒲江服务区、成南高速公路淮口服务区、隆纳高速公路泸州西服务区、达渝高速公路大竹服务区4对服务区成功创建为"全国百佳示范服务区";成乐高速公路夹江天福服务区、成德南高速公路金堂服务区、成渝高速公路资阳服务区、绵广高速公路新安服务区、成绵高速公路德阳南服务区、成都绕城高速公路成都东十陵服务区、雅西高速公路荥经服务区等19对服务区创建为全国优秀服务区,其他服务区全部达标。

蒲江服务区位于G5京昆高速公路成雅段K1893处的两侧,在蒲江县境内,紧邻著名的石象湖风景区,为A类服务区,2013年被评定为四星级服务区,2015年被评定为"全国百佳示范服务区"。服务区于1999年12月建成并投入使用,2010年5月进行升级改造,改造后的服务区占地约150亩,建筑面积约11332m^2,每年接待游客760余万人次。停车场、餐饮、超市、厕所、汽车维修、加油站、咨询服务中心、警务室等功能设施一应俱全,能够提供自动售货机、移动电话充电站等服务项目。为提升服务区整体形象,蒲江服务区坚持规范化管理和市场化运作相结合,即公共区域内的保安、保洁、场坪维护、绿化养护、路面维修由公司负责;餐饮、零售超市、汽车加水、土特产、加油站、汽车修理对社会公开招标,引进知名品牌。这两种管理模式的结合,有效保证了对公共设施的资金投入及管理规范到位,知名品牌和专业化管理团队参与经营管理,真正做到了"为过往旅客服好务,为当地群众服好务,为地方经济社会发展服好务"的要求。

淮口服务区位于成南高速公路K1935+82处的淮口服务区,两侧占地约80亩,于2002年底建成投入使用,2013年12月被厅高管局(执法总队)评定为四星级服务区,2015年被评为"全国百佳示范服务区"。淮口服务区在服务水平和管理水平不断提升的同时,也呈现出多彩纷呈的亮点。一是地域有亮点。将内部规划与地方经济规划相结合,破除服务区原有围墙,使服务区与地方的城乡建设融为一体,逐步实现经济上的整合,共同打造集旅游集散、地方农副产品展示与交易、餐饮商务、休闲服务、物流集散等功能于一体的城乡综合"开放式"服务区。二是信息服务出亮点。服务区利用互联网、LED显示屏、电子触摸屏、全区覆盖免费WiFi,建设网站、平台、自助查询,设置综合查询平台、天气及路况查询、手机充电站及剩余车位系统等设备,建立起一整套信息服务体系。三是优质服务显亮点。提供加油、停车、餐饮、卫生间等基本服务,还从驾乘人员角度细化了人性化服务。淮口服务区是四川唯一一个设置有比正常车位宽50cm的女性专用停车位的服务区,并配备了面积170m^{2}的儿童乐园。四是低碳环保,绿色服务区透亮点。服务区左右两侧各配备一套污水处理设备,处理后实现中水回用,循环用水,节约水资源,达到国家节能减排要求,服务区内供配电管网、排水管网也进行了长远规划,预留了空间。服务区利用良好的自然气候条件合理种植了各类植物,绿化面积达到了2000m^2,形成了布局美、色彩美、造型美、"四季常绿"的特色服务区。

4. 高速公路收费服务监管

2012年底,厅高管局(执法总队)印发高速公路收费员星级评定办法,召开收费员星级评定试点工作会,选取条件成熟的成灌公司、川东公司、绵遂公司先行先试,正式启动高速公路收费员星级评定试点工作,2014年向全省推广。截至2015年底,全省评定星级收费员7650名,其中五星级收费员37名、四星级收费员201名、三星级收费员2027名、二星级收费员 3280 名、一星级收费员 2105 名,有效提升了收费员的综合素质和业务能力。在 2015—2016 年中国公路学会举办的"最美中国路姐"评选活动中,巴陕公司营运管理中心收费班长雒凤琼、达万高速公路七里收费站收费员陈泓任荣获"最美路姐"荣誉称号,川北公司广元管理处广元收费站、成南公司成都收费站小亭大爱文明使者班组、成都机场公司成都机场高速公路收费站获"最美路姐团队"荣誉称号;川西公司绕东管理处天府站站长陈华、四川路桥川南片区管理公司收费员罗涵悦获"最美路姐"入围奖,成灌公司成都收费站温馨成灌班、巴南公司恩阳收费站、蓉城二绕公司温江万春收费站获"最美路姐团队"入围奖。

5. 高速公路清障救援监管

1999 年 12 月,省物价局印发《关于高速公路清排障作业收费标准的通知》,对高速公路清排障作业收费标准作出了明确规定。为制止部分高速公路清障救援不规范及乱收费,厅高管局在充分调研部分高速公路营运公司、高速公路交通执法支队基础上,制订《四川省高速公路清障救援管理办法》,在全省高速公路范围内开展清障救援服务"四统一"(统一收费标准、统一服务标准、统一人员着装、统一外观标识)推广工作。统一收费标准,即:严格按照《四川省高速公路清障服务收费标准》进行收费。统一服务标准,即:规定清障救援工作的操作要求、操作流程、工作清单、服务规范等。统一人员着装标准,即:统一工装、佩戴工牌,使用文明用语等。统一外观标识,即:统一设置清障救援车辆的标识和示警灯,统一喷绘救援车辆编号和救援单位名称。截至 2016 年底,全省 50 个高速公路营运公司共有 173 支清障救援队伍,基本实现了"四统一"目标,清障救援服务进一步规范。

三、高速公路收费监管

截至 2016 年底,四川省收费高速公路共 65 个项目,收费里程为 6066.271km,其中政府还贷公路 1277.826km,经营性收费公路 4788.445km,分别占 21.06%、78.94%。

(一)高速公路收费审查审批管理

1. 收费标准确定

四川省高速公路车辆通行费定价采用"收费基价标准 + 桥梁和隧道加价"模式,即:在高速公路收费基价标准基础上,对通过特大桥梁和隧道适当加收车辆通行费。

(1)收费基价

2007 年前通车的高速公路,按照四川省人民政府审查批准,四川省交通厅、四川省财政厅、四川省物价局印发的《关于贯彻实施〈收费公路车辆通行费车型分类〉行业标准有关事宜的通知》确定收费基价标准。四车道高速公路一类车型基价 0.35 元/(车·公里)、六车道高速公路一类车型基价 0.45 元/(车·公里)。

2008 年,针对高速公路建设资金来源相对单一、高速公路建设成本逐年增高、高速公路建设重心由发达地区向不发达地区和盆周山区转移、影响项目效益的不利因素逐步增多、收费基价偏低等问题,四川省交通运输厅会同四川省发展和改革委员会、四川省财政厅开展"四川省高速公路新路新价、一路一价及基价调整研究"。2008 年后建成通车的高速公路项目,按照不超过 0.50 元/(车·公里)的基价标准进行控制审核。经四川省人民政府审查批准,已实施收费的高速公路项目(含 BOT 项目)一类车型基价标准为:四车道 0.43~0.50 元/(车·公里)[西攀高速公路、攀田高速公路比照云南省价格水平为 0.43 元/(车·公里),其余均为 0.50 元/(车·公里)]、六车道 0.60 元/(车·公里)(成自泸赤高速公路成仁段)。2009 年以来,四川省新通车四车道高速公路基价标准均按 0.50 元/(车·公里)审查批准执行。

(2)桥隧加价

桥隧加收车辆通行费标准,按照四川省人民政府审查批准,四川省交通厅、四川省财政厅、四川省物价局下发的《关于贯彻实施〈收费公路车辆通行费车型分类〉行业标准有关事宜的通知》中规定的标准和原则执行。"两车道独立桥梁、隧道,长度 800m 以上或四车道长度 500m 以上,一类车收费标准 3.00 元/(车·次)";"两车道独立桥梁、隧道大于 800m 或四车道大于 500m,按照标准适当加收"。

2015 年,四川省交通运输厅起草了《四川省高速公路特大桥梁和隧道加收车辆通行费审查审核管理办法》,分别征求了四川省发展和改革委员会、四川省财政厅意见,并结合意见建议进行了修改完善。会同四川省发展和改革委员会、四川省财政厅联合报请四川省人民政府审批同意,2015 年 3 月,四川省交通运输厅、四川省发展和改革委员会、四川省财政厅出台《关于印发四川省高速公路特大桥梁和隧道加收车辆通行费审核试行办法》,明确了高速公路特大桥梁和隧道加价规模和范围。

该办法提高了高速公路特大桥梁和隧道加收通行费的规模,长度由原来的 500m 以上,提高到 1000m 以上(含 1000m)。进一步明确了加收通行费范围。加收通行费的桥梁和隧道必须为高速公路主线上跨越江河、湖泊(水库)、峡谷的桥梁,以及穿越山脉的长隧道。平原和丘陵区及顺河顺谷连续高架桥不纳入加收车辆通行费范围。高速公路枢纽互通立交桥梁、跨越其他道路(公路、铁路等)的桥梁、高速公路连接线上的桥梁和隧道不纳入加收车辆通行费范围。

该办法提出了综合平均收费价格控制原则。对高速公路同一收费区间,一类车型综合平均收费价格进行了控制(超特大桥梁和超特长隧道区间除外)。同时,也对高速公路项目全路段一类车型综合平均收费价格原则控制。

该办法细化了桥梁和隧道加价参照标准。结合通车高速公路桥梁和隧道长度分布情况,以及今后建设高速公路桥隧比例提高,特别是特长隧道增多的实际,细化出桥梁和隧道加价控制性标准,桥梁按500m为进制单位,隧道按1000m为进制单位,在一类车型3元/(车·次)的基础上,分档提出加收通行费参照标准(表5-5)。

四川省高速公路特大桥梁和隧道加收车辆通行费标准一览表

[单位:元/(车·次)(一类车型)] 表5-5

桥梁长度$L(m)$	$1000 \leq L \leq 1500$	$1500 < L \leq 2000$	$2000 < L \leq 2500$	$2500 < L \leq 3000$	3000m以上的超长桥梁和5000m以上的超长隧道,按价格控制原则适当加收
参照标准	3	4	5	6	
隧道长度$L(m)$	$1000 \leq L \leq 2000$	$2000 < L \leq 3000$	$3000 < L \leq 4000$	$4000 < L \leq 5000$	
参照标准	3	4	5	6	

该办法进一步明确了申报及审查审核程序,即:高速公路特大桥梁和隧道加收车辆通行费由高速公路项目公司按规定进行测算和申报,交通运输等部门按职责进行审查审核。

(3)计重收费

2006年,四川省人民政府办公厅发出《关于收费公路推行货车计重收费实施意见的通知》,四川省联网收费高速公路对载货汽车实行入口前检测分流,出口计重收费。计重收费标准按照四川省交通运输厅、四川省发展和改革委员会、四川省财政厅联合下发的《关于对正常装载合法运输车辆通行费实行优惠的通知》批准的收费标准执行。高速公路货车计重收费基本费率为0.075元/吨公里,桥梁和隧道的基本费率为0.65元/吨公里,该段公路收费时不再重复计算收费的桥梁、隧道里程。同时,为进一步减轻正常装载合法运输车辆(以下简称"正常装载车辆")的负担,鼓励货运企业调整改善车型结构,支持多轴大型车辆发展,对"正常装载车辆"实行20%~30%的车辆通行费优惠。

2. 收费期限

根据《收费公路管理条例》第十四条规定:政府还贷公路的收费期限,按照用收费偿还贷款、偿还有偿集资款的原则确定,最长不得超过15年。国家确定的中西部省、自治区、直辖市的政府还贷公路收费期限,最长不得超过20年。经营性公路的收费期限,按照收回投资并有合理回报的原则确定,最长不得超过25年。国家确定的中西部省、自治区、直辖市的经营性公路收费期限,最长不得超过30年。

3. 收费审批

根据《收费公路管理条例》第十五条规定:政府还贷公路由省、自治区、直辖市人民政府交通主管部门会同同级价格主管部门、财政部门审核后,报本级人民政府审查批准。经营性公路的收费标准,由省、自治区、直辖市人民政府交通主管部门会同同级价格主管部门审核后,报本级人民政府审查批准。2016年12月,厅高管局(执法总队)出台了《四川省高速公路开通试收费准备工作手册(试行)》,进一步明确了开通试收费工作相关要求、试收费基本条件以及试收费办理流程等。

(二)收费公路收支监管

高速公路政府还贷收费项目由高速公路营运公司的上级主管部门(单位)具体负责资金监管;高速公路经营性收费项目实行企业自主经营管理,由出资人具体负责资金监管。车辆通行费的使用按照国家法律、法规和相关规定执行。2016年10月,审计署成都特派办检查指导四川省收费公路资金管理及使用工作,四川省交通运输厅高度重视、认真组织,四川省发展和改革委员会、四川省财政厅,四川省交投集团、四川省铁投集团、川高公司、成渝公司等高速公路经营管理单位积极配合,于2016年12月底圆满完成此次检查工作。

(三)高速公路车辆通行费清分结算管理

四川省高速公路车辆通行费结算分为如下三个阶段:

路段管理阶段(1995年7月~2002年9月)。1995年7月1日,四川省第一条高速公路——成渝高速公路开始试行收取车辆通行费,标志着四川省高速公路收费管理起步。随后,四川省陆续建成开通了成绵、内宜、成乐、成雅等10余条高速公路,各高速公路经营管理单位按四川省人民政府批准的收费标准,自行收取车辆通行费,无须清分结算。

轧差清分结算阶段(2002年9月~2014年10月)。2002年9月,成乐、成雅高速公路联网收费试点成功。此后,联网收费在四川省高速公路迅速推广。到2007年底,除成都机场高速公路外,其余所有高速公路实现联网收费,之后建成的高速公路在通车时同步实现联网收费。高速公路经营管理单位将当日收取的路网通行费全额存入自有账户,经四川省交通运输厅监控结算中心集中拆分后,实行资金差额划拨。

轧差和统收统分两种清分结算模式并存阶段(2014年10月8日至今)。四川省高速公路ETC开通试运行后,全省高速公路车辆通行费实行清分结算模式双轨运行,即:高速公路车辆通行费现金收入实行轧差清分结算,ETC车辆通行费(非现金业务)实行统收统分清分结算。

(四)收费政策执行监管

1. 货车计重收费政策

2013年12月20日,四川省人民政府印发《关于开展道路交通安全综合整治攻坚年行动的通知》,从2014年1月1日起,在全省范围内开展道路交通安全综合整治行动。2013年12月16日,四川省交通运输厅、四川省发展和改革委员会、四川省财政厅联合下发《关于对正常装载合法运输车辆通行费实行优惠的通知》和《关于对正常装载合法运输车辆通行费实行优惠的补充通知》,规定高速公路货车计重收费基本费率为0.075元/吨公里,桥梁和隧道的基本费率为 0.65 元/吨公里,该段公路收费时不再重复计算收费的桥梁、隧道里程;对于正常装载货车实行优惠政策,即二轴、三轴货车按基本费率80%计算收取车辆通行费,四轴及四轴以上货车按基本费率70%计算收取车辆通行费。

2. 水运港口集装箱收费政策

2010 年 9 月 2 日,四川省交通运输厅、四川省财政厅、四川省发展和改革委员会印发了《关于调整我省水运港口集装箱运输公路车辆通行费收费标准的通知》,规定对进出全省主要水运集装箱港口,且正常装载的集装箱运输车辆实行公路车辆通行费优惠,有效促进了四川省公水联运和港口集装箱运输快速发展。

2016 年 6 月 21 日,四川省交通运输厅印发了《关于进一步规范落实水运港口集装箱运输高速公路车辆通行费标准的通知》,规定维护政策执行的稳定性,严格执行水运港口集装箱运输通行费标准及范围,规范水运港口集装箱运输标识站管理,加强政策的技术保障和业务培训。2016 年 12 月 1 日,厅高速公路管理局发布《四川省水运港口集装箱运输高速公路车辆通行费实施细则》,规定隆纳高速公路泸州收费站和成自泸赤高速公路泸州港收费站为进出泸州水运港口集装箱运输车辆标识站,内宜高速公路宜宾北收费站和宜泸高速公路临港收费站为进出宜宾水运港口集装箱运输车辆标识站。凡通过水运港口集装箱运输车辆标识站进出四川省高速公路网且正常装载的集装箱运输车辆,均视同为水运港口集装箱运输车辆,享受水运港口集装箱运输公路车辆通行费优惠政策。未通过水运港口集装箱运输车辆标识站进出我省高速公路网的集装箱运输车辆,不享受水运港口集装箱运输公路车辆通行费优惠政策。

3. 车辆通行费减免政策

(1)绿色通道政策

根据国家和地方法规规定,高速公路对整车合法装载鲜活农产品的车辆实行免费通行。2012—2016 年,四川省免收整车装载鲜活农产品车辆通行费51.53亿元,其中 2012 年 5.66 亿元,2013 年 9.10 亿元,2014 年 9.26 亿元,2015 年 12.05 亿元,2016 年 15.46 亿元。

(2)重大节假日小型客车免费通行政策

2012 年 7 月 24 日,国务院批转《交通运输部等部门重大节假日免收小型客车通行费实施方案的通知》,同年四川省人民政府下发《四川省人民政府关于批转交通运输厅等部门重大节假日免收小型客车通行费实施方案的通知》。从 2012 年 10 月 1 日起,每年春节、清明节、劳动节、国庆节休息日,全国高速公路对所有七座及七座以下车辆实施免费通行。免费时间为节假日第一天 00:00 开始,节假日最后一天 24:00 结束。2013—2016 年,全省高速公路共计免收重大节假日小型客车通行费 36.57 亿元。其中,2013 年 6.69 亿元,2014 年 8.46 亿元,2015 年 10.06 亿元,2016 年 11.36 亿元。

(3)其他免费通行政策

根据《收费公路管理条例》第七条、《四川省高速公路条例》第二十八条相关规定,四川省高速公路对军队车辆、武警部队车辆,公安机关、高速公路管理机构在辖区内高速公路上处理交通事故、执行巡查任务、实施监督检查和处置突发事件的统一标志的制式车辆,运输跨区作业的联合收割机(包括插秧机)的车辆,以及国务院交通运输主管部门或者省人民政府批准执行抢险救灾任务的车辆,免收车辆通行费。

(五)收费公路信息统计公开事项监管

按照交通运输部的要求,2011—2015年,厅高管局积极开展高速公路统计工作,收集、审查、整理了四川省收费高速公路项目统计方面的基础信息资料及财务数据,并及时完成相关工作报表。统计内容包括项目基本信息、收费公路项目投资与管理数据、收费站情况、投资情况、债务信息、收支情况、收费标准情况、沿线监控设施、沿线气象检测器、项目变更等。从2013年开始,收费公路统计增加法人单位一览表、法人单位财务状况表。2015年、2016年,通过四川省交通运输厅网站向社会公布《2014年四川省收费公路统计公报》及《2015年四川省收费公路统计公报》,收费公路信息公开工作开始规范化、制度化、常态化。

2013年,厅高管局参与全国交通运输业经济统计专项调查工作,按时保质保量地完成专项任务,得到交通运输部的肯定。2014年11月7日,交通运输部办公厅印发《关于表扬全国交通运输业经济统计专项调查和城市客运交通线路及站点专项调查优秀集体和优秀个人的通知》,授予厅高管局优秀集体荣誉称号。

(六)收费公路清理监管

2011年6月10日,交通运输部、国家发展和改革委员会、财政部、监察部、国务院纠风办联合印发《关于开展收费公路专项清理工作的通知》,要求按照"政府负责,部门实施,依法清理,标本兼治,全面规范"的原则,在省级人民政府组织领导下,通过一年左右时间的专项清理工作,全面清理公路超期收费、通行费收费标准偏高等违规及不合理收费,坚决撤销收费期满的收费项目,取消间距不符合规定的收费站(点),纠正各种违规收费行为。

2011年6月24日,四川省交通运输厅、四川省发展和改革委员会、四川省财政厅、四川省监察厅、四川省纠风办印发《四川省收费公路专项清理工作实施方案》,依法依规开展清理。全省及时对高速公路规模、收费期限、收费标准、收费站点和收费行为等逐一进行对照核查,认真查找不合理收费行为和各类违规问题,研究提出整改措施和整改方案,边查边改,自查自纠。2012年,四川省收费公路专项清理工作领导小组办公室向成都市发出《关于限期清理审核成都机场高速公路车辆通行费标准的通知》,要求成都市对成都机场高速公路进行认真清理,研究提出整改措施和整改方案。成都市交委会同成都市发展改革委、成都市财政局等相关部门,就成都机场高速公路收费标准进行了专题研究,在报请成都市政府同意后,由成都市审计部门根据相关法律法规对成都机场高速公路收支、债务及经营情况进行全面审计。成都市交委和成都市发展改革委结合审计意见,对成都机场高速收费标准进行测算,提出调整方案。同时,厅高管局对成都机场高速公路收费偏高问题也进行了测算,并结合成都市意见,将收费标准调整方案上报四川省交通运输厅,经四川省交通运输厅和四川省发展和改革委员会上报四川省人民政府批准,下调了成都机场高速公路的收费标准。从2012年8月1日至2015年12月31日,成都机场高速公路一类车收费基价标准由20元/(车·次)调整为14元/(车·次);2016年1月1日至2024年12月31日一类车收费基价标准由14元/(车·次)调整为10元/(车·次)。二~五类车按一类车的调整时间和收费基价标准做相应调整。

2013年,按照交通运输部、国家发展改革委、财政部、监察部、国务院纠风办要求,再次对四川省高速公路项目进行了清理,对项目属性、资本金、收费期限等进一步核实,对公路属性归位进行了整改,完成了四川省收费公路专项清理工作。

(七)高速公路通行费税改

2016年,厅高管局主动联系四川省国税局相关部门,采取专题研究、实地考察、书面报告等形式,对四川省高速公路车辆通行费税收"营改增"等问题进行沟通协调,实现四川省高速公路车辆通行费税收"营改增"工作的顺利过渡。

(八)高速公路通行费收入

2016年,全省高速公路网通行费总收入179.82亿元,同比增长16.09%。其中,客车通行费101.90亿元,同比增长20.14%;货车通行费77.92亿元,同比增长11.20%。

2016年,全省高速公路网ETC通行费收入为34.92亿元(占路网总收入的19.42%,占客车总收入的34.12%),同比增长23.96%。

2011—2016年四川省高速公路通行费年收入一览图(单位:亿元)

2016年,成都放射线通行费收入115.23亿元(占全省高速公路网通行费总收入的69.76%),同比增长13.89%;纵线高速通行费收入总额为26.14亿元(占全省高速公路网通行费总收入的15.82%),同比增长22.20%;横线高速通行费总收入23.83亿元(占全省高速公路网通行费总收入的14.42%),同比增长4.77%。

其中,全省高速公路网各项目中,年收费总额及平均每公里年收费额前十位的路段均为成都放射线高速,见表5-6和表5-7。

2016年路网收费额前十位路段一览表　　　　表5-6

序号	高速公路名称	年收费额(亿元)	序号	高速公路名称	年收费额(亿元)
1	成南高速公路	12.2399	6	成自泸高速公路成仁段	7.1372
2	雅泸高速公路	10.1418	7	成德南高速公路	6.7452
3	绵广高速公路	9.1937	8	成绵高速公路	6.6091
4	成渝高速公路	8.4906	9	成自泸高速公路内自段	5.0798
5	成雅高速公路	8.3419	10	广(元)南(充)高速公路	5.0175

2016年路网平均每公里年收费额前十位路段一览表　　　　表5-7

序号	高速公路名称	平均每公里年收费额(万元)	序号	高速公路名称	平均每公里年收费额(万元)
1	成自泸高速公路成仁段	1118.19	6	成雅高速公路	590.79
2	成灌高速公路	792.36	7	都汶高速公路	568.17
3	广陕高速公路	753.66	8	成南高速公路	568.11
4	成绵高速公路	715.27	9	城北高速公路	549.23
5	绵广高速公路	678.50	10	成乐高速公路	541.90

四、高速公路安全监管

(一)安全生产法规

厅高管局(执法总队)先后出台了《四川省高速公路行业安全生产约谈办法(试行)》《四川省高速公路机电系统维护管理规定(试行)》《四川省高速公路清障救援管理办法(试行)》《四川省运营高速公路重大安全隐患挂牌督办制度》《四川省高速公路桥梁养护管理办法》《四川省高速公路隧道养护管理办法》《四川省高速公路网突发事件总体预案》及9个专项预案。草拟完成《四川省高速公路收费站入口计重检测点管理办法》《四川省高速公路运营服务质量评价实施细则》《四川省高速公路行业安全生产责任制度》《四川省高速公路交通标志标线调整管理办法》《四川省高速公路交通事故现场管控协作工作规范(试行)》《四川省高速公路节假日等交通大流量缓堵保畅工作规范(试行)》等一系列制度规范,逐步完善高速公路安全监管及应急保障制度体系。

(二)安全生产监管责任体系

按2014年12月3日,厅高管局(执法总队)印发了《关于印发四川省交通运输厅高速公路管理局(执法总队)安全生产委员会成员及职责分工的通知》,调整了安全生产委员会成员及职责分工,进一步明确了安委会成员单位及部门安全生产工作责任。2016年9月18日,经省交通运输厅同意,厅高管局(执法总队)在政策法规处增挂"安全监督处"牌子,履行日常安全生产管理工作协调、组织、督促及信息报送工作职责;督促直属各单位成立安全生产工作领导机构,落实专(兼)职人员负责高速公路安全监督工作,构建形成局(总队)—支队—大队三级安全监管责任体系,进一步规范安全监督管理工作职责、流程、方法和措施,研究建立安全监督管理工作风险控制体系。指导督促营运公司进一步落实安全生产主体责任,严格执行安全生产机构设置、人员管理、教育培训、投入保障、操作规程、隐患排查整改、责任追究等制度,切实将安全生产责任、制度和要求落实到末端。

(三)安全生产"一路四方"联动机制

为有效整合高速公路营运公司、高速交警、高速公路交通执法机构和沿线地方政府"一路四方"资源,汇聚各方力量,形成合力,厅高管局(执法总队)从雅西、都汶等高速公路及广安市域高速公路安全管理联动实践出发,因地制宜,分类举措,大力推进建立完善高速公路管理"一路四方"联动机制,保障高速公路安全通畅运行。

建立完善联席会议制度。根据《四川省人民政府关于同意建立四川省高速公路管理联席制度的复函》,四川省在全省各市(州)探索建立"一路四方"联席会议制度,明确联席会议主要职责、成员单位、工作规则及工作要求,定期研究解决高速公路管理重点、难点问题,促进各地、各有关部门及相关省(市)协作配合,组织开展联合行动,维护高速公路管理秩序和运行安全。

建立完善服务区监管机制。四川省各市(州)地方政府相关部门按照属地管理的原则,对行政区域内高速公路服务区消防安全、食品药品安全、商品价格及环境保护等方面开展监督检查,建立服务区监管台账,发现问题及时督促整改,整改落实情况及时反馈,形成服务区常态化监管机制。

建立完善建控区管理机制。四川省各市(州)地方政府国土、住建、公安等部门建立高速公路建控区在建设期间及通车投运后的管理工作,协同解决高速公路建控区内涉及地方政府的管理重点难点问题。

建立完善安全隐患治理机制。四川省各高速公路营运公司负责加强高速公路及附属设施的隐患排查整治工作,高速公路交通执法支队负责强化监督,确保高速公路安全运行。对排查出的隐患需要地方政府配合治理的,高速公路营运公司、交通执法支队主动协调地方政府及其相关部门介入,确保安全隐患得到及时整治。

建立完善突发事件应急处置机制。四川省建立各市(州)地方政府牵头的高速公路突发事件应急处置工作机制,完善高速公路突发事件应急预案,强化突发事件信息报送,及时开展高速公路突发事件应急处置、社会维稳、新闻发布等工作。

目前,全省高速公路"一路四方"联动机制建设加快推进。交通执法第七支队主动协调广安市政府及应急办,进一步细化完善地方政府及所属职能部门在高速公路应急处置、安全管理等方面的重点工作事项,形成常态机制。2016年5月24日,广安市人民政府办公室印发《关于进一步加强广安市境内高速公路管理工作的通知》,要求广安市各级相关部门要充分认识加强高速公路管理的重要性和紧迫性,加快建立健全市县两级联席会议制度,建立高速公路服务区服务质量监管常态化机制,建立完善高速公路建筑控制区管理机制,建立完善高速公路安全隐患排查整治机制,完善高速公路突发事件应急处置机制,认真落实高速公路管理工作责任。2016年6月2日,厅高管局(执法总队)印发《关于转发〈广安市人民政府关于进一步加强广安市境内高速公路管理工作的通知〉的通知》,在全省高速公路行业进行推广。2016年12月28日,厅高管局(执法总队)组织宜宾、乐山、泸州、自贡、内江五市交通运输局,高速公路交通执法第一、四、五支队及川南片区相关高速公路营运公司,召开川南片区"一路四方"联动工作座谈会,推广"广安模式",探索建立川南片区高速公路管理"一路四方"联动机制。为适应全省高速公路管理发展新形势、新任务、新要求,推进行业转型发展,完善长效工作机制,根据《四川省人民政府办公厅关于同意建立全省高速公路管理联席会议制度的复函》,经雅西高速公路管理联席会议全体成员单位研究并同意,于2017年6月14日出台《关于印发雅西高速公路管理联席会议制度和运行工作方案的通知》(川雅高联〔2017〕1号),进一步健全了雅西高速公路管理联席会议制度,调整了雅西高速公路运行工作方案,明确了雅西高速公路营运公司、交通执法机构、高速公路交警部门及地方人民政府"一路四方"职能职责,规范了雅西高速公路特殊路段管控工作方式,完善了雅西高速公路"一路四方"工作联动长效机制,形成了"依法依规、各负其责、齐抓共管、提质增效"管理新格局,有力提升了雅西高速公路的运营服务水平。

厅高管局(执法总队)指导督促高速公路交通执法支队、营运公司会同高速公路交警部门,强化联勤联动,圆满完成春运、国庆等节假日、冬季安全管控与首届四川国际旅游交易博览会、第十五届中国西部国际博览会、2014年中国(绵阳)科技博览会、2014年第五届环中国国际公路自行车赛期间应急交通保障任务。

2015年8月25日,厅高管局(执法总队)在成渝公司、成南公司开展安全生产风险管理试点工作。试点单位聘请第三方安全技术服务机构共同参与,提供专业技术支持,保障试点工作有序推进。主要内容为：一是查阅现有安全生产工作记录、文书、资料等，验证管理制度和操作规程的执行情况；二是梳理修订部门安全管理职责，建立齐全、完善的岗位安全管理制度与安全操作规程；三是对安全管理体系、安全管理状况、管辖道路状况、公辅设施设备状况进行了巡检，建立安全风险防控体系建设隐患台账。目前，成渝分公司已完成安全评估报告，成南公司已形成《危险源辨识与风险评价》手册，试点工作初见成效。

附：雅西高速公路安全管理

2012年4月25日，针对雅西高速公路沿线地形地质状况复杂，气温差异大，特长隧道、双螺旋隧道和超长纵坡组合首例出现，行车环境十分复杂的情况，省公安厅、省交通运输厅联合发布试运行公告，规定从2012年4月29日0时至2012年6月30日24时，对雅西高速公路荥经（K1971+200）至彝海（K2138+400），及荥经、龙苍沟、九襄、汉源北、汉源南、石棉、栗子坪、彝海收费站实行交通管制，以预防道路交通事故，保障人民群众生命财产安全。2012年3月29日，省公安厅、省交通运输厅再次发布《关于加强雅西高速公路行车安全管理的通告》，规定自2012年7月1日起，禁止运载爆炸物品、易燃易爆化学物品以及剧毒、放射性等危险物品车辆和超限车辆通行雅西高速公路荥经（K1971+200）至彝海（K2138+400）路段。针对雅西高速公路冰雪雨雾天气易发多发的情况，2012年11月19日，省公安厅、省交通运输厅又联合发布了《加强雅西高速公路冬季行车安全管理的通告》，自每年12月1日至次年2月28日，禁止7座以上（不含7座）载客汽车、三轴以上（不含三轴）载货汽车在每日夜间18时至次日凌晨8时通行"冬管"路段。此后，省交通运输厅公路（规划）勘察设计研究院对雅西高速公路运行进行了安全评估，并经广泛征求沿线地方政府及相关部门意见。结合雅西高速公路营运公司、高速公路交警、交通执法部门开展冬季安全管理的实际经验，2016年11月23日，省公安厅、省交通运输厅再次发布《进一步加强雅西高速公路行车安全管理的通告》，将冬季每日管控时间调整为雅安至西昌方向每日20时至次日7时，西昌至雅安方向每日20时至次日8时，并结合交通运输部超限超载治理新规定，对通行雅西高速公路货运车辆类型进行了调整。

（四）高速公路安全隐患专项整治行动

2014—2016年，全省高速公路投入养护资金43.25亿元，完成高速公路大中修里程1924.63车道公里，其中2016年完成大中修里程942车道公里。厅高管局（执法总队）组织抽检24560车道公里路面及444座桥梁、75座隧道，督促高速公路营运公司及时处治中、次、差路段。

根据《四川省人民政府关于开展道路交通安全综合治理长效机制建设年行动的通知》要求，四川省制订并印发高速公路道路交通安全综合治理长效机制建设年重点任务实施方案，全面排查高速公路重点桥梁下空间、高速公路交通标志标线、重点隧道消防设施、路面防滑、高速公路标志标牌等安全隐患，定期开展桥梁、隧道安全隐患排查治理专项行动，督促整治重点桥梁下空间隐患143处、"一线两标"问题1159个、隧道消防设施隐患37处、隧道路面防滑隐患27处、重点安全隐患25处，完成2015年新通车高速公路及成都二绕、遂宁、绵阳、广元市过境环线高速公路指路标志改造，新设限速标志54处；挂牌督办完成成德南高速公路长岭岗隧道较大安全隐患整治，全省高速公路路面使用性能指数PQI始终保持优等，路面损坏、行驶质量指标优良率达到100%，消除了四、五类桥涵、隧道。

每年汛期前，四川省组织开展全省高速公路安全隐患专项排查。2016年共排查出20处地质灾害安全隐患，形成安全隐患整改清单，并逐点明确了责任主体、整改时间和监督单位，完成安全隐患整治工作。开展高速公路防汛减灾和安全生产工作专项督查，督促营运公司完善工作方案、落实工作措施、强化预警预报和应急准备，加快推进地质灾害安全隐患专项处置和隐患路段日常监测，全力保障高速公路安全度汛。

厅高管局（执法总队）各执法支队负责督促营运公司及时完善安全基础设施，整改存在问题，消除安全隐患。2016年，按月通报日常评价工作情况5次，开展巡查24136次，发现服务质量问题5224个，督促营运公司整改问题2973个。

（五）高速公路超载超限治理工作

2011年10月12日，交通运输部印发《关于进一步加强车辆违法超限超载治理工作的通知》，规定高速公路以及有条件的特大和大型桥梁，要根据实际情况和需要逐步在其入口处配置称重检测设备，加强货运车辆检测，并采取入口执法劝返、动态预检预警等措施，防止违法超限超载运输车辆进路上桥行驶。2014年2月18日，交通运输部召开全国交通运输行业公路执法专项整改推进工作电视电话会议，提出要加快推广高速公路入口称重阻截模式。2016年7月12日，交通运输部等五部局印发关于《进一步做好货车非法改装和超限超载治理工作的意见》，明确规定实行高速公路入口检测管理，禁止超限超载车辆进入高速公路行驶。

2013年12月20日，省政府印发《四川省人民政府关于开展道路交通安全综合整治攻坚年行动的通知》，决定从2013年12月21日开始，启动全省高速公路超载超限治理工作，全省成立了省长为组长，分管交通、安全、公安的三位副省长为副组长的道路交通安全综合整治领导小组，各级人民政府及相关部门、有关单位成立了相应的领导机构，确保各项工作有序推进。厅高管局（执法总队）组织协调省交投集团、省铁投集团、川高公司、成渝公司、四川路桥、成都市交投集团，指导督促各高速公路交通执法支队、各高速公路营运公司，落实超载超限治理责任。各高速公路营运公司共投入3亿余元，完成高速公路414处收费站入口计重检测点标准化建设，实现了对货运车辆的不停车自动检测，基本形成了完善入口治超网络。

2016年9月21日，交通运输部发布《超限运输车辆行驶公路管理规定》，当年，四川省落实资金近5000万元，全面完成100处收费站入口计重检测设备"动改静"工作任务；强化货运

第五章
高速公路行政监管及营运管理

车辆入口管控,对违法超限车辆进行劝返。同时,坚持定期通报、入口核查、责任倒查和约谈问责,严格追责。初步形成了高速公路经营者负责入口计重检测、高速公路管理机构负责巡查监督、公安交警依法维护交通和治安秩序等高速公路治超工作格局。四川省陆续发布《四川省交通运输厅跨市(州)超限运输省市联网审批管理办法》《四川省高速公路超限运输车辆护送管理办法》《四川省高速公路管理联席会议制度》等系列高速公路治超监管规范性文件;与甘肃、重庆、青海、陕西、宁夏等周边省(自治区、直辖市)定期召开高速公路管理联席会议,协调处理治超工作难点,省际联动执法、信息共享、省界互控等工作机制进一步健全。

开展高速公路超载超限治理工作以来,四川省高速公路道路交通事故指数全面下降。2014年,全省高速公路因货车引发的交通事故205起,死亡105人,同比下降18.65%和25.53%,得到了中央政法委、交通运输部及省委省政府的充分肯定。天津、重庆、广东、湖北、湖南、陕西、山西、广西、河南、河北、福建、青海、辽宁、吉林、贵州、江苏等省(自治区、直辖市)相关部门20余批次赴川考察学习高速公路治超经验,并在2016年8月的全国货车非法改装和超限超载治理工作电视电话会议上做经验交流。

2016年,全省运营高速公路未发生安全生产责任事故,全年共发生涉及道路运输的行车事故169起,同比下降18.34%,且未发生重特大道路运输行车事故。

2016年,共发生较大道路运输行车事故7起,导致29人死亡,16人受伤,路产损失9万余元。发生一般等级道路运输行车事故共计162起,造成170人死亡,180人受伤,路产损失147万余元。

从事故发生的时间分布来看,4季度事故率最高,其次是1季度,2季度事故率最低。

从事故发生的天气情况看,不良天气条件易引发道路运输行车事故,阴、雨天发生的事故数量占53.25%,晴天发生的事故占46.75%。

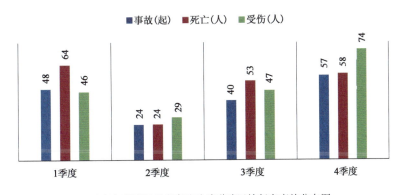

2016年各季度四川省高速公路道路运输行车事故分布图

从事故发生的特点看,追尾事故数量居首,占57.40%;其次是翻车,占16.68%;撞行人事故比重占12.43%。

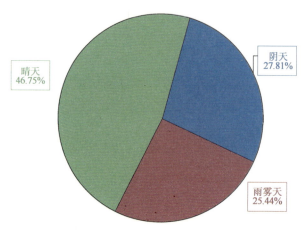

2016年四川省高速公路道路运输行车事故发生天气分布图

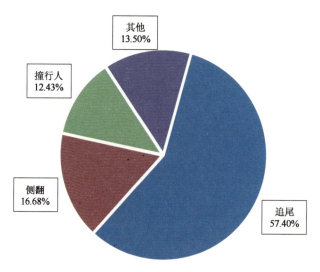

2016年四川省高速公路道路运输事故发生特点分布图

第二节 高速公路交通执法管理

一、四川省高速公路交通执法管理体制沿革

1990年,四川省第一条高速公路——成渝高速公路动工兴建时,全国尚无统一的高速公路管理模式。

1992年3月31日,国务院办公厅印发《关于交通部门在道路上设置检查站及高速公路管理问题的通知》,要求"公安、交通两个部门要互相支持,大力协同,把高速公路管理好",并提出"在高速公路管理中,公路及公路设施的修建、养护和路政、运政管理及稽征等,由交通部门负责;交通管理(维护交通秩序、保障交通安全和畅通等)由公安部门负责"。该通知还同时指出,对高速公路管理的组织机构形式,由各省(自治区、直辖市)人民政府根据当地实际情况确定。

1993年4月,四川省机构编制委员会批复四川省交通厅,同意成立"四川省交通厅高速公路管理局",挂靠在省重点公路建设指挥部,实行一套机构、两块牌子。

1993年5月1日,成渝高速公路成都至简阳段正式通车运营,交通安全和路政、收费执法管理实行全新的组织机构形式。1993年4月24日,四川省人民政府办公厅《议事纪要》确定,成渝高速公路管理要按照"统一、高效、特管,交通安全管理体制实行上分下合、属地管理、双重领导、安全、治安统一"的原则试行。具体办法是:在沿线有关市、县(区)设立隶属于四川省交通厅的成渝高速公路辖区管理所,负责本辖区路段的路政、运政、养护、收费、稽征和交通安全等工作。管理所工作人员分别从交通部门和当地公安部门选调,编制由四川省机构编制委员会统一核批。交警和交通管理人员都作为管理所的工作人员,交警的主要职责是负责处理交通安全事故和维护交通秩序,交通管理人员主要负责路政、运政、养护、稽征、收费、排障等工作。

成渝高速公路成简段运营后,属地公安交警和高速公路管理部门因领导体系不同,部门规定不一,业务矛盾突出,难以形成统一管理、综合执法的局面。

1994年2月5日,四川省交通厅决定正式成立"四川省交通厅高速公路管理局",将省重点公路建设指挥部中负责成渝高速公路建设的职能处(室)及人员一同并入,并将四川省成渝高速公路管理处、四川省大件公路管理处、四川现代交通设施公司交由高速公路管理局管理。

1994年4月18日,成渝高速公路重庆市陈家坪至上桥路段开通营运。经重庆市人民政府办公厅批准,其交通安全、公路路政、道路治安实施"统一管理、综合执法"试点。经重庆市机构编制委员会批准,在重庆市高速公路管理处挂"重庆市高速公路行政执法大队"牌子,形成由交通部门"统一管理、综合执法"的组织机构形式。

1995年5月24日,四川省人民政府在《关于成渝高速公路管理问题的批复》和四川省人民政府办公厅《关于成渝高速公路管理实施意见的通知》中规定,成渝高速公路的路政、运政、养护、稽征、收费、交通安全等管理,暂按两种组织形式试行:重庆至桑家坡地段仍按重庆市的"统一管理,综合执法"形式继续试行,成都至桑家坡仍按四川省人民政府办公厅确立的"上分下合,属地管理"的原则试行。四川省人民政府办公厅在《关于成渝高速公路管理实施意见的通知》中还规定:各高速公路管理所的行政级别为区科级,名称统一定为"成渝高速公路××管理所";所内设"交通安全管理科",为副科级,由交警人员组成,对外使用"成渝高速公路××交警大队"名称,大队长由公安机关和四川省交通厅高速公路管理局任免。

1997年,经四川省机构编制委员会批复同意,四川省重点公路建设指挥部与四川省交通厅高速公路管理局合并为四川省交通厅高速公路管理局。

1999年12月11日,四川省机构编制委员会批复同意成立四川省交通厅内宜、成绵广、成渝、隆纳、成雅、成乐、攀西、广邻高速公路交通执法支(大)队。各高速公路所设交通执法支(大)队为事业单位,隶属于四川省交通厅,由省交通厅委托所属的高速公路管理部门管理,主要负责各条高速公路的路政、运政和收费稽查等交通执法工作。

2000年1月13日,四川省交通厅按照四川省人民政府办公厅《关于全省高速公路管理体制问题的复函》,印发《高速公路经营公司与交通执法机构的管理职责划分试行意见》,对全省高速公路管理职能按照政企分开、依法行政的原则进行调整,明确各高速公路交通执法支(大)队是四川省交通厅领导并派驻到各高速公路的行政执法机构,具有独立的事业法人资格,行使高速公路的路政、运政、收费稽查等行政执法职能,并设立独立的财务和账户。高速公路交通执法行政案复议案件管辖部门,行为相对人对高速公路交通执法机构作出的具体行为不服的,可向四川省交通厅申请复议。2月15日,四川省交通厅任命首批成渝、成绵广、成雅、成乐等4条高速公路交通执法支队负责人。按照省交通厅的要求,各高速公路交通执法支(大)队组织机构迅速组建,人员陆续到位。至当年底,全省共有高速公路交通执法人员448人,协助执法人员580人。

2001年6月,四川省交通厅高速公路管理局撤销。8月2日,四川省交通厅在成都举行8条高速公路交通执法支(大)队授牌仪式。

2002年7月8日,四川省交通厅决定由稽征局代管各高速公路交通执法支队。8月30日,四川省机构编制委员会批准稽征局增挂四川省交通厅高速公路交通执法总队牌子,统一负责四川省高速公路路政、运政和收费稽查等交通执法管理,其机构级别、人员编制和经费渠道均不作变动。

2002年底,四川省高速公路通车里程已达1500km。除上述8条高速公路外,成(都)灌(县)高速公路、成都机场高速公路、成都绕城高速公路、成都城北出口高速公路、达渝高速公路罗江至大竹段、遂(宁)回(马)高速公路、瓷窑铺至沙溪坝高速公路也相继建成通车。各条高速公路行政执法管理模式略有不同。其中,成灌高速公路、成都绕城高速路西段、成都城北出口高速公路、成都机场高速公路,由成都市交通局公路管理处向各条高速公路派出路政大队行使路政、收费管理等交通行政执法职责,交通安全事故则由路段所辖区域交警部门负责处理;成都绕城高速公路东段,由成绵(乐)高速公路建设指挥部路产管护队行使路政、收费管理职责,交通安全事故则由路段所辖区域交警负责处理。

2002年12月,成南高速公路建成通车。初通时期的成南高速公路交通行政执法由"四川省成南高速公路有限责任公司"路产维护队与交警部门共同承担。2003年6月,按照四川省交通厅要求,高速公路交通执法总队在成南高速公路设置"四川省交通厅高速公路交通执法总队成南高速公路交通执法办公区",履行成南高速公路交通行政执法职责,具体业务暂由成乐高速公路交通执法支队办理。

2003年5月7日,四川省交通厅印发《关于四川省高速公路交通综合执法有关职责划分试行意见》,决定对高速公路推行综合执法工作所涉及的高速公路交通执法支(大)队、各高速公路公司(管理处)、公路局、运管局、高速公路交通执法总队等相关机构职责做适当调整。职责调整的原则是:决策与执行分开,审批与监督分开。

2003年10月,为保证南充至广安高速公路建设期间施工秩序,加强交通管理,四川省交通厅决定在南广高速公路交通执法机构未成立之前,暂由广邻高速公路交通执法大队代管南广高速公路的交通执法管理工作。

2007年初,稽征局及高速公路交通执法总队邀请省交通厅相关部门领导和四川大学的专家,对全省高速公路交通执法状况、存在的主要问题进行调研,论证实行高速公路交通执法片区管理的方案,并经省交通厅上报省编委。省编委于当年9月8日以《关于四川省高速公路交通执法实行片区管理有关机构编制事项的批复》批准实施该方案。全省高速公路交通执法片区管理方案的主要内容为:将省交通厅成绵、隆纳、成渝、成乐、成雅、攀西、内宜等7个高速公路交通执法支队及广邻交通执法大队,调整为省交通厅高速公路交通执法第一、第二、第三、第四、第五、第六、第七高速公路交通执法支队,按片区路网覆盖原则调整执法范围,调整后的支队管理体制不变。第一支队辖成(成都)渝(重庆)高速公路、第二支队辖成(成都)绵(绵阳)广(广元)高速公路、第三支队辖成(成都)南(南充)高速公路、第四支队辖成(成都)乐(乐山)高速公路、第五支队辖成(成都)雅(雅安)高速公路、第六支队辖攀西地区高速公路、第七支队辖广(广安)邻(邻水)高速公路。根据已建成通车里程,按0.2人/km的标准,重新核定7个高速公路交通执法支队行政执法类事业编制338名(在原编制数193名的基础上新增145名)。7个高速公路交通执法支队的领导职数分别按1正(正处级)3副(副处级)配备,共核定领导职数28名。经费管理实行核定收支、财政定额补助。省编委同时决定,为使高速公路交通执法与高速公路建设规模相协调,按照从严从紧原则,在不突破省编委确定的高速公路交通执法人员编制标准以内,由省编办根据新增高速公路里程数,适时调整高速公路交通执法机构的人员编制。同年12月26日,四川省机构编制委员会办公室发出《关于四川省交通厅高速公路交通执法支队人员编制及大队设置的批复》,核定了各支队人员编制,其中第一支队90名、第二支队66名、第三支队48名、第四支队34名、第五支队29名、第六支队15名、第七支队56名;7个高速公路交通执法支队根据路段管理需要,共设置执法大队26个,核定大队领导职数(科级)78名。

2008年10月21日,四川省交通厅高速公路片区执法机构成立大会在成都召开。四川省实现高速公路执法片区管理。7个执法支队、26个执法大队挂牌履职,消除了高速公路交通执法管理工作中的盲区。

二、高速公路路政管理

高速公路路政管理是指高速公路管理机构依法对有关高速公路法律、法规执行情况进行监督检查,依法查处各种侵占、损坏公路、公路用地、附属设施以及违反建筑控制区管理法律法规的违法行为的行政管理活动。

(一)管理体制

1999年9月,省政府办公厅发出《关于全省高速公路管理体制问题的复函》,明确划分了公安、交通、高速公路经营企业的管理职责。省交通厅作为全省高速公路的主管部门,依照《中华人民共和国公路法》,负责高速公路的路政、运政、收费稽查、标志标线和交通设施管理。各高速公路经营企业依照《中华人民共和国公司法》和《中华人民共和国公路法》,负责其依法受让收费权的或投资建设的高速公路养护、收费、经营管理工作和道路清障、车辆救援等有偿服务工作。自此,基本确立了四川省高速公路路政管理实行"垂直管理、政企分开"的管理体制。

(二)机构设置

四川省高速路政管理机构采取省厅—总队—支队—大队四级架构模式。省交通运输厅主管全省高速公路路政管理工作,总队负责全省高速公路路政管理工作指导监督,支队负责指导所属大队具体负责实施所辖高速公路路政管理工作。

1999年,按照"一路一支队"模式,设立内宜、成渝、成绵广、成雅、成乐、攀西、隆纳、广邻8个高速公路交通执法支(大)队负责实施路政管理。

2008年,实施高速公路管理机构片区化改革。按照片区管理原则,全省共设立7个高速公路交通执法支队,分别为:四川省交通运输厅高速公路交通执法第一支队,主要负责成渝高速公路、隆纳高速公路、内遂高速公路、纳黔高速公路、内宜高速公路、成安渝高速公路、宜渝高速公路、宜叙高速公路、叙古高速公路,以及以资阳市、内江市和泸州市、宜宾市为辐射中心的未来新建高速公路的路政、运政和收费稽查等交通执法管理及行业监管工作;四川省交通运输厅高速公路交通执法第二支队,主要负责成绵广高速公路、广巴高速公路、广陕高速公路、绵遂高速公路绵阳段、广巴路广南路广元连接线、成德南高速公路、成绵复线高速公路、绵阳绕城环绕高速公路、广陕广巴高速公路连接线,以及以广元市、绵阳市为辐射中心的未来新建高速公路的路政、运政和收费稽查等交通执法管理及行业监管工作;四川省交通运输厅高速公路交通执法第三支队,主要负责成南高速公路、南渝高速公路、回遂渝高速公路、绵遂高速公路遂宁段、广南高速公路、巴南高速公路、遂资眉高速公路、遂西高速公路、遂广高速公路,以及以遂宁市、南充市为辐射中心的未来新建高速公路的路政、运政和收费稽查等交通执法管理及行业监管工作;四川省交通运输厅高速公路交通执法第四支队,主要负责成乐高速公路、成都绕城环线高速公路、乐宜高速公路、成自泸赤高速公路、都汶高速公路、乐自高速公路和遂资眉眉山段高速公路、自隆高速公路、内威荣高速公路、乐自高速公路乐山城区连接线,以及以成都市、乐山市和眉山市为辐射中心的未来新建的高速公路的路政、运政和收费稽查等交通执法管理及行业监管工作;四川省交通运输厅高速公路交通执法第五支队,主要负责成雅高速公路、邛名高速公路、雅西高速公路荥经至冕宁段、乐雅高速公路和成都二绕环线高速公路,以及以雅安市为辐射中心的未来新建高速公路的路政、运政和收费稽查等交通执法管理及行业监管工作;四川省交通运输厅高速公路交通执法第六支队,主要负责雅西高速公路冕宁至西昌段、西攀高速公路、攀田高速公路和丽攀高速公路,以及以凉山州、攀枝花市为辐射中心的未来新建高速公路的路政、运政和收费稽查等交通执法管理及行业监管工作;四川省交通运输厅高速公路交通执法第七支队,主要负责广邻高速公路、南广高速公路、达渝高速公路、邻垫高速公路、达陕高速公路、达万高速公路、巴达高速公路、巴陕高速公路、南大梁高速公路、巴广渝高速公路,以及以广安市、达州市为辐射中心的未来新建的高速公路的路政、运政和收费稽查等交通执法管理及行业监管工作。

执法支队不再随高速公路通车里程的新增而增设,执法大队随通车里程增加,按每个大队管辖50~80km而增设。2016年,全省共成立106个基层执法大队。执法人员编制按每公里0.5人核定总额。现阶段执法人员实际暂按每公里0.2人从紧配置。

（三）管理职责

四川省高速公路路政管理职责主要为:宣传、贯和执行高速公路管理的法律、法规和规章;保护高速公路路产路权,依法查处和制止各种违反高速公路管理、法律法规的行为;实施高速公路路政巡查;查处高速公路用地及建筑控制区违法行为;高速公路涉路施工、大中修养护施工、涉路施工及超限运输许可审批及事后监管;监督营运公司路产损坏赔偿事故办理;监督高速公路营运公司履行路产路权维护管理有关安全生产工作;以及法律、法规、规章规定的其他职责。

四川省高速公路路政管理权力事项种类为行政处罚、行政许可、行政强制、行政检查以及路产赔补偿认定。

1. 行政处罚

根据现行有效的公路管理法律、法规、规章,高速公路路政管理行政处罚事项共计23项,见表5-8。行政处罚主要方式为罚款。路政处罚主要由高速公路交通执法大队负责实施。2016年,四川省高速公路路政处罚案件数量为445件,结案率为100%。从处罚事项上看,主要为违反超限运输管理规定、未经批准开展涉路施工以及违法在建筑控制区修建建筑物、地面构筑物等。在罚款缴纳上,除按《中华人民共和国行政处罚法》规定依法当场收缴罚款外,执行严格的罚缴分离制度,由当事人向指定银行缴纳罚款。当事人确因交通不便向指定银行缴纳罚款有困难的,经当事人提出申请,可由高公路交通执法大队代为缴纳。

四川省高速公路路政管理行政处罚权力事项清单　　　　表 5-8

序号	事项名称	子项
1	对高速公路清障车辆未安装示警标志灯和喷涂标志,执行清障任务时,未开启标志灯和危险报警闪光灯,未设置必要的安全警戒区的处罚	
2	对在高速公路上设置平交道口的处罚	
3	对使用铁轮车、履带车、垃圾车、教练车、拖拉机、非机动车以及其他可能损害路面的机具在高速公路上行驶的处罚	
4	对在高速公路上乱停车辆、占道行驶、摆摊设点、上下乘客的处罚	
5	对在高速公路两侧边沟外缘 30m 和立交桥通道边缘 50m 内修建永久性设施的处罚	
6	对未经批准或者未按照规定要求进行高速公路大修、中修工程施工的处罚	
7	对持调换或者伪造的高速公路通行卡,故意损坏、屏蔽通行卡或者干扰收费设施等方式偷逃高速公路车辆通行费车辆的处罚	
8	对清障救援单位违法指定车辆维修场所的处罚	
9	对擅自占用、挖掘公路或者使公路改线的处罚	
10	对在公路、公路用地、建控区范围内擅自或不符合标准涉路施工影响公路完好、安全和畅通的处罚	
11	对危及公路、公路桥梁、公路隧道、公路渡口安全的活动的处罚	
12	对违反超限运输管理规定的处罚	对车辆超限使用汽车渡船或者在公路上擅自超限行驶的处罚
13		对租借、转让超限运输车辆通行证,使用变造、伪造的超限运输车辆通行证的处罚
14		对扰乱超限检测秩序或逃避超限检测的处罚
15	对损坏、擅自移动、涂改公路附属设施或利用公路附属设施架设管道、悬挂物品等可能危及公路安全的处罚	
16	对损坏、污染公路和影响公路畅通的处罚	
17	对造成公路损坏的责任者未及时报告公路管理机构的处罚	
18	对在公路建筑控制区外修建的建筑物、地面构筑物以及其他设施遮挡公路标志或者妨碍安全视距的处罚	

续上表

序号	事项名称	子项
19	对影响桥梁安全行为的处罚	
20	对未经批准更新采伐护路林的处罚	
21	对未经许可利用公路桥梁、公路隧道、涵洞铺设电缆等设施的处罚	
22	对公路养护作业单位未按规定的技术规范和操作规程进行公路养护作业的处罚	
23	对未按规定缴纳车辆通行费,强行通过或故意堵塞收费车道,影响收费公路畅通的处罚	

2.路政许可

四川省高速公路路政许可主要分为两大类:超限运输行驶公路审批,公路通行和安全建设活动审批;共计13项,见表5-9。

四川省高速公路路政许可事项清单　　　　　表5-9

1	超限运输车辆行驶公路审批	超限运输车辆行驶公路审批(高速公路)
2	影响公路通行和安全建设活动审批	占用挖掘公路或者使公路改线审批
		跨越、穿越公路修建桥梁、渡槽或者架设、埋设管线等设施审批
		在公路用地范围内架设、埋设管线等设施审批
		利用公路桥梁、隧道、涵洞铺设电缆
		利用跨越公路的设施悬挂非公路标志许可
		在公路上增设或改造平面交叉道口审批
		在公路两侧的建筑控制区埋设管线、电缆等设施审批
		在公路用地范围内设置非交通标志(含广告标志、标牌)审批
		经营性公路养护大中修施工审批
		行道树砍伐审批
		在大中型桥梁和渡口、公路隧道、公路两侧一定范围内因抢险、防汛需要修筑堤坝、压缩或者拓宽河床审批
		其他影响公路通行和安全建设活动审批

(1)超限运输审批。四川省高速公路超限运输车辆行驶公路审批集中到省政务中心交通窗口,由交通窗口统一受理接件并办理许可证。同时,为实现便民利民,积极建设网上行政审批服务平台。2017年1月10日,四川省大件运输网上审批开始试运行。大件运输网上审批按"一站申报,全程响应,信息共享,并联审批"的原则,明确了通行高速公路的超限运输审批的流程、各级机构的审核权限。按现行模式,高速公路超限运输审批由通行线路沿线各高速公路交通执法支队提出审核意见,厅高管局(执法总队)统一审核并将意见报厅公路局,厅公路局依据高速公路审核意见做出许可并制证。当事人可选择通过

网上审批平台或者向省政府政务服务中心交通窗口递交申请方式进行超限运输申请。此外,为方便货运当事人,厅高管局(执法总队)在达万四川站、南渝兴山站、遂渝楼房沟站、广甘四川站、泸渝四川站、邻垫毕家坝站、达渝邱家河站等7个重要的高速公路省界站设置超限运输现场办理窗口,办理超限运输申请。

在超限运输审批事后监管上,除按相关规定依法实施处罚外,各高速公路交通执法大队严格按照《超限运输车辆行驶公路管理规定》的规定,落实违法超限运输行为抄告,将违法超限运输驾驶员、车辆、货运企业、货运装载源头单位等抄告至车籍所在地道路运输管理机构,由地方道路运输管理机构实施源头管理。

(2)影响公路通行和安全建设活动的审批。目前,影响高速公路通行和安全的建设活动审批已集中到省政府政务服务中心交通窗口,当事人可向省政府政务服务中心进行涉路施工及养护施工许可申请。同时,还可向所属路段高速公路交通执法大队提交申请,高速公路交通执法支队进行实质审核并最终做出许可决定。为强化影响公路通行和安全的建设活动审批的管理,集中审批权限,理顺管理体制,推进高速公路交通执法支队、大队职能职责转变和转型发展,目前,厅高管局(执法总队)已启动影响公路通行和安全的建设活动审批管理体制的改革,将由"执法总队负责指导、执法支队审批并实施事后监管"的模式转变为"执法总队集中统一审批、支(大)队负责事后监管",加强该类行政审批事中事后监管。

影响公路通行和安全的建设活动许可的后续监管主要通过施工检查以及验收实现。

3. 行政强制

四川省高速公路路政强制分为行政强制措施和行政强制执行,见表5-10和表5-11。实施行政强制措施和行政强制执行必须严格遵守《中华人民共和国行政强制法》规定的程序和期限,并保障当事人陈述、申辩、权利救济等合法权益。

四川省高速公路路政行政强制措施清单 表5-10

序号	事项名称	备注
1	扣押违法超限运输、扰乱逃避超限检测的车辆或对公路造成损坏拒不接受公路管理机构调查处理的车辆、工具	
2	强行拖离采取故意堵塞固定超限检测站点通行车道的车辆、强制将故意堵塞收费车道的车辆拖至安全场所	

四川省高速公路路政行政强制执行清单 表5-11

序号	事项名称	备注
1	代为补种绿化物	
2	强制超载超限车辆卸货、卸载	
3	代为履行收费公路养护义务	

续上表

序号	事项名称	备注
4	代履行或立即代履行	
5	对到期不缴纳罚款的,每日按罚款数额的百分之三加处罚款	
6	拆除、清除擅自设置的非交通标志牌、建筑物、地面构筑物或者管线、电缆等设施	

4. 路产赔补偿认定

根据《中华人民共和国公路法》以及《路政管理规定》的相关规定,高速公路路产赔补偿认定的性质为行政调解,当事人对路产赔偿认定不服的,可向上级公路管理机构申请复核或向人民法院提起民事诉讼。2016年,四川省调整了高速公路路产赔补偿认定的工作模式。高速公路路产赔补偿由当事人双方协商一致后确定,高速公路管理机构不再进行路产赔补偿认定,路产赔补偿现场勘验、取证等工作由高速公路经营者负责实施,高速公路管理机构就路产现场勘验、取证、收费、清障救援等事项进行监督指导;当事人对高速公路路产赔补偿不能达成一致意见的,由高速公路管理机构进行调解,经调解仍不能达成协议的,建议当事人双方向人民法院提起民事诉讼。

(四)信息化建设

四川省高速公路交通执法业务系统平台已经建成运行,实现了高速公路路政处罚、路政许可、路政强制、路产赔补偿的网上办理。高速公路交通执法业务系统固化了路政权力事项流程,确定了法律文书的统一格式及模板,提升了四川省高速公路路政执法规范化水平。同时,厅高管局(执法总队)积极推动高速公路交通执法业务系统与超限运输审批系统对接,通过互联网查询、APP查询等方式实现了超限运输车辆通行证实时查询。

四川省高速公路交通执法业务系统平台

(五)高速公路超载超限治理

超限治理是四川省高速公路路政管理的一项重要内容。四川省已经初步形成了高速公路经营者实施入口计重检测、高速公路管理机构负责巡查监督、公安交警依法维护交通和治安秩序的高速公路入口治超工作格局。高速公路交通执法机构切实履行以下职责：一是督促高速公路经营者按国家及省有关规定及标准安装标准化计重检测设备。二是对高速公路入口计重检测点管控秩序进行巡查监督，并负责达万四川站、南渝兴山站、遂渝楼房沟站、广甘四川站、泸渝四川站、邻垫毕家坝站、达渝邱家河站7个省界收费站管控。按照省治超办要求，2015年底，邻垫毕家坝、达渝邱家河2处省界收费站完成"动改静"改造，并移交川东公司管理。截至2016年底，尚有达万四川站、南渝兴山站、遂渝楼房沟站、广甘四川站、泸渝四川站5处借用外省数据开展治超工作的省界收费站入口管控由交通执法支队负责，待时机成熟后移交营运公司管理。三是对高速公路经营者报告的违法超限运输车辆及时到场并依法处理。四是对违法放行超限运输车辆驶入高速公路的高速公路经营者实施处罚。五对违法超限运输车辆按规定抄告车籍所在地道路运输管理机构。2013年12月开始入口治超以来，全省高速公路交通执法机构落实人员78.78万人次，检查货运车辆770.86万车次，劝返卸载116745起非法超载超限车辆。

三、高速公路运政管理

1999年，四川省开始实施高速公路路政、运政、收费稽查交通综合执法。高速公路道路运输执法是指高速公路管理机构在高速公路范围内依法对客货运输车辆执行道路运输法律法规情况进行监督检查并实施道路运输处罚、道路运输行政强制等的行政管理活动。

（一）管理体制

1999年9月，省政府办公厅发出《关于全省高速公路管理体制问题的复函》，明确省交通厅作为全省高速公路的主管部门，负责高速公路的路政、运政、收费稽查、标志标线和交通设施管理，确立了四川省高速公路道路运输执法管理体制。2014年11月1日，经修订的《四川省道路运输条例》首次对高速公路管理机构行使高速公路封闭区内的道路运输行政处罚工作进行了法定授权。2015年12月1日，《四川省高速公路条例》规定，高速公路道路运输行政执法由高速公路管理机构负责实施。

四川省高速公路道路运输执法管理机构设置省厅—执法总队—支队—大队四级架构模式。省交通运输厅主管全省高速公路道路运输工作，执法总队负责全省高速公路道路运输执法工作指导监督，并协调与厅道路运输管理局做好高速公路道路运输执法协作。高速公路交通执法支队负责指导所属大队具体负责实施所辖高速公路道路运输行政执法工作，实施道路运输执法检查、行政强制、道路运输执法抄告等。具体的机构设置情况参见"高速公路路政管理"小节。

(二)执法范围

高速公路道路运输执法以路面管控为主,这与地方道路运输管理机构道路运输执法范围有所不同。一是事项范围不同。在具体的道路运输执法事项上,按照源头管理为主、路面管控为辅的原则,高速公路管理机构职责集中了道路运输执法中的行政处罚(主要为没收及罚款,不含吊销许可)、行政强制、行政检查等事项。高速公路管理机构根据依法制定并公布的权力清单行使道路运输执法职责。道路运输质量信誉考核、道路运输从业人员资质管理、道路运输业务行业监管、道路运输经营许可等事项,由地方道路运输管理机构负实施。二是地域范围不同。高速公路管理机构仅负责高速公路范围内的道路运输执法,地方道路运输执法职责由地方道路运输管理机构负责。这里的高速公路范围除高速公路封闭区外,还包括高速公路收费站区(含站前广场),但不包括连接线等不具有高速公路全封闭、全部控制出入的物理特征的地域范围。

(三)权力事项种类

四川省高速公路道路运输执法权力事项种类分为行政处罚行政强制、行政执法检查、营运驾驶员记分管理。厅高管局(执法总队)已制订高速公路管理系统行政权力清单,建立了权责清单动态调整机制。

1.行政处罚

根据现行道路运输法律法规,高速公路道路运输行政执法处罚事项共计13个大项,见表5-12。在处罚种类上,四川省高速公路道路运输行政处罚主要为罚款以及没收。2016年,四川省高速公路道路运输执法处罚案件结案率为100%。从处罚事项上看,主要为不按批准客运站点停靠、不按规定线路行驶、非法营运、包车运行违反有关法律法规规定等事项。在罚款缴纳上,除按《中华人民共和国行政处罚法》规定依法当场收缴罚款外,执行严格的罚缴分离制度,由当事人向指定银行缴纳罚款。当事人确因交通不便向指定银行缴纳罚款有困难的,经当事人提出申请,可由高公路交通执法大队代为缴纳。

对某些道路运输违法行为,根据法律法规规规定及情节严重程度,可能需要吊销道路运输经营许可的,如不按批准的客运站点停靠或不按规定线路行驶,未采取必要措施防止货物脱落、扬撒,在旅客运输过程中擅自变更运输车辆等违法行为,高速公路交通执法大队应将该违法行为抄告地车籍所在地道路运输管理机构,由地方道路运输管理机构根据查处情况实施相应的行政处罚。

四川省高速公路道路运输行政处罚权力事项清单

表 5-12

序号	事项名称	子项
1	对未取得道路运输经营许可,擅自从事道路运输经营及相关业务的处罚	
2	对违反道路运输经营许可规定,在高速公路从事道路运输经营的处罚	对经营者超越许可事项,从事道路运输经营及相关业务的处罚
		对道路运输经营者使用无效、伪造、变造、被注销等无效道路经营许可证从事道路运输经营的处罚
		对道路运输经营者非法转让、出租道路运输许可证件的处罚
		未取得巡游出租汽车、网约车、公共汽车客运经营许可,擅自从事巡游出租汽车、公共汽车客运经营活动的处罚
3	对违反道路运输证管理规定,在高速公路从事道路运输的处罚	对取得道路经营许可的道路运输经营者使用无道路运输证车辆参加道路经营的处罚
		对客车租赁经营者使用无道路运输证的车辆从事客车租赁经营的处罚
		对客运经营者、货运经营者不按照规定携带车辆营运证的处罚
		对使用未取得道路运输证的车辆,擅自从事巡游出租汽车经营活动的处罚
4	对客运经营者不按规定路线、班次等行驶的处罚	对客运经营者不按批准的客运站点停靠或者不按规定的线路、公布的班次行驶的处罚
		对加班车、顶班车、接驳车无正当理由不按原正班车的线路、站点、班次行驶的处罚
		对客运包车未按规定的线路、运营模式等经营的处罚
5	对道路运输经营者违反规定,强制招揽旅客、货物、擅自变更运输车辆、中途甩客等处罚	对道路经营者强行招揽旅客、货物的处罚
		对客运经营者旅客运输途中擅自变更运输车辆或者将旅客移交他人运输的处罚
		对客运经营者坑骗旅客、拒载旅客、站外揽客、中途甩客、擅自加价、恶意压价、堵站罢运的处罚
6	对客运经营者、货运经营者擅自改装已取得道路运输证的车辆的处罚	
7	对客运车辆日运行里程超过400km(高速公路直达客运超过600km)未配备两名以上驾驶员的处罚	

第五章 高速公路行政监管及营运管理

续上表

序号	事项名称	子项
8	对客运车辆未按规定明示经营许可证明和客运标志牌的处罚	
9	对旅游客运包车无《四川省旅游团队运输合同（趟次合同）》运行的，或未按照合同约定的运行计划运行的，或者未按照规定进行经营趟次签单的处罚	
10	对货运经营者未采取必要措施防止货物脱落、扬撒等的处罚	
11	对违反危险货物运输相关规定，在高速公路从事道路运输的处罚	对危险货物运输经营者未按规定签发道路危险货物运单的处罚
		对承运危险货物的车辆未随车携带与所运危险货物相一致的《道路运输危险货物安全卡》的处罚
		对运输危险化学品，未根据危险化学品的危险特性采取相应的安全防护措施，或者未配备必要的防护用品和应急救援器材的处罚
12	对违反从业资格管理规定，从事高速公路道路运输经营活动的处罚	对道路运输经营者聘用未取得相应从业资格的从业人员的处罚
		对未取得相应从业资格证件的驾驶员的处罚
		对使用失效、伪造、变造的从业资格证件，驾驶道路客货运输车辆的驾驶员的处罚
		对超越从业资格证件核定范围，从事道路运输活动的处罚
13	对违反规定从事高速公路机动车维修经营的处罚	对机动车维修经营者未按规定公示相关内容或未按规定备案的处罚
		对机动车维修经营者未按许可的经营范围进行维修作业的处罚

2. 行政强制

四川省高速公路道路运输行政强制主要指高速公路道路运输行政强制措施，共计两项（表5-13），主要是依据道路运输法律法规对车辆进行扣押。高速公路交通执法大队实施行政强制措施时，必须严格遵守《中华人民共和国行政强制法》的规定，按省交通运输厅《关于行政强制适用的指导意见》采取扣押车辆的行政强制措施。在执法实践中，由于高速公路违法行为当事人具有流动性较强的特点，为保证有效查处道路运输违法行为，根据《中华人民共和国行政强制法》的授权，执法人员通常事先采取扣押车辆的行政强制措施,并在 24 小时内向执法大队负责人报告。

四川省高速公路道路运输行政强制措施清单 表 5-13

序号	事 项 名 称	备 注
1	对没有车辆营运证又无法当场提供其他有效证明车辆的扣押	
2	扣押违法运输的危险化学品以及用于违法运输危险化学品的运输工具	

执法人员在实施道路运输执法检查过程中,在违法证据难以取得或可能灭失的情况下,依据《中华人民共和国行政处罚法》第三十七条规定的程序,对道路运输证、驾驶员从业资格证、营运线路牌等实施证据登记保存。

3. 行政执法检查

道路运输执法检查是指执法人员指对途经高速公路客运车辆以及高速公路范围内机动车维修等执行道路运输法律法规情况的监督检查。结合四川省高速公路道路运输执法特点,执法人员主要依托高速公路收费站出入口(含收费广场)、服务区开展高速公路道路运输执法检查。

4. 营运驾驶员记分管理

四川省创新高速公路监管方式,在全国范围内率先制定《四川省道路营运驾驶员记分管理办法》,于 2017 年 6 月 1 日起实施。道路营运驾驶员在道路运输经营性活动中违反法律法规、安全生产规程、运营服务规范等行为(含强行冲关逃费、逃避超限运输检测等违法行为)将纳入记分管理。对一个记分周期内记分达到 20 分的道路营运驾驶员,由核发地道路运输管理机构列入"道路运输行业禁止进入名单",并依照《四川省道路运输条例》规定,吊销其道路运输从业资格证,3 年内不得重新申领道路运输从业资格证。

(四)客运签单

高速公路客运签单是指高速公路交通执法机构按照有关道路运输法律法规,在客运车辆签单点对驶入或驶出高速公路的客运车辆进行检查和登记,并依法处理客运违法行为的执法活动。2004 年,省政府、省交通厅要求在收费站入口实施高速公路客运车辆签单,对驶入高速公路的客运车辆实施执法检查。2005 年 4 月 12 日,省交通厅印发《关于继续开展全省高速公路客运车辆签单检查工作的通知》,决定在全省高速公路各主要路口继续开展运政签单检查工作,签单点设立及签单检查按 2004 年 12 月 6 日确定的方案及运作模式进行,即:在成渝、成绵、成雅、成南 4 条高速公路成都进出口设立 8 个签单点。各签单点以加强高速公路客运车辆管理,确保客运安全为主要内容,按"收费站口检查制止为主,道路巡查为辅"的原则,对过往客运车辆是否按核定线路运行、是否超载、安全技术指标是否合格、营运执照是否齐全,是否在规定客运站载客以及 GPS 系统安装使用等情况进行检查。2016年4月14日,省交通运输厅又印发了《关于继续开展成渝高速公路渔箭站和达渝高速公路川渝界客运车辆签单检查的通知》,要求继续开展成渝高速公路渔箭站和达渝高速公路川渝界超长客运和旅游客运车辆签单检查工作。日常检查时间为正常工作时间(含星期六、星期日),其余时间可抽查,劳动节、国庆节、春节期间实行24小时签单检查。高速公路客运签单检查点由地方运管部门、高速公路营运公司、道路运输企业与高速公路交通执法机构共同对驶入或驶出高速公路的客运车辆进行检查和登记,并依法处理客运违法行为。随着此项工作转入常态,地方运管部门、高速公路营运公司、运输企业相继撤离,客运车辆签单检查工作由高速公路交通执法机构独自承担。自此项工作开展以来,全省高速公路签单检查客运车辆1091.62万车次,查处客运违法行为12367起。随着四川省高速公路网的发展,在固定入口签单的工作方式已不能适应高速公路道路运输执法的需要,加之客运签单点的设立缺乏相应的法律依据,2017年3月16日,四川省交通运输厅第一次厅务会通过废止《关于继续开展全省高速公路客运车辆签单检查工作的通知》等3个实施客运签单规定性文件的决定。自此,高速公路客运签单退出历史舞台,高速公路道路运输执法全面转为流动巡查。

2014年11月,高管局(执法总队)、道路运输管理局联合下发了《关于加强高速公路运政执法协作有关事项的通知》,就高速公路管理机构与道路运输管理机构之间的信息共享、违法行为抄告、证牌扣押协作等事项进行了规定,建立了执法协作机制。2017年,厅高管局(执法总队)、道路运输管理局再次联合行文,要求强化春运期间高速公路客运车辆安全管理强化协作。

(五)行政执法协作

"十二五"期间,四川省初步完成了高速公路交通执法业务系统与运政信息系统对接,实现了相关运政信息的共享与交换。系统对接后,执法人员登录四川省高速公路交通执法业务系统可查询客货运输经营企业及经营范围、客货运输车辆、营运驾驶员、客运运行线路等信息,提高了高速公路道路运输执法效率,提升了执法精度。

违法行为抄告是地方道路运输管理机构加强客货运输经营企业源头管理并开展道路运输信誉质量考评的重要依据。在高速公路道路运输执法实践中,执法人员对道路运输违法行为依法调查处罚后,需在3日内将违法行为抄告至车籍所在地以及经营企业所在地的道路运输管理机构。对于发现的道路运输违法行为不属于高速公路道路运输执法业务范围的,执法人员直接将该违法行为抄送至相关道路运输管理机构。

四、高速公路收费稽查

高速公路收费稽查是四川省高速公路交通综合执法的重要执法职责。高速公路收费稽查是指高速公路管理机构依照《收费公路管理条例》《四川省高速公路条例》等相关法律法规规定，依法对当事人为拒交、少交、不交通行费而实施的偷逃通行费行为依法进行调查处理，并追缴通行费的行政管理活动。

（一）法律依据

2004年9月13日，国务院公布《收费公路管理条例》，从高速公路经营者民事权利以及公安机关社会治安管理秩序的角度，对拒交、逃交、少交通行费行为的制约进行了规定。对拒交、逃交、少交车辆通信费的，高速公路经营者有权拒绝通行，并要求当事人补交车辆通行费。对当事人偷逃通行费，扰乱经营管理秩序的，由高速公路经营者向属地公安机关报告，公安机关根据《中华人民共和国治安管理处罚法》以及《中华人民共和国刑法》的相关规定进行处理。

1999年，四川省开始实行高速公路路政、运政、收费稽查合一的交通综合执法，对高速公路交通执法机构收费稽查职责进行了规定。2009年，四川省出台《四川省〈中华人民共和国公路法〉实施办法》，对偷逃通行费的方式，以及公路管理管理机构对不按规定缴纳车辆通行费并故意堵塞收费站、强行通过收费站行为的处罚权力进行了规定。

2015年12月1日，《四川省高速公路条例》规定，除故意堵塞收费车道、强行通过收费站等逃费方式外，对于采取其他方式实施偷逃通行费行为的，除补缴通行费外，高速公路管理机构均可按规定进行行政处罚。

（二）行政执法

1. 偷逃费方式

四川省高速公路常见的偷逃通行费方式：①无通行卡；②调换或伪造通行卡；③故意损坏、屏蔽通行卡，或者干扰收费设施；④采用垫钢（木）板、加装液压设备等欺骗手段减轻实际计费重量的；⑤假冒绿通车、军警车等免收通行费车辆的；⑥利用假轴货车偷逃通行费；⑦利用修改高速公路通行卡信息逃费；⑧制贩应急通行纸卷逃费；⑨货车安装液压设备；⑩利用假行驶证降类逃费；⑪冲关逃费。

ETC大规模使用及重大节假日小型客车免费通行政策实施，利用ETC逃费及节假日逃费方式不断增多，如使用手持OBU、办理ETC谎报车辆类型、银行违规办理和ETC车道冲关等。

2. 偷逃通行费处置

根据《四川省〈中华人民共和国公路法〉实施办法》和《四川省高速公路条例》相关规定，对当事人实施偷逃通行费行为的，均按照四川省路网内最远端之间的最短路径计收通行费。

对因实施偷逃通行费行为扰乱正常生产经营秩序的,由公安机关根据《中华人民共和国治安管理法》等法律法规依法处理。《四川省高速公路条例》第五十一条的规定,由高速公路管理机构处以应缴纳车辆通行费3倍的罚款。2011—2016年,四川省高高速公路管理机构共计查处偷逃通行费案件1528件,追缴通行费共计346.4万元。

四川省政府已印发《四川省道路营运驾驶员记分管理办法》,于2017年6月1日起正式实施。营运车辆故意堵塞收费机车道、冲关逃费以及采取其他方式偷逃车辆通行费,经调查属实的,由高速公路管理机构一次记分15分。营运驾驶员在一个记分周期内记满20分的,道路运输管理机构将采取吊销营运驾驶员从业资格证的行政处罚。

3. 专项行动

2011年10月4日,省公安厅、省交通运输厅联合印发《关于印发〈开展严厉打击高速公路车辆冲关逃费违法犯罪行为专项行动工作方案〉的通知》,成立指挥部,组建专案组,省公安厅、省交通运输厅联合行动,安排部署全省专项行动,打击高速公路偷逃通行费违法犯罪行为。此次打击高速公路车辆冲关逃费违法犯罪行为专项行动时效为2011年10月10日至2012年1月10日,为期90天。2011年10月,省交通运输厅印发《关于印发开展打击高速公路车辆冲关逃费违法犯罪行为专项行动实施方案的通知》,对打击高速公路偷逃通行费行动进行了专项部署。专项行动期间,全省公安机关及高速公路交警部门、交通执法支队、营运公司联合检查嫌疑车辆216000余台,开展集中统一行动(县级以上)341次,追缴通行费2400余万元,其中补缴通行费1160余万元,罚缴1300余万元;新建执勤岗亭49个,冲关逃费车辆与2011年相比同比下降99.6%,高速公路上的冲关现象基本消除。王明宇"卡申申""遂宁帮"陈波团伙主要成员等偷逃通行费行为的犯罪分子被依法逮捕和审判,一批严重扰乱收费秩序的违法犯罪团伙及其骨干分子得到严厉惩处,营运公司合法收费经营权益得到维护,收费站及毗邻地区社会治安秩序得以好转。

2012年2月14日,省交通运输厅、省公安厅印发《四川省打击高速公路车辆冲关逃费违法犯罪行为长效机制建设意见》,明确了公安、交通、经营企业打击偷逃通行费各自职责和义务,建立"省地联合、部门联动、企业参与"的打击冲关逃费行为长效工作机制。共同组建四川省打击高速公路车辆冲关逃费办公室;各地公安机关、交通运输部门要加强交流协作,建立省、市、县三级互动的多级联系制度;公安机关各部门警种要认真履责,严打冲关逃费违法犯罪;高速公路交通执法机构要加强高速公路收费稽查执法管理,维护高速公路收费秩序;高速公路营运公司要加强与地方公安、高速交警、交通执法和相关部门的协调沟通,建立联席机制,创新安全管理模式,为打击冲关逃费等工作提供相应保障。

2014年1月23日,省公安厅、省交通运输厅联合印发了《四川省高速公路交通治安秩序整治及打击偷逃通行费工作联席会议制度》，建立了四川省高速公路治安秩序整治及打击偷逃通行费工作联席会议制度，省公安厅为联席会议牵头的单位，省公安厅、省交通运输厅分管厅领导担任联席会议召集人，其成员单位涵盖执法部门与高速公路经营者，包括：省公安厅治安总队、刑侦局、交警总队、法治总队；省公安厅高速公路管理局（执法总队）、监控结算中心；省交通集团、省铁投集团、川高公司、成渝公司、路桥集团、成都市交投集团、各高速公路营运公司、各BOT项目公司。

联席会议的主要职能：统筹、研究、部署全省高速公路交通治安秩序整治及打击偷逃通行费工作，制定部署全省高速公路交通治安秩序整治及打击偷逃通行费工作，制定维护高速公路交通治安秩序及打击偷逃通行费工作中长期规划；指导、督促成员单位及下属部门开展高速公路交通治安秩序整治工作，研究部署涉及高速公路交通治安秩序整治的相关专项行动，预防、打击高速公路车辆冲关逃费违法犯罪行为、维护高速公路正常通行秩序；协调解决涉及沿线地方政府及相关部门、司法机关的问题，促进部门间协作配合，建立长效工作机制。

该制度还明确了各成员单位打击偷逃通行费的职责：省公安厅及下属部门主要从维护治安管理秩序，加大偷逃通行费违法犯罪行为刑事打击的角度出发，做好偷偷通行费行为刑事侦查，协调检察院、法院做好起诉等相关工作；省交通运输厅及下属部门主要做好专项行动方案落实、偷逃通行费路面稽查、证据资料收集、强化高速公路营运公司收费及内部管理、偷逃通行费违法犯罪案件移送等工作；高速公路营运公司主要做好收费稽核、打击偷逃通行费专项行动后勤保障、提供证据材料，以及配合做好偷逃通行费违法犯罪案件起诉、审理等相关协助工作。

五、交通执法队伍管理

（一）整合优化执法队伍

2016年9月，厅高管局（执法总队）印发《全省高速公路行业监管工作调研报告》，提出在有条件的基层执法大队试点创新行业监管方式，探索"一路一大队"管理模式和"一片一分队"应急处置模式。2016年12月21日，厅高管局（执法总队）印发《关于高速公路通执法机构执法管理与行业监管工作优化整合指导意见及相关工作规范的通知》，进一步明确了优化调整的目标，提出了优化调整的依法行政、精简高效、目标导向、实事求是四个原则，明确了三项优化调整内容，对路政巡查、运政检查及行业监管日常检查的组织方式、巡查频率、巡查内容等进行了改革、调整、优化；对路产赔偿业务的办理流程进行了重大调整；制定了高速公路交通执法机构业务办理工作规范。各执法支队迅速行动，全面整合同一条路段相邻两个或两个以上大队的人员、车辆、装备等执法资源,105个基层执法大队全面建立了"一路一大队"管理模式和"一片一分队"应急处置模式。

2016年,厅高管局(执法总队)进一步厘清高速公路交通执法机构职能职责。一是厘清高速公路交通执法支队、大队各岗位工作职责,制定高速公路交通执法大队日常巡查工作规范,为基层交通执法人员切实履行高速公路交通执法和行业监管职责提供政策支撑。二是全面调整变更高速公路路产赔偿办理程序,将高速公路交通执法机构实施路产勘验、认定路产损害事实等事项,调整为由高速公路营运公司开展路产勘验,收集路产损害证据,就路产损害金额与当事人协商一致,当事人自行履行赔偿事宜;当事人与营运公司就损害赔偿金额无法达成一致的,可以申请高速公路交通执法大队进行调解。

2016年10月26~27日,厅高管局(执法总队)举办全省高速公路交通执法岗位业务技能竞赛,来自全省高速公路交通执法一线的7个支队及成都市交通运输行政执法总队等200余名交通执法人员,组成8支参赛队伍,参加了队列会操、交通指挥手势、执法业务技能考试、执法案卷文书制作等四个部分的竞赛。

(二)推行集中办案

2016年,厅高管局(执法总队)采取集中办案模式开展全系统纪律审查工作。一是集中受理信访举报。在全省高速公路重要服务区、收费站以及利用高速公路沿线LED可变情报板显示屏公布廉洁举报电话,落实专人统一受理,对受理的举报落实专人分析,寻找问题线索。二是集中办案人员。整合系统纪检办案人力资源,分别从各直属单位中抽调1~2名政治素质高、业务能力强的工作人员组成集中办案小组,专职负责案件查办工作。三是集中培训学习。组织集中办案人员参加由驻厅纪检组组织的为期5天的纪检业务培训,系统学习纪律审查各项规范及办案技巧,提升业务技能与水平。四是集中案件核查。对受理的问题线索进行统一核查,一查到底,在核实的基础上,按干部管理权限分级处理。五是集中分析分类防范。针对信访举报及案件查办的情况,进行集中分析,找准廉政风险薄弱环节和风险点,采取有效措施进行重点防控防范。六是集中巡查。坚持问题导向,在目前通过电子监察系统执法办案服务大厅的基础上,向直接监督执纪第一线延伸,把执法记录仪、执法车辆行车记录仪的使用情况纳入监督巡查范围,对重要区域、重要岗位定期或不定期开展巡查,进一步完善巡查工作机制,规范执法行为,切实解决"等米下锅"问题。集中核查工作有效整合了系统纪检力量,解决了基层办案力量不足、业务不熟、工作压力大及有效防止基层办案不好开口、不便插手和办理人情案、关系案等问题,促进了监督执纪"三项任务十项工作"纵深推进。

(三)统一会计核算

2016年,全省高速公路管理暨交通执法系统会计核算中心(以下简称"核算中心")

正式成立,统一办理全省高速公路交通执法支队经费核算业务,取消所有支队会计和出纳岗位,并配套制定《会计核算中心管理总则(试行)》《会计核算中心财务管理制度(试行)》《会计核算中心业务流程(试行)》等15个管理制度,提升会计信息质量,构建全系统扁平化财务管理的平台,防范财务风险。按照"积极稳妥、循序渐进、分步实施"的原则,分批确定核算管理范围:第一批纳入的分别是厅高速公路交通执法第一~第五支队;第二批纳入的分别是厅高速公路交通执法第六、第七支队。2017年1月15日,核算中心(暂时只包括厅高速公路交通执法第一~第五支队)在支队机关联合办公区正式运行。

第六章
抗击重大自然灾害

第一节 "5·12"汶川地震抗震救灾暨灾后重建

一、陆水并举，抢通灾区生命线

2008年5月12日14时28分，8级大地震突袭四川省阿坝藏族羌族自治州（简称"阿坝州"）汶川县。

"5·12"汶川地震形成了三条大断裂：一条由汶川传向理县、茂县；一条从映秀贯通北川、青川；还有一条，从都江堰、彭州，直达什邡、绵竹。

强烈的地震波所到之处，"天府之国"遭受了前所未有的破坏，全省交通基础设施损失高达616亿元。通往汶川、茂县、北川、青川、平武等极重灾县以及极重灾区254个乡镇、2114个行政村的公路交通中断，极重灾区的阿坝、广元、绵阳、成都、德阳、雅安等市、州，39个县市的各类交通设施严重受损。其他灾区市、州的高速公路、国省干线、农村公路以及码头、客运站点、养护设施不同程度受损。地震灾区交通陷入瘫痪！

危急关头，在四川省委、省政府的坚强领导下，在交通运输部的大力支持下，四川省交通厅迅速行动。全省各级交通部门迅速组织力量，不畏艰险，奔赴抗震救灾第一线。

地震发生后两小时，抢通国道213线的战斗便已经打响。为了现场调查探明道路受损情况，制订道路抢通方案，省交通厅的工程设计技术人员率先出发，闯进了危机四伏的龙门山区。

陡崖峭壁下的损毁公路，已成足无立锥之地。山体垮塌，断道无数，少则几千立方米，多则数万立方米土石堆积。据国土资源部航拍初步测算，仅都江堰至汶川沿线垮塌体就达3.2亿m^3，而堆积在都汶路面上的塌方近亿立方米。

灰窑沟位于都江堰至汶川方向10多公里处。地震发生时，巨大的山体滑坡使这里成为都汶路上第一个严重塌方路段，完全阻断了通往震中映秀的陆上交通。地震后仅仅两个小时，省交通厅抗震救灾指挥部发出第一道抢险指令，四川高速公路建设开发总公司临危受命，快速召集工程抢险队伍，奔赴国道213线。5月12日夜晚，快速集结的交通抢险队赶到了灰窑沟。为对付堆积在灰窑沟公路上的那座大于20m高、约150t重的巨大砾石,整整一天,一次爆破、二次爆破、多点爆破,灰窑沟仿佛硝烟弥漫的战场。5月15日早晨7点,灰窑沟大塌方路段经过四川交通人两个昼夜的奋战,终于清理出大型抢修机具通过的简易道路,为处于危难之中的映秀灾区人民传递出了生的希望!当天,时任中共四川省委副书记、省长蒋巨峰步行察看了灰窑沟大塌方路段,对施工人员的辛勤工作表示肯定,希望大家再接再厉,力争早日打通进入汶川的通道,为抢救受困人员争取时间!

都汶路被拦腰折断

"铁军"闯关

4个小时后,冒死闯进都汶路的踏勘小分队带回了213国道都江堰至映秀段的详尽损毁情况,为制订切实可行的抢通方案提供了极为重要的依据。面对213国道都映段95%的桥梁被损坏的现状,抗震救灾抢通战役的指挥部迅速作出"多头推进、中间开花""陆水并举,水路先行"的抢通决策。

紫坪铺水库,在这场争分夺秒的战斗中,成为外国媒体眼中的"敦刻尔克"。通过它,向震中映秀抢运救援人员以及机器、油料等物资;通过它,大批映秀灾民被及时救出;通过它,一支支交通抢险队直接到达被截断的都映路段,打开施工面,多点作业,为抢通赢得时间。

义德阳,原阿坝州公路局刷经寺分局装载机操作手。地震发生后,经验丰富、技术过硬的义德阳,随州公路局担当起抢通突击队先锋,从马尔康向汶川开进。"那山顶上垮了很多下来,风一吹,大小不等的石头就垮下来。装载机的玻璃、顶棚都被打了,碎了的车玻璃用封口胶粘了又继续推。风非常大,灰尘弥漫,根本就看不见,不注意就会撞车,我们都一直坚持。"5月13日,义德阳在抢通工地上听到噩耗:外孙遇难,女儿受伤昏迷不醒。义德阳没有垮,他依然和同志们昼夜不舍,向汶川挺进。

5月12日当晚,所有高速公路恢复畅通;5月13日,抢通北川和青川;5月14日,抢通平武和卧龙;5月15日,打通西线、进入汶川;5月17日打通映秀、通达震中,用较短时间抢通了通往所有重灾区和绝大多数乡镇的公路。

5月15日21时30分,汶川以西全长600多公里的抗震救灾绕行线路全线贯通,举世震惊四川交通人创造的中国速度。

映秀段抢通攻坚

5月17日,指挥部领导决定,抢通保通重点,要继续围绕汶川、北川开展,从四个方向、分四条线同时攻坚。

东线:从绵阳市沿国道108线南下至安县,经省道105线至北川。

北线:国道213线从松潘由北往南经茂县至汶川。

西线:国道317线从马尔康由西向东经理县至汶川。

南线:国道213线从都江堰至映秀段,作为抢通保通工程的重中之重。

最强的队伍、最好的设备、顶级的专家、部省厅领导一线指挥,依靠各方面的齐心协力,通往灾区各县城的"生命线"相继打通。

在一条条交通生命线上,奔驰着来自全国各地的运输车辆,源源不断的救灾物资进入汶川、茂县、北川、青川等重灾区。全省高速公路、地方收费公路对抗震救灾车辆敞开大门,免费通行。

从省交通厅运管局运输保障指挥部,到车辆集结点,再到物资配送中心,每个环节都准确衔接,形成三级快速调度。

"满足当天、储备明天、准备后天",成为决胜千里的物资保证。省交通厅运管局派出技术人员,在通往灾区的重要路段设立汽车抢修点,还调集人员为不熟悉道路的外省驾驶员带路。

被抢通的西线通道,启动了一场名为"爱心接力"的专项运输。从震中汶川到省会成都,成都、雅安、阿坝三地运输企业绕行马尔康、丹巴、天全,连续奋战7天,采用4段运输接力,将1.4万受灾群众运出灾区,两万人从重灾区转移到轻灾区。

四川省在这次抢险救灾交通工程中及时制订灾区公路抢修保通工作方案,建立严密的责任体系,落实国家和省抢修保通资金14亿元。投入抢险救灾人员3万多人、机械设备和车辆1.3万多台。用较短时间抢通了通往所有重灾县区以及绝大多数乡镇的公路;抢通了254个极重灾区乡镇公路和2000多个村的通村公路。开展百日攻坚,抢通了国道213线都江堰至汶川公路生命线。

紧急调集客车2万余辆、货车4.6万余辆,运送人员110万人次、物资47万t,完成了新中国成立以来交通行业最大规模的车辆调集和运输保障任务。

水上交通运送抢险人员11.7万人次、伤员及受灾群众8.5万人次、物资1120t。

九寨黄龙机场组织抢运人员1.7万多人次、物资83t。

开通抗震救灾车辆特别通道,免收车辆通行费4.5亿多元、2900万辆。

全省交通系统有6个集体,7名个人荣获全国抗震救灾英雄集体和抗震救灾模范;有57个集体和265名个人受到部省表彰。

整个抗震救灾期间,全省运管部门调派车辆之多,运输量之大,衔接之严密,均创中国交通运输之最。对此,温家宝总理做出了"指挥有序,保障有力"的高度评价!

二、凝聚全国之力,并肩激战

从抢险抢通到保通保运,由打通干线到挺进支线,瘫痪的灾区交通瞬间复活,举国体制让世界对中国刮目相看。

地震发生后,来自三湘湖南的交通应急抢险队第一时间率先启动,携带抢险装备,用三天的时间,长途奔袭2800km,开进震区理县。要知道,这一路艰险崎岖,高寒缺氧,并且要连续翻越海拔4000多米的高山。由此,湖南交通成为震后第一支进入灾区的外省交通支援队伍。

在交通运输部的统一协调下,共有12支援助大军抵达灾区:陕西、浙江交通支援广元市;山东、湖北、云南、河南交通支援绵阳市;湖南、甘肃、贵州、内蒙古交通支援阿坝州;重庆、山西交通支援德阳市。

全国交通援助大军担当了三大任务：参与干线公路抢通；参与通乡达村公路抢通；持续保畅通，以"卡脖子"路段为重点，沿线部署养护保通力量和机械，确保随塌随抢，随抢随通。

为了快速架起灾区生命之桥，交通运输部战备办公室在全国交通系统及时调集了大量的战备钢桥和专业架桥队伍。迅速集结货运车辆和人员，以最快的速度把战备钢桥运到了四川灾区。

千军万马突向映秀

四川省交通厅在兄弟省份交通部门的有力支援下，使用本省储备和外省调集的器材，在地震灾区架设了21座战备钢桥，为重灾区公路的快速抢通，救援队伍、救援物资和灾区群众的及时疏运提供了有力保障，也为灾后重建奠定了坚实基础。

震后第六天深夜，交通抗震救灾战略方向作出调整：由抢险、抢通调整为抢险、抢通与保通、保运并重，由抢通干线公路调整为抢通干线公路与抢通通乡、通村公路并重。按照"全力保通干线，努力抢通支线，力保运输畅通，启动灾后重建"的指导原则，交通运输抗震救灾的工作重点开始由点到线，由线到面。

离开交通干线和县城，向山区各受灾乡镇推进，抢通保通更加艰难。

在塌方路段，机械操作手冒着连机带人翻入峡谷的危险，开着推土机强行爬过去，贴近垂直的山坡，挖开乱石，推开泥土。

在千百条外人眼中的死亡峡谷中，千百支施工队伍铺开了千百个作业面。他们一刻不停向大山深处推进，为山区受灾群众连通了生命的血脉。截至2008年6月2日，四川省受灾严重的439个乡镇中，424个乡镇的公路已经抢通，占乡镇总数近97%。

三、决战都汶公路

213国道都江堰至汶川段，穿越龙门山中央断裂带，处于地震烈度最大的区域。

"5·12"汶川地震,致使该路段95km路(其中都江堰至映秀39km,映秀至汶川56km)严重受损,沿线87座桥梁不同程度损伤。第一批徒步踏勘都汶路灾情的四川省交通厅公路设计院专家说,全长90多公里的道路上,看不到1km完好的路段。崩塌、滑坡、堰塞湖、泥石流……所有类型的地质灾害一起撕碎了都汶路。"公路工程词汇都不能准确描述公路受损状况。"由于位于地震震中区,映秀至汶川公路损毁特别严重,沿线52座大中桥梁(28座跨越岷江)不同程度受损,其中7座垮塌(3座跨越岷江),1座被掩埋,25座严重受损已成危桥;受损最严重的映秀至彻底关18.5km路段,集中了几十处大型岩崩、滑坡、泥石流、堰塞湖等次生地质灾害和上百处路基边坡高危点,总塌方量超过8000万m^3。

经过上万交通人和部队官兵日夜生死奋战,5月13～17日,抢通了都江堰到映秀的生命线。

国道213线映秀段抢修情景

四道最大难题,摆在了四川交通人面前:

堰塞湖的处置是抢通全路段的第一个控制性工程。映秀岷江上游2km处(老虎嘴)约70万m^3的山体滑坡冲入岷江,形成堰塞湖,淹没公路近2km,最深达20多米;堰塞体致使水流改变方向,顶冲下游公路,造成近500m公路全毁。

恢复彻底关大桥是抢通全路段的第二个控制性工程。跨越岷江的彻底关大桥垮塌三孔共90m,桥墩和桥台完全毁损。汛期无法在岷江围堰修筑桥墩,短期内不能恢复该桥。需架设一座国内最大跨径60m的装配式战备公路钢桥,跨越岷江。

土石工程量十分巨大是第三难题。沿线滑坡体、崩塌体点多、线长、量大。滑坡体密度每公里达19处,多数滑坡体高度在700m以上,有26处大的坍塌体砸毁或掩埋公路13km。映秀至汶川56km路,要清出一条便道共需清除塌方210万m^3,要形成运输通行能力,需清除塌方520万m^3以上,平均每公里清方量达10万m^3。

次生灾害严重是第四难题。都汶公路直接穿越地震震中区域,震后余震不断,岷江两岸的岩土破碎松散,5月以后山区进入多雨季节,山体滑坡、泥石流、危岩和滚石随时危及施工人员及行车安全。

都汶路老虎嘴壅塞体处置,让交通专家和水利专家伤透脑筋:交通专家设想,把水位降低到路基以下,以便恢复道路。交通专家的方案:恢复老路线形最好、最安全、保障通行能力最强。但这个方案实施的前提是,必须把水位降到原来的路基以下。正是降低水位的这个前提,让水利专家焦头烂额。

一周内,壅塞体经过4次爆破,堰塞湖水位下降2.3m。据计算,壅塞体内水深22m,必须降低17.6m水才能露出路基。7月13日,四川大学、西南交通大学、中顾集团成都勘测设计院等单位的6名专家一致认为,挖湖露出路基方案不现实。老虎嘴壅塞体的处置需要开挖土石方约37万m^3,以现在每天开挖$1500m^3$计算,需要近10个月。而过度挖掘,会造成河水强烈冲刷已抢通的脆弱路基,产生新的壅塞体。

经现场实地查勘,国道213线都江堰至汶川公路抢通保通指挥部与西南交通大学的专家形成抢险方案共识:"右岸疏浚、左岸封堵、龙口爆破"。决定对老虎嘴部分山体实施爆破,整体形成路基。为实施爆破,在壅塞体下方,沿国道213线老路基,向山体开挖一条长100m的爆破洞,填充炸药进行爆破。7月20日13时,随着一声沉闷的巨响,老虎嘴山体"听话"地整体坍塌下来。爆破的碎石被推到中央的孤岛上,将绕壅塞体的左侧水流封堵,迫使岷江主河道右移到河床中央,在岷江边一次成型新路基。本次爆破山体石方约10万m^3,消耗炸药30t,爆破规模在我国公路建设史上史无前例,堪称"公路建设第一爆"。

7月27日,老虎嘴壅塞体与上游道路之间的一段悬崖被成功炸开,至此老虎嘴施工便道打通。它标志着都汶路映秀至彻底关的施工便道全线贯通,这是阶段性的重大胜利。

会战映秀

彻底关岷江干流,是阻断都汶路的"天堑"。水文数据显示,彻底关岷江水流量

380m³/s、流速4m/s。在彻底关架设钢桥,难度在于:要在特殊时期、特殊环境、特殊季节、特殊地方的四大难题中,寻求平衡点。特殊时期——要求越好越快架设这座桥,但平时的工程手段因耗时太长而不能采用;特殊环境——机具运不进去,只能靠人背马驼进去;特殊季节——桥梁本该在枯水期施工,如今却要在汛期"反季"而上;特殊地方——狭窄的作业面、岷江湍急的河水。于是,抢通彻底关大桥方案之比选,也成了困难。

方案一:利用太平驿电站坝体作过河通道,即在彻底关隧道出口侧面修建施工便道,沿老G213线,经太平驿电站坝体到达映秀岸。此方案,要在两岸数万立方米的滑坡体上修筑便道,而两岸边坡继续滑坡的可能性极大。因此,此方案被否决。

方案二:恢复原彻底关大桥倒塌桥墩,再拼装装配式公路钢桥。工程包括,采用钢管临时桥墩恢复倒塌的两个桥墩,架设跨径为(30+30+33)m加强型单排单层装配式公路钢桥。此方案的关键问题在于:要恢复水中三个桥墩,必须将河水拦住,让断裂的桥桩露出来,再接钢筋。目前正是丰水期,不可能将河水拦住。因此,其方案也被否决。

方案三:建临时装配式公路钢桥,经反复论证被采用。

架桥,首先要解决桥台和桥墩问题。由于时间紧急,不能选择建筑桥墩的方式,只能架设装配式公路钢桥。而这种桥对桥台和桥面的要求相当苛刻,由于架桥的位置处于河床中,地质结构为沙石,很不稳定。同时,架设彻底关公路钢桥,还有三大困难:其一,由于彻底关映秀岸没有通车,大型机械无法进入,只能采用人工方式,不仅耗时多,而且风险大;其二,此前国内装配式公路钢桥的最大跨径为57m,尚没有使用过跨径为60m的桥体,这是一大挑战;其三,抢通之后,保通也是难题。装配式公路钢桥一般为交通应急使用,使用期限一般在一两个月之间,而本次架设的钢桥,至少要使用到第二年四月,稍有不慎出现超限或撞击,都可能毁灭性破坏整座钢桥。

为了尽早实现抢险目标,四川交通人战天险闯难关:为保证整桥有稳定的基座,用大块石、片石装成钢笼,直接建成桥台。桥台型钢笼横桥向上长8m,顺桥向下半部为梯形,下部宽为9m、上部3.55m、高8.5m;上半部为矩形,宽3.55m、高3.5m,整个钢笼体积将超过600m³,重达数千吨。

如何把这个数千吨重的钢笼吊入水中,是一个世界级难题。没有起吊几千吨的起重机,怎么办?他们用"口袋里面填石头"的办法,先往做好的钢笼里放少量石头,然后将钢笼放入水中的预定位置,最后再装满石头。

然而,岷江作对。7月9日,老虎嘴临时水文站检测数据显示:岷江附近流量每秒380m³,流速每秒8m。湍急的河水尽管无法撼动数千吨钢笼,但可把钢笼下的河床掏空,使钢笼沉陷,最终导致整个桥下陷。

为化解这一难题,要在桥台钢笼周围抛投防冲刷导流型钢笼。这样,只要桥台下的河床被掏空,这些钢笼就会借水流之力主动填补上去,避免桥体下陷。但过多的导流型钢笼,又会使河床继续变窄,加大水流速度,产生多变性。于是,又为了增加桥台防冲刷能力,而取消映秀一侧岸桥台前的防冲刷导流型钢笼,并增设防冲刷钢管柱。同时,考虑到映秀一侧岸没有施工机械,将原定的以钢管柱为主体的钢笼改为直接用万能杆件拼装,但其成本大增,达到"一柱万元"的代价。最后,为防河床变窄、汛期水位上涨淹没桥面,经专家们紧急会商决定,将桥梁底部高程提高近4m,可满足十年一遇的泄洪需要。

科学决策,科学抢通,科技伟力催生出了一座安全、牢固的彻底关钢桥。

国道213线架起战备钢桥

四川交通人用梁板整体顶推工艺,成功对沿线22座上部构严重移位的桥梁实施复位,确保了桥梁运行安全。如此大规模的"整联整移"复位,破解了世界难题。

8月16日19时,都汶路草坡三号大桥复位成功。10时,在施工现场,几十名工人和技术人员正在紧张施工。在桥面与路面连接点处,巨大的错位点清晰可见。据了解,草坡3号大桥桥梁长210m,桥长226m;全桥分为两联,第一联3跨,第二联4跨。地震之后,一联横向向右移位18cm,纵向被拉长25cm,三号桥墩第一、二联交界处左右错开24cm。第7号桥台向左移动32cm,纵向拉开30cm。

按抢通保通指挥部要求,对都汶路上损坏桥梁实行整体移位。7月下旬,几名专家立刻从广西柳州定制特殊千斤顶,同时用1周时间做出施工方案。复位设备进场后,8月4日开工作业。根据草坡3号大桥的破损情况,决定采用复位两次、一联整体复位方法,以特制的60多个顶升千斤顶、8个水平千斤顶、100多名工人,同时操作复位。

这样的桥梁复位,尚属世界首例。其主要难度在于:如何协调、均匀用力。几十个千斤顶同步均匀用力,上100人同时同步操作液压泵,毫发不差。真可谓,世界级高精度系统工程!

草坡乡三号大桥,最早复位成功后,指挥部将要求交通科技工作者和施工单位借鉴成功经验,在最短时间内,修复其他病桥。

在这场战斗中,科学的力量无数次彰显。7月18日上午,一架无人驾驶遥感飞机从汶川县漩口镇的一片河滩地上起飞,飞向都汶路上空。带回的748张高清晰照片,无人飞机首次用于道路抢通,让现场的人们欣喜若狂。为了检测水下几十米桥墩受损情况,广东的蛙人潜入到了河底……

同时,面对严重的地震次生灾害,指挥部从实际出发,用科技手段征服了泥石流和塌方"拦路虎"。在时间紧、任务重的情况下,映汶段抢通人员主要采用适当绕避和超宽清方两种方式躲避地质灾害。在严重垮塌地段,尽量清宽路基,并在老路外缘设置双车道地质灾害避让通道。据统计,映秀至汶川段分别在麻柳湾、白云庵、梭坡店、连山村设置了4条地质灾害避让通道,并完成了老虎嘴壅塞体、豆芽坪、罗圈湾和桃关至草坡段等8处改线工程。

一条估计需要二三年才能抢通的重灾路,3个月就恢复到了震前功能。靠的是科技,靠的是智慧,靠的是"决一死战"的精神!

2008年9月1日,都汶路全线贯通!都汶公路抢通保通创造了五个"史无前例":清除巨大塌方量史无前例、老虎嘴爆破山体规模史无前例、架设彻底关大跨度钢桥史无前例、大规模桥梁顶推复位史无前例、抢通速度史无前例!

2008年9月2日,时任中共中央政治局常委、国务院总理温家宝视察213国道抢通现场后,在震中映秀说:"修复基础设施,是保障民生、恢复生产的关键所在。我们迅速组织各方面的力量,抢修道路、电力、供水、电信,现在主要的国道线和省道线基本修复。大家刚才看到最难的一段,就是213国道都江堰到汶川段,这段路96公里有87座桥梁、10个隧道。交通部门的干部职工以顽强拼搏的精神创造了修复、修建公路史上的奇迹,他们的业绩是史无前例的,他们的精神也是史无前例的!"

时任中共中央政治局常委、中央书记处书记、国家副主席习近平在视察都汶路抢通现场时,对四川交通人所作出的贡献给予了高度的评价,并对四川交通人为抗震救灾所作出的贡献表示感谢!

四、使命如山,恢复重建

2009年3月5日,时任国务院总理温家宝在十一届人大二次会议上明确提出,灾后重建要加大力度,加快进度,力争两年内基本完成原定三年的目标任务。

2009年4月2日,四川省召开灾后恢复重建工作动员大会,提出,加快建设灾后美好新家园、加快建设西部经济发展高地,从2008年10月到2010年9月,完成85%左右的重建投资和项目,使灾区的基本生活条件和经济社会发展水平总体达到或超过灾前水平。

2008年12月份,四川省发布了《关于加快汶川地震灾后交通基础设施恢复重建工作的实施意见》,提出重建目标任务:交通基础设施灾后恢复重建项目在2009年3月底前全部开工。到2011年,基本建成"生命线公路网"。在此基础上,四川省交通厅提出了"将重灾区国省干线全面建成全省公路的典范""将阿坝州公路建成全国少数民族自治州的典范"。其中,完善的公路网络——通过实施灾后交通恢复重建项目,全省重灾区建成由"一环、三纵、三横、七联"组成的"生命线公路网",阿坝州形成由"四纵四横二联"组成的干线公路骨架网和"二环三线"组成的全国规模最大、功能最完善的生态旅游公路网;优良的建设品质——严格控制主要技术指标,确保工程质量和安全;努力提高路面平整度,创新线形设计,增强行车安全性和舒适性;体现区域文化特色,建设公路文化走廊;较强的抗灾能力——坚持"先绕避、后整治,少挖填、增桥隧,重防护、强支挡"的原则,科学恢复重建。开展路基、路面、边坡防护处治及桥梁、隧道柔性防震抗震设计技术研究和应用,将映秀至卧龙公路、映秀至汶川公路建成公路现代防震抗震技术"博物馆";和谐的建设理念——增强环保意识,做到"科学设计、避灾保稳,精心施工、减少破坏,统筹协调、方便群众,综合治理、恢复生态";较高的服务水平——加强公路科学养护和严格规范管理,确保主要干线公路通行时间缩短30%、通行能力提高50%,满足灾区物资运输、群众出行和加快经济社会发展的需要。关系灾后恢复重建工作全局的绵阳至九寨沟公路、北川至茂县公路、映秀至汶川二级公路、映秀至卧龙公路、川主寺至汶川公路、汶川至马尔康公路、绵竹至茂县公路、都江堰至映秀高速公路、映秀至汶川高速公路9个项目被作为恢复重建工作的重点,集中力量攻坚。

2008年12月3日,总投资50.54亿元的29个灾后交通重建项目集中开工。也在这一天,交通运输部与四川省在成都签署了加快四川交通运输发展的合作协议。根据协议,部省双方将围绕加快四川省现代交通运输业发展,力争用5年左右的时间,以高速公路、国省干线、农村公路、内河航道和港口、综合客货运枢纽等为重点,建成一批重要交通基础设施项目。

五、抢通都映高速公路,成功破解"五大难题"

四川高速公路灾后恢复重建中,都映高速公路可谓举世皆知。都映高速公路位于地震核心区域,距离震中仅有几公里。按照计划,都江堰至汶川将修一条全长约82km的道路,包括都江堰至映秀的约26km高速公路,以及映秀至汶川的约56km二级公路。2007年底,二级公路路段已通车。地震前,高速公路路段除紫坪铺、龙溪隧道外,其余路段土建工程基本完成,都江堰至映秀高速公路路段起点石马巷至玉堂段已形成通车能力。但地震中,都映高速公路严重受损,直接经济损失8.8亿元,特别是庙子坪大桥第10孔T梁落梁,新房子大桥右线墩柱损伤、横向弯曲严重,紫坪铺隧道受损2986m,龙洞子隧道受损431m,龙溪隧道受损最为严重,长度达4500余米。

2008年9月27日,都映高速公路开始恢复重建。四川省交通部门确定了都映高速公路"快启动、先抢通、后完善"的指导思想。其中,最大控制性工程庙子坪大桥、新房子大桥、紫坪铺隧道、龙溪隧道的修复堪称世界级难题。两桥、两隧是都映高速公路的最大难点,特别是庙子坪大桥、紫坪铺隧道的恢复重建,碰到的困难都是世界级的,也因此引起了世界同行的关注。

庙子坪大桥横跨紫坪铺水库,全长1436m,桥墩最高达108m。大桥距震中直线距离不到10km,10号到11号桥墩间的10片50m长的T梁在地震中全部掉入水中,桥墩出现两处裂缝。由于跨度大、桥墩高、水位深,修复这座桥成为最大难题。仅对庙子坪大桥受损情况的检测,就让专家们颇费周折。如何检测40m水下桥墩的受损情况?如何检测桥下60m的桩基是否受损?如何让8000t的桥梁复位……

紫坪铺隧道和龙溪隧道是制约都映高速公路通车的又一大"瓶颈"。紫坪铺隧道单洞全长8150m,是特长高瓦斯隧道,其中左线4090m,右线4060m。龙溪隧道单洞全长7349m,其中左线3658m,右线3691m。两个隧道均为双洞分离式特长隧道,都穿越须家河煤系地层,断层、裂缝、褶皱十分丰富。如何保证高质量,同时安全快速地实现两做隧道的贯通,着实让人伤脑筋。

同时,恢复重建的时间也是一个巨大的难题与挑战。从2008年9月27日开始恢复重建,到最终确定的震后一周年建成通车,只有半年多的时间。而据相关专家介绍,恢复重建像都映高速这样严重受损的高速公路,起码要用3年左右的时间。半年多的时间要完成3年才能完成的任务,而且要确保质量和安全,怎么办?一系列巨大的难题一直考验着都汶公路有限责任公司(以下简称"都汶公司")和施工单位。

庙子坪大桥对都映高速公路来说,是画龙点睛的工程,建设时,大桥是整个高速公路难度系数最大的工程。现在重建,庙子坪大桥依然是核心中的核心。作为都映高速公路上唯一的特大桥,横跨紫坪铺水库的庙子坪大桥在建设之初就受到各方关注。

据四川路桥集团庙子坪大桥项目负责人介绍,庙子坪大桥主桥墩在当初设计时,就采用了难度系数极高的柔性墩设计,宽敞得像一个大会议室的桥墩,在外部环境如日照、重压等影响下,柔性墩可以纵向移位,自己调整应力,将桥墩所受影响减到最小限度。因此,尽管特大地震烈度极高,大桥依然没有整体垮塌。但大桥难免受到了破坏,许多桥梁出现错位。

项目负责人介绍,大桥6号墩到10号墩之间的梁体移位严重,如果不对移位梁体进行复位,将对大桥的安全性产生影响。而6号墩到10号墩之间的梁体重达8000t,要将8000t的桥梁整体复位,在世界历史上还没有出现过。错位,打个简单的比方,就像两张桌子没并排,只需抬起其中一张放平就行。但这对重达8000t的桥体来说,就是一个世界难题,因为没有任何器械能够抬得起,而且4段路面都错位,如何让4段路面同时复位,也非常让人伤脑筋。项目负责人说,此前,他只完成过1800t桥梁的整体复位,从1800t到

8000t,虽然是相同的原理,但重量上的增长让复位工作复杂了很多。

在经过了仔细研究之后,复位方案确定:使用80多个千斤顶,将6号墩与10号墩之间的40片T梁同步顶升,然后更换为滑动支承系统,再进行纵向、横向的复位。历时半个月,8000t重的梁体已经纵向复位了35cm,横向复位了15cm,攻克了世界难题,引起了广泛关注,不少国外同行纷纷赶到庙子坪大桥学习经验。

都映高速公路庙子坪大桥(一)

一方面要解决桥体复位难题,同时还要面临垮塌T梁重新浇筑的考验。大桥的一块T梁重达140t,在大桥桥身上浇筑T梁非常艰难。首先是材料运输问题。浇筑材料要送到大桥上,货车须驶下一条陡峭的施工便道,满载的货车必须将材料卸下一半才敢驶下便道运送到大桥桥身。其次,T梁的浇筑基本上靠人工进行。按照常规制造方法,浇筑一块50m长的T梁,将使用一些大型的机械设备。由于场地、运输等条件限制,浇筑T梁只能依靠一些小型设备。这简直跟人工浇筑没有多大区别,用大型设备四五个小时就能完成的工作,则需要10个小时。

为了确保大桥再遇地震时不会被震断,四川路桥集团专门加长了放置T梁的支座的长度。假如再遇地震,只要桥身在支座上的位移不超过支座长度,桥身就不再会跌落。

人停机不停,经过业主与施工单位的昼夜奋战,2008年12月31日,随着庙子坪落梁跨最后一次混凝土的浇筑完成,都映高速公路控制性工程——庙子坪大桥上部结构顺利完工,平整、光滑的庙子坪大桥桥面又恢复到了震前的面貌。

2009年3月,都汶公司与施工单位一道,又开始对庙子坪大桥5号桥墩进行修复工作。汶川地震发生后,经过探查,庙子坪大桥5号桥墩在距离水库底10余米的地方被震出两道裂纹,墩底裂缝沿墩身周边基本连通,最大裂缝宽度约0.8mm。

经过与设计单位的协商决定:把5号桥墩水下受损部分用钢箱做模板,将墩身围起来,然后在钢箱与墩壁间浇筑水下混凝土,起到加固5号主墩的作用,保证其使用年限。

这种对大桥主墩的加固方法在国内尚无先例。整体钢箱分三个节段,每个节段由10块经过精加工的钢沉箱拼接起来,总重达500余吨,要将其准确安全地吊装到桥面以下100余米的水底,已是世界难题。同时,原本计划4个月完成的工作,施工时间被压缩了一半,都汶公司和四川路桥集团又面临一次极大的考验。

都映高速公路庙子坪大桥(二)

但他们经受住了考验。首先,他们先期请来了"蛙人"。"蛙人"要完成两项工作,首先要把桥墩上的几十个过水孔堵住,如果不堵过水孔,浇筑的混凝土就会通过这些孔流到中空的桥墩中;其次,对桥墩的表面进行"打毛"处理,让其变得粗糙,以便钢沉箱与桥墩之间浇筑混凝土时能"贴"得更牢固。

"蛙人"对水深近60m的都映高速公路庙子坪大桥桥墩底部原有混凝土进行清洗、凿毛、堵孔

同时,为了在水面上完成钢沉箱的拼接,四川路桥集团使用数百个铁皮大油桶制成了4个临时浮桥,这4个浮桥围在桥墩四周,上面铺设了木板,以方便施工人员进行操作。从2009年4月初开始,钢箱分节段陆续下水,4月中旬,完成整体下沉入水,最后完成混凝土浇筑加固。庙子坪大桥最后的难题被顺利攻克。

都映高速公路庙子坪特大桥 5 号墩钢模板整体下水成功

庙子坪大桥正是都映高速公路恢复重建的一个缩影。2009 年 5 月 9 日,四川交通灾后恢复重建的标志性工程——都江堰至映秀高速公路建成通车,映秀至汶川二级公路实现双向通行!都映高速公路破解了特大地震后高速公路建设"五大难题":成功破解了在强余震不断的情况下,穿越活动断裂带进行高瓦斯隧道施工的难题;成功破解了大桥主墩水下 60m 裂缝修补的难题;成功破解了大跨径 T 梁整体复位的难题;成功破解了桥梁墩柱矫正修复的难题;成功破解了用最短时间完成都映高速公路恢复重建的难题。

2009 年 5 月 12 日,时任中共中央总书记胡锦涛沿着刚刚通车的都映高速公路前往映秀镇。在庙子坪大桥上,胡锦涛对都映高速公路恢复重建破解的"五大难题"和都汶公路抢通保通创造的"五个史无前例"给予高度评价!他亲切勉励大家,恢复重建,交通要先行,现在重建任务还很艰巨,希望大家要继续努力,全面完成灾后重建工作!

六、打通通往汶川的高速"生命线"

在都映高速公路通车的同一天,映秀至汶川高速公路正式开工,一条生命通道即将涅槃新生。"抗震能力优先,安全至上"是映汶高速公路建设的宗旨。要在"5·12"汶川地震的震中位置,筑起一条坚不可摧的高速公路,如何确保路线、路网安全,无时无刻不考验着交通人的智慧。

映汶高速公路沿线次生地质灾害极其发育,地形陡峻、狭窄,河流蜿蜒曲折,河道被堵塞、淤积、抬高。如此复杂的施工环境,这群筑路人从未遇到过。针对严重的次生灾害,映汶高速采用"避、让、治"的方式进行防治。即对重大次生地质灾害进行彻底"避绕";对次生地质灾害规模较小,且有避让空间的,选择外移路线"让开";对小型次生地质灾害,采取措施进行"治理"。

映汶高速公路沿着岷江河谷行进,为避免支离破碎的山体对公路的破坏,沿线主要以桥梁和隧道的形式通过,全线23次跨越岷江河,隧道总长25km,桥隧比高达76.3%。福堂隧道穿越两条泥石流沟,为了避让泥石流,采用了从下方30～40m穿越通过的办法,并对泥石流沟槽采取了防止进一步向下切割的措施。为了防范道路受到山体崩塌、落石的破坏,映汶高速公路利用"主被动"防范措施。映秀隧道的半山腰上竖立起了被动防护网,加长明洞,并在隧道口边坡上打上锚杆,还修建了水泥挡墙等。这样层层保护,犹如给道路穿上了一件件"防弹衣"。

映汶高速公路

针对地震对公路桥梁的破坏机理,映汶高速公路采取多种措施,提高抗震能力,保护桥梁安全。其中铅芯抗震垫块可以有效减少地震时箱梁的上下震动,防铁落链可以有效减少箱梁的纵向位移,钢挡块可以有效防止箱梁的横向位移。为了减轻泥石流和跌落岩石对桥梁墩柱的冲击,映汶高速公路给桥梁墩柱穿上钢管外衣,并在钢管套内还设置缓冲垫层,让桥墩更加坚强。

映汶高速公路与213国道并行,为了保证整个路网安全,映汶高速公路十分重视这两条生命线的互通连接,全线不仅设计了5处互通立交和服务区、养护工区和避难所,还增设了6处指标相对较低的应急匝道与213国道相连接,这样,在短短48km长的路线上,映汶高速公路与213国道就有11处互通。走廊内两条路的多点沟通,相互成网,提高了走廊内路网的安全。这样的设计建设,保障了在任何情况下生命通道都不中断成为可能。

绵虒是映汶高速公路建设沿线最大的一个镇。如今,走进浴火重生的绵虒镇,一个美丽的新城正在岷江之畔崛起,呈现出一幅安静祥和的景象。但,有谁知道绵虒新镇的位置曾经是映汶高速公路规划建设线路;谁又知道,为了这片安静祥和,映汶高速公路绵虒段发生的故事?

原来,这里曾是一块空地,而在狭窄的岷江两岸这样的空地十分稀缺,尤其是空地北边的孟家槽山体是被地质专家确定为山体极其不稳定,滑坡、塌方、飞石多发之地。映汶高速公路设计选线时,自然选择远离孟家槽山体而靠近213国道。

随着绵虒镇灾后重建工作的推进,这块地又被纳入绵虒新镇建设规划之中。高速公路走向与当地群众住房建设发生了冲突。为了老百姓建设新的家园,映汶高速公路选择绕道而行。这一退让,把方便带给了群众,困难却留给了映汶高速公路。重新选线、重新设计,除了要增加大量的人力、物力、财力外,更重要的是,新选线路只能靠孟家槽山体而行,如何防备孟家槽山体的危害,成了映汶高速公路建设新的难题。

为此,映汶高速公路沿孟家槽山体修建了一条长800多米的钢筋混凝土棚洞,专门抵挡山体塌方、飞石,防止其对道路和过往车辆的袭击,为道路撑起一把坚硬的保护伞。同时,为了保护当地群众的安全,彻底解决山体对绵虒新镇的威胁,建设者在半山腰上竖立起了一道被动防护网,并在棚洞顶上铺设碎石缓冲层,在棚洞顶的外侧还设置了一排用钢轨制作的网状格栅。三大工程措施、三道防线为绵虒新镇架起安全的保护伞。

映汶高速公路绵虒棚洞

高速公路建好了,相应防范措施到位,有了映汶高速公路这把坚固的保护伞,先前不敢靠近孟家槽山体建房的绵虒群众,现在直接把新房修到高速公路边。

都说筑路人难,可谁又知道映汶高速公路遇到的难处?映汶高速公路隧道长度超过的全线长度的一半,全线8座隧道无一例外都遇到一个难题——如何通过洞口因地震垮塌而形成的堆积体。

全长5300多米的映秀隧道是映汶高速公路最大的控制性工程,隧道进口的地震堆积体十分复杂,左边的是"5·12"汶川地震形成的,右边却是1933年松潘大地震形成的,这些堆积体自稳性较差,一经扰动极易坍塌。开始施工的时候,采用常规钻孔后,架设管棚掘进,但是,在松散破碎的堆积体上,钻机一退出,还来不及安装导管,刚钻好的孔就垮塌了。连续试验了好多种方法都不行,只好重新更换设备,采用大管棚施工。大管棚造孔成空采用自动跟进,尽管有效,但是施工中仍然需要小心翼翼。映秀隧道进口穿越的地震堆积体只有70多米,而这70多米的掘进,就耗费了3个月的时间,映秀隧道进洞,可以说是一米一米抠出来的。

映汶高速公路映秀隧道进口

与映秀隧道出口相比,进口遇到的困难还不算最大,因为映秀隧道出口要穿越的地震堆积体300多米。为了通过地震堆积体,施工单位采用分三级台阶开挖,遇到特别松散的地段,甚至分四级台阶开挖,由上而下一层一层作业,目的就是尽量减少对地震堆积体的扰动。

地震堆积体不仅仅是破碎的岩石,在映秀隧道出口掘进不久,还发现了3块巨石,巨石仅外露的部分最大的超过2000m^3,经过反复论证,首先在巨石周围采用小导管注浆固结,加密洞内工字钢间距,增加锁脚锚杆等措施,终于顺利穿过这3块巨石。这300多米的掘进,施工单位竟然用了7个多月的时间。

映汶高速公路隧道入口

2012年11月29日,冲破千难万阻,映汶高速公路建成通车。中国梦的践行者——四川交通人勇挑时代重任,以铿锵的行动铸就伟大的工程,谱写了交通发展的壮美篇章,向党和人民交上了一份满意的答卷。

七、蜀道涅槃,写就辉煌

交通重建"三年任务两年基本完成",曾被一些人视为不可能完成的任务。工程量太大,地质灾害太多,大家的精力体力也超常透支。难能可贵的是,交通人没有放弃,就像抗震救灾迎难而上一样,他们毫不畏惧。

为了满足超常规、快节奏、高标准的进度要求,他们大力度地投入人员机械,大密度地安排作业时间,高效率地设定工作方法,加班加点工作。

为了优化施工设计,他们积极倡导先进的施工理念,不仅保质保量保进度,而且有效提高了社会效益和经济效益。

为了保证灾后恢复重建项目顺利进行,他们坚持改革创新,建立完善交通建设资金保障机制;坚持科学理财,建立完善交通运输资源优化配置机制;坚持依法理财,建立完善交通运输财务资金保障的监管机制,确保了资金使用的安全、独立、透明和高效!

为了充分支持全省灾后重建工作,四川交通运输部门开通了抗震救灾车辆的"绿色通道"。在三年恢复重建期间,对运输灾区农房重建特供建材的车辆、对口支援四川地震灾区的车辆免除通行费,并在收费站开辟专用通道,保障抗震救灾车辆优先快速通行。三年减免通行费20多亿元。

要历数四川交通人靠什么实现"三年任务两年基本完成",陶明德的故事,便是一份典型的写照。

广元,四川的北大门。在这里,交通人陶明德用生命诠释了他对灾后恢复重建的理解。

在灾后交通恢复重建启动之初,陶明德带领外业组,完成了800多公里的国省干线公路灾后恢复重建勘察设计任务。2010年4月12日,陶明德同志在广元市朝天区谢坝子桥检验桩孔岩性时,不幸以身殉职,年仅48岁。

当一条条通衢大道在灾区的土地上延伸的时候,当灾区交通建设实现新的历史性跨越的时候,当交通运输为整个灾后重建大局提供有力支撑的时候,请记住陶明德们的以死相拼、舍生取义,记住四川交通人用心血、智慧甚至生命组结而成的交通血脉!

震惊世界的还有始于四川灾区的对口援建。整整两年,来自全国18省市的援建大军,按照党中央,国务院提出的"建立对口支援机制,举全国之力,加快恢复重建"的总体要求,"一省帮一重灾县,几省帮一重灾市(州),"在"伤痕累累"的灾区土地上,描绘出了交通建设最新最美的图画。

上海市支援都江堰市,河南省支援江油市,湖南省支援理县,广东省支援汶川县,黑龙江省支援剑阁县,福建省支援彭州市,山西省支援茂县,安徽省支援松潘县,重庆市支援崇州市,江西省支援小金县,江苏省支援绵竹市,吉林省支援黑水县,北京市支援什邡市,浙江省支援青川县,辽宁省支援安县,湖北省支援汉源县,山东省支援北川县,河北省支援平武县。同时,香港、澳门特别行政区不仅援助了资金,还带来了先进的管理理念和方式。

"浙江始终与青川人民心手相连",浙江省支援青川县恢复重建指挥部每一位工作人员名片的背后,都有这样一行字。2008年7月4日,浙江省支援青川灾后恢复重建指挥部挂牌成立。浙江全省11个市和29个经济强县(市、区)对口援建青川36个乡镇,驻青川的省、市、县(市、区)指挥部39个,援建干部327名,施工、监理、设计人员超过10000人。其中,交通系统在青川援建的管理人员30余人,施工、监理、设计人员超过900人。

与浙江一样,2008年6月下旬,中央确定江苏对口援建绵竹。通过一系列周密而快速的准备后,从当年8月6日开始,江苏的"大部队"开始陆续进驻绵竹。一时间,这片曾遭受地震重创的土地开始忙碌而热闹起来。江苏省从各个省级机关抽调了26个人,省指挥部加上各市指挥组共有222人,其中交通就有16人。

2008年6月25日,黑龙江省援建剑阁县前线指挥部全体成员进驻剑阁。12月28日,第二批人员进入剑阁。

山东省对口援建北川工作指挥部、辽宁省援建安县指挥部……一个个省指挥部迅速成立,随之而来的是大量援建资金的投入。一个个指挥部的成立,一批批资金的拨付到位,为灾区交通的恢复重建奠定了坚实的基础。

全国各地支援四川地震灾区的模式主要有两种:一种是以资金补助的形式,即由当地组织人员实施重建项目,支援方按照工程量给予资金补助,被称作"交支票"模式;第二种则是由支援方全程负责重建项目的施工管理,直至项目完工把产品完整交付给当地,被称为"交钥匙"工程。

以浙江为例,他们采用的是重大项目"交钥匙",一般项目"交支票"。在交通项目中,全额援建的"交钥匙"工程有剑青公路、井田坝大桥、竹下公路、唐青公路和黄茶公路5个项目。

青川县交通局对交通援建项目的配合力度很大,但这里底子薄,人手也不够,原来一年个把项目、百十万元的投资,这样的规模做做也差不多了。当时百废待兴,一下子几十个上百个项目同时上马,县政府根本没有能力也没有经验去应对,再加上交通闭塞、材料紧缺等客观因素,势必影响效率。如果只给资金补助,青川肯定没有能力做这么多项目。所以,这两种模式配合是最佳的途径。

这种"双管齐下"的做法,其实在很多省的援建中都得到了体现。辽宁省在安县交通的恢复重建中,工程较大的江秀路(辽安路)采取的就是"交钥匙"模式,而永安路、秀茶路采取的就是"交支票"模式。两种模式的采用,使交通基础设施灾后恢复重建有序推进。

一个个项目的顺利推进,一条条道路的不断完工,浸染着交通援建者们的心血。

对于"交钥匙"工程,浙江人采取高标准建设,确保工程质量。浙江省交通工程建设集团有限公司负责剑青公路和井田坝大桥的建设。按照浙江省内高速公路的管理模式来建造。首先从原材料的源头上进行控制。由于本地的材料无法满足大桥的施工要求,为了保证井田坝大桥混凝土的强度,石子是从100多公里外的甘肃运来的,砂子是从80km外的宝轮运来的,整个成本算下来是在本地购买的几倍;而在剑青公路的路面施工中,花200多万元从浙江购置了一台反击式破碎机,在当地开山,加工石料。

不计成本,高质量建设灾区交通基础设施的理念已经植入了每一个援建者的思想中。在江油市的厚六路上,为了修建这条三、四级公路,河南省驻马店市公路工程开发公司投入了相当于一个高速公路整标段的技术力量和机械设备。同时,为了解决砂石和水泥短缺问题,他们不等不靠,突破传统材料供应思维,最终确定:利用山区块石较多的优势,项目部自购破碎机、制砂机等设备,破碎从河道中取出的石块,制成防护工程和结构物所用的碎石和中粗砂,来满足施工需求;水泥从河南购买,然后联系火车车皮,运到江油厚坝站,再用汽车运到工地,满足施工对水泥的需求。

参与援建的省市,几乎都是经济相对发达的东部地区。他们在援建过程中,不忘把发达地区先进的理念植入灾区。

规划是龙头,他们在援建中都高度重视规划的编制。绵竹从地理位置上来讲,因受龙门山脉的阻隔,在交通上形成了"死角"。为了解决这一问题,江苏方面从规划入手,力求将绵竹交通由"神经末梢"变为"神经中枢"。同时,江苏还从城乡一体化推进绵竹交通发展,实现城乡统筹,形成交通合力。因此,江苏从一开始就站在大交通的角度思考问题,努力实现市政道路与城外交通的对接。

同时,为了解决新形成的农民集中居住点的交通基础设施问题,江苏投入2亿元,兴建800km的农村公路。在遵道镇棚花村居民集中居住点,一条条通村(社)公路已经建起,将一户户画有绵竹年画的民居串联起来,美不胜收。"江苏省投入大量资金,帮助我们修建配套设施,如今路通了,在相关部门的帮助下,我们发展起了蔬菜、水果种植和獭兔养殖业,人均收入较震前大幅增长。"棚花村支部书记朱明俊感慨颇深。

为了恢复经济,拉动地方经济发展,江苏省始终坚持交通先行。改建二环路,并在工业园区修建"八路七桥"。此外,通过兴建一批等级不同的客运站和招呼站,真正疏通城乡客运体系。

在全国交通运输系统的支援下,四川交通从悲壮走向豪迈,灾区交通面貌焕然一新,生命线公路网初步形成,交通基础设施条件得到大幅提升,交通运输保障能力显著提高。四川灾后交通恢复重建取得了决定性胜利!

截至2011年底,累计建成干线公路和汽车站点项目466个,占规划数的96.5%,累计完成投资842.8亿元,占规划期总投资的97.3%,农村公路完成恢复重建2.9万km。重灾区干线公路基本达到二级以上标准,重灾县区建成两个方向以上出口通道,基本形成灾区生命线公路网。灾区交通基础设施条件得到显著提升,交通运输保障能力显著提高,为灾区恢复重建规划任务的胜利完成和灾区发展振兴提供了有力保障。

截至2016年底,汶川地震灾后发展振兴重点项目映秀至卧龙公路、巴朗山隧道及绵茂路汉旺至黑滩隧道段建成通车。

灾后的交通恢复重建,已不仅仅意味在废墟中挣扎起身。抓住机遇、超常发展,四川交通运输发展的速度、规模和水平均达到历史高点,"蜀道难"的历史问题已经接近破解!

四川交通人,在生命线上浴血拼搏、艰辛奋战,镌刻下了浓墨重彩的辉煌篇章!

第二节 "4·20"芦山地震抗震救灾暨灾后重建

一、抢通灾区生命线

2013年4月20日,7.0级强烈地震突袭四川省雅安市芦山县。这次地震具有震级高、波及面广、余震多等特点,加之地震区地形险峻、地势狭窄、高山岩石坍塌、飞石路段多,给道路交通造成极大的损害。区内道路等级低、路基窄、弯道多,道路抢通、保通和灾后重建极其困难。

"4·20"芦山地震灾害及其引发的崩塌、滚石、山体滑坡等次生灾害,造成四川省雅安、成都、乐山、眉山、甘孜、凉山6个市(州)21个县(市区)的交通基础设施不同程度受损。据初步统计,灾害受损公路里程达到6780km,其中5条高速公路及10条国省干线公路1616km、农村公路5164km,桥梁548座、水运设施码头80处、汽车场站27处受损。一时间,灾区交通生命线告急!

第一时间,习近平总书记对抗震救灾作出重要指示,李克强总理紧急赶往震中指导抗震救灾工作。正在因公出访的时任交通运输部部长杨传堂立即通过电话,对交通抗震救灾工作作出指示,并委托时任副部长翁孟勇于当天赴川指导交通抗震救灾工作。震后不到半小时,四川省委书记王东明等省领导迅速赶赴灾区,对抢通保通公路和保障运输作出重要指示。时任副省长王宁直接负责交通保障任务,一线指挥抢通保通。

第一时间,四川省交通运输厅立即启动应急预案,组织全省交通运输系统全力以赴抗震救灾。时任省交通运输厅厅长彭琳率厅党组成员火速赶赴灾区,现场指挥抢险救灾。

灾区交通运输部门也积极开展自救，及时投入公路抢通战斗。抢通保通战斗指令迅速传遍全行业，凝铸起四川交通人抢险救灾的坚强决心。一场与生命、天灾、时间赛跑的抢通保通战役迅速打响！

震后不到 2 小时，第一支交通抢险队伍到达现场开始抢险作业。

震后 4 小时，国道 318 线雅安至芦山公路打通。

震后 16 小时，芦山县所有乡镇可绕行到达的生命通道打通。

震后 30 小时，省道 210 线芦山至宝兴公路打通。

震后 50 小时，芦山、宝兴县所有乡镇道路全部抢通，形成了两个以上生命通道的环行线路。

震后不到 4 天，重灾区交通基本恢复。

根据踏勘小分队带回来的第一手资料，深夜，部、省、厅领导紧急研究抢通保通方案：重点围绕通往震中芦山、宝兴的 G318、S210 两条生命线通道，制订实施了"多线多头、内外夹击、快速突破"的抢通方案。四川路桥、交投集团、武警交通、武警水电、兴蜀公司、华川集团等抢险队伍分别从芦山、小金、邛崃等方向，由外向内推进，地方交通运输部门从宝兴、灵关由内向外突破。

省道 210 线芦山至宝兴公路是通往"孤岛"宝兴县的唯一生命救援通道。沿线山体多处大面积坍塌，道路损毁最为严重，救援车辆和人员阻滞，无法进入灾区，这条道路的抢通进程成为社会关注的焦点。按照省抗震救灾指挥部交通保障组的要求，交通抢险队伍连夜从芦山、小金两端向宝兴推进。

打通灵关镇。4 月 21 日凌晨 6 时，芦山方向推进至距灵关镇 1km 处。数百立方米的塌方，加之一个 200 多吨的巨石，成为抢险中的第一个"拦路虎"。由于场地受限，只能单机械作业，抢险队采取挖掘机、破碎头、装载机轮番交替上阵，采用爆破和机器作业相结合的方式，于当天中午 12 时成功抢通塌方地段，抵达灵关镇。

抢通苏家岩。通过灵关后，抢险队随即集中大型设备和抢险人员，迅速奔赴宝兴方向数十处塌方点，多点并进，开展抢险作业。在苏家岩路段，山体前后垮塌，巨大的方量阻断进出道路。抢险队经过 5 个小时的连续奋战，在两处塌方上抢出一条便道，抢险队伍继续向宝兴开进。

在宝兴方向，抢险队员又一路北进，连续清除老关口多处余震塌方。省道 210 线芦山至宝兴 42km"生命线"初步抢通，各类救援车辆源源不断开入灾区。

省道 210 线芦山至宝兴段只是交通抢通的一个缩影。经过抢险队伍夜以继日、冒死奋战，及时抢通了通往重灾区芦山、宝兴县的干线公路。

及时抢通国省干线公路。震后 2 小时，抢险队伍即抵达雅安至芦山最快捷通道 G318 线飞仙关 2km 处，用 2 小时清除直径 5m、体积 50m³ 大的巨石，震后 4 小时抢通到芦山县城的生命通道。采取南北夹击攻克 S210 线,分别从小金至宝兴、芦山至宝兴南北两个方向实施抢通,连夜冒着不断的飞石和余震,排险 80 处,清方近 50 万 m^3,反复塌、反复抢,第二天中午打通了小金至宝兴的通道和芦山至灵关镇的通道,进入宝兴县城和灵关镇,震后 30 小时打通了重灾区宝兴县城的生命环线通道。

及时抢通通乡公路。震后当日,四川路桥等抢险队伍冒着不断的余震和滚下的巨石,边推进,边清障,翻越镇西山,于 17 时抢通了从成都邛崃经高何通往震中龙门镇的生命通道环线。组织武警交通、武警水电等部队组成攻坚队,克服反复塌方等困难,打通了太平至双石的通道。晚上,芦山县所有乡镇都抢通了一条可绕行到达的生命线通道。芦山至双石公路穿越震中区深沟峡谷地带,相对高差约 500m,号称"一线天",沿线有 6 处崩塌,有最大巨石直径长达 10m,相当于 3 层楼高,经多次爆破分解,终于在震后 50 个小时打通了芦山到双石公路,实现双石、龙门、宝盛等乡镇有两条生命通道环线。由于 S210 线芦山至灵关段通行能力十分脆弱,为增加一条通往宝兴的生命通道,调集交投集团骨干力量,分别从灵关和双石双向对打,在巨型滑坡体上采取综合工程措施开辟了一条临时通道,终于在震后第四天中午抢通了双石至灵关公路,至此芦山、宝兴的县乡公路全部抢通。

及时抢通通村公路。与此同时,组织省、市、县三级交通队伍,就地抢通通往各村的道路。震后第四天,宝兴县 9 个乡镇 55 个村、芦山县 9 个乡镇 40 个村的通村公路基本抢通。

二、"四到位"缔造"四川交通速度"

如此快捷抢通生命线,"四川交通速度"是怎样创造的呢?

组织机构到位——坚强有力的统一领导,科学合理的统一指挥,牢牢把握了抢通保通的主动权,大大增强了抢通保通的凝聚力。在参加抢险救援的省直部门中,省交通运输厅最早进入灾区。按照省抗震救灾指挥部的统一部署,成立以分管副省长为组长的交通保障组,同时省交通运输厅成立抗震救灾指挥部,在芦山县设立交通抢险前线指挥部,厅领导靠前指挥,统一调动各方抢险力量,分头突击各处灾损路段。交通保障组建立每晚协调会商会议制度,及时总结当天工作,研究部署第二天工作,并督促逐项落实到位。在后方,省交通运输厅成立后方保障组,专门负责救援的后勤保障、物资供应、设备人员调动。按照省交通运输厅部署,重灾区的 6 个市州 21 个县市区交通运输部门同时展开行动,形成了省市县三级交通运输部门上下联动的高效组织抢险体系。

实施方案到位——坚持科学抢险。交通抢通保通既抢抓时间、果断决策,又着眼全局、科学调度。地震当日上午,省交通运输厅指挥部向震中区域派出了由厅公路局、质监局、公路设计院、交通设计院技术骨干组成的专家小分队,分六路徒步向灾区进发,调查公路损毁情况,为科学迅捷抢通道路提供技术支撑。最终形成重点围绕通往震中芦山、宝兴的 G318、S210 两条生命线通道,"多线多头、内外夹击、快速突破"的科学抢通方案。

抢险力量到位——震后第一时间,省交通运输厅组织调集省内最强的队伍、最好的设备,第一时间集聚到抢通现场,开展抢险作业。在厅指挥部的统一调配下,四川路桥、交投集团、武警交通、武警水电、兴蜀公司、华川集团等19支抢险队伍、2800多人、1300多台套抢险机具设备在灾区集结,另有8支抢险队伍、200台抢险设备待发。大灾面前,四川交通集合成团,汇集成拳,凝聚起强大的抗震救灾力量。这一刻,伟大的抗震救灾精神在交通抢通保通战斗中发扬光大。四川路桥的张磊,用他26岁的生命诠释了四川交通人不畏艰险、不怕牺牲、勇于担当、甘于奉献的精神。

统筹协调到位——为确保进入灾区道路畅通,震后1小时内,成雅、成温邛、雅西三条高速公路收费全部取消。迅速开通高速公路抗震救灾专用通道,通往灾区的成雅、雅西、成温邛、邛名、成灌、成都绕城、都汶7条高速公路实行全部车辆免费通行,并设置96个抗震救灾免费应急服务点。在公路抢通的同时,四川省交通运输系统还有力保障了抗震救灾应急运输。累计出动客车2952辆,货车3459辆,调集快艇3艘。

从汶川到芦山,四川交通应急体系不断健全,应急预案更加完备,应急机制更加完善,抢险救援更加沉着有序,确保了科学、快速、有序抢通灾区生命线。

科学决策,指挥果断,顽强拼搏,沉着应对,高效运转,及时快捷,方能创造出前所未有的"四川交通速度"!

2013年4月27日,交通运输部致信慰问四川省交通运输厅,充分肯定四川交通抢通保通工作,对交通运输广大干部职工为抗震救灾工作作出的重大贡献表示衷心的感谢和诚挚的慰问。同一天,时任交通运输部副部长翁孟勇作出重要批示,高度评价四川交通是一支英勇顽强、能打硬仗的队伍。

5月1日,省委书记王东明等省委省政府领导莅临省交通运输厅抗震救灾前线指挥部,亲切慰问奋战在抗震救灾一线的交通运输行业广大干部职工,充分肯定交通抗震救灾成果。

王东明说:"地震发生之后交通系统快速反应,第一时间冲到了灾区,冲到了第一线。特别是S210的危险地段,抢通又垮塌,垮塌又抢通,是冒着生命危险抢通的生命线。四川交通战线所有参与抢险救灾的同志们都是英雄。"

6月1日,时任交通运输部部长杨传堂深入四川芦山地震灾区实地调研交通运输保通保运和恢复重建工作,他充分肯定了交通运输战线上的广大干部职工,在抗震救灾工作中勇挑重担、奋勇争先、不怕牺牲、无私奉献的精神风貌:"在这次战斗中,充分展现了我们交通运输干部职工勇挑重担、奋勇争先、不怕牺牲、无私奉献的精神风貌,取得了抢通保通、抢运保运阶段性的重大胜利,为抢险救灾和过渡安置提供了坚强的保障,向党向人民交出了一份合格的答卷。"

6月28日,四川省庆祝中国共产党成立92周年暨"4·20"芦山地震抗震救灾表彰大会隆重举行。

四川省交通运输厅公路局党委被省委表彰为"四川省4·20芦山地震抗震救灾先进基层党组织";厅工程质量监督局,雅安市、甘孜州、芦山县、宝兴县、天全县、邛崃市交通运输局及四川路桥华东建设公司机械化分公司被省委、省政府表彰为"四川省4·20芦山强烈地震抗震救灾先进集体";厅公路设计院叶尚其等全省交通运输系统8名同志荣获"四川省4·20芦山强烈地震抗震救灾先进个人"或"优秀共产党员"荣誉称号。

四川交通人用冲锋在前、顽强拼搏的实践行动,向党献上了一份生日贺礼。

三、坚守保通严防次生灾害

地震灾区地处四川盆地西缘,地形切割强烈,多高山峡谷。处于震中的芦山、宝兴等县,山地约占总面积的94%,海拔超过1000m的中高山区占总面积的70%以上。脆弱的地质环境造成地质灾害频发,近几年该区域已多次遭受泥石流、滑坡、崩塌等地质灾害。历经汶川特大地震、芦山地震以及多次余震影响,岩体结构被不断破坏,坡体疏松,极易发生较大规模的次生灾害,直接威胁道路通行安全,也给保通工作增加很大难度。

2013年4月27日11时13分,距离宝兴县城约5km的老关口处,碎石夹杂着泥土,从近于垂直的山坡上倾泻而下。碎石击打着正在架设的钢棚,嘭嘭作响。经过半个多小时的紧张作业,11时51分,钢棚安装完毕。而钢棚的安装,正是为了减少严重的次生灾害对公路交通的侵扰。

细看地震灾区地质灾害分布图,S210线芦山至宝兴相距42km,就有18km的峡谷地段,崩塌、飞石成群密集分布,有较大规模的崩塌点68处,其中17处一直飞石不断。

同时,灾区素有"华西雨屏"之称,降雨多且集中,属于典型的暴雨集中区,年平均降雨量约1700mm,灾区频发的崩塌滑坡积累了大量松散物质,在降雨条件下,极易转化为滑坡、泥石流灾害,呈现出点多面广的趋势。4月23日,受降雨影响,仅S210线就有16处26次崩塌,最大单次塌方近1万m^3。

灾害隐蔽性强,防范极其困难。沿线地形陡峻,山高坡陡,平均高差在1000m左右,公路傍山沿河展布,高位崩塌滑坡、泥石流,难以发现,难以防范,难以处治。加之,不同于汶川地处干旱河谷地带,这里沿线植被茂密,地质灾害隐蔽性强,风险极高。许多松动块石悬于半空,且位置和方量难以准确预测,严重威胁抢通人员和过往车辆安全。在龙门至高何的公路上,公路内侧的山体上植被完好,看不到落石,但再看外侧的波形护栏,有的段落已经弯曲变形,明显受过巨石的撞击。

为此,省抗震救灾指挥部交通保障组积极筹谋,按照"科学、迅速、安全、有序"的要求,组织实施道路保通,严密防范次生灾害,全力以赴做好保通和防范次生地质灾害工作。

省交通运输厅加强与省国土资源厅协调,按照省委、省政府确定的地震灾区地质灾害防治工作职责,明确责任,认真抓好落实。全面排查灾区道路红线范围内的次生灾害风险防控,完成清障保畅、拓宽加固等一批交通次生灾害整治工程。

科学划分路段,明确保通抢险队伍,抢险机具设备和人员不撤离,落实保通责任,对重点路段及时处治。省交通运输厅直接指挥的灾区公路保通里程近200km,大大多于汶川地震负责保通的里程,保通的公路范围已经由国省干线延伸至县乡道路。省交通运输厅调集四川路桥等4支作风硬朗、业务精湛的施工队伍,沿线设防,数以百计的机具设备、工程人员密布各地质灾害隐患路段,随垮随抢。

进一步加快清障和拓宽加固工作力度,实现多数路段具备实行双向有条件管制通行的能力。

派出多路技术专家组实地查勘,科学制订和落实应急工程除险措施,组织勘察、设计、施工、管理协同化推进。在S210线芦山至宝兴段,四川省首次在交通救灾中使用钢棚架。设置钢棚架抵御飞石的想法,最初是负责此路段保通工作的四川路桥提出来的。由于施工队伍长期奋战在抢险一线,因此具有丰富的安全防护经验。随后,又经过设计单位的不断完善,钢棚架也由最初的单车道变成了双车道,进一步提升了公路的抗灾能力。

钢棚架设计为双车道,靠近山体和道路外侧两边一根根直径半米粗的铁柱,托起一个三角形的支架,向上斜插入山体。同时,通过锚杆和螺栓将钢板和路面紧紧固定在一起。钢棚架顶面分为三层,第一层采用5mm的钢板,第二层采用30mm厚的弹性泡沫,第三层再采用10mm的钢板拼接,钢制顶面本身已具有很强的抗冲击力,再加上设计为30°的一个倾角,并焊接上竖撑、斜撑,使三角形支架更加稳固,如果有飞石砸向钢棚洞,也会顺着斜坡滚落到峡谷里。为了防止山体滑坡后的泥土和飞石滑入道路,靠近山体一侧实行全封闭,并通过向山体中嵌入拉杆来增强钢棚架的抗冲击能力。由于S210线芦山至宝兴段飞石严重,整个灾区全部6处钢棚架全部设置在此段。为保证施工安全,施工队伍先在场外进行预制,组装成一个个小构件,然后由吊车将一个个小构件放到拖车上,运到施工现场,再完成最后的安装。

除了搭建钢棚架搭,挖筑落石槽、加固旧桥、下挡墙处治路基病害等交通应急灾害点处治工程在灾区各道路展开。

同时,对重点桥梁、重点路段采取限行限载通行措施,沿线设立警示标志,确保道路通行安全。加强公路灾害点、重点隐患路段监控,布防抢险机具设备和人员随时抢通。落实安全防范措施,严格规范施工,每台机具实行一人操作、一人瞭望的制度,确保抢险施工人员安全。积极配合公安交警部门,加强灾区道路交通组织管理。

同时,借鉴"5·12"汶川地震的经验,特别强调确保抢险队伍营地的安全,由专家督促指导,让营地避开地震断裂带、泄洪通道、地质灾害隐患点,完善应急避险预案,落实专人对所有营地选址逐一检查评审。

为确保 S210 线的安全通行,施工单位将 S210 线芦山至宝兴段分为三段,设立了 3 个突击队,在 10 个重点坍塌区,设置瞭望哨,共配备 60 余台挖掘机、推土机等专业机械,安排人员值守,并抢抓时机加快拓宽双幅路基,提高道路的通行能力。

四、科学规划有序推进交通灾后恢复重建

在确保灾区生命线畅通的同时,省交通运输厅及时组织开展了《四川芦山地震灾后恢复重建公路水路交通基础设施专项规划》研究编制工作,充分借鉴汶川地震灾后交通恢复重建成功经验,统筹兼顾、立足当前、着眼长远。坚持科学重建理念,按照"统一规划,分步实施;突出重点,远近结合"的编制原则,科学编制交通灾后重建规划。根据受灾情况和道路受损的轻重程度,优先确保国、省干线公路的畅通,恢复损坏的路段,提高干线公路和农村公路的抗灾能力。立足灾区路网实际,强化交通基础设施的基础性、先导性和服务性作用,坚持交通灾后恢复重建围绕产业发展、民生发展理念,将交通灾后恢复重建与灾区城镇布局、城乡统筹、产业结构调整和新农村建设有机结合,进一步完善全市的路网布局,为灾区产业振兴发展、长远发展奠定坚实的基础。同时积极加强与交通运输部的汇报衔接工作,配合交通运输部规划编制指导组赴灾区开展实地调研,为进一步争取交通运输部对四川灾后交通恢复重建的支持打下坚实基础。

2013 年 7 月 20 日,"4·20"芦山地震过去整整 3 个月后,四川省委、省政府召开了芦山地震灾后恢复重建工作会议,对灾后恢复重建工作作了全面部署。要经过三年时间的努力,使灾区生产生活条件和经济社会发展得以恢复并超过震前水平,为到 2020 年同步实现全面建成小康社会目标奠定坚实基础,实现户户安居有业、民生保障提升、产业创新发展、生态文明进步、同步奔康致富。

"4·20"芦山地震灾后恢复重建是贯彻落实党中央、国务院"探索出一条中央统筹指导、地方作为主体、灾区群众广泛参与的恢复重建新路子"的一次伟大实践实践。

7 月 21 日,为认真贯彻落实党中央、国务院关于做好四川芦山地震灾后恢复重建工作的决策部署,根据国务院最新印发的《芦山地震灾后恢复重建总体规划》,四川省和交通运输部签署了《四川省人民政府 交通运输部关于推进四川芦山地震灾后交通恢复重建会谈纪要》,共同加快推进四川芦山地震灾后交通恢复重建工作,服务于灾区经济社会发展。

一手抓交通抗震救灾和灾后恢复重建,一手抓交通科学发展、加快发展。四川交通人在交通运输部、四川省委省政府的坚强领导下,在交通运输部的大力支持下,与灾区人民一起,见证灾区的新崛起!

交通灾后恢复重建率先实施,"1+8"交通重点项目快速推进。"1"为雅康高速公路,

"8"为重灾区干线公路恢复重建项目,共8个、里程680km,投资57.7亿元。8个项目分别是:3条国道——国道351线乐英至夹金山垭口段、国道318线雅安至二郎山隧道段、国道108线雅安至荥经界段;5条重要经济干线——天全到芦山、邛崃经高何到芦山、灵关经双石到龙门、雅安经望鱼到瓦屋山、宝兴经永富到康定河口大桥。同时,芦山地震交通灾后恢复重建项目还包括1440km农村公路项目及客运站点项目和水运码头项目。

在规划实施中,四川省交通运输主管部门按照"程序不减、周期缩短、交叉进行、同步推进"的要求,督促雅安市交通运输局同步推进工可报告及相关要件、初步设计、施工图设计工作,协调相关审批单位改进审批方式,提高行政效率,采取提前沟通、过程指导等方式介入前期工作,缩短审批时间。

在此基础上,还积极落实补助资金,加强技术支持。由于灾后恢复重建任务重、难度大、要求高,厅还积极协调厅公路设计院和交通设计院完成干线公路工可报告及设计文件的编制工作,协调兴蜀公司代建两个难度最大的项目。下派干部到雅安市交通运输局,加强技术支持,以缩短前期工作时间,提高项目技术方案和管理水平,确保工程质量安全。加强技术服务,对灾区技术管理人员进行培训,努力解决灾区技术管理力量薄弱的问题。同时,为了科学、有序推进交通灾后恢复重建,研究制订"1+4"工作方案(即1个交通恢复重建总体推进方案和雅康高速公路、地方普通公路、水运设施、客运站4个专项督导工作方案)。

在省交通运输厅的行业指导下,在重灾区的雅安,当地交通人迎难而上,多措并举,以确保工作任务的全面完成。雅安切实抓好交通灾后重建工作落实,实现工作目标。健全组织机构——在市政府成立交通灾后恢复重建领导小组的基础上,市交通运输局分项目成立工作指挥部,形成了跨层级、跨部门、跨职能的综合协调机制和高效运转的管理体制,为交通灾后重建项目建设提供了有力的组织保障;同时,项目建设所在县、乡政府按照"辖区负责、现场协调、跟踪服务、保障施工"原则,成立项目协调领导班子,并将征地拆迁、工作协调等保障工作纳入各级年度目标考核内容。强化责任落实——整合全市交通运输行业力量,将3条国道、5条重要经济干线、农村公路等分项目由市交通运输局班子成员牵头负责;组建交通灾后重建工程管理组、监督检查组、综合组、质量安全组、保通保畅组5个工作组,形成推进灾后重建项目合力,确保有力推进。锁定目标任务——各项目指挥部按时间节点细化工作计划,坚持"以天保周、以周保月、以月保节点"工作原则,形成"工期倒逼进度、目标倒逼完成、责任倒逼落实"的项目倒逼机制,并通过强化督查、考核等方式全力确保重建项目各阶段目标的实现。注重分工协作——定期召开交通灾后重建工作推进会,及时分析研究工作推进过程中的问题,并与县区政府、市级相关部门通力配合,及时解决建设过程中存在的重大问题。

针对交通重建项目点多线长、社会诉求多、阻工频发、保通压力大等状况,市交通运输局主动与县(区)和相关部门及时协调解决工程建设过程中的征地拆迁、环境影响、补偿补助等问题。着力加强征地拆迁协调——协调工作组与县区、乡镇政府全力做好征地拆迁工作,采取分户包干、限期拆迁方式,为项目顺利推进创造好施工条件。着力加强项目建设管理——成立现场设计变更工作组,高效、便捷服务于项目推进,及时解决建设过程中的技术难题;委托技术力量强、管理经验丰富的四川兴蜀公司对国道351线、国道318线开展建设管理;针对国道318线A合同段施工企业湘潭路桥公司履约能力差、建设管理混乱、工程建设进度严重滞后状况,经多次约谈无果后,于2014年11月依法依规解除了与湘潭路桥公司的承包合同。着力加强施工要素保障——主动为施工企业做好砂石、钢材等施工建材的协调,强化对施工单位的服务指导,通过加快工程计量、加快退还履约保证金、差额保证金等措施,主动为企业减轻负担。同时,着力开展道路交通管制——既有效维护道路的通行,又确保工程建设加速推进。

雅安市在地方公路建设中首次推行标准化工地建设,实行精细化管理,全力将国道351线、318线建成灾后重建的示范工程。质监、安监等部门,项目管理公司加大了对质量、安全的现场监督检查力度,开展定期质量安全大检查,对工程质量安全隐患"零容忍"。

正是一项项有效措施的落地实施,交通灾后恢复重建项目才得以有序推进,让灾区交通实现大跨越。路容路貌整洁,一排排行道树、与当地自然生态相结合的边坡,以及沿线的观景台停车区,成为芦山地震灾后交通重建工作的最大亮点。

在芦山的道路恢复重建中,主要以恢复为主,尽可能利用原有公路设施整治病害,并特别注意保护生态,把恢复重建与加强生态环境保护相结合,最大限度地保护沿线生态环境,并实现与环境的协调。芦山地震灾区的道路恢复重建,把保护生态放在了一个重要位置。

国道318段多营场镇绕城路旁的市政生态公园,不少市民茶余饭后在这里散步、休息,在市政公园修好之前,这里原本是318国道多营段公路恢复重建的弃土场。多营场镇绕城路旁的弃土场之所以能变成生态公园,与交通运输厅在交通恢复重建中,着重加强与生态环境保护相结合,最大限度保护沿线生态环境分不开。

在灾后重建过程中,代建单位兴蜀公司选择了一些河滩、低洼的地段作为重建时弃土的堆放地,避开了耕地及工地等。在重建工作扫尾时,将弃土场修建成了生态公园,让公路沿线更加美观。

除了将施工堆放弃土的场地打造成生态公园,兴蜀公司还结合芦山农业生态园,打造了具有地方特色的公路边坡、景观台、停车场等。在道路修建过程中,一些老路破除时留下的混凝土建渣等,选择再生利用。

同时,在实体工程施工前,仔细勘查现场,对存在影响当地居民出行及安全的路段,进行了便道、便桥的专项设计,便于施工和当地居民的安全通行;为了工程建成之后当地居民、车辆的安全出行,对公交车站停靠处、避险车道、交通安全工程等进行了专门设计。

截至2016年底,芦山地震灾后重建"3+5"干线公路项目全部建成通车。作为其中的代表,国道351线乐英至夹金山垭口段备受关注。该项目起点接国道318线,并通过乐英互通与雅康高速公路相接,止点为夹金山垭口,全长150余公里,二级公路标准,设计速度60km/h(特殊困难路段40km/h);桥隧占路线长度的42%,为宝兴和芦山打开一条新的生命通道。因为这条通道,芦山县思延乡草坪村村民的生活有了改变。从思延乡到县城,翻越佛图山要1个多小时。351线佛图山隧道贯通后,进城只要10分钟。

从规划图看,国道351线与国道318线交汇后,将继续往前延伸,与雅康高速公路的乐英立交连接。这也意味着,宝兴、芦山可与外界快速连接,形成完善的路网。

建成后的国道351线,改善了道路行车条件,提高了道路通行能力,为社会生产和生活提供安全、舒适、高效、可持续的运输服务,还有利于加强与邻近各区县的合作与交流,促进城乡一体化进程,提高沿线人民群众的生活水平和生产生活积极性,促进社会经济的发展。沿着这条新建的国道,当地政府已规划了多个农业和工业产业园,对提高雅安市道路通行能力,促进雅安经济社会发展,提高当地人民生活水平具有重要的意义。

不止宝兴和芦山,交通的改善也给荥经带来更多便利。荥经对道路进行改造升级,建起209m长的梓桐宫大桥,将隔河的兰家山与老城衔接,形成了以兰家山为核心的休闲旅游环线。如今,震后新开的农家乐已有20多家,不少在外务工的人回家谋生。

"4·20"芦山地震交通灾后恢复重建项目的实施,进一步完善了灾区的路网结构,改善了灾区的路网条件。同时,通过交通基础设施灾后重建项目的实施,带动了公路沿线区县和乡镇的经济发展,为灾后重建和脱贫致富"双攻坚",全面建成小康社会提供有力支撑和保障。

五、雅康高速灾后重建的标杆

雅安至康定高速公路(简称雅康高速公路)作为"4·20"芦山地震灾后交通恢复重建"1+8"项目中的"1",意义重大。2014年4月20日,芦山地震一周年之际,雅安市天全县乐英乡飞仙关隧道出口多功能互通工地,省委书记、省人大常委会主任王东明宣布雅康高速公路开工。至此,芦山地震灾后交通恢复重建规划的"1+8"交通重点项目全部开工建设。

雅安至康定高速公路连接雅安与康定、沟通内地与藏区,是国家高速公路网雅安至叶城(新疆喀什)国家高速公路的重要组成部分,是成都平原经济区、川南经济区和攀西经济区连接甘孜藏区进而通往西藏的重要通道。它不仅是一条穿越芦山地震灾区的生命大通道,更是一条内地进入藏区、辐射带动藏区的经济大动脉、政治大走廊。雅康高速公路开工建设,将结束甘孜境内无高速公路的历史,对完善国家和四川省高速公路路网,改善民族地区和芦山地震灾区交通条件,构建川藏"经济走廊"、促进藏区经济社会跨越发展和长治久安,加快推进灾后恢复重建、建设幸福美丽新家园等具有重要意义。

雅康高速公路起于雅安市雨城区草坝镇,接乐雅高速公路,西经天全县、泸定县,止于康定城东,路线全长约135km,设计速度80km/h,四车道路基宽度24.5m,桥隧比82%(桥梁129座36.176km,隧道44座73.182km)。项目概算总投资约231亿元,批复工期五年。项目控制性工程——二郎山超长隧道(13.4km,居全国第三)已于2012年底先期开工建设。

雅康高速公路项目建设,面临安全、经济、生态、便捷等一系列重大技术经济问题的挑战,有"五个极其"的鲜明特点。这些极其复杂的特性和技术难题,在我国高速公路建设史上绝无仅有。

一是地形条件极其复杂。项目路线处于四川盆地向青藏高原的过渡段内,海拔快速爬升,地形狭窄陡峻,沟壑纵横,起伏巨大,地貌类型复杂多样。

二是地质条件极其复杂。项目路线穿越龙门山断裂带,地震烈度高,不良地质发育,控制性工程二郎山超长隧道穿过13条地震断裂带,泸定大渡河特大桥处于"Y"形活动断裂区域。

三是气候条件极其恶劣。项目路线穿越不同的气候垂直分布带,高海拔路段的雨、雪、冰、雾、风等恶劣气候影响时间长。

四是工程建设极其困难。项目桥隧工程多,技术难度大,是当时全省乃至全国桥隧比最高、施工难度最大的一条高速公路。部分路线展布于悬崖峭壁,工程实施受制条件多。项目控制性工程——泸定大渡河特大桥,面临极高的地震烈度(九度)、极其复杂的风场条件、极不稳定的高陡边坡、极大跨径的悬索桥等工程建设难题,其长度达1100m,居全省第一。

五是生态环境极其脆弱。项目路线穿越大熊猫栖息地自然保护区、国家森林公园、省级风景名胜区,环境敏感点多,工程实施的环境恢复工作任务艰巨。

2016年7月8日,"4·20"灾后恢复重建项目——雅康高速公路草坝至对岩17km路段(以下简称"草对段")贯通,只在应急情况下通行。该段的贯通让芦山新增一条应急救援通道。

草坝至对岩路段是雅康高速公路的起点段,也是最早实现贯通的路段,该路段全长17km,东接乐雅高速公路(G93),西连雅西高速公路、成雅高速公路(G5),设有枢纽互通2座、特长隧道1座、特大桥2座,桥隧比高达78%,概算投资约26亿元。

草对段地处雅安雨城区,由于雨季时间长,项目每年施工时间仅有200天左右。为此,草对段采取"5+2""白加黑"的模式充分利用非雨季的宝贵施工时间,即使在传统新春佳节,工程也没有停下来。同时,展开劳动竞赛,充分调动施工队伍的建设热情,使项目又好又快稳步推进。

第六章
抗击重大自然灾害

全长4179m的周公山特长隧道作为草对段的控制性工程,其工程进度直接影响到该路段的贯通时间,成为整个草对段17km作业面的重中之重。周公山特长隧道施工过程中,出现过长达两个月的特大涌水,给本来有效施工时间就十分紧张的草对段提出了更严峻的挑战。雅康公司采用从开凿支洞的方式,内外同时开工,争夺宝贵的施工时间。面对地质破碎等自然地质条件,雅康公司草对段创造性地采用"双层支护体系"支护,成功处治围岩大变形难题,并成功申请国家实用技术专利。此外,对于隧道开凿产生的大量废渣,雅康公司采用临时弃渣场加二次转运的方式,减小了作业面弃渣转运时间。而整个作业面从一般隧道开凿的11台钻机,增加到15台钻机。

雅康公司始终坚持在确保质量和安全的前提下,加快工程建设。在周公山隧道口不远处的视频监控室内,可以实时观察到洞内施工情况。在施工现场,每一位施工人员的安全帽内都有一枚芯片,监控室中可以看到正在洞内作业的人员名单和进出时间,充分保证人员安全。由于各种保障措施到位,周公山特长隧道在双向同时开凿的情况下实现贯通时,高低误差只有1cm左右,远远小于工程最大误差10cm的要求。

如果说草坝至对岩17km路段只是"小试牛刀",那么雅康高速公路二郎山隧道段就是一个"大难题"。于2012年底先期开工的二郎山超长隧道,是雅康高速公路极具代表性的控制性工程。该隧道具有以下几个特点:一是超长——隧道主洞长13400m,排名国内第三;二是超深——隧道最大埋深1700m,地应力高,极易出现岩爆和大变形;三是地质条件极其复杂——隧道穿越了13条地震断裂带,存在瓦斯、岩溶、涌突水等不良地质,可以说是西南地区的地理博物馆;四是地震强度高——隧道位于八度地震区,施工安全风险高;五是斜井建设规模、隧道独头掘进居全国之最——隧道斜井单洞长达3.3km,独头掘进长达6.8km,均排名国内第一,施工安全风险大、施工组织难度大。

由于地质条件限制,二郎山特长隧道不同于地铁施工,转而使用三臂凿岩台车,在隧道断面上凿出钻孔,由工人装填炸药实施爆破,再把渣土运出去。循环往复,直到把整条隧道打通。一般来说,实施一次爆破能掘进4m。有时钻机遇到较软的泥岩,进度快,一天能掘进5~6m。但如果遇上花岗岩,一天连2m也很难掘进。平均下来,每天只能掘进3.6m。施工工地专门建有炸药库,可以存放9t炸药和雷管,但远远不够。自2012年开工以来,二郎山特长隧道实施爆破,平均每天需消耗一吨炸药。

隧道施工过程中,通风是一个大问题。二郎山特长隧道每掘进一段,为了保证施工人员正常呼吸,排除有害气体,通风管道也会马上安装到位。

然而,在每次实施爆破或者运渣车进出后,大量灰尘喷涌而出,这对于隧道施工十分不利。为了抑制扬尘,净化洞内空气,施工队伍采用水幕降尘。一个可移动的大型钢架上,安装上数十个喷水龙头,把大量水分喷洒到空中,抑制洞内的扬尘。

随着二郎山特长隧道不断实施爆破,钢架也会不断向隧道深处挪动,这道约5m宽的人造水幕,也会将爆破产生的扬尘隔离起来,防止扬尘扩散到隧道其他部位。

为了确保质量和安全,二郎山隧道工地建立健全了的质量安全管理体系。通过"事前谋划、过程监控、事后检查"的管理手段,确保了质量安全管理体系的有效运转。

在施工招标时约定了标准化施工、安全文明管理、信息化施工与动态设计的具体要求,约定了具体的费用计量支付管理办法。同时,委托第三方在地方质量监督部门的监督指导下开展施工监理、试验检测、监控量测、环境监理等相关工作。

施工现场运用视频安全监控系统,确保质量安全管理"智能化"。结合进口段低瓦斯工区的施工安全需求,增设"风瓦电闭锁"系统,实现了人员进出洞考勤、人员定位(安全帽内置无线芯片)、现场监控、有毒有害气体监测等方面的"智能化"管理。

及时进行质量检测,消除质量安全隐患。在隧道二衬施工前,运用地质雷达扫描仪对已完成的初支段落进行扫描检测,检查初支是否存在空洞等质量缺陷,便于及时补救并消除质量安全隐患。

同时,由于项目地处生态脆弱区,在建设中还切实加强环境保护工作。设计单位根据地形及气候特点分段采取相应的设计对策——二郎山隧道下穿大熊猫栖息地自然保护区,拟在建设及运营期间开展水环境监测、气象站建设与观测工作,为设计、施工和运营提供基础资料保障,在勘察设计和施工过程中全面执行限量排放;对沿线珍稀鱼类与相关部门一起研究对策措施进行重点保护,对声环境敏感点设置隔声墙等。

为了大熊猫保护区生态环境,施工队伍放弃了在山上修便道,转而采用"独头掘进":即先挖掘主洞,等主洞掘进到一定深度后,再从主洞中斜向施工,修建一条通往洞外的斜井,将来用以安装消防、机电等设备,也是通风、救援的通道。

雅康高速公路的另一大难点便是大渡河兴康特大桥,全长1411m,主桥为1100m单跨钢桁梁悬索桥,被誉为"川藏第一桥"。

特大桥在建设中必须要面对的挑战之一是复杂风场环境。桥位区的风场环境非常复杂,且常年多紊乱大风,最大风速能达到32.6m/s,相当于12级台风。风一大,对工程建设造成很大干扰,混凝土浇筑质量、焊缝质量无法控制,吊装设备、施工电梯使用困难,高空坠物、高空作业风险极大,甚至主塔横梁上质量成吨的波形钢腹板的安装过程中都可能出现倾覆风险。为了解决紊乱大风和复杂风场带来的难题,雅康公司要求工程人员详细搜集气象资料,设立风速监测点,建立晴雨表,深入分析桥位区的大风运行规律;紧接着,通宵达旦研究施工方案,精细优化针对风场环境的方案设计。风大影响工程质量、增加作业风险,就风速较小时施工;风力影响焊缝质量,就设置防风棚,预热焊条;波形钢腹板可能出现倾覆风险,就搭设刚性防倾覆支撑架……

在完成施工的所有部位中,充满神秘气息的世界第一长隧道式锚碇科技创新成果尤为突出。雅安岸隧道式锚碇长度达159m,比世界第二长度的万州长江四桥隧道式锚碇

(78m)足足长了一倍还多;垂直高差达到95m,相当于33层楼高;单洞开挖方量达20866m³,工期压力巨大。为了解决开挖难题,藏高公司和雅康公司高度重视方案的可行性,多次组织专家进行方案评审,组织监理、施工方积极展开科技攻关,工程首次创新采用双轨道出渣法,实现平均每天开挖方量52m³,平均每天掘进0.4m,开挖效率较国内同类型桥梁提高近一倍。

开挖完成后,接下要解决的就是高强度钢拉杆的转运、安装和精确定位难题。受地形环境影响,锚碇洞内十分狭窄,而且相对封闭,一般的塔吊、吊车等吊装设备都无法作业。但在藏高公司、雅康公司和参建各方的共同努力下,他们先后提出了"一种实现超长钢拉杆快速穿管的简易装置及其操作方法""超长、大倾角隧道锚块速转运钢拉杆的布置系统及操作方法""超长、大倾角隧道锚钢拉杆块速安装系统和操作方法"等系列实用型发明创新。施工过程中,他们发掘有利条件,利用泸定隧道横洞,采用平移系统安全、高效地转运钢拉杆;进入隧道锚工作区域后,在洞内安装缆索吊装系统,进行钢拉杆安装,安装过程中,通过人工配合手拉葫芦进行精确微调,实现了高强度钢拉杆在狭窄、封闭的锚洞中的转运、安装和精确定位。

特大桥建设过程中,另一项代表性工艺创新是无水水下混凝土浇筑人工挖孔桩。由于地质情况及施工条件限制,特大桥3号、4号主墩共计100根桩基础均采用人工挖孔成孔工艺。其中,康定岸4号主墩桩基础最深达60m,加之康定岸地底存在第四系上更新统巨厚冰碛层,若采用传统干桩浇筑方式,施工将面临三个困难——上下高差达60m,施工人员安全无法得到保障;桩基底部混凝土气体刺激性大,影响施工人员健康;混凝土浇筑时间长,施工效率低下,且质量不容易保证。经过雅康公司和相关参建单位反复勘察、论证、试验,创新地提出无水灌注法浇筑干桩,且施工完成后,桩检报告显示主墩100根桩基均为Ⅰ类基桩。相比传统干桩浇筑方式,无水灌注法有以下优点:一是无须分层浇注和振捣,消除人工孔下作业安全风险;二是无需向孔内进行注水,对渗透性较大的高寒冰碛层,安全更有保障;三是浇筑时间由原来的24小时缩短到8小时,效率提高了两倍,且质量容易保证。

2016年12月20日,随着无人机牵引着先导索成功跨越大渡河,雅康高速公路泸定大渡河兴康特大桥开始架缆,这是四川省内首次在特大桥架缆中采用无人机牵引先导索施工。在历时两年3个月完成桥梁下部建设后,该桥转入桥梁上部施工,大桥将以1100m的超长跨径连通大渡河两岸,变天堑为通途。

截至2016年11月底,雅康高速公路全线累计完成123亿元,占总投资的53%;累计完成路基土石方70%,桥梁下部构造57%、桥梁上部构造31%,隧道开挖45%、二衬37%。二郎山特长隧道全长13.4km,已开挖10.4km,完成75%;大渡河兴康特大桥已完成桩基100根、隧道锚开挖159m、重力锚开挖63万m³,均累计完成100%,两岸索塔完成

376m、累计完成100%。

第三节 抗击洪灾泥石流

在经历地震考验的同时,四川交通人还面临着多次泥石流灾害的侵扰,2010年、2011年、2013年,抗击泥石流的"战斗"在四川大地打响。

2010年8月12日以来,四川省遭遇的特大山洪泥石流灾害规模之大、破坏性之强,历史罕见。"5·12"汶川地震灾区更是成了此次特大山洪泥石流灾害的重灾区,这片曾遍体鳞伤的土地又遭重创。绵茂公路汉旺至清平段断道、国道213线映秀至汶川公路断道……一条条灾区公路不断告急,灾区群众的安危牵动着亿万国人的心。

国道213线映秀至汶川段和绵茂公路汉旺至清平段,都是通往灾区的"生命线"。抢通"生命线",不仅事关当前的救灾工作,是抢险救灾的重要保障,更对灾区长远的恢复重建意义重大。再战213线、决战绵茂路,交通人给自己定下了死命令:争分夺秒抢通生命通道,全力确保人民群众生命财产安全,全力确保灾后恢复重建成果。苦难让四川交通人更加坚强,灾害让四川交通人迸发无穷力量。特大冰雪灾害、"5·12"汶川地震、特大山洪泥石流灾害……多少次,"一线希望、百倍努力"的坚定信念支撑着四川交通人,创造了一个又一个的抢通保通奇迹。

在抢通保通战役中,战斗的艰难不仅在于受灾之严重,更在于灾情之复杂,沿线山洪地质灾害反复频发,抢通保通和新的灾情相互交织——炸开的壅塞体又被泥石流堵塞,抢通的公路又被垮下的巨石掩埋,抢通工程多次严重受阻。

然而,英雄的四川交通人并没有被眼前的困难吓倒,他们不断完善抢通保通方案,坚持在抢通中保通,在保通中抢通。科学抢险、昼夜施工、全面出击、多点作业、同步推进……为了提高抢通效率,尽最大可能缩短断道阻车时间,在抗击特大山洪泥石流灾害的关键时刻,四川交通人发扬特别能战斗、特别能吃苦、特别能奉献的精神,以更加坚定的决心、更加顽强的作风、更加迅速的行动、更加科学的方法投入到公路抢通保通战斗之中。

2010年8月22日14时59分,历经八天八夜不停地艰苦奋战,国道213线映汶段胜利抢通;同日20时40分,绵茂公路汉旺至清平段也胜利抢通,四川交通人抗击特大山洪泥石流灾害取得了重大阶段性胜利!2010年8月25日,因灾中断的14条国省道、100多条县乡道全部抢通。

2011年7月初的强降雨致使四川省公路遭受巨大破坏,国省县乡道水毁严重。面对灾难,省委、省政府高度重视,要求全力抢通保畅,省厅及各级交通部门奋力拼搏、众志成城,抢通了一条条生命通道。其中,7月20晚至21日凌晨,大暴雨引发的泥石流致国道

213线映秀至汶川段沿线多处暴发泥石流,畅通的"震中生命线"交通再次受阻,经过抢险人员连续7小时的奋力抢修,受阻路段得以抢通。

从2013年6月下旬开始,暴雨以每周一场的节奏光临四川省,7月9日晚,"5·12"汶川地震和"4·20"芦山地震带沿线遭遇暴雨袭击。截至7月16日,全省高速公路基础设施损失约6.03亿元。全省国省干线、县乡道和冲毁桥梁损失超过95亿元。

在巨大的灾难面前,省交通运输厅科学决策,沉着应对,第一时间启动应急预案。四川交通人采取科学措施,及时抢修恢复了映汶高速公路、成绵高速公路等关键通道通行。"7·9"洪灾汶川交通"1+3"项目恢复重建快速推进。映汶高速公路应急处治工程加快实施,2014年1月15日春运前实现了有条件双向通行。

第七章
高速公路科技

  自1995年四川第一条高速公路——成渝高速公路建成以来,四川高速公路建设以成都为中心,快速向全省辐射,从平原到丘陵,再到盆周高原山区,建设难度不断增大。通过深入探索实践、加强科研与技术创新、不断改进设计与施工手段,四川高速公路建设的科技水平也实现突飞猛进的提升发展,路线、路基、路面、高墩大跨桥梁、高海拔超长隧道、抗震减灾等各方面技术均取得长足进步。尤其近年来,随着高速公路建设向盆周山区和高原纵深推进,四川交通紧密围绕行业发展目标,深入实施创新驱动发展战略,统筹推进重大科技研发、创新能力建设、成果推广应用等各方面工作,着力攻克"三高"(高原、高寒、高海拔)、"五个极其"(极其险峻的地形条件、极其复杂的地质条件、极其恶劣的气候条件、极其脆弱的生态环境、极其艰巨的建设条件)等制约高速公路建设的重大、关键技术问题,逐步形成并完善山区高速公路设计、施工成套技术,充分发挥科技对高速公路建设的支撑和推动作用,建成以超级工程、全国"设计与科技双示范"工程——雅西高速公路为代表的一大批高水平、高质量的高速公路项目。目前在建的雅康、汶马、绵九高速公路等工程在总结和应用雅西高速公路科技成果基础上进一步创新,全面体现四川山区高速公路建设风格与技术特色。同时,四川高速公路建设始终坚持贯彻"安全、环保、舒适、和谐"的建设方针,落实"创新、协调、绿色、开放、共享"五大发展理念和"综合交通、智慧交通、绿色交通、平安交通"四大战略决策,围绕安全耐久、绿色环保、信息化智能化等方面开展大量科研与技术创新,大力推进包括国家实验室在内的科研试验基地建设,取得丰硕科技成果,这些成果的推广应用创造了良好的经济社会效益。

  (1)特殊地理地质条件下建设养护关键技术突破,保障了全省高速公路建设快速发展。

  在高烈度地震区评价与减灾防灾方面,面对"5·12"汶川地震、"4·20"芦山地震对交通基础设施造成不同程度破坏的现实,积极开展震害评估、机理分析及设防标准评价、边坡崩塌灾害评估与对策研究,重大公路灾害遥感监测与评估,公路抗震减灾关键技术,泥石流减灾理论与技术等科研课题的研究,提出高烈度山区路线、路基、桥梁、隧道等抗震设防对策,建立山区道路泥石流减灾技术体系,实现高速公路建设及运营安全。

  在特殊性岩土评价及公路建设技术方面,针对四川省红层软岩、昔格达地层、第四系饱和软弱黏土等开展研究,系统研究总结这些特殊软岩、软基的工程力学特性、勘察方法,提出分区分类标准,形成稳定性分析评价及防护技术方法,取得了一系列创新性研究成果,填补了国内空白。

在边坡快速评价与轻型支护技术方面,开展松散体边坡稳定性快速评估及防治对策研究,提出基于"关键因素法"的松散体边坡稳定性评价指标体系;研发场地适应性强、对环境扰动小、可快速施工的小直径钢管抗滑排桩,在高速公路建设项目中得到推广和应用。

在山区桥梁建设技术方面,一是深入研究钢筋混凝土拱桥,提出并运用新理论、新材料、新工艺,建成世界最大跨径的钢筋混凝土拱桥(万县长江大桥)和国内首座悬浇施工的拱桥(西攀高速公路白沙沟大桥);二是系统研究钢管混凝土拱桥建设成套技术,全面提高中国钢管混凝土拱桥的理论、设计、施工和养护水平,并形成行业规范;三是研发新的组合结构桥梁及构件,如超高钢管混凝土组合桥墩、中等跨度钢管混凝土桁架连续梁、钢-混凝土组合正交异性桥面板等,以实现资源节约、环境友好;四是研发高性能建筑材料,如 C60~C100 超高强钢管混凝土、高性能清水混凝土等,提升材料性能和耐久性;五是开展桥梁抗震、防风研究,提高桥梁抗灾防灾能力。

在山区隧道建设技术方面,一是研究特殊结构隧道修建技术,提出基于承载能力量化分析的公路隧道支护体系设计方法,形成连拱隧道、双洞小净距隧道建设关键技术,以更好地适应复杂的山区建设条件;二是开展高海拔、高寒地区隧道修建技术研究,形成隧道保温防冻、高海拔供氧及医疗防护、高海拔施工机械增效等系列技术,支撑海拔 3000m 以上的高速公路隧道建设;三是针对大相岭泥巴山隧道、米仓山隧道等长度超过 10km 的超长隧道开展研究,解决综合勘察技术、高地应力、岩爆和断裂涌水、辅助通风等系列技术难题;四是研究公路瓦斯隧道建设关键技术,形成瓦斯隧道勘察与分级、设计与施工、揭煤防突、运营监测和通风技术等系列研究成果;五是研究公路隧道抗震减震技术,建立隧道—断层体系的安全性评价体系和基于错动位移的活动断层带隧道抗震设计方法、提出穿越活动断裂隧道设防体系和具体工程措施。

(2)安全保障技术突破,提高了四川高速公路运输安全保障能力。

从安全评估、危险源识别、信息监控、信息管理等多个方面,开展高速公路交通安全保障技术研究,在交通安全评价技术、交通安全管理技术、交通工程安全技术等方面取得较大进展。

针对大高差梯级山区高速公路面临的长大纵坡、超长隧道、冰雪路段等不利条件,结合营运性驾驶员的适应性评价,系统研究并提出高速公路安全控制技术,即主动技术措施与被动技术措施相结合,强调交通安全管理的综合控制措施,保证四川省高速公路交通安全,为构建全省安全交通环境提供有力的技术支撑。

在道路、桥梁和隧道的智能化监测和检测技术方面均进行了有益的探索,依托实际工程试点,研发基于物联网的公路边坡地质灾害监测预警系统和大型桥梁健康监测与安全评估系统,建立山岭公路隧道安全评价体系。这些工作对于保障重要结构物服役期内运营安全,提高管养水平具有重要的现实意义。

(3)环境保护技术进步,增强了四川高速公路建设可持续发展能力。

在高速公路环境保护和水土保持方面,先后开展水土流失预测模式及对策、无径流资料地区设计洪水计算方法、生态型声屏障技术等研究,对预防和降低环境风险事故及其影响有着积极作用。

针对废旧材料循环利用方面,开展沥青路面、水泥路面再生利用技术研究。一是改进沥青回收技术,研发系列高效沥青再生剂,提出原位热再生、厂拌热再生、厂拌冷再生等多种方式的沥青路面再生利用成套技术及完善的设计与施工技术指南;二是提出"白加黑"系统解决方案、碎石化成套技术等水泥路面再生技术。

在节能降耗技术方面,开展交通运输能耗监测评价及甩挂运输模式研究,为交通运输行业能源统计、监测和节能减排提供技术支持,提高道路货物运输的综合效益;开展公路隧道节能照明应用研究,提炼出 LED 照明技术在公路隧道中的成套应用方法;依托泥巴山隧道、米仓山隧道,建立有效利用自然风的通风节能控制模式及实现方法,可节约运营费用 2 亿元以上。

(4)现代信息技术推广应用,提升了行业管理效率和管理水平。

成功组织高速公路联网收费工程、联网电子不停车收费工程,推动高速公路信息系统和机电工程建设的标准化,积极开展智慧交通建设工作,从行政、执法、服务、管理等方面全面推广应用现代信息技术,取得一批科技成果,促进行业管理效率和管理水平提升。

开展高速公路信息系统和机电工程标准化工作,出台《四川省高速公路网联网收费总体设计》《四川省高速公路专用通信网总体设计》和《四川省高速公路监控系统总体方案设计》,对四川省高速公路联网收费、监控、通信系统的设计和建设提供技术指导,大大促进四川省高速公路信息化高新技术集成应用水平。

积极开展智慧交通建设工作,2014—2016 年,连续出台"智慧交通"建设工作实施方案,"四川省高速公路电子不停车收费系统(ETC)建设""四川省高速公路专用通信网干线层建设"和"四川省高速公路监控结算中心和灾备中心改造建设工程"被列入四川省"智慧交通"建设重点项目。2015 年 7 月 28 日,四川省高速公路 ETC 系统与重庆、云南、吉林一道,正式并入全国联网运行。ETC 全国联网后,四川省高速公路进入全国"一张网",实现四川公路交通现代化管理方式重大转变,大大提高收费站工作效率,有效缓解收费站交通拥堵状况,推进物流业降本增效,降能耗和机动车排放,有力助推公路交通供给侧结构性改革和综合交通运输体系建设,也有效促进跨地域资源人员互通、区域经济发展和城镇化发展进程。

积极推动高速公路信息化高新技术的集成应用,先后开展"四川省高速公路交通执法无线集群语音通讯及定位系统建设""高速公路车辆监控技术及路径识别技术研究""四川省高速公路联网收费系统复合通行卡技术规范研究""四川省交通运输大数据应用相关技术研究""四川省高速公路网运行数据分析软件研究""基于实时数据的高速公路交通态势智能分析技术研究""基于云平台的开放式公共出行信息服务技术研究""四川交通信息系统安全研究"等课题研究,相关研究成果已在高速公路建设、运营和管理过程中得到推广和应用。

(5)科研基地建设扎实推进,科技创新能力逐步提高。

"十一五"以来,四川省加大交通科研基本建设投资力度。一是国家级科技研发基地培育建设方面取得历史性突破。"陆地交通地质灾害防治技术国家工程实验室"和联合云南省申报的"陆地交通气象灾害防治技术国家工程实验室"相继获批建设。二是省级科研培育基地全面开花。相继组建四川省路面结构材料及养护工程实验室、四川省交通工程检测设备计量检定站、博士后创新实践基地。以上科研平台和基地建设促进了全省公路交通行业相关领域的"产学研用"结合和技术转化,提高了全省交通行业技术水平和自主创新能力,对培养高层次科学研究和工程技术人才、推动行业科技与人才的交流和合作起到积极作用。

通过基础条件建设资金支持,一方面稳定了一支本省交通科研队伍;另一方面,研发能力逐步增强,研发水平显著提高,近年来相继取得多项先进科技成果,保障多项省内交通重大建设工程顺利实施,有力了支撑了四川交通运输快速发展。

(6)成果推广应用取得明显效果。

近年来,制定交通科研成果推广应用办法,深入开展雅西高速公路科技示范工程,加强成果验收与推广应用。积极组织重点标准和指南制定,促进科技成果转化应用。行业标准方面,《公路钢管混凝土拱桥设计规范》(JTG/T D65-06—2015)、《公路工程水文勘测设计规范》(JTG C30—2015)发布实施,《公路瓦斯隧道设计与施工技术规范》获部批准立项;地方标准方面,38项地方标准列入省质量技术监督局地方标准制(修)订立项计划,发布实施10部地方标准。通过实施科技示范工程建设、推广应用型项目研究、标准制修订、人员培训等多种方式,加大交通科技成果推广应用力度,创新科技成果推广模式,加快科技成果在全省交通运输发展中的应用步伐,取得明显效果。

第一节 山区复杂地质条件下高速公路建设技术

四川省地跨青藏高原、横断山脉、云贵高原、秦巴山地、四川盆地等几大地貌单元,地势西高东低,由西北向东南倾斜。最高点是西部大雪山主峰贡嘎山,海拔高7556m。地形复杂多样,以龙门山—大凉山一线为界,东部为四川盆地及盆缘山地,西部为川西高山高原及川西南山地。山地、高原和丘陵占全省土地面积的97.46%,除四川盆地底部的平原和丘陵外,大部分地区岭谷高差均在500m以上,最低的东部接近长江三峡处,海拔仅70余米,与贡嘎山相差7400m以上。

复杂多变的地形及地质构造特点,使四川省山区高速公路,特别是四川藏区高速公路位于四川盆地西侧丘陵区向川西北龙门山、青藏高原东缘的梯形过渡带,地形高差跨度极大(在较短的150~200km距离内,高程从不足1000m的四川盆地丘陵跨越到4000多米的青藏高原东缘),地形陡峻、走廊带狭窄、沟壑纵横、岩性复杂、活动断裂发育、岩体破碎、地质灾害发育、气候多变、生态脆弱,具有地形、地质、气候、生态条件和工程建设等五个极其复杂特点。为走出大山,四川交通科技人员在山区复杂地质条件下的高速公路建设方面做了大量科研工作,主要在高烈度地震灾区震害调查与评价及防灾减灾、特殊性岩土地区公路建设技术、边坡快速评价及轻型支护技术方面,取得一系列科研成果。

高烈度地震区评价与减灾防灾方面,四川省先后开展"西部山区公路铁路泥石流减灾理论与技术""汶川地震公路震害评估、机理分析及设防标准评价""汶川地震公路震害信息系统研究""震后公路边坡崩塌灾害评估与对策研究""重大公路灾害遥感监测与评估技术研究""汶川地震灾后重建公路抗震减灾关键技术研究""高烈度大高差梯级山区高速公路建设支撑技术""四川藏区高海拔高烈度条件下公路建设减灾关键技术研究"等科研课题研究,相关研究成果在高速公路建设项目中得到推广和应用。

特殊性岩土评价及公路建设技术方面,四川省先后开展"红层软岩地区公路修建技术研究""昔格达地层公路修建技术研究""四川公路建设软基特性及处治关键技术研究"等科研课题研究,相关研究成果在高速公路建设项目中得到推广和应用。

边坡快速评价与轻型支护技术方面,四川省先后开展"高烈度地震峡谷区公路松散体边坡稳定性快速评估及防治对策研究""小直径钢管排桩抗滑机理及施工技术研究"等科研课题研究,相关研究成果在高速公路建设项目中得到推广和应用。

以下着重对四川省高烈度地震公路抗震防灾、特殊性岩土评价及公路建设技术、边坡快速评价与轻型化支护技术等的发展历程、研究成果及工程应用情况进行详细介绍。

(一)高烈度地震区公路抗震减灾技术

四川省地形起伏大,活动断裂众多,地震活动频繁,2008年"5·12"汶川地震、2013年"4·20"芦山地震均引发大量地震灾害,并使公路工程严重受损,通往极重灾区的公路一度中断,车辆无法第一时间进入映秀、北川等极重灾区,震害情况不明,给抗震救灾工作带来巨大困难。通过研究,首先对灾区进行遥感地质解译工作,及时发现灾区道路震害总体情况,为科学调度救灾力量提供直接依据。地震使公路工程受损同时,也引发大量次生地质灾害,如崩塌、危岩、滑坡、泥石流等,对公路沿线震害进行实地调查分析,充分利用地震带来的天然试验场进行研究,得出公路工程以及地质灾害在不同距离、岩性、地貌等条件下的发育规律,同时对地震震害资料进行信息化处理,形成信息查询系统。雅西高速公路建设中,设置双螺旋隧道克服大高差,主动和被动措施相结合增加行车安全性,采用钢管混凝土组合桥墩解决高烈度桥梁抗震难题。依托位于高烈度和高海拔地区雅康、汶马在建高速公路,进行高海拔高烈度地区公路建设技术研究,其中对于地质灾害评价、山区适宜性支挡结构、自融冰路面研发、中小跨径桥梁抗震减灾等措施进行详细研究,成果应用于在建四川藏区公路中。

2004—2009年,中国科学院水利部成都山地灾害与环境研究所、西南交通大学、重庆交通大学、中铁二院工程集团有限责任公司、四川省交通厅公路规划勘察设计研究院联合开展西部交通建设科技项目"西部山区公路铁路泥石流减灾理论与技术"。研究以中国西部山区公路铁路长大干线(川藏公路、成昆铁路、中尼公路和西攀高速公路等)为典型研究对象,提出6种道路泥石流治理模式,开发16种道路泥石流病害防治新结构,研发以泥石流灾害防御为核心的山区铁路防洪行车安全警戒技术体系和道路泥石流减灾辅助决策支持系统,形成道路泥石流工程治理成套技术和道路泥石流减灾技术体系。成果应用于5万多公里不同等级公路的1500多条泥石流沟的灾害防治,解决道路工程建设的关键技术问题;应用于四川、重庆、贵州近5000公里的干线铁路运营防灾管理,成功防止近100起灾害行车事故,产生经济效益约30亿元。成果还在委内瑞拉特大泥石流灾害国际减灾援助、中巴公路巴基斯坦段泥石流防治等国际泥石流减灾中成功应用,并在"5·12"汶川地震应急减灾和重建过程中取得显著减灾效果。研究成果获2009年度国家科学技术进步二等奖。

2008—2012年,四川省交通厅公路规划勘察设计研究院、甘肃省公路管理局、陕西省公路局、西南交通大学、成都理工大学、招商局重庆交通科研设计院有限公司、交通运输部公路科学研究院、同济大学联合开展以汶川地震公路震害为研究对象的西部交通建设科技项目"汶川地震公路震害评估、机理分析及设防标准评价"科研课题。汶川8.0级地震,是新中国成立以来破坏性最强、波及范围最广、救灾难度最大的一次地震,地震的强度、烈度都超过1976年唐山大地震。汶川地震及其引发的滑坡、崩塌等次生灾害,致使灾区交通基础设施损毁严重、损失巨大。四川、甘肃、陕西三省公路基础设施直接损失612亿元。但与此同时,必须把握这一促进公路工程抗震技术进步的机遇,通过科学研究有效地提高公路抗震减灾能力。通过震害调查、分析统计、室内岩土试验、数值模拟、物理模型试验等手段,研究主要成果有:①调查检测汶川地震灾区公路沿线次生地质灾害及路基、桥梁、隧道等震害,记录汶川地震公路震害,建立公路震害数据库,实现多条件、智能化组合条件查询及通用统计分析等功能,首次建立公路工程震害标准化数据结构,并提供开放接口。②系统总结汶川地震公路次生地质灾害发育特征及分布规律,揭示龙门山三大断裂带、地貌、岩性及岩体结构对地质灾害发育的控制作用,典型公路崩塌、滑坡及泥石流灾害机理,以及强震条件下斜坡岩体失稳以震动拉裂为主的力学机理。初步提出灾害发育程度分区,斜坡大于40°陡坡硬岩段为强震崩滑灾害高发区,建立基于动力失稳的岩体结构类型划分体系。③全面归纳总结公路路基、桥梁、隧道等构造物震害规律;通过理论分析、数值模拟及模型试验,揭示路基、桥梁、隧道的典型震害机理;提出震害分级标准。其中,提出不同地基条件下公路路基地震综合影响系数修正、重力式挡墙合力作用点取值建议,以及适合高烈度地震区的多种新型抗震支挡结构和计算方法;揭示采用板式橡胶支座简支桥梁的减震机理,提出典型桥梁抗震措施;提出断层破碎带、洞口段、普通段隧道结构抗震设防原则,并提出错动断层、无错动断层隧道段、软硬岩交接面隧道的抗震设防理念。④在震害调查、机理研究基础上,对抗震设防标准进行评价,提出高烈度山区路线、路基、桥梁、隧道等抗震设防对策。

泥石流灾害科研模型

研究成果直接应用于地震灾区公路建设,同时也对云南、青海等其他地震频发区域具有指导、借鉴作用。研究成果有助于推动中国公路抗震技术研究发展,全面提高中国地震区公路抗震减灾能力。研究成果获2012年中国公路学会科学技术一等奖。

泥石流灾害综合治理工程

应急调查桥梁震害

路基震害及调查

室内大型模型试验

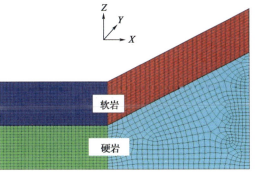

隧道洞口处软硬结合面分析模型

2008—2012年,四川省交通运输厅公路规划勘察设计研究院开展四川省交通建设科技项目"汶川地震公路震害信息系统研究"科研课题。该课题以建立汶川地震公路震害信息系统为目标,建立汶川地震公路震害调查信息数据库,整理、结构化和完善原始调查资料,将震害数据录入到数据库中。设计、编写和调试汶川地震公路震害信息查询系统,以地理信息系统为基础的信息查询和表现方案,开发以 B/S 构建为基础,为不同地域用户提供方便,同时方便软件系统升级和维护。该数据库经测试后发布,研究成果是为公路震害机理研究提供基础数据和数据统计分析的工具。该系统为国内首次建设的地震公路震害信息系统,其成功建成可以为路基路面、隧道、桥梁和地质等公路专业提供基于灵活查询条件的震害统计分析、对比和细节查看等工具,最大限度地发挥原始调查数据和信息的作用,为震害机理分析提供基础和工具,也为今后建设更为通用、全面的震害信息系统提供基础和重要参考。

汶川地震公路震害信息查询系统主界面

2009—2012年,四川省交通运输厅公路规划勘察设计研究院、成都理工大学、长安大学、中国科学院水利部成都山地灾害与环境研究所联合开展西部交通建设科技项目"震后公路边坡崩塌灾害评估与对策研究"科研课题。汶川地震诱发大量崩塌灾害,震后崩塌灾害问题突出,严重威胁地震灾区公路恢复重建和新建公路的安全运营。震后崩塌灾害识别、评估和防治技术问题是地震灾区公路恢复重建中的关键技术问题。研究成果主要有:①基于汶川地震崩塌灾害调查和统计,掌握地震及震后崩塌灾害数据及发育规律,提出地震崩塌危险性区域划分及地震崩塌失稳危害评估方法。②基于汶川地震震后公路边坡调查及试验测试,系统研究震裂岩体地质特征,提出震裂岩体分级,划分震裂缝基本类型。③建立震后公路边坡崩塌灾害的地质力学模型,揭示震后崩塌灾害形成机理;通过考虑坡面水流速度水头和岩体裂隙水流动水压力,改进了潜在失稳岩体稳定性计算方法。

④提出遥感解译、三维岩体激光扫描及层次分析法等震后崩塌灾害识别方法,建立震后公路边坡崩塌危险性评估体系与方法。⑤研发室内滚石冲击力测试装置,提出考虑震后坡面特征的滚石坡面运动轨迹与冲击力预测方法,给出崩塌失稳边坡高度与滚石运动距离、扩散角、震后坡面恢复系数等参数。⑥揭示滚石冲击荷载下桥梁、路面、防护工程等结构物动力响应规律,研发耗能减震新型滚石防护结构。

项目研究结合映汶高速公路等汶川地震灾区公路恢复重建工程开展,研究成果直接应用于恢复重建项目崩塌灾害防治,同时在四川藏区雅康、汶马高速公路等崩塌灾害判识评估和防治,芦山地震灾区崩塌灾害应急调查、评估及防治中也得到应用,取得良好社会经济效益,并获2013年中国公路学会科学技术一等奖。

崩塌灾害调查及分析

边坡灾害现场三维激光扫描

柔性棚洞防护计算分析

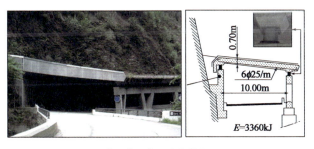
崩塌落石典型防护措施

2009—2012年，交通运输部科学研究院、中国科学院遥感应用研究所、四川省交通运输厅公路规划勘察设计研究院联合开展"重大公路灾害遥感监测与评估技术研究"课题研究。2008年"5·12"汶川地震发生后，科研人员利用遥感技术进行重灾区公路损毁监测和评价分析，为公路抢通保通提供及时信息，有力支持抗震救灾。本项目以地震灾害为例，研究重大灾害发生后利用遥感技术对公路损毁情况进行监测和评估过程中，在遥感数据获取、数据处理、监测信息提取和分析以及灾区救援路径选择等环节的关键技术和方法，以提高重大灾害发生后公路损毁状况监测和评估的效率，为重大公路灾害的应急决策与救援提供技术支撑。项目研究成果主要包括：①分析当前在轨多种光学和雷达遥感卫星影像数据源的适用性；研究提出公路灾害监测与评估数据保障机制，并研制遥感卫星轨迹跟踪与数据源检索软件系统，有利于提高灾后获取有效的卫星遥感数据效率。②研究制定开展重大公路灾害遥感应急监测与评估的总体技术流程，为重大公路灾害遥感应急监测评估提供规范化指导。③建立公路灾害遥感监测与评估综合数据库，实现多源数据集成管理。④研究实现基于公路特征点库的遥感图像快速自动配准方法，为公路遥感图像快速自动、精确配准提供技术支持。⑤研究实现三种公路灾害信息变化检测方法，包括基于综合指标的灾害环境背景变化检测、基于灾害前后遥感影像的变化检测、基于灾后遥感影像光谱特征的变化检测，有利于公路灾害信息的快速自动识别与检测。⑥采用面向对象和产生式规则的知识表达方法建立特征和专家知识相结合的公路灾害遥感影像知识库系统，实现遥感公路灾害判读知识的管理与推理，为利用公路灾害遥感判读知识的重复利用及公路灾害信息的准确提取提供技术基础。⑦建立一套公路灾情遥感信息评估指标体系，包括受损路段灾害面积、受损路段长度、空间位置等方面的15个指标，为客观评价公路灾情提供统一规范。⑧建立结合公路灾情遥感监测信息的GIS救援路径分析模型，研制基于路网和公路灾情遥感监测结果信息的救援路径辅助选择系统，为制订公路灾害快速救援方案提供参考依据。⑨开发"重大公路灾害遥感监测与评估系统软件"，实现遥感卫星数据资源快速检索、数据综合集成管理和查询、灾情信息快速提取、专题图快速绘制与展示、报告快速生成，以及救援路径辅助规划等功能。⑩以四川省汶川县境内省道303线映秀至耿达段和都汶高速公路映秀至草坡段两段公路建设工程项目为对象，利用研究取得的模型、方法和软件成果进行公路沿线震后灾害遥感识别与公路选线方案评价实证分析。

项目研究成果应用于四川省省道S303线映（秀）卧（龙）段及映汶高速公路等工程，取得良好社会经济效益，推广前景广阔。

2009—2013年，交通运输部公路科学研究所、四川省交通运输厅公路规划勘察设计研究院、交通运输部科学研究院、招商局重庆交通科研设计院有限公司、甘肃长达路业有限责任公司、大连海事大学等联合开展西部交通建设科技项目"汶川地震灾后重建公路

第七章

高速公路科技

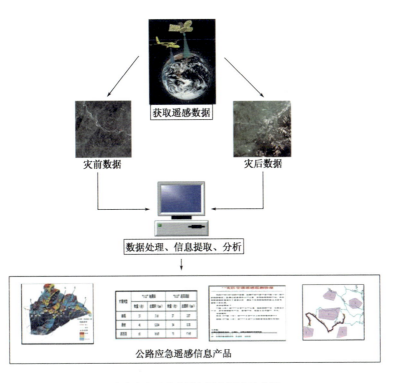

公路灾害遥感监测与评估原理示意图

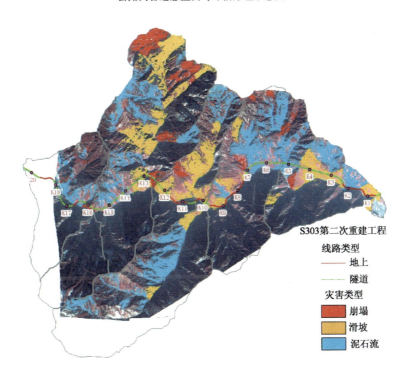

公路工程选线方案与遥感提取地质灾害叠加分析图

抗震减灾关键技术研究"课题研究。该研究旨在结合地震灾区公路工程建设项目,研究震后公路灾情辨识、抢通保通及恢复重建技术,为震后灾害防治提供技术支持,推动公路抗震减灾防灾技术进步。研究共提出四项新认识:通过汶川地震公路震害系统调查分析,得了汶川地震公路沿线地质灾害发育特征及规律、路基震害特征及规律、桥梁震害特征及规律、隧道震害特征及规律等认识。三项新理念:桥梁抗震设计新理念主要是"一可三易"(损伤部位及损伤程度可控,损伤部位易检,损伤构件易修,破坏构件易换)和"多道设防、分级耗能";隧道抗震设防新理念是"三区两段,抗减合一,纵横并防"。设防三区:洞口区、断层区及软硬岩交界区,细化两段:核心段和过渡段;抗震技术及减震措施并用;横向断面抗震与纵向设防并重;目前抗震设计中常用的拟静力法存在缺陷,稳定性系数计算值暂时小于1.0时只会导致结构和土体产生一定的永久位移,并不意味着支挡结构丧失了服务能力,支护效果真正取决于结构的变形以及自身的工作状态,因此,项目组在参考美国相关研究成果的基础上,提出基于结构性能的支挡结构抗震设计理念。十三项新技术(方法):公路灾害遥感快速判识与灾情快速评估技术与方法,高烈度地震区公路网抗灾能力评价模型和评价标准,公路网生命线布局方法,高烈度地震区公路网抗震设防标准,基于允许支座损伤及控制主梁位移的桥梁抗震设计新方法,公路隧道抗震设防三区段抗震设计计算新(修正)方法,地震区公路隧道抗震及减震综合应用技术,强震公路边坡崩塌危险性区域划分和地震崩塌失稳危害评估方法,震后崩塌灾害判识评估技术方法,含(砾)石砂土的界限结构孔隙比和卵(砾)石砂土场地的液化判别方法,中国震后公路桥梁(隧道)紧急调查和应急评估分阶段快速评估技术体系,重力式加筋挡土墙抗震设计方法,预应力锚索桩板式挡土墙抗震设计方法。八项新产品:黏弹阻尼减震器,三向限位的组合型钢抗震挡块,耗能减震的新型滚石防护结构,节段式模块化快速组拼应急桥,震后公路隧道应急抢保通组合拼装式拱形防护系统,桥上轻型钢棚洞,由聚氨酯泡沫材料、钢板、钢骨架等构件组合而成的新型桥墩滚石防护结构,加入横向约束可大大减少墙体位移和尺寸的重力式加筋挡土墙。三项新平台:首次建立具有史料保存价值的公路震害数据库,研发具有自主知识产权的公路灾害遥感监测与评估系统,开发移动便携式"震后桥梁快速评估系统"。六项新指南:路网灾情辨识与评估技术指南,震后公路应急检测评估技术指南,震后公路应急抢通保通技术指南,震区公路走廊次生地质灾害判识与危险性评估技术指南,震后公路恢复重建安全检测评定技术指南,地震灾后公路重建技术指南。

项目研究成果应用于映汶高速公路等多个汶川地震灾区公路恢复重建项目,2013年"4·20"芦山地震灾区崩塌灾害应急调查、评估及防治,武都至罐子沟高速公路的建设,四川藏区雅康、汶马高速公路建设。通过路线方案选择绕避崩塌严重危害路段,优选桥隧构造物布设,合理设置防治构造物,提高公路抗灾防灾能力,节约崩塌灾害防治工程量,具有显著社会效益和巨大间接经济效益。研究成果获2014年中国公路学会科学技术特等奖。

第七章

高速公路科技

2005—2014年,四川省交通运输厅公路规划勘察设计研究院、四川雅西高速公路有限责任公司、西南交通大学、湖南省交通规划勘察设计院、中铁二十三局集团有限公司联合开展四川省交通建设科技项目"高烈度大高差梯级山区高速公路建设支撑技术"课题研究。研究首先分析中国地势从西到东被分割成三个明显的地形阶梯,而处在第一阶梯的青藏高原与处在第二阶梯的四川盆地间的过渡地带,其地形变化最剧烈,平均海拔从4000m左右,短距离内急剧下降到平均海拔600m左右,深切峡谷众多,地势极其险峻,地质结构极其复杂、灾害频发,地壳活动频繁,气候条件极为恶劣,生态环境极其脆弱。然而项目依托的雅西高速公路等必须要通过该地带,公路建设中存在诸多技术难题,主要表现在:①常用的迂回展线无法克服区域环境限制,国内外现行技术无法有效解决,没有经验可参考。国内已通车的多条存在连续长大纵坡路段的高速公路,其连续长度5~26km不等,一通车便被称为"魔鬼路段""死亡之谷",不得不封闭整改。②国内外高速公路无连续双螺旋隧道,没有针对螺旋隧道的设计方法和行车安全管控技术。③高墩桥梁若采用常规混凝土桥墩,因其自重大,在高烈度区抗震问题非常突出。④现行《公路工程抗震规范》中,隧道抗震技术仅针对洞口浅埋段,没有穿越活动断裂带隧道的抗震技术。

本项研究主要成果如下:

(1)建立大高差梯级山区高速公路行车运营的主动安全和被动安全管控技术,为安全运营提供技术保障。

①主动安全技术

首次在高速公路上采用集中连续螺旋展线技术,在解决大高差同时,解决常规展线技术无法克服该区域内大型活动断裂带、大型滑坡、不良气候带和自然保护区等环境条件限制。

提出基于运行车速、线形连续、地形协调的相关计算模型,建立线形指标参数化评价体系,首次在理论上实现线形指标的量化评估,确保布线方案的安全适用性和经济合理性。

提出基于运营风险管控的超长连续下坡分区段安全设施布局方法,为安全设施合理布置提供依据。

管控措施:健全管理机构、开展安全行车宣传教育、完善管理机制和应急预案、多部门联动和协作机制、管制性的试运行。

②被动安全技术

开发快速消能的盘式制动阻尼器、网索式短距离避险车道和新型组合式减速护栏等新技术,并建立网索式短距离避险车道和护栏安全性能评价标准。

(2)建立公路螺旋隧道的设计技术和运营安全控制技术,填补现有技术空白。

从夜间行车视距(由汽车前灯散射角确定)、驾驶员心理反应(生理因素)、安全停车视距和隧道横向净距等四个方面,确定螺旋隧道最小曲线半径,达到安全和经济性统一。

建立螺旋隧道沿程风阻力和交通风力计算方法,提出射流风机最优化布置方式及安装参数。

提出横通道设置间距、洞口路面形式、标志标线等运营安全控制技术。

形成成套的应急救援技术:交通事故风险综合评定方法,隧道应急救援等级划分方法,制订防灾救援预案。

(3)研发的钢管混凝土组合桥墩技术,攻克高烈度超高钢筋混凝土箱形桥墩自重大、抗震性能差、材料消耗高、耐久性低的技术难题,减轻自重28%,提高抗震安全系数1.65。

(4)首次提出隧道抗震设防三区段划分。

建立穿越活动断裂带隧道分区抗震设计方法。

建立隧道抗减震的纵向结构-减震缝技术、横向结构-内置减震层技术、围岩-注浆加固等关键技术,填补了目前规范空白。

研究成果在四川雅西、广甘、映汶、雅康、汶马高速公路以及湖南省、贵州省高速公路勘察设计和建设中得到推广应用,节约工程投资13.5亿元,经济效益显著。项目研究成果获2014年度四川省科学技术进步一等奖。

集中连续双螺旋展线段

集中连续双螺旋展线示意图

网索式短距离避险车道

第七章
高速公路科技

雅西高速公路腊八斤大桥

(该桥为主跨200m的四跨连续刚构桥梁,最大桥墩高度为182.5m,创造性地提出钢管混凝土组合桥墩形式,减轻自重约30%,节约工程造价约15%)

2013—2017年,四川省交通运输厅公路规划勘察设计研究院、四川藏区高速公路有限责任公司、成都理工大学、西南交通大学、武汉理工大学、中国公路工程咨询集团有限公司、同济大学、招商局重庆交通科研设计院有限公司联合开展西部交通建设科技项目"四川藏区高海拔高烈度条件下公路建设减灾关键技术研究"课题研究。研究基于四川藏区地处中国青藏高原东缘,位于四川盆地西侧丘陵区向川西北龙门山、青藏高原的过渡地带,在该区域内建设高速公路将面临如下特殊的技术难题:

①地形高差变化极大,地形条件复杂。存在连续长大纵坡、超长深埋隧道、特长连续隧道群、特大跨度桥梁、工程规模巨大、施工组织困难、运营安全性差等技术问题。

②区域内新构造运动强烈,地质条件非常复杂。项目区域断裂构造发育、新构造运动强烈,呈"Y"形分布的龙门山、鲜水河、川滇南北构造等三大断裂带影响着建设区,项目区地震动峰值加速度为$0.1g \sim 0.4g$。

③短距离内气候立体差异性大,气候条件复杂多变。谷底常常遭遇崩塌、泥石流、滑坡、水毁等病害,随着海拔升高,气温降低,将面临不均匀积雪与暗冰、涎流冰、季节性冻土等难题。

④生态保护区多,环境敏感脆弱。山区高速公路建设不可避免地开挖路基,修建隧道,将产生大量弃方和弃渣,对脆弱的生态系统产生严重影响。

四川藏区高速公路沿线存在诸多复杂特殊自然地理条件,在这种高海拔、高烈度区域内,为提高高速公路的防灾减灾能力及运营安全,该科研课题分四个专题进行研究,分别为:高海拔、高烈度深切峡谷区高陡边坡地质灾害评估及对策,多灾条件下路基支挡结构适宜形式及边坡防护技术研究,沥青路面长效环保自融冰技术研究与应用,高烈度山区中小跨径桥梁减灾关键技术研究。

项目形成以下主要成果:①进行四川藏区公路地质灾害调查研究工作和初步的地质

灾害机理及防治技术研究,埋设高海拔区钻孔温度传感器,开展高海拔区温度场现场监测工作。初步形成四川藏区汶马、雅康高速公路沿线地质灾害调查成果资料;初步分析地质灾害形成机理;根据调查研究成果,对藏区高速公路提出了局部路线调整建议,给出了灾害防治建议。②进行汶川地震路基支挡结构震害调查、类型统计、影响因素分析,确定研究的典型类型和工点,选取部分依托工程工点进行设计,开展路基支挡结构动力稳定性分析研究和路基支挡结构适宜形式研究,提出地震作用下地震主动土压力的时频域计算方法,进行预应力锚索框架作用下岩质边坡的动力特性研究;整理调研资料,通过室内仿真模拟、试验,开展季节性冻土的高边坡稳定性及破坏机理研究。③通过层状金属氢氧化物与无机/有机化合物插层组装开发新型融冰剂,自融冰沥青混合料的组成设计与路用性能研究,完成开发新型长效环保融冰剂。④进行高烈度山区震后地质灾害对桥梁的影响及灾后恢复重建的技术措施的调查,提出桥梁病害处置对策。完成板式橡胶支座梁式桥地震致灾机理的研究,提出基于支座有限损伤的抗震设计理论框架,通过计算分析,探明相同主梁跨度下,影响制动墩性能的主要因素为制动墩与相邻桥墩自振频率的比值,定性地给出高烈度山区长桥中的限位墩设置原则。

预期成果主要包括:①形成适合高海拔、高烈度深切峡谷区公路沿线边坡工程地质分类技术,提出高陡边坡崩滑灾害的分析评价及防治技术。②形成考虑地震动三要素影响的边坡动力稳定性评价方法和考虑地震动耦合作用下的边坡防护结构设计方法。③开发一种新型长效环保型融冰剂产品,并形成整套长效环保型自融冰沥青混合料制备和施工技术。④提出适合高烈度山区、复杂地质条件下的桥梁综合减灾技术。

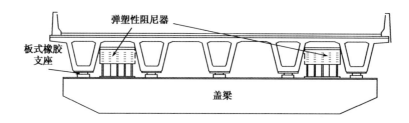

新型经济型隔震体系

（二）特殊性岩土评价及公路建设技术

四川高速公路建设中主要特殊性岩土有:广泛在山区沟谷分布的软弱地基土,修筑在其上的路基易发生滑动和不均匀沉降,威胁公路安全;在四川盆地周边及川东南地区分布的红层软岩,位于该区的公路路基普遍存在边坡失稳、风化剥落、变形开裂等灾害;攀枝花至西昌地区广泛分布的昔格达组半成岩软岩,普遍存在边坡失稳、开裂等灾害。之前对这些岩土的性质和工程特性研究较少且不系统,公路建设多凭工程经验进行处理,缺乏科学的技术支撑。

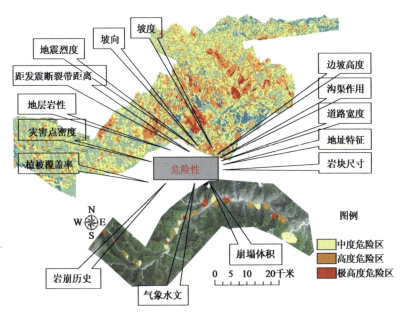

公路走廊带地质灾害评估成果图

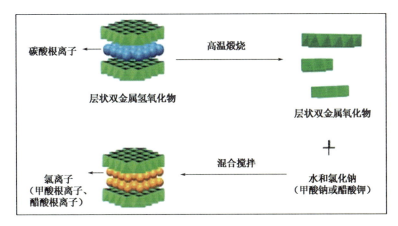

制备三种离子插层结构的融雪化冰剂

2002—2005年,四川省交通厅公路规划勘察设计研究院、云南安楚高速公路有限公司、甘肃省交通科学研究所联合开展西部交通建设科技项目"红层软岩地区公路修建技术研究"课题研究。研究基于红层在中国分布极为广泛,红层软岩岩性软弱,工程性质差,工程建设中边坡失稳等各类问题非常突出。红层软岩地区高速公路修建始自20世纪90年代,建设之初以借鉴铁路和其他地区公路建设经验为主,技术不成熟,主要存在如下问题:

①首先是对适用于红层软岩的岩体结构类型划分体系、岩体地质特征及力学特性认识不深入,例如对于突出的风化剥蚀问题,缺乏定量研究,边坡风化剥蚀灾害处治缺乏科学依据。大量裸露边坡造成严重的水土流失,养护困难。

②其次是公路施工和运营过程中,各类边坡失稳、路堤滑移、变形开裂灾害问题非常突出。

③再次是高填深挖路段方案选择不当,大量不合理的高填深挖工程,施工困难、后期隐患大,浪费大量土地,破坏环境。

以上问题严重影响红层软岩地区公路建设和安全运营,项目研究之初已有的相关成果不完善,不能满足公路建设要求。针对红层软岩地区公路建设中存在的关键技术问题,结合典型依托工程建设,在红层软岩岩体工程特性和公路修建技术方面开展系统深入研究工作,解决红层软岩地区公路建设中的主要技术问题,提高公路建设技术水平,促进行业科技进步。

研究取得的成果有:

①系统试验研究红层软岩的工程力学特性,提出基于地质环境特征的红层软岩分区。

②建立红层软岩岩体结构类型划分体系。

③基于红层软岩风化特性的系统试验研究,揭示红层软岩风化崩解机理以及边坡生态防护机理,取得红层软岩风化剥蚀定量数据。

④形成系统的红层软岩边坡稳定性分析评价及防护技术方法。

⑤掌握红层软岩填料的工程特性,提出红层软岩填筑路堤稳定和变形分析计算方法及施工控制参数。

⑥优化红层软岩地基承载力参数,总结红层软岩隧道设计施工技术方法和桥梁地基选择原则。

⑦建议路桥、隧道分界参数,提出基于危险度区划的环境选线方法。

本项成果更新红层软岩公路选现理念,成果应用以来,公路边坡开挖高度、填筑路堤高度显著降低,从路线方案上降低坡体塌滑灾害风险,保护了环境。项目研究成果在四川、云南、甘肃、重庆等省(直辖市)数十条、总计超过3000km高速公路建设中得到应用,取得直接经济效益1.27亿元,培养了大批人才。项目成果总体达国际领先水平,并获2006年四川省科学技术奖一等奖。

红层软岩碾压填筑材料特性室内试验研究

地质力学模型试验研究

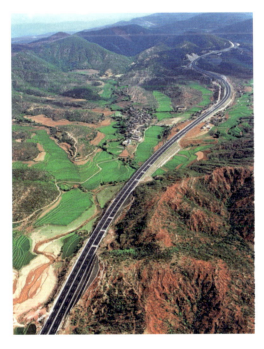

云南安楚高速公路（成果应用项目）

2003—2006年，四川省交通厅公路规划勘察设计研究院、攀西高速公路开发股份有限公司、西南交通大学、成都理工大学、四川大学联合开展西部交通建设科技项目"昔格达地层公路修建技术研究"。西攀高速公路沿线近100km为广泛出露遇水极易崩解、软化的昔格达组地层，而已有研究表明昔格达地层形成时代、成岩胶接作用差，岩层结构疏松，具崩解性和一定的膨胀性，工程特性差，是中国著名的"易滑"地层。由于国内相关研究极少，在公路修建技术方面几乎空白。项目对昔格达半成岩的工程特性、路用性能与填筑工艺、路堤土工格栅加筋技术、路堑边坡稳定性分析与防治技术、桥梁桩基承载性能、抗

滑桩支挡技术等6个方面进行研究,取得成果如下:

①综合昔格达地层的沉积环境、形成时代、成岩作用和本项研究有关试验成果等,明确提出昔格达半成岩的概念及界定标准。

②采用微观和宏观分析相结合、土力学和岩石力学试验相结合、静力和动力试验相结合的方法,系统研究昔格达半成岩的非线性本构特性、动力本构特性和滑动面的剪切刚度特性,提出相应的物理力学参数,为本项目研究奠定理论基础。

③调查研究攀西地区昔格达地层既有公路和铁路176处开挖边坡,利用物元分析手段,将昔格达地层边坡划分为稳定型、次稳定型、次不稳定型和不稳定型等4大类17亚类;提出各类边坡坡体稳定性评判标准。采用有限元分析和离心模拟试验等手段揭示边坡变形破坏的内在机理。采用人工神经网络预测了边坡稳定性发展趋势。提出各类型边坡防治措施及相关技术参数,优化昔格达地层边坡防护结构形式。

④进行13根人工挖孔桩、冲孔灌注桩和9组承载板的原位试验研究,编制桩基施工指南。研究结果表明:昔格达半成岩的各项力学参数优于硬塑状黏土或粉质黏土,工程中可以选择昔格达岩层作为建筑物基础持力层;昔格达半成岩中灌注桩具有较高承载力,并提出昔格达地层中段(攀枝花地区和安宁河流域)桩基础和浅基础的设计计算参数建议值;当嵌岩深度接近20d时,昔格达半成岩中的灌注桩仍呈现摩擦桩特点,竖向受力时可按摩擦型灌注桩相关规定计算,水平受荷载时桩身内力可以采用m法进行计算;对于冲孔桩,桩端敞开式压力灌浆可以取得较好效果。

⑤归纳总结出昔格达地层的滑坡病害主要为覆盖层滑坡、昔格达基底滑坡、昔格达层面滑坡三种形式和蠕滑拉裂失稳模式。通过4根抗滑桩的原位试验及理论计算分析,研究抗滑桩支挡结构与昔格达地层的相互作用机理以及抗滑桩的设计理论。研究结果表明:昔格达地层可以提供较高锚固力,抗滑桩受力变形特性更接近土层中横力弯曲桩。通过m法和常数法对比,m法的计算结果更为合理,并提出昔格达地层抗滑桩设计计算参数。

⑥论证昔格达层弃土作为路堤填料可行性,通过依托工程试验段研究,提出昔格达混合填料最大干密度与最优含水率应根据不同泥岩含量与含水量进行动态取值,提出昔格达层填料路堤的填筑施工工艺、检测技术和相应评定标准,编制施工技术指南。

⑦研制直剪-拉拔联合试验仪,应用拉拔和直剪试验、离心模型试验、现场试验、数值模拟等方法,系统研究了填土-土工格栅的作用机理和参数,以及铺设土工格栅路堤的稳定和变形规律。结果表明:土工格栅可以明显改善路基中的应力状态,提高路基稳定性和整体刚度。

项目全面系统研究昔格达半成岩的地质环境、岩体力学性质、边坡稳定性分析及防护与加固、路堤填筑、桥梁基础、抗滑桩等问题,填补了国内空白,取得系列性的创新研究成果。项目研究取得良好的社会效益和环境效益。项目研究成果在依托工程中得到直接应用,并推广应用到攀田路和雅西路。研究成果丰富了半成岩理论,具有较大的学术和应用价值,为昔格达地层公路修筑提供技术保障,彻底解决昔格达地层公路修建问题。研究成果总体达到国际先进水平,于2008年获得四川省科技进步二等奖。

典型昔格达地层

西攀高速公路现场的加载及测试系统

2008—2013年,四川省交通运输厅公路规划勘察设计研究院、西南交通大学联合开展四川省公路设计院科技项目"四川公路建设软基特性及处治关键技术研究"。四川境内低山、丘陵间沟谷地貌部位广泛分布含水率高、孔隙比大、抗剪强度低、中等压缩性且结构性较差容易发生扰动、固结沉降时间长的第四系饱和软弱黏土,其物理力学性质不同于沿海软土,虽然相关指标达不到软土标准,但对路基工程影响很大,路堤填筑时常发生过大或不均匀沉降甚至引起路堤滑移破坏,路堤竣工后易产生过大的工后沉降及工后差异沉降,为四川省典型的区域性特殊土体,根据工程性质称为软弱地基,简称"软基"。本次研究分别从软土地基物理力学特性、软弱地基工程地质勘查技术、路堤稳定计算方法、地基承载力计算、软土地基沉降计算与预测方法、软土地基处治方法及适应条件等方面对国内外软土地基评价及处治技术进行深入总结和分析;并对四川盆地软弱地基成因、分布规律及工程地质特性、在建和已建高速公路的软基处治方法进行研究总结、系统整理和综合分析,结合软基处治方法适应条件及四川盆地软土的特性提出四川盆地软弱地基适宜的处治方法与评判选择标准。主要成果如下:

①四川山区公路通过地形多为鸡爪地形,岭谷相间,所以挖方路堑与填方路堤段长度以数十米至百多米的小段频繁相间出现,填土高度和填料的物理力学性质以及施工工期也影响软基构成。

②四川盆地软弱土属于第四纪沉积物,成因属于内陆、山区以及河、湖盆地和山前谷地的淤积。盆地软弱土以坡积为主,部分为洪积或残积,颜色以棕红、灰褐为主。土质以中液限黏土为主,局部为高液限黏土或低液限粉土或粉沙土。

③四川盆地软弱土的物理力学指标要好于沿海软土,仍具有高孔隙比、高压缩性、高含水率、低强度、低渗透性的"三高二低"软弱软土的工程特性,除此之外还有其自身特性。软基厚度分布很不均匀,构成软弱土的黏粒主要是由黏土矿物高岭石、蒙脱石、水云母组成,这几种矿物对土的工程性质有很大的影响,且结构复杂,主要有蜂窝状结构、片架结构、骨架状结构、紊流状结构、海绵状结构等。

④软土地基工程地质勘查按设计阶段划分为初勘与详勘两个阶段。勘察方法主要有工程地质调查与测绘、工程地质勘探(一般采用挖深、钎探、触探、钻探、物探等方法)、原位及室内试验等,在详勘阶段勘察方法主要以钻探、原位测试和室内试验为主。

⑤通过对天然地基和各种复合地基承载力进行研究,针对承载力的各种理论计算方法、原位测试手段进行综合分析研究,提出各种计算方法和测试手段的适用范围和适用条件。目前地基承载力的确定方法主要有原位试验法、理论公式法、规范表格法等。

⑥对各种软弱地基和复合地基沉降计算及预测方法、适用条件进行归纳总结。同时对软土地基处治方法的基本原理、适用条件、施工及质量管理进行归纳总结。

选择处理方法时应根据地基、道路、施工、环境及经济等条件结合过去的经验确定。地基条件主要有软基厚度、土质、土中有无排水砂层、软基是否倾斜等。施工条件主要有用地、工期、用料及施工管理等。环境条件主要考虑加固地基时对周围环境的影响。

⑦总结四川在建和已建高速公路的软基处治方法主要有:塑料排水板预压法,四川地区的软基主要分布于沟谷内,自然排水不畅,所以塑料排水板预压是四川地区普遍采用的行之有效的地基处治方法。在软土地基中设置塑料排水板可以缩短排水路径改善排水条件,加速土体固结,缩短工期,增加地基强度;对于"成都黏土",属于中至弱膨胀土,一般需要换填和做好防水措施,不然地面容易出现鼓胀和裂缝;当软基深度小于4m时一般多

采用换填处治；当路堤填方过高时，不能满足稳定安全要求，此时多采用碎石桩处治。碎石桩既有竖向排水体作用，又能承受上部荷载，提高地基承载力；在软基土平均抗剪强度未能达到20kPa时，不能单独使用碎石桩，应增加插设塑料排水板加速土体内排水，再通过砂砾垫层排出路基；对于20m以上的高填路堤软基处治应采取多种措施并行。如：塑料排水板加碎石桩加反压加土工格栅等。

⑧适应于四川省软土地基处理的方法主要有：盲沟处治、换填垫层、塑料排水板堆载预压、强夯碎石桩、反压护道、水泥搅拌桩（塑性指数I_p大于25的黏土、地下水具有腐蚀性时以及无施工经验的地区，必须通过现场试验确定其适用性。对于高液限土不宜采用深层搅拌法，尤其不能用水泥粉喷搅拌法）。

（三）松散体边坡快速评价与轻型快速支护技术

四川省山区高速公路沿线松散堆积体极为发育，在这些地质构造复杂地区中修建公路，往往会遇到诸如高陡边坡崩塌、大型冰水堆积体、坡面泥石流等一系列重大工程地质灾害或不良地质问题，对山区公路建设与运营安全产生重大威胁。合理对松散堆积体稳定性进行评价、危险性分级和治理在实际工程中有积极意义。同时，在公路建设以及抢险救灾中，为快速形成支护结构，开发了一种施工快速、经济可靠的小直径钢管支护桩，并对其加固机理和施工工艺进行了系统研究。

2012—2016年，四川省交通运输厅公路规划勘察设计研究院、上海大学联合开展四川省交通建设科技项目"高烈度地震峡谷区公路松散体边坡稳定性快速评估及防治对策研究"课题研究。中国西部高烈度地区高山峡谷地貌分布广泛，在高陡边坡下部、河谷两侧分布着数量众多、规模庞大的崩坡积松散体，而山区高速公路大多沿着狭窄的河谷布线，桥梁基础、公路路基等将不可避免的布设在高陡边坡下方和松散体上。在地震、降雨、开挖切坡等外力激发下，高烈度地震峡谷区极易发生高陡边坡崩塌、松散体失稳滑坡、泥石流等地质灾害，对山区公路的建设与运营构成巨大威胁。对于此类松散堆积体的处治，传统方法是增大工程安全系数，这样既浪费资源，又不利于工程本身，且增大工程投资，因此对这类边坡的结构特征、处治措施等进行系统研究显得尤为必要。

课题以雅康高速公路、映（秀）卧（龙）路、国道351线和国道318线等多条藏区公路为依托，以公路松散体边坡为研究对象，立足于工程实际目的，采用资料收集、现场调研、理论分析和数值模拟相结合的方法，确定高烈度地震峡谷区公路松散体边坡的稳定性评价指标体系，并研发与应用松散体边坡稳定性快速分级系统，揭示出松散体边坡在地震荷载作用下的失稳机理和破坏模式，提出松散体边坡的防治原则和最优治理方案。主要研究成果如下：

（1）系统地对五条山区公路两侧的松散体边坡进行现场调研，对后续松散体边坡稳定性评价指标体系确定和松散体边坡稳定性快速分级系统研发提供现实依据。

（2）松散体边坡稳定性影响因素可分为外在因素和内在因素，其中，松散体边坡的物质基础是主要内在原因，而地震荷载、人为因素等外在因素是发生滑坡的外动力因素和触发条件。

（3）提出并采用"关键因素法"，即以"关键指标""重要指标""一般指标"为主的松散体边坡稳定性评价指标体系，结果更准确、可靠。

（4）结合层次分析法和模糊数学理论，研发松散体边坡稳定性快速分级系统，其具有"评价判定"和"汇总统计"两大功能：①能快速对松散体边坡进行稳定性等级评判，并提出相应防治措施，形成高烈度地震峡谷区公路松散体边坡稳定性快速评价报告；②能对所需工程项目进行筛选，并进行分布统计和汇总统计，即软件可对一条线路上各个松散体边坡项目进行汇总统计。

（5）基于图像处理技术，对松散体边坡的块石进行边界识别与提取，并计算得到块石级配曲线，通过试验可知，图像识别技术能较为有效地获得松散体边坡的块石级配曲线。

（6）采用基于非连续介质的离散元数值模拟，建立实际松散体边坡模型，研究高烈度地震峡谷区公路松散体边坡在地震荷载作用下的宏细观力学行为及渐进破坏过程，揭示其失稳机理和破坏模式。

（7）基于运动学分析，结合震后公路松散体边坡滚石运动过程和特点，推导考虑滚石自转影响的运动距离的计算公式，并对滚石运动距离的影响因素进行定量分析。

（8）基于有限元数值模拟对松散体边坡进行稳定性分析，并对比分析不同等级边坡支护方案的防治效果，提出相应的支护原则和防治措施。

项目研究形成高烈度地震峡谷区公路松散体边坡稳定性快速评估及防治对策的关键技术。该成果在雅康高速公路、云南沾会高速公路、汶马高速公路、国道351线等工程中成功应用，社会效益和经济效益良好。

松散堆积体现场调查

松散体边坡分析模型

边坡分析软件界面

2007—2012年,四川省交通运输厅公路规划勘察设计研究院、四川广巴高速公路有限责任公司、西南交通大学联合开展四川省交通建设科技项目"小直径钢管排桩抗滑机理及施工技术研究"课题研究。小直径钢管排桩支挡结构具有布桩灵活性好、场地适应性强、对环境扰动小、横向承载力较强的优点,特别适用于失稳后急需处治的滑坡、路堤边坡、基坑等抢险救灾工程。针对小直径钢管排桩的研究现状,利用工程桩现场监测、堆载极限破坏试验、室内离心机模型试验、理论分析及数值模拟等手段,系统研究该支挡结构的抗滑机理、破坏模式、失效准则,提出适用设计计算方法和施工工艺,取得以下成果:

(1)小直径钢管排桩的抗滑机理表现为三方面,一是钢管桩骨架体系具有优良的抗剪、抗拉、抗压性能,可抵御较大推力外,还可较好约束桩间岩土体,使土体处于三向应力状态,保证桩土复合结构承受较大水平荷载;二是刚度较大的钢筋混凝土系梁具有较好协调、传递内力作用,"强梁弱桩"的组合结构大幅提高钢管排桩的支挡能力;三是高压注浆作用下,浆液将渗透至滑体及滑带附近岩土层,水泥砂浆沿裂隙、滑带土层扩散,形成水泥土,提高滑面的抗剪能力,同时桩体附近注浆扩散体有效防止桩间土溜出,提高桩土复合受力结构可靠性。

(2)根据小直径钢管排桩试验中呈现的破坏模式,提出按承载力和位移控制的失效准则:荷载过大,支护结构整体倾覆;桩体承受过大的剪力或弯矩,桩身或接管处因强度不够发生破坏;受压钢管桩发生桩体压杆失稳;受拉钢管桩因锚固段不足拔出,结构体系失效;桩间距不合理,桩间土溜出,以致结构体系破坏。水平位移过大,严重影响结构使用功能。

(3)以四川省广巴高速公路木门滑坡工点为试验场地,首次进行原型结构现场堆载极限破坏试验,得出桩径0.18m、受荷段长度8m的两排钢管桩水平荷载极限承载力分别为463kN/m,三排钢管桩位移控制水平极限承载力为595kN/m,结构位移为5~8cm。并提出了小直径钢管排桩适用条件及承载力设计范围值:采用两排钢管桩,滑坡推力T一般不大于400kN/m;采用三排桩,滑坡推力T一般不大于550kN/m;排架结构安全系数采用1.3~1.5。

(4)根据排桩受力特点,提出考虑桩土相互作用空间效应的平面刚架分析模型,将桩间岩土体以水平弹簧模拟,基于Winkler弹性地基梁理论的钢管排桩内力变形计算公式;通过对桩间"抗剪切土体"的溜出检算,提出钢管桩合理桩间距的计算公式;给出小直径钢管排桩按抗拔条件、压杆稳定及水平抗力确定锚固深度计算方法,取三者最小值,并按失效准则进行验算和修正。在此基础上,提出小直径钢管排桩详细设计计算步骤。以一工程实例展开计算,得出结果较为合理并且与现场测试数据较为一致。

(5)试验和数值分析表明,钢管排桩结构的设计参数显著影响其抗滑能力,结合大量实际工程经验,建议L/d和b/d均取6~12即桩、排间距取1~2m,锚固长度控制在$l/3$~$2l/5$,其中L、d、b、l分别为桩间距、桩径、排距和桩长。

(6)桩顶连系梁有效地减小滑体位移,显著改善桩顶位移分布和桩身受力,试验结果表明,桩顶连系梁可使排桩与土体共同发挥抗滑作用,在其作用下,边坡安全系数提高38.3%。

(7)对比梅花形布桩与矩形布桩发现,布桩形式不会对滑体位移产生影响,而在受力方面,梅花形布桩能更有效改善滑坡推力在各桩的分布,减小最大弯矩,使排桩整体受力更加合理。

(8)针对钢管接管技术,提出三截面内衬管搭接式焊接法。内衬管管径略小于钢管,长度为0.8~1.2m,与无缝钢管三截面焊接,内衬管两端外管预成空洞处点焊融透内接管形成牢固连接,钢管连接处采用坡口加内套管全熔透焊连接,防腐采用注浆加外层热喷锌涂铝合金法。

项目研究成果报告具有创新性和很强的实用性,除直接应用于依托工程广巴高速公路的建设,还推广应用于省内多条高速公路的建设及"5·12"汶川灾后重建等10余个工程建设项目,取得显著社会和经济效益,各建设项目的成功应用为该支挡结构推广提供技术借鉴。

钢管桩及测试元件埋设　　　　　钢管桩施工钻孔

第二节　山区桥梁隧道建设技术

（一）山区桥梁建设技术

桥梁是交通线路中的重要组成部分,在现代高等级公路和城市公路建设的过程中,桥梁是路线通车的关键部分,一般造价占整条路线的15%～20%。中国在20世纪80年代改革开放政策下,大规模建设桥梁,走出一条自主建设的成功道路。桥梁建设不仅在国民经济中占重要组成部分,还为中国国防建设作出巨大贡献。

西部交通网络的构建完善将为加速中国西部地区经济发展、加速融入"一带一路"倡议奠定坚实基础,未来数十年,西部交通基础设施建设仍然是全国交通建设重点。而西部地区地势险峻,沟壑、高山、峡谷众多,桥梁建设日益趋于巨型化、大跨化、高耸化,对桥梁建设技术提出更高要求。

20世纪90年代以来,为提高山区桥梁建设技术,四川省先后开展了"万县长江大桥特大跨钢筋混凝土拱桥设计施工技术研究""钢管混凝土拱桥建设成套技术""中等跨度钢管混凝土桁架连续梁桥成套技术研究""钢-混凝土组合正交异性桥面板关键技术研究""超高强钢管混凝土力学性能试验研究与工程应用""山区大跨径钢筋混凝土箱型拱桥的设计及施工技术研究""干热河谷区深大峡谷风场规律及大跨缆索桥梁抗风研究"等课题研究,相关研究成果在桥梁建设项目中得到推广和应用。

四川省在山区桥梁建设特大跨钢筋混凝土拱桥设计施工技术、钢管混凝土拱桥建设技术、钢管混凝土桁架连续梁桥成套技术、钢-混凝土组合正交异性桥面板技术、超高强钢管混凝土力学性能研究、山区大跨钢筋混凝土箱形拱桥的设计与施工技术、大跨缆索桥梁抗风研究等关键技术的发展、研究、成果及工程应用等方面取得重大进展。

1）万县长江大桥特大跨钢筋混凝土拱桥设计施工技术研究

万县长江大桥经各种大跨桥型的比选，最终以钢管混凝土劲性骨架的（420m）特大跨钢筋混凝土拱桥为最优，但在当时建造这座桥存在缺乏可靠数据和合理分析方法，没有现成、经济、可靠的成拱工艺技术等设计施工难点。需要进行新材料、新方法、新结构、新工艺的开发和应用。为此，四川省交通运输厅公路规划勘察设计研究院联合四川路桥建设集团有限公司、重庆交通学院、西南交通大学、四川大学联合攻关，于1991年5月在四川省交通厅立项，后经其申请，于1993年2月将本课题列为交通部行业联合科技攻关计划。通过6年研究和工程实践，取得以下创新性成果：

（1）新理论、新方法：提出考虑混凝土收缩、徐变、材料、几何及温度等各种非线性影响，开发配套软件，补充完善理论分析方法；提出劲性骨架拱桥施工过程控制目标和方法，并首次应用于施工工程控制；解决劲性骨架混凝土拱桥施工过程稳定和骨架杆件承载能力控制问题；提出考虑自重影响的变截面空心薄壁高立柱压弯、扭转稳定分析的解析方法和公式。

（2）新材料：提出C60级高强混凝土为主拱圈材料，成为国内公路桥梁大规模使用高强混凝土的先例；在总结既有钢管混凝土拱桥实践经验基础上，首先采用钢管混凝土作为劲性骨架材料。

（3）新结构：首次采用钢管劲性骨架成拱，创新和发展大跨拱桥成拱新技术；采用以钢管混凝土为劲性骨架的钢筋混凝土拱圈，是一种新的钢-混凝土组合结构；提出采用带垂直、水平撑的刚架式组合桥台及肋板式填心组合台座；拱上立柱采用变截面空心薄壁高立柱（高度达64~84m，无系梁），有效减轻拱上恒载。

（4）新工艺：采用钢管劲性骨架大吨位、多节段缆索吊装和两岸扣锚悬拼、调索安装控制，跨中快速合龙工艺，发展中国缆索吊装、悬拼工艺，创该工艺国内新水平；采用的拱圈混凝土"六工作面"对称同步浇筑方式和工作面分段"增量异步"的实现形式，创新大跨钢管混凝土劲性骨架的成拱新技术；C60混凝土的配制与"长距离、大落差"的泵送混凝土工艺，为后来C80混凝土及更高标号混凝土的配制与浇筑打下基础；引进超声检测新技术，评价检测钢管混凝土压注质量，使钢管混凝土检测工艺实现科学化。

研究成果全面应用于万县长江大桥的设计与施工中，创新中国钢管混凝土劲性骨架拱桥的理论、设计、施工技术，为包括钢管混凝土拱桥的发展奠定坚实的基础。就万县长江大桥而言，按1997年实桥竣工造价计算，可直接节约投资0.8124亿元。经交通部组织鉴定，项目总体上居于国际领先地位，荣获1999年度交通部交通科技进步一等奖、2001

年度国家科学技术进步一等奖、2002年其依托工程万县长江大桥获国家优秀设计金奖、詹天佑土木工程大奖,其"钢管混凝土劲性骨架技术"在2014年获首届李国豪原创桥梁技术奖等。

重庆万县长江公路大桥

(世界最大跨径的钢管混凝土劲性骨架箱形拱桥,主孔净跨420m,总长856m。1997年建成,2000年获国家科技进步一等奖,2002年获得第二届詹天佑土木工程大奖和国家第十届优秀工程设计金奖)

2) 钢管混凝土拱桥建设成套技术

钢管混凝土拱桥以其跨越能力与适应能力强、承载力大、经济合理、施工快捷、外形美观等优点,在国内得到普遍使用,是理想的大跨径结构形式之一。尽管钢管混凝土拱桥建造数量不少,但纵观其发展历程,其设计和计算理论、施工和养护维修技术仍滞后于工程实践,缺乏科学系统指导,许多关键技术仍未形成统一认识,制约了钢管混凝土拱桥进一步发展。因此,重庆交通大学、重庆交通科研设计院、四川省交通运输厅公路规划勘察设计研究院、广西壮族自治区公路桥梁工程总公司等10家高校、科研院所及设计、施工企业对钢管混凝土拱桥结构体系与构造、设计理论与方法、施工工艺与控制技术以及养护检测技术等开展系统研究,经过4年的研究与工程实践,取得以下创新性成果:

(1)进行大直径钢管混凝土构件本构关系试验,整理、分析大直径钢管混凝土本构关系,建立计算公式及方法。

(2)开展不同初应力系数和不同偏心率的钢管混凝土构件承载力试验,验证钢管初应力的存在会降低钢管混凝土拱桥承载能力,最大降值可超过10%;根据钢管混凝土拱桥的构造特点,提出计入钢管初应力的钢管混凝土拱桥有限元计算方法;通过数值分析提出了单肢、哑铃形和格构形钢管混凝土拱桥考虑钢管初应力的承载力影响系数计算公式。

(3)完成C60混凝土7天、14天、28天、90天4个龄期的徐变、收缩试验,以及依托工程(巫山长江大桥)1:7.5节段模型的徐变收缩试验,基本摸清钢管混凝土徐变与应力重分布规律,试验结果分别与CEB1978、CEB1990、AC1209、Dirichlet法进行比较,表明用退化核Dirichlet级数拟合试验数据是一种比较准确、可行的方法,提出采用考虑钢管约束的徐变系数和组合截面法来模拟钢管混凝土单元的适合于钢管混凝土徐变计算的按龄期调整有效模量法。

（4）进行钢管混凝土拱桥节段、实桥温度场测试和稳定模型试验，完善温度、非线性等因素影响下钢管混凝土拱桥静力、稳定分析方法。

（5）根据钢管混凝土拱桥结构和施工特点，吸取钢管初应力、钢管混凝土收缩徐变、温度场、稳定性等研究成果，开发和研制钢管混凝土拱桥设计分析计算（含施工控制）软件，该软件能进行施工全过程和运营阶段线性、非线性（包括温变、收缩徐变、初应力等影响）的静力稳定和动力特性的分析计算。

（6）调研和总结现有钢管混凝土拱桥设计构造形式，分析有推力或无推力结构体系、拱肋截面形式、横向联结系构造以及桥道系构造形式对钢管混凝土拱桥静力、稳定和动力分析性能的影响，确定其相应的使用条件、经济跨径范围和合理构造，并对吊杆、锚固系统、系杆构造的安全性、耐久性以及临时构造、检修设施、防腐体系和工艺等进行研究，确定其合理构造形式。

（7）结合依托工程（巫山长江大桥、钱塘江四桥）总结现有钢管拱肋制作、焊接工艺，提出钢管拱肋制作规程。研究钢管拱肋加工、焊接检测技术，提出钢管拱肋制作验收技术标准。总结和研究钢管拱肋安装关键技术，提出了钢管混凝土拱桥悬臂安装斜拉扣挂工法（国家工法）。重点研究管内混凝土脱空实用检测技术，通过管内混凝土设计、泵送工艺的研究，提出防脱空对策。

（8）对主管与支管相连接的节点，开展空心管、钢管混凝土与钢管等多组节点模型试验，并与数值分析结合，探讨钢管混凝土节点的承载力及疲劳寿命，提示确定节点应力集中系数和预估节点疲劳寿命的方法。

（9）在大量调查研究、科学实验、总结分析的基础上，编制钢管混凝土拱桥设计、施工和养护维修指南，对钢管混凝土拱桥的建设能起到很好的指导作用，并为钢管混凝土拱桥规范的编制提供依据。

（10）调查既有钢管混凝土拱桥的结构状态和既有养护、管理手段，分析病害成因，提出结构安全评定方法。通过模型试验、现场检测，对中、下承式钢管混凝土拱桥的吊杆提出经济实用的病害检测和养护维修技术。

研究成果应用于重庆巫山长江大桥、四川宜宾戎州大桥、杭州钱塘江四桥、广西三岸邕江大桥、重庆武隆乌江二桥等依托工程。提高中国钢管混凝土拱桥的理论、设计、施工和养护水平，为编制和修订钢管混凝土拱桥的设计、施工和养护规范提供依据，为现有钢管混凝土拱桥的安全健康运营和钢管混凝土拱桥的进一步推广应用奠定理论基础和技术保障。经交通运输部组织鉴定，研究成果总体上达到了国际领先水平，项目荣获2009年度国家科技进步二等奖、2008年度中国公路学会科学技术一等奖。

3) 中等跨度钢管混凝土桁架连续梁桥成套技术研究

随着高速公路向盆周山区的延伸,桥梁设计将面对地形地质条件复杂、桥墩高、地震烈度高、运输条件差、施工场地狭窄、结构架设困难等实际问题,原惯用的简支梁桥,工程造价高,施工困难,已不能完全适合复杂山区桥梁建设需要。开发新桥型、新结构、新工艺,是山区公路桥梁建设的必然要求。通过比较论证,提出采用钢管混凝土桁式梁桥方案,2009年,四川省交通运输厅公路规划勘察设计研究院联合中铁二十三局集团有限公司、四川雅西高速公路有限责任公司、福州大学、清华大学、武汉理工大学、西南交通大学在交通运输部立项,开展"中等跨度钢管混凝土桁架连续梁桥成套技术研究"系统研究。

2009年度国家科技进步二等奖

重庆巫山巫峡长江大桥

[是目前世界上跨径第二(492m)的钢管混凝土拱桥,获重庆市优秀设计一等奖,该桥"特大跨钢管混凝土拱桥设计系列技术研究"成果,获2006年四川省科技进步二等奖,获国家优质工程银奖]

取得如下创新性成果:

(1)新理念:基于地形复杂、地震烈度高、地质条件极其恶劣的山区建设条件,通过多种桥型技术、经济论证,提出采用钢管混凝土组合结构建设山区桥梁,其优势更加显著。

(2)新结构:提出的钢管混凝土桁式组合主梁与桁式、混合式桥墩的结构桥梁,较好地适应高地震烈度、复杂艰险山区自然环境,为山区桥梁建设提供新的桥型结构。

(3)新方法:基于钢管混凝土构件受拉、节点疲劳、桁式主梁与桥墩整体模型静力行为和振动台动力试验分析研究,提出该类结构计算方法,验证钢管混凝土组合结构桥梁设计思想与结构构造的合理性、可靠性。

(4)新技术:开发的高墩长联、阻尼支座与桥墩刚度匹配设计等系列技术,优化高墩长联结构整体刚度,取得刚度大、承载能力高、抗震能力强、材料用量少的效果。

(5)新工艺:提出的主梁分段拖拉工艺技术,解决高桥墩、小半径、复曲线、大纵坡、多孔跨的桥梁架设技术难题,对科学发展山区桥梁技术具有重大推动作用。

项目相关研究成果获国家专利3项;发表学术论文10余篇论文,其中EI检索8篇;培养博士研究生3人,硕士研究生7人。

经交通运输部组织鉴定,认为项目成果成功用于雅西高速公路干海子大桥的建设,体现了先进的设计理念,技术创新性突出,总体上达到国际领先水平。

基于项目研究成果,成功建成世界第一座全钢管混凝土连续梁桥——雅西高速公路干海子特大桥,项目依托工程原来设计的预应力混凝土简支T梁预算造价为2.82亿元,变更成钢管混凝土桁架连续梁桥后,预算造价为2.46亿元,减少投资3600万元。依托工程由于采用钢管混凝土桁架梁式结构,减少混凝土92000m³、节约钢材4500t,大大节约砂、石、水泥等原材料以及材料运输消耗。且对修建山区高速公路桥梁、确保桥梁施工安全度、提高桥梁耐久性、降低工程造价等具有重大促进作用,具有广泛推广应用前景。

雅西高速公路干海子大桥

(为全管桁结构桥梁,下部采用钢管混凝土格构桥墩,上部采用钢管混凝土桁梁,主要跨径分别为44.5m和62.5m;最高桥墩为107m,全桥长1811m。采用的新型结构建造技术和工艺在世界范围内均没有成熟经验可供借鉴)

4)钢-混凝土组合正交异性桥面板关键技术研究

桥面板作为桥梁结构的重要组成部分,直接承受车辆轮压,其工作状态将直接影响到桥梁使用性能。目前,桥梁中应用最广泛的是普通钢筋混凝土桥面板、钢桥面板、叠合桥面梁。然而,随着桥梁跨越能力不断提高,普通钢筋混凝土桥面板就显得越来越笨重,桥面板的重量在桥梁总恒载中占很大比例,于是对桥面板发展提出轻质高强的要求;正交异性钢桥面板自重轻、承载能力大、使用寿命长、易于加工制造和安装,广泛运用于大跨度钢箱斜拉悬索桥上,但是钢桥面板抗弯刚度小,在车辆作用下易产生较大局部变形,导致其上的沥青铺装层开裂,存在铺装层高温稳定性差、易老化等技术难题,因此对桥面板发展提出铺装层耐久性高的要求;叠合梁桥面板纵横接缝较多,可能产生的病害多,因此对桥面板发展又提出整体性好的要求。

为将三种常见桥面板的优势充分发挥,结合钢材与混凝土二者的力学性能特点,2009年5月,四川省交通运输厅公路规划勘察设计研究院、西南交通大学、武汉理工大学等单位于四川省交通运输厅正式立项,针对新型钢-混凝土组合桥面板的构造参数、计算方法、工作性能等展开更深入的研究。通过7年研究与工程实践,取得如下研究成果:

(1)提出的钢-混凝土组合正交异性桥面板及其构造参数要求,解决混凝土桥面板自重大、钢桥面板耐久性差、叠合桥面板湿接缝病害多的技术难题;

(2)通过近30件的足尺模型静力和疲劳试验,揭示新型组合桥面板的力学性能规律,提出正、负弯矩作用下组合桥面板抗弯、抗剪、刚度及裂缝的实用计算方法,并验证正、负弯矩作用下的疲劳性能满足桥梁设计寿命要求;

(3)提出的高韧性、高强混杂纤维混凝土桥面板材料,降低桥面板混凝土收缩,提高桥面板抗裂性能;

(4)建立钢-混凝土组合桥面板钢底板与带孔钢板焊接变形控制、混杂纤维混凝土泵送工艺及质量控制技术。

项目研究成果已指导主跨300m的东平大桥、主跨530m的合江一桥等20余座桥梁工程建设,所有桥梁结构安全可靠,工程效果良好,依托工程直接节约工程投资9480万元。项目提出的新型桥面板及其施工工艺,克服传统桥面板存在的技术难题,保障工程需要;取消混凝土模板,既缩短工期又保护生态环境;节约钢材和混凝土用量,开发的混杂纤维混凝土耐久性高,后期维护少,社会、经济、环保效益显著。培养研究生5人、高级技术人员10余人、技术人员2000人次。

合江长江一桥

(为泸渝高速公路跨长江的特大型钢管混凝土桁架拱桥,主跨为钢管混凝土中承式拱桥,主孔净跨径为500m,为目前同类型桥梁世界第一。2015年获四川省优秀设计一等奖)

5)超高强钢管混凝土力学性能试验研究与工程应用(在研)

现有交通行业规范、国家规程的桥梁用钢管混凝土一般为C60及以下强度等级的混凝土,应用于桥墩结构、大跨拱桥建设存在主管直径大、自重过大、灌注难度高等问题,不能很好体现钢管混凝土桥梁的优势。因此,需要研究应用超高强(C60~C100)钢管混凝土以提高承载能力,减小构件尺寸,减轻自重,减少混凝土灌注量。但关于超高强钢管混凝土的力学参数取值,承载力与延性性能,以及截面尺寸变小后带来的结构稳定性与动力性能等力学行为需要系统深入的探讨。而针对这些问题的研究目前还没有相关报道,超高强钢管混凝土的研究与工程应用仍需解决系列重大科学技术难题。因此,研究 C60~C100 超高强钢管混凝土受压力学性能与破坏行为分析组合结构的稳定性与动力性能,提出受压极限承载力计算方法与合理构造措施,并在实际工程中进行推广应用,推动钢管混凝土桥梁技术发展,项目研究意义重大。

专题一:超高强钢管混凝土力学行为试验研究

(1)力学参数的研究

力学参数包括组合弹性模量、组合应力与组合强度等,通过对不同钢材强度等级、钢管直径与壁厚、含钢率、混凝土强度等参数进行组合设计,并开展轴心、偏心试验,通过数值分析总结,制订超高强钢管混凝土的组合 E_{sc}、σ_{sc} 等力学参数,为其设计与计算分析提供参考。

(2)破坏行为的研究

混凝土强度等级越高、脆性越大,要求的安全系数越高,且桥梁结构的风险也越大。因此,一般钢管混凝土结构的混凝土强度等级为 C60 及以下。而钢管混凝土因钢管及钢管的约束作用,极大地改善了钢管混凝土的脆性,其延性与钢结构一致。但是否采用超高强混凝土(C60~C100)灌入钢管内形成超高强钢管混凝土,其延性是否与普通钢管混凝土一致,是需要通过试验研究来探讨,并制订合理的安全系数。

专题二:超高强钢管混凝土计算方法与工程应用

(1)含钢率与力学性能的匹配研究

分析钢管尺寸、含钢率、混凝土强度等对钢管混凝土力学性能的影响,提出含钢率、混凝土强度等级与力学性能之间的匹配关系。

(2)受压构件的计算

通过模型试验与理论分析,拟定其超高强钢管混凝土轴心受压、偏心受压承载力计算方法。

(3)稳定与动力性能的研究

超高强钢管混凝土轴压承载力高,构件截面尺寸小,更节省材料,但细长构件的临界力将因变形过大而降低,因此需要系统深入研究超高强钢管混凝土结构构件的稳定性与动力特性,提出超高强混凝土的构造设计技术及稳定、动力性能的评价方法。

(4)工程应用

①采用超高强钢管混凝土作为主拱强劲骨架结构的合理构造、安全设计及计算方法研究;

②采用超高强钢管混凝土作为墩柱结构的构造设计、安全计算方法研究;

③通过工程应用,提出结构构造与计算的安全措施。

预期研究成果:

(1)通过钢管混凝土短柱轴压、偏压模型试验,结合有限元模拟计算分析,揭示 C60~C100 超高强钢管混凝土受压变形特征、破坏模式、屈服后力学行为与钢管约束效应发挥机制等;研究钢材强度等级、含钢率、混凝土强度等不同参数对构件承载力、变形性能与破坏形态的影响,阐明各参数与构件力学性能之间的匹配关系,提出超高强钢管混凝土组合强度、组合刚度、组合模量等力学参数取值方法与构件受压承载力计算方法。

(2)基于超高强钢管混凝土长柱模型试验,结合理论分析,揭示其受压稳定性,并对其稳定性进行合理评价;通过低周反复荷载试验,探讨结构在动荷载作用下的破坏特点、刚度退化趋势、极限承载力、延性性能。通过模型试验、数值分析总结,对结构动力性能进行合理评判。

(3)开展超高强钢管混凝土作为拱桥主拱强劲骨架、桥墩墩柱结构的研究,根据工程结构特点,通过试验设计、有限元计算分析,提出合理构造技术措施和安全计算方法,为高超强钢管混凝土在大跨度桥梁工程中的应用提供理论与技术支撑,促进其更广泛的工程应用。

6)山区大跨径钢筋混凝土箱形拱桥的设计及施工技术研究

中国已建钢筋混凝土箱形拱桥 300 余座,跨径大于 100m 的钢筋混凝土箱形拱桥 50 余座,是世界上建造主跨超过 200m 拱桥最多的国家。但是,由于受技术水平发展、经济条件、建设环境等系列因素影响,钢筋混凝土箱形拱桥建设存在以下技术难题:①已建钢筋混凝土箱形拱桥不同程度存在病害;②面对山区复杂地形地质条件和恶劣交通运输条件限制,新结构、新工艺的开发应用;③大跨度钢筋混凝土箱形拱桥位移理论的应用及软件开发;④已有设计、施工和耐久性技术的改进和完善。

在广泛调查分析研究已建山区大跨径钢筋混凝土箱形拱桥设计、施工和养护等环节存在的问题、桥梁使用存在的病害、典型事故的基础上,借鉴国内外同类桥梁建设采取的对策措施,结合中国钢筋混凝土箱形拱桥建设面临的技术难题,依托攀西高速公路白沙沟大桥等工程,组织设计单位、科研单位、施工单位和大专院校等机构联合攻关,取得研究成果如下:

(1)普查近 300 座钢筋混凝土拱桥,收集分析、整理以云南、贵州、重庆、四川、广西等地区已建 159 座钢筋混凝土箱形拱桥的施工概况、使用现状、事故病害情况,从建设环境、设计、施工、材料、后期养护、各部位加固处理措施等不同方面提出处理措施。从钢筋混凝土箱形拱桥设计、施工、使用的各阶段提出改进措施,从结构体系、设计计算、细部构造、施工方法等方面介绍病害形成原因和相应对策措施。并将研究成果吸收到课题研究设计与施工指南中。

(2)通过对国内外拱桥偏心弯矩增大系数计算方法的调查研究,结合模型计算分析,探讨箱形拱桥荷载横向分配系数、偏心弯矩增大系数及冲击系数的影响因素及其规律,并提出相应的设计建议。

(3)首次开发针对拱桥结构的参数化建模模块,弥补现有大型有限元分析软件在拱桥参数化建模模块开发方面的不足;开发的静力计算模块考虑到桥梁结构计算及其规范的特点,计算工况丰富且包括2004年版新规范的活载标准,后处理模块可方便进行各种荷载工况的组合,同时计算结果也可以保存于word、excel等不同的文件类型中;开发谱分析及时程分析桥梁抗震计算模块,并考虑行波效应对于大跨度拱桥的地震计算结果的影响;将最优化的计算理论引入到正装迭代法的计算中,寻找拱圈浇筑的最佳施工路径;结合拱桥挠度理论与几何非线性有限元分析方法,利用自主开发的基于ANSYS的钢筋混凝土拱桥参数化建模与计算模块,研究大跨钢筋混凝土拱桥的几何非线性特征与影响因素。

(4)提出采用整体截面的单箱多室拱箱截面、斜拉扣挂现场悬臂节段浇筑的施工工艺。

(5)针对常规的钢绞线斜拉索专用锚具存在的经济性差和单根张拉、锚固周期长的缺点,开发可调索低应力夹片锚固系统,既适用于悬臂节段浇筑拱圈大变位粗调索,又可实现小变位精调索。

(6)开发一种新型岩孔锚碇。

(7)编制悬臂浇注主拱圈的各项施工措施费,换算成每$10m^3$混凝土或每$10m$节段长的定额单价。

项目研究成果推广应用产生直接经济效益958万元。保护环境、节约资源,取得巨大社会效益使研究新技术等到推广应用,推动行业科技进步。

7)干热河谷区深大峡谷风场规律及大跨缆索桥梁抗风研究(在研)

随着西部大开发的深入,规划和即将建设的多条高速(高等级)公路需跨越横断山脉的深大峡谷。针对坡壁险峻的深大峡谷,采用高线位方案可在一定程度上合理利用地形、缩短路线长度、减小地质灾害,特别是灾害链的不利影响,因此高桥位大跨度缆索承重桥梁在峡谷地区相对应用较多。

中国干热河谷区主要分布于横断山脉地区,其局部气候差异显著。当桥位处于干热河谷区的深大峡谷时,桥位周边具有温度差异大,温度随时间变化大等特点,不平衡热力驱动导致小区域环流,致风场时空特性比一般的深大峡谷更为复杂。故依托雅康高速公路泸定大渡河大桥、西香高速公路雅砻江大桥,开展"干热河谷区深大峡谷风场规律及大跨缆索桥梁抗风研究"。

西攀高速公路白沙沟大桥

(国内首座采用悬臂浇筑法施工的钢筋混凝土箱形拱桥,2008年9月建成通车,2010年获四川省优秀设计一等奖)

(1)横断山脉干热河谷区深大峡谷风场规律研究

通过现场风观测、温度观测,对横断山脉干热河谷区深大峡谷桥址区风场结构进行分析,明确深大峡谷小区域局部风的类型和机理;通过地形模型风洞试验进行测试,对比其与传统的幂指数函数的差异,研究"等效桥面高度"的合理取值,探索基于梯度风速或地区基本风速确定主梁高度处风速标准的方法;研究脉动风沿主梁的相关性,对比其与Davenport相干函数在形式及参数上的差异。测试脉动风沿来流方向的相关性,分析其时空对应关系,验证泰勒假说的合理性,揭示地形对脉动风平稳特性的影响;结合现场实测、风洞试验与数值模拟三种手段,并参考气象站的历史资料,综合确定风速设计标准。

(2)复杂来流情况下高桥位大跨缆索桥梁抗风性能研究

发展大攻角、大风向角、不均匀非平稳风场情况下高桥位大跨度缆索承重桥梁风致振动分析方法;考虑风场特殊性,开展加劲梁静力、动力节段模型风洞试验;利用CFD技术,验证大风攻角下风洞试验装置摆放位置的合理性,并对主梁、桥塔、吊索等结构的抗风性能进行详细的分析。

(3)高桥位大跨缆索桥梁抗风措施研究

分析中央开槽、大风攻角对平板气动特性的影响。对钢桁梁的颤振性能进行优化,比较各种措施及不同措施组合的有效性;比较提高结构扭转刚度、增大结构扭转振动频率的措施,以此提高结构的抗风稳定性;比较增大结构阻尼,提高结构气动稳定性的措施;从防风措施和防风预警系统两方面确保行车安全,提出综合性、系统性防风措施。

预期取得成果:

项目研究将明确横断山脉干热河谷区深大峡谷小区域局部风的类型和机理,统计平均风和脉动风的概率特性,提出相应的分析方法;明确复杂来流对结构抗风性能的影响,发展考虑不均匀、非平稳风场作用下桥梁风致振动的分析方法;提出有效的结构抗风及行车防风综合措施。

通过深大峡谷平均风场时空分布特性、复杂来流情况下高桥位大跨度缆索承重桥梁抗风性能、高桥位大跨度缆索承重桥梁防风措施等研究,项目成果将用于指导干热河谷区深大峡谷的大跨度缆索承重桥梁建设,确保这些国家干线公路控制性工程具有较高抗风灾能力。

(二)山区隧道建设技术

据不完全统计,截至2016年底,四川省内公路隧道建设数量超过550座(包括已建成与在建项目,下同),总延长超过700km。其中高速公路隧道约380余座,总延长超过500km,已建成通车长度超过6km的超长隧道有5座,在建长度超过13km的隧道3座。四川多山的地理环境,给交通带来极大不便,但给四川公路隧道工程发展带来历史机遇。四川公路隧道建设主要表现为以下特征:越岭隧道多,长度长;地应力高,地壳活动强烈,地震活动频繁;海拔超过3000m以上的高海拔隧道多;地质条件复杂如涌水突泥、高瓦斯、岩溶等;隧道结构趋于复杂化。近30年来四川省公路隧道建设技术取得长足进步,取得一批重要研究成果,形成一整套较成熟的山区公路隧道建设技术。

广邻高速公路华蓥山隧道

(隧道长4706m,2000年建成。是中国20世纪建成的长度最长、地质条件最复杂的公路隧道,荣获詹天佑土木工程大奖、国家优质工程设计银奖、铁道部优质工程一等奖、四川省优秀设计一等奖、天府杯优质工程奖等奖项)

邻垫高速公路明月山隧道和铜锣山隧道

（明月山隧道长 6557m，铜锣山隧道长 5197m，均为沪蓉高速公路垫江至邻水高速公路控制性工程，2009 年建成通车。两隧道获 2010 年度四川省优秀设计一等奖）

1）特殊结构隧道修建技术

山区高速公路建设中遇因特殊地质及地形条件限制、路线总体线形要求或桥隧相连等情形，双洞隧道通常需要采用小净距或连拱等特殊隧道结构形式。基于小净距或连拱等特殊隧道结构形式，通过工程实践及系统性研究，提高特殊结构隧道修建技术水平。

（1）连拱隧道建设关键技术研究

2002 年交通部西部交通建设科技项目管理中心委托云南省公路规划勘察设计院联合同济大学、贵州省交通规划勘察设计研究院、四川省交通厅公路规划勘察设计研究院等单位，针对连拱隧道设计与施工中存在的问题开展典型裂缝与渗漏水病害调查与分析专题、现场监测和探察专题、室内模型试验专题、设计方法专题、动态反馈设计与信息化施工专题、理论与数值模拟分析专题共 6 个方面的研究工作，获得以下创新性成果：

建立连拱隧道中导洞超前地质预报流程与方法，首次提出连拱隧道监测预警值与判断标准；

通过模型试验得出连拱隧道围岩压力分布的定性规律，并首次将数码照相变形技术应用于模型试验中；

首次系统研究连拱隧道的适应性，提出连拱隧道合理的接线方式；

通过多种方法验证，并基于双塌落拱假定首次建立完整的连拱隧道荷载模式与确定方法；

提出有厚度的广义梁单元和广义杆单元理论模式，较好地解决设计计算中的模拟问题，给出荷载结构法下初期支护与二次衬砌的荷载分担比例和地层结构法的各施工步荷载释放系数，形成系统的连拱隧道设计计算方法；

首次提出三层直中墙连拱隧道结构形式，建立本课题推荐的三层中墙结构的成套设计与施工方法，较好地解决中墙防排水等关键技术问题；

通过对偏压隧道的分析研究,得出先开挖边坡外侧隧道比先开挖内侧隧道更有利等实用性结论;

系统地建立连拱隧道动态反馈设计与信息化施工控制方法及管理程序;

该研究课题发表63篇论文,其中SCI收录论文3篇,EI收录论文6篇;专著1本《特殊地质公路隧道动态设计施工技术》;发明专利3项,实用新型专利1项。鉴定结论为:项目研究成果达到国际先进水平,其中连拱隧道的计算模型等部分达到国际领先水平。本项目获得2005年度云南省科技进步二等奖。

项目研究主要依托工程云南思茅至小勐养高速公路,全线共设双跨连拱隧道13座,全线连拱隧道设计了三层曲中墙、半明半暗曲中墙,整体直中墙、整体曲中墙、单偏压结构等结构形式。为保证全线连拱隧道工程施工严格遵循研究意图,课题研究进度紧密配合工程进展,实时、动态探明隧道围岩与结构的力学转换机制,攻克设计与施工中各阶段的技术难点,并在实践中不断总结和完善理论方法,全面指导全线隧道工程的各项工作,真正实现信息化施工。

(2)双洞小净距隧道设计施工关键技术研究

2003年交通部西部交通建设科技项目管理中心委托四川省交通厅公路规划勘察设计研究院联合西南交通大学、四川都汶公路有限责任公司、中铁二局集团公司等单位,依托都江堰至映秀高速公路紫坪铺隧道出口紧邻岷江特大桥设置小净距隧道段的特点,针对小净距隧道设计和施工中存在的问题,对小净距隧道岩柱体加固判定标准及方法、小净距隧道主体结构设计参数、小净距隧道的合理施工方法、小净距隧道爆破震动对相邻隧道及围岩稳定性影响、现场监控量测管理体系和监控基准及安全保证体系等5个方面进行深入研究。通过4年研究获得以下创新性研究成果:

在大量理论分析与数值仿真、模型试验和现场试验的基础上,基本探明小净距隧道的特性及其规律,对小净距隧道、净距及中岩墙进行了明确定义。

从静力和爆破震动角度,根据双洞间相互影响的主导因素和程度不同,提出小净距隧道的分类依据,并将小净距隧道划分为A、B、C三类。针对不同类别的小净距隧道,提出相应的工程应对措施。

综合数值仿真、模型试验和现场试验的有关成果,提出小净距隧道先行洞和后行洞掌子面间距不宜小于2倍隧道洞宽的结论。

通过理论分析,提出小净距隧道中岩墙垂直应力的理论估算公式,并在普氏塌落拱理论基础上,提出小净距隧道深浅埋的判定标准及荷载-结构计算模式下小净距隧道荷载的计算方法。

针对中岩墙加固技术,提出各种加固措施的适用条件,并对关键的技术指标(如预应力锚杆的预应力值等)及施工工艺进行深入论证分析。

研究小净距隧道施工爆破震动影响范围,得出峰值速度与峰值附加拉应力呈线性关系的结论,并提出小净距隧道施工爆破震动速度控制标准。

课题组编制小净距隧道设计与施工指南1本、小净距隧道设计图集1册,并发表论文10余篇,出版专著1本。鉴定结论为:项目研究成果总体上达到国际先进水平,其中在小净距隧道分类方法与标准、施工综合控制措施等方面达到国际领先地位。该研究项目获得2007年度四川省科技进步二等奖。

研究成果在依托工程都映路紫坪铺隧道的建设中得到直接应用,紫坪铺隧道出口小净距段与岷江庙子坪特大桥相接,不仅提高桥梁的稳定性和整体性,同时节约资金、减少征地。截至2016年12月,该项目研究成果已在四川、重庆、湖北等省(直辖市)十余个高速公路、百余座隧道工程中得到推广应用,节约投资以亿元计。

(3)基于承载能力量化分析的公路隧道支护体系适应性研究

2013年四川省交通运输厅委托四川省交通运输厅公路规划勘察设计研究院联合西南交通大学,针对上述问题开展隧道支护体系各个组成部分的具体作用、隧道支护体系各个组成部分的荷载分担比例、隧道支护体系各个组成部分的承载能力计算方法、隧道支护体系的适应性与优化方案4个方面的研究,获得以下研究成果:

提出系统锚杆二象性概念,即当系统锚杆锚固区域围岩沿锚杆拉伸方向变形较小时,系统锚杆受力小,发挥的作用小;当系统锚杆锚固区域围岩沿锚杆拉伸方向变形较大时,系统锚杆受力大,发挥的作用大。

提出划分初期支护与二次衬砌荷载分担比例的新方法,即考虑最不利工况,初期支护与二次衬砌分别承担100%外荷载,同时降低对其结构安全系数的要求(初期支护不应低于1.0,二次衬砌不应低于1.3)。

推导出初期支护与二次衬砌的安全系数计算公式。

提出初期支护与二次衬砌承载能力的定义。

提出《公路隧道设计规范》(JTG D70—2004)与《公路隧道设计细则》(JTG/T D70—2010)结构计算部分条文的修改建议。

提出基于承载能力量化分析的公路隧道支护体系设计方法。

项目研究论文3篇已正式发表,3篇录用待刊。课题于2016年12月通过四川省交通运输厅组织的验收。

课题组所提出的"基于承载能力量化分析的公路隧道支护体系设计方法"及其研发的"隧道全自动结构计算软件(v2.0)"在梧柳、香丽、巴万、雅康、汶马高速公路等数十个项目的隧道设计与施工过程中进行广泛应用,取得可观的社会与经济效益。在荷载比较明确的前提下,课题组提出的"基于承载能力量化分析的公路隧道支护体系设计方法"能够准确确定隧道结构支护参数,从而实现隧道结构支护参数的最优化配置,能够在确保隧道结构安全的前提下降低工程造价,提出的《公路隧道设计规范》(JTG D70—2004)与《公路隧道设计细则》(JTG/T D70—2010)结构计算部分条文的修改建议,能够在下一版规范与细则修编工作中起到参考作用。

中国公路学会隧道工程分会理事长蒋树屏主持验收会

2)高寒隧道修建技术

四川已建成高海拔隧道包括川藏北线(国道317线)国内公路隧道海拔最高的雀儿山隧道、川藏南线(国道318线)高尔寺隧道、通往四姑娘山的巴朗山隧道、通往黄龙的雪山梁隧道、汶马高速公路鹧鸪山隧道等海拔在3000m以上的隧道均位于四川西部川西高原地区,由于海拔高具有低温冻害、高海拔缺氧等特点,通过上述项目的建设及相关研究形成一套高寒隧道保温防冻技术、高海拔供氧及医疗防护技术、高海拔施工机械增效等高寒隧道修建技术。

汶马高速公路鹧鸪山隧道

(隧道长8790m,洞口平均海拔3200m,是中国最长的高海拔高速公路隧道。地质条件复杂多变,最大埋深1400m,地应力高、软件大变形严重,地处季节性冻土区,抗防冻问题突出,规模大、结构复杂、施工作业效率低)

(1)高海拔地区复杂地质条件下公路隧道设计与施工技术研究

高海拔地区隧道冻害问题,超过规范取值范围的隧道通风参数选择,低气压、低氧份、严寒环境下快速、安全施工,活动断裂的错动以及由此引起的地震对隧道安全的影响都成为隧道建设的技术难题。

2004年交通部西部交通建设科技项目管理中心委托四川省交通厅公路规划勘察设计研究院联合中铁西南科学研究院有限公司、国道318线甘孜境段改造工程指挥部、成都理工大学、西南交通大学等相关单位针对高海拔地区复杂地质条件下公路隧道设计与施工中存在的问题开展高海拔严寒地区长大公路隧道防冻技术研究、高海拔严寒地区长大公路隧道通风技术研究、高海拔严寒地区长大公路隧道施工技术研究、高烈度地震区公路隧道建设抗震技术研究等4个方面研究。通过研究获得以下主要研究成果:

在隧址区气候要素和地温条件观测的基础上,提出离壁式保温衬砌结构及质量控制要求,并通过试验验证该结构的保温效果。

根据对不同海拔高度的汽车烟雾排放量实测,提出海拔2200~4400m烟雾浓度的海拔高度修正系数,为高海拔地区公路隧道运营通风设计提供重要的基础参数,填补该领域研究的空白。

通过地质力学理论分析和数值模拟研究,提出隧道与活断层的最小合理安全距离,当活断层与隧道不相交时的合理安全距离至少应为100m以上。

针对雀儿山隧道和黄草坪隧道,通过理论分析、数值模拟和模型试验等综合研究手段,提出将隧道边坡防护、洞门结构和洞口明洞作为一个系统进行综合抗减震的设计方法和工程措施。

针对雀儿山隧道海拔高度达4300m,长度达7000m的特殊条件,提出采用PSA人工呼吸制氧系统对隧道施工工作面、工作区、生活区进行全面供氧的施工保障方案,对确保隧道施工人员安全健康和施工效率具有重要意义。

提出一套将预制嵌合与现浇相结合,按照围岩结构(含岩层产状),分层、分次、分部嵌合和浇注模型的山岭隧道大型振动台模型试验的制模技术方法,很好地解决了模型与围岩体结构(含岩层产状)相似的难题,并避免石膏模型因干燥而产生的大量人为干缩裂缝。

项目组取得1项授权发明专利,3项授权实用新型专利,发表论文37篇;鉴定结论为:项目研究成果总体上达到国际先进水平。项目子课题"高烈度地震区公路隧道建设抗震技术"获得2014年度中国岩石力学与工程学会科学技术二等奖。

项目研究成果应用于依托工程黄草坪隧道的建设和雀儿山隧道的设计,取得明显效益。研究成果通过在巴郎山隧道、雪山梁隧道以及高尔寺山隧道等一批高海拔隧道的应用表明,该成果将为藏区高速公路隧道交通建设带来显著经济和社会效益。

雀儿山隧道

(2017年建成,隧道主洞长7079m,平导长7108m,洞口海拔4380m,是国内已建、在建海拔最高的超长隧道。地处川藏公路北线,具有海拔高、地应力高、气温低、含氧量低、气压低的特点,勘察设计及施工难度大)

雪山梁隧道

(2017年建成,隧道主洞长7966m,平导长8086m,洞口海拔3380m。项目毗邻世界自然遗产黄龙风景名胜区,环境生态高度敏感、地质条件极其复杂、通风与防灾救援难度大)

高尔寺隧道

(2015年建成,隧道主洞长5682m,平导长5686m,洞口海拔3950m。项目地处川藏公路南线瓶颈路段,总体表现为"三高三差":海拔高、地应力高、地震烈度高,地形差、地质差、施工条件差)

(2)高寒区超特长公路隧道冻害防治技术深化研究与应用

省道303线巴朗山隧道长7954m,洞口高程约3850m,属典型的高海拔寒冷地区超特长单洞公路隧道。中国在寒冷地区隧道抗防冻技术领域的研究仍处于发展阶段,高寒地区隧道冻害产生根源在于地下水,相关项目未对地下水动移规律及地下水运动对隧道围岩温度变化的影响有所涉及,对于高寒公路隧道设防长度的计算和修正系数的确定需要进一步深入研究。

2010年四川省交通运输厅委托四川省交通运输厅公路规划勘察设计研究院联合四川兴蜀公路建设发展有限责任公司、西南交通大学根据巴朗山隧道特点,开展裂隙水渗流条件下围岩温度场分析、高寒区隧道防冻设计参数优化研究、巴朗山隧道防冻害施工技术研究共三个方面研究,取得主要成果如下:

出高寒区公路隧道非贯通裂隙渗流条件下围岩温度场的计算方法,计算表明,巴朗山隧道考虑裂隙渗流时,围岩温度比不考虑渗流时约低0.6℃;

得到固-液-气多相作用下高寒区公路隧道冻害设防长度计算方法,并提出巴朗山隧道冻害设防长度建议值;

形成以注浆堵水、喷膜防水和衬砌保温为主的高寒区公路隧道防冻害综合技术;

提出高寒区公路隧道衬砌结构安全性评价方法。

课题组在核心期刊发表论文3篇,本项目2014年1月通过四川省交通运输厅组织的验收。

研究成果应用于巴朗山隧道建设中,并广泛应用于在建的雪山梁隧道、雀儿山隧道,及拟建的汶川至马尔康、汶川至九寨沟、绵羊至九寨沟等高速公路中的高寒区隧道。

巴朗山隧道

(2016年建成通车,隧道主洞长7954m,平导长7955m,洞口海拔3850m,为国内已建成最长高海拔隧道。地处九寨黄龙、大草原、四姑娘山、卧龙保护区等构成的"黄金旅游环线"——九环线的重要路段,海拔高、气候恶劣、地质条件复杂、有效施工期短、作业效率低、环保要求高)

3)超特长大埋深隧道建设技术

四川省建设的巴陕高速公路米仓山隧道长13833m、雅康高速公路二郎山隧道长

13459m、九绵高速公路黄土梁隧道长13010m、雅西高速公路泥巴山隧道长10007m等长度超过10km、隧道埋深均超过1000m以上的超特长大埋深隧道,特点是地应力高、工期长、辅助通风道规模大等,通过以上项目的技术及依托研究,针对形成一套超特长大埋深隧道建设技术。

雅康高速公路二郎山隧道

(2017年建成,隧道长13459m,最大埋深1500m,地形、地质复杂,地处中国三大构造带组成的"Y"字形构造体系交汇处,穿越龙门山、保凰和大渡河等7条区域断裂,抗震设防要求高,紧邻世界自然遗产——大熊猫栖息地保护区,环境敏感,气候条件独特。在建公路隧道中,长度位居全国第二)

(1)大相岭泥巴山深埋特长隧道关键技术研究

雅西高速公路泥巴山隧道长约10km,具有长度大、大深埋、山体宽厚、地形地质复杂、气候独特等几大特点,由此产生勘察困难、工程地质问题突出、建造技术复杂、通风井深度极大、地面风机房布设和营运管理困难等一系列问题。

2006年交通部西部交通建设科技项目管理中心以雅西高速公路泥巴山隧道为依托,委托四川省交通厅公路规划勘察设计研究院联合西南交通大学、四川雅西高速公路有限公司开展大相岭泥巴山深埋特长隧道关键技术研究工作。开展泥巴山隧道通风井经济断面和经济风速研究、泥巴山隧道内外环境变化对通风防灾影响研究、泥巴山隧道风机优化配置技术研究、泥巴山隧道地下风机房环境控制及防灾技术研究、泥巴山隧道综合勘察技术研究、泥巴山隧道岩爆和断裂涌水研究共6个方面的研究,取得以下研究成果:

建立隧道有效利用自然风的节能模式及通风井优选方法。

探明特长深埋隧道自然风影响机理,建立了基于超静压差、风墙式压差和热位差三要素的隧道内自然风计算理论,提出有效利用自然风的节能控制模式及实现方法。

建立特长深埋公路隧道通风井设置的智能比选模型,提出以全寿命经济效益为目标的隧道通风井经济断面和风速优化方法,开发高效的隧道通风设计辅助系统。

建立多台大功率轴流风机并联安全运行控制模式及风机布置优化方法。

提出有(无)人值守地下风机房内环境控制标准及地下风机房通风设计方法。

优化地下风机房逃生通道布置方式,建立地下风机房防灾设计方法。

建立基于地质构造损伤分区的深埋特长隧道勘察技术,提出构造损伤概念及分区的评判标准,建立复杂地质深埋特长隧道的地质勘察方法。

建立4种储水结构模型及灾害性涌水的预测方法,提出岩爆预测的"岩石变形能潜势指标法"。

项目组取得6项授权发明专利,14项授权实用新型专利,4项软件著作权,8项工法,发表论文100余篇,出版专著4本,规范规程及指南4本。项目鉴定结论为项目研究成果总体达到国际先进水平,其中深埋特长隧道节能通风技术及通风井节能设置技术达到国际领先。项目获2013年度中国公路学会科学技术一等奖、四川省科学技术二等奖。

项目研究很好地支撑泥巴山隧道的勘察设计,保证施工安全和运营管理,设置的节能风道,节能效果明显。成果在泥巴山隧道约节省费用1亿元以上,应用到米仓山隧道和藏区公路隧道建设中,节约费用约2.2亿元以上,社会和经济效益显著。

四川省交通运输厅党组成员、总工程师陈乐生检查通风模型

雅西高速公路大相岭泥巴山隧道

(隧道2012年建成,为雅西高速公路的控制性工程之一,长10km,单向掘进超过5km,最大埋深1650m,穿越15条地质断层,采用四斜井三区段送排式通风,其中进口无轨斜井长1537m,出口有轨斜井长911m。具有埋深大、地形地质复杂、气候特征独特等特点,为目前西南地区已建成最长公路隧道)

(2)米仓山超特长隧道建设关键技术研究(在研项目)

米仓山隧道长度达13.8km,为四川省在建最长公路隧道,具有运营通风井规模大,主洞掘进距离长,环保要求高等特点。

2010年四川省交通运输厅委托四川省交通运输厅公路规划勘察设计研究院联合四川川交路桥有限责任公司、西南交通大学、四川巴陕高速公路有限责任公司、中铁一局集团有限公司等单位,依托米仓山隧道及其工程特点拟定超特长隧道快速施工技术研究、长距离掘进隧道施工通风技术与应用研究、深大竖井设计与施工技术研究、公路超特长隧道造价影响因素研究、米仓山隧道建设对隧址区的环境影响及控制技术研究共5个方面研究内容,拟达到以下目标:

形成一套超特长隧道快速施工技术体系,包括多辅助坑道隧道快速施工组织、人员机械配套、极硬岩快速钻爆成套技术、快速施工工艺和岩爆段快速施工技术等,保障米仓山隧道安全和高效地建设。

探明巷道式通风污染物浓度分布及迁移特性、洞内流场特性,结合通风参数现场测试及通风效果测评,形成超长距离掘进隧道双洞多出口巷道式通风网络优化技术,实现施工通风的高效与节能。

研究排风竖井和送风竖井合并一个大井的可行性及确定合理的建井方案,探明深大竖井合理的支护参数,建立竖井二次衬砌结构内力计算模型,形成深大竖井正井法爆破与机械配套技术,竖井安全施工风险评价与控制技术,不仅为米仓山隧道竖井建设节约工期,减少造价,降低对景区环境影响,也为公路隧道设计规范大直径竖井支护参数和二次衬砌内力计算提供参考,为公路隧道竖井施工及安全风险控制方面提供借鉴。

提出超特长隧道造价影响因素,并对各种影响因素对隧道造价的影响进行系统分析,最终给出超特长隧道造价的计算方法,为定额的补充和完善提供技术支撑。

建立一套特长隧道建设对水环境影响的评价体系,包括评价指标系统的构建、评价方法和评价标准的确定,利用该评价体系对米仓山隧道建设对隧址区环境的影响进行系统研究。提出米仓山隧道地下水排放控制标准以及总体可行的减轻隧道工程建设对环境影响的对策措施。

4)公路瓦斯隧道建设技术

在西部山岭地区,穿越煤系地层、油页岩地层、油田、气田等瓦斯隧道工程日益增多,鉴于中国公路瓦斯隧道在勘察、设计、施工以及运营管理方面的规定不系统且深度不足、施工中风险大且未进行分级设计和施工管理等,因此通过瓦斯隧道设计与施工技术系统性研究,从而实现公路瓦斯隧道经济、安全、快捷地穿过煤系地层,具有重要实际意义。

第七章

高速公路科技

桃巴高速公路米仓山隧道

(2018年建成,长13833m,在已建、在建公路隧道中,其长度位列西南第一、全国第二。是四川省首个通风方式采用纵向4区段通风井的隧道。工程规模巨大、地质条件复杂、大断面与交叉洞室多,瓦斯、岩溶涌突水、高地应力岩爆、长距离通风、陡坡斜井、深大竖井等设计与施工难度极大)

(1)西部地区公路瓦斯隧道设计与施工技术研究

由于隧道穿过煤层,将面临防突、防塌、防瓦斯及有害气体等安全问题,如何安全、经济、快捷地穿过煤系地层,是保证隧道工程建设顺利进行的关键技术。

2007年交通部西部交通建设科技项目管理中心委托四川省交通厅公路规划勘察设计研究院联合重庆大学、四川都汶公路有限责任公司、中铁一局集团有限公司第四工程公司针对这一问题,开展公路瓦斯隧道勘察技术与方法研究、公路瓦斯隧道分级标准研究、公路瓦斯隧道设计技术研究、公路瓦斯隧道施工技术研究、公路瓦斯隧道揭煤防突技术研究、公路瓦斯隧道运营监测和通风技术研究共6个方面研究,取得以下研究成果:

得到甲烷气体在气密性混凝土中的渗透规律;

提出不同煤层倾角、不同围岩级别和不同开挖方式条件下揭煤安全岩柱厚度值;

提出公路瓦斯隧道工程可行性、初步设计、施工图设计阶段煤层及瓦斯的勘察内容及技术要求;

首次将公路瓦斯隧道分为四级:微瓦斯、低瓦斯、高瓦斯和突出瓦斯隧道并给出相应分级指标;

根据地层中瓦斯压力的大小将公路瓦斯隧道防渗结构分为Ⅰ、Ⅱ、Ⅲ级并给出相应分级指标;

明确瓦斯隧道在穿越Ⅰ、Ⅱ级瓦斯地层时采取水气分离排放技术措施;

首次提出任意处瓦斯浓度低于0.3%的微瓦斯工区,按非瓦斯公路隧道要求进行施工;

提出运营公路瓦斯隧道通风应考虑渗透到隧道内的瓦斯因素以及运营公路瓦斯隧道的瓦斯监测、通风与信号联动方案。

课题组发表论文10篇,出版指南1册,专利授权2项,专利申请1项。项目总体鉴定结论为项目研究成果总体达到国际领先水平;获2011年度中国公路学会科技进步二等奖。

研究成果在依托工程都(江堰)映(秀)路紫坪铺隧道中应用,保证依托工程后续施工及运营安全,取得很好的社会效益;应用在四川境陕川界至广元公路明月峡瓦斯隧道、雅泸高速公路勒不果啦吉瓦斯隧道,节约投资7000余万元,取得较好社会及经济效益。课题组编制出版《公路瓦斯隧道设计与施工技术指南》在全国得到应用获得好评。

四川省交通运输厅科技处处长朱学雷主持研究大纲评审会

(2)高速公路瓦斯隧道防治与施工管理研究

巴达万高速公路隧道穿越煤系地层及采空区,瓦斯隧道的施工管理与安全风险控制是巴达万高速公路建设过程中急需解决的重大关键问题之一。研究主要存在问题包括:隧道开挖条件下瓦斯的运移及涌出规律、瓦斯运移与突出的耦合作用机制等,在公路瓦斯隧道施工时的安全控制、施工风险评价体系以及施工标准化管理体系等方面尚未进行系统研究。

2012年四川省达万高速公路公司委托四川省交通运输厅公路规划勘察设计研究院联合西南交通大学、四川达万高速公路有限责任公司以达万高速公路天坪寨特长瓦斯隧道为依托,研究主要内容为以下4个方面:隧道瓦斯赋存运移与防治研究、达万高速公路隧道与煤矿采空区相互影响研究、瓦斯隧道施工安全风险控制与评价体系研究、瓦斯隧道施工标准化管理体系研究。获得以下研究成果:

提出达万高速公路瓦斯赋存情况下瓦斯设防长度及风管出口与开挖面控制范围等建议值及相关防治关键技术。

提出在不同空间位置关系下采空区与隧道间安全距离建议值,以及隧道穿越采空区施工处治技术,探明采空区地段隧道衬砌结构荷载模式及受力特征。

建立瓦斯隧道施工风险控制流程及评价体系。提出高速公路瓦斯隧道施工安全风险控制方法。

编制完成《四川省公路瓦斯隧道建设与管理指南》，建立四川省高速公路瓦斯隧道施工标准化管理体系。

项目组公开发表论文5篇。项目于2014年3月通过四川省交通运输厅组织的验收。

本项目研究成果应用在依托工程达万高速公路天坪寨高瓦斯隧道，有效地控制工程造价、加快施工进度，保证施工及运营安全，取得了较好社会及经济效益。

5) 公路隧道抗、减震技术

2008年汶川地震给四川省公路交通造成巨大破坏，大量路基、桥梁垮塌，山体崩塌、滑坡进一步加大对交通基础设施的破坏。公路隧道由于埋置于地层中，其震害判定条件不同于道路和桥梁，只要隧道发生开裂，严重影响交通安全和隧道衬砌结构耐久性，公路隧道抗震及减震技术还缺乏系统性。结合公路隧道特点，对不同地质条件下公路隧道地震参数、震害机理、地震动力响应设计计算方法及抗、减震技术进行系统性研究，最终获得一套系统的公路隧道抗、减震技术。

(1) 公路隧道抗震及减震技术研究

国内外主要研究浅埋隧道段抗震，对断层破碎带段和软硬岩交界段研究较少，特别是对于滑动断层和非滑动断层抗震设计计算方法还没有专门成果；关于软硬岩交界段隧道抗震计算方法研究，目前国内外还没有专门成果；关于隧道抗(减)震技术研究，国内外主要研究隧道衬砌抗(减)震技术，对围岩抗(减)震技术研究不够。

2008年交通运输部西部交通建设科技项目管理中心委托四川省交通厅公路规划勘察设计研究院联合西南交通大学、四川广甘高速公路有限责任公司，针对公路隧道抗震及减震技术开展公路隧道地震参数研究、公路隧道震害机理研究、公路隧道地震动力响应计算方法研究、公路隧道抗震技术研究、公路隧道减震技术研究5个方面的研究，获得以下研究成果：

确定浅埋、断层破碎带、软硬岩交界3个区段为隧道抗震设防区段；

提出基于山形影响的地震动峰值加速度放大系数算法；

明确隧道结构和围岩间地震力传递机理，修正拟静力法地震荷载算法和抗力系数取值方法；

建立基于错动位移的活动断层破碎带段抗震设计方法；

探明软硬岩交界段变形沿隧道纵向变化规律，建立该区段的抗震设计方法；

提出设置减震缝、内置减震层等工程措施以及深层间隔注浆的新理念。

项目组编制完成《公路隧道抗震及减震技术设计指南》和"SDC公路隧道地震动力响应计算软件"一套。出版专著3本，发表高水平学术论文19篇。项目总体鉴定结论为项目研究成果总体达到国际领先水平。项目获2012年度中国公路学会科学技术一等奖。

广甘高速公路的4座典型隧道（将军石、杨家山、赵家岩和白朝隧道）施工中根据现场采用抗震与减震技术相结合，保证抗减震技术措施安全、经济和合理，提高工程实际抗震性能。在设计四川境内多座高烈度地震区公路隧道时，运用"SDC公路隧道地震动力响应计算软件"，快速、准确地进行隧道设计计算与指导施工，大大提高计算效率，节约人力成本和资源；建设单位在本项目研究成果指导下采用可靠、经济的措施抵御地震破坏作用，增强隧道工程防灾减灾能力，避免或减轻因地震而引起的交通中断、救灾受阻等各类经济损失，直接或间接经济效益巨大。

（2）汶川地震震中区都汶公路隧道修复与建设关键技术研究

本项目从汶川地震灾后强震区公路建设的国家需求出发，以都汶高速公路为依托和支撑，结合地震前后都汶高速公路建设、重建和修复的工程实践，从工程地质、构造地质、岩土力学等角度系统研究和探索该公路隧道"5·12"汶川地震前建设和地震后重建、修复以及映汶高速公路段新建所遭遇和面临的重大技术难题。

2011年交通运输部西部交通建设科技项目管理中心委托成都理工大学联合四川都汶公路有限责任公司、四川省交通运输厅公路规划勘察设计研究院以汶川地震震中区都汶公路隧道工程建设中遭遇的高地应力、高烈度地震和高风险地质灾害关键技术难题，拟定极震区高地应力演变及隧道软岩支护与大变形防治研究、强震后的特殊高地应力现象与隧道岩爆灾害预测和防治研究、山区公路隧道震害快速评估与修复技术研究、强震后隧道穿越次生地质灾害体的评价与支护研究4个方面研究内容。研究获得以下研究成果：

揭示汶川地震前后都汶公路建设区地应力的变化规律，以及隧道围岩五大类非对称变形破坏机制，提出大变形处治三大支护技术。

研发出隧道大变形防治的两种新型支护结构——压缝式摩擦型恒阻锚杆和非对称大变形可缩钢架。

建立四种岩爆地质模式力学模型和失稳判据。

提出高应力区临河硬岩双线隧道岩爆段开挖和支护方法。

建立定性和定量结合的隧道震害快速检测评估体系，形成隧道震害集成处治技术。

建立地震后隧道穿越次生地质灾害体风险评估模型，提出相应综合处治原则和对策。

本项目被SCI、EI和CSCD等收录的杂志和学术会议上发表学术论文37篇，申请相关专利9项。2015年12月交通运输部科技司组织研究成果验收工作。

通过本项目研究指导，确保都汶高速公路顺利施工、修复建设和安全运行，产生4.4亿元经济效益。研究成果可推广和应用于四川及西部其他地区灾害环境下建设的公路工程，具有学科发展和实际意义。

映汶高速公路隧道群

(成昌高速公路映秀至汶川高速公路共8座隧道,2座棚洞,其中特长隧道5座,长度5km以上的包括:福堂隧道5347m、映秀隧道5325m、桃关2号隧道5015m,2013年5月建成。隧道占路线全长超过52%,是目前四川省高速公路中隧道占比最大的项目。地处"5·12"汶川地震发震区,龙门山中央断裂带影响大,地形、地貌条件差,地质复杂,不良地质问题多,沿线沟谷狭窄,干扰因素极多)

(3)穿越活动断裂的汶川隧道地震灾变机制及综合应对技术研究(在研项目)

四川藏区汶马高速公路汶川1号、2号隧道,跨越茂汶—汶川活动性断裂为逆断兼右旋走滑断裂,隧址区地震烈度高,且活动断层规模大、滑动速率快、发震能力和位错量大。

2013年四川省交通运输厅委托四川省交通运输厅公路规划勘察设计研究院联合大连理工大学、四川汶马高速公路有限责任公司针对现阶段穿越活动断裂隧道抗震及减震技术存在问题及课题所依托工程建设需要，拟定穿越活动断裂隧道结构渐进性破坏特性与安全性评价研究、断层活动与地震耦合作用下隧道灾变机理研究、断层活动与地震耦合作用下隧道灾变控制原理和应对技术研究、穿越活动断裂隧道抗震纵向设防分级量化指标及对策体系研究4个专题进行研究。拟解决以下关键技术：

断裂蠕变情况下围岩应力累积效应，探明隧道结构渐进性破坏特性。

基于损伤和能量指标，建立断层活动与地震耦合作用下隧道-断层体系安全性评价体系和方法。

建立断层活动与地震耦合作用下隧道-断层体系的灾害综合应对技术，保证隧道结构在断层错动时的安全性与地震发生时变形吸能能力合埋均衡。

提出穿越活动断裂隧道抗震纵向分级量化指标和设计参数，建立设防范围内分段设防体系。

第三节　高新技术的集成应用

（一）信息化高新技术的集成应用

2001年，四川省首先在成乐、成雅两个高速公路试点联网收费，开启四川省交通运输信息化高新技术大规模集成应用时代。2003年，由四川省高速公路结算中心主持编制的《四川省高速公路网联网收费总体设计》和《四川省高速公路专用通信网总体设计》获得四川省交通厅正式批复，2007年，出台《四川省高速公路监控系统总体方案设计》。上述三文件在此后四川省已建高速公路联网收费、监控、通信系统改造工程中充分发挥技术指导作用，并成为新建高速公路项目三大系统设计和建设主要依据，大大促进四川省高速公路信息化高新技术集成应用水平。

2014年，时任交通运输部部长杨传堂在全国交通运输工作会议上做了题为《深化改革务实创新加快推进"四个交通"发展》的报告。报告指出，信息化智能化水平是衡量交通运输现代化发展水平的重要标志。智慧交通是实现"四个交通"的关键。

2014年，四川省交通运输厅发布《四川省推进"智慧交通"建设工作实施方案》，"四川省高速公路电子不停车收费系统（ETC）建设""四川省高速公路专用通信网干线层建设"被列入四川省"智慧交通"建设重点项目。2015年，四川省交通运输厅发布《四川省2015年"智慧交通"建设项目实施方案》，"ETC车道（三期）及全国联网结算工程""四川省高速公路专用通信网改造工程"和"四川省高速公路监控结算中心和灾备中心改造建设工程"又被纳入四川省"智慧交通"建设重点项目。

2015年7月28日，四川省高速公路ETC系统与重庆、云南、吉林一道，正式并入全国联网运行,全省用户在全国公路网中22个省(市)可实现不停车通行。ETC全国联网后,四川省高速公路进入全国"一张网",实现四川公路交通现代化管理方式重大转变,大大提高收费站工作效率,有效缓解收费站交通拥堵状况,推进物流业降本增效,降低能耗和机动车排放,有力助推公路交通供给侧结构性改革和综合交通运输体系建设,有效促进跨地域资源人员互通、区域经济发展和城镇化发展进程。

ETC联网工程还大大促进四川绿色交通发展。不停车使车辆减少因排队而频繁启动、刹车次数,降低污染物排放。

在高速公路信息化高新技术集成应用方面,四川省先后开展"四川省高速公路交通执法无线集群语音通讯及定位系统建设""高速公路车辆监控技术及路径识别技术研究""四川省高速公路联网收费系统复合通行卡技术规范研究""四川省交通运输大数据应用相关技术研究""四川省高速公路网运行数据分析软件研究""基于实时数据的高速公路交通态势智能分析技术研究""基于云平台的开放式公共出行信息服务技术研究""四川交通信息系统安全研究"等课题研究,相关研究成果已在高速公路建设、运营和管理过程中得到推广和应用。

1)四川省高速公路交通执法无线集群语音通信及定位系统建设

四川省高速公路交通执法管理人员与现场执法人员以及现场执法人员之间语音通信需求较多,传统移动通信方式存在费用高、集群性差等问题,造成通信效率较低、管理规范性差、无法有效掌握一线人员具体情况。为有效提高高速公路交通执法人员监控、通信和指挥调度能力,2011年,四川省交通运输厅高速公路管理局(执法总队)、厅监控结算中心和厅高速公路交通执法第一至七支队联合开展科研项目"四川省高速公路交通执法无线集群语音通信及定位系统建设",在四川省高速公路领域建立一套统一、规范、高效的分级无线语音集群通信及定位系统,取得以下研究成果:

(1)通过中国电信无线网络GOTA技术实现语音集群通信和人员定位综合管理。根据业务需要针对总队、支队、大队等部门以及其内业管理和现场执法人员进行配置、管理、使用。同时作为全省高速公路管理无线语音通信的统一基础平台在全省高速公路管理单位进行推广应用。

(2)完成747套无线集群语音通信及定位终端系统的整合以及管理、调度平台建设,建立、完善系统、平台使用及管理机制、制度。

(3)建立总队、支队、大队分级统一的集群通信和定位管理,实现全省高速公路交通执法人员全省范围实时无线语音通信及定位,大大提高全省高速公路交通执法人员监控、通信和指挥调度能力。

作为研究成果,系统建成后,立即投入到四川省交通运输厅高速公路管理局(执法总队)日常交通执法及管理工作应用和应急保障应用实战,典型的实战案例有:

高速公路应急通信相关系统演练;

四川省2012防灾救灾综合实战演练;

2012年国庆节免收小型客车通行费交通保障。

通过无线集群语音通信及定位系统研究建设,达到以下目标:

(1)有效降低通信费用,同时提高了通信、监控管理能力;

(2)实现全省高速公路交通执法人员全省范围的实时无线语音通信及定位;

(3)实现总队、支队、大队分级灵活集群通信管理,从而有效提高指挥调度能力;

(4)实现总队、支队、大队分级灵活定位管理,从而有效提高执法人员监控能力;

(5)为全省高速公路管理单位建立统一无线语音通信及相关定位系统的基础应用平台。

四川省高速公路交通执法无线集群语音通信及定位系统总体结构示意图

高速公路应急通信相关系统演练

2)高速公路车辆监控技术及路径识别技术研究

随着中国高速公路的快速发展,路网运营管理也开始出现很多新课题。较为典型的两个问题是:

(1)高速公路车辆运行状况监控的传统手段是视频监控,但要实现对特定对象全程跟踪监控就较为困难,存在显著局限性。

（2）高速公路路网成型后，路网中两点之间可能存在多于一条的路径，仅依靠车辆的入口和出口信息，无法判断车辆行驶真实路径。投资主体多元化，当不同路径上投资主体不同时，无法实现路径二义性判别问题带来的通行费在各投资主体之间的公平分配。

课题组利用完全覆盖高速路网的移动通信蜂窝网络，使用成熟 LBS 基站定位技术，结合通信模块微缩化技术，打造高速公路车辆安全监控系统（以下简称"TMS"）。该系统以卡片式车载终端（以下简称"C-OBU"），提供随车获取其在高速路网内行驶状态，从而实现安全监控目的，同时符合现有联网收费系统多路径识别规范要求。

TMS 通过及时掌握被监控车辆在高速路网内行驶状态，在事故发生时，能为应急施救提供及时有效位置信息支持，加快救援进度、降低次生灾害概率；也能为公路路政巡逻车、高速公路交通执法车、抢险救灾车辆和其他需要监控的特种车辆调度提供数据依据。

TMS 通过及时掌握被监控车辆在高速路网内行驶状态，研发出基于高速公路 ETC 的路径识别技术，在不停车收费功能基础上增强据实计费和精确清分等功能。

TMS 由 C-OBU 子系统、F-OBU 子系统和管理子系统组成。

C-OBU 子系统由有源 RFID 标签内部复合 ISO/IEC 14443 非接触式 CPU 通行卡，整合 GSM900/1800 制式无线模块，兼容高速公路联网收费系统。内置电池充放电循环不小于 1000 次，70% 电量时待机时间不小于 150 小时，外壳防护等级达到 GB 4208 IP64（防尘、防泼溅）的标准。在刷卡时，能够通过感应读卡器信号，实现预设操作；内置数据存储，能读写 ISO/IEC 14443 非接触式 CPU 卡上开放的存储区域，根据进、出站标识位，实现同步自动开/关通信模块，以及与高速公路联网收费系统数据的交互；通过无线接口，支持向特定目标号码发送和接收 ASCII 编码短消息，以实现消息的传递；在放入充电盒时，可进行充电或传输数据。

F-OBU 子系统整合了 GSM 900/1800MHz 制式无线模块、5.8G 微波模块、13.56M 读卡器模块。5.8G 微波接口遵循 ETC 技术规范，接触式读卡器接口遵循 ETC 技术规范，13.56M 读卡器接口遵循 ETC 技术规范。GSM 无线接口支持向特定目标号码发送和接收 ASCII 编码短消息，支持向特定目标号码发起语音呼叫，支持接收特定主叫号码发起的语音呼叫。

管理子系统主要完成以下功能：
系统运行参数的配置；
终端基本数据的维护与管理；
实时监控数据的处理和存储；
实时监控、紧急定位、应急告警、超速监控、异常告警等功能的实现；
通过统一调用接口向监控大厅系统和工作车调度系统提供数据支持；
按实计费的费用计算与精确清分。

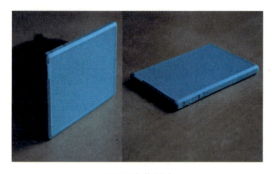

C-OBU 实物图片

F-OBU 实物图片

系统研制完成后,经大量上路实测,实现车辆运行状态实时准确监控,系统能够完成车辆行驶路径的精确识别,支持据实计费和精确清分,完全达到预期研究目标。

表 7-1、表 7-2 是测试数据示例。

测试数据示例(一) 表 7-1

设备号	C-23A;obu-011113-00090;obu-011113-00003		
测试日期	2012 年 4 月 13 日	起始时间	07:20
所经高速路段	成绵高速公路、绕城高速公路、成南高速公路	结束时间	18:56
轨迹描述	从江油市出发经绵广高速公路到达广元市;调头经绵广高速公路、成绵高速公路返回至成都市;从成都市出发经成南高速公路到达遂宁市		

测试数据示例(二) 表 7-2

途经收费站、服务区	途经时间	经度	纬度
绵广高速公路			
江油北站	07:20	104.876309	31.784447
小溪坝站	07:43	105.016114	31.890100
厚坝站	07:52	105.085529	31.979964
二郎庙站	08:03	105.200776	32.090033
金子山站	08:19	105.334476	32.181653
剑门关站	08:31	105.520997	32.275382
昭化站	08:45	105.685470	32.356876
广元站(调头)	08:59	105.758053	32.416448
昭化站	11:05	105.685470	32.356876
剑门关站	11:21	105.520997	32.275382
金子山站	11:35	105.334476	32.181653
二郎庙站	11:46	105.200776	32.090033
厚坝站	11:55	105.085529	31.979964
小溪坝站	12:03	105.016114	31.890100
江油北站	12:15	104.876309	31.784447
江油站	12:21	104.814160	31.700732

续上表

途经收费站、服务区	途经时间	经度	纬度
科学城站	12:29	104.738712	31.571730
绵阳北站	12:31	104.698827	31.558235
绵阳南站	12:39	104.597300	31.444804
成绵高速公路			
金山站	12:48	104.551215	31.375619
罗江站	12:51	104.501111	31.319227
白马站	12:56	104.448406	31.271096
黄许站	12:57	104.434227	31.238678
德阳站	13:05	104.421637	31.131907
八角站	13:10	104.382458	31.062839
广汉站	13:30	104.283761	30.935602
青白江站	13:33	104.240789	30.898630
新都站	13:41	104.206344	30.811944
白鹤林站	13:45	104.169590	30.755809
绕城高速公路			
成金站	13:47	104.195103	30.732660
成南高速公路			
螺蛳坝站	17:23	104.205856	30.672230
义和站	17:27	104.290777	30.694314
清泉站	17:33	104.382753	30.739314
淮口站	17:46	104.546776	30.686889
竹篙站	17:53	104.703175	30.660496
冯店站	18:00	104.867222	30.644108
仓山站	18:11	105.055266	30.615806
大英站	18:34	105.234738	30.606232
隆盛站	18:43	105.377432	30.613795
桂花站	18:56	105.455999	30.591535

3）四川省高速公路联网收费系统复合通行卡技术规范研究

根据四川省在建高速公路现状,到 2012 年,四川省联网收费高速公路已形成复杂多路径路网形态。为保证高速公路联网收费公平公正顺利进行,合理地解决多路径环境下高速公路通行费收取以及多元投资主体之间通行费清分问题。四川高速公路路网决定采用 433MHZ 电子标签复合卡标识路径,根据标识的实际路径进行收费和清算方案。

复合通行卡为多路径识别系统的关键设备研究,制定适用于四川省高速公路联网系统多路径识别系统的复合通行卡技术标准,为高速公路联网收费系统的建设、运营、维护和管理等提供相关技术标准指导。

项目研究内容包括:

(1)复合通行卡物理层标准研究

研究复合通行卡技术规范物理层技术要求。

①物理层包括上、下行链路的要求。

②载波频率、e.i.r.p和杂散发射要求应符合有关主管部门规定。

(2)复合通行卡应用层标准研究

研究复合通行卡技术规范应用层核心信令。

①应用层信令研究。

②复合通行卡嵌入系统设计。

(3)复合通行卡设备应用研究

研究用于复合通行卡工作机理、总体技术要求。

①复合通行卡与复合读卡器工作机理。

②复合通行卡与路侧标识站工作机理。

③复合通行卡唤醒模式。

④复合通行卡安全性、可靠性、无故障时间、环境条件。

(4)复合通行卡测试方法研究

研究复合通行卡物理层及应用层主要参数的主要测试设备和附件推荐特性、测试条件、测试方法。

作为项目研究成果,编制完成《四川省高速公路联网收费系统复合通行卡技术规范》,制定四川省高速公路联网收费系统多路径识别系统复合通行卡技术标准,生产厂家按照本技术规范的技术标准进行生产,四川省高速公路联网收费系统按照此技术规范对复合通行卡进行使用、测试,对四川省复合通行卡生产、使用进行规范和指导。

4)四川省交通运输大数据应用相关技术研究

随着国家"互联网+"计划推出,大数据作为互联网时代信息基础设施与应用服务模式的重要形态,是新一代信息技术集约化发展必然趋势。通过"十一五"期间建设的四川省交通信息资源整合与服务工程,四川省交通运输厅搭建省级数据交换平台,初步建成全省统一的数据中心,并对厅公路局、运管局等厅直属单位数据进行汇聚。但是数据多为物理集中,由于数据来源不同、数据格式不统一等问题,对于数据处理以及深入挖掘分析较少,数据融合应用不足。

为促进四川省交通运输领域数据融合应用,研究交通运输领域应用大数据相关技术及模型、大数据管理平台及应用支撑平台的建设模式、平台架构及关键技术,满足具体业务需求,四川省交通运输厅信息中心组织开展"四川省交通运输大数据应用相关技术研究"研究课题,为交通运输大数据建设项目落地提供示范。

课题主要研究以下内容:

(1)研究大数据应用关键技术,分析提出适合在交通运输领域应用相关技术。

(2)研究交通运输大数据分析挖掘算法和模型。针对交通运输大数据属性特征,重点研究神经网络、可视化分析、回归分析、遗传算法、关联规则等大数据分析及挖掘算法。

(3)研究分析交通运输大数据管理平台建设模式、平台技术架构及关键技术。本课题根据四川省交通运输行业数据实际情况,选取合适的大数据管理技术,进行数据资源体系规划,研究实现行业数据资源统一存储、管理、分析和处理。

(4)研究分析交通运输大数据分析应用支撑平台建设模式、平台技术架构及关键技术。结合具体数据业务需求,以实际业务场景为驱动,进行数据挖掘分析,实现2~3个分析主题展现,为交通运输规划和管理部门提供信息情报和决策支持。

(5)研究分析大数据在交通运输应用运行机制,提出相关保障措施建议。

课题取得以下研究成果:

(1)综合应用分布式大数据存储技术、多源异构数据融合技术、基于元数据管理的大数据资源池技术,提出交通运输大数据融合与治理的技术路线。

(2)提出交通运输大数据分析模型库。交通运输大数据分析模型库是分析挖掘乃至应用技术关键。

通过本课题研究,挖掘适合四川交通运输应用的大数据技术与算法模型,提出科学、可行的大数据平台建设思路,探索适合四川交通运输发展的大数据行业应用。实现大数据在道路养护、公交出行、客运出行、货运出行应用场景的分析效果展现,为大数据技术在交通运输领域应用提供思路。

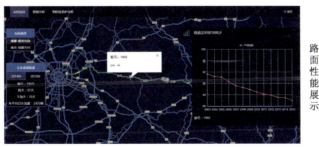

大数据在道路养护中的应用分析示意图

大数据在公交出行中的应用分析示意图

大数据在客运出行中的应用分析示意图

大数据在货运出行中的应用分析示意图

5）四川省高速公路网运行数据分析软件研究

为进一步提高四川省高速公路网运行数据分析的针对性、科学性和高效性，满足全省路网运行管理业务评估需求，四川省交通运输厅高速公路管理局于2012年安排开展四川省高速公路网运行数据分析软件研究项目。对全省高速公路路网运行数据大型数据库进行业务数据分析，为监管和决策提供数据分析基础，以便更好地开展高速公路运行业务管理工作。

项目研究内容包括：

大型收费数据仓库建设：四川省高速公路路网运行数据具有数据量庞大，且增长幅度快的特征。需要综合数据仓库、OLAP、并行处理、数据分区、高速缓存等技术，设计并建设具有极高数据存取效率的数据仓库存储体系。

路网运行数据转储方案研究:目前高速公路路网运行数据主要在四川省高速公路收费结算中心存储,其存储结构基本以清分结算为目标,需要研究在两种数据库结构之间高效、安全转储数据方案。

路网运行数据分析处理研究:由于路网运行数据具有数据量庞大的特点,对此的数据分析要求结果正确性、可靠性和分析高效性。需要综合采用数据库分区存取技术、多级缓存技术、多处理器并行计算技术等,研究具有针对性的数据存取、数据综合分析算法。

路网运行数据分析处理软件开发:根据本项目业务需求特点,在软件开发上需要综合采用中间件技术、面向对象技术、敏捷软件开发技术等,开发面向用户、以数据为中心,高效、可靠、易用、灵活的数据分析处理软件。

作为项目研究成果,建设四川省高速公路收费数据仓库,开发四川省路网运行数据分析处理软件,安装在四川省交通运输厅高速公路管理局管理计算机网络中,为管理业务中数据分析提供服务,向其提供管理业务科研支撑。

6)基于实时数据的高速公路交通态势智能分析技术研究

本项目以四川省高速公路联网收费系统为业务系统,利用各类交通控制模型,通过对收费数据进行有效挖掘,实现四川高速公路交通态势智能分析和识别。由四川交通科学研究所、四川智能交通管理系统有限责任公司和四川大学共同合作完成。

项目研究得到以下主要工作成果:

(1)流量和收入分析与预测方面:以路网、路段和收费站为实验对象,按照车流组成成分(总流量、客车和货车),采用改进 ARMA 算法和改进 LSSVM 算法,建立不同时间尺度(月、日和小时)下流量和收入预测算法。实验结果表明,本项目提出流量和收入预测算法在不同时间尺度下,针对不同类型车流的预测精度基本保持在90%以上,有部分预测结果超过95%。

(2)流量和收入相关性分析:以路网流量-路网实收通行费收入,路段流量(有效通过流量)-清分收入为研究对象,根据出行车辆客货特征为分类标准,研究不同类型车流量对收入的影响。实验结果表明,所有拟合得到的预测算法准确度在92%以上,部分预测结果超过97%。

(3)路网流量分布分析与预测:以进出收费站为流量分布起止点,基于路网历史数据,建立出行车流 OD 历史分布矩阵,研究路网流量分布特征。实验结果表明,针对除突发因素影响区域的路网和局部区域,流量分布预测算法大部分结果平均准确度在90%以上,部分 OD 准确度超过95%。

(4)节假日流量和分布分析与预测:以春节为节假日研究对象,以改进 ARMA 预测算法为基础算法,考虑春节流量变化特征,引入春节预测误差算子算法,构建适合春节的路网流量预测算法。实验结果表明,在日刻度下,新预测算法对路网流量预测准确度在92%以上;对春节流量峰值预测精确度在96%以上。

项目申请国家专利两项:

基于时间序列的高速公路交通流量预测方法;

一种 GSO 优化最小二乘支持向量回归机参数的高速公路流量预测方法。

发表论文两篇:

《基于联网收费数据的四川省高速公路交通流量研究》,2013年四川公路交通学术年会优秀论文三等奖;

《高速公路交通流的分形特征实证分析》。

7)基于云平台的开放式公共出行信息服务技术研究

"交通公众出行信息服务系统建设"是交通运输部"十二五"信息化发展重大建设专项工程。根据相关要求,四川省"交通公众出行信息服务系统"于2011年建设完成,当时由于其技术先进性和向公众提供出行信息服务创新性,获得当年四川省科技进步三等奖。但随着综合交通运输建设快速发展,原来"交通公众出行信息服务系统"技术手段和信息资源已不能完全满足社会公众实际需求。

交通运输部于2014年在全国选择8个省份,在部统一指导和标准要求下,组织实施"政企合作模式的全国综合交通出行服务信息共享应用科技示范工程",通过和百度合作,利用百度地图提供的云平台,进行本地综合交通出行信息服务系统深度开发,实现交通信息服务、信息资源共享,从而全面提升交通运输行业对社会公众服务能力。四川省交通运输厅成为试点单位之一,厅信息中心申请立项"基于云平台的开放式公共出行信息服务技术研究",并开展相关科研工作。

课题主要研究内容包括:

(1)提供政企合作模式,同时提供云平台信息共享交换支持,跨区域出行规划技术、出行行为分析、出行链分析及行业决策支持分析等技术支持。

(2)以四川省已整合交通信息为基本、依托互联网企业全国综合交通数据云平台对全省交通出行信息服务网站进行改造,增加微博、微信等新媒体信息服务。

(3)基于平台衍生出大数据交通决策支持体系。

项目采用基于百度地图的云平台应用技术。平台具备基于 LBS 的"云存储、云计算、云服务"能力,配备高性能 GIS-T 服务引擎,可以根据客户需求为其扩展出完整的交通地理信息服务应用。

基于百度地图二次开发,通过数据接口方式实现数据共享交换,提供跨区域出行规划技术、出行行为分析、出行链分析及行业决策支持分析等技术支持。以四川省已整合交通信息为基本,通过数据接口、前置机等方式实现数据共享交换。基于百度地图,对四川省交通出行信息服务网站二次开发,结合云平台提供的餐饮娱乐、旅游景点、购物场所、银行、教育和医疗机构等与出行信息服务相关的深度信息,根据需求,开发具有本地特色的交通信息服务门户。

项目实现以下研究目标:

(1)节约公众出行时间,间接创造社会经济效益。

(2)减少政府投资。

第一,利用众包模式的数据采集优势,使政府在不进行额外投资前提下获得更丰富的基础数据资源。第二,云平台的分布式架构,使得政府不需要为海量数据而增加存储设备投入。第三,政企合作新型模式下,政府不再是传统信息服务运营主体,信息服务由更具有技术和受众优势的企业提供,行业主管部门信息服务系统建设和运营费用因此而降低。

(3)提升信息资源利用价值。

通过行业管理数据采集和众包数据采集相结合方式,打破传统信息采集和独享模式,通过对多源交通信息融合处理以及分析挖掘,提升信息资源利用价值,最终转化为出行信息服务。

(4)带动产业链相关企业的发展。

基于云平台的综合信息服务能够为整条产业链带来巨大的发展空间和经济效益。企业通过云平台关键技术攻关和个性化信息服务设计研发,实现其服务业务在交通领域创新发展和市场潜力发掘。同时PC端和移动端应用的研发也会给相关运营商带来流量收入和定制服务盈利。

(5)建立信息服务标准规范。

以工程建设运营经验为参考,制定和完善相关规范标准,促进信息服务的发展和推广。

(6)提升出行服务质量和公众出行效率。

利用多源交通数据采集模式和云平台技术,实现跨区域路径规划、一站式服务以及个性化信息推动等出行服务应用,使交通出行服务覆盖面更广、智能化更高、实用性更强,提高出行体验。

(7)实现科学分析下的决策支持。

新合作模式下,互联网企业为四川省交通行业管理部门,提供日常或节假日、重大活动期间及不利天气条件下的交通运行趋势分析,为政府管理决策提供数据支撑。

8)四川交通信息系统安全研究

信息是社会发展重要战略资源,信息安全成为维稳的一个重要因素,目前中国信息与网络安全的防护能力处于发展初级阶段,许多信息系统处于不设防状态,网络信息安全已成为影响国家大局和长远利益急待解决的问题。

交通运输作为国民经济基础性产业,信息系统安全以及还在保密期经济数据的任何泄露都可能危害国家(或单位)的经济安全,重要数据泄露,造成难以估计的经济损失和社会影响。随着四川交通运输信息化建设步伐加快,各类交通信息系统投入应用,全省交通信息体系逐步形成,并成为交通运输重要组成部分。保障交通信息安全成为交通信息化建设重要课题。

四川省交通运输厅信息中心开展的"四川交通信息系统安全研究"课题,课题主要从安全技术体系和安全管理体系两方面着手研究设计,涵盖信息系统的物理环境、网络、操作系统和数据库系统、业务应用、数据保护、运行管理等多个层面。

安全技术体系包括物理安全、网络安全、主机安全、应用安全和数据安全与备份恢复。

(1)物理安全:按照等级保护要求从环境安全、设备安全研究设计实现方案。

(2)网络安全:网络安全主要从结构安全、访问控制、安全审计、入侵检测、边界完整性保护、恶意代码防范、网络设备防护等方面进行研究设计,确定采用什么设备及技术达到的要求。

(3)主机安全:用什么样的技术和方法来实现身份鉴别、访问控制、安全审计、剩余信息保护、入侵检测、恶意代码防范、资源控制,保证主机安全。

(4)应用安全:按等级保护对应用安全的要求,如何实现应用系统中的身份鉴别、访问控制、安全审计、剩余信息保护、通信完整性、通信保密性、抗抵赖、软件容错、资源控制。

(5)数据安全:数据是信息系统中保护核心,针对不同级别的数据,主要从数据机密性、完整性、抗抵赖性、认证性研究其应该采用的加密保护机制。

(6)备份恢复:研究设计数据安全备份和恢复方案。

安全管理体系设计包括安全制度、安全机构、人员安全、系统建设和系统运维等方面的管理。安全管理方面对系统备案、等级测评、监控管理和安全管理中心、必要的安全管理职能部门、安全管理制度以及人员安全管理、质量管理等进行控制。

基于国家信息系统安全等级保护的要求研究交通信息系统的安全防护,研究成果基于以下技术路线。

物理安全:从研究物理位置选择、物理访问控制、防盗窃和防破坏、防雷击、防火、防水和防潮、防静电、温湿度控制、电力供应、电磁防护等环境安全来实现。

网络安全和主机安全:通过边界网络设备合理部署、配置,部署审计系统、入侵检测/防御系统、防恶意代码产品、漏洞扫描产品以及PKI/CA系统等实现。

应用安全:通过PKI/CA系统、数据库审计系统、安全编程等方法实现。

数据安全:根据数据分类,按照不同级别要求,实现数据机密性、完整性、抗抵赖性和认证。

通过本地或异地方式备份数据集恢复数据。

安全管理体系主要从管理制度、安全机构、人员安全、系统建设和系统运维等方面研究设计方案,配合安全技术体系保证系统安全。

项目研究成果提升交通运输信息系统的安全性,更好地保障交通运输网络系统和信息系统正常运行,全面提升四川省交通运输信息安全系统安全防护能力。

(二)智能化监测、检测技术

1)建设背景

"十二五"期是推动信息化、工业化深度融合和加快经济社会各领域信息化进程的重要阶段。交通运输部党组高度重视信息化工作。为贯彻交通运输部《公路水运交通运输信息化"十二五"发展规划》和《交通(公路水运)信息化建设指南》,推进公路交通信息化建设,全面提高公路交通运输智能化和现代化水平,四川省交通运输厅出台《四川省推进"智慧交通"建设工作实施方案》,结合交通运输发展规划和当前重点项目建设情况,积极支持和鼓励厅属各单位开展多个智能化和信息化建设项目研发,将全省高速公路信息化建设和智能化监测和检测技术水平提上新台阶。

(1)四川省智慧公路系统

"四川省智慧公路系统"是以公路档案数据动态管理为基础,依托地理信息平台强大空间分析能力和图像功能,结合物联传感技术,智能手持终端远程诊断交互应用,对全省公路结构物健康情况进行智能监测、快速反应、分析设计、科学决策的综合性平台。该平台建成后能够充分发挥信息化引领作用,积极推动地方和行业交通运输信息化发展,提升交通运输行业信息化水平。系统简介和研发进度见表7-3。

系统简介和研发进度　　　　表7-3

四川智慧公路系统	一期工程	第一阶段	●项目需求调研　✓已完成 ●系统框架及顶层设计　✓已完成 ●项目一期工作方案　✓已完成
		第二阶段	●系统服务器应用层中间件开发　✓已完成 ●系统数据库设计与建立　✓已完成 ●档案管理、地理信息、病害交互三大子系统程序开发　✓已完成
		第三阶段	●智慧路面系统报告生成功能开发　✓已完成 ●项目部署时硬件服务器及网络建设工作　✓已完成
		第四阶段	●系统部署试用　✓已完成
		第五阶段	●档案系统数据资料采集　▶研发中
	二期工程	第一阶段	●智慧路面系统的其他功能开发　▶研发中 ●智慧桥梁系统开发　▶研发中 ●智慧隧道系统开发　▶研发中
		第二阶段	●特殊路基智能分析系统开发　▶研发中 ●沿线设施智能分析系统开发　▶研发中
		第三阶段	●沿线环境监测监控系统开发　▶研发中 ●公路路网防灾减灾系统开发　▶研发中
		第四阶段	●二期开发的系统上线运行　▶研发中

四川省智慧公路系统

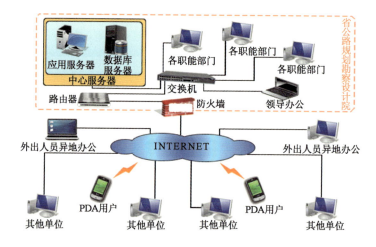

四川省智慧公路系统—网络架构

四川省智慧公路系统—地理信息子系统

第七章

高速公路科技

四川省智慧公路系统—档案管理子系统

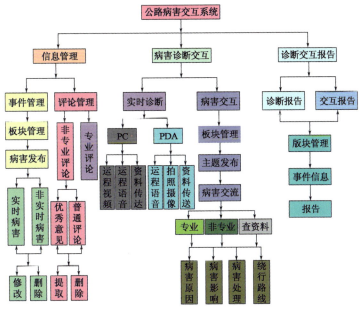

四川省智慧公路系统—病害交互系统构架

四川省智慧公路系统—病害交互子系统

四川省智慧公路系统—道路技术状况评定子系统

(2)西攀高速公路大型桥梁健康监测与安全评估系统研究

2006年,西攀高速公路大型桥梁健康监测与安全评估系统研究立项。该项目以西攀高速公路金沙江大桥(主跨324m预应力混凝土双塔斜拉桥)、城门洞大桥(主跨110m连续刚构桥)等控制性桥梁工程为主要监测对象,对桥梁结构应变/温度、线形及变位、斜拉索索力、固有动态特性等性能参数进行在线监测、安全预警和损伤识别及评估。该系统由数据采集层、数据预处理与传输层、数据处理与分析层、桥梁结构状态与安全评估层4个功能层次组成,分为:信号传感与数据采集、数据预处理与传输、数据处理与分析、桥梁线形及变位永久监测、桥梁结构状态与安全评估5个子系统。系统采用分布式数据采集传输系统,设金沙江大桥南桥塔和北桥塔、城门洞大桥3个数据采集站和现场控制单元;在攀枝花监控分中心设远程监控工作站进行人机联系,控制数据采集单元工作,监视系统运行情况。

前后经过3年研发和3年试运行,取得以下主要研究成果:

①提出在西部山区高速公路建设和养管过程中一体化集成监测沿线大型桥梁等关键结构物的必要性和可行性,并系统地研究这种集成化远程监测系统功能层次和框架结构等成套设计和集成技术。

②在桥梁结构有限元建模和模型修正技术基础上,采用柔度法和统计分析法探索性地研究结构累积损伤识别和桥梁结构安全评估方法。

③通过在依托工程上建立监测与评估系统进行实际工程应用,验证上述集成远程监测技术在山区高速公路实用性,为依托工程桥梁安全运营和维修养护决策提供依据。

④通过发明创新解决FRP筋与高强钢绞线可靠连接技术难题,有效降低采用FRP智能拉索进行索力监控成本,以及加工和安装FRP智能拉索技术工艺要求,可广泛用于大

型桥梁拉索(吊杆)内力智能监控领域。

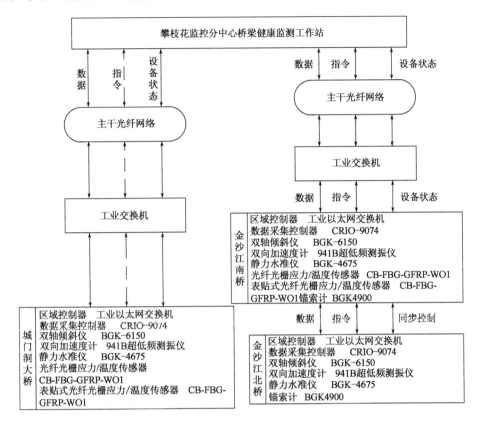

在线监测系统硬件组成总体框图

本项目研究成果对保障依托工程桥梁服役期内运营安全,提高桥梁管养水平,西攀高速公路全线其他桥梁的养护管理,探索一套适合于西部山岭重丘地区地质特点、桥梁结构形式和高速公路桥梁管理模式的桥梁结构健康监测与安全评估技术具有重要意义。

(3)基于监控量测技术的山岭公路隧道安全评价体系技术研究

本课题旨在合理利用隧道施工监控量测数据来指导施工和设计,对隧道围岩和结构进行安全评价,总结出一套隧道施工安全评价体。

①公路隧道施工过程中围岩变形规律

根据现场采集的监控量测数据资料,对不同围岩级别、不同施工工况等情况下围岩变形进行分类统计,从中获取监测断面围岩变化规律以及有关围岩稳定性信息。

②推定两车道公路隧道围岩变形破坏控制基准值

利用现场监控量测数据反馈信息,研究测前位移,得出围岩变形总位移,然后采用数值反演分析方法对隧道支护结构的力学行为进行分析,确定支护结构的安全系数,建立位移-安全系数曲线。推定出符合工程实际的围岩稳定性位移基准、速率判据和加速度判据等。

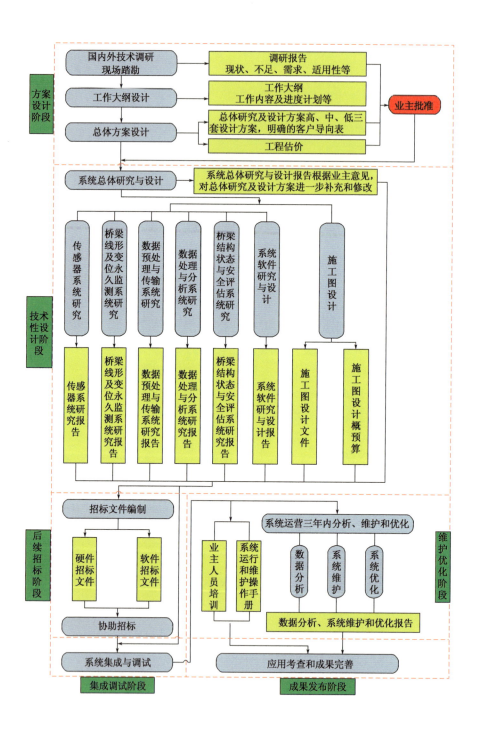

西攀高速公路大型桥梁健康监测与安全评估系统研究技术路线图

系统登录主界面 　　　　　　　金江斜拉桥监测主界面

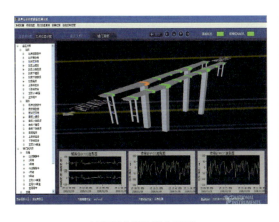

城门洞大桥监测主界面 　　　　传感器状态显示界面

③构建公路隧道施工安全预警及其风险管理的基本模式

通过前期建立的"位移基准""速率判据""加速度判据"的有机结合,结合施工现场的监控量测数据,实时对公路隧道围岩稳定性和支护结构安全性作出正确评价,在围岩变形值达到或超出预设的临界值或安全等级偏低时,在隧道施工风险管理的基本模式下,及时做出预警。

④公路隧道监控量测数据分析与管理系统

针对目前监测数据分析管理系统的需求,开发了一套公路隧道监控量测数据分析与管理系统。该系统实现量测数据的自动转换和数据管理功能,确保量测数据完整和准确性,提高工作效率,更好地协调设计、施工和监测等部门的工作,使信息反馈更为迅速。

(4)基于物联网的公路边坡地质灾害监测预警与决

FRP筋与钢绞线连接器
及复合拉索发明专利证书

策支持系统研究

该课题依托于成雅高速公路滑坡段、广甘高速公路乐雅高速公路3个实际工程,立项为四川交通科技项目,目前在研。项目主要研究目的在于地质灾害的长期监测、自动检测方法与现代远程传输技术、互联网技术相结合,建立远程、实时、自动的公路边坡地质灾害监测预警和决策支持系统,推动物联网技术在公路边坡地质灾害监测预警与防灾减灾中的应用,为山区公路建设与安全运营提供技术支撑。

项目研究内容分为4个专题：

①边坡工程基础信息数据库与危险性评价

通过资料收集及现场调查,收集掌握公路边坡工程设计基础资料、施工情况、工后现状和灾害事件等数据,建立具有边坡特征信息要素的边坡工程数据库,并不断更新和反馈。结合坡体结构、地质环境因素,完成典型山区高速公路边坡危险性评价,为远程监测系统的布设及灾害应急决策提供基础数据。

②基于无线传感网和GPRS网络的边坡远程监测系统

根据单体边坡结构特征,确定监测布置原则;采用无线传感网建立主要传感器与数据采集器之间的短距离数据传输,采用GPRS无线传输技术建立远程监测中心与多个路基边坡单体监测子站24小时不间断联系;开发远程监测系统控制软件,实现边坡动态监测数据的标准化自动存储和远程通信传输控制,形成适用于山区公路的边坡地质灾害远程监测系统。

③边坡地质灾害在线监测分析与信息管理平台

基于实时监测数据信息,采用SQL Server数据库平台,建立边坡地质灾害实时监测信息数据库;采用Web Service技术,以实时监测信息数据库为基础开发基于B/S结构的边坡地质灾害在线监测平台,实现互联网环境下远程实时监测信息管理查询和图形可视化。

④边坡地质灾害应急决策技术

借鉴吸收已有边坡地质灾害预测预警模型研究成果,以地表位移、深部位移和降雨量监测信息为基础,提出综合预警指标;收集公路边坡地质灾害应急抢险和加固设计资料,总结边坡地质灾害应急管理及处治措施,为灾害应急减灾预案制订提供科学依据;以互联网和GSM网络为支撑,研究灾害信息预警发布机制,建立地质灾害监测信息多元发布平台,为防灾减灾工作开展提供技术支持,形成灾害应急快速反应体系。

(5)四川省高速公路养护管理系统

为整合全省高速公路养护管理信息资源,建立规范统一养护业务管理省级信息平台,四川省交通运输厅高速公路管理局等单位研发"四川省高速公路养护管理系统"(表7-4)。该系统通过与高速公路运营单位已建养护管理系统互联互通,可实现全省养护数据整合与共享,形成全省高速公路管理省级信息化平台。

四川省高速公路养护管理系统模块功能介绍 表7-4

模块	功 能 介 绍
首页	用于展示当前用户的代办事宜、工作日志、养护咨询、行业考评、通知公告、巡查动态、维修动态、应急事件等信息
地图查询	基于"天地图"的实时更新地图导航,通过地图平台实现动态展示道路病害数据、维修信息、道路各项基础数据、及时信息、道路质量评定、动态监控视频等信息查询统计分析
巡查管理	结合手持PDA巡检仪的应用,实现方便快捷、准确的道路巡查及病害采集,同时实现巡查日志编辑打印,任务单编写,提交审核,下达任务单及打印发送
养护工程	主要实现维修保养工程、专项工程、大修工程、灾害抢险工程、其他养护项目工程,进行项目信息登记、统计分析,以及维修工程项目全过程图档资料登记、查询管理
桥涵管理	对桥、涵、隧等构造物进行日常检查、经常检查,定期检查数据维护管理。同时也可与手持巡检仪配套使用,通过手持巡检仪进行桥、涵、隧的经常检查工作
评定管理	通过采集录入公路技术状况各项指标原始数据(PCI、RQI、RDI、PSSI、SRI、SCI、BCI、TCI)系统自动计算每项指标的得分,再汇总计算出综合指标(MQI)。同时实现评定数据上报各级主管部门
应急管理	由灾害抢险、应急预案登记和应急事件处理三大功能组成。实现道路紧急和突发事件的登记、上报、紧急情况的应急处理资料的管理
互动办公	包括互动办公、信息管理两个模块。互动办公主要实现工作任务管理、通讯录管理、上级考评、挂牌督办。信息管理主要实现通知公告、养护咨询管理
图档管理	按照公路竣工档案资料目录进行档案资料管理,包含的资料类型主要有工程建设时期各类图档资料
公路属性	包含公路全线上的路基、路面、边坡、绿化、桥梁、涵洞、隧道、互通式立交等构造物的基础信息登记与管理
报表管理	实现交通部、交通厅等上级主管要求上报的各种统计报表及数据资料。包含养护维修统计月报类、年报类、季报类、养护计划报表、养护计划执行情况报表
系统设置	主要实现机构设置、人员设置、路线设置、权限设置、数字字典、显示字段设置

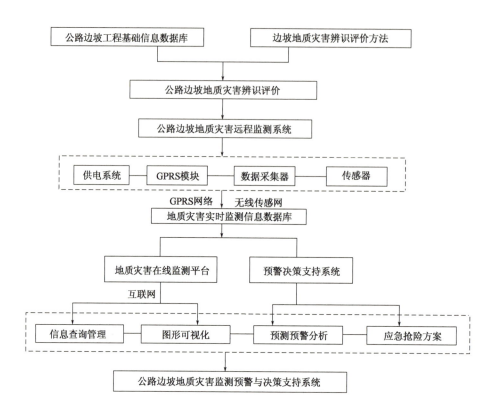

基于物联网的公路边坡地质灾害监测预警与决策支持系统技术路线

成雅高速公路

（全长141km,1999年12月建成通车,2002年获四川省优秀设计二等奖）

"四川省高速公路养护管理系统"主要由两大部分组成,一部分为静态数据,包含公路属性和图档资料数据;另一部分为动态数据,包含巡查、维修动态、大中修、桥涵隧检查及道路技术状况评定数据等。

第七章

高速公路科技

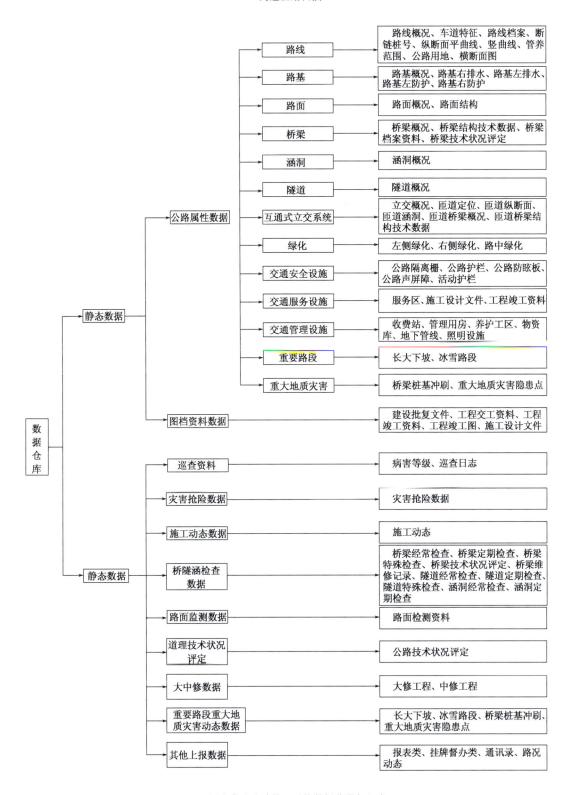

四川省高速公路管理系统数据分类与组成

四川省高速公路管理系统—登录主界面

四川省高速公路管理系统—首页主界面

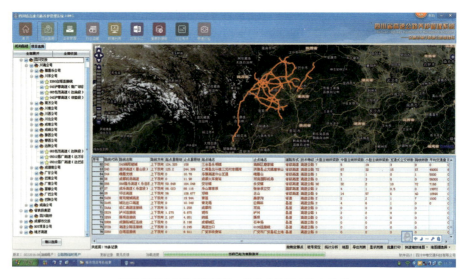

四川省高速公路管理系统—机构和路线查询主界面

第七章
高速公路科技

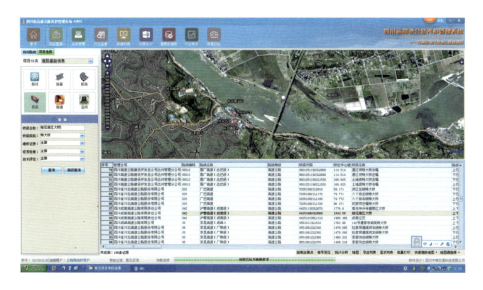

四川省高速公路管理系统—桥梁查询主界面

四川省高速公路管理系统—隧道查询主界面

2）展望

当前，四川省交通基础设施仍保持较快发展速度，且未来建设方向将更集中于"高海拔""高烈度"地区，面对新形势新挑战，四川省将继续加强智能化监测、检测技术建设和研发，推进全省乃至全国交通运输行业信息化进程。为此，在既有智能化监测、检测技术的基础上，确定下一步交通运输行业信息化工作目标。

（1）在现有"四川省智慧公路系统"开发基础上，继续完善系统架构，同时进行与交互系统配套 APP 应用系统开发，用于内部外业人员与专家实时交互办公，后期扩大与客户实时远程交互诊断系统等相关业务。

（2）西攀高速公路大型桥梁健康监测与安全评估系统的研究应用为今后其他监测子系统的建立和系统升级积累了相应技术经验；中期目标将逐步纳入高速公路上其他大型桥梁、边坡等结构物，使系统扩展并覆盖全线所有重点结构物，保障高速公路全线运营安全；最终，以现有高速公路三大系统为基础，以监控系统为重点，逐步升级、扩展、融合成为"高速公路一体化智能管理系统"。

（3）在既有"基于监控量测技术的山岭公路隧道安全评价体系技术研究""基于物联网的公路边坡地质灾害监测预警与决策支持系统研究"的基础上，确定评价体系指标，形成系统化、网络化隧道施工和地质灾害监测预警和决策支持平台，更好地为隧道施工和后期公路运营管理提供技术支撑。

（4）整合全省交通运输行业现有智能化监测、检测技术信息化系统平台，借鉴国内外安全风险管理、事故风险分析等研究成果，建立安全风险的全面受控、安全基础的全面加强、管理水平的全面提升，安全风险的信息化管理的公路安全风险管理系统，确保全省交通运输行业的科学、稳定发展。

第四节 安全保障与节能环保技术

（一）运营安全保障体系

1994年，交通部发布《高速公路交通安全设施设计及施工技术规范》（JTJ 074—1994），首次在高速公路设计和建设中系统性地建立交通安全设施设计体系。该标准指导了包括成渝高速公路在内的四川省早期建设的高速公路交通安全设施建设工作，为这些高速公路运营安全提供有力保障，为四川省高速公路运营安全保障体系建设打下良好基础。

2004年，交通部在全国国道、省道干线公路和重要县道公路上开展以"消除隐患，珍视生命"为主题的"安全保障工程"，对影响行车安全的急弯、陡坡、连续下坡、路侧险要、桥头（宽路窄桥、弯路直桥等）、隧道、平交叉口、路面抗滑能力不足、路面标志标线等影响行车安全路段采用交通工程及交通标志等措施进行综合整治，以起到公路行车被动安全防护和主动引导警示目的的专项工程。同年，随着以川（主寺）九（寨沟）路为代表的一大批公路勘察设计典型示范工程的实施，提出"安全、环保、舒适、和谐"的建设方针，安保工程的实施和"六个坚持、六个树立"新理念的普及极大地提升四川省高速公路运营安全保障体系设计和建设水平。

2006年，交通部发布《公路交通安全设施设计规范》（JTG D81—2006）和《公路交通安全设施设计细则》(JTG/T D81—2006),《高速公路交通安全设施设计及施工技术规范》(JTJ 074—1994)同时废止。

川主寺至九寨沟公路

(全长94km,是交通部确定的全国公路示范工程。2005年11月获第五届詹天佑土木工程大奖,2006年12月获四川省优秀设计一等奖,2007年获全国优秀工程勘察设计银奖)

2007年,"超级工程"四川雅西高速公路动工开建。雅西高速公路被国内外专家学者公认为国内乃至世界自然环境最恶劣、工程难度最大、科技含量最高的山区高速公路之一,被称作天梯高速、云端上的高速公路。而51km的拖乌山至石棉段,几乎全是长下坡,且海拔高,临崖临壁,急转弯多,对于货车来说危险系数很大,堪称"魔鬼中的魔鬼路段"。为保障雅西高速公路运营安全,在设计中不但充分贯彻新版规范设计理念,建设单位还组织开展雅西高速公路运营安全保障体系研究工作。这些工作为四川省高速公路运营安全保障体系设计和建设积累了宝贵经验,大大促进了运营安全保障设计和建设理念提升。

雅安至泸沽高速公路在大渡河瀑布沟库区段

雅西高速公路九囊段

2014年,时任交通运输部部长杨传堂在全国交通运输工作会议上做题为《深化改革务实创新加快推进"四个交通"发展》报告。提出要将"四个交通"(综合交通、智慧交通、绿色交通、平安交通)作为今后和当前一段时期交通运输发展的主旋律,其中"平安交通"是"四个交通"的基础。加快发展平安交通,要强化安全治理体系和治理能力建设,提高交通运输安全发展防、管、控能力,大力提高交通运输安全应急处置能力,推进安全生产长效机制建设,实现交通运输持续安全发展。

运营安全保障体系方面,四川省先后开展"四川省高速公路交通安全设施相关技术研究""雅西高速公路超长隧道与长大纵坡、冰雪路段运营安全保障体系研究""雅西高速公路超长纵坡路段大型车辆安全行驶试验""山区高速公路运营安全与畅通保障关键技术研究与示范""山区高速公路强横风路段安全保障关键技术研究""山区高速公路避险车道设置关键技术研究与应用""四川省山区高速公路营运性驾驶员适应性评价及应用推广研究"等科研工作,这些工作结合四川省高速公路特点,从多方面对高速公路运营安全保障体系相关技术和措施进行研究,促进四川省高速公路运营安全保障体系总体建设水平提升。

1)四川省高速公路交通安全设施相关技术研究

2010年开始,四川省高速公路通车里程进入快速增长时期,高速公路特殊路段所占的比例越来越高,交通安全形势严峻,迫切需要交通标志设计体现整体性、提高相应交通安全设施设计水平。从当时实际情况来看,由于缺乏统筹,很多项目交通标志设计存在孤立化倾向,未能体现路网整体性,设计单位对于现行标准规范理解和把握存在较为显著差异,导致设计风格不统一,增大项目协调工作量,影响项目工期、投资和施工控制。为解决上述问题,四川省交通运输厅公路规划勘察设计研究院申请立项"四川省高速公路交通安全设施相关技术研究"。

课题首先对全省运营高速公路标志设置现状调研,全面掌握标志现状基础资料,形成

《四川省营运高速公路指路标志设置现状调查报告》。通过对标志调研资料及现存问题分析,按一般互通式立交、枢纽型立交、服务区等关键节点划分研究单元,从标志设置位置、信息选择、支撑结构选择、版面信息布局等设计细节要素各方面分析,对设计细节统一认识、加以明确,形成《四川省高速公路指路标志设置技术指南(试行)》,用以指导新建项目指路标志设置。

参照新建项目指路标志设置,研究在满足指引需求前提下,标志结构最大程度利用,以及指路信息平稳过渡;尤其对城市过境环线高速公路标志设置,进行专项研究。形成《四川省营运高速公路指路标志设置补充要求》,用以指导运营高速公路指路标志改造。

课题研究过程中的两项关键技术,分别是:

第一,从系统角度构建指路标志评价体系,由可判决性、优化度和稳定性3个指标构成指路标志系统评价体系,以及由此提出具备广泛适应性和最优稳定性的指路标志系统一般构造原则。

第二,城市过境环线高速公路指路标志体系构建,以及相关指路信息精练、组合和传达的工程技术措施。相关技术手段应用在泸州绕城标志改造项目中。

项目研究成果《四川省高速公路指路标志设置技术指南(试行)》和《四川省营运高速公路指路标志设置补充要求》作为地方性技术指导文件,全部通过四川省交通运输厅批复,并正式发布,用于指导工程管理和实施。

项目研究成果经总结,发表论文两篇:

蒋贵川,《指路标志系统评价体系及构造方法研究》;陈恺,《四川省高速公路指路标志改造浅析本项目研究》。论文从整体上对四川省高速公路网络交通安全设施设计和建设做出规划和指导,促进四川省高速公路交通安全设施设计和建设规范化,对保证高速公路网络整体效能发挥,降低高速公路特殊路段交通事故率,提高高速公路运行效率都起到良好作用。

泸州绕城高速公路仰天窝枢纽立交预告标志

泸州绕城高速公路服务区周边路网标志

2）雅西高速公路超长纵坡路段大型车辆安全行驶试验

雅西高速公路是国家高速公路网中京昆高速公路重要路段，地处青藏高原和四川盆地结合带，沿线地形地质条件复杂，全程共经过6次越岭，形成3处超长连续纵坡，其中大相岭北坡、南坡、拖乌山北坡越岭线连续纵坡长度分别为33km、26km、51km，位居全国之最，平均纵坡度分别为2.28%、2.57%、2.97%。三处超长纵坡路段中，雪线以上里程21.983km，且部分路段在一定海拔高度上受冰、雪、雨、雾等恶劣气候条件影响，运营安全形势严峻，远超一般平原微丘区高速公路。

雅西高速公路项目在建设期，先后开展6项西部交通建设科技项目、4项四川省交通运输厅科技项目研究，取得30余项阶段性成果，但是，客运车辆在长下坡路段由于各种原因造成的车辆失控、追尾、侧翻、坠崖等问题未能从根本上解决。

针对上述问题，四川交通职业技术学院和四川雅西高速公路有限责任公司申请立项"雅西高速公路超长纵坡路段大型车辆安全行驶试验"课题。

项目针对雅西高速公路超长纵坡路段具体情况，研究雅西高速公路超长纵坡路段轿车、大客车运行安全性，主要包括以下内容：

（1）山区高速公路轿车、大客车驾驶员行车安全调查

雅西高速公路建成通车后，京昆高速公路全线贯通。在道路通车前十分有必要对行驶于西部山区高速公路的轿车、大客车驾驶员安全驾驶行为、车辆本身安全技术状况等进行调查研究，为提高雅西高速公路运营安全性提供重要依据。

（2）轿车在超长纵坡路段行驶安全性

雅西高速公路的急弯、陡坡、雨雾、冰雪等天气是造成轿车事故的重要隐患。研究内容包括：超长下坡路段轿车驾驶员行为特性，包括下坡安全操作习惯、下坡安全车速控制、下坡安全档位控制、下坡行车制动器的实用频率等试验研究；超长下坡路段道路环境对安全影响因素，包括道路线形、不良气候、弯坡组合、标志标线、指路指示标牌、已设置安保设

施等因素对行车安全影响的试验研究。

（3）大客车在超长纵坡路段行驶安全性

为提高大客车在超长纵坡路段安全性，主要在下坡行驶过程中从驾驶员安全驾驶操作动态特性，车辆制动效能恒定性、操作稳定性和道路、气候影响几个方面研究。

（4）雅西高速公路超长纵坡运营安全性提升方案

根据对驾驶员的调查研究成果，结合拟进行的雅西高速公路超长纵坡路段轿车、大客车安全行驶试验结果，找出通车前雅西高速公路超长纵坡路段仍存在的安全隐患，结合已设置安保设施情况，提出完善方案，全面提升雅西高速公路超长纵坡路段运营安全性。

项目研究形成集主动安全和被动安全有机结合的雅西高速公路长大纵坡路段安全保障体系，取得以下成果：沪蓉西、攀西高速公路运营驾驶员运输安全调查报告；雅西高速公路典型轿车超长纵坡路段安全行驶试验报告；雅西高速公路典型客车超长纵坡路段安全行驶试验报告；雅西高速公路超长纵坡路段出现安全完善方案。

项目成果在雅西高速公路上得到全面应用。具体情况如下：

（1）雅西高速公路超长纵坡路段客车行车安全保障方案成果应用

本课题研究成果应用到雅西高速公路行车安全管控方面，最终形成文件包括：①2012年4月26日省公安厅、省交通运输厅《四川省公安厅、四川省交通运输厅关于雅西高速公路试运行期间实施交通管制的通告》；②2012年4月26日厅高管局、川高公司《雅西高速公路试运行工作方案》；③2012年4月26日厅高管局、川高公司《雅西高速公路安全运行宣传工作方案》；④2012年4月26日厅高管局、川高公司《"五一"小长假期间雅西高速公路安全运行工作方案》；⑤2012年6月28日厅高管局、川高公司、高速交警支队《雅西高速公路限速标准》；⑥厅高管局、川高公司、省公安厅、省交通运输厅《四川省公安厅、四川省交通运输厅关于加强雅西高速公路行车安全管理的通告》。

（2）雅西高速公路超长纵坡路段交通安全优化设计成果应用

该课题研究成果中，对泥巴山南坡、北坡和拖乌山北坡沿线55余处交安设施提出优化建议，被采用40余处，采用率80%。

（3）超长纵坡路段客运车辆安全行驶试验成果应用

雅西高速公路超长纵坡路段客运车辆安全行驶试验的成果是行车安全管控体系及配套工程和交通安全设施设计的基础数据来源，成果应用主要方面如下：

①检测出雅西高速公路长下坡路段客车运行潜在事故黑点，并根据事故黑点环境特征提出相应安全保障措施，体现在交通安全设施设计方案中；

②检测出大客车超长纵坡路段制动器温度变化特点，并据此提出长下坡路段安全控制措施及服务区、停车区、安检站等关键点的安全管控和交安设施改进方案。

③根据山区高速公路驾驶人安全特性，举办四期山区高速公路客运驾驶员行车安全

技术培训。雅西高速公路自 2012 年 4 月 28 日客车开通运行以来,尚未有营运性客车在雅西高速公路上出现安全事故。说明课题组取得的研究成果在雅西高速公路运营安全过程中发挥重要作用。

项目成果还包括专著 1 部,专利 2 项,论文 3 篇,培养博士 1 名。

3)山区高速公路强横风路段安全保障关键技术研究

受山区气流多变影响,在山区高速公路经过的山谷及开阔地段,往往横风多发,且这些路段大多是桥隧相连。当车辆高速驶经这些路段时,突然出现的横风会使车辆横向受力而产生横向位移,而很多驾驶员遇到强横风时因操作不当导致车辆失控发生交通事故。现有应对横风影响措施是设立横风警示标志牌,提醒过往驾驶员注意横风。这种方式效果有限,不足以引起大部分驾驶员重视,不能从根本上解决横风带来的安全问题。

雅泸高速公路现场调研(一)

雅泸高速公路现场调研(二)

"山区高速公路强横风路段安全保障关键技术研究"项目由四川交通职业技术学院承担。项目课题组开展以下研究工作:

(1)国内高速公路强横风路段安全保障措施调查

对国内现有高速公路强横风路段行车安全保障措施进行调查,制订研究计划和实施方案。

(2)高速公路强横风路段现场勘查、调研、横风危害程度试验及计算

对四川省内山区高速公路典型强横风多发路段开展勘查。勘查内容包括强横风多发路段、季节、风速,驾驶员感受等,运用测量得到强横风等级结合汽车运动力学原理,通过试验方法计算分析所勘察路段不同等级横风对各类汽车以不同车速运行的安全影响程度。

(3)高速公路强横风路段诱导装置设计、计算及试验

设计开发高速公路横风诱导装置,完成图纸设计、横风诱导效能计算分析、样品试制及不同级别横风诱导模拟试验及试点路段试验,根据试验结果进行方案优化,使其对横风

诱导效果达到最佳,并对相应配套管控措施进行研究。

项目的技术关键体现在如下几个方面:

(1)危害汽车安全行驶横风等级计算分析确定。

(2)横风诱导装置设计、空气动力学计算、产品开发。

利用以上关键技术,在提高高速公路强横风路段行车安全基础上,将横风诱导为有利于车辆安全行驶的纵向风,在上坡路段、水平路段安装横风诱导装置时,导向叶片方向应顺着车行方向安装,使得诱导风助推车辆爬坡、行进,降低风阻、节省燃油、提升经济性;在长下坡路段,导向叶片则与上桥路段相反安装,使得诱导风迎面吹向车辆,增加大型车辆行驶阻力,从而减轻车辆持续制动强度和频率,风能还能降低刹车片热效应,从而提高大型车辆行驶安全性。最大程度消除山区高速公路强横风对行车安全影响,从根本上解决强横风对高速公路行车安全难题。

在高速公路强横风诱导设施研制成功后,首先以雅西高速公路彝海段为试点路段投入应用,在试点期间,定期监测,根据监测结果对横风诱导装置及配套措施进一步优化。此研究成果最终产品为横风诱导效能装置,结构简约、成本低廉、效果明显,与捷途公司合作实现成果向产品应用推广转化,使研究成果既有经济效益,又有社会效益。

本项目在开展研究的同时,依托项目研究培养高水平研究人员,重点培养在读博士、硕士研究生,并与教学相结合,组织学生参与课题调研活动,培养学生理论联系实际能力的目的。同时,将研究成果上升到理论高度,撰写学术论文并发表,扩大研究团队在行业内影响力。

项目还取得以下研究成果:

获得应用型技术专利 1 项;完成项目研究报告 1 份;完成成果应用报告 1 份;发表高水平学术论文 2 篇以上;培养博士 1 名,硕士 2 名。

4)山区高速公路避险车道设置关键技术研究与应用

由于自然条件限制和生态环境制约,目前在中国山区高速公路上,多采用现有路线设计规范极限指标。因此山区高速公路往往存在着曲线半径较小、坡度大、坡道长等不利于交通安全行车,尤其是在连续长下坡路段,重型货车频繁使用制动导致刹车鼓温度急剧上升,发生"热衰退"现象,导致车辆制动效能降低,甚至失控,此外,国内货车普遍存在超载超限现象,使得货车在连续下坡路段行驶变得更加危险。公安部交通事故统计年报显示,山区高速公路交通事故率居高不下,运营安全形势非常严峻。

国外研究和应用表明避险车道对于降低事故率起到重要作用。目前,有关部门已经采取设置紧急避险车道方法来提高道路安全水平。然而,由于紧急避险车道在中国应用时间较短,相关研究还比较少,尚无统一标准,暂时还处于研究和应用初级阶段,已建成的避险车道仍存在着一定安全隐患。有些车辆冲入避险车道的驾驶员仍然不能逃脱死亡或严重伤残的厄运,避险车道没有充分发挥真正避险作用。

鉴于中国山区高速公路线形受到限制、事故率高的现状,"山区高速公路避险车道设置关键技术研究与应用"对避险车道进行深入研究。

项目采用了以下研究思路:

在对现状避险车道调研基础上,分析目前避险车道主要问题,并通过模拟试验和实车试验相结合方法,综合中国山区高速公路上现行载货车辆及驾驶员情况,提出适合山区高速公路的避险车道设置关键技术,应用山区高速公路交通安全设施优化,提高驾驶安全性;为今后相关标准和规范制订奠定基础,提高山区高速公路运营车辆安全性。

项目研究的主要工作和成果如下:

①分析了国内外避险车道研究现状,分析目前中国应用最多的避险车道设置结构,并总结国内山区高速公路避险车道设置中主要问题。②对山区高速公路长大下坡条件进行界定。山区高速公路交通系统由人、车、环境和管理组成,该系统在运行中的安全性、可靠性是系统中各因素相互作用产生的结果,而设置避险车道是改善山区高速公路长大下坡路段安全状况、防护失控车辆避免发生更大交通事故的最有效工程技术手段。③对避险车道设置的影响因素、设置条件进行阐述。对比确定避险车道设置位置的3种方法,认为理论计算法更加准确和人性化。④通过货车在雅西高速公路上进行制动鼓温度变化实车试验,研究货车在山区高速公路长大下坡路段上运行时制动鼓温度变化规律和制动鼓制动失效的温度临界点,建立货车在山区高速公路长大下坡路段行驶时制动鼓温度变化模型。⑤对避险车道设置位置进行分析,建立一套适用于山区高速公路的避险车道设置位置的理论计算方法,以此来确定避险车道的设置位置和设置间距。⑥在普通避险车道基础上对避险车道结构进行优化和升级;在高速公路应急车道设置避险车道减速段;对避险车道过渡段进行结构构建和参数设置,并建立避险车道过渡段的曲线外围超高坡度模型;对避险车道制动床进行结构构建和参数设置,对集料选取做规定,建立避险车道制动床长度计算模型;对避险车道强制停车段进行结构构建和参数设置,建立避险车道消能沙袋及挡墙最大防护冲击速度模型;优化设置避险车道配套安全设施。⑦优化避险车道日常管理养护、救援方案和救援过程中的安全管理;提高客货车驾驶员对避险车道认识水平以提高避险车道使用率和使用准确性;加强山区高速公路上的客货车驾驶员的安全意识培养、安全技能掌握、加强对山区高速公路上驾驶员和车辆的监督管理,主动预防车辆失控。⑧对雅西高速公路等四川省山区高速公路现有避险车道在设计位置、设计结构、设计尺寸和材料选取等方面问题进行调研分析,提出优化改造方案,并对改造前后使用效果进行对比,证明优化改造后的避险车道更能够提高其对失控车辆的防护性,减少山区高速公路上的交通事故数量和生命财产损失,提高山区高速公路的运行效率。

优化改造后的避险车道运行到现在一直能够为失控车辆提供安全避险,并未因为避险车道设置位置和结构问题而导致严重车辆避险交通事故,证明本项目研究成果应用效果良好,能够提高山区高速公路车辆行驶的安全性。

项目还取得以下研究成果:

项目研究报告1份;成果应用报告1份;发表论文《山区高速公路长大下坡路段避险车道设置位置研究》。

本项目通过现状调研分析,运用模拟试验和现场试验相结合方法,提出适合山区高速公路的避险车道设置和设计指导书,建立山区高速公路长下坡路段避险车道位置设置理论计算模型、避险车道制动床长度计算模型、端部防护设施最大防护冲击速度计算模型等,为今后山区高速公路长下坡路段避险车道的规划建设提供理论依据。最终可以实现以人为本,降低山区高速公路事故发生频率和严重程度,保证驾乘人员安全的目的。

5)四川省山区高速公路营运性驾驶员适应性评价及应用推广研究

统计表明,在各类道路交通事故中,由驾驶员负全责或主要责任的事故占70%以上,驾驶员是交通安全主导因素。大量研究发现,一部分驾驶员较其他驾驶员更容易发生事故,而且重复发生事故概率很高,这主要与他们驾驶适应性有密切关系。

课题"四川省山区高速公路营运性驾驶员适应性评价及应用推广研究"通过对四川省大量营运性驾驶员驾驶适应性典型抽样检测及事故状况调查,分析四川省目前营运性驾驶员驾驶适应性现状,并建立四川省营运性驾驶员驾驶适应性检测体系基础数据库。为今后相关标准和规范制订奠定基础,并在驾驶员教育和管理中做到有的放矢,达到不断提高四川省营运性驾驶员综合素质和预防、降低交通事故目的。制订相应驾驶适应性检测推广应用措施,设计营运性驾驶员在驾驶适应性方面准入机制,提高四川省山区高速公路营运车辆安全性。

项目研究意义在于:①全面掌握四川省目前营运性驾驶员驾驶适应性现状;②建立四川省营运性驾驶员驾驶适应性测试体系;③确立四川省开展驾驶员驾驶适应性检测方法;④建立四川省营运性驾驶员基础信息数据库;⑤为建立行业准入机制提供参考依据;⑥为相关标准和规范制订奠定基础;⑦为四川省针对性地开展营运性驾驶员管理提供决策数据;⑧最终达到降低预防事故,从源头控制交通安全目的。

项目技术关键在于:①驾驶适应性检测抽样技术;②驾驶适应性检测流程;③营运性驾驶员适应性检测方案推广技术。

项目的创造性成果在于对营运性驾驶员进行动态和静态适应性检测,并把检测方案进行技术推广。

(1)营运性驾驶员动态适应性检测评价

在典型山区高速公路上进行山区道路驾驶运行动态检测,对车辆行驶过程中驾驶员眼动特性和驾驶员生理参数进行测试;在此基础上,基于人-车-环境系统,研究山区高速公路上由于驾驶员动态适应性缺陷而导致交通事故发生机理。

(2)营运性驾驶员静态适应性检测评价

运用驾驶适应性静态检测系统,对驾驶员生理适应性、心理适应性开展检测评价,主要检测项目包括:静视力、动视力、夜视力、视野、操纵技能、复杂反应等。

(3)营运性驾驶员驾驶适应性检测应用推广实施方案

根据实际情况,确定营运性驾驶员准入机制中驾驶适应性检测项目、流程及相关标准,并制订推广应用方案,本着先静态、后动态,先局部、后整体实施原则,逐步将该项目应用实施。

项目成果:一是营运性驾驶员适应性评价成果应用于山区高速公路及等级公路交安设施优化,提高行驶安全性;二是推广应用成果将营运性驾驶员驾驶适应性检测标准化、制度化,从人的角度全面提升行业行驶安全水平。主要应用案例有:

(1)山区高速公路特殊路段安全保障技术及植被保持、恢复技术研究。

(2)云南罗富高速公路交通安全整治方案研究。

(3)巴陕高速公路交通安全保障技术研究与应用。

研究成果减少目前职业驾驶员中驾驶适应性较差人员比例,从人的方面降低行车风险,提高运营安全性。

目前,驾驶员适应检测方法与流程已全面系统化,可全方位掌握驾驶员生理、心理指标,对驾驶员适应性做出准确判断,可普遍适用于营运性驾驶员驾驶适应性检测。

项目研究成果经总结提炼,发表高水平论文4篇:

(1)Cao HE,Bin CHEN,Qing Chen,Jian Bo WANG. Experimental Study of The Driving-characteristic of occupational Drivers and Non-occupational Drivers.(EI 收录)

(2)Bin Chen,Cao He,Jian bo Wang. A Study of Matching of Driver's Ability with Task in Traffic System.(EI 收录)

(3)Jian bo WANG,Jie YUAN,Bin CHEN,Cao HE. Study on the driver safety cognition of the highway speed evaluation system.(EI 收录)

(4)王思霞,张江红.山区高速公路职业驾驶员安全关联个体因素调查研究.

(二)节能环保技术

2004年,随着以川(主寺)九(寨沟)路为代表的一大批公路勘察设计典型示范工程实施,交通部提出"六个坚持、六个树立"公路设计建设新理念,极大地提升公路设计水平。川(主寺)九(寨沟)路提出"安全、环保、舒适、和谐"建设方针,"不破坏就是最大的保护"思想以及最大限度地保护、最小限度地影响、最强力度地恢复等设计原则,通过交通运输部科技示范项目雅西高速公路迅速在全省高速公路建设项目中得到推广和应用。"十二五"以来,以绿色循环低碳公路为代表的节能减排示范项目和科技示范工程相继实施,使公路设计新理念不断丰富,节地节水、节能减排、低碳环保等举措得到有效落实,公路建设水平再上新台阶。2014年,交通运输部提出加快推进"综合交通、智慧交通、绿色交通、平安交通"发展的战略决策,转变公路发展方式,推动公路建设持续健康发展。

在高速公路节能减排方面,四川省先后开展"四川省公路水路交通运输节能减排十二五规划研究""四川省交通运输能耗监测评价及甩挂运输模式研究""道路客运交通碳排放测算及低碳发展模式研究""公路隧道节能照明应用研究""沥青路面再生利用关键技术研究""沥青路面厂拌热再生控制性参数量化研究"等课题研究,相关研究成果在高速公路建设项目中得到推广应用。在节约资源方面,路线方案研究统筹利用运输通道资源,高速公路与普通公路同走廊共线位。工程方案研究中优先选用隧道和桥梁方案,严格保护土地资源,减少生态破坏和影响。在节能技术方面,推广应用供配电系统节能技术、LED节能灯具、照明智能控制系统、温拌沥青等新技术和新设备。在再生循环技术方面,着重研究和推广废旧沥青路面再生和循环利用,在生态型声屏障隔声板中综合利用农村废弃物秸秆作为原材料,实现无害化处理和利用。

在高速公路环境保护和水土保持方面,四川省先后开展"公路声屏障设计技术研究""西部高速公路生态型声屏障技术应用研究""无径流资料地区设计洪水计算新途径的研究""高等级公路建设中水土流失预测模式及对策研究""红层软岩边坡生态防护技术研究"等课题研究,相关研究成果在高速公路建设项目中得到推广应用。在生态保护方面,将自然保护区、风景名胜区、森林公园和地质公园等特殊生态敏感区作为路线方案研究重要因素,采取尽可能避绕或以长大隧道穿越等措施,对局部区域自然生态系统和珍稀动植物未产生重大不可逆影响。同时,在涉及饮用水水源、城市规划、矿产区、文物古迹等社会关注区域以及主要环境敏感和制约要素时,通过局部路线方案优化调整,尽可能减少影响和干扰,力求做到统筹协调,并以沿线自然和人文环境为基础,更加注重高速公路沿线生态景观恢复和塑造。在水土保持方面,高速公路路基边坡大量采用生态防护措施取代护面墙和挂网喷混凝土等圬工防护形式,使路域范围生态环境得到大大改善和提高。同时,弃渣场、施工场地和施工便道等临时工程的水土保持工作逐步得到重视和加强。在污染控制方面,交通噪声防治技术得到快速发展并日趋成熟,声屏障以及生态型声屏障技术逐步在全省高速公路建设项目中得到推广,发挥良好的降噪作用。近年来,为保护饮用水水源等特殊水环境和水生生态,预防和降低环境风险事故及其影响,桥面和路面径流收集处理系统技术在高速公路建设项目中进行广泛应用,但其中关键技术有待深入研究,技术标准和规范有待建立。

以下着重对全省高速公路沥青路面再生利用、公路隧道节能照明、公路声屏障、水土流失防治和交通运输节能降耗等节能环保技术的发展历程、研究成果及工程应用情况进行详细介绍。

1）沥青路面再生利用技术

21世纪初，随着四川省高速公路网逐渐完善，高速公路建设呈现出由"新建为主"向"建养并重"过渡，并最终以"养护为主"的发展趋势。沥青路面是全省公路建设的主要路面结构类型，在养护过程中产生大量旧沥青混合料，不仅浪费资源，而且污染环境，占用土地，沥青路面再生是实现路面养护可持续发展的有效措施。沥青路面再生是通过重复利用沥青和石料，减少开采石料造成的生态环境破坏和丢弃旧沥青混合料产生环境污染的新技术。其技术核心是将需要翻修或废弃的旧沥青路面，经铣刨、破碎、筛分，再与部分新集料与新沥青、外掺剂等适当配合，重新拌制获得满足路用性能要求的再生沥青混合料，并用于铺筑路面面层或基层。因此，沥青路面再生利用技术应该成为全省公路建设可持续发展和保护生态环境的战略手段，将带来显著社会和经济效益。

2004—2008年，四川省交通厅公路规划勘察设计研究院、浙江兰亭高科有限公司、长沙理工大学、湖南省交通科学研究院联合开展西部交通建设科技项目"沥青路面再生利用关键技术研究"。该课题研究结合工程实践，通过大量资料整理、室内外试验、试验分析和理论研究、检测测试，从再生设备评价及选用、再生剂研制及选用、旧沥青路面性能调查与再生方式选择、沥青路面厂拌热再生关键技术研究、厂拌冷再生关键技术研究、原位热再生关键技术研究等方面开展针对性研究，得到一批有价值的创新技术成果，主要包括以下几个方面：

①在国内首次提出旧沥青路面再生方式选择方法。结合中国高等级公路沥青路面实际情况，提出可操作性强的再生方式选择方法，有利于沥青路面再生技术有效利用。②改进沥青回收的阿布森试验方法。对回收旧沥青性能评价是再生沥青混合料配合比设计和性能评价基础，是旧沥青混合料再生核心。但规范方法存在操作难度大、试验结果变异大的缺陷，研究对试验方法进行优化改进，使得对旧沥青性能评价更为准确客观。③成功研发系列高效沥青再生剂，首次提出高等级公路沥青再生剂技术指标建议值，填补国内空白。结合系列再生剂研发，提出目前中国高等级沥青路面再生剂技术指标建议值，有效保障再生沥青路面质量。④构建沥青路面再生技术指标体系、施工工艺以及质量控制和保障体系，提出沥青路面再生利用成套技术及完善设计与施工技术指南。

"沥青路面再生利用关键技术研究"于2008年荣获中国公路学会科学技术二等奖。其研究成果在依托工程成渝高速公路试验段获得成功后，在成渝、隆纳和成都绕城高速公路等沥青路面养护中得到规模化推广应用，对提升沥青路面再生设计、施工和管理水平，促进沥青路面再生应用具有重要意义。

成渝高速公路

(全长320km,1995年9月建成通车,是四川省第一条高速公路,也是全国第一条山区高速公路)

沥青路面再生利用关键技术

国内外大量研究表明,厂拌热再生是沥青路面各种再生方式中使用价值最高的技术,具有较好适应性,有必要根据四川省情况进行针对性研究,使路面养护走"资源节约型、环境友好型"可持续发展道路。2013年,由四川省交通运输厅公路规划勘察设计研究院承担启动四川省交通科技项目"沥青路面厂拌热再生控制性参数量化研究",其主要研究内容包括:

①旧沥青路面路用性能评价。以便提出适合于厂拌热再生混合料中旧沥青及旧沥青混合料技术要求。

②厂拌热再生沥青混合料配合比设计方法研究。配合比设计是确保厂拌热再生沥青混合料性能关键,拟开发适用于改性沥青的再生剂、新旧沥青熔融的评价方法和指标,建立厂拌热再生沥青混合料配合比设计体系。

③厂拌热再生沥青混合料性能研究。以此合理确定厂拌热再生沥青混合料相关设计参数。

该课题研究取得部分研究成果,包括改性沥青回收方法、适用于 SBS 改性沥青再生剂等,建立厂拌热再生沥青混合料配合比设计体系,于 2016 年在成温邛高速公路路面整治中铺筑试验段基础上进行规模化应用,并着手编制地方标准,计划 2017 年完成课题研究工作。

沥青路面厂拌热再生控制性参数量化研究

2015 年,为突出科技创新的引领作用,以科技创新引领四川省交通运输全面创新。四川省行业主管部门分批拨专项财政资金,支持四川省路面科技研发基地建设,四川省发展改革委在此基础上批复建立"四川省路面结构材料及养护工程实验室"(川发改高技〔2015〕914 号)。四川省交通运输厅公路规划勘察设计研究院以"四川省路面结构材料及养护工程实验室"为载体,确定以下研发方向:

(1)路面合理结构与耐久性研发

四川省具有极其复杂地形、气候、地质、生态,以及建设条件,而全省路面结构形式较为单一,以半刚性路面结构为主,有必要根据研发适于全省不同地域不同条件下路面结构。

①新型耐久性沥青路面结构研究;

②藏区高速公路合理路面结构研究;

③水泥混凝土路面合理结构研究;

④国省干线公路合理路面结构研究。

(2)路面新材料、新工艺、新技术研发

社会经济及交通行业发展,人们对路面提出舒适、低噪声、环保等更高要求,主要研发方向:

①生态环保型路面材料研究(如橡胶沥青、温拌沥青等);

②高性能沥青及沥青混合料研究(如 Superpave、抗裂型沥青混合料等);

③高性能水泥混凝土路面研究(聚合物混凝土、纤维混凝土、大孔隙混凝土等)。

（3）路面再生研发

①沥青路面再生技术系统解决方案研究（水泥稳定冷再生、泡沫沥青冷再生、乳化沥青冷再生、现场热再生、厂拌热再生等）；

②水泥路面再生技术系统解决方案研究（白加黑系统解决方案、碎石化成套技术等）。

（4）路面养护技术

①预防性养护技术研究；

②路面大中修养护技术研究；

③旧路面结构转换技术。

（5）路面养护专家系统

①路面自动化检测及大数据处理技术；

②路面健康智能管理系统研究，研发适合四川省特点的路面性能评价、路面性能预测及养护决策等模型。

"四川省路面结构材料及养护工程实验室"建设目标是服务于四川省经济建设和社会发展，围绕交通行业路面产业可持续发展对技术进步及科技成果转化迫切需求，以路面合理结构与耐久性、路面新材料新工艺新技术、路面再生技术以及路面养护技术研发为主要方向。通过建立工程化研究、验证的设施和有利于技术创新、成果转化的机制，培育、提高四川省产业自主创新能力，搭建产业与科研之间的桥梁，加快科研成果向现实生产力转化。掌握先进关键核心技术，提高国内制造技术水平和创新能力，确保国民经济健康发展和人民生活品质提高。

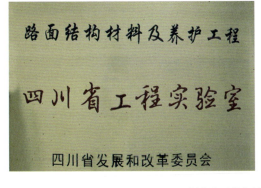

四川省路面结构材料及养护工程实验室

2）公路隧道节能照明技术

2010—2013年，为推动节能照明技术在公路隧道中的应用，四川省交通运输厅公路规划勘察设计研究院依托广巴高速公路开展四川省交通科技项目"公路隧道节能照明应用研究"。该课题研究选择具有代表性的国产LED隧道照明光源为实验设备，通过定期测试照明光源单位能耗、照度、光衰、色温漂移等关键数据。同时与传统照明光源高压钠灯进行单位能耗、寿命、全寿命成本等进行纵向比较,完成对当前技术条件下 LED 照明技术和产品的整体综合评估,提炼出 LED 照明技术在公路隧道中的成套应用方法,编制《四川省公路隧道节能照明设计指南》,为公路隧道节能降耗设计提供技术支撑。

该研究成果在四川省高速公路隧道建设中得到推广应用,与高压钠灯相比较,节电 30%～40%。仅雅康、汶马高速公路,每年隧道照明节电在 3000 万 kW·h 以上,产生良好社会和经济效益。

公路隧道节能照明技术

3)公路声屏障技术

1998 年,四川省建成第一处高速公路声屏障——成绵高速公路八角中学声屏障,开启声屏障技术在全省高速公路交通噪声污染防治方面的推广应用,并于 2003 年荣获四川省工程勘察设计"四优"一等奖。四川省交通厅公路规划勘察设计研究院以该项目为依托工程开展的"公路声屏障设计技术研究"于 2001 年获得四川省科技进步三等奖,并取得"新型道路声屏障""一种公路声屏障吸声板"2 项国家实用新型专利和"新型道路声屏障构造单元"1 项国家外观设计专利。

成绵高速公路八角中学声屏障

2003年四川省工程勘察设计"四优"一等奖

2008—2012年,四川省交通运输厅公路规划勘察设计研究院以雅西高速公路为依托开展西部交通建设科技项目"西部高速公路生态型声屏障技术应用研究",主要研究成果包括:

①基于AHP层次分析法建立4个层次共23个具体指标的西部高速公路生态型声屏障评价指标体系,明确生态型声屏障概念、特征和评价方法。

②从工程勘察、声学设计、结构设计、材料选择、景观设计、绿化等设计要素全方位开展生态型声屏障系统设计研究。经过广泛调研最终选择以秸秆为填充物的菱镁复合板(以下简称"秸秆板")作为新型生态型声屏障材料研究对象。室内试验结果表明100mm厚中空秸秆板计权隔声量Rw能够达到30分贝,而其他强度指标和耐火指标等均满足公路声屏障隔声构件要求。研究同时确定因地制宜进行景观设计理念并开展示范工程景观和绿化设计。

③在总结示范工程施工案例基础上,结合声屏障施工经验,从施工准备、放线、工程实施、检验验收、维修养护等方面全方位地进行探索,总结出一套西部高速公路生态型声屏障施工技术指南,为西部地区高速公路生态型声屏障的规范化设计提供指导和参考,保证生态型声屏障施工建设质量。

"西部高速公路生态型声屏障技术应用研究"荣获2014年中国公路学会科学技术三等奖,并取得"声屏障隔声板"1项国家实用新型专利。

近年来,声屏障技术在全省高速公路交通噪声污染防治方面得到全面推广和应用,在材料方面和构型方面均呈现出多样化趋势,在满足隔声降噪同时,更加注重视觉景观效果。由四川省交通运输厅公路规划勘察设计研究院设计的攀田高速公路噪声污染防治项目荣获2014年度四川省工程勘察设计"四优"三等奖。

秸秆板型　　　　　　　　　　　　　　文化墙型

土堆型
雅西高速公路生态型声屏障示范工程

四川省高速公路声屏障

4）水土流失防治技术

20世纪90年代末，四川省交通厅公路规划勘察设计研究院开展四川省交通科技项目"无径流资料地区设计洪水计算新途径的研究"。以流域汇流公式为主，引入推理公式思想，进行合理概化后导出适合于四川丘陵地区无径流资料的中小桥涵设计洪水计算新模型，同时，还参编交通部行业标准《公路工程水文勘测设计规范》（JTG C30—2002），并于2002年获得四川省科技进步三等奖。

2003—2006年，四川省交通厅公路规划勘察设计研究院以重庆梁长高速公路为依托工程开展四川省交通厅科技项目"红层软岩边坡生态防护技术研究"。主要研究成果包括：

①研究红层软岩风化特性，揭示生态防护和裸露红层软岩边坡浅层温度场的日变化和年变化定量规律、浅层岩土样含水量变化规律，总结红层软岩风化剥蚀机理及定量规律。

②提出红层软岩边坡生态防护机理，生态防护主要功能是通过消除风化碎屑的冲蚀、改变红层坡体浅层温度场和水分场等来控制红层边坡快速风化剥落。

③推荐不同坡体结构和岩性条件的红层软岩边坡生态防护方法，包括合理坡比选择、植被防护措施、植物选型和后期管理等。

该课题于2006年获得中国岩石力学与工程学会科学技术三等奖。

红层软岩边坡生态防护技术

2004—2007年，四川省交通厅公路规划勘察设计研究院以西攀高速公路为依托工程开展四川省交通科技项目"高等级公路建设中水土流失预测模式及对策研究"。高速公路建设水力侵蚀主要是由于开挖路堑和桥涵工程基础、填筑路基、桥涵施工、路面排水系统、路基防护等工程施工，以及取弃土、采石采砂、修筑施工便道和临时设施等活动过程，人为破坏原地貌平衡后出现大面积裸露地表，在降雨作用下造成的水土资源破坏和损失。主要研究成果包括：

①降雨是产生土壤侵蚀、引起水土流失的动力因子。在所有降雨中，并非每场降雨都能引起土壤侵蚀，侵蚀总是由位于某一个临界点以上的雨量所引起。高速公路各施工区土壤结构都遭受部分或完全破坏，土壤抗侵蚀能力大大降低。

②天然降雨由大小不同的各种雨滴组成，雨滴大小分布与雨强有关，而雨滴中数直径是说明雨滴大小特征重要指标。

③坡度是地貌因素中影响水土流失最突出因子。一般土壤侵蚀量随坡度增加而增大，但坡度对水土流失的影响，不是始终成正比增加，而是存在着一个"侵蚀转折坡度"，在这个侵蚀转折坡度以下，冲刷量与坡度成正比，超过转折坡度，随坡度增加，冲刷量有递减趋势。

④与降雨侵蚀力关系最为密切的是降雨动能和降雨强度，这二者交互作用影响是侵蚀力的最好量度。

⑤土壤可蚀性因子是反映其他因素不变时，不同土壤类型的侵蚀强度。

课题"高等级公路建设中水土流失预测模式及对策研究"研究成果对高速公路水土流失预测有参考价值，对高速公路水土保持工作有指导作用。该研究课题于2007年获得中国水土保持学会科学技术三等奖。

近年来，在水土保持和生态环境建设方面，主要受地形地质、气象水文、植被土壤等自然环境因素影响和制约。平原微丘区，高速公路建设引发的水土流失风险和危害相对较小，植物、土壤资源以及立地条件等相对优越，生态环境以及景观的重建较为容易，效果明显。丘陵和山地区，受地形地质条件影响和高速公路技术标准制约，其土石方规模大，由此产生的取土场、弃渣场以及路基挖填边坡和工程不良地质等，容易引发较大规模水土流失和生态破坏。高速公路建设所占压和扰动的地表范围，除路面、服务区、管理所、收费站等设施硬化后不会进一步发生水土流失外，其余裸露地表因扰动后易产生水土流失，主线工程主要是路基边坡，线外工程主要是取、弃土场，其水土保持措施包括圬工防护和排水以及生态恢复。随着植被恢复技术快速发展，尤其是路基边坡生态防护技术逐渐成熟和推广应用，高速公路路基边坡大量采用生态防护措施取代原来通常采用的护面墙和挂网喷混凝土等圬工防护形式，改善和提高路域范围生态环境。同时，从高速公路路线方案和总体设计上加以研究和分析，以"预防为主，防治结合"原则重新认识生态环境保护工作，建立"环保选线"思路。如绵广高速公路采用上下分幅式路基方案，有效降低路基开挖规模，避免大量弃土和生态破坏；西攀高速公路进一步采用顺河布设桥梁方案，避免对原地表及植被的破坏等，这些新的生态环境保护理念和措施正逐步得到推广应用。截至目前，全省成南、南广高速公路等项目被水利部命名为国家级水土保持示范工程，西攀、达万、巴南高速公路等项目被四川省水利厅命名为省级水土保持示范工程。

西攀高速公路

（全长162km，路线与地形、环境融洽，绿化防护体现"植被恢复，与自然融合"的新理念。获2010年度中国公路交通优秀设计一等奖、2012年度四川省优秀工程设计一等奖）

成南高速公路

（全长214km，2002年12月建成通车。2006年获中国勘察设计协会优秀设计一等奖，2007年获全国优秀工程勘察设计铜奖）

5）交通运输节能降耗技术

2011—2012年，四川交通职业技术学院、四川省交通运输厅公路运输管理局和四川省交通运输厅航务管理局联合开展"四川省公路水路交通运输节能减排"十二五"规划研究"。该课题研究结合全省公路水运发展现状，基于大量调研基础数据调查和分析，总结"十一五"四川省公路水运节能减排取得的主要成绩，客观分析存在问题。围绕全省交通运输"十二五"总体规划，明确四川省公路水运节能减排"十二五"发展的指导思想、发展原则、总体目标和具体指标；研究提出公路运输、水路运输、城市公共交通、交通基本建设四大任务；从结构性节能、管理性节能、技术性技能3个层面提出九项重点工程。据此编制完成《四川省公路水路交通运输节能减排"十二五"规划》，指导全省交通公路水运企业和行业管理部门有计划推进和实施节能减排，全面贯彻和落实绿色、低碳的交通发展战略，提高交通运输行业的社会和经济效益。

2015—2016年，四川交通职业技术学院和交通运输部科学研究院联合开展四川省交通科技项目"四川省交通运输能耗监测评价及甩挂运输模式研究"，主要研究成果如下：

①能耗监测评价研究课题对四川省"十二五"以来交通运输行业节能减排工作开展情况，特别是对交通运输能耗监测与考核体系建设现状进行回顾总结评价，查找分析四川省这方面存在的问题与不足。结合四川省"十二五"以及今后一段时期交通运输能耗监测与考核体系建设面临的新形势与新要求，研究提出"十三五"期的总体思路与目标，明确建设重点任务、实施安排和保障措施。为四川省交通运输行业能源统计、监测和节能减排考核工作的开展提供决策支持与技术指导。

②甩挂运输模式研究课题通过总结四川省甩挂运输应用现状及特点，对全省甩挂运输发展过程中存在问题进行分析，挖掘其核心思想。深入研究甩挂运输运作体系，对其生产作业中的站场组织、技术及货源组织、甩挂运输在不同领域的组织模式及其在多式联运中的组织模式进行系统研究，从而提出加快四川省道路货物甩挂运输发展对策和措施，解决实施过程中的管理难题。对丰富甩挂运输应用环境方面理论研究作出有益探索，为促进全省运力结构调整，提高道路货物运输综合效益提供技术支撑。

第五节　科技研发能力建设

（一）建设基础

《国务院关于印发"十二五"国家自主创新能力建设规划的通知》提出，要加强科学研究实验设施、科技资源与信息平台、标准计量检测认证平台的建设，加强创新人才队伍建设。

在四川省交通运输厅支持下，由厅公路设计院主持陆续开展陆地交通地质灾害防治技术国家工程实验室温江试验中心、四川省路面结构材料及养护工程实验室、四川省交通工程检测设备计量检定站、博士后创新实践基地建设。

（二）科技研发能力建设

1）陆地交通地质灾害防治技术国家工程实验室温江试验中心

陆地交通地质灾害防治技术国家工程实验室（National Engineering Laboratory for Geological Disaster Prevention in Land Transportation)是依据《国家工程实验室管理办法(试行)》和《国家高技术产业发展项目管理暂行办法》,由国家发展改革委批准成立的具有独立事业法人资格的研发机构,主管部门为四川省发展改革委和交通运输厅。实验室由西南交通大学、中铁二院工程集团有限责任公司、中国科学院水利部成都山地灾害和环境保护研究所、四川省交通运输厅公路规划勘察设计研究院、成都市新筑路桥机械股份有限公司联合建设,主办单位为西南交通大学。

实验室宗旨是为国家陆地交通地质灾害防治提供技术服务。实验室业务范围是陆地交通地质灾害防治相关技术研究、技术培训与咨询服务。主要包括:①陆地交通地质灾害防治建造新材料、新技术、新装备的研发;②陆地交通地质灾害防治科技咨询;③陆地交通地质灾害防治工程质量检测与监控;④陆地交通地质灾害防治技术服务和技术培训。

温江试验中心牌匾

依据《陆地交通地质灾害防治技术国家工程实验室章程》和四川省交通运输厅公路设计院与西南交通大学签署的联合共建协议,本着"长期合作、共同发展、利益共享、风险共担"原则,发挥和利用双方各自优势和研发基础,使"陆地交通地质灾害防治技术国家工程实验室"成为该领域核心技术研究攻关、重大装备研制开发、制定产业技术标准、培养工程技术创新人才和促进重大科技成果应用推广的高水平、专业化平台。四川省交通运输厅公路设计院作为国家工程实验室副理事长单位,自筹资金3000万元建设"陆地交通地质灾害防治技术国家工程实验室温江试验中心",使之成为国家工程实验室重要组成部分。

温江试验中心试验大厅内部

温江试验中心外立面

(1) 温江试验中心基础设施

占地面积:2050m²;建筑面积:3365m²;

反力地板尺寸:长40m,宽13m,高4m;

反力墙尺寸:宽13m,高10m,厚4.25m;

反力墙许用荷载:单锚孔最大荷载:800kN;

反力墙截面允许弯矩:38400kN·m/2.5m;

反力墙截面允许剪力:3840kN/2.5m;

钢反力架尺寸:高8m,跨度2×4m,宽4m;

钢反力架许用荷载:4000kN;

吊车规格:32/5T桥式吊车,跨度21m,吊钩高度11.5m。

(2) 温江试验中心主要加载测试设备

美国MTS多通道电液伺服协调加载系统;

244.51疲劳级动态作动器(许用荷载1000kN;行程250m):2台;

244.41疲劳级动态作动器(许用荷载500kN;行程375m):2台;

244.31疲劳级动态作动器(许用荷载250kN;行程±250m):1台;

2500t六自由度协调加载系统(自主研发,MTS制造);

201.130作动器(许用荷载5000kN;行程±325mm):6台;

英国solartron公司120通道ISP分布式应变位移测试系统:1套;

日本TDS-602型静态数据采集系统:2台;

美国MOI公司SM125-500型光纤光栅解调系统:1台。

(3) 六自由度大吨位协调加载试验系统

该加载试验系统由四川省交通运输厅公路规划勘察设计研究院与清华大学和美国MTS系统有限公司共同研发。系统由地基基础、反力系统(立柱、主梁、承载平台、底座、上连梁)、机电液压系统(作动缸、球铰连接、管道及分油器、油源)、控制系统及工程应用及实验软件系统组成。

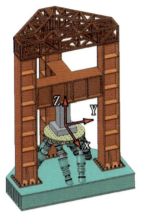

大吨位空间六自由度试验系统(三维视图)　　　　　系统总体示意图

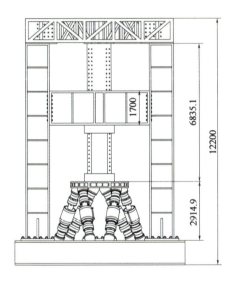
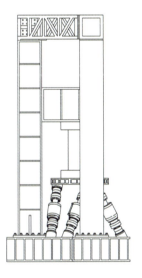

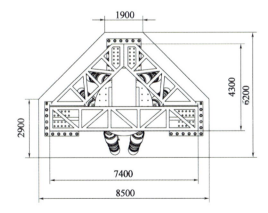

大吨位空间六自由度实验系统(三视图)(尺寸单位:mm)

①系统的主要技术参数(表7-5)

控制模式:力控+位控,控制模式可平滑转换。

试件空间:宽5m,高5m,进深3m。

加载精度为力控:1% F.S.,位控:0.1% F.S.。

系统主要技术参数　　　　表7-5

力控模式	F_x(kN)	F_y(kN)	F_z(kN)	M_x(kN·m)	M_y(kN·m)	M_z(kN·m)
	±2000	±2000	±25000	±1500	±1500	±1500
位控模式	X(mm)	Y(mm)	Z(mm)	ϕ_x(°)	ϕ_y(°)	ϕ_z(°)
	±400	±400	±300	±15	±15	±20

②该系统的技术创新点

桥梁抗震工程领域:首次实现具备拉、压、剪、弯、扭等六自由度协调加载功能的减隔震装备实验系统。

桥梁结构工程实验领域:首次实现可真实模拟桥梁关键构件和节点复杂受力和边界条件的大吨位空间加载六自由度系统。

机电液压控制领域:六自由度Stewart平台力姿控制技术的突破和应用创新。

③市场需求及应用前景

广泛应用于桥梁钢混结合段、塔(墩)梁结合部位等关键构件和节点的模型实验(模拟复杂受力和边界条件),促进设计创新;新型抗震支座等减隔震装备的试验研发;现有大吨位盆式支座、球形支座、拉压支座等定型产品的质量检测和性能验收。

④社会经济效益

填补中国交通行业在桥梁抗震工程领域缺少具备拉、压、剪、弯、扭多功能大吨位成套试验加载系统技术空白,建成后将达到"国内领先、世界先进"水平。满足高烈度地区桥梁墩柱等下部构造创新性抗震设计的科研实验需求。

满足高烈度地震区新建和改造项目对新型抗震支座、减隔震装置等装备和产品研发、试验、检验的大量市场需求。

促进行业相关领域"产学研用"结合和技术转化,有利于新成果和新技术在藏区高速公路等新建项目的应用和转化。

(4)承担的主要科研项目

①高烈度地震条件深水库区大跨连续刚构桥梁设计施工关键技术研究

四川省交通运输厅科技攻关课题,其依托工程白水大桥是高烈度地震区深水无墩预应力混凝土连续刚构桥,跨径组合为(102+168+102)m。该桥特点是承台与预应力箱梁0号块底板连为一体。上部构造和承台相对于桩基嵌固点位置高,桥梁下部构造动力响应复杂。本课题研究成果桩柱式连续刚构桥梁设计和施工关键技术是对于位于高烈度地震地区水库库区桥梁建设具有重要指导作用,项目成果应用前景广阔。

依托该项目,申报国家发明专利1项、实用新型专利1项、省级工法1项、获四川省科学技术进步二等奖1项、广元市科技进步二等奖1项。

白水大桥模型试验加载示意图

②成都市二环路改造工程主线高架桥标准段结构极限承载能力模型试验研究

该项目包括"高架桥标准桥墩极限承载能力全尺寸模型试验研究""30m预应力混凝土箱梁极限承载能力试验研究""高架桥标准桥墩抗震性能拟静力模型试验研究""高架桥标准桥墩桩基础极限承载能力试验研究"4个试验研究课题。从试验模型尺寸和荷载水平看,将是目前国内规模最大桥梁结构破坏性试验。试验研究成果将为制订运营管理制度和养护维修决策提供可靠的科学依据和针对性技术参考。本项目由四川省交通运输厅公路规划勘察设计研究院独立承担。

30m预应力混凝土箱梁极限承载能力全尺寸模型试验

二环路高架桥标准桥墩抗震性能拟静力模型试验

高架桥标准桥墩极限承载能力全尺寸模型试验

③雅康高速公路大渡河特大桥索塔波形钢腹板横梁抗震性能试验研究

大渡河特大桥是雅康高速公路控制性工程之一,桥址场地地震基本烈度为Ⅷ度,主桥为1100m单跨钢桁梁悬索桥,索塔横梁创新性地采用波形钢腹板箱形梁结构,以充分发挥混凝土抗压和钢材抗拉剪性能,提高结构抗震性能。本项目由四川省交通运输厅公路规划勘察设计研究院独立承担。

采用拟静力试验方法,研究波形钢腹板横梁及其与索塔结合部抗震性能。

a. 研究试验模型在地震作用下耗能能力、延性性能、刚度损伤、强度退化等基本抗震机理,验证设计计算理论。

b. 研究试验模型在地震作用下典型破坏模式和极限承载能力,为该型桥梁整体抗震分析提供基础数据。

雅康高速公路大渡河特大桥索塔波形钢腹板横梁抗震性能模型试验

④波形钢腹板预应力混凝土梁桥在山区高速公路中的应用研究

本项目由四川省交通运输厅公路规划勘察设计研究院与同济大学合作研究。

a. 屈曲性能试验研究

分别对波形钢腹板组合梁、平钢腹板组合梁以及内衬混凝土组合梁在跨中集中荷载作用下进行试验,对比研究波形钢腹板内衬混凝土与波形钢腹板各自承担的剪力比例。研究内衬混凝土与波形钢腹板的连接构造、内衬混凝土及加劲对波形钢腹板梁桥梁端应力状态及抗剪承载力的影响,了解内衬混凝土及加劲的受力机理。进一步研究波形钢腹板通过设置竖向加劲或水平加劲的方式取代内衬混凝土的可能性,该研究对波形钢腹板桥梁向大跨径发展具有重要意义。

波形钢腹板屈曲性能试验研究　　　　带内衬混凝土波形钢腹板屈曲性能试验研究

b. 抗震性能试验研究

分别对波形钢腹板组合梁、平钢腹板组合梁以及内衬混凝土组合梁在往返荷载作用下抗震性能进行研究,测试不同截面构造组合梁、不同悬臂长度组合梁滞回曲线,对比研究其能量损耗、刚度损伤、强度退化以及极限承载能力等,为该类型桥梁整体抗震分析提供基础理论和方法,同时研究波形钢腹板减震作用。

⑤基于损伤理论的大跨桥梁地震灾变机理和性能研究

该项目为国家自然科学基金资助项目,由西南交通大学与四川省交通运输厅公路规划勘察设计研究院合作研究。试验内容及目的:选取配箍率、剪跨比、配箍率、截面形式作为研究参数,设计3个系列21个钢筋混凝土矩形空心墩试件,采用拟静力试验手段研究:①空心桥墩与实心桥墩抗剪破坏机理的异同,给出实用的空心桥墩抗剪计算公式;②钢筋混凝土墩柱性能目标量化与钢筋混凝土构件损伤等级定义,确定钢筋混凝土损伤与混凝土残余裂缝宽度的关系,研究钢筋混凝土墩底截面在不同损伤水准下曲率延性。

波形钢腹板抗震性能试验研究

桥墩抗震性能试验研究

(5)主要科研成果

依托实验室科研成果,五年来获得中国公路学会科技进步二等奖1项、四川省科技进步二等奖1项、四川省工程勘察设计"四优"二等奖1项、取得发明专利1项、发表科技论文近10篇。

2)四川省路面结构材料及养护工程实验室

2015年12月,四川省发展改革委正式批复同意四川省交通运输厅公路规划勘察设计研究院成立"四川省路面结构材料及养护工程实验室"。这是全省道路工程领域第一个最具权威性的省级实验室。

该实验室为专业从事道路工程路面结构材料及养护研发与推广省级创新平台,致力于为路面结构材料及养护提供先进、系统、权威、持久技术支持。将重点围绕长寿命路面结构、四新技术、路况快速检测、养护工程设计及养护分析决策管理五大领域,开展关键技术、新材料研发、软件开发及工程化验证;集中力量解决路面发展中的难点问题,推进相关标准制定及产业化示范,旨在建设高起点、高标准和高目标的开放式科技创新平台。

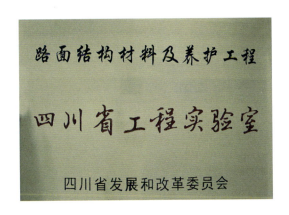

四川省路面结构材料及养护工程实验室牌匾

(1)实验室概况

四川省路面结构材料及养护工程实验室位于四川省交通运输厅公路规划勘察设计研究院温江办公区,改造面积约 $1000m^2$,项目投资近 2400 万元。实验室包括两个研发中心:路面结构材料研发中心和路面养护专家系统研发中心。

其中路面结构材料研发中心主要进行路面结构、路面新技术、新材料和新工艺研发,需要进行大量室内试验。

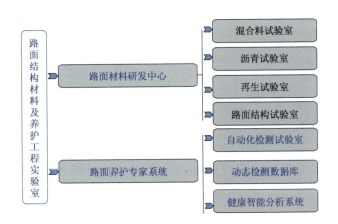

四川省路面结构材料及养护工程实验室构成示意图

路面养护专家系统主要采用路面智能化无损检测设备对路用性能数据进行无损智能化采集,通过对海量数据处理、养护专家决策分析系统分析,指导路面养护决策。

实验室展览区

沥青混合料分析室

沥青结合料分析室

再生沥青分析室

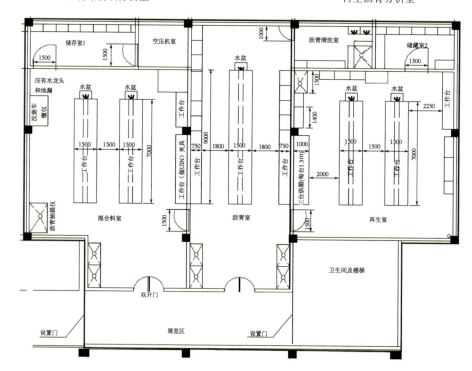
结构大厅三楼路面材料试验室（尺寸单位：mm）

第七章
高速公路科技

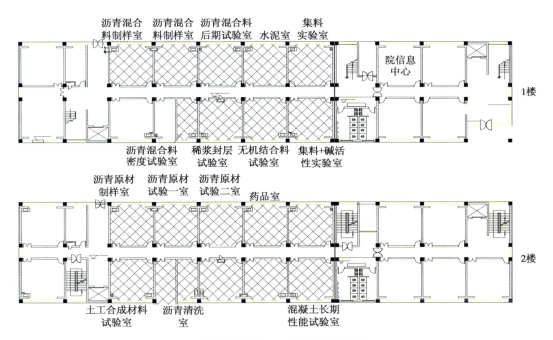

办公及试验大厅一、二楼路面材料试验室

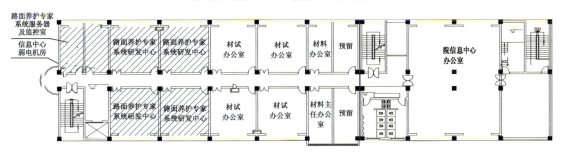

路面养护专家系统研发中心平面示意图

（2）研发平台建设

四川省路面结构材料及养护工程实验室建设了路面合理结构与耐久性、新技术、新材料、新工艺、快速无损检测、养护技术研究平台，为新材料、新技术、新工艺自主创新研究及推广应用提供更好的研究手段和验证平台。

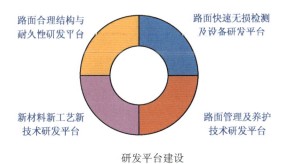

研发平台建设

(3)科研基础

四川省路面结构材料及养护工程实验室目前处于建设期,已积累大量科研基础:

①已完成科研项目

a. 交通运输部结合行业科技攻关"四川省高等级公路路面典型结构的研究""改性沥青在高等级公路路面上的应用研究"和交通运输部西部交通科技项目"高速公路早期病害预防措施的研究""沥青路面再生利用关键技术研究""公路路基回弹模量的研究""西部地区合理沥青路面厚度与结构形式研究",其中后四项西部交通科技项目获中国公路学会二等奖,"沥青玛蹄脂碎石混合料SMA的推广应用"等获四川省科技进步三等奖。

b. 四川省交通运输厅完成科研课题"国产重交沥青在高速公路上的应用研究""沥青路面旧路评价及沥青改性技术应用研究""大粒径沥青混合料路用性能应用研究""四川省通村公路路面结构技术研究""水泥混凝土路面修补技术研究""硫黄沥青混合料施工技术指南""冷再生在高速公路路面养护中的应用研究""成渝高速公路路面养护技术后评价""温拌沥青混合料关键应用技术研究""碎石化技术在水泥路面改造中的应用研究"等多项路面科研课题。

c. 成都市城乡建设委员会完成"成都市沥青路面再生技术调研""快速公交停车站路面设计导则""成都市清水混凝土设计导则研究""成都市城市道路路基设计导则研究"等课题研究。

d. 与企业联合攻关科研课题,与中石油克拉玛依分公司合作完成"50号硬质沥青在道路中的应用研究"、与壳牌(中国)有限公司合作完成"硫黄改性沥青混合料性能研究"等课题研究。

②正在进行的科研课题

a. 四川省交通运输厅科技项目"沥青路面厂拌热再生控制性参数量化研究""城市新型绿色环保沥青路面技术研究""四川地方公路路面设计和施工技术指南""离子土壤稳定剂在公路路基中的应用研究""雅西高速公路桥隧耐久性铺装技术研究""磷石膏在公路中的应用研究""高速公路沥青路面长期性能研究"等多项课题研究。

四川省交通工程检测设备计量检定站工作区域

b. 与企业联合攻关科研课题,中石油燃料油有限责任公司研究院的"藏区公路温拌改性特种沥青技术研究"、成都润龙科技有限公司的"城市建筑废弃物资源化再利用关键技术研究"、四川禾森化工科技有限公司的"橡胶沥青混合料性能研究"等多项课题研究。

3)四川省交通工程检测设备计量检定站

检定站于 2013 年初进行筹建,2013 年 12 月 27 日通过四川省技术质量监督局组织的法定计量机构考核,并于 2014 年 1 月 30 日正式予以建站授权。这是交通行业在省内乃至西南唯一获得授权的单位,也是全国第四家获得法定授权的单位。

(1)计量检定站概况

四川省交通工程检测设备计量检定站设立于四川省交通运输厅公路规划勘察设计研究院,位于成都市温江区凤溪大道南段 89 号。该站工作区域面积近 500m², 其中功能区 240m² 左右,下设 3 个检定室、技术质量室及综合办公室等专业、行政部门。共有专业计量检定及管理人员 16 人,其中教授级高级工程师 1 人,高级工程师 2 人,工程师 5 人;硕士研究生学历 3 人,本科学历 7 人,均取得四川省质量技术监督局颁发的计量检定员证书,半数以上人员取得一、二级注册计量师证书。

法定计量鉴定机构授权证书

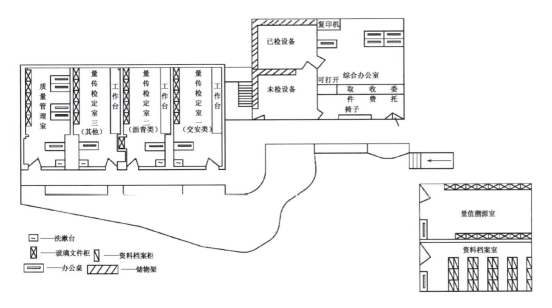

计量检定站工作区域平面布置图

客户接待大厅

计量标准器具室

（2）检校能力

截至2015年底,该站可开展17种交通工程行业专用检测设备检定、校准工作(见表7-6),专业计量检校设备及辅助设备75台(套),总价值25万元。该计量检定站主要工作范围和任务：

①根据《中华人民共和国计量法》规定,按照授权范围和项目,实施计量检定/校准;进行量值传递和量值溯源服务；

②组织或参加计量标准量值的比对和能力验证；

③承担相关计量标准、计量检定规程、计量校准规范等技术文件的制(修)订、试验验证和宣贯工作任务；

④研发用于量值传递和溯源的标准物质；

⑤承担各级政府计量行政部门委托的仲裁检定任务和技术评价任务；

⑥完成四川省质量技术监督局下达以及相关部门安排的工作任务。

第七章
高速公路科技

授权检校参数一览表　　　　　　　　　　　　　　表7-6

序　号	检 定 设 备	序　号	检 定 设 备
1	逆反射标准测量仪	10	钢构件镀锌层附着性能测定仪
2	逆反射标线测量仪	11	水泥胶砂及混凝土磨耗试验机
3	突起路标测量仪	12	玻璃珠选型器
4	通信管道静摩擦系数测量仪	13	沥青软化点仪
5	反光膜耐冲击性能测定仪	14	道路石油沥青针入度试验仪
6	反光膜附着性能测试仪	15	洛杉矶磨耗试验仪
7	乳化沥青稀浆混合料湿轮磨耗试验仪	16	沥青混合料马歇尔击实仪
8	乳化沥青稀浆混合负荷轮试验仪	17	突起路标耐冲击性能测试仪
9	贝克曼梁路面弯沉仪		

目前,该站与重庆交通大学共同合作,正在进行《索力动测仪》计量校准规范编制项目研究。该项目基于2015年立项的四川省交通科技项目"索力动测仪计量标准研究"。本规范的研究和编制,将充分结合设计院在索结构桥梁设计、检测、监控方面的经验,以及高等院校在拉索本构关系、力学性能等方面成熟研究成果,使用直观测试方法和可靠测试技术,对索力动测仪这一大跨柔性体系桥梁施工控制和技术状况评估所必需的重要无损测试设备,进行量值溯源体系和准确性测试提供所需技术规范,同时,也对完善交通行业测试设备的量值溯源体系,提高计量检定站技术水平和行业影响力,有着积极意义。

该站的成立填补四川交通工程行业专业计量检定机构的空白,下一步将继续完善补充技术能力、提高技术水平,最终将四川省交通工程检测设备计量检定站建设成为国内领先的专业计量授权机构,为保证四川乃至西部地区工程建设检测数据准确性和可靠性发挥重要技术保障作用。

4)博士后创新实践基地

2013年10月,四川省交通运输厅公路规划勘察设计研究院经省人力资源和社会保障厅审核,获批设立博士后创新实践基地,成为交通系统第一家获批设立博士后创新实践基地的单位。

博士后创新实践基地是博士后工作的拓展,通过为博士后研究人员提供工作和科研平台,对推进公路设计院的科研创新能力、促进科研课题与实际工程的结合、促进科技成果的转化、加强对高层次人才的吸引和培养等方面发挥积极作用。该院目前已与重庆交通大学等高等院校合作,积极吸纳路面工程等专业的博士后研究人员进入创新基地开展研究工作。

博士后创新实践基地牌匾

博士后创新实践基地在四川省博士后管理部门的指导下开展工作,并与相关的博士后科研流动站(以下简称"流动站",指在高等院校或科研院所具有博士授予权的一级学科内,经全国博管会批准可以招收博士后的组织)联合完成博士后的招收和培养工作。

该基地设立博士后工作领导小组,由公路设计院院长担任组长,总工程师和分管人事工作的院领导担任副组长,其他院领导任领导小组成员。领导小组是院博士后管理工作的领导和决策组织,其主要职责为审定院有关博士后工作的总体规划、重大政策和管理制度,审定博士后的人选、研究课题、经费等重大问题,审批博士后的进、出站申请、延期申请、提前出站申请和退站报告等。

设立博士后创新实践基地管理办公室,挂靠公路设计院人事处,人事处处长担任管理办公室主任,实行归口管理,负责工作站的具体事务及日常行政管理工作。实践基地坚持高标准、高质量、经过竞争招收博士后的原则,管理办公室每年根据领导小组拟定的博士后研究项目,制订招收博士后计划,经领导小组批准后,报有关部门核批实施。博士后研究项目由管理办公室根据公路设计院发展的实际需要提出,经组织有关专家评审后,报领导小组审定。管理办公室和流动站将审定后的科研项目及博士后招收条件联合向社会发布信息,供拟进站的博士后候选人员选择。

该实践基地的设立为博士后研究人员提供工作和科研平台,对推进全省交通行业的科研创新能力、促进科研课题与实际工程的结合、促进科技成果的转化、加强对高层次人才的吸引和培养等方面发挥积极作用。

第八章
高速公路文化

20世纪末,成渝高速公路通车,巴蜀大地贯通第一条公路主动脉,宣告了四川高速公路时代的到来。如影而随,高速公路脉动强劲的文化生机和色彩,展示出伟岸端庄的文化风貌。跨入21世纪后,特别是四川建设中国西部经济发展高地,打造以成都为中心的现代综合交通枢纽,高速公路建设风起云涌,宽阔壮丽的现代高速公路从盆地平原向周围崇山峻岭纵深延伸,南北贯通,东西勾连,构架网络,四通八达,以其豪迈宏伟的气势,卓然领雄盆地道路网络,经纬四川锦绣山河,为美丽四川平添雄浑和魅力。从文化表象和精神气势考量,高速公路的形象和展示出的气势,足以成为美丽四川锦绣画卷的浓墨重彩,盆地文化百花园中的夺目一枝。

高速公路文化的发展溯源,传承于蜀道,栖伏于蜀国大地,气息与精髓与蜀道和盆地文化一脉相通,肌体里活跃着蜀道和盆地文化的基因,受泽于蜀道和盆地文化而不断发育壮大。蜀道和盆地文化有着千百年的浸润和积淀,对于只有二十年来高速公路文化的发育而言,仅是历史的片刻断面,四川高速公路文化方兴未艾,尚任重道远。

在国家交通部颁布《交通文化建设纲要》中,对交通文化定义为:在长期交通实践中逐渐形成并不断积累的,体现行业价值理念的各种精神文化、制度文化和物质文化。精神文化是交通行业的核心价值理念,是行业的核心文化;制度文化是体现行业价值理念,规范行业行为的规章制度;物质文化是体现行业价值理念,展现行业外在形象的工作环境和形象标识。按照这三类文化构成的规范路径,四川高速公路文化在有限的时间和空间中积极地探索进取和不断成长。本篇主要依循交通文化的内涵要素,纵的方面勾勒道路文化的脉络及至高速公路文化,横的方面从四川高速公路的建设文化及高速公路企业文化两大板块进行述论,以期勾画四川高速公路文化的轮廓和基本态势。

第一节 高速公路文化的溯源

高速公路涵于道路体系,是道路于时代发展的高级形态,高速公路文化亦成为道路文化体系的重要构成。古代盆地道路体系概称蜀道,从蜀道中撇开水路部分,陆地道路文化自远古有路起始,从蚕丛鸟道到现代高速公路,文化之脉一以贯之。古蜀道文化在中国道路文化中极具光彩,瑰宝奇珍,在道路文化体系中占有极其重要的地位。

一、蜀道文化的孕育

当人类于大自然的生存和索取的步履及至四川,即为盆地的美丽富饶而驻足,并分布绵延生生不息。盆地周围高山环绕,峰峦绵亘,"四塞之国",实至名归。其时盆地主要为巴、蜀两大部族割据,蜀族栖盆地西部,巴族据盆地东部。如果说盆地与外界的联系,巴族倚仗蜀道水路滚滚长江切穿巫山东出夔门以至荆楚的话,蜀族尤开山劈岭北越莽莽秦岭而达中原。因而,蜀道的种种文化因子,无不源自蜀地文化的感应和滋润,蜀道既衬显出盆地高山的雄峻伟岸,也呈现富饶平原的秀丽妩媚。蜀地三星堆、金沙遗址等文化,深邃折射出远古交通的神奇。源远流长的蜀道文化,底蕴深厚活力强劲。

(一)蜀道线性文化遗产双雄

蜀道历史悠久,从蚕丛鸟道到栈道、南方丝路、茶马古道、驿路、官马大道等不断嬗变,就其在全国道路史上的地位和作用,以及扫描蜀道文化的精髓和辉芒,栈道和南方丝路堪称蜀道文化双雄。

1.栈道交通独步华夏

栈道交通始出蜀地,独秀华夏。蜀族王蜀后,既致力农耕,亦维持与周朝的朝贡关系,与中原地区的交往,路径必须突破秦岭和大巴山,始从山脉裂隙,在剑门关辟一条通往关中出川通道。开山取石,凿孔架木的栈道始现。相关有剑阁道、褒斜道、米仓道、子午道、傥骆道等,无不留下栈道印痕。司马迁《史记货殖列传》记载:"栈道千里,无所不通。"尤在秦蜀时期,剑阁、褒斜一线是蜀通中原的必经干道,几经演变,折射战争进退朝代兴衰,是由褒斜道当为栈道交通的代表作,史界共识栈道当为蜀道的代名词。

栈道由蜀人先民集开山取石、凿孔架木技术大成而创造出栈道工程的建设技术,在道路建设中独具一格。其形式主要为两类:

木栈:在悬崖绝壁旁劈凿孔,上下两排,上孔插木,下孔以木斜撑,架铺木板即成路面;在河谷地带,立柱水中,架梁铺板。

石栈:主要在山势陡急,峭壁无可施力之地,或开凿石阶,旁设石鼻,以木穿接为护栏;或傍壁开出石槽,以石板嵌入,外缘略翘呈斜面状,石板间置,上铺木板。

概而言之,栈道的实物形态和文化符号,在中国历史文化宝库中,无疑是极其珍贵的道路线性遗产。

2.南方丝路通连四海

丝绸之路,冠名即以反映道路本身的功能用途特质,其经济文化意义影响巨大且深远,实际已为国际公认是古代中外经济文化交通的代名词。中国北方丝路很早就蜚声中外,而南方丝路却鲜为人知。学术界将由经贸和文化交流衍生的四川冲出盆地大山接轨国际的民间商道,统称南方丝绸之路。它与北方丝绸之路和海上丝绸之路,同为古代中国对外交通和文化交流的主要国际通道,在中国道路文化史上熠熠生辉。四川学术界对南方丝路主要有两线(西线和东线)之说。

西线:即"旄牛道",从成都经云南至缅甸、印度并进一步通往中亚、西亚和欧洲地中海地区,即"蜀身毒道",于历史文献记载最早,其存在比北方丝路早500年左右。

东线:从成都出发,到僰道(今宜宾市)达云南昆明,分支一线入越南,一线经大理与"旄牛道"重合。

随着商贸文化的繁荣,南方丝路呈现网络化的发展,即各地道路多以货物功能融入丝路网络。继丝路主要运送土特产、丝绸之后,唐宋时期道路货物重点转到贸易茶、马,并以马帮为主要运输方式,茶马古道应运而生,这应是对南方丝路在货物特质上的易名演变。随着古道丝绸和茶马货物的地位取代,不仅不影响四川与外联系国际通道的意义,还扩大提升了蜀道尊为国际通道的格局。

(二)蜀道精神的文化闪光

以栈道交通和南方丝路(暨茶马古道)为典型的蜀道文化,血液中流淌奋发进取,骨髓里蕴藏着不屈不挠,焕发透射出的精神,亦可概括为:开拓,坚韧,开放,图强。它充分反映了盆地自然环境赋予的雄浑豪迈,见证了蜀地先民艰苦卓绝、不屈不挠的奋发创举。

1.蜀道(栈道交通)特别体现出坚韧不拔,攻坚克难的突破和开创精神

大诗人李白以其"蜀道难,难于上青天",在历史上长久地使人们对蜀道印象定格。但是,李太白的笔触同时亦勾画出了蜀道精神的雄浑磅礴与英雄悲壮:"地崩山摧壮士死,然后天梯石栈相勾连",表现了从悲壮走向豪迈的意象,由此见证了无数蜀人先民不畏艰险、前赴后继的英雄气概。

2.南方丝路鲜明彰显了蜀道勾连中外、互通交流的开放图强精神

南方丝路绵亘万里,是多国、多地域、多民族文化的碰撞与融合,排斥与吸收。蜀地本土文化与多种外来文化碰撞融合,和谐共生。因由网络化丝路的"开放"精神,其历史意义和价值意义是世界性的,其创造的文化个性和创造精神不可替代。

(三)蜀道文化的斑斓色彩

独具一格、勾连中外的蜀道,功能地位彰显,处处透射文化的魅力和斑斓的色彩。站在现代的节点,对于蜀道文化的重要揭示,从经济地理环境考量,盆地位于全国的中央位置,四川虽受囿于高山为"四塞之国",却亦受益于战乱少且土地富饶,在汉代农耕文明至

少在中国西部处于发展的高地地位。而蜀道以成都为中心,东向有水路而达湖广长江三角洲,北向跨秦岭连接中原,南向经云南往东南亚、印度,通过蜀道经济商贸、文化交流频繁活跃,足以支撑起以成都为中心的蜀道在华夏交通中的枢纽地位。对这种蜀道枢纽的认识,更能诠释盆地文化的悠久灿烂和丰富多彩,也给蜀道各历史阶段发展作了客观的注脚,提供了借鉴和范本。

就蜀道本身而言,是盆地文化的重要组成。随着环境变迁和科技进步,不少蜀道在历史进程中湮没,现存古蜀道已为盆地文化和中国道路文化不可多得且不可复制的珍贵线性遗产。

桥梁是道路的重要组成,蜀道各类桥梁不乏历史深厚,造型优美,功能完备,风格迥异。史载遗存著名桥梁,有成都万里桥、汶川太平索桥、灌县安澜桥、泸定铁索桥等。

其他蜀道各类物质文化遗产史是缤纷斑斓。诸如蜀道梓潼剑阁的道路绿化"翠云廊",道两旁遍植古柏,翠摩云天,堪似绿色隧道。大小干支道路纪念碑亭亦旧迹可寻,驿路的驿馆邮亭,尺牍砖瓦,蜀道的千里和方寸之间都尽蕴文化元素。

从精神文化方面考量,除前述蜀道精神和蜀道枢纽价值理念外,蜀道文化深刻渗透和融合在中国尤其四川社会生活环境和生产生活方式之中,在经济政治军事、文学艺术、科技教育、民族宗教等诸多领域产生强烈的共鸣和回响。人们的生产生活,蜀道文化无处不在。诗书琴画,成语典故,民谣俚语等,可以鲜明地寻觅到蜀道文化的气息和影子。如在"五丁开山"传说中体会远古辟路神奇,在"明修栈道、暗度陈仓"成语中联想"木牛流马",依稀古战场的金戈铁马和刀光剑影。民谚曰:"修路修桥,积德行善",当是千百年来赞颂包括蜀道在内的中国道路,树立起了辉煌与永恒的文化口碑。

二、近、现代四川公路文化的兴起和发展

近现代中国公路兴起,道路运输方式产生质的飞跃改变。公路文化在传承蜀道文化的基础上,在时间和空间上注入崭新的现代元素,呈现出新鲜的活力和持久的发展。

(一)民国时期四川公路文化发端

继1913年湖南兴建长(沙)湘(潭)公路后,同年四川亦筹建成(都)灌(县)公路,次年建成通车,标志现代公路理念较早地在四川得以践行。尔后公路文化一路生长,尤在抗战时期,四川成为大后方暨中国公路建设重心,四川抗战公路文化写下千秋夺目的辉煌。

1. 抗战前的四川公路文化

公路在四川兴起后,这一新生事物在人们的好奇关注和疑虑纷挠的碰撞中,逐步得到巩固和发展,公路文化也萌芽初露头角。公路发展在多方位的起步和蹒跚行进中,主要呈现四个文化色彩。一是修建公路理念在与传统占田观念激烈碰撞中逐步确立。二是公路

建设从无序走向有序,公路修建从防区各自为政到修建联网路和川黔、川陕、川湘、川鄂四大进出川省际干线。三是公路体制和机制的制度文化雏形初具,如公路建设筹款,公路省县道分级管理,公路养护体制等。四是配合全国公路建设统筹等,尤具有浓郁的基础设施抗战准备意义。

2. 战时四川公路文化空前发展

全面抗战时期,国破半壁,四川抗战大后方确立,全国公路建设重心转移到四川,公路建设得到空前发展,四川公路文化亦得到空前繁荣。于人和的因素上,抗战铁路,内河航运断阻,大量铁路,航运和水利人才集结于公路,后方公路建设大都由交通部直接承办或交办,故公路文化人才得天独厚,公路文化奇葩怒放,浓墨重彩书写筑路抗战风流。公路文化以四川修建的连接滇缅公路、中印公路国际通连接线乐(山)西(昌)公路最具代表性,并达到阶段性公路文化顶峰,堪为中国公路文化发展的极其重要的里程碑,其公路文化主要呈现以下亮点:一是"抗战筑路,工程救国"理念广为传颂,成为公路文化主旋律;二是蜀道精神极致发扬,乐西公路"褴褛开疆"碑深刻形象地揭示和诠释了交通先行和公路建设的艰苦卓绝;三是公路修建昭示"一寸山河一寸血,一米路桥一米魂",高度概括了乐西公路乃至中国抗战公路建设的悲壮与殊荣;四是筑路诗词书画,旗徽碑亭等公路文化系列成套颇具规模,堪为中国公路文化典型的孤本和范本。

(二)新中国成立后四川公路文化的发展

新中国成立后,四川公路发展大致在计划经济和社会主义市场经济框架下进行,公路文化总体呈现单一向多元发展的格局,而改革开放中的公路文化,以高速公路文化为代表,正在领军盆地公路文化向世界现代公路文化的迈进。

1. 改革开放前公路文化质朴微澜

四川公路在改革开放前大体经过恢复起步,"大跃进"大干快上,支持三线建设重点推进,十年"文革"停滞维持几个阶段,公路文化亦尽映各期社会经济生态特质。公路恢复起步,尤以新建川藏公路政治意义重大,彰显了川藏公路不畏艰险、勇于牺牲的精神,雪域高原公路和藏族风情文化特色独具一格。"大跃进"简易公路粗制滥造,公路里程"放卫星",但公路质量低,其后不少公路退耕还田流星一现,公路文化大干快上热情万丈空负一腔热血。三线建设由国家布局,四川公路得以活力、实力倍增,而公路支持铁路建设则体现交通一脉手足情长。"文革"浩劫,有幸"修建路桥积德行善"千年理念根深蒂固,公路基础设施未受重创。囿于计划经济体制,这一时期四川公路基本处于"以普及为主"和"普及与提高相结合"的粗放发展状态,公路文化主要恪守蜀道文化传统的积淀,在自力更生、吃苦耐劳等精神上传承坚守,而在开放和光大的意义上尤显不足。

2. 改革开放后公路文化迎来春天

改革开放后,突破计划经济的藩篱桎梏,四川公路在巩固拓展路网的平台上,开始寻求冲出盆地的发展攻势,公路文化一片春色百花齐放,主要呈现六大特色:

一是适应农村商品经济,农村公路大规模拓宽改造,在全国引起巨大反响。"商品(收费)路桥"创新建设筹资机制,盆地农村公路面貌焕然一新,盆地"行路难"现象开始有了有序改观。

二是实行"公路建设大包干",创新公路建设机制,全省重要干线和大中城市进出口道路拓宽改造,通畅干线,美丽城市,蜀道添硕果。

三是从"致富路""资源路"到"村村通公路,户户通公路""要致富,先修路"的理念引导公路毛细血管迅速延伸,公路路网全面扩张壮大。

四是公路建设逐步从"数量型"到"质量型"的突破,由高级、次高级路面逐步取代碎石和土路路面,道路"美观性""舒适性""耐用性"实现质的飞跃。

五是在"精神文明建设"平台上,公路养护文化与时俱进。突出反映在"学两山,创同乐",弘扬艰苦奋斗、无私奉献的精神。尤川藏路建设精神演绎在公路养护,川藏线海拔最高的雀儿山道班班长陈德华精神"以路为家、顽强拼搏、挑战极限、勇创一流"享誉全国。

六是公路建设与环境和谐相生,九(寨沟)黄(龙)路建设,公路文化名牌享誉全国。

典型范例:川九公路建设理念开创全国之最。

川九公路是九寨沟黄龙风景区公路,穿越雪山、草原、森林公园等多个生态区间,改建设计遵循"安全、舒适、环保、示范"八字方针,提出"保护是核心,创新是灵魂"的总体要求,在全国创新公路建设理念——设计上最大限度地保护生态,施工中最小限度地破坏和绿化环保应最大限度地恢复。

公路建设四大原则:

安全原则:公路结构物的安全稳定,运营车辆和行人的安全。

舒适原则:线形流畅、路面平整、景观协调。

环保原则:减小植被破坏,恢复生态原貌。

示范原则:探索公路建设与生态环境保护可持续发展的有效途径。

公路文化元素渗透公路建设各个层面,边沟、挡墙、指示路牌等民族、旅游个性文化突出,实现公路与自然、人文景观的有机融合。在公路基本功能传统理念上,拓展创新为"公路基本功能+社会功能"模式,即新增公路适应和协调自然环境和地域文化的功能。"川九"理念的形成,是四川公路文化发展的重大成果,尤对山区公路建设具有开创性的指导意义,可以视作公路建设与生态环保协调发展的重要里程碑,具有深邃和长远的文化意义。

第二节　四川高速公路文化的崛起

四川高速公路文化发展,大致经过四个阶段,即零的突破、世纪之交的崛起、大地震的涅槃、综合交通枢纽的高峰。第一条成渝高速公路建成通车后,拉开了四川高速公路建设的帷幕,高速公路建设如火如荼,高速公路文化也风靡四川,上演了一幕威武雄壮的高速公路文化大剧。

一、成渝高速文化萌芽巴蜀

成渝作为盆地历史上最大的两个重镇,公路交通线一直承载盆地主动脉的担当。成渝高速公路建成,文化之光随即照射到巴山蜀水。

(一)高速公路带来伟岸文化形象

成渝道路一直是盆地道路文化的发源地和文化范本之一。公路在四川兴起后,1934年,成渝公路就开始设置"转弯危险""慢车""下坡危险"等彩色木牌,并在沿线各场镇、码头竖立地名标牌,这是四川公路首次设置的道路标志。成渝高速公路的建成使高速公路形象第一次映入人们的眼帘。高速公路本身就是人类对于道路交通智慧结晶的产物,作为带状构筑物的高速公路,其线形、纵坡、多车道、绿化隔离带、单向行驶、全封闭运行等功能和表象,构成高速公路"宽阔快捷,安全舒畅"的光辉伟岸形象,当即盖过各类道路的风头,迅速为人们认知而为之折服。

(二)高速公路文化征服人心

成渝高速公路投入运营后,成渝公司秉承"服务人民,奉献社会"的宗旨,瞄准"一流的队伍、一流的管理、一流的服务、一流的业绩"奋斗目标,贯彻"促发展、保增长、控成本、增效益、强管理、优服务、保安全、保畅通、改作风、办实事"发展思路和管理理念,打造"安全路、环保路、文明路、效益路",公司不断发展壮大,成为西部唯一的基建类 A+H 股上市公司。成渝高速公路勾连渝蓉,辐射沿线城乡经济文化,促进经济效益和社会效益的巨大提升。高速公路给人们带来"以快制慢"现代新理念,快节奏提升原动力,高效率催生高效益。思想理念与高速公路文化理念的互动,"修好路,走好路""要快富,修高速""要出行,走高速"形成共识。成渝高速公路走廊促进沿线各市、县(区)突破传统经济模式,重新定位调整发展思路,推进"高速公路战",走以城郊型经济为主的开放型经济的路子,形成大市场、大商贸、大流通格局。

二、高速公路文化照亮世纪之交

在成渝高速公路建设践行的引领下,高速公路建设在四川风起云涌,浪潮迭起。一是高速公路建设从成都向市州的辐射;二是从盆地平丘向盆周山区的延伸。20世纪向21世纪的交替时期,是四川高速公路建设的第一个黄金时期,高速公路文化之光照亮了两个世纪转换的末叶和初叶。

(一)千公里高速公路迎接新世纪

公路主骨架是公路建设的重点,高速公路当仁不让成为主骨架建设主旋律。迎接新世纪,四川建设1000km高速公路成为新目标,相继建成成绵、成都城北进出口、成都机场、内宜、成乐、成灌等11条高速公路,突破千公里大关,圆满达标跨入新世纪。这一时期,高速公路文化特色显著。一是高速公路网雏形初具,形成四川道路网新格局,取得蜀道形象改观的重大突破。二是高速公路精神文化、制度文化、物质文化进一步生长发育,成立四川高速公路有限公司,高速公路文化有了统筹推进,建立了高速公路文化砥砺前行的基础。三是高速公路建设部署文化理念上的重点选择"枢纽理念":加快和完善成都中心城市高速公路建设;"一条线"产业带理念:如成绵、成乐高速公路形成绵乐经济带;红色高速公路理念:如广邻高速公路连接邓小平同志家乡;出海通道理念:如隆纳高速公路等。高速公路文化与社会经济文化理念融合相生,丰富了盆地文化的构成。四是从蜀道文化体系观察,高速公路建设广泛采用机械化施工,是道路建设手工人力修筑、人工与机械混合操作修筑的重大历史转折,也是对蜀道修路难意识的重大转变。

(二)新世纪高速公路文化砥砺前行

进入21世纪后,高速公路文化蔚然成风,促进高速公路建设加速前行,掀起第一轮高速公路建设热潮。高速公路文化巩固基础,开始步入快速发展。

21世纪前五年,即"十五计划"期,四川高速公路建设持续发展,新增高速公路里程671km,总里程达到1573km,高速网络拓展初具规模。高速公路文化特征表现在两个方面。一是高速公路文化随着路网拓展进一步普及和深化,主要表现为"开放"精神有效提升了大投资、长距离的高速公路建设;而随着高速公路网络的拓展,高速公路文化理念更广泛地融合并促进社会经济生产和生活方式观念的转变。二是高速公路向盆周山区和高原地区的推进,高速公路文化尤在附属构筑物物质文化上,展露出民族文化、山地品格、高原风情的色彩。

三、汶川大地震高速公路文化涅槃

举世震惊的"5·12"汶川地震撼动了半个地球,蜀道惨遭破坏,蜀道文化一时蒙垢失辉。高速公路不同程度受损,但依然坚挺。抗震救灾中高速公路文化浴火涅槃,全力以赴承重救援,灾后重建高速公路文化升华,从悲壮走向豪迈,促进高速公路建设全面推进和日臻繁荣。抗震救灾的蜀道文化,也成为全国道路文化史上沉重又尤值借鉴的一个重要篇章。

(一)灾区路网满目疮痍

汶川地震给予了灾区路网致命的打击,一些路段全面损毁,造成毁灭性、根本性破坏,受灾道路呈现扭曲、崩塌、断裂、错开、挤压、隆起,许多路段被滑坡乱石掩埋和泥石流、堰塞湖淹没。26条高速公路、21条国省干线、2.9万公里农村公路不同程度受损,其中高速公路和国省干线受损桥梁1069座11.32万延米,254个乡镇、2114个建制村公路交通一度完全中断,北川县城原址在地图中被抹掉。以壮硕强健傲视群路的高速公路,虽然抗住了致命的一击,但还是伤痕依然,成绵、成渝、成雅、成乐、成南等高速公路被迫临时中断交通。

汶川地震给盆地文化注入一个新的理念内涵,就是尊重大自然,敬畏大自然。于蜀道文化,一方面暴露出蜀道先天不足的孱弱性,留下沉重的灾难道路警示物鉴;另一方面,由于道路阻塞中断,灾难中生命抢救赋予了道路"生命线路网"的意义,灾难道路文化注入了珍贵借鉴的概念。高速公路在大地震充分显示了生命力的顽强,取得了抗击自然灾害力的加分。在这个角度上,提升了人们对高速公路的认知,从这一角度看,灾难中的高速公路文化亦损亦荣。

(二)艰苦卓绝的交通抗震救灾精神

高速公路在灾难中生命大通道功能凸显。高速公路"带病带伤"发挥抗震救灾抢通保畅的大通道作用。四川高速公路系统各公司迅速组织高速公路检查维修加固受损设施,紧急排除安全隐患,全省高速公路在5月12日当晚12点时全部恢复畅通。

在抗震救灾抢通战斗中弘扬"特别能吃苦、特别能战斗、特别能奉献"的四川交通人的坚韧精神。"抢通机械24小时不停机,抢通人员24小时不离岗,抢通工作24小时不间断",抢通生力军作用彰显。高速公路系统抢通队伍5月12日当晚火速奔赴通往地震中心毁损极其严重的都汶路参与抢通战斗。

抗震救灾保通战斗中发挥"全方位、全天候服务"精神。开辟抗震救灾"绿色通道",对所有抗震救灾车辆一律免费通行,竭尽全力发挥高速公路的功能,提供对过路抗震救灾车辆的"全方位、全天候、全过程"服务。

"一方有难,八方支援"的大爱精神,全省高速公路系统为灾区筹集各类物资1000多吨,职工共捐款178.9万元,

(三)灾后重建高速文化从悲壮走向豪迈

多难兴邦,多难兴路。围绕灾难于道路的深化认识,包括高速公路文化在内的灾后重建文化得到普遍的升华,在精神、观念、思路等方面主要体现在:

(1)尊重大自然、敬畏大自然,公路与大自然协调发展;

(2)公路网建设以其抗灾能力为核心,不是公路在原来基础上的"强身健体",而是在生命意义上的"脱胎换骨";

(3)山区公路重建新理念——"先避绕、后整治、少挖填、增桥隧、重防护、强支挡";

(4)灾后重建攻坚克难,"跳起摸高","三年重建任务,两年基本完成";

(5)蜀道文化浴火涅槃,尤灾后重建公路文化得到多方位内涵的增添和升华,并得以指导灾后重建的思路定位、布局规划、质量效率等,提速灾后公路重建。

在灾后重建文化精神理念支撑下,高速公路建设快马加鞭,规划完成修复路段总里程约582km,续建路段总里程约354km,适时启动路段总里程436km。尤值一提的是,新建都江堰至映秀高速公路,这条连接震中核心映秀的高速公路,不但构成灾后重建的公路主骨架的重要一环,并成为世界灾后重建的典型高速公路标本。

经过大地震打击的检验,藉灾后重建的契机和动力,高速公路进一步赢得理念的尊崇,成为道路力量的标杆。在灾后重建及以后一段时期,四川高速公路发展迅猛,堪为高速公路建设的黄金时期,至2011年突破3000km大关,并实现高速路网向全省各市州的全覆盖。高速公路的提速建设,初具规模高速网络在全省道路网络的主骨架形成,高速文化内涵的不断注入、升华及在全川域的普及,标志着高速文化在汶川地震后涅槃,从悲壮走向豪迈。

四、枢纽高速文化进入发展高峰

2007年末,四川省委、省政府提出并部署推进建设中国西部经济发展高地,打造中国西部综合交通枢纽。可以认为这是一场具有划时代意义的、"蜀道难"向"蜀道通"彻底嬗变的宏伟变革。时遇"5·12"汶川地震,工作重心一度转移到抗震救灾,但综合交通枢纽目标和方向既定不变,并结合灾后重建调整进行。在这个水陆空运输方式协调发展,立足四川、着眼国际,高位起步,气势恢宏的枢纽建设中,高速公路文化寓于枢纽文化,进入到一个崭新的高度。

(一)从两个历史发展看枢纽文化定位

首先是现代中国西部大开发中的交通发展意义比较。一般认为,中国有三次西部大开发,分别为:第一次抗战时工厂学校的内迁;第二次为国家布局实施三线建设;第三次即改革开放中推进西部大开发战略。第一次西部大开发客观为抗战形势所迫,内迁后四川的经济活力高涨,公路超常发展,但随着内迁回流盛况不再而急剧衰退。虽然公路基础设施为四川留下永久的福祉,但亦不少渐近荒芜。总的来说只是部分强化了盆地的交通基础。第二次西部大开发为国家重点布置三线建设,交通获得重大进展,尤铁路(成昆铁路)使蜀道构成产生历史性的重大格局改变。但三线建设的宗旨在于备战备荒,交通格局和盆地发展不能求解最佳的经济和社会效益。第三次西部大开发立足于改革开放和以经济建设为中心,为四川经济及交通带来千年发展良机,有别于前两次西部大开发,交通发展的基础、动力、环境等极大改善提高,具有了质的飞跃。

其次是古今蜀道枢纽价值的比较。前述盆地居于华夏中心区域的地理位置,相对高度发达的农耕文明,北进东下南出的蜀道交通,以栈道交通和南方丝路为代表,产生了古代蜀地交通枢纽的作用和意义。但如同大唐盛世不过历史一页一样,这种蜀地交通枢纽只能是对其历史地位作用的一种肯定,只能是一度和一时的辉煌。险峻的道路条件及有限的通行量等显示,其枢纽的级别层次、生命力时限和拓展空间都只能是短暂和有限的。蜀道难是"四塞之国"交通长久弥存的状态,是世代难解的一个主题。站在现代改革开放的节点,盆地走向海洋的最终选择,四川综合交通枢纽建设开启了新的窗口。

(二)枢纽新思维和宏伟蓝图

1. 综合交通枢纽新思维

四川作为内陆省份,具有居西南腹地与八省市接壤,勾连中亚、东南亚交通枢纽和走廊的区位优势,经济总量占整个西部经济的二分之一。然千年蜀道仍然主要袭用"盆地自用"的格局,且现代社会的发展,"蜀道难"区别于古时的行路难,人员交往难,已注入了工业运输难,产业要素流动难的内涵。

将四川交通发展放到全国路网格局中定位,破解"蜀道难"这个千年难题,必然要求变"蜀道难"为"蜀道通",变"内陆盆地"为"西部门户",变"西部终端"为"西部中枢",变"蜀道自用"为"东中西部共用"。

综合交通枢纽总体战略:贯通南北,连接东西,通江达海。

总体目标:承接华南华中,连接西南西北,沟通中亚南亚。

2. 综合交通枢纽宏伟蓝图

按照综合交通枢纽新思维和价值取向要求,枢纽规划蓝图横空出世。公路交通规划布局思路为突出南向,加强东向,扩大北向,畅通西向,完善内网。坚持以进出口大通道为重点,高速公路超常规发展。重点强化成都主枢纽,依托直接引入16条高速公路,配套12个区域性次级枢纽和8个结点城市,完善全省综合交通高速公路网布局。到2020年,综合交通枢纽形成成都与周边省会城市4小时交通圈,至环渤海、珠海和长三角地区的8小时交通圈,省内形成成都至市(州)政府所在城市1小时、2小时和6小时交通圈。

(三)枢纽高速公路文化的特征与意义

概言之,综合交通枢纽的现代文化理念,使人们对交通的理念从重在经济基础层面上考量,脱颖上升到对生产生活方式上的时空改变,人们惊叹时空的缩短,交通被列入影响现代世界伟大转变之一,在四川是继电讯之后,综合交通枢纽的推进已实质性地昭示,高速公路文化在其中不可或缺,作用巨大。

枢纽文化滋润下的高速公路建设突飞猛进,2012年突破4000km大关,2013年突破5000km大关,截至2016年末,四川已成为全国高速公路大省,通车里程排名全国第二、西部第一。随着高速公路的高速推进,在还原蜀道本身道路本质(即扣除航空、铁路、水路)的文化意义上,高速公路是道路体系中彻底告别"蜀道难",向"蜀道通"伟大嬗变的主力军。

随着枢纽高速公路的进一步延伸和网络完善,高速公路文化的生长,必将深刻影响道路体制和机制的改变,如建设形式,公路等线划分与构成,公路建、管、养的构成与改善,形成更新、更富色彩、更具生命力的道路精神文化、制度文化和物质文化。

第三节　高速公路的建设文化

高速公路建设是其文化生成生长的基础,也是展示其文化风采的重要领地。在传承蜀道文化的基础上,高速公路建设的精神文化、制度文化、物质文化三驾齐驱,与普通公路文化相较更具完整性和系统性,尤高速公路建设的精神文化和物质文化更具特色。

一、高速公路建设的精神文化

高速公路建设的本质精神在于"高速":追求效率,以快制慢;"负重":承载担当人物位移重任;"开放":内纳干支,接轨国际;"现代":科技引领,时尚时代。

(一)以国家交通大政方针政策加强建设理念引导

各个时期均坚决贯彻国家相关的交通方针政策,加强对高速公路建设的理念引导。如交通运输部"公路主骨架""发展理念人本化、项目管理专业化、工程施工标准化、管理手段信息化、日常管理精细化""综合交通、智慧交通、绿色交通、平安交通""品质工程""绿色公路"等,有效地保证了建设方向和重点的把握,同步融入全国高速公路建设的浪潮,促进了四川高速公路的快速发展。

（二）五大四川特色精神文化

1. 续写辉煌的"两路精神"

处于高山环绕的四川，在道路建设中不畏艰险、坚韧不拔的蜀道精神，"褴褛开疆"的抗战筑路精神，川藏公路修筑的勇于牺牲精神及公路养护的奉献精神等一脉相承，一以贯之。值川藏、青藏公路建成通车60周年之际，习近平主席强调弘扬建设川藏、青藏公路的"两路精神"——"一不怕苦、二不怕死，顽强拼搏、甘当路石，军民一家、民族团结"。这是对公路建设精神的精准概括和充分肯定，也为现代高速公路发展注入了新动力。在极其艰险的崇山峻岭进行现代大规模的四川高速公路建设，面临一系列世界级的难题，几乎每前进一步都是血与汗的交迸。特别是藏区高速建设，更是应对生命禁区极限的挑战，在更高远的意义上，是建设民族团结与进步、社稷国防的稳固与强大的通天大道。四川藏区已建映汶高速公路，在建雅康高速公路和汶马高速公路，并规划修建8条藏区高速公路。天降大任，无愧担当，四川高速公路建设正在淋漓尽致地续写"两路精神"的辉煌。

2. "冲出盆地、通连四海"的开放精神

对于狭义的蜀道文化和普通公路文化而言，高速公路文化的"开放"精神来得更强烈，更豪迈，更具有划时代的意义。综合交通枢纽思维对蜀道的定位，高速公路东出巫山、南穿秦岭、西跨横断（山）、南越乌蒙，穿云破雾、上天（桥）入洞（隧道），向盆周山区、高原地区的大手笔延伸，"蜀道难"已逐渐成为史话，"蜀道通"正在成为现实。"冲出盆地"的开放发展，盆地也将淡化于地理的概貌，成为雄傲中国西部的经济发展高地。

3. 科技领跑的创新精神

科技内涵是构成文化内涵的重要元素，尤其在现代科技飞速发展的今天。而科技与创新几乎密不可分，创新亦是反映文化的重要表现形式。所以，现代科技在高速公路建设中得到大量、普遍的推广和应用，特别是在四川盆地边缘的崇山峻岭中，公路建设面临众多世界级的难题，高速公路以科技创新领跑，创造了许多公路奇迹，硕果累累翘楚全国。在山地高速公路建设文化上，科技创新当之无愧地艳压群芳，奇葩怒放，在世界公路文化史上占据着重要位置。

4. "质量第一，关键是人"的质量理念

质量理念是蜀人传承千年的信条。川绣的精钩细缕，川菜的色香味美等，充分展示蜀人的聪明智慧和质量追求，这在蜀道的栈道文化上也充分地展示出来。在高速公路建设工程质量管理上，强调质量，落实到人，质量与人的关系理念有机结合。在具体表现形式上，不断强化全员质量意识，尤形成抓好"四个关键人"质量管理理念，即抓好设计负责人、项目经理、项目总监、试验室主任四个关键人，发挥关键人在质量保障、质量控制中的

主体作用和核心作用。

5."天、人、路和谐兼容"的筑路模式

鉴于汶川大地震的警示和启迪,四川高速公路建设特别注重"环保"理念和"以人为本"的人文精神,高速公路成为公路生命线的脊梁。传承光大"川九"理念环保筑路,建设中高速公路基本功能和社会功能叠加,自然环境(天)、高速路、人(线内线外)三位一体和谐相生。宏观注重规划布局、顶层设计统筹,微观兼顾建设细节,如公路人行天桥建设、服务区建设等。环保理念和人文精神的合力,促进了公路本身与自然环境、路上行客、路外群众和谐一体。

(三)高速路建设精神文化实例

成渝高速公路始建勘测中,二十多个回、汉专家反复比较论证,一致认为只能从有163座规模的回民墓地中穿过。但此墓地已属迁建,并其时由贺龙元帅承诺搬迁后的墓地是回民的永久墓地。经过多方协调,另征超原墓地面积的土地,新建园林式墓地,被国家宗教局等誉为国内"最漂亮的回民公墓",圆满地完成迁建推进高速路建设,成为落实国家宗教政策,体现人文精神,美化环境的高速公路建设的一个范例。

成雅高速公路在建设中高度重视绿化工作,大胆采用生物防护代替工程养护,除特殊地质和病害路段外,取消边坡二级以上护面墙工程。采取削缓边坡,进行植草防护的环保方法。全线共取消上边坡二级以上护坡48.75万m^2,下边坡网格37.43万m^2,代之以植草173.51万m^2,不仅费用省,而且效果好。全线采用生物防护取代工程防护,共节省投资591万元,并在全省高速公路建设上,探索出了一条环保的新路子。

巴陕高速公路米仓山隧道,是翻越崇山峻岭横亘的米仓古道,千年羊肠变身现代高速路的控制性工程,是国内第二长、世界第三长的公路隧道。考虑隧道线太长,为避免直线开车"审美疲劳",在洞内设计两个很大的转弯呈"S"形;隧道紧邻米仓山国家公园,在通风方案选择上,取消直井避免了井口设在公园核心区,采用斜井将井口开在了公园之外。

二、高速公路建设的制度文化

高速公路建设的制度文化,体现了高速公路高速、厚载、开放、环保、创新等核心价值理念,并体现了高速公路建设规模大、投资渠道广、机械化施工、质量要求高、工期相对较长等特点,其建设的规章制度更需严谨、系统、完整。

(一)主要建设规章制度的演进轨迹

首先在成渝高速公路建设引进国际通用的"菲迪克"条款即F合同管理,第一次在大型公路建设项目上实行国际竞争性招标和中外工程师联合监理。结合省情,认真执行

"菲迪克"条款,建立健全了各级监理机构,业主依靠制度,依靠监理,对工程分包、延期索赔、工程单价和大的设计变更等进行管理,推进"全过程、全天候、全方位"的"三全监理",实行质量、工期、造价的"三全控制",取得了较好的成效,也为四川高速公路建设的招投标、合同管理积累了宝贵经验。

2000年,全面落实执行全国公路工程"项目法人制、招标投标制、工程监理制、合同管理制",高速公路管理过程趋于规范。

2003年,在西攀高速公路建设上首次采用最低标价法,率先实行业主代表处、设计代表制,并首次探索应用项目信息化管理系统。

2004年,全国公路建设管理提出"六个坚持、六个树立"的勘察设计新理念,在将环保、安全、和谐的理念融入工程建设的过程中,结合省情和高速公路建设项目特点,省交通厅陆续出台了一系列高速公路建设管理制度,健全管理体系。每一个高速公路项目公司认真贯彻落实,相继制定和完善了招投标、计量支付、设计变更、工程质量、安全管理、合同管理、档案管理等制度管理细则,为高速公路建设制度体系奠定了良好的基础。

"十一五"时期,高速公路建设呈现工程项目大、技术难度大、投资体量大的特点,质量安全管理压力陡增。为适应建设管理需要,突出重点狠抓质量安全管理,相继出台了《四川省重点公路项目隧道建设管理指南》《四川省重点公路项目工程建设管理绩效考核评价办法》《四川省重点公路建设创精品工程实施意见》《四川省高速公路沥青路面建设管理与施工指南(试行)》《高速公路建设项目精细化管理指南》等,有效地指导各高速公路建设项目以质量安全为重点,进一步强化了管理,提高了制度化管理水平。

在加快构建西部综合枢纽步伐时期,为适应大建设大发展的要求,高速公路建设积极推动项目管理上台阶、上水平,在坚持过去多年行之有效的管理制度、管理方法、管理手段的基础上,以开阔的眼光,对标先进,提升水平,加快推进现代工程管理,用现代工程的理念、管理技术和管理方法,推动高速公路又快又好发展。

(二)四大建设管理,四朵制度之花

1. 质量管理

质量是工程建设的核心和关键。四川高速公路建设始终把质量摆在最为突出的位置。经过不断的实践和总结,强化了全员质量意识,工程质量纳入了制度管理轨道。一是不断健全完善质量管理体系,各工程项目以"四落实",即"机构落实、制度落实、人员落实、责任落实"为核心,逐步建立健全了"横向到边,纵向到底,控制有效"的质量管理体系并保持有效运行。二是全面推行精细化管理和标准化施工并逐步走向制度化。随着公路工程技术水平的不断提高以及行业对工程技术认知的不断进步,过去部分施工工艺、结构形式、工程材料、施工装备等在工程实践中被证明存在不足,成为制约工程质量水平提升的短板,通过工艺更先进、装备更可靠、流程更规范的精细化和标准化管理,制度文化产生巨大作用,各工程项目积极推行标准化驻地、标准化试验室,形成标准化"四场",即材料堆放场、混凝土拌和场、钢筋加工场、梁板预制场。扎实推进工地工厂化、工序标准化、程序规范化、作业流水化的施工管理制度,积极推进首件工程认可制、重点工程实名制,严格把好各分部工程开工关、过程关、检验关这"三道关口",使高速公路项目建设质量管理基本做到有章可循、有规可依。

2. 安全管理

四川高速公路建设始终高度重视安全管理。在"安全第一、预防为主、综合治理"的方针指引下,不断建立完善安全生产管理体系,安全规章制度有序规范和有力保证了高速公路的建设安全。一是安全责任制度,"党政同责、一岗双责、失职追责",在高速公路项目中严格落实安全生产目标责任制。二是整理汇编了《四川省重点公路建设安全生产法规汇编》,有效地指导规范了工程安全生产和安全管理,并相继开展了高速公路项目桥梁、隧道安全专项整治、平安工地建设等活动。三是根据省情,尤针对"5·12"汶川地震后地质灾害频发、高发的特点,组织编制了《四川省重点公路建设项目安全事故应急救援总体预案》,明确了应急救援组织体系和工作机制、应急救援工作机构及职责、应急救援预案的启动和保障措施等,丰富了高速公路制度文化的宝贵内容。

3. 进度管理

建立项目建设进度管理的"年度计划、按月控制、按季考核"的目标责任体系,年度投资与形象进度详细分解到月,层层签订目标责任书,并制订完善保障措施,责任落实到人。针对部分高速公路面临地形地质条件复杂、工程规模大、建设环境差、通车压力大等困难,建立了全省高速公路建设联席会议制度,及时掌握施工进度,积极协调解决困难,确保了高速公路项目按期建成通车。

4. 造价管理

四川高速公路建设随着社会经济需求不断增加并向盆周山区、高原地区的延伸,呈现工程规模和投资规模愈来愈大的特点,建设造价压力随之增加。为切实控制工程造价,建立和完善省交通运输主管部门、项目投资人、项目法人三级造价管理体系,不断创新管理方式,严格过程控制。积极执行和完善工程项目各阶段的投资估算、初步设计概算、施工图预算等流程制度,加强设计变更管理,引入建设过程咨询审查机制,认真把关设计变更理由、变更方案和变更金额。建立设计变更、计量、各类造价控制动态信息台账,过程机制严密规范,使各项目造价总体受控。

三、高速公路建设中的物质文化

高速公路作为建设的硕果,强烈地体现时代精神,鲜明地留下历史性的公路物质形态文化辙痕。而高速公路的重要构成桥梁、隧道等,以及公路辅助设施如边沟、挡墙等,其文化符号和元素更是多姿多彩。

(一)高速公路建设成果绽放绚丽

四川高速公路总体呈现宽阔壮观,尤其山区高速公路格外巍峨雄伟。精品高速公路本身就是一件艺术品,各高速公路风采别具,可圈可点,一些高速公路路桥形象成为全国乃至全世界的经典。

1. 天路——雅西高速公路

雅(安)西(昌)高速公路,全长240km,2012年建成通车。路线由盆地边缘向横断山区高地爬升,穿越大西南地质灾害频发的深山峡谷,地形条件极其险峻、地质结构极其复杂、气候条件极为多变、生态环境极其脆弱、建设条件极其艰苦,被国内外专家学者公认为是国内乃世界上自然环境最恶劣、工程难度最大、科技含量最高的山区高速公路之一,堪为高速公路建设的智慧结晶和伟大杰作,被誉为"天梯高速""云端上的高速"。

2. 巴陕高速公路——桥隧王道

巴陕高速公路是国家高速公路网纵线银(川)昆(明)高速公路的重要组成部分,也是泛珠三角区域高速公路网规划巴中至昆明的起始路段,是四川省北向的重要出川通道。路线全长115km,起于川陕两省接线的米仓山隧道,即古蜀米仓道原址。工程涉及控制性工程桥梁55座,隧道20座,全线桥隧比高达78.2%,堪为"上天(桥)入地(洞)",桥隧王道称雄川内各高速公路。其对米仓古蜀道的现代跨越历史文化意义显著,而多桥隧的特点成为独具一格的高速公路经典。

3. 工程建设攀登珠穆朗玛峰的雅康高速公路

在建的雅康高速公路是川藏高速公路的一段,全长约135km,是穿越芦山地震灾区的生命大通道、内地入藏区的经济大动脉,是稳藏安康的政治大走廊。工程建设较之天路雅西高速公路,地形更为复杂,海拔快速爬升,狭窄陡峻起伏巨大;地质条件更为复杂,穿越龙门山地震带,地震烈度高,二郎山特长隧道穿越13条断裂带;气候条件更为恶劣、生态环境更为脆弱,工程施工更为困难,工程建设被喻为攀登珠穆朗玛峰。全线桥隧比高达82%,全线几乎"脚不沾地"。

(二)高速公路建设的全国第一和世界第一

雅西高速公路腊八斤连续刚构特大桥,桥高230m,其主墩高182.6m,是世界同类型最高桥墩。其"钢管叠合柱"和C80混凝土自密实浇筑工艺为我国首创。

雅西高速公路大相岭泥巴山隧道,分左右两线,其中左线长9962m,右线长10007m,

为我国西南地区最长隧道。最大埋深1650m、地下风机房6000m²和通风斜井1500m均为全国第一。

雅西高速公路干海子和铁寨子双螺旋隧道,为国际首创,实现4km"V"形峡谷范围内连续爬升450m,为解决路线爬升、克服海拔高差提供了新范本。

雅西高速公路干海子特大桥国内首创钢管桁架连续梁轻型桥梁结构,是世界第一座全钢管混凝土桁架桥梁,大桥长1811m,最高钢管格构桥墩达117m,其桁架梁长度和钢管格构墩高度均为世界第一。

雅西高速公路瀑布沟库区桥梁群,是世界上最壮观的库区桥梁群,22km路段中,有16座桥梁长14km。其中3座跨大渡河大桥,桥型各异,在悬崖绝壁间飞跨大渡河,与湖水相映成画。

乐(山)自(贡)高速公路岷江特大桥,全长3269.8m,主桥连续3跨180m,在亚洲同类型桥梁中连续跨度最大,被誉为"亚洲第一跨"。

巴陕高速公路米仓山隧道,全长13.8km,是四川第一长、全国第二长、世界第三长的公路隧道。

汶马高速公路创世界最大桥隧比86.5%,主线设置桥梁121座/52km,隧道33座/96km。

雅康高速公路创隧道锚长159m之最,锚定面积达5100m²,相当于13个篮球场之大。

(三)高速公路建设成果形成的口碑

由各高速公路内在功能和外部环境等因素,形成了彰显其公路特质的文化特色。在过去普通公路"致富路""资源路"等色彩外,高速公路于广告语展示形象和形成形象赞誉口碑。

成渝高速公路——横贯东西,巴蜀坦途

成绵广高速公路——盆地中原新蜀道

成灌高速公路——问道拜水,大路通幽

成雅高速公路——入滇进藏门户大道

雅西高速公路——天路,云梯之路

广邻高速公路——红色纽带

巴陕高速公路——古蜀米仓道的现代跨越

绵九高速公路——连接仙境的飘带,生命线的脊梁

乐宜高速公路——南方丝路的现代走廊

汶马高速公路——上天入洞,桥隧王道

(四)高速公路辅助设施异彩纷呈

在高速公路的边坡、挡墙、隧道口、护栏、公路标志、绿化、服务区等建设中,充分应用公路美学,在布局造型、功能设置、色彩风格等方面,匠心别具,千姿百态,展示出高速公路的壮美和文化的丰富内涵。公路美学反映在诸多方面,全省各高速公路指示标牌统一规格色彩字体,绿底白字;民族地区高速公路挡墙、收费站、服务区等,造型图案表现采用当地民族文化元素等;各高速公路隧道口美化造型各异,成为高速公路的一道风景。攀西高速公路处于大凉山高原地带,阳光直射强,进隧道易产生视觉差,因此对隧道口进行了两期醒目的浮雕设计和实施,广邻高速公路弘扬革命老区精神,在隧道口进行反映革命老区情景断面的"红色"浮雕等。

第四节 高速公路的企业文化

企业文化是高速公路文化的重要构成。随着四川高速公路从无到有迅速增长,不断投入使用,高速公路公司亦接踵开展运营,高速公路公司的企业文化亦同步生长,持续发展。

一、高速公路企业文化建设的组织与推进

(一)高速公路企业的组织体系

为适应高速公路迅猛发展需要,1996年在原四川蜀海交通投资有限公司基础上,组建四川高速公路建设开发总公司(简称高开司),逐步确立了对高速公路的投资、控股、经营的主体地位,各高速公路公司基本在前期作为业主负责高速项目的建设,后期负责高速公路的养护、管理和经营,形成"建、管、养、营"一体化模式。

(二)以行业文化垂范推动企业文化

高速公路的现代特征和集团管理的结构形式决定了高速公路企业文化的趋同性,且各高速公路公司存在成长期不同等差异,故在企业文化发展战略上,采取了以高速公路集团总公司为主要载体,重点发育高速公路行业文化,垂范指导带动子公司的企业文化,确保高速公路企业文化的同一性、完整性、紧密性;并选择公司试点逐步产生规模文化效应,不断促进各个子公司企业文化逐步走向繁荣。

二、交投行业善道文化

（一）行业整合应运而生善道文化

2010年，为适应和推动四川综合交通枢纽建设，全省厅属水陆空交通企业资源整合成立四川省交通投资集团公司。在文化建设上，集团公司战略定位，一是将文化建设重点定在交通行业，由行业文化统领，企业文化补充；二是文化建设结合中心工作，构建具有时代特征的行业文化；三是加强互动交流，挖掘行业文化精髓。通过对水陆运输方式文化的梳理和熔炼，形成了一枝繁茂的风格个性突出的四川交通投资行业文化——善道文化。高速公路公司作为交投行业的一个重要分支，集团公司的主力军，善道文化成为高速公路行业文化的一个典型范本。

（二）善道文化体系的主要内容

善道，是一种追求，是一种品质，是一种沉淀，是一种宣言，更是一种境界。因此，善道文化在本质上确定目标，核心和灵魂在道，风格上体现一种对目标的能动性的诉求。

企业善道文化核心定位：道致远、心相近。道既指水、陆、空现代交通之道，也意蕴经营之道、心灵之道，既是物质之道，更是精神之道。

善道文化理念体系如下：

1. 核心理念

（1）企业使命：善投交通，惠泽民生。

统筹兼顾，科学规划，不断投资交通和周边产业，稳步推进重点工程建设，努力优化交通环境，全面提升服务水平，持续增强营运效益。不遗余力打造"民生交通"，使人畅其行，物畅其流，泽惠民生，造福百姓，为区域经济的迅速发展贡献企业最大的力量。

（2）企业愿景：交汇百川，投泽百年。

始终将四川的交通发展作为核心诉求和着力点，把打造百年企业和惠泽民生相结合，把注重长远发展和卓越投资相结合，整合集团内部及四川的多方资源，形成聚合之力，立足四川，走向全国，成就百年。

（3）企业核心价值观：厚德同心，弘道至善。

厚德同心：锻造个人品德，恪守家庭道德，遵守社会公德，坚守职业道德。以德修身，以德立业。交投人紧密团结在班子周围，戮力同心，互助共进，携手同行。交投集团坚持以人的全面发展为目标，尊重人、理解人、关心人，营造"一家人、一条心、一盘棋"的同心之境。

弘道至善：弘扬大道，臻于至善。以人为本，上下同欲，充分调动员工的积极性、主动性、创造性,构建现代综合交通体系之大道,探索现代交通国有企业经营管理之大道。交投人遵循经营之"道",尊崇管理之"道",弘扬理想之"道",万众一心,统筹谋划,破旧立新,务使交投整体发展臻于至善之境。

(4)企业精神:善道卓越,大道忠诚。

事事实干善进,处处奋发进取。明大理,晓大义,循大道。热爱交通,忠诚企业,忠诚事业。创新自身建设,创新人才策略,创新体制机制,强化改革创新意识和市场竞争意识,以卓尔不群的姿态、锐意进取的精神、忠勇睿智的方式,塑造交投核心竞争力,打造辉煌业绩和卓越企业。

2. 基本理念

(1)经营之道:善谋善断,善为善成。

直面经营形势,在决策、组织、协调等管理上善于高屋建瓴,统揽全局;善谋思路,技高一筹;善断决策,审时顺势;善于行动,克难制胜;善于作为,乘势而上。真正做到抢占先机,领先对手,将经营的主动权牢牢掌握在自己手中。

(2)人才之道:尚善立德,上贤立业。

秉持德才皆备,以德修身、以德服众的导向,重品行、重实干,选贤任能、知人善任,让忠诚交投、守信重义的人脱颖而出,为品德服众、才智出众的人提供建功立业的舞台。坚持才效并举,绩效为先的原则,把好干部和人才选出来,用起来,真正实现善者上、平者下,为集团的持续发展打下坚实的基础。

(3)团队之道:同路同心,同道同责。

(4)学习之道:善学者智,善行者远。

(5)廉洁之道:敬畏于心,坦荡一生。

(6)危机之道:善预则立,善治则安。

3. 业务理念

(1)建设理念:善建精品,善建未来。

(2)运营理念:树品牌、重服务、增效益。

(3)收费理念:温馨服务,心悦途安。

(4)养护理念:管养有方,畅通有道。

4. 企业形象宣传语

(1)善道者,蜀交投。

(2)善道无疆,善投致远。

(3)让路不再难,让心不再远。

(4)道致远,千载蜀郡尽坦途。心至近,百年交投共和谐。

概言之,善道文化弘扬行业精神,践行行业使命,以客户满意为目标,不断改善服务体系和品质,遵循市场规律,积极推进现代企业经营。注重人才培养,关心员工的切身利益和职业成长,依靠"同心同德,同道同责"的理念,持续提升经营智慧和管理水平,不断实现企业稳健快速发展,实现个人价值与企业价值的有机统一,实现"交汇百川,投泽百年"的愿景和目标。

三、企业文化因地制宜的践行

依循行业文化垂范带领企业文化的思路,高速公路子公司以行业文化垂范努力推进文化建设,因时因地因事突出并践行个性文化,砥砺前行举得积极成效。

(一)子公司的企业文化共性和主要特色

各高速公路公司在集团善道文化垂范下,在行业文化的框架下积极推进交通文化建设。基于高速公路现代化的要求,物质基础相对雄厚等特点,高速公路企业文化普遍注重企业形象,设立公司 logo,统一收费服装礼仪,建立信息平台。加强运营管理,保障公路通畅。规章制度系统完整,团队建设坚持不懈等。因高速公路公司业务主要表现为收费运营,其文化建设的重点和特色主要体现为:一是窗口文化建设,以服务为重心,突出收费岗亭文化和服务区文化建设,开展优质服务,打造"文明岗""巾帼岗",形成优美环境和浓郁的和谐氛围。二是注重员工素质技能的培养提升,积极开展各类学习培训,配置学习室、图书室等硬件文化设施,不断提升员工执行力和向心力、团队的凝聚力和文化力。

(二)子公司企业文化个性彰显

成渝公司将"品质交通、惠泽民生"播撒巴山蜀水,倡导"二新服务":服务新高点——"以人为本、换位思考、急人所急、想人所想";服务新要求——"将服务向岗亭外延伸"。服务礼仪"五统一":微笑、形象、语言、手势、服务。服务区加强硬件设施改善,设立母婴休息室,提供 WiFi 无线网络服务,提供医疗用品,车场设置残疾人专用车位,发放行车路线图、临时分流线路图、安全宣传册等,重大节假日开展"情满旅途"活动等。下属的成乐公司坚持"服务人民、奉献社会"宗旨,建设"安全路、环保路、文明路、效益路"。

成雅公司着力融贯收费理念、岗位理念、安全理念、养护理念,收费站形象文化彰显本地特色,融入熊猫元素和名山茶韵。

川东公司企业文化核心理念:以人为本,用心服务。使命担当:矢志追求企业与人、与社会的和谐进步。企业精神:学习创新、团结进取、诚信务实、高效廉洁。企业作风:多谋善断、重在行动、敏锐快捷、永争第一。

成南公司秉承"服务人民,奉献社会"的工作初心,内强管理,提升业务,外塑形象,着力打造"小亭大爱文明使者"。

川北公司企业愿景:成为省内高速公路管理的连锁品牌。企业使命:路畅人和,以道致远。核心价值观:团队以缘为亲,志同道合;创新敢为人先,日新又新;专业精诚服务,精益求精;卓越永葆激情,力求完美。合作理念:同在川北,同为川北。管理理念:崇尚创新,推进专业,着重精细,讲求务实。创办川北高速微信公众号,《川北高速》内刊,努力实现川北梦想:员工优异、管理先进、工作出彩、和谐发展。

巴南公司核心价值观:惠民、奉献、服务。服务理念:以人为本、服务社会、追求卓越、争创一流。在线外工程采取七大举措创优争先。

巴陕公司注重员工素质提升,大力推进学习文化,开展"阳光读书",建立学习"淡雅驿站"。

成仁公司坚持以"廉荣贪耻、诚实守信""爱岗敬业、公道正派"为目标打造廉洁文化,开展廉洁文化进站、队活动。进行廉洁警示语征集,建立廉洁文化活动室、图书角,开展"读书思廉、承诺促廉、家书助廉"活动,努力建设一支"作风正、勇担当、守纪律、尚清廉"的职工队伍。

丽攀公司关注收费站文化建设,将职工队伍建设和环境建设结合,开展"菜园、果园、花园"三园建设。

专文 畅通川藏交通瓶颈 助力甘孜全面小康

——四川省交通运输厅党组副书记、副厅长周道平谈"川藏第一桥"

四川雅(安)康(定)高速公路泸定大渡河兴康特大桥(简称兴康特大桥),全长1411m,为主跨1100m钢桁梁悬索桥,是雅康高速公路重点控制性工程之一,堪称"川藏第一桥"。该桥于2014年9月1日开工建设,2017年9月26日完成首节钢桁梁吊装,目前进展顺利,预计2018年8月全桥合龙。

日前,本报记者就雅康高速公路特别是兴康特大桥的地位和作用,采访了曾长期在藏区工作的藏族干部,四川省交通运输厅党组副书记、副厅长周道平。

大通道富民兴康

记者:首节钢桁梁吊装成功,意味着雅康高速公路特别是泸定大渡河兴康特大桥建设迈出了关键一步。据甘孜州交通运输局干部更秋泽仁介绍,兴康特大桥是您起的名,行业内外都认为这个桥名起得好,请问您当时是出于一种什么考虑?

周道平:党的十八大以来,以习近平同志为核心的党中央确立了治国必治边、治边先稳藏的重要战略思想,明确了新形势下西藏和四省藏区工作的指导思想和目标任务,提出了依法治藏、富民兴藏、长期建藏、凝聚人心、夯实基础的重要原则，为做好西藏和四省藏区工作指明了前进方向，提供了根本遵循，注入了强大动力。

自古以来就有"稳藏必先安康"之说。"康"即"康巴"，四川藏区的甘孜藏族自治州历来是"康巴"的主体。从历史和现实的角度来审视，甘孜藏族自治州在贯彻治边稳藏重要战略思想中具有举足轻重的地缘政治地位，其发展稳定的状况对全国藏区影响巨大。目前正在建设的雅康高速公路处于汉藏结合部地带，也是川藏大通道的咽喉地带，这是中央支持藏区的重点建设项目之一，打通这一通道，对于富民兴康、治边稳藏意义深远。雅康高速公路泸定大渡河兴康特大桥位于甘孜藏族自治州东大门的红色名城泸定，距当年红军飞夺的泸定铁索桥仅5km，将其起名为"兴康特大桥"，其重要意义是不言而喻的。

"兴康"，就是安定祥和、安居乐业、繁荣发展之意，这是党的意志，是藏区各族人民的根本利益所在，是全国各族人民的共同意愿。兴康特大桥的建成，可以让雅康高速公路这条大动脉尽早搏动起来，加速甘孜藏族自治州和西藏的对外开放及与外界的互通共赢，为藏区经济社会加快发展插上腾飞的翅膀。"兴康"，也是我们交通人贯彻落实治边稳藏重要战略思想的政治责任，我们期待着交通建设的成就为藏区经济社会和人民生活带来新发展新变化。

连通甘孜藏区　综合效益巨大

记者：雅康高速公路是目前甘孜藏族自治州唯一一条高速公路，请您谈谈建成后会带来哪些效益？

周道平：交通运输是兴国之器、强国之基。雅康高速公路是目前内地通往甘孜藏区唯一的高速公路，是国家高速公路网雅安至新疆叶城的重要组成部分，建成后将进一步完善四川西部地区的公路网络，是富民兴康的经济大动脉、治边稳藏的政治大走廊，其效益应该是综合的。

首先是政治效益。甘孜藏区是"康巴"的主体，建好这条大通道，对于维护"康巴"地区乃至整个藏区的社会政治稳定，具有十分重要的意义。其次是社会效益。藏区山高坡陡，自然环境恶劣，群众出行艰难，他们无时无刻不期望着改善生存环境，期望着与内地的交往交流交融，期望着更多享有教育卫生等基本公共服务，期望着分享现代文明发展的成果，建好这条大通道，才能逐步实现这些新期待，所以其社会效益是巨大的。第三是经济效益。由于交通等基础条件相对滞后，加之受自然环境约束，目前藏区经济发展还相对滞后，甘孜是中央确定重点支持的深度贫困地区，是脱贫攻坚的坚中之坚，建好这条大通道，对于加快培育发展和壮大全域旅游、生态农牧业等特色产业，推动脱贫奔小康，使藏区群众逐步实现共同富裕，具有不可替代的作用。

第八章
高速公路文化

继续弘扬"两路"精神

记者：雅康高速公路建设难度大、创新多，您能介绍一下这个项目建设的相关情况吗？

周道平：雅康高速公路起于雅安市雨城区草坝镇，西经天全县、泸定县，止于康定城东，从四川盆地边缘向青藏高原延伸，穿越深山峡谷的横断山区，全长135km。雅康高速公路桥隧比高达82%，是目前全省乃至全国桥隧比最高、施工难度最大的高速公路之一，其建设面临安全、经济、环保等一系列挑战。控制性工程之一的二郎山隧道长13.4km，长度居目前全国在建高速公路隧道第二；兴康特大桥全长1411m，主桥跨径达1100m，目前在同类桥型中居全省第一；长达50km的隧道群穿越高山峡谷，施工极其困难。

兴康特大桥位于3条地震断裂带交会处，设计抗震烈度9度，桥面距离大渡河水面高239m，桥位处最大风达12级。这座建在高海拔、高地震烈度带上、复杂风场环境下的超大跨径钢桁梁悬索桥，投资超过10亿元，设计中面临高地震烈度、破碎地质边坡、峡谷风大三大技术难题。包括交通运输部几任总工程师、副总工程师以及中国工程院院士卢耀如、郑皆连等国内顶级桥梁专家在内的大桥专家团队和所有工程技术人员，充分发扬"两路"精神，在总体设计、抗震设计、抗风设计、边坡设计等诸多方面开展科技攻关，取得了很多技术创新，部分还获得实用专利。

记者：请您再谈谈，在新时期我们怎样继承和发扬"两路"精神？

周道平：20世纪50年代建设的川藏路、青藏路这两条进藏大通道，创造了世界公路史上的奇迹，结束了西藏没有公路的历史，其意义十分重大。2014年，川藏、青藏公路通车60周年，习近平总书记指出，"两路"是民族团结之路、西藏文明进步之路、西藏各族同胞共同富裕之路。这是对几代交通人的极大肯定，也是对我们今天所有交通人的极大勉励。

进入新时代，继承和弘扬"两路"精神，归结起来，就是我们要高举习近平新时代中国特色社会主义思想伟大旗帜，进一步贯彻落实好习近平总书记治边稳藏的重要战略思想，并将此作为做好藏区交通运输工作的行动纲领，牢牢把握交通运输基础设施发展、服务水平提高和转型发展的"黄金时期"，坚持规划引领、资金支持、人才支撑、管理为要，继续抓好藏区交通基础设施建设等工作，在"两路"精神的激励下，建好养好管好一条条"天路"，以此为藏家儿女带去吉祥、为雪域高原送去安康、为民族团结谱下颂歌、为巩固边防筑下基石，做无愧于新时代的交通人。

（《中国交通报》驻四川首席记者 吴丹）

（摘自《中国交通报》2017年11月24日07版头条）

附录一
四川高速公路大事记

1986 年

2月4日,成都至温江公路新建路段建成通车。新建路段全长5.81km,宽12m。沿途有40座涵洞、1座中型桥、2座小型桥,整个工程质量超过交通部颁标准。

6月24日,四川省第一座新型的大跨径箱形拱转体桥——巫山县龙门大桥顺利转体、合龙。该桥主(净)跨122m,全长192m,桥拱离河床102m。

9月26日,眉山县岷江大桥正式通车,副省长马麟为通车剪彩。该桥全长722.8m,是一座空腹式预制块板拱桥,为四川省第一座集资修建并征收过桥费的商品桥梁。

9月27日,雅安北门大桥正式通车,该桥全长230m。副省长谢世杰、省交通厅厅长郭洪喜及省级有关部门领导前往祝贺。

11月18日,中国路桥公司四川省分公司独资承包修建的南也门洼地巴纳大桥工程,因工程建设高质量受到南也门政府和外国使团的高度赞扬。

1987 年

12月9日,国家计委以计交(87)2335号文批复下达《成渝公路设计任务书》。成渝公路总投资11.4亿元,于1988年实行国际招标,1989年动工,1993年完工。

1988 年

4月18日,省交通厅副厅长马明典代表四川省重点公路建设指挥部,在美国华盛顿同世界银行代表签署成渝公路建设项目贷款协议。

8月20日,省人民政府批准成立"成渝公路建设开发总公司"。

1989 年

4月1日,新建成渝公路工程拉开序幕,国内A合同段(成都五桂桥至赖家坡2.8km)和G合同段(龙泉山隧道2.6km)破土动工。

1990 年

2月10日,成渝公路第一期国际招标K、O、P合同在渝签约,签约合同资金3亿多元。意大利吉罗拉、重庆建筑联营公司、四川国际经济技术合作公司、铁二局、铁五局中标。

5月21日,成渝高等级公路被正式列入经国务院批准的1990年新开工大中型基建项目计划。

9月25日,新建成渝公路在成都龙泉驿区毛家口立交桥工地举行隆重的开工奠基典礼。中共中央政治局委员、四川省委书记杨汝岱,成都军区副司令员马秉臣等出席典礼。会后,杨汝岱等领导为成渝公路开工奠基。

10月1日,凌晨4时58分,成渝公路长739m的龙泉山1号隧道贯通。

1991年

4月26日,主跨240m的犍为双塔式斜拉大桥正式通车。该桥在当时同类桥型中的跨度居西南第一、全国第二。

5月9日,成渝高等级公路重庆段第2期工程开工。该工程从荣昌商家坡至璧山青杠,全长85km,合同工期33个月。

8月23日,成渝高等级公路银山镇至球溪河段正式通车并实行收费。

1992年

12月31日,省交通厅、重点公路建设指挥部组织省、市有关部门领导视察成(都)渝(重庆)高速公路成简段主车道贯通工程,并在省公路局礼堂举行隆重的初通总结暨表彰大会,中共四川省委副书记宋宝瑞、副省长蒲海清等领导到会祝贺。成都市政公司、省建总公司、铁二局、川交二处、川交三处和攀枝花路桥公司6家单位和112名先进个人受到表彰和奖励。

1993年

1月9日,成渝高速公路上最大跨径的提篮式拱桥在内江安装侧转就位,拱桥跨径120m,总长170m。

4月27日,省编委批准成立"四川省交通厅高速公路管理局"。

5月1日,成渝高速公路成简段通车典礼在蓉举行,中共四川省委书记谢世杰、常务副省长蒲海清出席通车典礼。

5月4日,成渝高速公路内江沱江大桥主桥工程完工,实现初通。

5月22~24日,省长肖秧率省级有关部门负责同志在宜宾召开现场办公会。会议决定,由省交通厅牵头,宜宾、自贡、内江四家共同组建"四川省川南高等级公路开发股份有限公司"。

6月19日,成都至乐山高速公路乐山段建设暨川西南高速公路股份有限公司组建签字仪式在蓉举行,省长肖秧、中共四川省委副书记秦玉琴出席签字仪式。

7月18日,四川公路桥梁工程总公司在蓉成立。总公司属省交通厅管辖的全民所有制大型企业,下设桥梁工程公司、二公司、三公司和海外工程公司,获经贸部授予的对外经营权。

10月28日,当时全国最长的公路隧道——成渝高速公路中梁山隧道贯通,全长6268m。

11月6日,成渝高速公路缙云山双隧道实现初通。

1994年

8月4日,四川南方高速公路股份有限公司在泸州成立,公司主要承担隆昌至纳溪高速公路的建设、经营和开发。

9月18日,成(都)绵(阳)高速公路在德阳举行开工典礼。全国政协副主席杨汝岱,四川省省领导谢世杰、聂荣贵、甘宇平及成绵高速公路有限公司董事长徐展堂等出席典礼。

成渝高速公路东段陈家坪至荣昌94km建成通车。国务委员李贵鲜、四川省常务副省长蒲海清等出席初通仪式。

9月19日,中外合作修建成都外环高速公路、成都至乐山高速公路签字仪式在成都举行。

1995年

7月1日,成渝高速公路全线初通试运行。中共四川省委书记谢世杰在初通仪式上指出,成渝高速公路的建设者们,通过5年的奋斗,不仅建成了一条高速公路,而且创造出一种高速路精神。中共四川省委副书记蒲海清说,成渝高速公路是全省现代化建设的起跑线,全省人民的致富线。

9月21日,省政府举行成渝高速公路全线竣工现场办公会。副省长甘宇平代表省政府宣布成渝高速公路从即日起通车。

10月27日,广(安)渝(重庆)高速公路广邻段开工。该路全长49.5km,总投资13亿元,计划4年建成,1999年投入使用。

12月1日,中共四川省委、省政府举行中华人民共和国国务院总理李鹏为成渝高速公路题词"巴蜀坦途"揭碑仪式。国家计委副主任佘建明、交通部副部长刘锷以及省领导谢世杰、蒲海清、甘宇平等出席揭碑仪式。

12月10日,涪(陵)长(寿)高速公路黄草山隧道引道工程破土动工。该隧道是涪长高速公路的关键工程,隧道及其东西引道全长6.29km。

1996年

6月27日,成绵高速公路德阳罗江至绵阳磨家段交工验收完毕,总分90.5分,被评为优良工程。

7月10日,成绵高速公路白马至罗江左复线及罗江至磨家段提前建成,由成绵高速公路有限公司开放交通试运行。

8月8日,隆昌至泸州纳溪高速公路工程可行性研究报告评估会在泸州市举行。中国国际咨询公司专家组经反复论证,综合分析后认定,隆昌至泸州纳溪87km高速公路总投资20亿元人民币,全线计划2000年内建成通车。

8月15日,中国国际工程咨询公司专家组在踏勘成都至南充高速公路全线,并对该路预可行性研究报告进行反复论证后认为,修高速公路是完全必要的,该项目的实施将对四川的社会经济发展产生深远影响。

12月16日,成都至雅安高速公路开工典礼在蒲江县举行,中共四川省委书记谢世杰、省长宋宝瑞致电祝贺,副省长甘宇平出席典礼并讲话。成雅高速公路长145km,概算投资35亿元,计划2000年全线建成通车。该路的修建将促进沿线经济发展,有利于国防建设和藏区稳定。

12月16日,内(江)宜(宾)高速公路自贡至宜宾段开工。它是国道主干线二连浩特至河口公路的一段,全长67km,投资15亿元。

1997年

7月26日,省交通厅、省军区第一条军民共建文明示范高速公路启动仪式在成渝高速公路成都收费站举行。中共四川省委副书记杨崇汇,成都军区、省军区及省交通厅有关领导出席了启动仪式。

9月30日,内宜高速公路内自段建成试运行通车。中共四川省委书记谢世杰、省长宋宝瑞发了贺电。省政协主席聂荣贵,副省长张中伟、邹广严等领导出席了试运行通车典礼。

10月7日,四川成渝高速公路四川段H股在香港发行上市,并在香港联合交易所正式挂牌交易。此次发行上市共募集资金约14.8亿元,超额完成原定目标。所募集的资金将填补1997年全省高速公路建设资金的大部分缺口,并为全省高速公路建设对外融资打开了一条新的渠道。

1998年

3月8日,四川公路桥梁建设集团有限公司成立。

8月17日,绵(阳)广(元)高速公路投资建设协议书在绵阳签订,由省交通厅与绵阳市、广元市政府共同投资建设绵广高速公路。该路全长228.85km,估算总投资为63.83亿元。

9月4日,遂宁至回马高速公路开工。该路全长26.6km,起于遂宁城北开发区王家湾,止于大英县回马镇,工程投资估算为 4.5 亿元,预计 2000 年底竣工通车。

12 月 7 日,成都绕城高速公路(西段)暨成灌高速公路工程开工典礼在郫县举行。成都绕城高速公路(西段)全长 42km,总投资 20.2 亿元;成灌高速公路全长 39km,总投资 9.4 亿元。

12 月 21 日,成绵高速公路和成都城北高速公路全线竣工通车。成绵高速公路是全省第一条通过招商引资,与香港合作建成的高速公路,全长 92km,总投资 15.33 亿元;成都城北出口高速公路全长 11.2km,总投资 4.2 亿元。中共四川省委书记谢世杰、省长宋宝瑞、省政协主席聂荣贵与香港新中港集团主席徐展堂等领导和来宾参加了通车典礼。

1999 年

7 月 9 日,成都机场高速公路建成通车。该路全长 12km,设计速度 100km/h。谢世杰、黄寅逵、陶武先、邹广严等省领导出席了通车仪式。

9 月 29 日,隆纳高速公路隆(昌)泸(州)段建成通车。黄寅逵、钮小明、邹广严、王金祥等省领导出席了通车庆典。

12 月 17 日,内宜高速公路自(贡)宜(宾)段建成通车。邹广严等省领导出席了通车庆典。

12 月 28 日,成(都)雅(安)、成乐高速公路建成通车。中共四川省委书记、省人大主任谢世杰发来贺信,张中伟、杨崇汇、黄寅逵、沈国俊、陶武先、邹广严等省领导出席了通车庆典。

2000 年

1 月 28 日,广安至邻水高速公路广(安)华(蓥)段建成通车。该路段全长 24km,投资 4 亿元。

7 月 9 日,成都至都江堰高速公路 41km 建成通车。

11 月 20 日,国道 108 线凉山段高速公路 70km 建成通车。

11 月 28 日,隆昌至纳溪高速公路全线建成通车。该路全长 88km,初设总概算 22.75 亿元。副省长邹广严出席了通车庆典。

12 月 16 日,达(州)渝(重庆)高速公路达州至大竹段 77km 建成通车。

12 月 24 日,成雅高速公路雅安过境段 15.7km 建成通车。

12 月 26 日,四川省 1000km 高速公路暨广安至邻水高速公路通车庆典在广邻高速公路华蓥山隧道西洞口广场举行。省长张中伟宣布通车。省人大主任谢世杰、交通部原副部长李居昌等有关领导为通车剪彩。

2001 年

6 月 26 日,达渝高速公路大竹至川渝界段(全长 88km)开工建设。

8月25日,省长张中伟相继视察成都绕城高速公路和紫坪铺绕坝公路建设情况。

10月18日,交通部全国高速公路养护管理工作检查组一行,对四川成绵、成灌、成乐、成雅、成渝、内宜、隆纳高速公路的收费管理、公路养护、路政管理及机电系统等进行全面检查。

11月1日,广安至南充高速公路举行开工典礼,副省长邹广严出席并讲话。该路是国道主干线沪蓉高速公路的一段,全长69.76km,总投资20.46亿元,规划工期3年。

11月2日,副省长邹广严检查成南高速公路华兴寺嘉陵江特大桥的工程建设质量。

11月3日,省人大副主任纽小明率领在四川的部分全国人大代表视察遂(宁)回(马)高速公路。

12月16日,成都绕城高速公路通车典礼在成都举行,副省长邹广严等出席会议并讲话。该路全长85km,总投资43亿元,在当时我国已完工的城市绕城高速公路中里程最长。

12月27日,遂(宁)回(马)高速公路建成通车。该路总投资5.97亿元,全长22.12km。

2002年

1月31日,遂回高速公路经省交通厅、省物价局批复同意,试行收取车辆通行费。

4月16日,二郎山隧道管理处正式成立。

4月26日,副省长王怀臣率省级有关部门负责人视察国道108线广元南段高速公路,并检查广南路剑门关收费站的内务管理情况。

6月20日,成(都)温(江)邛(崃)高速公路开工。

6月25日,亚洲开发银行与四川省交通厅在成都联合召开亚行贷款项目成都至南充高速公路建设管理经验研讨会。这是亚行首次在中国大陆举行贷款项目建设经验交流会。

6月29日,四川宜宾至云南水富高速公路正式开工建设。该项目起于四川省宜宾市,接内宜高速公路柏杨湾立交桥,止于云南省水富县,全长29km。

7月8日,四川成渝高速公路股份有限公司被四川省地方税务局授予"省级纳税大户"称号。

7月20日,达渝高速公路一、二期工程(罗江—百节—大竹段),以质量优和造价低荣获2001年度四川建设工程"天府杯"金奖。

8月20日,副省长王怀臣视察都(江堰)汶(川)公路庙子坪特大桥拟建工地,要求都汶公司抓紧时间,争取早日开工。

8月22日,省长张中伟视察南(充)广(安)高速公路跨广(安)武(胜)公路大桥、红庙子立交桥等项目的监理工作情况。

8月24日,省长张中伟考察达渝高速公路(三期)工程建设进展情况。

8月26日,西(昌)攀(枝花)高速公路获亚洲开发银行3亿美元贷款。

11月10日,省政府副省长邹广严、省政府副秘书长崔广义等视察成渝高速公路路况并实地察看成都新收费站的服务运行情况。

11月13日,交通部副部长胡希捷视察宜宾至水富高速公路建设工程。

12月2日,四川省高速公路交通执法总队正式成立。

12月7日,经国务院批准,四川省达州至铁匠垭高速公路项目被列入利用亚洲开发银行贷款2003—2005年备选项目规划,贷款额度为2亿美元。

12月16日,西攀高速公路正式开工建设。该路全长160.72km,起于已建成的西昌泸沽至黄联关高速公路止点,止于攀枝花市杨家沟。项目总投资87.8亿元,其中亚洲开发银行贷款3亿美元,国家开发银行贷款22亿元。计划工期5年。

12月16日,成(都)彭(州)高速公路动工建设。

12月23日,成南高速公路通车典礼在成南高速公路成都收费站隆重举行。中共四川省委书记张学忠,省委副书记、省长张中伟等出席通车典礼。成南高速公路是国家规划的"五纵七横"国道主干线成都至上海公路的一段,也是四川第一条利用亚洲开发银行贷款、实行国际性招标和中外监理工程师联合监理的重点建设项目。该路全长215km,工程总概算63.618亿元。

12月28日,绵广高速公路通车典礼在绵阳磨家隆重举行。中共四川省委书记张学忠,省委副书记、省长张中伟等出席通车典礼。绵广高速公路是交通部规划的国道主干线二连浩特至河口公路(GZ40)四川境内的一段,路线起于绵阳磨家,止于广元沙溪坝,全长135.5km,工程总投资44.2亿元,建设工期4年。

12月28日,全省高速公路总里程达1500km,实现了中共四川省委、省政府确定的交通建设目标。四川省高速公路通车里程位居西部第一,全国前列。全省21个市(州)中有17个市(州)有高速公路,其中13个市政府所在地通过高速公路与省会成都连接。

12月31日,四川高速公路结算管理中心成立。

2003年

2月12日,成雅、成乐高速公路和国道212线南充至阆中段先后通过省级文明样板路验收。

4月30日,广元至巴中高速公路经国务院批准立项。该公路是四川省公路主骨架的组成部分,西连在建的磨家至磁窑铺高速公路,东接拟建的巴中至达州高速公路,是川北地区一条东西向高等级公路。该路起自广元,止于巴中,全长148km,采用双向四车道高速公路标准建设。该项目估算投资约 61 亿元,其中资本金 27.45 亿元,其余资金申请银行贷款解决。

5月15日,四川省交通厅批准实施成渝高速公路路面整治工程,计划分期逐年实施路面大修 114.5km,中修罩面 65.85km。项目总投资 5.17 亿元,计划工期 7 年。

5月21日,中共四川省委书记张学忠、副省长蒋巨峰一行视察建设中的南充至广安高速公路。

6月1日,四川省开通高速公路鲜活农产品运输"绿色通道"。从即日起的 3 年内,全省从事自产时鲜瓜果、大宗新鲜蔬菜、活家禽(畜)、水产品运输的整车满载货运车辆,免交高速公路通行费。各高速公路收费站将设立鲜活农产品专用通道或统一标志。

6月10日,南充至武胜界(川渝界)公路已获交通部批准实施。该公路将已建成的国道主干线成南高速公路,经同兴、坪滩、武胜,与重庆在建的武胜(川渝界)至合川高速公路相连接,全长约 65km。项目全线采用四车道高速公路标准建设,总投资 19.5 亿元(不含建设期贷款利息及政策性调整费用),计划工期 3 年。

8月1日,全省高速公路开展为期两个月的维护交通安全和运输秩序的专项整治活动。

8月14日,西攀高速公路利用亚洲开发银行 3 亿美元贷款协议正式生效。

9月2日,西昌至攀枝花高速公路全线最长的隧道——徐家梁子隧道开工建设。该隧道左线长 2488m,右线长 2486m,单洞全长 4974m,总投资 1.05 亿元。

9月5日,全省 14 家高速公路公司(指挥部)联合制作《四川省高速公路路网行车指南》。

10月11日,隆昌至纳溪高速公路环境保护工程顺利通过由国家环保总局、交通部环保办、省环保局、省交通厅、泸州市环保局、内江市环保局等单位组成的验收组的验收。

10月13日,2003 年全国公路工程造价(定额)站站长会议在成都召开。交通部公路司、交通部公路工程定额站和全国 29 个省(直辖市、自治区)公路(交通)工程造价管理站的领导和代表出席会议。

10月18~19日,中共中央政治局委员、书记处书记、中宣部部长刘云山,在中共四川省委书记张学忠等陪同下视察建设中的南充至广安高速公路。

10月28日,交通部西部交通建设科技项目管理中心在成都组织召开"昔格达地层公路修建技术研究"项目可行性研究报告评审会。该项目的实施能够成功解决分布在四川西攀高速公路沿线约 90km 范围内的昔格达地层给地面构造物(桥、涵、挡墙)设计、基础及边坡稳定等带来的问题,有效降低工程造价,保障工程质量,并对在类似昔格达地层修建公路提供参考和借鉴。

10月31日，第四届全国公路H股上市公司董事长联席会在成都召开。四川交通部门有关领导及国内公路H股上市公司的董事长、总经理等20余人出席会议。

11月3日，沪蓉国道主干线支线垫江（渝川界）至邻水公路工程可行性研究报告获交通部批复。路线起自垫江（渝川界），接重庆市拟建的忠县至垫江（渝川界）高速公路，穿越明月山和铜锣山，止于邻水，全长约35km。全线采用四车道高速公路标准建设，总投资在20亿元内（未含建设期间贷款利息及政策性调整费用），计划工期4年。

11月5日，国道317(213)线都汶路开工建设。该路起于成灌高速公路都江堰收费站石马巷，经玉堂、映秀、绵簇至汶川，全长82km。工程总投资31.56亿元。

11月29日，广东、四川等10省（区、市）交通厅道路运输管理局负责人签订《泛珠三角经济圈九省区暨重庆市道路运输一体化合作发展2003年议定书》。

12月6日，攀枝花至田房高速公路奠基。该路全长58.95km，2007年完工，2008年全面通车。预算总投资23.1亿元。

12月20日，隆纳、内宜高速公路以及隆昌至泸州、泸州至纳溪、隆雅路邓关—杨公桥—荣县、遂筠路邓关—兜山—翠屏段等二级公路开始试行计重收费。

12月26日，遂（宁）渝（重庆）高速公路（川境段）开工建设。

2004年

1月20日，亚洲开发银行正式批准向雅安至石棉至泸沽公路建设项目提供70万美元的技术援助资金。

4月5～6日，中共四川省委书记、省人大主任张学忠视察建设中的遂渝高速公路和遂宁涪江三桥。

5月22日，南广高速公路提前建成通车并试运行，临时联网收费系统正式启用。

6月8日，攀（枝花）田（房）高速公路初步设计通过预评审。

6月20日，广南、达渝高速公路正式通车。中共四川省委书记、省人大主任张学忠等领导出席通车庆典。广（安）南（充）高速公路全长69.761km，总投资20.45亿元；达渝高速公路全长220km，总投资约40亿元。

7月1日，南充绕城高速公路东段建成通车。该项目全长13.7km，总投资4.7亿元。

7月14日，副省长王怀臣在省交通厅副厅长鲜雄的陪同下，视察建设中的遂渝高速公路。

7月19日，隆纳高速公路计重收费试点工程通过交工验收。

7月24日，攀田高速公路初步设计方案顺利通过交通部专家组评审。

10月1日，成（都）彭（州）、成温邛两条高速公路全线试通车。

12月6日，全省高速公路客运签单制专项检查工作在成渝、成绵、成雅、成南4条高速公路设立的 8 个检查点全面启动。

12 月 17 日,成都绕城高速公路东段顺利通过交通部委托省交通厅所进行的竣工验收。

2005 年

1 月 26 日,亚行东中亚局副局长 Satish Rao 到川参加雅(安)泸(沽)高速公路亚行贷款谈判。

1 月 31 日,经省交通厅和省物价局批准,国道 318 线成温邛高速公路试行收取车辆通行费。

3 月 1 日,成南高速公路成都收费站荣获全国"巾帼文明岗"称号。

3 月 14~22 日,亚行贷款评估团到华开展并顺利完成雅泸高速公路贷款评估工作。

3 月 15 日,经省政府批准,省交通厅、省物价局正式发文同意成雅高速公路按经营性收费公路项目正式收取车辆通行费,其收费期限为 30 年。

3 月 21 日,省政府在成都召开乐(山)宜(宾)高速公路 BOT 招标新闻发布会,副省长王怀臣到会并讲话。

5 月 16~18 日,亚行代表团一行到川检查亚行在川贷款公路项目,商定即将启动的亚行贷款项目达(州)铁(匠垭)高速公路技术援助考察安排。

6 月 6 日,《四川高速公路专项养护工程及大修养护工程管理暂行办法》正式出台。

6 月 20~23 日,亚行代表团到四川开展达铁高速公路亚行技术援助实地考察,正式启动该项目亚行贷款准备进程。

6 月 25 日,改造完工后的成都成灌高速公路正式通车并试行收取车辆通行费。

7 月 4 日,中共四川省委、省政府在广安市邻水县举行沪蓉国道主干线支线邻(水)垫(江)高速公路开工典礼。省委书记张学忠、省长张中伟、副省长王怀臣等出席开工典礼。

7 月 27 日,内宜高速公路计重联网收费系统正式运行。至此,全省有 1500 多公里高速公路实行联网收费。

7 月 29 日,雅(安)石(棉)泸(沽)高速公路工程可行性研究报告通过国家发展改革委审批,同意立项。

8 月 16~18 日,雅泸高速公路亚行贷款谈判在马尼拉亚行总部顺利完成,双方草签了贷款协议文本。

9 月 1 日,攀(枝花)田(房)高速公路开工典礼在攀枝花施工现场举行,省交通厅厅长吴果行、副厅长李又出席开工典礼。

9 月 22 日,亚行董事会正式批准向雅泸高速公路建设工程提供 6 亿美元贷款。

9 月 28 日,省交通厅与山东省高速公路集团有限公司在成都举行乐宜高速公路 BOT

投资合同签字仪式,副省长王怀臣到会并讲话。

11月15日,广(元)巴(中)高速公路项目第一批工程招标工作全部结束。

11月15~18日,亚行代表团到四川对达(州)陕(西界)高速公路亚行技术援助启动工作进行检查。

12月3日,广巴高速公路东兴场隧道开工仪式在巴中市隧道施工现场举行。

12月28日,乐宜高速公路连接线开工仪式在乐山市五通岷江大桥隆重举行。四川省副省长王怀臣,山东省省长助理臧海强,省交通厅厅长吴果行,山东省高速公路集团有限公司总经理孙亮等出席开工仪式。

2006年

3月8日,成(都)南(充)高速公路成都收费站被中华全国妇女联合会授予"全国三八红旗集体"称号。

3月21~23日,副省长王怀臣视察达(州)陕(西界)高速公路四川与陕西接线点。

4月3日,中国驻菲律宾共和国大使李进军代表中国政府,与亚行签署四川雅安至冕宁泸沽高速公路项目亚行贷款协定,并代表四川省和雅西公司与亚行签署其项目协议。

4月10日,四川高速公路和地方收费公路全面实施新的车型分类及收费标准,对20~30座客车临时由三类车型降为二类车型收取通行费,期限为3年。其他客、货车车型分类按实施标准执行。

5月8日,省政府召开四川省高速公路项目实施BOT方式座谈会,副省长王怀臣出席会议并作讲话。

6月1日,为期7个月的全省高速公路系统交通建设安全专项整治工作开始。

6月7日,国土资源部印发《关于四川省广元至巴中高速公路工程建设用地的批复》(国土资函〔2006〕374号),同意广巴高速公路建设用地905.7141公顷。

6月14日,达铁高速公路项目完成亚行贷款评估。至此,四川交通部门利用亚行贷款达13.5亿美元,居全国各省(自治区、直辖市)交通行业第一位。

7月20日,四川达陕高速公路有限责任公司成立,四川省交通厅达陕高速公路建设指挥部同时成立。

7月27~29日,成南高速公路以综合得分94.1分顺利通过交通部组织进行的竣工验收,其工程项目质量被评定为优良。

8月9日,经省交通厅及相关部门批准,成渝公司通过收购持有成雅公司股权的其他4家股东共计37.628%的股份而拥有成雅公司全部股权。经省工商局批准,成立四川成渝高速公路股份有限公司成雅分公司,原四川成雅高速公路股份有限公司同时注销。

9月19日,达州至陕西界高速公路启动工程举行开工仪式。

11月8日,交通部副部长冯正霖视察遂渝高速公路建设工程。

11月17日,宜(宾)水(云南水富)高速公路建成通车。

11月27日,经中国人民银行批准,成渝公司成功发行15亿元短期融资券。

12月25日,乐宜高速公路BOT项目经《国家发展改革委关于四川省乐山至宜宾公路项目核准的批复》(发改交运〔2006〕2888号)正式核准。

2007年

3月19日,雅(安)西(昌)高速公路建设项目正式开工。该路全长240km,交通部批准初步设计概算163亿余元,计划利用亚行贷款6亿美元,建设工期5年。

4月25日,川渝(重庆)八区县签订《渝西川东八区县经济协作框架协议》及交通、畜牧、林业合作与警务联勤等"1+4"协议。

5月29日,川高公司与中国银行及新时代信托投资股份有限公司正式签订11亿元信托贷款合同。

7月10日,成绵高速公路改造工程新闻发布会举行。

8月23日,内遂高速公路BOT项目投资签约仪式在成都举行,副省长王宁出席仪式并讲话。

8月28~31日,陕西、甘肃、青海、重庆、四川五省(直辖市)交通规费征收管理协作会在四川省阿坝州召开,会议就交通规费征收管理协作相关问题达成一致意见。

9月16日,四川首条以BOT方式投资建设的高速公路项目——乐宜高速公路正式开工。该路全长137km,概算投资59.8亿元,建设工期3年。

10月15日,交通部批复达陕高速公路初步设计文件。该路全长143.244km,初步设计概算投资104.73亿元,建设工期4年。

11月13日,交通部批复广(元)陕(西界)高速公路初步设计文件。该路全长58.879km,总投资39亿元,建设工期3年。

11月14日,遂渝高速公路遂宁至双龙庙段建成通车。该段全长36.64km,概算投资10.45亿元,建设工期36个月。

11月15日,国家发展改革委以发改交运〔2007〕2913号文批复,同意建设绵(阳)遂(宁)高速公路遂宁段。

11月27~28日,北京、重庆、成都三市召开交通综合执法座谈会,共商交通综合执法工作。

12月3日,副省长王宁视察广巴高速公路建设工程。

12月5日,副省长王宁视察西攀高速公路建设工程。

12月13日,广陕高速公路开工。

12月17日,交通部以交公路发〔2007〕700号文批复汶川至马尔康改建工程初步设计。该路全长209.057km,初步设计总概算21.813亿元,建设工期3年。

12月25日,达陕高速公路举行开工仪式。

12月26日,国道317线汶川至马尔康改建工程开工。

12月26日,南充绕城高速公路全线贯通。该路全长42km,概算总投资9.5亿元,建设工期10年。

12月29日,邛(崃)名(山)高速公路BOT项目举行开工仪式。该路全长52.3km,总投资21亿元,建设工期2年。

12月29日,省交通厅与国家开发银行四川省分行签订320亿元的高速公路开发性金融合作协议。

2008年

3月6~7日,中共四川省委巡视组视察巴中农村公路和广巴高速公路建设情况。

3月25日,邻垫高速公路明月山特长隧道右洞贯通。

8月26日,绵遂高速公路遂宁段BOT项目全面开工。

10月20日,副省长王宁就全省高速公路建设发展合作事宜与上海实业(集团)进行洽谈。

10月21日,四川省交通厅高速公路片区执法机构正式成立。

10月28日,四川省高速公路BOT项目推介会在成都举行,副省长王宁出席会议并讲话。

11月6日,四川宜(宾)渝(重庆)高速公路纳溪至宜宾段正式开工建设。该项目全长77.63km,总投资70亿元。

11月19日,都汶高速公路紫坪铺特长高瓦斯隧道右线提前实现贯通。

11月20日,四川南(充)渝(重庆)高速公路正式通车。该项目全长65.99km,投资22.66亿元,于2006年5月正式开工建设,实际建设工期30个月,比原设计工期缩短6个月。

11月25日,中共四川省委书记刘奇葆在省交通厅厅长高烽等陪同下,视察广巴高速公路建设施工现场,对广巴路指挥部积极参与抗震救灾和加快灾后重建工作给予充分肯定,并要求进一步加快建设进度,为巴中革命老区的经济发展作贡献。

12月19日,内遂高速公路控制性工程奠基仪式在遂宁市隆重举行。该项目全长119km,总投资65.5亿元,中标投资商为中国葛洲坝集团公司。

12月31日,四川省高速公路和港口项目建设开工动员大会分别在泸州、宜宾、南充、广元、德阳等地的工程建设现场召开,省长蒋巨峰、副省长王宁出席大会。此次开工建设的交通项目包括泸州纳溪—贵州界、泸州—重庆界、广元—甘肃界、广元—南充、成都—绵阳复线 5 个高速公路项目(总里程 552km)和宜宾港志城作业区一期工程、泸州港多用途码头二期续建工程及进港铁路项目。

12 月 31 日,西攀、攀田、邻垫 3 条高速公路全线建成通车,四川高速公路通车里程达 2162km。

2009 年

4 月 2 日,成(都)自(贡)泸(州)赤(水)高速公路 BOT 项目招商成功。该项目分为成都至眉山段、内江至自贡段和泸州段 3 个合同段,成渝公司、四川公路桥梁建设集团公司、广东龙光集团公司分别成为各段第一中标候选人。

4 月 7 日,成(都)安(岳)渝(重庆)高速公路 BOT 项目招商成功。中标人为深圳泰邦基建发展有限公司(主办人)、深圳中洲集团有限公司。

5 月 9 日,映(秀)汶(川)高速公路开工动员大会隆重举行。

5 月 12 日,中共中央总书记、国家主席、中央军委主席胡锦涛视察都江堰至映秀高速公路。13 时 40 分许,胡锦涛总书记和中共中央政治局常委、国务院副总理李克强等党和国家领导人乘坐的汽车冲开设在庙子坪大桥垮塌重建处的彩带,象征着通往重灾区的都江堰至映秀高速公路建成通车。在大桥上,胡锦涛总书记、李克强副总理听取了省交通厅厅长高烽关于都江堰至映秀高速公路、映秀至汶川公路以及四川灾后公路恢复重建情况的汇报。总书记对都映高速公路恢复重建破解的"五个难题"("五个难题"是指:在强余震不断的情况下穿越活动断裂带进行高瓦斯隧道施工的难题,庙子坪大桥主墩水下 60m 裂缝修补的难题,大跨径 T 梁整体复位的难题,桥梁墩柱矫正修复的难题,用最短时间完成都汶高速公路恢复重建的难题)和都汶公路抢通保通创造的"五个史无前例"("五个史无前例"是指:清除巨大塌方量史无前例,老虎嘴爆破山体规模史无前例,架设彻底关大跨度钢桥史无前例,大规模桥梁顶推复位史无前例,抢通速度史无前例)给予充分肯定。在亲切接见项目业主、设计、施工等单位代表后,胡锦涛总书记向全体交通建设职工们问好,并表示慰问和感谢。胡锦涛总书记指出,恢复重建交通要先行,现在重建任务还很艰巨,希望大家继续努力,顽强拼搏,为早日实现灾区交通全面恢复、为加快灾后恢复重建步伐作出新贡献。交通运输部部长李盛霖陪同视察。

5 月 22 日,泸(沽)黄(联关)、西攀、攀田高速公路于零时实行联网收费。

6 月 13 日,中共四川省委书记、省人大常委会主任刘奇葆视察乐宜高速公路象鼻立交施工现场,听取工程建设情况汇报。刘奇葆书记充分肯定乐宜高速公路开工建设以来取得的优异成绩,要求参建各方切实增强工作责任感和主动性,攻坚克难,苦干实干,控制好工程质量,全面加快施工进度,为建设西部综合交通枢纽,实现四川交通发展新跨越作出积极贡献。

6月14日,中共四川省委书记、省人大常委会主任刘奇葆视察纳(溪)黔(贵州界)高速公路施工现场。刘奇葆书记对纳黔高速公路的建设进展给予高度评价,要求项目公司对地质情况复杂、施工难度大的路段加强质量和安全监管工作,充分利用目前材料、用电等价格偏低的有利时机,加快工程进度。

6月19日,雅西高速公路控制性工程汉源特长隧道全线贯通。

7月16日,世界首创的小半径双螺旋隧道——雅西高速公路干海子隧道顺利贯通。

7月29日,副省长王宁视察广安市交通工作和广南高速公路建设情况,希望广安市进一步贯彻落实全省建设西部综合交通枢纽工作会议精神,科学规划近期、中期、远景交通发展目标,分阶段推进广安市交通建设持续向前发展;希望广南公司进一步抓好广南高速公路建设进度和工程质量管理,在施工投入、安全防范及工程组织实施上下狠工夫,确保实现中共四川省委、省政府确定的2011年10月全线通车目标。

7月29日,四川成渝高速公路股份有限公司在上海证券交易所正式挂牌上市。

8月7日,都(江堰)映(秀)高速公路龙池连接线控制性工程龙池隧道顺利贯通。

9月8日,灾后恢复重建重点项目——绵(阳)茂(县)二级公路一期工程开工建设。该路全长55.8km,概算投资29亿元。

9月10日,达(州)万(州)高速公路开工建设。该路全长63.9km,概算投资48亿余元。

9月11日,巴(中)南(充)高速公路开工建设。该路全长116km,概算投资80亿元。

9月22日,成南公司南充收费站被全国妇联评为"三八红旗集体"。

10月19日,遂(宁)资(阳)眉(山)高速公路遂宁至资阳段签署BOT项目投资协议。

10月28日,亚行行长黑田东彦一行到四川考察交通亚行贷款项目。考察团参观了成南高速公路监控中心及成都收费站广场,实地观测了成南高速公路交通流量及计重收费系统运行情况,察看了广汉连山大桥地震受损结构以及列入四川农村公路灾后恢复重建亚行紧急贷款项目规划的广汉市连山至古店公路项目。

11月9日,乐(山)自(贡)高速公路BOT项目招商成功,山东高速集团有限公司中标。该项目全长116.3km,估算投资67.9亿元。

11月14日,交通运输部质量安全督查组到川检查绵(阳)遂(宁)高速公路遂宁段施工质量安全并给予高度评价,希望把该段BOT项目建成一流工程。

12月18日,乐山市人民政府和自贡市人民政府与山东高速集团有限公司在乐山市举行乐自高速公路BOT项目投资协议签字仪式。

12月20日,雅西高速公路控制性工程腊八斤特大桥主桥墩成功封顶。

12月22日,省政府机构改革动员大会在成都召开,宣布组建四川省交通运输厅。

12月23日,成都至南部、乐山至雅安、巴中至达州、巴中至陕西界和攀枝花至丽江5

条高速公路集中开工动员大会在成都市金堂县隆重举行。中共四川省委书记刘奇葆、省长蒋巨峰、副省长王宁、省交通运输厅厅长高烽等出席大会。上述5条高速公路总里程565km，按双向四车道高速公路标准设计建设，估算总投资480亿元。

12月30日，灾后恢复重建项目——广巴高速公路元坝至巴中段121km提前一年实现全线初通，其中元坝至普济段58km建成通车。

2010年

1月26日，全长640m的广陕高速公路旧铺院大桥架通，标志着广陕路棋盘关入川1.5km抢通路段主体工程提前完工。

3月31日，川高公司与国家开发银行四川省分行、中国银行四川省分行和工商银行四川省分行，在成都签署了雅安至康定、汶川至马尔康、汶川经川主寺至九寨沟（川甘界）、绵阳至九寨沟等4条藏区高速公路总额达750亿元的贷款框架协议。4条高速公路总里程约723km，总投资约972亿元。

4月12日，川高公司与绵阳市人民政府在成都举行绵阳至九寨沟高速公路建设合作协议签字仪式。绵九高速公路全长约212km，估算总投资252亿元。

4月16日，四川省交通投资集团有限责任公司挂牌成立。

4月20日，广陕高速公路最长隧道明月峡隧道全线贯通，隧道全长2510m，为低瓦斯隧道。

4月22日，雅泸高速公路观音岩大渡河特大桥主桥顺利实现合龙，该桥全长为2762.8m，是当时全国第三座、四川省第一座预应力混凝土单索面双排索部分斜拉桥。

5月6日，交通运输部副部长高宏峰到都汶高速公路视察指导工作。高宏峰副部长代表部党组向参加抗震救灾和恢复重建工作的四川交通部门的广大职工和建设单位、设计单位、施工人员表示亲切的慰问和衷心的感谢。高宏峰副部长还到绵阳、德阳调研了交通灾后重建情况，慰问了来自山东、辽宁、河北、河南等4省在绵阳负责交通援建的领导干部。

5月6日，雅西高速公路铁寨子1号隧道顺利实现双线贯通，隧道右洞长2940m，左洞长2792m，属世界首创第一长两座小半径双螺旋曲线形隧道。

5月10日，广巴高速公路通车，公路总长149.20km。

5月13日，第三届中日韩运输及物流部长会议在成都召开。会上，中日韩三国部长就建立无缝物流体系和发展环境友好型物流进行了深入交流，共同签署《第三届中日韩运输及物流部长会议联合声明》，中韩两国草签了《中华人民共和国政府和大韩民国政府陆海联运汽车货物运输协定》及其第一阶段的《实施议定书》。中国交通运输部部长李盛霖、韩国国土海洋部长官郑锺焕、日本国土交通省大臣政务官三日月大造分别率三国代表团参会。李盛霖主持会议，四川省省长蒋巨峰出席开幕式并致辞。

5月18日，绵遂高速公路遂宁段重点控制工程过军渡涪江特大桥主体工程完工，大桥总长1015m。

5月26日，川（主寺）汶（川）路海子山隧道顺利贯通，隧道全长1995m。

6月13日，广陕高速公路古家山隧道实现贯通，隧道全长2100m。

6月20日，达陕高速公路红岩湾特长瓦斯隧道双洞顺利贯通，隧道左线长3252m，右线长3312m。

7月19日，乐山至自贡、成都第二绕城西段、成都第二绕城东段、遂资眉眉山段、南充至梁平、绵阳绕城6个高速公路项目集中开工动员大会在成都崇州举行。中共四川省委书记、省人大常委会主任刘奇葆宣布开工，省委副书记、省长蒋巨峰作重要讲话。集中开工的6个高速公路项目，总里程630km，总投资规模560亿元。除绵阳绕城外，其余5个项目均采用BOT模式引进社会资金投资建设。

8月31日，中共四川省委书记刘奇葆参观四川高速公路服务区（加油站）规划设计暨成果展。刘奇葆书记充分肯定了全省高速公路服务区改造和规划建设工作取得的进展，同时对下一步高速公路服务区建设提出具体要求。

9月12日，广陕高速公路沙河特大桥提前28天全线贯通，大桥全长1024.53m。

9月15日，巴（中）达（州）高速公路正式开工，项目全长110.14km，工程建设期为3年。

11月9日，邛名高速公路通车仪式在成都举行。副省长王宁出席通车仪式并宣布通车，省交通运输厅厅长高烽等领导出席通车仪式。邛名高速公路是四川省第一条采用BOT方式建成通车的高速公路，线路总长52.67km，总投资25.28亿元。

11月11日，交通运输部副部长翁孟勇一行在四川省交通运输厅厅长高烽等陪同下视察了映汶高速公路建设工程。翁孟勇副部长对四川交通抗击"8·13"特大山洪泥石流确保道路恢复畅通创造的奇迹和映汶高速建设取得的成绩给予高度评价和肯定。

11月18日，交通运输部副部长徐祖远一行在四川省交通运输厅厅长高烽等陪同下，考察指导岷江港航电综合开发工作，实地察看了岷江航道、乐山港港区规划、乐山港进港大道和乐宜高速公路建设工地。

11月28日，广陕高速公路瓷窑铺沿江特大桥顺利架通，大桥全长3.24km。

12月1日，广陕高速公路最长桥梁——楼房沟特大桥全幅架通，大桥全长4620m。

12月8～9日，副省长王宁赴广元、巴中调研高速公路建设情况。王宁副省长一行查看了广甘、广南、广陕、巴陕、巴南、巴达等高速公路项目。

12月16日，广（元）甘（肃）高速公路花场隧道全线贯通，隧道全长2240m。

12月26日，乐山至宜宾高速公路正式通车。中共四川省委书记、省人大常委会主任刘奇葆出席通车仪式,并听取全省高速公路和乐宜高速公路建设情况汇报,慰问了乐宜高速公路项目业主、施工和监理人员。乐宜高速公路全长138km,是四川省第一条以BOT方式建设的高速公路项目。

12月29日,雅西高速公路冕宁段建成通车,该路段全长65km。

12月30日,绵遂高速公路遂宁段建成通车。省政府副省长王宁、副秘书长彭琳、省交通运输厅厅长高烽等出席通车仪式。绵遂高速公路是省内第一条以市级政府为主体组织实施的高速公路BOT项目。该路段全长97km,总投资48.54亿元。

12月30日,巴郎山、雪山梁隧道实现集中开工,其中,巴朗山隧道长7.945km,估算总投资9.7亿;雪山梁隧道工程全长17.54km,其中隧道长7.957km,引道长9.58km,估算总投资12亿元。

2011年

1月4日,中共四川省委副书记、省长蒋巨峰主持省政府常务会,通过四川省高速公路网规划调整方案。

1月7日,中共四川省委书记、省人大常委会主任刘奇葆视察成乐高速公路夹江天福服务区,并对高速公路服务区建设和服务工作提出要求。

1月24日,川高公司与广元市人民政府签署广巴、广陕高速公路连接线工程项目合作建设协议。该项目采用省市共建模式,项目路线全长约19km,估算总投资18.3亿元。

2月22日,泸州市举行叙蔺高速公路项目合作建设协议签字仪式。叙蔺高速公路全线长约70km,双向四车道,估算总投资69亿元。

3月1日,全省联网收费高速公路正式启用新复合通行卡,顺利切换至多路径收费系统。

3月1日,除成都绕城高速公路外,持有记账卡、抢险救灾卡、灾后重建卡的客车,将试行通过高速公路ETC(智能交通自动交费系统)专用车道不停车收费。

4月7日,广南、广巴连接线实现全线隧道贯通。

5月10日,四川省交通运输厅高速公路管理局授牌大会在成都隆重召开。授牌大会上,副省长王宁为四川省交通运输厅高速公路管理局授牌。

5月20日,省交通运输厅公路运输管理局更名为省交通运输厅道路运输管理局。

5月23日,广陕高速公路全线建成通车,副省长王宁出席通车仪式。广陕高速公路是国道主干线G5北京至昆明四川境内重要一段,是四川省高速公路在建的11条进出川大通道之一,全长56.78km,工程总投资47.3亿元。至此,全省建成进出川大通道达8条。

6月27日,中共四川省委书记、省人大常委会主任刘奇葆到巴中、巴陕高速公路施工现场进行视察,并对巴陕高速公路建设作出重要指示:要突出抓好交通等基础设施建设,尽快打通东出重庆、北通陕西的出川大通道。加快区域内重要交通干线建设,加快建成外通内畅的综合交通枢纽。

8月10日,映汶高速公路银杏隧道全线贯通,隧道全长3525m,是映汶高速公路全线第一座贯通的特长隧道。

8月12日,纳黔高速公路三大控制性工程之一的叙岭关特长隧道贯通,隧道左右线分别长4067m和4017m,是全省唯一一座岩溶瓦斯特长隧道。

8月31日,副省长王宁赴京昆高速公路成雅段抢通保通现场指导工作,对此次成功避险、抢通保通工作表示肯定,并就下阶段抢通保通工作提出明确要求。

10月12日,在2011年度国家工程建设质量奖审定委员会工程建设项目优秀设计成果评审会上,由厅公路设计院牵头承担的新街至河口高速公路项目荣获国家工程建设质量奖审定委员会"工程建设项目优秀设计成果"一等奖。

10月24日,中共中央政治局委员、国务院副总理张德江在中共四川省委书记刘奇葆,交通运输部部长李盛霖等陪同下视察都映、映汶和成自泸赤高速公路。张德江副总理充分肯定四川交通系统在抗震救灾和灾后恢复重建过程中所取得的成绩,希望四川交通人继续发扬伟大的抗震救灾精神,推动四川交通运输又好又快发展。同时要求建设者们一定要高度重视质量和安全,加强资金等各种要素保障,优质高效建成高速公路,为群众出行和社会经济发展作出贡献。

10月24日,中共四川省委副书记、省长蒋巨峰会见第二届亚欧交通部长会议部分参会代表团。蒋巨峰省长对嘉宾们的到来表示热烈欢迎,并代表省政府和四川人民,感谢三国政府和人民给予四川抗震救灾和灾后恢复重建的关心和支持。蒋巨峰省长介绍了四川省经济社会发展取得的成绩,着重介绍交通基础设施有了大的改善和提高,全省正在实施投资超万亿元的西部综合交通枢纽建设规划。

10月25~26日,第二届亚欧交通部长会议在成都召开,中共中央政治局委员、国务院副总理张德江出席会议。来自亚欧会议36个成员、5个国际组织、46个亚欧企业约400名嘉宾参会。第二届亚欧交通部长会议主题为"绿色、安全、高效"。会议通过《第二届亚欧交通部长会议宣言》(《成都宣言》)和题为"便利亚欧间货物运输和人员往来"的亚欧交通部长会议行动计划。

10月31日,四川高速公路BOT项目内江至威远至荣县高速公路和自贡至隆昌高速公路投资协议签约仪式在成都举行,四川路桥集团获得建设、经营BOT权。

12月7日,雅西高速公路控制性工程干海子特大桥主梁架设顺利合龙。干海子特大桥全长1811m,桥型结构为世界罕见的全管桁架结构。

12月12日,四川省第一条引进民间资本投资建设的高速公路BOT项目绵遂高速公路绵阳段正式通车。路线全长77.94km,设计速度80km/h,概算投资36.54亿元。

12月24日,泸渝高速公路控制性工程波司登长江大桥主拱合龙,交通运输部副部长冯正霖莅临合龙现场指导。大桥全长840.89m,总投资2.76亿元,主桥为单跨跨径达530m的中承式钢管混凝土拱桥,是截至当年世界上同类桥梁单跨跨径最大的钢管混凝土拱桥。

12月24日,雅西高速公路关键控制性工程泥巴山隧道实现双线贯通。该隧道长10km,最大埋深达1650m,为西南地区在建最长、全国埋深最大的复杂地质隧道。

12月25日,遂宁至广安、遂宁至西充、巴中经广安至川渝界、叙永经古蔺至川黔界、自贡至隆昌、内江至威远至荣县、广巴广陕广元过境、乐山至自贡乐山过境、雅安至康定高速公路二郎山隧道、汶川至马尔康高速公路鹧鸪山隧道、南充港都京作业区一期工程、广元港红岩作业区(一区)一期工程12个交通重点项目集中开工动员大会在遂宁市举行。中共四川省委书记、省人大常委会主任刘奇葆宣布"遂广高速等12个交通重点项目开工",省委副书记、省长蒋巨峰作重要讲话,本次集中开工建设的10个高速公路项目,总里程644km,总投资规模590亿元。

12月31日,广南高速公路南充至阆中段、纳黔高速公路纳溪至叙永段、达陕高速公路徐家坝至普光互通段建成通车,通车仪式分别在南充、泸州、达州三市举行。上述通车路段里程分别为87km、73km、33km,合计193km,至此,全省高速公路通车里程突破3000km。

2012年

1月31日,中共四川省委副书记、省长蒋巨峰对全省交通运输工作作出重要批示:2011年,全省交通运输系统按照省委、省政府的决策部署,抢抓机遇、加力奋进、攻坚克难、超常工作,年度交通建设投资突破千亿元大关,高速公路通车和在建里程突破6500km,港口建设加快推进,西部综合交通枢纽建设形成会战态势,主体骨架加速形成,成果丰硕,殊为不易,谨向为此付出了艰辛努力的全省交通战线的同志们表示衷心感谢和亲切慰问!希望你们在新的一年里,发扬成绩、再接再厉、乘势而上、扎实工作,继续高位求进、加快发展,扩大投资、加快建设,加强管理、提升服务,为"十二五"基本建成西部综合交通枢纽奠定坚实基础,为建设西部经济发展高地再立新功、多作贡献。

2月29日,交通运输部专家委员会四川省藏区高速公路建设专家组第一次会议在成都召开。

3月15日,省政府网站公布四川省人民政府2012年立法计划,《四川省渡口管理办法》作为省政府规章制定项目进入2012年立法计划,《四川省高速公路条例》《四川省航道管理条例》《四川省道路运输管理条例(修订)》作为地方性法规调研论证项目进入立法计划。

3月16日，中共四川省委书记、省人大常委会主任刘奇葆在《关于全省高速公路服务区和公路加油站建设改造工作情况的报告》上作出重要批示：大有成效，深受好评，继续推进，搞好宣传。

4月1日，广南高速公路全线建成通车，项目全线长201.1km，概算总投资150.288亿元。

4月10日，映汶高速公路第一特长隧道——福堂隧道双洞贯通。福堂隧道左线长5347m，右线长5264m。

4月12日，达陕高速公路全线建成通车，中共四川省委书记、省人大常委会主任刘奇葆出席通车仪式，高度评价四川省高速公路"栈道变高速、天堑成通途"的建设成就。达陕高速公路全线长143.24km，概算总投资104.73亿元，是四川省"成都—达州—安康—西安"的又一条北向进出川高速公路大通道。

4月22日，雅西高速公路干海子特大桥竣工。该桥全长1811m，桥宽24.5m，共36跨，最长连续梁为1044.7m，最高桥墩达107m，是截至当月世界上最长钢管桁架梁公路桥。

4月22日、29日，中央电视台新闻联播分别播出"我国建成世界最长钢管桁架梁公路桥""雅西高速今天凌晨建成通车"两条新闻。

4月27日，省人大常委会副主任王少雄率领省人大常委会调研组，调研成南高速公路遂宁、淮口服务区。

4月29日，雅西高速公路全线建成通车，中共四川省委副书记、省长蒋巨峰作重要讲话并宣布项目建成通车。雅西高速公路全长240km，总投资约206亿元，是交通运输部确定的"勘察设计典型示范"和"科技示范"项目。

5月7日，成渝公司与中国建设银行四川省分行签订跨境人民币融资暨战略合作协议，成功办理10亿元跨境人民币融资业务，单笔金额创下四川省境外人民币融资最高纪录。

5月9日，成绵高速公路复线、内江—资阳—遂宁高速公路建成通车，副省长王宁慰问参建单位代表。成都至绵阳高速公路复线全长86.19km，概算总投资56.49亿元。内遂高速公路全长120.47km，概算总投资60.68亿元。

5月10日，交通运输部副部长高宏峰调研广元市农村公路和广甘高速公路建设，要求加大对农村公路投资力度，修建精品山区高速公路。

5月21日，川高公司成功注册60亿中期票据，成为2012年川内企业在银行间市场直接融资的单笔最高金额。

6月13日，中共四川省委书记、省人大常委会主任刘奇葆视察雅西高速公路运行情况,要求做好营运管理工作,保护沿线生态环境,打造西部综合交通枢纽形象工程和样板工程。

6月13~17日,中共四川省委书记、省人大常委会主任刘奇葆赴凉山州和攀枝花市调研,要求继续加快推进以铁路和高速公路为重点的交通建设,努力建设全省南向通江达海的交通枢纽。

6月27日,副省长王宁视察巴达高速公路工程建设情况,要求加强质量安全管理,创造良好施工环境。

7月1日,雅西高速公路开放载货汽车通行,并同时发布《关于加强雅西高速公路行车安全管理的通告》。

7月2日,汉源县突降暴雨发生泥石流,导致雅西高速公路交通阻断。交通部门立即组织抢通,于4日7时恢复双向通行。

7月4日,副省长曲木史哈到宜泸高速公路南溪长江大桥和宜宾港进行调研,要求加快推进宜泸高速公路建设进度,加强质量安全管理;充分发挥宜宾港功能,带动临港和周边经济发展。

8月13日,"震中第二生命线"映秀至汶川高速公路全线贯通。

8月13~17日,交通运输部部长李盛霖赴四川考察藏区、彝区交通扶贫工作。13日,中共四川省委副书记、省长蒋巨峰在成都会见李盛霖部长一行,并就加快集中连片特困地区交通运输发展交换意见。15日,李盛霖部长调研雅西高速公路,对雅西高速公路建设成绩给予充分肯定和高度评价。

8月27日,四川省交通运输厅公路水运质量监督站更名为四川省交通运输厅工程质量监督局。

9月10日,中共四川省委书记、省人大常委会主任刘奇葆,省委副书记、省长蒋巨峰出席成自泸赤高速公路成都至自贡段通车仪式,刘奇葆宣布项目建成通车。

9月10日,四川省发布《重大节假日免收小型客车通行费实施方案》。

10月12日,副省长王宁调研映汶高速公路建设。

10月24日,纳黔高速公路赤水河特大桥全幅贯通。大桥全长944m,主跨248m,主墩高110m。

10月30日,四川省高速公路项目招商推介会在成都举行。本次推介会推出成都经济区环线高速公路蒲江至简阳段、内江城市过境、绵阳至西充高速公路3个项目,总里程约225km。

11月8日,省交投集团正式启动180亿元短期融资券发行注册工作。

11月28日,纳黔高速公路全线建成通车,标志着厦蓉高速公路(G76)四川境全部贯通。

11月29日,映汶高速公路建成通车,项目全长48.27km,概算总投资49.91亿元。

11月30日,雅西高速公路科技示范工程通过交通运输部验收。

12月17日,达万高速公路建成通车。项目全长63.78km,概算总投资48.46亿元。

12月19日,广甘高速公路建成通车。项目全长55.5km,概算总投资68亿元,桥隧比高达80%,是全省建设难度最大、桥隧比最高的高速公路项目之一。至此,四川省高速公路通车总里程达4043km,建成高速公路进出川大通道12条。

12月19日,成自泸赤高速公路内江至自贡段继9月10日先期通车59km后,余下54km建成通车。项目全长113km,概算总投资67亿元。

12月26日,国家高速公路网成渝地区环线宜(宾)泸(州)高速公路建成通车。项目全长78km,概算总投资68.45亿元。

12月26日,宜宾至叙永高速公路开工建设,副省长王宁出席开工动员大会。项目全长110km,估算总投资106.78亿元。

12月28日,成渝高速公路环线重要组成路段乐雅高速公路乐山至峨眉山段建成通车。

12月30日,成德南高速公路成都至三台东枢纽互通97km、西充至李桥枢纽互通10km,共107km建成通车。至此,全省高速公路通车总里程达4334km。

2013年

1月9日,中共四川省委书记王东明在雅安调研时听取四川省藏区公路主通道规划建设情况汇报,要求进一步加快全省藏区高速公路和国省干线公路规划建设,发挥雅安市交通优势,建设川西交通枢纽,带动辐射攀西地区经济社会发展,在全省加快发展大格局中争创新优势。

1月20日,成德南高速公路全线通车,项目全长178.3km,概算总投资111.2亿元,是连通川西、川中、川东北三大区域的高速公路大动脉,对完善全省高速公路网,促进沿线和地区经济社会发展具有重要意义。

1月31日,省第十二届人大常委会第一次会议任命彭琳同志为省交通运输厅厅长。

2月17日,《四川省高速公路养护管理暂行办法》发布实施。

3月31日,巴南高速公路全线建成通车。项目全长115.99km,概算总投资80.04亿元,是四川高速公路网规划的第二条成都放射线成都至巴中至川陕界高速公路中的重要路段,也是四川高速公路网中一条重要的出川通道。

4月8日,成渝公司跨境银团贷款签约仪式在香港举行,与香港上海汇丰、永隆、东亚银行等九家金融机构签约贷款总额为人民币10亿元,是四川省属企业直接通过境外金融机构完成的首笔跨境人民币借款,为四川交通企业长远融资打开新局面。

4月15日,2013年四川省高速公路项目招商推介会在成都举行,共推介成都经济区环线、营山至达州、西昌至香格里拉等16个高速公路项目,总里程约1672km,总投资约2077亿元。至此,四川省利用BOT方式招商引资的高速公路项目共计26个,总里程2743km,总投资2093亿元,招商引资规模居全国各省(直辖市、自治区)第一位。

5月10日,省交通运输厅召开全省高速公路建设工作座谈会。

5月15日,绵西高速公路投资协议签字仪式在成都举行,标志着该项目招商圆满成功。

5月23日,四川泸州与云南昭通两市人民政府在昭通市签订《叙永至威信高速公路项目建设框架协议书》,将共同组建项目建设协调工作机构,同步推进叙威高速公路规划建设有关工作。

5月28日,总投资3.1亿元的成都绕城高速公路规模最大、功能最齐、设施最完善的全互通立交——成新蒲快速路江安互通立交工程全面完工。

5月28日,广南高速公路广元连接线工程开工建设。广元连接线工程是广元连接广南高速的一条快速通道,全长11.3km,估算总投资4.2亿元。

5月28~29日,交通运输部专家委员会四川省藏区高速公路建设专家组雅康高速公路泸定大渡河特大桥专题会议在成都召开。

6月3日,泸(州)渝(重庆)高速公路建成通车,标志宜泸渝高速公路全线建成。泸渝高速公路全长74km,概算总投资51.24亿元。

6月5日,遂资眉高速公路遂宁至资阳段建成通车,项目全长110km,概算总投资74.85亿元。

6月23日,省交通运输厅组织开展全省在建高速公路和重点水运工程"防坍塌、防坠落、反三违"专项整治活动。

7月13日、16日,中共四川省委书记、省人大常委会主任王东明先后到成绵高速公路鸭子河大桥、都汶高速公路抢修现场查看水毁灾情,并对抢通保通工作提出要求:层层落实责任及各项防汛减灾措施,扎实深入开展监测预警和提前转移避险等预防工作;在确保安全和质量的基础上,抓紧时间修复损毁工程,科学实施道路"生命线"抢通保通、重要隐患点排危除险等应急措施;及时封闭或管制客运渡口、危险桥梁和危险路段通行,停止或限制危险区域工程施工,加大巡查值守力度。

9月12日,乐(山)雅(安)高速公路符溪至雅安水碾坝立交85.7km主线通车,这标志着全长112.2km、总投资79.39亿元的乐雅高速公路全线通车,全长1200km的成渝环线高速实现全线合龙。

10月21日,巴中至万源高速公路BOT项目投资协议正式签订,路线全长约122km,总投资估算约为163亿元。

11月11日,四川、甘肃两省交通运输厅在成都举行交通建设发展座谈会,签署《关于川甘两省省际高速公路规划建设协议书》《关于G8513平凉至绵阳高速公路武都经九寨沟至绵阳段川甘两省接线方案协议书》,共同推进3条高速公路、5条普通国道、2条省道连接工作,并就加强川甘交通建设合作事宜进行交流与沟通。

11月12日,成都经济区环线高速公路简阳至蒲江段投资协议正式签署,项目全长约127km,估算投资约157亿元。截至当月,全省已成功招商高速公路BOT项目30个,总里程约3157km,引进社会投资约2666亿元。

11月28日,全省高速公路养护管理系统省级平台投入试运行。该平台有效整合全省高速公路养护信息,提高了全省高速公路养护管理效率。

12月12日、18日,四川省公安厅、交通运输厅先后发布《关于加强道路交通安全管理的公告》和《关于加强道路交通安全管理的公告(二)》,规定自12月21日起,全省高速公路208个收费站准许货车驶入,149个收费站禁止货车进入,货运车辆进入高速公路必须从收费站设置的专用通道(入口)驶入,以进一步加强道路交通安全管理。

12月28日,巴达、南大梁南充至渠县段两条高速公路建成通车。巴达高速公路项目全长110km,南大梁高速公路南充至渠县段全长96km。

12月30日,全长113.2km、概算总投资69.8亿元的乐自高速公路建成通车。至此,全省全年新建成高速公路通车总里程712km,高速公路总里程突破5000km,达5046km,位居全国第六、西部第一。

2014年

1月1日,巴(中)陕(西界)高速公路巴中至南江段、丽攀高速公路攀枝花城区段建成通车。巴陕高速公路全长115km,此次通车巴中至南江段长约73km;丽(江)攀(枝花)高速公路全长51.23km,此次通车攀枝花城区段长40.5km。

1月15日,即日起,全省联网收费高速公路和开放式收费公路货车计重站,对车货总重未超过公路承载能力认定标准的"正常装载车辆"实行车辆通行费优惠。

1月26日,副省长侍俊到成都高速公路"治超"管控点和客运签单点检查并慰问。

1月27日,副省长刘捷慰问成(都)仁(寿)高速公路困难职工,充分肯定成渝公司对困难职工所做的关爱帮扶工作。

3月17日,宜宾过境高速公路西段开工,项目全长39.04km,其中建设里程31.42km,总投资40.2亿元。

3月23～26日,中共四川省委书记、省人大常委会主任王东明前往乐山市、凉山州,实地调研彝区时强调,加快推进基础设施建设,大力改善彝区发展条件,坚持把交通建设作为扶贫工作重点。2014—2015年,力争开工建设京昆高速公路泸沽至黄联关段改(扩)

建工程等5个高速公路项目,完成1621km新(改)建干线公路,建成农村公路5660km;抓紧实施溜索改桥工程,方便大山里的群众出行。

4月9日,四川省高速公路BOT项目招商推介会在成都举行。推出蒲江至井研、营山至达州等13个拟建高速公路项目,总里程约1679km,总投资约2319亿元,面向社会招商。副省长王宁出席会议并致辞。

4月21日,中共四川省委书记、省人大常委会主任王东明宣布雅康高速公路开工。截至当月,芦山强烈地震灾后交通恢复重建规划的"1+8"交通重点项目全部开工建设。

4月29日,兴蜀公司映卧路代表处获得"四川省工人先锋号"称号、兴蜀公司阳江林获得"四川省五一劳动奖章"、田应军获得"四川省重点工程劳动竞赛优秀建设者"荣誉称号。

5月21日,南大梁高速公路铜锣山隧道顺利贯通,隧道双线全长5024m,为国家高速公路网(G5515)南大梁高速公路第二长隧道(第一长华蓥山隧道全长8159m),于2011年4月中旬正式建设。

6月18日,广元至平武高速公路、成都经济区环线高速公路德阳至简阳段两个高速公路BOT项目获省政府办公厅批复。

6月29日,被称为四川省东南向出川"第一路"的成自泸赤高速公路泸赤段正式通车,从成都到贵阳将缩短为6个多小时。

7月28日,宜宾市政府与成都路桥签订宜宾至威信高速公路(四川境段)项目协议。

8月2日,达州市、南充市与成都华川公路建设集团有限公司签署营山至达州高速公路项目投资协议。

8月4日,四川省泸州市与云南省昭通市提出共同推动昭泸高速公路建设。

9月5日,攀枝花至大理(四川境)高速公路投资协议由攀枝花市政府与由四川省铁路产业投资集团有限责任公司和四川公路桥梁建设集团有限公司组成的联合体签订。

10月8日,全省高速公路ETC(电子不停车收费系统)开通试运行。

10月18日,巴中南江县陈家山隧道通车,四川至陕西界里程缩短约8km。

11月4日,汶川至马尔康高速公路全线开工,项目路线全长174km,项目概算总投资约287亿元。届时,从成都前往马尔康将由近5小时缩短为3小时以内。汶马高速公路的开工建设,标志着全省21个市(州)政府所在地全部实现建成或在建高速公路连接。

11月9日,遂资眉高速公路眉山段正式建成通车。

11月12日,全省ETC客户服务网站正式上线。

11月12日,泸渝高速公路(G8515)合作投资协议在泸州签订。

12月29日,绵阳绕城高速公路南环线试通车。

12月30日,全省高速公路ETC专用车道数已达504条,覆盖242个收费站,覆盖率达 64%；ETC 客服网点数达 393 个，ETC 用户达 17 万。

2015 年

1月29日，全省高速公路管理工作会议召开。要求把打造"法治、智慧、平安、绿色、民生"高速公路作为工作目标，高速公路管理达到西部领先、全国一流的水平。

2月3日，巴(中)广(安)渝(重庆)高速公路广安至川渝界建成通车试运营，结束岳池县伏龙乡、罗渡镇与枣山物流商贸园区广罗乡不通高速公路的历史。

2月4日，2015年度四川省工程勘察设计"四优"奖评选，厅交通设计院设计项目"重庆市嘉陵江航运开发草街航电枢纽船闸工程"获优秀工程设计一等奖，设计项目"四川巴中至南充(南部)高速公路 B1 合同段工程设计"等六个项目分别获二、三等奖。

4月4~6日，清明节期间，全省高速公路网总流量约532万辆次，比上年同期增长18%。

4月20日，全国 ETC 联网片区推进工作会议在成都召开。

4月21日，厅高速公路交通执法第六支队原支队长李伟(已故)被评为"2014年感动交通年度人物"。

5月21日，省第十二届人大常委会第十六次会议对《四川省高速公路条例(草案)》进行一审(立法必要性审议)表决并顺利通过。

5月29日，全省高速公路 ETC 用户累计突破60万，提前完成年度目标任务。

6月16日，四川省 ETC 全国联网实车测试启动，该次实车测试至6月底结束，交通运输部路网中心将从实车通行、静态数据获取、异常情况处理、人工刷卡四方面对四川省15个收费站进行 ETC 实车测试，以保障四川省高速公路 ETC 按期实现与全国联网。

7月5日，中共四川省委副书记、宣传部部长尹力调研汶(川)马(尔康)高速公路工作推进情况。尹力指出，汶马高速公路是四川重点基建项目，广大建设人员要增强做好重点工程建设工作的责任感和紧迫感，安全、高效地建设好汶马高速。

7月10日，汶马高速公路控制性工程狮子坪隧道群进入全面施工阶段。

7月14日，雅(安)康(定)高速公路二郎山特长隧道康定端斜井正式施工，二郎山隧道主洞、地下风机房和斜井进入同步施工阶段。

7月16日，2015年交通重点项目银企对接会召开。省政府金融办、省交通运输厅深化银政银企合作，会议签署4项重大战略合作协议和项目贷款协议。

7月16日，四川省交通企业分别与国家开发银行四川省分行、中国农业发展银行四川省分行签署《战略合作协议》。四川兴蜀公路建设发展有限责任公司与中国农业发展银行四川省分行签订四川省农村公路改善提升工程贷款协议；四川藏区高速公路有限责任公司与国家开发银行四川省分行签订汶马高速公路项目贷款协议。

7月20日,省政府批准全省新增95个超限检测站。

7月28日,四川高速公路ETC实现全国联网并开通运行。截至当月,全国已有22个省(直辖市)高速公路ETC实行联网运行,全省高速公路与相邻的4个省(市)12个省界收费站实现ETC联网。

8月6日,汶马高速公路米亚罗3号隧道左线进口管棚施工顺利完成,隧道左线正式进洞。

8月11日,汶马高速公路汶川1号隧道正式进洞施工。

8月11日,全省高速公路ETC用户累计达80万。截至当月,ETC车辆日均通行量在20万辆次以上(其中外省ETC用户1万余辆),ETC交易额占车辆通行总交易额的15%。

8月22日,叙(永)古(蔺)高速公路螺丝寨特大桥主桥顺利合龙,为实现叙古高速公路通车目标打下坚实基础。

8月24日,雅康高速公路前碉沟大桥主墩顺利封顶,标志着该桥进入上部构造施工阶段,为雅康高速公路如期建成通车打下坚实基础。

10月10日,雅康高速公路麻岗山隧道实现双向贯通,为雅康高速公路第3条主线双向贯通的隧道。

11月12日,全省高速公路ETC用户达100万,并以日均新增3000余个的速度稳步增长。

11月23日,雅康高速公路控制性工程喇叭河特长隧道右线掘进突破2000m大关。

11月25日,省人大常委会召开《四川省高速公路条例》新闻发布会。会议强调要充分认识条例颁布实施对明确高速公路管理体制、加强高速公路行业监管及提升服务等重要意义,加强宣传贯彻,强化监督检查,务求工作实效。

11月26日,四川省"政府与社会资本合作"项目推介会暨签约仪式在成都举行。省交通运输厅党组书记、厅长彭琳在现场推介20个高速公路PPP项目,总里程2182km,总投资3073亿元。

12月10日,遂(宁)西(昌)高速公路正式通车。该项目是《四川省高速公路网规划(2011年调整方案)》的重要连接线,连接内遂、成南、广南、成德南等省内多条高速公路,全省高速公路网进一步完善。

12月10日,南充经大竹至梁平(川渝界)高速公路渠县至大竹段(除华蓥山隧道外),全部建成通车。南大梁高速公路是国家高速公路网张家界至南充高速公路重要组成部分,是四川省东向出川大通道。

12月16日,国家高速公路(G5)泸黄段改(扩)建工程泸沽至漫水湾试验段开工。全长10.8km,估算投资约5亿元,建设工期为2年。

12月25日,全省举行2015年底交通建设重大项目集中开工暨岷江犍为航电枢纽工程开工仪式。副省长甘霖宣布开工,省政府副秘书长李志强主持集中开工仪式。

12月26日,广陕广巴高速公路连接线(19km)、自贡至隆昌高速公路(50km)、内江经威远至荣县高速公路(63km)、宜宾至叙永高速公路宜宾至长宁段(40km)等项目建成通车,川内高速公路网进一步完善。

12月27日,营(山)达(州)高速公路全面开工,该项目为BOT项目,是《四川省高速公路网规划(2014—2030年)》阆中至达州高速公路的组成路段。线路全长98km,总投资约103亿。

12月28日,巴广渝高速公路广安段通车试运营。该路是国家高速公路网宁夏银川至云南昆明高速公路(G85)的组成部分,是《四川省高速公路网规划(2011年调整方案)》中7条南北纵线之一,对于提升川东北地区综合交通运输枢纽地位,促进广安、南充、巴中经济社会发展,具有十分重要的意义。

12月28日,雅康高速公路青衣江特大桥大兴岸主桥顺利合龙。青衣江特大桥全长1426m,是雅康高速公路控制性工程之一。

12月30日,遂(宁)广(安)高速公路正式通车试运营。全长约103km,遂宁至重庆的车程时间将缩短至1小时。

12月31日,成都二绕东段建成通车。四川高速公路通车总里程超过6000km,位居全国各省(直辖市、自治区)第五、西部第一。副省长曲木史哈,省交通运输厅党组书记、厅长彭琳等在二绕东西段交汇处看望慰问高速公路建设者、管理者代表。

2016年

2月25日,零时,丽攀高速公路攀枝花市金江至丽江市华坪段通车。

4月28日,高速公路ETC储值卡正式发行。

5月3日,西(昌)香(格里拉)高速公路项目协议签订。

5月3日,交通运输厅审议通过4条高速公路工可研究方案。

5月20日,零时起,自隆高速公路将收取车辆通行费,并同步开通沿滩匝道收费站。

7月4日,宜(宾)叙(永)高速全线通车。

7月8日,省政府正式批复遂宁至德阳高速公路项目采取BOT方式建设。

7月29日,全省首批高速公路服务区充电站即将投运。

8月1日,峨眉至汉源高速公路可行性研究报告通过省发展改革委批复。

8月5日,全省召开绵阳至万源高速公路招商推介会。

8月31日,副省长杨洪波宣布成都天府国际机场高速公路开工。

9月1日,成彭高速公路扩容改造工程开工。

9月8日,四川省在全国率先试点银行卡闪付高速公路通行费。

9月20日,2016年全省高速公路项目集中开工动员大会举行。

9月26日,叙古高速公路叙永正东至古蔺县城段通车。

10月9日,遂西遂广高速公路即日零时起实行试收费。

10月28日,2016年第二批高速公路项目投资协议集中签约。

12月20日,全省启动高速公路公众出行信息整合优化工作。

附录二

四川公路交通统计表

一、2016年年底全省公路里程统计

2016年年底全省公路里程统计（按技术等级分）见附表2-1。

附表2-1 2016年年底全省公路里程统计（单位：km）

指　标	公路里程总计	合计	高速公路				等级公路				等外公路
			小计	四车道	六车道	一级	二级	三级	四级		
（一）上年年底公路	315582.135	266064.128	6019.595	5537.689	481.906	3325.653	13970.884	13110.891	229637.105	49518.007
国道	8746.867	8746.867	3439.976	3226.598	213.378	702.466	3576.541	881.273	146.611	
其中：国家高速公路	3306.707	3306.707	3306.707	3159.069	147.638					
省道	13840.962	13735.002	2538.236	2287.858	250.378	896.040	5554.052	2929.931	1816.743	105.960
县道	40758.719	38512.316	41.383	23.233	18.150	922.792	3666.223	6799.882	27082.036	2246.403
乡道	52501.747	43062.983				526.865	742.544	1557.311	40236.263	9438.764
专用公路	5127.639	2393.447				16.908	89.286	144.233	2143.020	2734.192
村道	194606.201	159613.513				260.582	342.238	798.261	158212.432	34992.688
（二）本年新建公路	2120.409	2120.409	502.126	336.126	166.000	191.599	223.008	95.023	1108.653	
国道	795.522	795.522	312.465	207.465	105.000	181.954	223.008	78.095		

附录二

四川公路交通统计表

续上表

指 标	公路里程总计	合计	高速公路			等级公路				等外公路
			小计	四车道	六车道	一级	二级	三级	四级	
其中:国家高速公路	312.465	312.465	312.465	207.465	105.000					
省道	188.944	188.944	188.944	127.944	61.000					
县道	0.717	0.717	0.717	0.717						
乡道	23.566	23.566				9.645			13.921	
专用公路	0.998	0.998						0.998		
村道	1110.662	1110.662					15.930		1094.732	
(三)本年改建变更公路	6435.014	11015.212	1.426	1.426	0.000	111.201	315.235	540.579	10046.771	-4580.198
国道	12516.941	12305.693	884.207	887.543	-3.336	1023.884	4424.893	3078.552	2894.157	211.248
其中:国家高速公路	1015.088	1015.088	1015.088	952.684	62.404					
省道	-9334.596	-9228.636	-887.955	-886.117	-1.838	-660.831	-3901.220	-2281.805	-1496.825	-105.960
县道	-2800.528	-2613.452	5.174		5.174	-163.427	-320.697	-311.032	-1823.470	-187.076
乡道	-306.778	906.629				-134.260	-2.451	24.993	1018.347	-1213.407
专用公路	-44.186	1.786					-3.084	26.613	-21.743	-45.972
村道	6404.161	9643.192				45.835	117.794	3.258	9476.305	-3239.031
(四)本年年底公路	324137.558	279199.749	6523.147	5875.241	647.906	3628.453	14509.127	13746.493	240792.529	44937.809
国道	22059.330	21848.082	4636.648	4321.606	315.042	1908.304	8224.442	4037.920	3040.768	211.248
其中:国家高速公路	4634.260	4634.260	4634.260	4319.218	315.042					
省道	4695.310	4695.310	1839.225	1529.685	309.540	235.209	1652.832	648.126	319.918	
县道	37958.908	35899.581	47.274	23.950	23.324	759.365	3345.526	6488.850	25258.566	2059.327
乡道	52218.535	43993.178				402.250	740.093	1582.304	41268.531	8225.357
专用公路	5084.451	2396.231				16.908	86.202	171.844	2121.277	2688.220
村道	202121.024	170367.367				306.417	460.032	817.449	168783.469	31753.657

二、2016年底全省公路密度及通达情况

2016年底全省公路密度及通达情况见附表2-2。

附表2-2

2016年底全省公路密度及通达情况

指　　标	计　算　单　位	数　　量
（一）公路密度		
以国土面积算	km/100km²	66.70
以人口数量算	km/万人	35.60
（二）公路通达		
乡镇数量	个	4483
已通畅	个	4357
其中：通其他硬化路面	个	1
其中：本年新通畅	个	102
已通达，未通畅	个	126
其中：本年新通达，未通畅	个	
未通达	个	
建制村数量	个	48179
已通畅	个	44252
其中：通其他硬化路面	个	133
其中：本年新通畅	个	2914
已通达，未通畅	个	3802
其中：本年新通达，未通畅	个	134
未通达	个	125

附录二
四川公路交通统计表

三、2016年年底全省公路桥梁数量统计

2016年年底全省公路桥梁数量统计(按建筑材料和使用年限分)见附表2-3。

附表2-3 2016年年底全省公路桥梁数量统计

指 标	桥梁总计		危 桥		按建筑材料和使用年限分					
					永 久 性		半 永 久 性		临 时 性	
	数量(座)	长度(m)	数量(座)	长度(m)	数量(座)	长度(m)	数量(座)	长度(m)	数量(座)	长度(m)
(一)上年年底桥梁	38635	2430089.48	1538	62243.99	37697	2405179.76	631	16022.92	307	8886.80
国道	5761	914539.92	25	3495.19	5761	914539.92				
其中:国家高速公路	3872	800868.97			3872	800868.97				
省道	5353	686327.55	38	3838.06	5348	686124.95	4	60.00	1	142.60
县道	8179	318355.59	392	15467.29	8070	315759.65	64	1883.74	45	712.20
乡道	6815	203969.63	459	16776.07	6594	199243.08	134	3243.65	87	1482.90
专用公路	445	12160.75	23	691.60	433	11896.75	6	158.00	6	106.00
村道	12082	294736.04	601	21975.78	11491	277615.41	423	10677.53	168	6443.10
(二)本年新建桥梁	1072	178600.37			1064	178029.37	8	571.00		
国道	659	114430.05			654	113935.05	5	495.00		
其中:国家高速公路	368	78762.46			368	78762.46				
省道	260	58361.45			260	58361.45				
县道	9	487.49			9	487.49				
乡道	28	1627.72			28	1627.72				
专用公路	1	132.00			1	132.00				
村道	115	3561.66			112	3485.66	3	76.00		
(三)本年改建变更桥梁	647	80054.39	115	3346.15	629	79370.11	20	718.28	-2	-34.00

四 川

续上表

指标	桥梁总计		危桥		按建筑材料和使用年限划分					
					永久性		半永久性		临时性	
	数量(座)	长度(m)	数量(座)	长度(m)	数量(座)	长度(m)	数量(座)	长度(m)	数量(座)	长度(m)
国道	3818	467299.76	55	1722.78	3788	466251.76	20	830.00	10	218.00
其中:国家高速公路	1398	337228.05	0	0.00	1398	337228.05				
省道	-3041	-365593.42	-24	-2279.08	-3040	-365579.42	-1	-14.00		
县道	-532	-29083.32	9	1099.92	-517	-28554.32	-14	-409.00	-1	-120.00
乡道	4	-2929.94	12	260.09	6	-2971.14	7	139.20	-9	-98.00
专用公路	-2	-113.90			-2	-113.90				
村道	400	10475.21	61	2417.44	394	10337.13	8	172.08	-2	-34.00
(四)本年年底桥梁	40354	2688744.24	1653	65590.14	39390	2662579.24	659	17312.20	305	8852.80
国道	10238	1496269.73	80	5217.97	10203	1494726.73	25	1325.00	10	218.00
其中:国家高速公路	5638	1216859.48			5638	1216859.48				
省道	2572	379095.58	14	1558.98	2568	378906.98	3	46.00	1	142.60
县道	7656	289759.76	401	16567.21	7562	287692.82	50	1474.74	44	592.20
乡道	6847	202667.41	471	17036.16	6628	197899.66	141	3382.85	78	1384.90
专用公路	444	12178.85	25	816.60	432	11914.85	6	158.00	6	106.00
村道	12597	308772.91	662	24393.22	11997	291438.20	434	10925.61	166	6409.10

注:桥梁总计中不计入危桥数量及长度。

附录三
高速公路运营管理选录

一、四川高速公路建设开发总公司

四川高速公路建设开发总公司(简称"川高公司")成立于1992年7月,注册资本94.41277亿元,主要业务是筹集高速公路等重点公路项目建设资金,对重点公路项目进行投资、建设和运营养护管理,从事公路沿线服务性设施的经营开发、房地产开发经营及物业管理等其他经营项目。川高公司是在原"四川省成渝公路建设开发总公司"和"四川蜀海交通投资有限公司"的基础上组建而成,现为四川省交通投资集团有限责任公司的核心子公司之一。

川高公司自成立以来,通过独资、控股、参股等方式对省内高速公路及其他重点公路项目进行投资建设和管理,经过20多年的发展,目前已成为总资产过千亿的特大型国有企业。公司本部内设12个职能部门,下辖参股、控股、独资子公司合计45个,职工总数1.6万余人。截至2016年底,川高公司管理的通车高速公路项目40个,通车里程3349km(含丽攀路华坪段),占全省通车里程的51%;管理的二级专用公路49km;在建高速公路项目5个,总里程610km,总投资872亿元。公司总资产1998亿元,净资产503亿元,资产负债率为74.8%。

(一)高速公路运营管理

1. 高速公路收费管理

(1)四川省高速公路的收费政策

车型分类标准。标准根据交通部《关于贯彻〈收费公路车辆通行费车型分类〉行业标准(JT/T 489—2003)有关问题的通知》(交公路发〔2003〕151号)和国家发展改革委《关于统一车型分类后调整车辆通行费工作的通知》(发改价格〔2003〕518号)精神,经省政府同意,我省高速公路统一自2006年4月10日0时起按照JT/T 489—2003的行业标准实施通行费车型分类工作。

货车计重收费。2007年6月1日,四川省开始在全省联网高速公路实施货车计重收费。其中:正常装载的合法运输车辆(车货总质量)行驶计重收费公路时,高速公路收费基本费率为0.075元/(t·km)、桥梁和隧道收费基本费率为0.65元/(t·km),小于20t

（含20t）的车辆，按基本费率计算收取车辆通行费；20～40t以及大于40t的车辆，其20t及以下部分，按基本费率计收，20t以上的部分，按基本费率线性递减到基本费率的50%计收。试行期间，对正常装载的货车暂给予了20%车辆通行费优惠（该项优惠政策包含了执行初期已实施联网工作的成渝、成雅、成乐等15条高速公路，一直持续至2014年1月15日）。超计重收费公路承载能力认定标准，按国家强制标准《道路车辆外廓尺寸、轴荷及质量限值》（GB 1589—2004）认定车货总质量，其中：车货总质量超过该车对应的公路承载能力认定标准30%以内（含30%）的车辆，按正常车辆的基本费率计重收取车辆通行费；车货总质量超过该车对应的公路承载能力认定标准30%～100%以及超过100%以上的车辆，该车车货总质量中符合公路承载能力认定标准的重量部分以及超出公路承载能力认定标准30%的质量部分，按正常车辆的基本费率收取车辆通行费；超出公路承载能力认定标准30%以上的重量部分，按基本费率的3倍线性递增至5倍计重收取车辆通行费。

2014年1月15日，对车货总重量未超过公路承载能力认定标准的正常装载车辆实行计重通行费优惠，其中对正常装载的二轴、三轴货车，按货车计重收费基本费率80%计算收取车辆通行费；对正常装载的四轴及四轴以上货车，按货车计重收费基本费率70%计算收取车辆通行费；对正常装载的标准集装箱车辆按基本费率70%收取车辆通行费；整车正常装载运输鲜活农产品车辆免收车辆通行费。

入口治超。2013年12月19日，全省所有高速公路按照省道路交通安全综合整治工作安排布置要求，以及高速公路入口计重检测设备设施的规范化、标准化要求，全面推进入口治超计重检测点计重检测设备设施的安装、计量检定工作以及入口治超计重检测点计重检测设备设施的功能完善工作和入口治超点动态计重设备改造为静态计重设备的工作。同时，省交通运输厅、省发改委、省财政厅为配合入口治超工作，同步出台了《关于对正常装载合法运输车辆通行费实行优惠的通知》，明确对货车计重收费通行费费率进行优惠。

一路一价政策。2008年3月，四川省完成《四川高速公路实行新路新价、一路一价及基价调整研究报告》并通过专家评审。2008年3月后新通的高速公路按此方案不再统一定价，改按项目实际情况结合各类条件单独定价，适当解决了运营公司资金和运营压力，体现"以路养路、滚动发展"的行业发展思路。

节假日减免政策。按照国务院要求，2012年国庆节起，全省所有高速公路在重大节假日（春节、清明、五一、国庆）期间免收7座及以下小型客车通行费。四川省制订《四川省高速公路重大节假日小型客车免费通行管理办法（试行）》及《四川省高速公路联网收费重大节假日免收小型客车通行费系统运行实施细则》，规范了节假日期间的小型客车免费放行工作。

绿色通道政策。自2003年6月1日起，全省高速公路正式开通鲜活农产品运输"绿色通道"，符合减免条件的省内鲜活农产品车辆一律实行免费通行。2004年10月，四川省与重庆市实现了鲜活农产品运输"绿色通道"互通；2005年12月，与贵州、广西达成协议，开通了川、黔、桂三省（区）鲜活农产品运输"绿色通道"；2006年1月，按照交通部有关文件精神开通了全国"五纵二横"鲜活农产品流通"绿色通道"网络在川段所有高速公路；2008年1月，按照交通部落实"绿色通道"省内外无差别政策精神，全省所有高速公路对省内外鲜活农产品运输车辆一律实施免费；2010年1月，按照交通运输部、国家发改委进一步完善和落实鲜活农产品运输绿色通道政策的相关工作要求，我省严格按照两部委制定的《鲜活农产品品种目录》以及车辆装载规范要求执行绿色通道工作。

（2）收费方案

审批程序。按照《收费公路管理条例》的相关规定，我省高速公路项目要取得项目的合法收费批文，需要具备几个条件：一是项目必须符合国家和省高速公路发展规划；二是要符合高速公路技术标准规定；三是里程规模按照国家相关规定连续里程30km以上（城区机场高速公路除外）；四是高速公路收费站要满足联网收费要求，除两端外不得在主线设置收费站。具备以上基本条件后，要最终取得正式收费权，需依次取得收费立项、试收费、正式收费批文，其前置条件分为：

①收费立项。完成项目工程可行性研究报告审批（核准）工作并经省级及以上发改部门审批（核准）。项目资本金比例符合《国务院关于调整固定资产项目资本金比例的通知》（国发〔2009〕27号）；完成了项目工程初步设计审批工作并由省级及以上交通运输主管部门审批；项目已开工建设。

②试收费。项目工程建设完工并组织完成工程交工验收相关工作；项目机电系统完成入网调试工作并验收合格；货车计重收费系统安装调试完成并检定合格；服务区、停车区建设完成并具备停车、加油、加水、如厕等基本功能。

③正式收费。完成项目工程竣工决算审计、工程竣工验收和试收费期间的车辆通行费收支专项审计工作。

具体办理流程为：由省交通运输厅主办，会签省发改委（还贷项目同步会签省财政厅）后报省政府；省政府审批同意后将正式下文明确批复意见；省交通运输厅、省发改委、省财政厅按照省政府办公厅批复意见对运营公司收费公路项目的立项、试收费或正式收费工作进行联合下文批复。

收费价格参考因素和定制标准。按照《四川省高速公路条例》第二十五条："高速公路车辆通行费收费标准，应当根据高速公路的技术等级、投资总额、当地物价指数、偿还贷款或者有偿集资款的期限和收回投资的期限以及交通量、建设质量等因素计算确定并报省人民政府审查批准。"同时"高速公路车辆通行费收费标准根据道路技术状况、运营服务质量等情况调整,具体办法由省人民政府制定。"

①道路基价:目前四川省在2008年之前的通车高速公路项目统一道路收费基价为双向四车道0.35元/(车·km)、双向六车道0.45元(车·km),2008年后通车项目道路收费基价为双向四车道0.50元/(车·km)、双向六车道0.60元/(车·km)。

②桥隧加价:按照2015年3月交通运输厅、发改委、财政厅联合下发的《四川省高速公路特大桥梁和隧道加收车辆通行费审核试行办法》,明确规定对主线跨越江河、湖泊、峡谷的超过1000m以上特大桥梁、和主线穿越山脉1000m以上隧道可以加收通行费,其中:桥梁长度1000~1500m加收3元、1500~2000m加收4元、2000~2500m加收5元、2500~3000m加收6元,隧道长度1000~2000m加收3元、2000~3000m加收4元、3000~4000m加收5元、4000~5000m加收6元,3000m以上桥梁和5000m以上隧道根据情况适当加收。

③货车计重收费:基本费率为0.075元/(t·km)、桥梁和隧道收费基本费率为0.65元/(t·km),对车货总质量未超过公路承载能力认定标准的正常装载车辆:二轴、三轴货车,按基本费率80%计算收取车辆通行费;四轴及四轴以上货车,按基本费率70%计算收取车辆通行费;对正常装载的标准集装箱车辆按基本费率70%收取车辆通行费。

(3)收费期限

按照《收费公路管理条例》第十四条,中西部省份的政府还贷公路的收费期限最长不得超过20年,经营性公路的收费期限按最长不得超过30年。我省在已取得正式收费批文的高速公路项目中,基本是按照此原则进行确认的收费期。

(4)联网收费管理

四川省从1999年起开始投入大量资金进行全省高速公路联网收费系统(监控、收费、通信)工程建设,加大四川省高速公路网络收费系统的管理监督力度,提高高速公路通行能力。目前,川高公司实现通车联网的高速公路里程已达到3286km。

1999年1月11日,省交通厅下发了《关于全省高速公路联网收费系统实施方案研究任务的通知》。1999年5月,四川省高速公路联网收费系统建设项目《可行性研究报告》完成,并通过交通厅组织的专家验收;同年省计委批准四川省高速公路联网收费系统建设项目立项。成立四川智能交通系统管理有限责任公司,负责全省高速公路通信、监控、收费与清算系统的建设、管理及运营。

2000年初,智能公司启动成乐、成雅高速公路联网收费建设试点项目。2002年3月系统试运行成功,2003年9月通过竣工验收,投入正式运行,联网收费系统基本稳定,运营情况良好。2003年底,四川省成南与遂回高速公路顺利完成了联网收费工程建设,并实现区域联网收费。2004年6月,四川省南广邻与达渝高速公路完成联网收费建设,并与成南路、遂回路实现区域联网。2005年1月20日和24日,四川省成渝、绕城高速公路完成联网收费系统切换工作,实现成渝片区和绕城片区区域联网收费。2005年3月15日,成都城北出口至广元棋盘关高速公路完成联网收费系统切换工作。至此,四川省成雅、成南、成渝、成绵、绕城片区的所有高速公路实现联通,形成了以成都为中心的高速公路联网收费路网。

2005年以后建成通车的高速公路均在建设阶段即按照联网收费的要求进行设计、施工,其联网收费工程与土建工程同步完成,做到通车一段,接入联网收费一段。目前,四川省已通车的高速公路已经全部实现联网收费(成都机场高速尚未并入省网)。

四川省高速公路联网收费采用"人工半自动"收费方式为主的收费方式,早期通行券采用基于Mifare 1的非接触IC卡。2007年6月,开始对高速公路联网收费区域内货车实施计重收费。为公平、合理地解决高速公路多义性路径下通行费的收取和结算,多元投资主体之间的通行费清分问题,2011年3月1日,实施了基于RFID复合通行卡的高速公路多路径识别系统,将原使用的非接触IC卡统一更换为RFID复合通行卡。该系统启用后,实现了按照车辆实际行驶路径精确收取和拆分通行费。2014年10月,四川省联网收费高速公路正式启动ETC联网收费,通过建设银行、工商银行、中国银行三家向社会用户进行ETC卡和车载单元的发放工作,ETC卡关联银行信用卡,方便用户充值缴费,并在2015年9月,四川省ETC实现同全国各省联网。截至2016年5月底,四川省ETC用户已接近150万。

根据四川省高速公路的运营管理现状,联网收费管理采用的是四级或三级管理体制,即:省收费结算中心—片区(路段)收费中心—管理处(路段)收费分中心—收费站,或省收费结算中心—路段收费中心—收费站。

四川省联网收费高速公路目前采用的是由省收费结算中心集中拆分的方式。车辆在收费站入口领卡,在出口收费站缴卡交费后,该条收费处理数据分别通过收费车道、收费站实时上传至省收费结算中心,再由省收费结算中心统一完成通行费的清分。各路公司及结算中心在结算银行开设备付金账户和清算账户,从而确保通行费轧差后,资金的及时划转。

2. 监控系统管理

四川省已开通运营的各高速公路,均根据辖区路段的实际情况实施无人电子监控系统,在各路段的管理工作中也发挥了重要作用。但由于监控软件未统一,难以实现全省监控数据共享;各路段监控软件由机电承包人分别开发和配置,导致软件种类多,接口不一致,数据格式不统一,难以实现全省监控数据共享,省监控中心现阶段只能查看部分路段图像。同时,省监控中心未实施一套完善的平台系统,不能进行监控数据的收集、整合和分析,无法有效发挥对全路网的运行监测、监控作用,在应对路网突发事件上,无法有效地为决策层提供技术支持。

3. 隧道机电系统管理

近年来,随着四川省通车运营的高速公路隧道不断增加,高速公路隧道日常运营的安全管理工作日趋繁重,隧道日常运行安全形势不容乐观。从2013年开始,川高公司每年都要求相关路公司对管辖路段的隧道通风、照明、消防、监控、火灾报警、紧急电话、供配电等子系统进行全面检测。历年检测结果表明,多数被检隧道在火灾检测、卷闸门控制、紧急电话呼叫、语音广播呼叫、火灾事故联动控制、交通事故联动控制等与安全紧密相关的功能方面有不同程度的缺陷,存在不同程度的安全隐患。自2013年起,川高公司已先后投入了1亿多元用于与安全相关的隧道机电系统日常维护和升级改造,完善软件联动功能,提高隧道运行检测和信息服务、应急事件预测预警、交通组织和疏导救援能力。川高公司还将加大隧道机电设施的预防性养护力度,机电设备的日常清洁、巡查巡检、定期养护和标定,及时对出现故障的设备进行维护、维修或更换,提高硬件设备的可靠性和耐久性,并建立健全和完善隧道机电设施管理维护档案。

(二)高速公路养护管理

川高公司高速公路养护管理全面贯彻"畅通主导、安全至上、服务为本、创新引领"的公路养护方针,坚持"预防为主,防治结合"的养护原则,突出"创新引领",从养护管理体制机制改革入手,理顺管理关系,强化各路营公司主体责任,激发内在活力,调动养护管理技术人员主观能动性,打开养护管理工作新局面。更新养护管理观念,树立"全寿命周期成本"和绿色交通理念,以"四新技术"的培训、推广为抓手,使"预防性养护"从理念到实践实现跨越性的一步。

1. 路况检测评定

(1)路面检测评定

2009年、2010年,川高公司组织四川公路院、江苏交科院对川高公司辖区所有路段路面进行全面自动化检测,并根据检测结果执行"十一五"预防性养护规划,全面实施了路面预防性养护工作。

"十二五"期间,川高公司管辖范围内的通车5年以上的路段全部已实施路面预防性养护工程,各路段路况整体较好,各路段PQI指标均大于90。对已实施路面预防性养护工程的路段(成南路、绵广路等)在2011年路面采用交工验收检测资料进行评定,2012—2015年由运营公司自行组织,并结合高管局统一检测结果进行路面技术状况评定。

(2) 桥梁、隧道检查评定

川高公司按3年周期检测规定,分别于2011年、2014年启动了两次桥梁、隧道检查及评定服务统一招标工作。2014年根据交通运输部《关于进一步加强公路桥梁养护管理的若干意见》要求,对特大桥、特殊结构桥梁改按每年一次定期检查评定,并对这些桥梁进行一年两次的监控量测,其余桥梁不超过三年一次进行定期检查评定,隧道按一年一次进行评定,在2015年隧道检查评定采用新标准。

2. 养护计划及养护工程程序管理

(1) 养护计划

按照公司《全面预算管理办法》要求,养护工程计划编制必须进行详细病害专项调查和分析,应以公路技术状况评定结果为基本依据,结合工程复杂程度和工作量提前安排预算编制前期工作。预算编制前期工作主要应包含:路况现状调查、技术状况评定资料,工程实施必要性、可行性、工程范围、计划规模、投资估算、实施方案、施工计划等,除小修保养工程外,还应有分项设计文件和概(预)算资料等。无预算编制前期工作的养护工程计划不得纳入养护工程计划编制范围。

在2011年桥梁、隧道检测招标时,选择了同时具有公路检测综合甲级和设计甲级的四川公路院、江苏交科院,承担了系统内2011—2013年的桥梁、隧道检查评定及养护工程设计工作,确保养护工程设计有依据,保证决策的科学性,在"十二五"期间,川高公司组织重点维修处置了桥梁定期检查中发现的三类及以上桥梁和三类以上构件的专项处治,及时消灭了安全隐患。

2014年,川高公司成立了四川川高工程技术咨询有限责任公司,主要配合川高公司相关业务部门负责设计方案审查、预算审核、路况检测及组织系统内养护工程设计任务安排。

(2) 养护工程监督

为更好地确保养护工程的及时性,提高大中修养护工程实施效率,保证系统内公路养护工程质量,统一养护工程管理程序,降低工程费用,由川高公司统一组织招标,选择确定了2013—2017年川高系统运营公路大中修养护工程施工单位。

养护工程实施过程中,各运营管理公司通过养护管理系统填报"养护专项及大修工程完成情况统计表",川高公司对其了解和掌握工程基本动态情况,同时川高公司对养护工程的工程质量进行抽检,对发现的问题将进行通报,及时纠正。

在"十二五"期间,由于通车5年以上的路段已实施路面预防性养护工程,新通车路段集中在2012、2013年度,所以除遂渝、南广邻、西攀路等部分路段路面实施了预防性养护工程外,其余路段路面都主要以小修保养为主,川高公司在很多路段均采用了L-ZN自黏压缝带,对早期单一裂缝处治效果较好,有效防止裂缝区域产生松散、崩边、开槽等现象,延长路面使用寿命。主要路面预防性养护工程情况见附表3-1。

主要路面预防性养护工程 附表 3-1

序号	业主	项目名称	主要技术措施	工期（月）	缺陷责任期（月）	投资（万元）
1	四川成南高速公路有限责任公司	2011年遂渝路路面整治工程36km	加铺0.8mm稀浆封层	2	24	666
2	四川成南高速公路有限责任公司	2014年遂渝路路面抗滑性能专项整治工程36km	对原路面病害彻底处治后，主车道、超车道统一罩面4cm SBS改性沥青玛蹄脂碎石SMA-13	4	24	6137
3	四川成南高速公路有限责任公司	2015年成南高速公路六车道路面处治工程26km	对原路面病害彻底处治后，主车道、超车道先铺设改性乳化沥青纤维封层+4cm SBS改性沥青玛蹄脂碎石SMA-13	5	24	8107
4	四川成南高速公路有限责任公司	2014年成南高速公路K1845+800桂花互通匝道路面处治工程	对原路面进行修补后加铺4cm细粒式改性沥青混合料AC-13C罩面	4	24	811.62
5	四川川东高速公路有限责任公司	2014年南广、广邻路面处治工程(68km)	对原路面病害彻底处治后，主车道、超车道统一罩面4cm沥青混凝土AC-13	10	24	3700

3. 养护绩效考核评价体系

自2011年"十一五"养护管理"国检"后，川高公司将养护管理工作的主要内容划分为10个项次（桥梁、隧道综合管理，公路技术状况评定，养护计划管理，月报及日常养护记录，合同管理，养护新技术、新设备等应用及总结，养护人员技术培训，养护信息化管理，路容、路貌等总体情况和检查整改落实情况等），进行了系统性的全面规范；同时，川高公司根据上级要求和日常工作中检查、调研等发现的问题，对工作内容进行适当的补充与调整，并每年组织安排运营公司进行交叉检查，一方面检查规范化管理要求的落实情况和效果，同时又发挥交流学习的作用，川高公司对检查情况进行总结，通报检查情况，提出整改的具体内容和要求，使好的管理方式和做法起到引领和扩大的作用，有效促进了各运营管理单位夯实基础管理，健全和完善养护管理基本体系，规范化管理水平稳步提升。

4. 养护管理技术交流和培训

（1）路面材料循环利用。路面材料循环利用是公路交通行业节能减排工作的重点之一，也是转变公路交通发展方式的重要内容。交通运输部在《"十二五"公路养护管理发展纲要》及《加快推进公路路面材料循环利用工作的指导意见》里均作了相关要求。川高公司要求在养护工程设计时，应考虑废旧路面材料的回收利用。目前的路面铣刨材料均要求施工单位分开堆放，用于地方道路、收费站改扩建场坪及停车区场坪建设，同时选取废料堆积区域,以便今后进行再生利用。

(2)川高公司组织系统内养护人员参加了隆纳路路面就地热再生技术、内宜路废旧沥青路面乳化沥青厂拌冷再生技术交流及观摩会。

(3)川高公司多次组织系统内桥梁养护工程师学习相关桥梁养护规范、管理制度及维修加固技术,"十二五"期间,学习并执行了《公路桥梁技术状况评定》《公路养护安全作业规程》等新规范及桥梁安全运行十项制度等,并与厅高管局联合举办《公路隧道养护技术规范》的宣贯学习。

(三)高速公路安全管理

川高公司始终坚持"安全第一、预防为主、综合治理"的方针,以预防和减少重特大安全事故为核心,重点落实高速公路安全保通和在建高速公路施工安全各项措施,加强统筹规划,加强科学管理,加大安全投入,强化综合治理,川高系统未发生重特大生产安全事故,未发生源头管理责任交通事故,安全生产形势总体稳定。

1. 强化企业安全生产主体责任

建立健全安全管理长效机制,全面开展运营高速公路"安全生产标准化达标"创建等工作,严格落实企业安全生产责任体系"五落实五到位"规定。

2. 改善高速公路行车安全条件

全面落实高速公路交通管理设施、交通安全设施与高速公路同步规划设计、同步施工、同步验收制度。加大资金保障力度,加强和改进高速公路交通安全设施建设。加强对特殊长下坡路段、冰雪天气、雾天预防重特大交通事故的深入研究,从人、车、路多方面采取措施,消除安全隐患,减少交通事故。

3. 提升在建项目安全生产保障能力

各在建单位加强制度建设,强化施工方案的审批、审查,督促施工单位严格工艺流程,强化现场安全生产保障措施的落实,加大安全生产检查力度,组织安全技术专家,根据工程阶段特点,对施工安全技术、措施进行检查,确保安全生产。

4. 提升高速公路"科技兴安"能力

强化科技装备和信息化技术在高速公路安全管理中的应用,大力推进高速公路全程监控系统、路产管护信息系统等智能交通管理系统建设。整合高速公路管理力量和交通技术监控设备,进一步强化联勤联动机制,及时处理交通事故,提高救援效率。

5. 加强交通安全宣传教育培训

制订年度安全生产教育培训计划,建立安全培训档案,将安全生产教育培训与生产经营管理同部署、同检查、同考核。组织开展安全生产"三级"教育培训工作,重视对新上岗、转岗员工的安全培训,不断加强员工安全知识及安全技能;结合"安全生产月"等专项活动,以发放传单、制作横幅、展板等多种方式积极向社会公众宣传安全法律及高速公路相关安全知识。

6.建立完善应急保障体系

建立健全重特大道路交通事故、危险化学品道路运输事故和恶劣大气条件下突发道路交通事件应急处置联动机制,抓好应急管理机构和应急队伍建设,形成统一高效的专业应急救援体系,提升交通事故应急保障能力。

二、四川成渝高速公路股份有限公司

四川成渝高速公路股份有限公司成立于1997年,是我国西部唯一一家同时在上海证券交易所与香港联交所挂牌上市的A+H大型交通基础建设类企业。公司主要业务为投资、建设、经营和管理四川省境内高速公路项目,同时亦经营所辖高速公路沿线加油站、服务区、广告、仓储设施等相关业务。

公司实施与主业高度相关的多元化转型发展战略,着力打造以收费路桥板块为基础,城市运营、工程建设、金融投资、能源及文化传媒板块为增长点的"五大板块"。通过投资建设和并购发展,拥有成渝、成雅、成乐、成仁、遂广、遂西、城北高速等位于四川省境内收费公路全部或大部分权益,收费公路里程达到736km。公司拥有高效、专业的资本运营团队,依托境内外融资平台优势,形成较为完整的金融生态圈,业务范围覆盖产业基金、并购基金、融资租赁、信托、银行等细分业态。拥有高素质工程施工团队,具有公路工程总承包一级资质和市政公用工程总承包一级资质。近年来,公司还涉足BT、PPP及房地产开发业务。

截至"十二五"末,公司控股子、分公司20家,职工人数5000余人,资产规模335亿元,净资产133亿元。在A股18家上市高速公路企业中,营业收入和盈利水平均处于行业的领先水平;在全省上市公司中,利润总额名列前茅。获得全国文明单位、全国精神文明建设工作先进单位、全国青年文明号、全国三八红旗集体、全国模范职工之家等多项荣誉。

(一)高速公路运营管理

成渝公司拥有成(成都)渝(重庆)高速公路、成(成都)雅(雅安)高速公路、成(成都)乐(乐山)高速公路、成(成都)仁(仁寿)高速公路、遂(遂宁)广(广安)高速公路、遂(遂宁)西(西充)高速公路以及城北出口高速公路等位于四川省境内的收费公路全部或大部分权益。截至2016年12月31日,所辖运营高速公路里程约750km。其中,成渝公司直接经营管理成渝、成雅、成仁、成乐、遂广及遂西等6条高速公路,运营里程约734km。

成渝公司采取"一路一公司"(即一条高速公路组建成立一家运营子分公司对其进行管理)的运营管理模式,对各运营高速公路进行管理(其中遂广高速公路和遂西高速公路因运营里程较短,由遂广遂西公司统一进行管理)。各运营子分公司中,成渝分公司、成雅分公司、成仁分公司和遂广遂西公司实行"运营路公司—管理处—收费站"三级管理模式;相对而言,成乐公司未设立管理处,实行"运营路公司—收费站"二级管理模式。

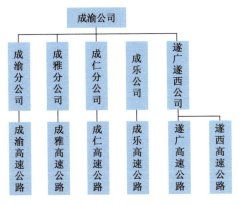

成渝公司运营管理模式

(二)高速公路服务区管理

1. 服务区软硬件管理

一是健全服务区基础服务设施,服务区对外服务功能更加完善。二是编制并印发《营运高速公路服务区管理规范》,服务区管理有章可循。三是每年初编制年度服务区管理工作要点,年度管理工作有的放矢。四是对服务区管理人员进行换装,提升了管理人员的对外形象。五是积极参与全国和四川省高速公路服务区优质文明服务创建活动,努力打造品牌服务区。六是在服务区经营管理上,一方面成立专门的服务区经营管理子公司(蜀厦公司),对部分路段的餐厅和超市进行直营,充分挖掘服务区经营项目的盈利潜力;另一方面也适当引入市场化机制,以公开招投标方式引入经营业户,持续推进精细化管理与人性化服务,实现了社会效益和经济效益的双丰收。

成渝公司运营高速公路服务区优质文明服务创建成果如下:

全国百佳示范服务区——成雅高速公路蒲江服务区;

全国优秀服务区——成渝高速公路资阳服务区,成雅高速公路新津服务区,成乐高速公路夹江服务区;

全省五星级服务区——成乐高速公路夹江服务区;

全省四星级服务区——成渝高速公路资阳服务区、内江服务区,成雅高速公路蒲江服务区、新津服务区,成乐高速公路眉山服务区;

高速公路服务区"四化"管理

全省三星级服务区——成仁高速公路永兴服务区。

成雅高速公路蒲江服务区于2014年3月13日被省交通运输厅高管局正式授牌为A类四星级服务区,2015年12月被授予"全国百佳示范服务区"称号,并在2016年底正式通过五星级服务区复审工作。

成雅高速公路蒲江服务区航拍图

2013年5月23日,习近平总书记慰问芦山地震灾区返程途中,在蒲江服务区短暂停留,对服务区环境、服务、管理水平予以称赞。

2016年4月23日,李克强总理参加芦山地震二周年纪念活动后,于蒲江服务区停留,并对服务区整体水平予以充分肯定。

2.收费服务

一是编制和印发成渝公司《收费岗位优质文明服务规范》,从收费员着装、仪容、表情、礼仪姿态,收费文明用语、服务要求、服务流程等方面,对收费人员的优质文明服务进行了规范。二是规范收费站站容站貌以及统一收费人员服装,树立良好服务形象。三是重视收费业务培训,通过"岗前培训""一对一传帮带""三个一(一个微笑、一声问候、一句祝福)""手挽手"等方式,锻炼和培训收费人员业务技能和服务水平。四是在成渝公司范围内开展两年一度的收费业务技能竞赛,通过竞赛比拼、相互学习、取长补短,进一步提升优质文明服务水平。五是利用成渝公司微信平台、《成渝青年》以及建立"优质文明服务之星"示范岗、成立"标兵班"(成乐公司)等方式和载体,树立标杆和典型,形成示范效应,提高收费服务整体水平。六是强化对于收费服务的考核。成渝公司将厅高管局开展的全省高速公路服务质量评价结果纳入对各运营子分公司的年终经营业绩考核的范畴,同时各运营子分公司定期对收费员优质文明服务工作进行检查和考核,结果与收费站站长、班长、收费员绩效工资挂钩。

成渝公司运营高速公路收费站优质文明服务经验小结:

总原则——目标明确、方法可行、流程合理、激励到位、考核有效、处罚严格;

四个结合——结合社会需求、结合上级要求、结合公司发展、结合员工个人职业规划;

四点要求——一是要定位,要树立窗口意识,明确什么是服务和服务为什么;二是要入心,要内心树立服务意识,变被动为主动;三是要见行,要提高收费人员执行力,优质文明服务要落到实处;四是要持久,优质文明服务要持之以恒,一以贯之。

3.道路清障救援服务

一是制定了成渝公司《营运高速公路清排障作业和车辆操作规范》,从公司内部对道路清排障服务作业进行了规范。二是按照省交通运输厅及厅高管局、省发改委的有关要求,完成了清障救援"收费标准、服务流程、车辆外观、人员着装"的"四统一"工作。三是在自身清障救援力量不足的情况下,加强与社会救援力量的协作,并有针对性地制定了《营运高速公路援助服务管理规定》,各运营子分公司据此对援助服务协议单位进行监管,确保其规范、诚信服务。

(三)高速公路收费管理

一是科学研判、精确分析,每年初按时下达年度收费目标任务。二是制订和下达年度收费管理工作要点,收费管理工作有目标、有重点。三是建立健全收费管理制度,编制和印发《营运高速公路路产管护管理规范》。四是搭建收费讲堂平台,邀请优秀收费员分享工作经验,传授工作方式,并加强平台的成果运用(成乐公司)。四是在成渝公司范围内开展两年一度的收费业务技能竞赛,相互比拼和学习,同时与相邻路段路公司合作,探索和建立公司之间信息共享、联勤联动、互相稽查、共同提高的长效机制,达到共同受益的目的。六是探索创新新型收费模式,在成雅高速成都收费站实行四串联复式收费,同时打破传统"四班两运转"模式,实行"五班十组三运转"工作模式,根据车流波峰波谷特点,将有限的人力资源用在刀刃上,高峰期可达到38人同时在岗,在节约人工成本的同时,以点带面,整体提升收费管理水平。

印发《常见客车信息手册》《货车轴型信息辨识工作手册》《重大节假日专项稽查工作手册》《鲜活农产品运输绿色通道人工查验管理办法(试行)》《重大节假日小型客车免费通行期间7座以上客车专项收费稽查工作实施方案》等收费稽查规章制度和工作指南,全面总结收费稽查管理经验,编著了《高速公路收费稽查实用指南》并公开出版;会同高速公路各联勤单位,联勤联动主动而为,建立起"逃费车辆黑名单库";创新收费打逃手段,以律师函和民事诉讼的形式,成功维权并追缴通行费,初步建立起联勤联动机制和民事诉讼维权的打逃"双机制";加大 ETC 通道和重大节假日打击力度,成功查处首例使用报废车资料 ETC 逃费案件和跨省办理双卡 ETC 逃费案等 ETC 新型案件。

(四)高速公路路产管护

1. 路产管护规章制度

2009年,成渝公司首次汇编了《营运高速公路路产管护管理规范》,对该规范适时进行了系统修订,着重对路产管护所需的各类业务表格进行了统一,促进了路产管护规范化、制度化、标准化、精细化管理。

2. 路产管护巡查

成渝公司路产管护巡查实行24小时值班制度。采取定时全程巡逻、重点路段巡逻、特殊时段巡逻、紧急情况出动等多种巡逻方式,强化路面管控。定时全程巡逻在每昼夜不得低于3次的基础上,对事故多发路段等重点路段、重大节假日等特殊时段、交通事故等紧急情况,要增加巡查频率,及时维护路产权,确保运营高速公路路况良好、秩序井然。

成渝高速作为全省首条高速公路,在全省首先探索实行联勤联动工作机制,与高速交警和交通执法人员联合巡查、协调处置,形成了"道路安全协同配合、齐抓共管综合管理"

的良好局面,并在全省形成示范效应。各运营子分公司已全部建立起"一路四方"(高速公路经营管理者、高速公路交通安全管理部门、高速公路交通执法部门、地方交通安全管理部门)联动机制,联勤联动机制得到巩固,形成了统筹协调、各司其职、各负其责、齐抓共管、运行有序的良好工作格局。2016年4月,成渝公司印发《路产管护机构场所外观标识设置指导意见》,并于同年在成渝分公司成都管理处龙泉山隧道执勤点、成雅分公司成都路产管护大队及成仁分公司成都路产管护大队进行了试点,取得了良好的效果。对高速公路运营管理单位路产管护机构办公场所的外观标识进行统一,这在四川省内尚属首次。与此同时,按照省交投集团的统一要求,成渝公司在2016年完成了路产管护队伍的换装工作。

3. 管护信息系统

2016年6月,成渝公司在成雅分公司试点运行路产管护信息化管理系统,通过十余次的系统更新和优化,系统已趋于稳定,并具备路产巡查、事故处理、路况上报等11个业务功能模块。成雅分公司安路处成都路产管护大队新津中队自2016年11月1日起全部实行无纸化运行,效果良好,基本满足路产管护内外业日常管理需求,同时在一定程度上减轻了路产管护队员的工作负担。

(五)高速公路养护管理

成渝公司成立于1997年,是中国西部唯一的基建类A+H股上市公司。公司目前所辖运营高速公路主要包括成渝高速公路、成雅高速公路、成乐高速公路、成仁高速公路、遂广遂西高速公路,直管运营里程735.163km。其中,成渝高速公路建成通车于1995年,是四川省的首条高速公路,目前已运营超过20年。在此期间,采取了多种养护技术方案,使得路况持续保持在优良状态。

1. 主要养护技术模式

四川成渝高速公路最初规划时只是一条二级公路,1990年开工时修改为一级公路,1992年在修建过程中,又改建为高速公路。鉴于当年的实际情况,沥青路面结构层设计较薄,总厚度仅为12cm,基层主要采用级配碎石和二灰稳定碎石两种方案,底基层采用页岩粉掺石灰和粉煤灰稳定方式,且限于当时的施工设备条件和技术水平,基层和沥青面层均存在混合料拌和不均、碾压不足且级配控制不稳定等问题,同时面临交通流量大、超重车辆多等问题。在运营5~7年后,沥青路面开始出现明显病害并发展迅速,特别是雨季时常大规模出现唧浆、坑槽,日常维修甚至跟不上新病害产生的速度,导致行驶质量差,安全隐患突出,养护管理形势严峻,主要经历了以下四个阶段的养护模式。

第一阶段:大修方案。

2000—2004年,成渝高速公路对于路面病害,主要采用大修的处治方式,实施总里程约单幅88.9km,具体内容见附表3-2。

成渝高速公路大修工程实施数量统计　　　　　　　　　　　附表3-2

年份(年)	2000	2001	2002	2003	2004
实施数量(延公里)	28.1	10.4	32.8	13.1	4.5

成渝高速公路沥青路面大修采取全部挖除沥青面层和基层后重新施工路面结构层的方案。该方案经实践检验,存在的主要问题包括:①运营高速公路车流量大,施工工期紧张,造成水泥稳定层养生时间短,使得路面耐久性较差;②大修作业时,必须采用另外半幅道路车辆双向行驶,造成路面病害急剧发展,导致双向路面都需要维修,增大了急需大修的长度;③为避免交通过度拥堵,大修封闭区域不能过长、作业点分布间距不能太短,而半幅道路大修作业需要的工期在30~50天,使得每年完成大修的工作量十分有限;④大修长时间的占道施工作业,也给高速公路运营带来不良的社会影响。

第二阶段:加铺型热再生。

2004—2006年,基于大修方案存在的问题,成渝高速公路根据养护经验逐年否定了基层翻挖的大修方案。为了迅速提高道路状况,在四川省内率先采用热再生+罩面的养护方式,即就地热再生原路面4~5cm,然后加铺4cm AC-13沥青混合料,达到解决沥青路面病害和结构性补强的目的。成渝高速公路通过热再生技术,基本实现了道路养护和运营畅通的双赢,共计完成约171延公里的就地热再生,实施数量见附表增长3-3。

成渝高速公路热再生技术的实施情况　　　　　　　　　　　附表3-3

年份(年)	2004	2005	2006
实施数量(延公里)	38	72	61.13

在2015年的路面现场调查中,部分热再生路段通过日常维修保养后已使用达到10年,路面病害主要表现为疲劳裂缝和表面磨耗,出现严重车辙和龟裂等较重病害的情况较少,说明热再生+罩面的养护措施可行且成效显著。相比大修方案,加铺型热再生的优点包括:①不需半幅封闭道路,只占一个车道施工,对通行影响小;②施工速度快,改善道路状况迅速;③虽然分车道施工,但接缝处是热再生处理,接缝效果和层间联结均较好;④通过热再生改善原路面沥青层的状况,不需翻挖废弃,节能环保。

第三阶段:补强性罩面。

在总结热再生路段的经验后,成渝高速公路针对原道路基层为二灰稳定碎石,基层强度相对较好的路段逐年采取了补强性罩面的方案,避免采用基层翻挖的大修方案,于2007—2009年采取6cm AC-20改性沥青中面层+4cm AC-13改性沥青上面层的补强罩面方案,实施数量见附表3-4。

成渝高速公路补强性罩面实施情况　　　　　　　　　　　　附表3-4

年份(年)	2007	2008	2009
实施数量(延公里)	61.93	22.58	9

经实践观测,补强罩面的优点是:①施工周期短,对交通影响较小;②路面承载能力提高明显,能适应大交通量的通行;③耐久性较好,通常能达到8年以上;④抗车辙能力较强,原路面病害难以反射上来。施工时,重点需要将原路面病害彻底处治,特别是对唧浆和大裂缝的处治,并需对弯道内侧、凹曲线底部等重点部位做好排水设计。

第四阶段:预防性养护罩面。

自2009年开始,成渝高速公路沥青路面结构基本都达到18cm以上,路面出现严重病害的情况明显减少,路况整体优良。为了维持良好的路面状况,主要采取的措施为4cm AC-13改性沥青罩面的预防性养护措施,实施情况见附表增长3-5。

成渝高速公路2009—2015年的预防性养护情况　　　　　　附表3-5

年份(年)	实施数量(延公里)	年份(年)	实施数量(延公里)
2009	50.8	2013	49.2
2010	148	2014	31.1
2011	39.6	2015	45.7
2012	14.5	2016	38.6

2. 养护管理技术方案评价

2000—2004年,四川成渝高速公路主要采取大修的养护措施;2004—2006年,以采取热再生+罩面的方案为主;2007—2009年,以补强性罩面方案为主,并试验性地采用了4cm改性沥青抗车辙措施、4cm SEAM硫黄沥青罩面、就地冷再生等技术;2009—2015年,主要采用4cm罩面的预防性养护措施。通过以上措施,沥青路面病害得到有效控制,在近5年的路面检测评定中,路面质量指数PQI均为优秀,见附表3-6,说明采取的养护措施总体上是正确有效的。

成渝高速公路2010—2015年PQI检测评定情况　　　　　　附表3-6

年份(年)	2010	2011	2012	2013	2014	2015
路面质量指数PQI	93.4	93.0	92.6	90.9	90.6	91.3

沥青路面出现损坏时,应采取科学方法确定养护措施。当原路面结构层较薄,出现以下3种情况之一时,就应优先考虑采取补强措施:①交通量及增长速率大于设计预期;②路面质量指数或强度指数为中;③实际荷载超过原设计荷载。补强设计应包括原有路面结构状况调查、弯沉评定以及补强厚度设计。补强后,旧路面仍有使用寿命,可充当基层作用,在面临因交通压力大而养护工期紧张时,成渝高速公路采用的热再生结合补强罩面的方式,优于将原路面挖除恢复的大修方案。

成渝高速公路进行沥青路面预防性养护罩面时,主要结合每公里检测评定的具体数据和现场调查,依据上一次罩面后的平均使用寿命周期(一般 5~8 年)筛选出备选养护段落,然后根据每年的路面自动化检测评定资料,当交集路段的 PQI 低于 90 或单项 PCI 低于 85、RQI 低于 85、RDI 低于 80 可纳入罩面计划进行重点调查。对不在交集的段落但病害发展迅速(新病害较多)的段落也可纳入路面预防性养护。罩面应加强施工质量控制,要求使用年限最低为 5 年。

附录四
高速公路法律法规选编

一、四川省高速公路条例

（四川省第十二届人民代表大会常务委员会公告第48号）

第一章 总 则

第一条 为了促进高速公路事业的健康发展，保障高速公路安全、畅通、完好，根据《中华人民共和国公路法》《中华人民共和国道路交通安全法》等有关法律、法规的规定，结合四川省实际，制定本条例。

第二条 四川省行政区域内高速公路的规划、建设、养护、经营、服务、使用、管理等活动，适用本条例。

第三条 省人民政府交通运输主管部门主管全省高速公路工作，所属高速公路管理机构按照职责和本条例规定，具体负责高速公路的路政管理和养护、经营服务、收费等监督管理工作。

高速公路道路运输行政执法由高速公路管理机构负责实施。

第四条 省人民政府公安机关负责全省高速公路交通安全和治安管理工作，所属交通管理部门按照职责和本条例规定，具体负责高速公路的交通秩序维护、交通安全违法行为查处、交通事故处理和交通安全宣传教育等工作。

第五条 县级以上有关地方人民政府及其相关部门按照国家和省有关规定，负责高速公路筹资、建设、管理等工作。

高速公路沿线乡镇人民政府应当建立健全基层交通安全协助机制，开展道路交通安全宣传，协助做好本辖区高速公路沿线交通安全工作。

第六条 高速公路经营者依法取得的高速公路收费权、广告经营权和服务设施经营权受法律保护，任何单位和个人不得侵害。

高速公路经营者从事高速公路养护、收费和其他经营服务等活动应当依法进行。

第七条 高速公路沿线县级以上地方人民政府应当按照应急预案，负责本行政区域内高速公路突发事件的应急处置工作。

省人民政府交通运输主管部门应当制定全省高速公路突发事件应急预案,报省人民政府批准后组织实施。

高速公路经营者应当按照高速公路突发事件应急预案,配备应急设施、设备和物资,组建应急队伍并定期组织演练。

第八条 任何单位和个人都有爱护高速公路及其附属设施的义务,不得破坏、损坏、非法占用或者非法利用高速公路、高速公路用地和高速公路附属设施。

第九条 鼓励开展高速公路科学技术研究,积极推广、使用先进的管理方法、技术、设备。

第二章 建设和养护

第十条 省人民政府交通运输主管部门应当会同省级有关部门和有关市(州)、县(市、区)人民政府,根据国民经济和社会发展以及国防建设需要,按照国家高速公路规划的总体要求和国家规定的程序编制省高速公路规划。

省高速公路规划的调整,按照前款规定的程序执行。

第十一条 高速公路项目可以采取政府投资、社会投资、政府和社会资本合作等方式建设,具体筹集资金方式由省人民政府决定。鼓励、引导国内外经济组织依法投资建设高速公路。

政府投资高速公路项目由省人民政府按照有关规定确定依法成立的单位负责建设,或者由省人民政府授权单位与通过竞争方式确定的国内外经济组织合作建设。

社会投资高速公路项目应当向社会公布,由省人民政府授权单位依法采取公开招标投标方式选择投资人。

第十二条 高速公路建设用地规划应当符合土地利用总体规划。

拟建高速公路沿线地方人民政府应当组织有关单位依法做好高速公路建设征地拆迁和安置补偿工作。高速公路建设征地拆迁、安置补偿和被征地农民社会保险费用的相关标准按照国家和省的规定核定。任何单位和个人不得截留、挪用征地拆迁、安置补偿和被征地农民社会保险费用。

拟建高速公路沿线县级以上地方人民政府及其有关部门应当依法保障高速公路建设所需水电、砂石、民用爆炸物品、临时用地等,维护高速公路建设秩序。

第十三条 高速公路建设应当遵循基本建设程序,执行国家和省有关工程勘察、设计、施工和监理规范以及技术标准。

第十四条 高速公路建设应当严格执行批准工期。因项目投资人自身原因造成建设期延长的,延长的建设期计入收费期。

第十五条 高速公路收费、监控、通信等系统以及超限运输检测设施、服务区、管理用房等应当按照国家和省有关规定和标准,与高速公路同步规划、同步建设、同步投入使用。管理用房应当满足高速公路经营者、高速公路管理机构和公安机关交通管理部门的工作需要。

已经通车的高速公路未按照前款规定建设相关系统、设施、服务区和管理用房的,由高速公路经营者负责建设和完善。

高速公路管理机构、公安机关交通管理部门和高速公路经营者应当建立相关系统和设施的共享共用机制。

第十六条 高速公路项目建成后,应当按照国家和省有关规定进行验收,涉及交通安全的,征求公安机关交通管理部门的意见;未经验收或者验收不合格的,不得交付使用。

高速公路经营者应当在项目竣工验收后六个月内,按照国家和省有关规定,向高速公路管理机构提供相关档案资料。

第十七条 高速公路经营者应当按照国家和省规定的养护技术规范,编制高速公路养护规划和年度养护计划,并报高速公路管理机构备案。

高速公路经营者应当按照年度养护计划实施养护作业,保证高速公路经常处于良好的技术状态。

第十八条 高速公路大修、中修工程施工应当经高速公路管理机构批准;影响交通安全的,高速公路管理机构应当征得公安机关交通管理部门同意后批准。

高速公路大修、中修工程施工单位应当在施工开始之日前五日向社会公告,并在施工路段前方及相关入口处设置公告牌,在施工区域设置警示标志和安全防护设施,配备安全管理人员。

高速公路大修、中修工程完工后,应当按照规定验收;涉及交通安全的,公安机关交通管理部门应当参与验收。

第十九条 高速公路经营者应当科学调度,统筹安排养护作业,确定合理的施工时间和工期并提前向社会公告,按期完工,减少对车辆通行的影响。

第二十条 高速公路经营者应当按照国家和省有关规定做好高速公路绿化和用地范围水土保持工作。

第二十一条 高速公路经营者应当开展日常养护巡查,并制作巡查记录;发现高速公路及其附属设施损毁或者存在安全隐患的,应当立即设置警示标志和安全防护设施,及时组织抢修或者采取措施消除安全隐患。

高速公路经营者应当定期对高速公路及其附属设施进行技术检测;发现不符合有关技术标准和车辆通行安全要求的,应当及时维修,并向社会公告。

第二十二条 高速公路管理机构应当定期对高速公路及其附属设施的完好情况进行

抽检,对达不到国家和省规定要求的,责令高速公路经营者限期采取相应措施。

公安机关交通管理部门、高速公路管理机构发现高速公路坍塌、坑槽等损毁,应当责令高速公路经营者采取措施及时修复;危及交通安全,尚未设置警示标志的,公安机关交通管理部门、高速公路管理机构应当及时采取安全措施,疏导交通,并通知高速公路经营者。

第三章　经营和服务

第二十三条　高速公路管理机构应当制定全省统一的高速公路服务规范,定期对高速公路运营服务质量进行考评,并向社会公告。

高速公路经营者应当健全制度,加强管理,提高公共服务和运营管理水平,保障服务设施完好,公开服务项目、收费标准、监督电话等事项,接受社会监督,为高速公路使用者提供优质、安全、便捷、文明的服务。

第二十四条　高速公路管理机构、公安机关交通管理部门和高速公路经营者应当共同建立高速公路联合指挥调度服务平台,开展高速公路的指挥调度、运行监测、信息研判等工作;通过电视、报纸、广播、互联网、可变情报板等方式发布高速公路施工、事故、拥堵、气象、交通管制、行车提示及安全警示等信息。

第二十五条　高速公路车辆通行费收费标准,应当根据高速公路的技术等级、投资总额、当地物价指数、偿还贷款或者有偿集资款的期限和收回投资的期限以及交通量、建设质量等因素计算确定并报省人民政府审查批准。

高速公路车辆通行费收费标准根据道路技术状况、运营服务质量等情况调整,具体办法由省人民政府制定。

第二十六条　高速公路实行全省联网收费,统一清分和结算,具体办法由省人民政府交通运输主管部门制定。

第二十七条　车辆通行高速公路有下列情形之一的,按照车辆出站点距联网内最远入站点的最短路径收取车辆通行费:

(一)无通行卡的;

(二)持调换或者伪造的通行卡的;

(三)故意损坏、屏蔽通行卡,或者干扰收费设施的;

(四)采取其他方式偷逃通行费的。

第二十八条　军队车辆、武警部队车辆,公安机关、高速公路管理机构在辖区内高速公路上处理交通事故、执行巡查任务、实施监督检查和处置突发事件的统一标志的制式车辆,运输跨区作业的联合收割机(包括插秧机)的车辆,整车合法装载运输鲜活农产品的车辆,以及国务院交通运输主管部门或者省人民政府批准执行抢险救灾任务的车辆,免交车辆通行费。

第二十九条 高速公路经营者应当按照规定在高速公路入口设置计重检测设施,对货运车辆进行计重检测,不得放行违法超限车辆驶入高速公路。违法超限车辆强行驶入高速公路,故意堵塞收费站或者影响高速公路通行秩序,在高速公路服务区、高速公路出口等发现违法超限车辆的,高速公路经营者应当及时报告公安机关交通管理部门和高速公路管理机构。公安机关交通管理部门和高速公路管理机构应当派员及时到达现场,依法处理。

第三十条 高速公路经营者不得擅自关闭高速公路收费站、服务区和互通立交匝道。

第三十一条 高速公路经营者应当设置和开启足够数量的收费车道。高速公路收费站出入口排行车辆超过二百米或者匝道收费站出站车辆排行至主线车道的,高速公路经营者应当采取增加收费人员、增设相关设备等应急管理措施,保证车辆通行畅通。收费站通行能力不能满足通行需要且采取前款规定的应急管理措施不能解决拥堵问题的,高速公路经营者应当改造或者迁建收费站。

第三十二条 高速公路清障救援由高速公路经营者组织实施,具体收费项目和收费标准由省人民政府发展改革、交通运输等部门确定并向社会公布。高速公路清障救援单位应当遵循安全、高效、就近的原则,将障碍物或者故障车辆拖移至距事发地最近的出口处或者与当事人商定的地点,不得指定维修场所,不得擅自增加收费项目、提高收费标准。

高速公路监督检查车辆和清障救援的车辆,应当按照规定分别设置统一的标志和示警灯。

第三十三条 高速公路服务区对外承包、租赁经营的,其承包、租赁经营期不得超过高速公路收费期。

第三十四条 高速公路经营者负责高速公路服务区日常管理及服务。

高速公路服务区应当提供如厕、停车、饮用水等免费服务,有条件的还应当提供车辆加油、加水、维修和购物、餐饮、住宿、医疗急救等经营性服务。

高速公路服务区所在地人民政府有关行政主管部门负责对服务区消防、食品安全、环境保护、价格等的监督管理。

第三十五条 社会投资高速公路项目收费期届满,高速公路经营者应当将高速公路及其附属设施、与高速公路项目有关的其他权益按照合同约定移交省人民政府指定的项目接收单位,国家另有规定的除外。

第四章 路 政 管 理

第三十六条 新建、改建高速公路初步设计文件批准之日起三十日内,沿线县级以上地方人民政府应当依法划定高速公路建筑控制区的范围。

在高速公路建筑控制区域内,除公路养护、防护需要以外,不得新建、扩建建筑物或者构筑物。

高速公路建成通车前,沿线县级以上地方人民政府相关部门应当依法查处在高速公路用地、建筑控制区内违规新建、改建建筑物、构筑物的行为。高速公路建成通车后,由高速公路管理机构依法实施路政管理,沿线县级以上地方人民政府相关部门应当协助和配合。

第三十七条 高速公路交通标志、标线应当符合国家有关标准和技术规范。

高速公路管理机构根据路网运行、交通管理等需要,经过科学评估并征求公安机关交通管理部门意见后调整交通标志、标线,由高速公路经营者负责实施。

第三十八条 在高速公路用地范围内设置非交通标志标牌,应当经高速公路管理机构批准。经批准设置的非交通标志标牌,不得遮挡交通标志,不得妨碍安全视距。

在高速公路建筑控制区内禁止设置广告牌等非交通标志标牌。

第三十九条 高速公路经营者应当加强对所管辖高速公路桥梁桥下空间和涵洞的日常巡查和管理。发现违法堆积物或者设施的,应当立即劝阻和制止,并向高速公路管理机构报告,及时消除安全隐患。

第四十条 运输不可解体物品的超限运输车辆确需行驶高速公路的,承运人应当向高速公路管理机构申请办理《超限运输车辆通行证》;影响交通安全的,高速公路管理机构应当征求公安机关交通管理部门的意见。承运人应当按照公安机关交通管理部门指定的时间、路线、速度行驶,并采取有效的通行安全保障措施。

第五章 交通安全管理

第四十一条 行人、非机动车、摩托车、拖拉机、轮式专用机械车、铰接式客车、全挂拖斗车,以及其他设计最高时速低于七十公里的车辆,禁止进入高速公路。

第四十二条 高速公路入口加速车道后的适当位置应当标明允许通行的车型及最高、最低行驶速度,驶入高速公路的车辆应当按照交通信号行驶。

同方向为二条行车道的,左侧为小型客车道,右侧为客货车道;载货汽车、专项作业车及大、中型载客汽车可以借用小型客车道超车,超越后应当及时驶回客货车道。同方向为三条及以上行车道的,左侧第一条行车道只允许小型客车通行,禁止其他车辆驶入。

除执行抢险救援等紧急任务的警车、消防车、救援车、救护车以及从事高速公路管理、养护活动的车辆外,其他车辆不得在非紧急情况下占用应急车道行驶或者停车。

第四十三条 驶入高速公路的车辆有下列情形之一的,驾驶人应当立即开启危险报警闪光灯,将车辆移至应急车道或者路肩,在来车方向一百五十米外设置故障车警告标志牌：

（一）车辆发生交通事故或者故障，无法及时移至服务区或者收费站外的；

（二）驾驶人突发疾病影响驾驶安全的；

（三）发生危及交通安全的其他突发情形的。

第四十四条 在高速公路上行驶，应当遵守下列规定：

（一）不得穿越中央隔离带；

（二）不得在车道上下人员或者装卸货物；

（三）从匝道驶入行车道时，应当在加速车道内提高车速并开启左转向灯，不得妨碍行车道内车辆的通行；

（四）从应急车道驶入行车道时，应当在应急车道内提高车速并开启左转向灯，不得妨碍行车道内车辆的通行；

（五）遇前方交通阻塞时，应当在行车道内等候或者依次通行，开启危险报警闪光灯，不得驶入应急车道或者路肩。

第四十五条 因自然灾害、恶劣天气或者发生交通事故等情形影响车辆正常通行的，公安机关交通管理部门应当及时采取交通管理措施，疏导车辆；采取措施仍然无法保障交通安全的，公安机关交通管理部门依法关闭高速公路，并及时告知高速公路管理机构、高速公路经营者，同时向社会通告；紧急情况下，公安机关交通管理部门现场执法人员可以先行处置，同时报告省人民政府公安机关交通管理部门。省人民政府公安机关交通管理部门、高速公路管理机构等应当组织路网调度和区域交通分流。影响交通安全情形消除后，应当立即恢复交通，并及时发布相关信息。

第四十六条 车辆通过隧道时应当遵守下列规定：

（一）进入隧道前注意观察交通信号，并开启灯光装置；

（二）在隧道内依次通行，不得随意穿插、变道行驶；

（三）除车辆发生故障不能继续行驶外，隧道内严禁停车。

高速公路隧道入口前方的限速标志应当按二十公里/小时速度级差设置。

隧道群、特长隧道出口适当位置应当按照规定设置限速标志。

第四十七条 运载爆炸物品、易燃易爆化学物品以及剧毒、放射性等危险物品的车辆不得进入高速公路危险化学品运输车辆限行路段。确需进入的，应当经公安机关交通管理部门批准，按照指定的时间、路线、速度行驶，悬挂明显标志，采取必要的安全措施。

高速公路危险化学品运输车辆限行路段由省人民政府公安机关规定，并向社会公告。

危险化学物品运输车辆发生事故，当事人应当立即报告公安机关交通管理部门。事故发生地县级以上地方人民政府应当组织安全监管、公安、交通运输、环境保护等部门以及高速公路经营者、医疗机构等，开展事故抢险救援工作。

第四十八条　在高速公路上发生交通事故,仅造成财产损失、人员轻微受伤的,当事人应当立即将车辆移至就近服务区、收费站外等地点,再协商处理或者报警;发生人员伤亡的交通事故或者事故车辆不能移动的,应当立即开启危险报警闪光灯,在来车方向一百五十米外设置故障车警告标志牌,车上人员应当迅速转移到路外安全地点,并立即报警。

第六章　法　律　责　任

第四十九条　违反本条例规定,法律、法规已有规定的,从其规定。

第五十条　违反本条例第十八条规定,未经批准或者未按照规定要求进行高速公路大修、中修工程施工的,由高速公路管理机构责令停止施工,并处以三万元罚款;情节严重的,处以五万元罚款。

第五十一条　违反本条例第二十七条规定,持调换或者伪造的高速公路通行卡,故意损坏、屏蔽通行卡或者干扰收费设施等方式偷逃高速公路车辆通行费的,由高速公路管理机构责令当事人补缴,可并处以应缴车辆通行费三倍罚款。

第五十二条　违反本条例第二十九条规定,高速公路经营者在入口放行违法超限车辆驶入高速公路的,由高速公路管理机构没收放行车辆的全部通行费,并按照放行车辆数每辆处以二千元罚款。

第五十三条　违反本条例第三十条规定,高速公路经营者擅自关闭高速公路收费站、服务区和互通立交匝道的,由高速公路管理机构责令改正,并处以五万元以上七万元以下罚款;情节严重的,处以七万元以上十万元以下罚款。

第五十四条　违反本条例第三十一条规定,高速公路经营者未采取应急管理措施,导致收费站车辆拥堵的,由高速公路管理机构责令改正,并处以一万元以上三万元以下罚款;情节严重的,处以三万元以上五万元以下罚款。

第五十五条　违反本条例第三十二条规定,清障救援单位违法指定车辆维修场所的,由高速公路管理机构没收违法所得,并处以二千元以上五千元以下罚款。

第五十六条　驾驶人违反本条例规定,有下列情形之一的,由公安机关交通管理部门处以二百元罚款:

(一)非紧急情况下在应急车道行驶或者停车的;

(二)违反车道行驶规定,占用小型客车道行驶的;

(三)违反规定超车的;

(四)发生交通事故不按照规定撤离现场的。

第五十七条　驾驶人违反本条例规定,有下列情形之一的,由公安机关交通管理部门处以五百元以上一千元以下罚款:

(一)在高速公路车道上下人员或者装卸货物的;

(二)驾驶禁止驶入高速公路的车辆驶入高速公路的。

第五十八条 高速公路管理机构、公安机关交通管理部门等有关部门及其工作人员在高速公路管理过程中滥用职权、玩忽职守、徇私舞弊的,对直接负责的主管人员和其他直接责任人员依法给予行政处分;构成犯罪的,依法追究刑事责任。

第七章 附 则

第五十九条 本条例下列用语的含义:

(一)高速公路,是指按照国家公路工程技术标准建设的专供汽车分道高速行驶并全部控制出入的多车道公路及其附属设施,以及划定为高速公路管理的区域。

(二)应急车道,是指高速公路行车道边缘线以外可供车辆在紧急情况下停车或者行驶的硬路肩区域。

(三)高速公路管理机构,是指省人民政府交通运输主管部门依法设置并按照规定权限履行高速公路行政管理职能的省高速公路管理机构及其下设的各级高速公路管理机构。

第六十条 法律、行政法规对高速公路投资、建设、管理等相关事项另有规定的,从其规定。

第六十一条 本条例自 2015 年 12 月 1 日起施行。

二、四川省高速公路 BOT 项目管理办法

(川办发〔2014〕94 号)

第一章 总 则

第一条 为加强我省高速公路建设—经营—移交(BOT)项目管理,根据《中华人民共和国公路法》、《中华人民共和国招标投标法》、《中华人民共和国招标投标法实施条例》、《收费公路管理条例》、《公路建设监督管理办法》和《经营性公路建设项目投资人招标投标管理规定》等规定,结合我省实际,制定本办法。

第二条 四川省行政区域内高速公路 BOT 项目(以下简称项目)的投资人招标投标及项目建设、经营、移交等活动,适用本办法。

本办法所称项目是指四川省人民政府(以下简称省政府)授权市(州)人民政府,通过公开招标方式选择投资人,依法特许经营的高速公路。

第三条 项目特许经营的期限包括准备期、建设期和运营期(含收费期)三个阶段。准备期是指投资协议签订起至项目开工;建设期是指项目开工起至交工验收;运营期是指

项目通过交工验收至收费期届满,其中收费期是指项目批准收费起至收费期届满。

第四条　项目投资人应依法组建项目公司,负责项目资金筹措、建设实施和经营管理,自主经营、自负盈亏。

第二章　投资人招标

第五条　开展投资人招标的项目应具备以下条件:

(一)符合国家和省高速公路专项规划;

(二)符合《收费公路管理条例》规定的技术等级和规模;

(三)项目工程可行性研究报告已编制并经审查;

(四)省政府已授权采用BOT方式建设。

第六条　项目投资人招标实行资格审查制度,采用资格后审方式。资格审查的内容包括投标人的财务状况、注册资本、净资产、投融资能力、初步融资方案、从业经验和商业信誉等。

第七条　项目投资人招标应当按照以下程序进行:

(一)发布招标公告;

(二)发售招标文件;

(三)投标人编制、递交投标文件;

(四)招标人组织开标,组建评标委员会;

(五)评标委员会评标,推荐中标候选人;

(六)中标候选人公示;

(七)确定中标人,发出中标通知书;

(八)签订投资协议。

第八条　招标人应通过国家指定的全国性报刊、信息网络等媒介发布招标公告,并同步在省指定媒介发布。采用国际招标的,应通过相关国际媒介发布招标公告。

第九条　招标人应参照交通运输主管部门制定的经营性高速公路项目投资人招标文件示范文本,结合项目特点和实际需要,科学、合理编制招标文件。

招标人编制招标文件时,应充分考虑项目投资回收能力和预期收益的不确定性,合理分配项目的各类风险,并对特许权内容、最长收费期限、相关政策等予以说明。项目工程可行性研究报告有关内容应作为招标文件的组成部分。

第十条　招标人应合理确定投标文件的编制时间,编制时间应符合《中华人民共和国招标投标法》的规定。

第十一条　招标人依法组织投资人招标工作,严格执行招标工作程序,按照有关规定报备招标文件和评标报告。招标工作结束后,招标人应及时形成投资人招标工作报告并将招标结果上报省政府。

第十二条 投标人应具备以下基本条件：

(一)独立投标人。

1. 项目里程低于100公里的，注册资本1亿元人民币以上，总资产6亿元人民币以上；项目里程不低于100公里的，注册资本2亿元人民币以上，总资产10亿元人民币以上；

2. 最近连续3年每年均为盈利，且年度财务报告应当经具有法定资格的中介机构审计；

3. 具有不低于项目估算的投融资能力，其中净资产与项目估算投资的比例不低于国家规定的公路项目最低资本金比例；

4. 商业信誉良好，无重大失信行为。

(二)联合体投标人。

1. 联合体总成员一般不得超过3家；

2. 联合体主办方及成员方的注册资本、总资产、净资产、投融资能力、商业信誉等均应满足独立投标人应当具备的基本条件；

3. 联合体主办方应为项目公司的控股方，其出资比例不得低于项目公司注册资本的51%；

4. 联合体各成员应签订联合体协议。联合体协议应明确约定联合体各方的出资比例、相互关系、拟承担的工作和责任。联合体中标的，联合体各方应共同与招标人签订投资协议，并向招标人承担连带责任。

招标人可根据项目实际情况，提高投标人资格条件。

第十三条 投标人应严格按照招标文件要求的额度、期限和形式提交投标担保。投标担保的额度一般为项目投资额的0.3%，但最高不得超过500万元人民币。

第十四条 评标由招标人依法组建的评标委员会负责。评标委员会由招标人代表和公路、财务、金融等方面的专家组成，成员人数为7人以上单数。其中，招标人代表的人数不得超过评标委员会总人数的1/3。与投标人有利害关系以及其他可能影响公正评标的人员不得进入相关项目的评标委员会。

第十五条 评标办法采用最短特许经营期限法，在投标人实质性响应招标文件的前提下，满足项目准备期、建设期的时限要求，评标委员会推荐出经评审的最短收费期限中标候选人。

项目准备期内要及时完成项目公司组建、特许权协议签订、项目核准、勘察设计、工程招标等前期工作。项目建设期不得超过批准的建设工期。项目收费期不得超过法定期限。因投资人或项目公司的自身原因造成项目准备期或建设期延长的，相应扣减项目收费期限。

第十六条 中标投资人与招标人签订投资协议前,应向招标人提交投资人履约担保。投资人履约担保的额度一般为项目资本金出资额的10%。投资人履约担保应在项目竣工验收后30日内全部退还或撤销。

第十七条 招标人和中标投资人应在自中标通知书发出之日起30日内,按照招标文件和中标投资人的投标文件签订项目投资协议。

招标人应在与中标投资人签订投资协议后5个工作日内向所有投标人退回投标担保。

第十八条 中标投资人应按照招标文件的要求和投资协议的约定依法组建项目公司。项目公司在完成工商注册登记后30日内,与招标人签订项目特许权协议。

第三章 职　　责

第十九条 项目投资人应履行以下职责:

(一)依法承担项目出资人责任,签署并履行项目投资协议;

(二)依法组建项目公司,并督促项目公司遵守法律和行业管理规定。全面管控项目建设实施、运营管理和其他经营活动等;

(三)负责筹措项目资金,严格按投资协议约定及时足额到位项目资本金和银行贷款等资金,严禁抽逃、转移或挪用项目建设资金;

(四)在项目竣工验收前,不得转让项目公司股权。在项目竣工验收后,经市(州)人民政府同意并报省政府批准后,可按规定转让项目公司股权;

(五)在项目特许经营期内,对项目公司应当履行的全部义务承担连带责任保证。当项目公司不履行或不完全履行特许权协议规定的义务时,由项目投资人代项目公司履行。

除上述职责外,项目投资人还应履行法律规定或投资协议约定的其他职责。

第二十条 项目公司应履行以下职责:

(一)依法承担项目法人责任,签署并履行项目特许权协议;

(二)贯彻执行有关法律及行业管理规定,接受政府监管和交通运输主管部门的行业管理;

(三)负责项目的策划、资金筹措、建设实施、经营管理、移交以及债务偿还和资产管理等全部工作;

(四)依法组织项目实施和运营管理,确保项目的工程质量、生产安全、实施进度、投资控制和环境保护等处于受控状态,确保项目运营达到协议规定的服务水平等级;

(五)委托并配合项目沿线政府开展项目征地拆迁工作,及时足额支付征地拆迁安置补偿(含社保)等相关费用;

(六)服从政府有关部门的统一调度和应急指挥,负责项目突发事件的应急处理;

(七)未经省政府批准,不得转让、出租、质押或以其他方式擅自处置特许经营权、与特许经营权活动相关的资产、设施;

(八)在特许经营期届满时,按照特许权协议的约定将项目无偿移交政府。若特许权协议基于法律及有关规定或协议约定解除(即提前终止),项目投资人及项目公司应在特许权协议解除后的10日内向市(州)人民政府交回项目。

除上述职责外,项目公司还应履行法律及有关规定或特许权协议约定的其他职责。

第二十一条 市(州)人民政府应履行以下职责:

(一)依法承担政府监管责任,签署并履行项目投资协议和特许权协议;

(二)负责组织开展项目核准前的前期工作和投资人招标;

(三)依法监管项目的建设实施和经营管理;

(四)依法监管项目投资人和项目公司在项目准备期、建设期和运营期的履约情况;

(五)依法监管项目建设资金的到位和使用情况;

(六)负责统筹协调项目建设用地、用水、用电和建设环境等要素保障;

(七)依法监管项目所在区域突发事件的应急处置。

第二十二条 交通运输厅应履行以下职责:

(一)依法承担行业管理责任,依法监督项目投资人招标及项目建设实施、经营管理和移交等活动,保障公共利益和公众安全;

(二)贯彻执行有关法律及有关规定,建立健全高速公路建设实施和运营管理的行业监管制度体系;

(三)根据国家和省高速公路专项规划,建立项目储备制度,统筹安排项目前期工作;

(四)负责建设实施和运营管理目标计划的制定和考核工作;

(五)监督检查投资协议和特许权协议的执行情况。

第二十三条 省发展改革委、国土资源厅等省直有关部门应按照各自职责,依法加强对项目建设实施、经营管理和移交等的监管和协调服务。

第二十四条 被授权市(州)人民政府的审计机关应参照政府投资高速公路项目审计有关规定和要求,实施项目审计监督。

第四章 建 设 管 理

第二十五条 项目建设应严格执行国家规定的基本建设程序,依法实行项目法人责任制度、工程招标投标制度、工程监理制度、合同管理制度和项目资本金制度。

第二十六条 项目公司依法组织项目建设,采用自建或代建等建设管理方式,应符合交通运输主管部门有关规定。

第二十七条 按照批准的设计文件组织项目建设,严格执行国家规定的工程设计、施工、监理的规范和技术标准。

第二十八条 建立健全政府监督、法人管理、监理控制、施工负责的工程质量和安全生产管理体系,按照优质工程和平安工地建设目标组织实施。

第二十九条 严格执行批准的项目建设工期,不得擅自延长或随意压缩。

第三十条 设计变更应严格执行交通运输主管部门有关规定,未经批准的设计变更费用不得进入项目决算。

第三十一条 项目公司应依法筹措和使用项目建设资金,及时足额支付项目建设的各项费用,不得拖欠工程款、农民工工资和征地拆迁及安置补偿等有关费用。

第三十二条 项目完工后,应按交通运输主管部门有关规定及时组织交工验收和竣工验收。未按规定组织交工验收或交工验收不合格的项目,不得交付使用和试收费。未按规定组织竣工验收或竣工验收不合格的项目,不得转入正式收费。

第三十三条 项目发生建设资金不到位、开工缓慢、建设管理不力等情形,市(州)人民政府应严格按照投资协议和特许权协议有关规定对项目投资人和项目公司进行违约处理。

第五章 经营管理

第三十四条 项目交工验收后,项目公司应严格执行高速公路运营、养护、安全与应急管理的各项规程、规范和标准,依法组织经营管理。

第三十五条 项目公司应按规定做好养护、收费、通信、监控和综合服务等运营管理工作,确保高速公路始终处于良好的运行状态,为通行车辆及人员提供优质服务。

第三十六条 交通安全和路政管理职责分别由公安和交通运输主管部门依法行使,项目公司应积极支持和配合,并提供满足现场管理必需的工作场所、生活设施以及其他便利条件。

第三十七条 项目公司应建立健全项目运营安全与应急处理机制,按规定组织实施高速公路清排障和车辆救援服务。

第三十八条 项目公司应按照省政府批准的收费标准,依法收取车辆通行费,严格执行高速公路收费管理的各项规定和服务标准,建立运营服务质量与收费相挂钩机制。

第三十九条 在项目竣工验收后,项目公司应向市(州)人民政府提交运营履约保证金。运营履约保证金应按年度滚动从车辆通行费收入中提取。

第四十条 维护项目公司合法的收费权和其他经营权,除法律规定和省政府批准以及交通运输厅执行上级行政部门交办任务而批准的免缴通行费车辆外,任何单位或个人不得扩大免缴通行费车辆的范围。

第六章 项目移交

第四十一条 在项目特许经营期届满时,项目公司应依法无偿地向市(州)人民政府移交项目。移交范围主要包括:

(一)项目及其附属设施;

(二)至少满足项目正常运营6个月所必须的设施、物品等;

(三)与项目建设、运营、管理和维护有关的文件、手册、记录和档案;

(四)与项目有关的所有未到期的担保、保证和保险的受益;

(五)与项目运营和养护有关的所有技术和知识产权;

(六)所有与项目及其资产有关的项目公司的其他权利和利益;

(七)项目特许权协议规定应移交的其他资产。

第四十二条 项目特许经营期届满前5年为移交过渡期,在移交过渡期内涉及项目的对外投资、资产处置、资金调度等重大经营、财务决策应由项目公司与市(州)人民政府共同商定。

第四十三条 项目移交的基本条件:

(一)在项目特许经营期届满至少12个月前,市(州)人民政府应依法全面审计项目;

(二)在项目特许经营期届满至少6个月前,市(州)人民政府与项目公司联合聘请具有资质的中介机构对项目技术状况进行检测,并经公路工程质量监督机构认定后,作为移交依据。如不能达到特许权协议规定标准,由项目公司负责整改维修直至达到规定标准;如拒绝维修的,由市(州)人民政府动用运营履约保证金进行指定维修;

(三)正式移交前,项目公司应负责解除和清偿与项目有关的所有债务、留置权、抵押、质押及其他请求权〔市(州)人民政府同意保留的除外〕;

(四)项目公司应依法妥善处理项目移交后的员工安置问题。

第四十四条 项目公司应无条件配合市(州)人民政府办理项目移交的相关变更手续。

第四十五条 项目移交后1年为移交保证期,项目公司应保证项目移交1年内不因质量缺陷等影响项目正常运营和服务水平等级。

第四十六条 移交保证期满,经市(州)人民政府组织验收合格后,及时退还项目公司运营履约保证金。

第七章 附 则

第四十七条 在特许经营期内,因法律及有关规定或所依据的客观情况发生重大变化,因公共利益需要,市(州)人民政府有权解除相关协议。因解除协议导致项目公司财产损失的,依法予以补偿。

第四十八条 在特许经营期内,项目投资人和项目公司拒不履行协议或有重大违约或违法行为的,市(州)人民政府应终止或解除项目投资协议及特许权协议,依法收回项目特许经营权。

项目投资协议和特许权协议终止或解除后,市(州)人民政府应及时接管项目,并报请省政府批准,重新确定项目建设或运营管理模式。

第四十九条 项目投资人和项目公司违约导致投资协议或特许权协议提前终止的,按照协议和信用管理有关规定予以处理。

第五十条 本办法自2014年12月10日起施行,2004年12月4日四川省人民政府办公厅转发的《四川省高速公路建设项目BOT方式管理办法(试行)》同时废止。本办法有效期5年。